Johannes Lehmann

Die
Staufer

Glanz und Elend eines
deutschen Kaisergeschlechts

Gondrom

Lizenzausgabe für Gondrom Verlag GmbH & Co. KG, Bindlach 1991
© 1978 C. Bertelsmann Verlag GmbH, München
Covergestaltung: Graphik Design Studio L. Mielau, Wiesbaden
Druck: Offizin Andersen Nexö Leipzig GmbH
ISBN 3-8112-0903-5

Die Staufer

Inhalt

Das Thema 7

I. Die Herren vom Hohenstaufen 9
Das Ende: der Scharfrichter von Neapel 10
Der Anfang: die Herren von Büren 13
Der Konflikt: Canossa und die Folgen 19

II. »Die alte Kaiserherrlichkeit«: Friedrich Barbarossa 35
Die Anfänge der staufischen Herrschaft 36
Die Ordnung des Reiches 57
Leben im Mittelalter 83
Kaiser und Papst 100
Der Kampf gegen Mailand 109
Neue Wege 140
Minne, Ritter und Turniere 159
Die letzten Jahre 175

III. »Die Weltherrschaft«: Heinrich VI. 187
Die gesteigerte Macht 188
Der Tyrann von Sizilien 201
Der Kampf um das Erbe 210

IV. »Das Staunen der Welt«: Friedrich II. 221
Das »Chint von Pulle« 222
Der Gesetzgeber 236
Der Forscher 246
Der Kreuzfahrer 266
Der Ketzer 278
Der Hammer der Welt 306
Der Verlierer 317
Die Kunst der Stauferzeit 337

V. Glanz und Elend: Die Staufer 349
»Er lebt und er lebt nicht« 350
»Vernichtet Sproß und Samen!« 357

Anhang 363
Hinweise zur Literatur 364
Literaturauswahl 366
Anmerkungen/Quellennachweis 376
Zeittafel 398
Bildquellenverzeichnis 410
Register 411

Das Thema

Bis auf den heutigen Tag gehört der deutsche Kaiser Friedrich I. mit dem italienischen Spitznamen Barbarossa zu den populärsten Gestalten der europäischen Geschichte. Er ist einer der wenigen Herrscher aus historischer Zeit, die in die Sage eingegangen sind und zum mythischen Retter wurden: umflogen von Raben, sitzt Kaiser Rotbart im Kyffhäuser, um dem Heiligen Römischen Reich Deutscher Nation in Zeiten der Not beizustehen; sein Bart ist inzwischen durch den steinernen Tisch gewachsen, obwohl er ihn, wie der Chronist ehrfürchtig berichtet, zu Lebzeiten »um der Ehre des Reiches willen täglich stutzen ließ«.

Ich will in diesem Buch von der historischen Wirklichkeit berichten, die Friedrich Barbarossas legendären Ruf begründete, und jene 98 Jahre beschreiben, in denen vor über siebenhundert Jahren die »schwäbischen Kaiser« Friedrich I. Barbarossa, Heinrich VI. und Friedrich II. das »Staunen der Welt« erregten.

Sie alle drei – Vater, Sohn und Enkel – entstammten einem unbedeutenden Rittergeschlecht aus dem Schwäbischen; ihre Vorfahren hatten zunächst bescheiden auf einer kleinen Burg im Tal gesessen, bevor sie sich auf dem »Staufen«, einem benachbarten Berg, ihre Burg bauten und sich seitdem stolz die »Hohenstaufer« nannten.

Von der Burg Hohenstaufen sind heute nur noch einige Grundmauern erhalten; der Name dieses Bergkegels aber gab einer Epoche des Hohen Mittelalters seinen Namen, in der die Gestalt und die Zukunft Europas entscheidend geprägt wurden.

Vordergründig sind es Kriegszüge, Schlachten und Niederlagen, deren Ergebnisse man auf Landkarten einzeichnen kann: ein Stauferreich, das schließlich von Sizilien im Süden bis an die Nordsee reichte und dem Länder wie England und Zypern den Lehnseid leisteten, während der Staufer Friedrich II. als deutscher Kaiser gleichzeitig König von Jerusalem war. Nach den großen alten Kaisergeschlechtern der Karolinger, Ottonen und Salier waren die Staufer zum farbigsten und interessantesten Kaisergeschlecht geworden.

All diese Stationen sind zu verzeichnen, aber sie sind nur Folge und Ergebnis von Leitideen und Konflikten, die jene Zeit des Umbruchs bestimmten, die man auch das Zeitalter der Kreuzzüge nennt.

Ich will daher vor allem diese Leitideen beschreiben, denn Geschichte verstehen heißt begreifen, warum etwas geschah. Warum also Kaiser und Papst um die Herrschaft der Welt kämpften – wie im Jahrhundert vorher im sogenannten Investiturstreit, der durch den Bittgang Heinrichs IV. nach Canossa nur scheinbar beendet wurde; warum die Zeit der Staufer eine Zeit des wirtschaftlichen und gesellschaftlichen Umbruchs war, deren Auswirkungen wir bis heute spüren; und warum uns diese längst vergangenen Gestalten weit mehr angehen, als wir vom Schulwissen her vermuten.

Es ist dies kein Buch für Fachgelehrte und Historiker, sondern der Versuch, das Wissen der Fachgelehrten verständlich darzustellen und zusammenzufassen. Ohne solche ständige Bemühungen, die Ergebnisse der wissenschaftlichen Forschung zu vermitteln, wäre die Kluft zwischen den Gelehrten und den interessierten »Laien« längst unüberbrückbar geworden.

I
Die Herren vom Hohenstaufen

Das Ende: der Scharfrichter von Neapel

Es war am 29. Oktober des Jahres 1268, als der Scharfrichter von Neapel mit bloßen Füßen und aufgestreiften Ärmeln den 16jährigen Königssohn auf dem Platz neben der Karmeliterkirche erwartete.

Das Opfer, das seinen Todesspruch beim Schachspiel in der Zelle erfahren hatte, hörte hier noch einmal sein Urteil: »Versammelte Männer! Dieser Konradin, Konrads Sohn, kam aus Deutschland, um als Verführer seines Volkes fremde Staaten zu ernten und mit Unrecht rechtmäßige Herrscher anzugreifen ... Dafür wird, mit Erlaubnis der Geistlichen und nach dem Rate der Weisen und Gesetzesverständigen, über ihn und seine Mitschuldigen als Räuber, Empörer, Aufwiegler, Verräter das Todesurteil gesprochen und, damit keine weitere Gefahr entstehe, auch sogleich vor aller Augen vollzogen.«

Gefaßt zog das »Königlein, entsprossen aus dem Stamm der giftigen Schlange«, wie ihn der Papst höhnisch genannt hatte, sein Obergewand aus, umarmte die zwölf mit ihm verurteilten Freunde und kniete nieder. »O Mutter, welches Leid bereite ich dir«, sagte er, dann schlug der Scharfrichter dem letzten Hohenstaufer den Kopf ab.

Konradin, der Enkel Kaiser Friedrichs II., der wiederum ein Enkel Kaiser Friedrich Barbarossas war, wurde nicht einmal, wie es einem Christen zustand, in geweihter Erde bestattet, sondern irgendwo am Meeresstrand verscharrt. Ein Chronist will sogar wissen, der letzte Hohenstaufe sei auf einem jüdischen Friedhof begraben worden.

Damit war, noch keine zwanzig Jahre nach dem Tode Kaiser Friedrichs II., die kurze, aber glanzvolle Epoche der Staufer endgültig zu Ende. Von schwachen Königen und Gegenkönigen regiert, erlebte Deutschland die »schreckliche, die kaiserlose Zeit« des Interregnums, eine »Zwischenherrschaft«, die erst 1273 mit der Wahl Rudolfs I. von Habsburg beendet wurde.

Päpste und Fürsten stritten sich um das staufische Erbe, das Corradino, wie die Italiener Konradin nannten, in kindlichem Gottvertrauen hatte zurückerobern wollen. Trotz der Warnungen seiner Mutter war der Fünfzehnjährige zusammen mit Tausenden von Rittern über die Alpen nach Italien gezogen, um das Reich seines Großvaters zurückzufordern. Als Räuber »fremder Staaten« ließ ihn Karl von Anjou, der Bruder des französischen Königs, ein Jahr später in Neapel hinrichten.

Das Geschlecht der Staufer

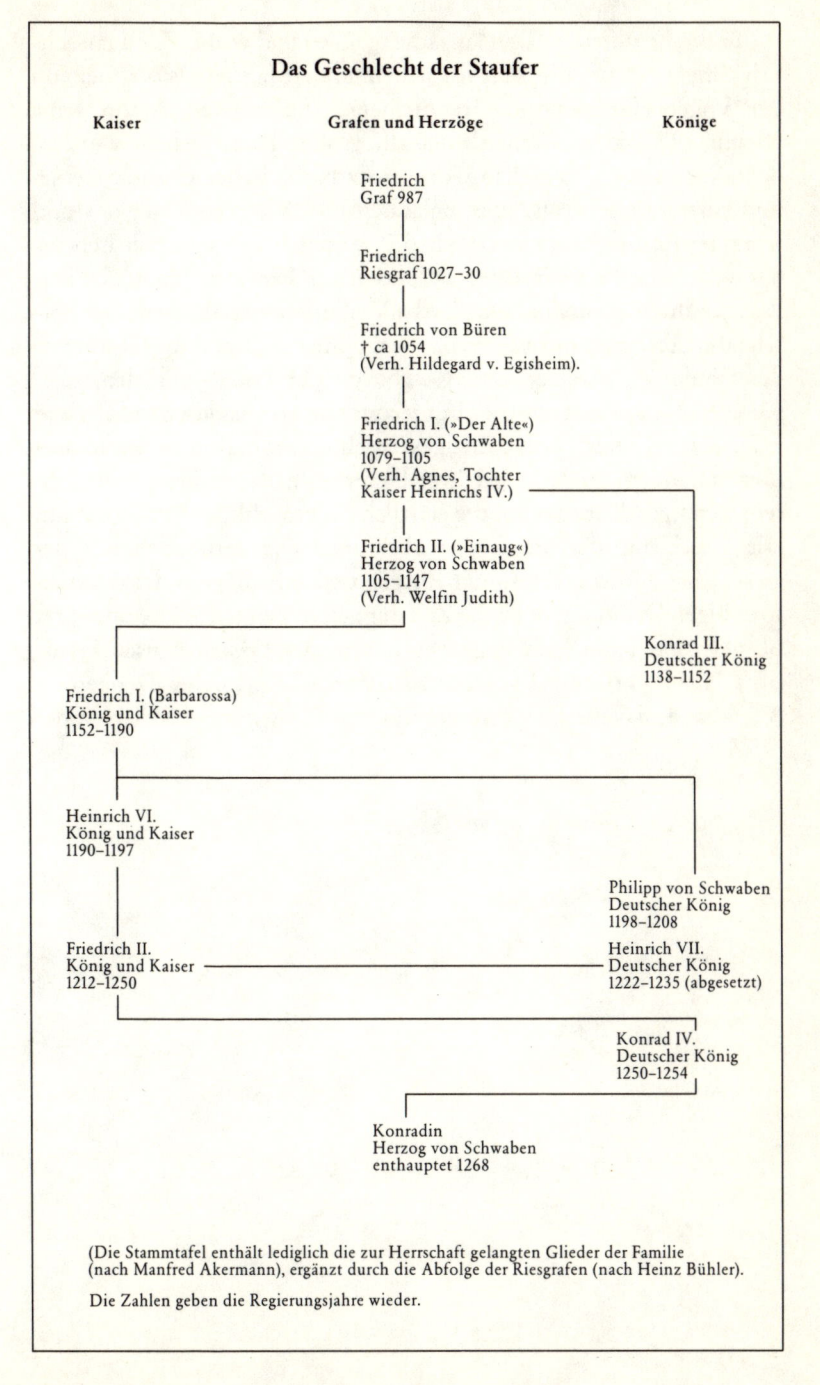

Kaiser   **Grafen und Herzöge**   **Könige**

Friedrich
Graf 987

Friedrich
Riesgraf 1027–30

Friedrich von Büren
† ca 1054
(Verh. Hildegard v. Egisheim).

Friedrich I. (»Der Alte«)
Herzog von Schwaben
1079–1105
(Verh. Agnes, Tochter
Kaiser Heinrichs IV.)

Friedrich II. (»Einaug«)
Herzog von Schwaben
1105–1147
(Verh. Welfin Judith)

Konrad III.
Deutscher König
1138–1152

Friedrich I. (Barbarossa)
König und Kaiser
1152–1190

Heinrich VI.
König und Kaiser
1190–1197

Philipp von Schwaben
Deutscher König
1198–1208

Friedrich II.
König und Kaiser
1212–1250

Heinrich VII.
Deutscher König
1222–1235 (abgesetzt)

Konrad IV.
Deutscher König
1250–1254

Konradin
Herzog von Schwaben
enthauptet 1268

(Die Stammtafel enthält lediglich die zur Herrschaft gelangten Glieder der Familie
(nach Manfred Akermann), ergänzt durch die Abfolge der Riesgrafen (nach Heinz Bühler).

Die Zahlen geben die Regierungsjahre wieder.

Für uns heute ist das alles längst vergangen und vorbei. Und tatsächlich können wir uns die Welt vor siebenhundert Jahren, als Walther von der Vogelweide seine Lieder dichtete, Thomas von Aquin seine »Summa Theologiae« schrieb und die großen Dome gebaut wurden, heute kaum noch vorstellen. Aber trotz barbarischer Grausamkeiten und edler Minne, trotz Hexenglauben und Wundergläubigkeit und trotz der für uns heute unsäglichen Primitivität des täglichen Lebens, das weder Gabeln bei Tisch noch Glas in den Fenstern kannte, ist jene Zeit mit ihren Menschen und Gedanken, ihren Handlungen und Entscheidungen längst nicht so fern, wie wir meinen. Denn die Geschichte der Staufer ist zugleich eine Geschichte der Entstehung der europäischen Nationalstaaten, des Bürgertums und der Geldwirtschaft, und manche noch heute gültige Zivilgesetzgebung, vor allem in den katholischen Ländern Europas, hat ihren Ursprung in der Stauferzeit und ihrem ständigen Konflikt um die geistliche oder weltliche Vorherrschaft. Die Geschichte der Staufer ist aber auch eng verbunden mit der Geschichte des Rittertums, der Burgen und dem Beginn der deutschsprachigen Dichtung; es ist die Zeit der aufstrebenden Städte und ihrer Bürger, und schließlich begegnet uns in der Gestalt Kaiser Friedrichs II. zum erstenmal wissenschaftliches und kritisches Denken im Abendland, das die Dinge so erkennen will, »wie sie wirklich sind«.

Der Anfang: die Herren von Büren

Die Geschichte der Staufer beginnt unauffällig mit den Herren von Büren, die um das Jahr 1050 »morgendwärts von Stuttgart und Esslingen« in einem fruchtbaren Tal eine kleine Burg besaßen und allesamt Friedrich hießen.

Von dem ersten Friedrich, der etwa zwischen 1000 und 1050 gelebt haben muß, wissen wir allerdings nur den Namen, und von seinem Sohn Friedrich von Büren (etwa 1025 bis ca. 1054) kaum mehr, als daß er eine Hildegard heiratete, die aus einem reichen vornehmen elsässischen Geschlecht stammte und aus Egisheim kam, das – heute als Eguisheim – wenige Kilometer südlich von Colmar am Fuße der Vogesen liegt. Immerhin ließ diese Heirat einige Rückschlüsse auf den sonst vollkommen unbekannten Friedrich von Büren zu: Da Heiraten unter Gleichgestellten stattfanden und ein Verwandter dieser Hildegard als Vetter Kaiser Heinrichs III. im Jahre 1048 auf dem Reichstag zu Worms als Leo IX. zum Papst gewählt wurde, konnte man annehmen, daß auch die Herren von Büren einiges an Ansehen vorweisen konnten.

Die Herren von Büren, so plötzlich aus dem berühmten »Dunkel der Geschichte« aufgetaucht, erfüllten damit eine beliebte Klischeevorstellung vom kleinen Ritter, der durch Redlichkeit, Tüchtigkeit und edle Gesinnung zu Ansehen und Reichtum und durch eine günstige Heirat zu Ehre und Macht gekommen war. Es paßte auch ins Bild, daß ein Kaisergeschlecht, das so abrupt die Bühne der Geschichte verlassen mußte, ebenso unvermutet auf ihr erschienen war.

Aber dieser Stand der Forschung wurde im Jahre 1975 korrigiert, als der Studiendirektor Heinz Bühler aus Heidenheim im Schwäbischen plötzlich eine Stammtafel vorlegte, die das Geschlecht der Herren von Büren noch um Generationen weiter zurückverfolgte und zum Unbehagen seiner Landsleute nachwies, daß die Vorfahren der sogenannten Schwabenkaiser nach heutigen Begriffen überhaupt nicht aus Schwaben, sondern aus Bayern stammten, wenn nicht gar aus der Gegend von Salzburg.

Bühler hatte sich nicht damit zufriedengegeben, daß sich das Geschlecht der Herren von Büren schon um das Jahr tausend derart im dunkeln verlieren sollte, obwohl sie doch bei ihrem Auftauchen schon mit einigem Besitz genannt wurden.

Dieser Besitz ließ sich nämlich aus den Liegenschaften des Klosters Lorch ablesen, das die Herren von Büren nördlich ihrer Stammburg in der Nähe des heutigen Schwäbisch Gmünd gegründet hatten (nicht zu verwechseln mit Lorch am Rhein oder mit Lorsch, dem von Karl dem Großen in Hessen gegründeten Kloster).

Ein großer Teil des Klostereigentums von Lorch lag in einem Gebiet, das damals zu Ostschwaben gehörte, nämlich im sogenannten Ries, das der Geologe sofort einordnen kann: Das Ries ist der Jahrmillionen alte Krater eines Meteoreinschlages, durch den heute die »Romantische Straße« von Dinkelsbühl über Nördlingen nach Donauwörth führt.

Nun kann man Besitz im Mittelalter nicht durch Familiennamen nachweisen – so etwas gab es damals noch nicht. Zur Definition eines Menschen genügte zu jener Zeit der Rufname. So war »Friedrich, der Sohn des Friedrich« Nachweis genug. Bestenfalls konnte man sagen: Es war ein Friedrich, der auf einer bestimmten Burg lebte, z. B. Friedrich von Hohenstaufen – ohne daß damit ursprünglich ein Adelsprädikat gemeint war.

Da aber üblicherweise der älteste Sohn und Erbe den Namen des Vaters erhielt, wurde der Rufname zum Kennzeichen der Geschlechterfolge. Heinz Bühler war daher auf die verblüffend einfache Idee gekommen, dem »Leitnamen« Friedrich durch allerdings einigermaßen komplizierte genealogische Abfolgen nachzugehen. Das Ergebnis: Der frühe Besitz des Klosters Lorch war weithin identisch mit dem Besitz der »Riesgrafen«, die sich nun noch um zwei weitere Generationen hinter Friedrich von Büren zurückverfolgen ließen – eine Erkenntnis, die zwar nicht neu war, die eine voreingenommene Geschichtsschreibung aber als unsinnig abgelehnt hatte.

Schon vor 130 Jahren hatte Christoph Friedrich von Staelin auf den Leitnamen Friedrich in Verbindung mit den Riesgrafen hingewiesen, doch diese Entdeckung war in Vergessenheit geraten. Als dann 1936 der Historiker Hermann Roemer erneut auf die Möglichkeit verwies, daß man das Geschlecht der Staufer anhand des Namens Friedrich bis nach Salzburg und Niederösterreich zurückverfolgen könne, war er von seinem Kollegen Karl Weller belehrt worden, das deutsche Volk könne mit österreichischen Staufern nichts anfangen, die Staufer seien und blieben deutsch.

Es mußten dann wieder fünfunddreißig Jahre vergehen, bis das geschichtlich Nachweisbare auch als akzeptierbar galt und als erster sicher nachweisbarer Stammvater der späteren Hohenstaufer ein Friedrich genannt wurde, der 987 Riesgraf war und dessen Vorfahren sich wiederum – nach Ansicht des Tübinger Historikers Hansmartin Decker-Hauff – gar bis nach Salzburg verfolgen lassen.

Sicher ist jedenfalls, daß der Enkel dieses Riesgrafen – selbstverständlich auch Friedrich mit Namen – westwärts zog und sich jene kleine Burg baute, nach der er in einer Urkunde Fridericus de Buren, Friedrich von Büren, genannt wurde, denn er besaß etwas Festgebautes: Das Wort »Bur« bedeutet im Althochdeutschen »Haus« oder »Hütte«, jedenfalls ein Gebäude. (Es ist der gleiche Wortstamm, der heute noch im Wort Nach-bar oder in Ortsnamen wie Beuron, Birenbach oder Ibbenbüren erhalten ist.) Und da die Burg im Tal an einem Bach lag, nannte man den Besitz Wäschenbeuren, wobei »wäschen« mit dem germanischen Wortstamm Water/Wat zusammenhängen und feuchten Boden, Wasen oder Wiese bedeuten soll.

Sucht man dieses Wäschenbeuren, also dieses »Haus in Wiesen«, auf einer Karte, so findet man es tatsächlich östlich von Stuttgart zwischen Schwäbisch Gmünd und Göppingen. Es ist ein kleines Dorf, und zwei Kilometer außerhalb steht heute noch das sogenannte »Wäscherschlößle«, eine kleine Burg mit steilen Mauern aus Buckelsteinquadern, einem winzigen Hof und einem gemütlichen Wohntrakt aus Fachwerk. In seiner heutigen Gestalt stammt das Wäscherschlößle allerdings nicht aus der Zeit der Herren von Büren, wohl aber dürfte es dieselbe Stelle sein, an der einst die erste Burg gestanden hat.

Von diesem Wäscherschlößle aus sieht man nun unmittelbar vor sich einen stumpfen Bergkegel, dessen Form ihm auch den Namen gab. Denn weil der Berg in seiner kreisrunden, nach oben sich verjüngenden Form einem umgestülpten Becher glich, nannte man ihn nach dem germanischen Wort für Becher, »Staupa«, den »Staufen«.

Auf diesem »Hohen Staufen«, der sich fast 250 Meter über die umgebende Landschaft erhebt, baute sich dann »Friedrich der Alte«, der Sohn des Friedrich von Büren, auf den Resten eines römischen Kastells eine neue Burg. Wann dies genau geschah, wissen wir nicht, man nimmt als Entstehungszeit die Jahre 1070–1080 an. Jedenfalls gab es von nun an die »Hohenstaufer« – und das waren nicht mehr irgendwelche kleinen Ritter, denn Friedrich der Alte (etwa 1045–1105), der Großvater Barbarossas, war inzwischen der Schwiegersohn Kaiser Heinrichs IV. geworden. Allerdings war die kaiserliche Braut noch ein Kind von etwa sieben Jahren, als sie dem etwa 34jährigen Friedrich dem Alten als Dank für gute Dienste versprochen und übergeben wurde. Wann diese

Ehe tatsächlich vollzogen wurde, können wir nur aus dem Geburtsdatum ihres ersten Sohnes abschätzen: Er wurde elf Jahre später geboren.

Genaueres wissen wir über die Dienste, die der Schwabe Friedrich der Alte dem salischen Kaiser Heinrich IV. geleistet hat: Nach einer Legende, die so stark vereinfacht, daß sie schon verfälscht, soll Friedrich der Alte der einzige gewesen sein, der Kaiser Heinrich IV. im Jahre 1077 bei seinem schweren Gang nach Canossa über die Alpen begleitet hat.

Von dieser einsamen Alpenüberquerung der beiden kann jedoch keine Rede sein. Wohl aber ist wahr, daß jener Friedrich im Gegensatz zu anderen hohen Herren treu zu seinem Kaiser hielt, als der im Kampf gegen die Ansprüche des Papsttums von Papst Gregor VII. gebannt wurde. Auch als die süddeutschen Fürsten Heinrich IV. für abgesetzt erklärten und einen Gegenkönig wählten, stand der Schwabe Friedrich an der Seite des Kaisers.

Für diese Treue wurde Friedrich der Alte im Jahre 1079, zwei Jahre nach dem Bittgang nach Canossa, von Heinrich IV. belohnt, und der Chronist hat uns die dabei gehaltene Rede überliefert:

»Wackerer Mann«, soll Heinrich IV. gesagt haben, »den ich von allen immerdar als den Treuesten und Tapfersten erfunden habe, du weißt, wie im Römischen Reiche die Frevel überhandnehmen, wie durch des Teufels Einwirkung empörerische Verbindungen für heilig gelten, während Gottes Gebot, die Obrigkeit zu ehren, verachtet und mit Füßen getreten wird. So, wie bisher, kämpfe auch künftig gegen dieses verderblichste aller Übel, und als Beweis, wie sehr ich deine früheren Verdienste anerkenne und den künftigen vertraue, gebe ich dir meine einzige Tochter Agnes zum Weibe – und das Herzogtum Schwaben zur Mitgift.«

Diese Rede aus dem Jahre 1079 ist eigentlich die Stiftungsurkunde der Hohenstaufer, die nun als Herzöge von Schwaben von ihrer Burg auf das kleine Wäscherschlößle der Herren von Büren herabsehen konnten.

Aber wir würden heute die Hohenstaufer vermutlich weder kennen noch erwähnen, wenn Friedrich der Alte, der erste Herzog von Schwaben, nur ein treuer Vasall Kaiser Heinrichs IV. gewesen wäre. Was das Geschlecht der Hohenstaufer zu Ruhm brachte, war nicht allein die Treue, sondern die Konsequenz: Denn obwohl seit dem Gang nach Canossa mehr als 70 Jahre vergangen waren, nahm sein Enkel Friedrich

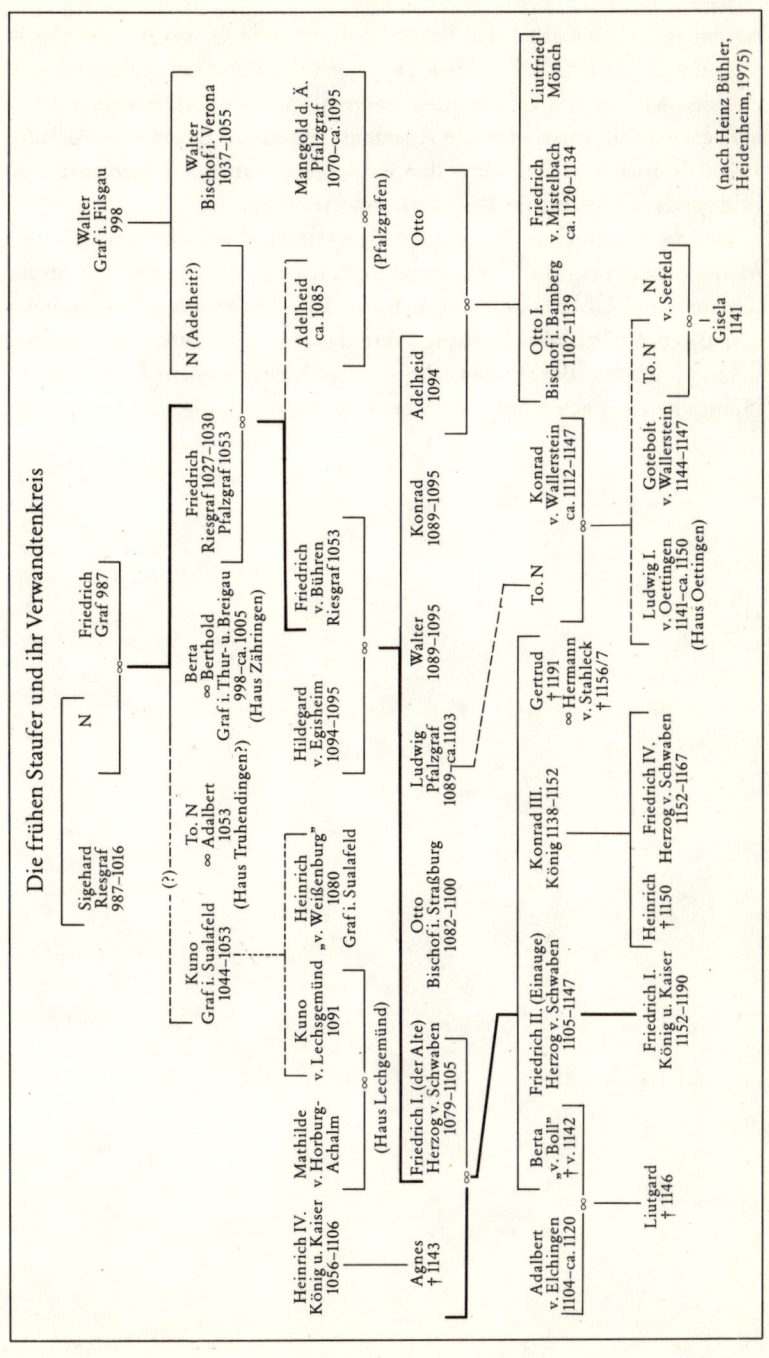

Barbarossa noch einmal den Kampf auf, den sein Großvater Friedrich zusammen mit Kaiser Heinrich IV. gegen das Papsttum geführt hatte und den wir aus den Geschichtsbüchern als den »Investiturstreit« kennen. Es war die entscheidende Auseinandersetzung des Hohen Mittelalters, die nicht nur die Politik der Staufer bestimmte, sondern auch das Bild unserer Geschichte für Jahrhunderte prägte.

Um die Geschichte der Staufer zu verstehen, will ich deshalb zunächst einmal über die Voraussetzungen berichten, die zu jenem Streit führten – eine Überlegung, die auch Friedrich Barbarossas Biographen, den Bischof Otto von Freising, veranlaßten, die »Taten Friedrichs« siebzig Jahre vor Barbarossas Regierungsantritt mit dem Gang Kaiser Heinrichs IV. nach Canossa zu beginnen.

Der Konflikt: Canossa und die Folgen

Der berühmte Gang nach Canossa war nur der spektakuläre Höhepunkt eines Konfliktes, aber weder sein Anfang noch sein Ende – und schon gar nicht seine Lösung. Im Gegenteil: Der in Kaiser Heinrich IV. und Papst Gregor VII. personalisierte Machtkampf verleitet eher dazu, das eigentliche Problem zu verdecken. Denn hier treffen wir auf eine der entscheidenden Leitideen des Mittelalters, die sich zwar schnell durchsetzte, aber nur durch immer neue Konfrontationen im Laufe der Zeit überwunden werden konnte.

»Investiturstreit« ist nach den Lexika die Bezeichnung »für den Kampf zwischen Kaiser und Papst um die mit der Investitur vollzogene Einsetzung der Bischöfe und Äbte, die, mit Reichslehen ausgestattet, gleichzeitig weltliche Fürsten waren«.

Es geht also darum, in wessen Auftrag und Vollmacht ein Bischof oder ein Abt ein »Amt bekleidet« – und genau diese deutsche Redewendung gibt auch das Wort »Investitur« wieder, das aus dem lateinischen Wort investire = »bekleiden« abgeleitet ist.

Denn so, wie der Kaiser bei der Übernahme seines Amtes mit dem Kaisermantel bekleidet und mit Krone und Reichsinsignien ausgestattet wurde, so waren damals auch andere Ämter und Aufgaben mit einer bestimmten Kleidung und besonderen Symbolen verbunden. Eine letzte Erinnerung daran, daß man ein Amt »bekleidet«, sind bei uns die Roben der Richter samt Barett und – wenn auch nur noch als Redewendung – der »Doktorhut«. – Bei den Bischöfen und Äbten, die ja ohnehin schon ein geistliches Gewand trugen, ging es bei der Investitur deshalb vor allem um die Symbole von Stab und Ring, die bei der Amtsübernahme feierlich überreicht wurden: Noch heute sind Bischofsstab und -ring die äußeren Kennzeichen dieses Amtes.

Für uns ist es selbstverständlich, daß eine solche Amtseinsetzung nach dem Prinzip der Trennung von Kirche und Staat vor sich geht. Sowenig wie jemand heute auf die Idee käme, der Papst müßte von den Regierungschefs oder von den Vereinten Nationen eingesetzt werden, so einleuchtend erscheint uns auch die Praxis, daß die Kirchen ihre Amtsinhaber selbst bestimmen und einsetzen und dafür ihrerseits nicht in die Regierungsbildung eines Landes hineinreden.

Aber eben diese Trennung von Kirche und Staat gab es im Mittelalter nicht. Und so wie wir mit dem Begriff Mittelalter Kirche und Frömmigkeit assoziieren, könnte man vermuten, daß es beim Investiturstreit allein darum ging, daß der Kaiser den Einfluß der Kirche und des Papstes bei der Besetzung der Ämter zurückzudrängen versuchte, um das weltliche Regiment auszudehnen.

Das genaue Gegenteil ist wahr: Es waren zunächst die Päpste, die darum kämpften, ihre eigenen Würdenträger bestimmen zu können, vor allem wollten sie selbst von Vertretern der Kirche und nicht vom Kaiser zum Stellvertreter Christi auf Erden ernannt und eingesetzt werden. Kompliziert wurde diese Auseinandersetzung dadurch, daß die Bischöfe zugleich auch weltliche Ämter innehatten und die Päpste im Gegenzug nun ihrerseits die Kaiser zu dominieren suchten.

Kaiser von Gottes Gnaden

Schon Karl der Große (768–814) hatte den Papst auf die rein geistlichen Funktionen eines Bischofs von Rom beschränkt und in ihm keinesfalls das »Oberhaupt der Christenheit« gesehen. Denn das Oberhaupt der Christenheit war nicht der Papst, sondern Karl der Große selbst.

Dieses Kaisertum von Gottes Gnaden, das über die Kirche herrschte, ging auf uralte germanische Rechtsvorstellungen zurück, nach denen der religiöse Kult – ganz wie im alten Israel – dem König unterstand. Und mit einem Beispiel aus dem Alten Testament wußte auch Karl der Große seinen Anspruch in einem Schreiben an Papst Leo III. zu begründen: So wie einst Moses während der Schlacht gegen die Amalekiter mit erhobenen Armen gebetet hatte, während die anderen kämpften, so sei auch jetzt Fürbitte und Gebet die eigentliche Aufgabe des Bischofs von Rom, während der weltliche Herrscher wie einst König David das Schwert führe und für Land und Glauben kämpfe.

Karl der Große nahm als Herrscher nicht nur das politische Handeln für sich in Anspruch, sondern auch den Schutz der Kirche gegen innere und äußere Feinde. Er ernannte in seinem Herrschaftsgebiet ohne Ausnahme sämtliche Bischöfe, berief die kirchlichen Reichssynoden ein, regelte in seinen »Kapitularien« (den Gesetzen) gleichermaßen kirchliche und staatliche Angelegenheiten und vergab kircheneigenes Gut nach eigenem Gutdünken als Lehen. Seine Herrschaft über die Kirche beeinflußte sogar den Inhalt der Glaubenslehre. So ließ er im Jahre 809 auf einer Synode zu Aachen eine Erweiterung des Nizänischen Credos beschließen.

Während in diesem Glaubensbekenntnis aus dem Jahre 381 der Heilige Geist noch allein »vom Vater« ausgeht, hatte Karl der Große seine Hoftheologen veranlaßt, den betreffenden Satz so zu erweitern, daß nun der Heilige Geist vom Vater *und dem Sohne* ausging.

Otto der Große (936–973) hatte dann die Vormachtstellung des weltlichen Herrschers über die Kirche konsequent weitervertreten. Ihm kam dabei die Macht des deutschen Kaisertums zugute, das sich als Beschützer der Gemeinschaft aller christlichen Völker verstand. Unter ihm waren nicht nur die deutschen Stämme, sondern auch mehrere andere Reiche vereinigt: Der Kaiser hatte die Schutzgewalt über die Königreiche von Burgund und Frankreich sowie die Vorherrschaft über die slawischen Völker im Osten. Als Herrscher dieses Reiches setzte Otto der Große unangefochten Päpste ein und ab und ernannte nach eigenem Gutdünken Bischöfe und Äbte.

Diese geistlichen Würdenträger, vom weltlichen Herrscher, also einem Laien, mit Ring und Stab »eingekleidet« und mit Ländereien belehnt, waren gleichzeitig Territorialherrscher und Untergebene des Kaisers. Sie unterstützten Otto den Großen gegen rebellierende Stammesherzöge und den Laienadel, die seit dem Niedergang des karolingischen Reiches ihre Macht ausgedehnt hatten und gegen eine neue Zentralgewalt ankämpften. Die Ehelosigkeit der geistlichen Herren hatte dabei noch den Vorteil, daß der Kaiser die Verfügungsgewalt über die vergebenen Ländereien behielt: Er mußte nicht befürchten, daß irgendwelche Ansprüche vererbt werden konnten.

Indem Otto der Große die Bischöfe und Äbte als »Mitregenten« auf seine Seite zog, wurde das geistliche Amt politisiert. Denn für die Rechte, die der Kaiser an die regierenden Bischöfe verlieh – z.B. die Gerichtsbarkeit, das Zollwesen und schließlich sogar die Grafschaft –, mußten die Bistümer und Abteien ihrerseits für den Unterhalt des königlichen Hofes mit aufkommen und sich am Heeresdienst beteiligen. So wurden aus den Bischöfen allmählich Vasallen des Kaisers, die sich eines Stellvertreters, eines Archidiakons, bedienen mußten, der ihre geistlichen Aufgaben erfüllte.

Die Verweltlichung des Bischofsamtes zeigte sich aber auch darin, daß Otto der Große geistliche Ämter an die Mitglieder des Herrscherhauses vergab: Seinen Sohn Wilhelm ernannte er zum Erzbischof von Mainz und damit zum Kirchenprimas, sein Bruder Bruno erhielt das Stift Köln, das zugleich auch Lothringen beherrschte, und Trier ging an seinen Vetter. Die später gegründeten Erzbistümer Magdeburg und

Hamburg-Bremen gingen dann ebenso an Ottos Verwandte wie die Bistümer Würzburg, Metz, Verdun und Cambrai.

Um das Jahr 950 galt der Bischof von Rom zwar als Nachfolger Petri und genoß deshalb Ansehen und Würde. Aber er war noch nicht das unbestrittene Oberhaupt der katholischen Christenheit. Das Papsttum befand sich in einer Phase des Niederganges, und Otto der Große konnte sich über den »unreifen Knaben« lustig machen, der gerade auf dem Stuhle Petri saß: Es war der siebzehnjährige Papst Johannes XII. (955–964), über dessen »Sittenlosigkeit« die ungeheuerlichsten Geschichten im Umlauf waren. Immerhin regierte er neun Jahre und damit rund dreimal so lang wie im Durchschnitt seine Vorgänger. In den davorliegenden sechzig Jahren hatten nicht weniger als zwanzig Päpste einander auf dem Stuhle Petri abgelöst, wo sie den Intrigen der römischen Adelsfamilien mehr oder weniger hilflos ausgeliefert waren.

Aber trotz dieses desolaten Zustandes und obwohl die Päpste in jener Zeit praktisch keine Macht ausübten, waren die deutschen Herrscher auf sie angewiesen, denn seit Karl dem Großen war es Tradition, wenn auch nicht feste Regel, daß nur der Bischof von Rom einen deutschen König zum Kaiser krönen konnte.

Wollte Otto – seit seinem Sieg über die Ungarn auf dem Lechfeld im Jahre 955 »der Große« genannt – zum Kaiser gekrönt werden, dann mußte er sich mit dem Papst arrangieren. Und so begann ein langes Feilschen und Handeln um die Bedingungen, unter denen der »unreife Knabe« bereit war, den deutschen König zum Kaiser zu krönen.

Das Ergebnis dieser Verhandlungen ist im sogenannten »Ottonianum« vom 13. Februar 962 fixiert. Darin wurde festgelegt, daß ein Papst nur dann als gewählt galt, wenn der deutsche Kaiser seine Zustimmung gab. Dafür gestand umgekehrt Otto der Große dem Papst zu, daß nur er das Recht habe, den deutschen König zum Kaiser zu krönen.

Der Umschwung

Um das Jahr 1000 schlug das Pendel nach der anderen Seite aus. Der entscheidende Anstoß ging dabei vom Mönchstum aus, das ebenso wie das Papsttum eine Phase des Niederganges erlebt hatte.

Nach dem Jahre 900 war es, vor allem in Frankreich und Italien, als Reaktion auf den Reichtum und die Anpassung der Kirche an die weltliche Praxis zu einem Wiederaufleben des asketischen Ideals gekommen. Ausgegangen war diese Entwicklung vom Kloster Cluny, das Herzog Wilhelm von Aquitanien im Jahre 910 in Burgund gegründet hatte. Dort lebten die Mönche in strenger Zucht und Gehorsam gegenüber dem Abt und besannen sich nach den Regeln des heiligen Benedikt wieder auf die Pflege des religiösen Lebens.

Während bis dahin in der gesamten Papstgeschichte nur zwei Mönche auf den Stuhl Petri gelangt waren, gingen in den 46 Jahren zwischen 1073 und 1119 gleich fünf Päpste aus einem Kloster hervor. Mit diesen »Reformpäpsten« wurde die von Cluny ausgehende religiöse Erneuerungsbewegung zur kirchenpolitischen Reform, indem man die mönchischen Ideale nun auf die gesamte Kirche übertrug. So wurde z. B. das mönchische Gebot der Ehelosigkeit im 11. Jahrhundert rigoros auf die Priester überhaupt ausgedehnt; denn obwohl die Priesterehe schon in den frühen Tagen der Kirche als unstatthaft galt, waren durch Jahrhunderte hindurch zahlreiche Priester verheiratet gewesen oder hatten in eheähnlichen Verhältnissen gelebt.

Nicht weniger entscheidend war eine andere Entwicklung: So wie sich der Mönch von der Welt löste, so begann sich auch die Kirche von jedem Einfluß der Welt, das heißt in diesem Falle vom Einfluß der Laien, zu befreien. Wie die Mönche ihr Leben außerhalb der Welt nach eigenen Gesetzen lebten, so empfand sich nun auch die Kirche als eine eigene Welt, die nur ihren kanonischen Gesetzen zu gehorchen hatte. Und so wie der Mönch der Klosterzucht unterworfen war, begann auch die Kirche, eine immer straffere zentrale Führung zu errichten, deren Zucht jeder Geistliche unterworfen war.

Während diese Reformen durchaus dazu dienten, das moralische Ansehen der Kirche nach außen hin zu heben und sie innerlich zu stärken und zu reinigen, ohne deshalb mit der Welt in Konflikt zu geraten, sorgte dann der Kardinalbischof von Silva Candida, ein gewisser Humbert, mit seinen Argumenten für den Zündstoff des Mittelalters zwischen Kirche und weltlicher Macht.

Dieser ehemals burgundische Mönch, dessen Namen man im Gegensatz zu manch unbedeutendem Papst nicht einmal in jedem Lexikon findet, machte innerhalb weniger Jahre zweimal Kirchengeschichte: Am 16. Juli des Jahres 1054 legte er in Konstantinopel in der Hagia Sophia, der damals größten Kirche der Christenheit, vor versammeltem Klerus und Volk während des Gottesdienstes die päpstliche Bannbulle gegen den Patriarchen von Konstantinopel auf den Hauptaltar und leitete damit die bis heute andauernde Kirchenspaltung, das Schisma, ein.

Drei Jahre später löste der gleiche reformeifrige Kardinalbischof dann mit seinen drei Büchern gegen die Simonisten (»Libri tres adversus Simoniacos«) das nächste kirchengeschichtliche Ereignis, den Investiturstreit, aus.

Humbert griff einen Übelstand auf, mit dem schon die christliche Urgemeinde in Jerusalem zu kämpfen hatte und der seitdem stets als innerkirchliches Problem begriffen worden war. So erzählte die Apostelgeschichte im achten Kapitel von einem Zauberer namens Simon, der voll Neid beobachtete, wie die Apostel ihm Konkurrenz machten. »Da aber Simon sah«, heißt es da, »daß der Geist gegeben ward, wenn die Apostel die Hände auflegten, bot er ihnen Geld an und sprach: gebt mir auch die Macht, daß, wenn ich jemand die Hände auflege, derselbe den Heiligen Geist empfange. Petrus aber sprach zu ihm: daß du verdammt werdest mitsamt deinem Gelde, weil du meinst, Gottes Gabe werde durch Geld erlangt.«

Ein solcher Ämterkauf war in der mittelalterlichen Kirche durchaus keine Seltenheit, und mancher Stellvertreter Christi auf Erden hatte sich, wenn schon nicht Gottes Segen, so doch wenigstens das Apostelamt mit teurem Geld erkauft. Allein König Heinrich III. (1039–1056) hatte drei simonistische Päpste zur Abdankung gezwungen (und dafür jedesmal Päpste eingesetzt, die ihm genehm waren).

Es war deshalb durchaus verständlich, daß Kardinalbischof Humbert diese »Simonie« bekämpfte, und das ganze wäre auch ein innerkirchlicher Reinigungsprozeß geblieben, wenn Humbert den Begriff der Simonie nicht völlig neu interpretiert hätte. So aber nannte er plötzlich auch jene »Simonisten«, die nach einem Wort von Papst Leo I. (440–461) »nicht vom Klerus erwählt, vom Volk verlangt und nach dem Urteil des Metropoliten von den Bischöfen der Kirchenprovinz geweiht« waren. Damit war eindeutig die Laieninvestitur gemeint, die Einsetzung von Geistlichen durch den weltlichen Herrscher, obwohl dabei von einem eigentlichen Ämterkauf keine Rede sein konnte.

Allerdings waren bei der Verurteilung der Laieninvestitur recht handfeste Interessen, auch wirtschaftlicher Art, im Spiel, die, von Humberts frommer Argumentation etwas verdeckt, der Kirche zugute kommen sollten.

Vielleicht bedingt durch eine klimatische Wärmeperiode – zu Weihnachten des Jahres 1289 standen die Bäume in frischem Grün, und im Februar darauf erntete man frische Erdbeeren – hatte die Bevölkerung Europas im 11. und 12. Jahrhundert explosionsartig zugenommen. Gleichzeitig hatten sich tiefgreifende Veränderungen in der Gesellschaft vollzogen. Die Städte, die sich um die Burgen gebildet hatten, gewannen an Bedeutung. Ihre Bewohner – die »Bürger« – traten allmählich als eigener Stand neben die Bauern. Und da die Bürger als Handwerker und Gewerbetreibende nicht mehr – wie die Bauern – direkt von dem leben konnten, was sie produzierten, kam es zu einem verstärkten Handel zwischen Stadt und Land. Geld wurde zunehmend wichtig und begann eine entscheidende Rolle zu spielen. Aber nicht nur die Städte wurden reich, sondern auch die Klöster.

Es ist begreiflich, daß die Kirche nun, da die Klöster nicht mehr nur Stätten der geistlichen Erneuerung und der Kontemplation, sondern ganz handfeste wirtschaftliche Faktoren waren, davon profitieren wollte. Aber bisher galt es als selbstverständlich, daß der König oder der adlige Lehnsherr, der ein Kloster oft als eine Art Versicherung auf die ewige Seligkeit gestiftet hatte, seine Äbte nach Belieben ein- und absetzen und den Klosterbesitz, zu dem oft ganze Dörfer gehörten, wirtschaftlich nutzen konnte.

Durch die Gleichsetzung der Laieninvestitur mit der von Petrus verdammten Simonie lieferte Kardinalbischof Humbert nun zur rechten Zeit die passenden Argumente, um Kirche und Klöster von den weltlichen Herren unabhängig zu machen, um so die weltlichen Vorteile des Reichtums um so besser genießen zu können.

Wäre es nach den ursprünglichen Vorstellungen von Cluny gegangen, so hätte eine Trennung von Staat und Kirche in Interessensphären genügt: Die Kirche hätte ihre Würdenträger ernannt und der weltliche Herrscher die seinen. Das weltliche Oberhaupt hätte sich vielleicht damit abgefunden, als Schutzherr der Kirche auf das Vorrecht der Investitur von Geistlichen zu verzichten, wenn sein eigener Herrschaftsbereich unangetastet geblieben wäre.

Aber die Gegner der Laieninvestitur wollten mehr. Sie wollten nicht die Freiheit der Kirche von der weltlichen Macht, sondern die Herrschaft der Kirche über den Staat. Umgekehrt war es für die deutschen Kaiser nicht nur eine Prestigeangelegenheit, wer die Bischöfe und Äbte ernannte: Ein Verbot der Laieninvestitur hätte in der damaligen mittelalterlichen Welt eine politische Revolution und einen gesellschaftlichen

Umsturz sondergleichen bedeutet. Denn nach dem Lehnsrecht des Mittelalters war es der König, der das Land seines Reiches frei vergeben konnte, an die weltlichen Fürsten ebenso wie an die Bischöfe, die ein Reichskirchengut zum Lehen bekamen und dafür dem König Dienst leisten mußten. Verlor der weltliche Herrscher das Recht, Lehen zu vergeben, verlor er auch das Lehen selbst.

Hier liegt nun der eigentliche Grund für die erbitterte Auseinandersetzung um die Laieninvestitur: Wären die geistlichen Lehensträger vom König unabhängige Fürsten geworden, so wäre das gesamte Reichskirchengut und damit die Verpflichtung zu wirtschaftlicher und militärischer Hilfeleistung für den deutschen Herrscher mit einem Schlag verlorengegangen. Die Bischöfe, die bisher dem weltlichen Lehnsherrn verpflichtet waren, hätten die gleichen Dienste nun plötzlich dem Papst leisten müssen.

Damit wäre ein Staat im Staat entstanden und das einheitliche Reichsgebiet in Herrschaftsgebiete zerfallen, die teils dem deutschen Herrscher, teils dem Papst gehört hätten. Das Deutsche Reich des Mittelalters wäre damit zerstört worden.

Der Kampf gegen die Laieninvestitur war deshalb nicht nur der Kampf der Kirche um ihre ureigensten Rechte, er war darüber hinaus ein Kampf um die Macht überhaupt.

Der Machtanspruch des Papstes

Der Mann, der diesen Kampf um die Macht bis zum Exzeß durchkämpfte, war Hildebrand, ein Bauernsohn aus der Toskana, über dessen Jugend wir nur sehr wenig wissen. Auch er hatte einige Zeit in Cluny verbracht und war von Papst Leo IX. – demselben Papst, der zum erstenmal ein Kardinalskollegium für die Wahl des neuen Papstes eingesetzt hatte – im Jahre 1049 zur Schlichtung eines theologischen Streites nach Rom geholt worden. Zehn Jahre später wurde Hildebrand Archidiakon, 24 Jahre später Papst. Er bestieg als Gregor VII. (1073–1085) den Stuhl Petri. Der Kampf, den die Staufer später noch einmal ausfechten sollten, begann.

Papst Gregor VII., klein von Gestalt und mit einem Gesicht »von Totenblässe«, war eine beängstigende Verbindung von demütigem Glauben und ungeheurer Selbstüberschätzung, von depressiver Rührseligkeit und brutaler Härte. Beim täglichen Meßopfer zerfloß er regelmäßig in Tränen, und es gibt Briefe, in denen er, menschlich nahegehend, seine Einsamkeit und seine Schwachheit beschreibt, wenn er sich »von einem ungeheuren Schmerz und von einer unbegrenzten Traurigkeit« erfaßt fühlte.

Es ist der gleiche Papst Gregor VII., der sich gegen die Bestrafung eines Abtes wandte, der aufsässigen Mönchen Augen und Zungen hatte herausreißen lassen, und der diesen Abt dann sogar noch zum Bischof beförderte – nicht zu reden von all den Hinrichtungen, Verstümmelungen und Folterungen, die ihm nachgesagt wurden.

Selbst wenn manche dieser Grausamkeiten erfunden sein sollten: nicht erfunden ist das Wort aus Jeremia 48,10, das er in einem seiner ersten Briefe während seines Pontifikats zitierte: »Der Prophet sagt: ›der Mann sei verflucht, der davor zurückschreckt, sein Schwert in das Blut zu tauchen‹.« Abschwächend interpretierte er dann: »das heißt, mit den Worten seiner Predigt die fleischlichen Dinge zu geißeln«.

Aber in Wirklichkeit blieb es eben nicht beim Predigen und Geißeln. Es war Papst Gregor VII., der die Lehre vom Heiligen Krieg verkündete, bei dem es nicht nur erlaubt, sondern sogar geboten sei, für Christus und die Kirche mit allen Mitteln, auch mit Feuer und Schwert, zu kämpfen.

»Was aber die Zeitgenossen am meisten befremdete«, schrieb Johannes Haller in seiner großen Papstgeschichte, »war die Unbedenklichkeit, mit der er sich für kirchliche Zwecke weltlicher Waffen bediente. Der Grundsatz, daß die Kirche kein Blut vergieße, schien für ihn nicht zu bestehen, ungescheut hatte er Truppen geworben und Schlachten schlagen lassen, um der Sache, die ihm gerecht war, zum Siege zu verhelfen ... später sah man ihn hoch zu Roß wie einen Feldherrn in glänzendem Schmuck inmitten seiner Truppen.«

Wäre es nach seinen Plänen gegangen, so hätte er das Zeitalter der Kreuzzüge eröffnet und wäre zum ersten Heiligen Krieg ins Heilige Land gezogen. Daß es nicht dazu kam, lag nur an den Umständen, denn inzwischen war der Konflikt mit König Heinrich IV. ausgebrochen, der mit seiner Dramatik die damalige Welt in Atem hielt.

Es hatte damit angefangen, daß die sogenannte »Fastensynode«, die im Februar 1075 in Rom stattfand, nicht nur die Priesterehe und den geistlichen Ämterkauf, die Simonie, verbot, sondern auch das schon öfter erlassene Verbot der Laieninvestitur erneuerte, und das nicht nur in allgemeinen Worten; diesmal wurde dem deutschen König Heinrich IV. ausdrücklich verboten, Äbte und Bischöfe einzusetzen.

König Heinrich, ein junger Mann von 24 Jahren, der schon mit 14 Jahren Vater geworden und auch sonst ein Schürzenjäger war, darauf aus, »alle schönen Mädchen und Frauen sich zu Willen zu machen, deren er habhaft werden konnte«, dieser Heinrich IV. tat daraufhin sofort, was der über 50jährige Papst eben verboten hatte: Er setzte noch im gleichen Jahr einen Erzbischof und zwei Bischöfe ein, um seine angestammten Rechte zu betonen.

Nun drohte der Papst im Dezember 1075 in einem Schreiben und einer geheimen mündlichen Botschaft damit, Heinrich in den Kirchenbann zu tun und ihn – eine unerhörte Novität! – sogar abzusetzen. Das war ebenso revolutionär und bestürzend wie der Ausspruch Gregors, »dem Papst allein steht die Verfügung über die Kaiserwürde zu« und, noch deutlicher: »einzig des Papstes Füße müssen alle Fürsten küssen«.

Mit solchen Sätzen, die eine ganze Welt auf den Kopf stellten, war die Haltung formuliert, die Gregor VII. dann auch vertrat: Er, der sich als Nachfolger Petri bereits zu Lebzeiten als »heilig« verkündete, empfand sich als Herr der Welt, dem Kaiser und Fürsten unterstanden. Dazu gehört auch, daß er die Tiara mit einer Krone, dem Zeichen der weltlichen Gewalt, schmücken ließ und als Papst kaiserliche Insignien trug.

Heinrich IV. reagierte auf die päpstliche Drohung auf seine Weise. Er berief für den 24. Januar 1076 den Reichstag, der gleichzeitig das Konzil der deutschen Kirche war, nach Worms ein und ließ Papst Gregor VII. schlicht und einfach absetzen. Unter Vorsitz des Erzbischofs von Mainz teilten die anwesenden Bischöfe dem »Bruder Hildebrand« ohne viel Umstände in einem Brief mit: »Weil keiner von uns, wie Du öffentlich kundtatest, bisher für Dich Bischof war, so sollst auch Du keinem von uns von nun an Papst sein.«

In einem eigenen Schreiben bestätigte Heinrich IV. diesen Beschluß: »Indem ich diesem Urteil, weil es ersichtlich vor Gott und Menschen gerecht und zu billigen ist, meinerseits zustimme, spreche ich Dir jedes Recht auf das Papsttum, wie Du es bisher zu haben schienst, ab, und von dem Römischen Stuhl, dessen Patriziat mir durch Gottes Zuerteilung und die eidlichen Bestimmungen der Römer gebührt, befehle ich Dir herabzusteigen.«

Daran dachte Papst Gregor VII. natürlich in keiner Weise. Statt dessen trat er auf der Fastensynode des Jahres 1076, zu der die Schreiben aus Worms rechtzeitig eingetroffen waren, anscheinend demütig vor den Altar und flehte zu Petrus:

»Seliger Petrus, Apostelfürst, neige, so bitten Wir, deine gütigen Ohren zu Uns und höre mich, deinen Knecht, den du seit der Kindheit ernährt und bis zum heutigen Tage aus der Hand der Ungerechten befreit hast, die mich als deinen Getreuen haßten und hassen...«

Bescheiden stellte er dann dar, wie man ihn gegen seinen Willen zum Papst gemacht habe, während er doch viel lieber sein Leben »in Pilgerschaft« geendet hätte. Doch dann schloß er sein Gebet mit den Worten: »Durch deine Gnade ist mir die Macht von Gott gegeben, zu binden und zu lösen im Himmel und auf Erden. Hierauf also vertraue ich, und für die Hoheit und den Schutz deiner Kirche, im Namen des Allmächtigen Gottes, des Vaters und des Sohnes und Heiligen Geistes, durch deine Macht und Vollmacht, untersage ich dem König Heinrich, dem Sohne Kaiser Heinrichs, der gegen deine Kirche in unerhörtem Hochmut aufgestanden ist, die Lenkung des ganzen Reiches der Deutschen und Italiens und löse alle Christen vom Bande des Eides, den sie ihm geleistet haben oder leisten werden, los und verbiete, daß ihm irgendwer wie einem König diene...«

Und dann folgte der Kirchenbann, das Anathema: »Weil er als Christ zu gehorchen verachtete und nicht zu Gott zurückkehrte, den er verließ, da er mit Gebannten umging und meine für sein Heil gesandten Ermahnungen, du weißt es, verschmähte und sich von deiner Kirche im Begehr, sie zu spalten, trennte, binde ich ihn an deiner Statt mit der Fessel des Anathema; und so binde ich ihn im Vertrauen auf dich, daß die Völker es wissen und anerkennen: du bist Petrus, und auf deinen Felsen hat der Sohn des lebendigen Gottes seine Kirche gebaut, und die Pforten der Hölle werden sie nicht überwältigen.«

Kaum hatte der König die Nachricht von seiner Exkommunikation erhalten, ließ er im März 1076, obwohl ihm das gar nicht zustand, den Papst exkommunizieren und schrieb an »Hildebrand, nicht mehr Papst, sondern den falschen Mönch« und setzte ihn noch einmal ab: »Ich, Heinrich, von Gottes Gnaden König, mit allen meinen Bischöfen sage Dir, Du in Ewigkeit Fluchwürdiger: Steige herab, steige herab!« – im lateinischen Original: »Descende, descende, per saecula damnande!«

Aber nun zeigte sich, daß Heinrichs IV. Stellung doch nicht so gefestigt war, wie er geglaubt hatte. Seine Absetzung durch den Papst hätten die Fürsten wohl noch ignoriert – sie war ohnehin nicht zulässig, da der König von den Fürsten gewählt war und daher auch nur von ihnen abgesetzt werden konnte. Aber einen Mann als König anzuerkennen, der unter dem Kirchenbann stand, fiel ihnen schwer, da der Umgang mit einem Gebannten die eigene Exkommunikation nach sich zog.

Hinzu kam, daß sich nun auch einige Bischöfe, die zu Gregor VII. hielten, mit den Herzögen von Sachsen, Schwaben, Bayern und Kärnten verbündeten, um den ohnehin wenig beliebten König abzusetzen. So kam es, daß sich die Fürsten im Oktober 1076 einig waren, den König seines Amtes zu entheben, wenn es ihm nicht gelänge, bis zum 22. Februar 1077, dem Jahrestag des Anathema, den päpstlichen Bannfluch zu lösen. Gleichzeitig luden die Fürsten den Papst zu diesem Termin nach Deutschland ein, um den Thronstreit zu entscheiden und dem möglicherweise bis dahin neugewählten deutschen König seinen Segen zu erteilen. »Fast entseelt vor Schmerz« mußte sich Heinrich IV. fügen. Er entsagte der Regierung und zog sich nach Speyer zurück, wo er wie ein Büßer lebte.

Heinrich konnte sich die weitere Entwicklung ausrechnen, zumal der Papst schon voller Eifer zu seinen »geliebtesten Brüdern«, den deutschen Fürsten, auf dem Wege war. Es gab nur ein Mittel, den drohenden Gerichtstag in Augsburg zu verhindern: Heinrich IV. mußte vorher Buße tun. Doch Gregor VII. lag nichts an Buße und Vergebung; er wollte in Augsburg Gericht halten und lehnte es ab, Heinrich vorher zu empfangen.

Da entschloß sich Heinrich IV. zu einem verzweifelten Schritt. Obwohl der Rhein bereits seit Anfang November zugefroren war und ein solch strenger Winter herrschte, daß in Italien sogar der Po mit einer festen Eisdecke bedeckt war, entschloß sich Heinrich wenige Tage vor Weihnachten, dem Papst über die Alpen entgegenzuziehen, um so die Absolution zu erzwingen.

Der Gang nach Canossa

Mit Bertha, seiner Frau, seinem noch nicht dreijährigen Sohn Konrad und seiner Schwiegermutter Adelheid zog König Heinrich, »bald auf Händen und Füßen kriechend, bald auf die Führerschultern gestützt, rutschend, fallend, rollend« bei Mont Cenis über die Westalpen, während die Königin und ihr weibliches Gefolge auf Rinderhäuten sitzend über die Schneeflächen gezogen wurden. So gelangte Heinrich über Turin bei klirrender Kälte bis in die Lombardei.

Inzwischen hatte der Papst erfahren, daß Heinrich bereits in Italien war, und weil er glaubte, der König rücke mit einem großen Heer an, zog er sich auf eine zwischen Parma und Reggio am Rande des Apennin gelegene Burg zurück, die der Großgräfin Mathilde gehörte. Diese Burg, etwa 500 Meter über der Ebene gelegen und eine der stärksten Fürstenburgen, war die Stammfestung des Fürstenhauses Canossa.

Dort erschien, nur von wenigen begleitet, am 25. Januar 1077 Heinrich IV. in einem Büßergewand aus rauher Wolle und klopfte an die innere Pforte. Doch sie blieb verschlossen. So stand der König trotz der eisigen Kälte barfuß, wie es die alten Gesetze verlangten, im Schnee vor der Tür und betete.

Auch am zweiten Tag klopfte Heinrich vergebens an, denn der Papst wollte nicht nachgeben, obwohl man ihm schon vorwarf, dies sei nicht mehr die Strenge eines Apostels, sondern die Härte eines Tyrannen. Und auch am dritten Tag stand König Heinrich vergebens barfuß vor dem Tor.

Man kann gut verstehen, wie schwer Papst Gregor die Entscheidung zwischen Priester und Weltenherrscher gefallen sein muß, denn auch für ihn stand einiges auf dem Spiel. Wenn er dem Büßer das himmlische Erbarmen verweigerte, so verstieß er gegen seine priesterlichen Pflichten. Löste er aber den König vom Kirchenbann, so verzichtete er, kaum daß er es verkündet hatte, auf seine Rolle als Weltenrichter, der sogar Könige absetzte. Denn die Lösung vom Kirchenbann würde bedeuten, daß Heinrich sein Königsamt wieder ausüben durfte.

Es wird berichtet, daß sich der Papst nur durch die beschwörenden Reden des Abtes Hugo von Cluny und der Gräfin Mathilde zum Nachgeben überreden ließ. So gab am vierten Tag der Priester Hildebrand nach, wo der Politiker Gregor hätte hart bleiben müssen: König Heinrich wurde vorgelassen und warf sich vor dem Papst auf den Boden, die Arme in Kreuzform ausgebreitet.

Dieser 28. Januar 1077 war eine der tiefsten Demütigungen für das Königsideal des Mittelalters. »Der wahre Anspruch, auf Erden keinem Richter, auch nicht der Kirche und dem Papst, unterworfen zu sein, das wahre Gottesgnadentum ist in Canossa preisgegeben worden«, schrieb Haller in seiner Papstgeschichte. Aber auch für den Papst war es kein Sieg: Seine hochfliegenden Pläne, sich über den weltlichen Herrscher zu stellen, waren genau in dem Augenblick zunichte gemacht worden, in dem sich Heinrich IV. dem Priester in einer Demutsgeste unterwarf. In Canossa gab es weder Sieger noch Besiegte, auch wenn die

Geschichtsschreibung oft nach der einen oder anderen Seite tendiert.

Als König Heinrich in Canossa vor ihm auf dem Boden lag, kamen Papst Gregor die Tränen. Er richtete ihn auf und schloß ihn segnend in seine Arme. Dann las der Papst die Messe und spendete das Abendmahl, von dem König Heinrich fast ein Jahr lang ausgeschlossen war. Am Schluß der Messe gab er ihm den Friedenskuß.

Aber es gab keinen Frieden. Die Fürsten, enttäuscht, daß der von ihnen so wenig geschätzte Heinrich nun doch wieder König sein sollte, wählten am 15. März 1077 den Schwager Heinrichs, Rudolf von Rheinfelden, zum neuen König. Denn dieser Rudolf versprach allen alles, was Heinrich verweigert hatte: den Fürsten das volle Wahlrecht, dem Papst den Lehenseid und den Verzicht auf die Laieninvestitur. Auf diese Weise hoffte man, seinen Frieden zu haben.

Statt dessen kam es jedoch zum Bürgerkrieg. Der Süden hielt zu Heinrich IV., ebenso der Adel und die Städte, und nach einem Jahr war Heinrichs Stellung wieder so gefestigt daß er die rebellischen Fürsten und Herzöge ächten und deren Lehen an treue Anhänger vergeben konnte. Das Herzogtum Schwaben erhielt dabei jener »wackere Mann«, den wir schon kennengelernt haben: Barbarossas Großvater, Friedrich von Büren, genannt der Alte.

Daß Heinrich IV. wieder die Oberhand gewann und Gegenkönig Rudolf sich nicht durchsetzen konnte, veranlaßte Papst Gregor VII., sich auf der Fastensynode des Jahres 1080 in einem Gebet nicht nur an Petrus, sondern auch an den Apostel Paulus zu wenden, um Heinrich IV. ein zweites Mal zu bannen und das Königtum dem »gottesfürchtigen König Rudolf, dem Lehnsmann der Apostel« zu übertragen.

Aber diesmal erwies sich die Waffe als stumpf. Heinrich nahm den Bann so wenig ernst, »als wenn ihn eine Gans anlief«, setzte, wie zu erwarten, seinerseits Papst Gregor ab und ließ den Erzbischof Wibert von Ravenna als Klemens III. zum neuen Papst wählen.

So hatte sich in wenigen Jahren die Idee des Papstes, als oberster Lehnsherr aufzutreten, der geistliche und weltliche Ämter vergab, in das groteske Gegenteil verkehrt: Jede Partei hatte ihren eigenen König und ihren eigenen Papst – ein Zustand, der sich auch später in der Geschichte noch oft genug ergab.

Für Papst Gregor VII. endete der Kampf tragisch. Nachdem Gegenkönig Rudolf im Jahr 1080 an den Folgen einer Verwundung starb, zog

Heinrich IV. nach Rom und vertrieb Gregor. Nun wurde Gegenpapst Klemens III. feierlich inthronisiert und König Heinrich daraufhin von Papst Klemens am Ostertag 1084 zum Kaiser gekrönt.

Papst Gregor, genannt der Große, starb ein Jahr später, am 25. Mai 1085, einsam und verlassen in Salerno. Auf dem Totenlager vergab er jedem mit Ausnahme »des sogenannten Königs Heinrich und des Erzbischofs von Ravenna«.

Bis zuletzt glaubte er, mit seinem Streben nach päpstlicher Weltherrschaft den Willen Gottes erfüllt zu haben, und so waren seine letzten Worte voll Bitterkeit: »Ich habe die Gerechtigkeit geliebt und das Unrecht gehaßt – deshalb sterbe ich in der Verbannung.«

Der Streit um die Laieninvestitur aber ging unvermindert weiter, auch wenn es dem Papsttum inzwischen gelungen war, das christliche Abendland auf einem anderen Gebiet unter die moralische Herrschaft des Stuhles Petri zu stellen. Zehn Jahre nach Gregors Tod rief Papst Urban II. im Jahre 1095 zu einem Kreuzzug auf, der das Grab Christi aus der Hand der Ungläubigen befreien sollte. Unter ungeheuren Opfern und Verlusten brachen Hunderttausende von Gläubigen und Abenteurern auf, eroberten schließlich nach jahrelangen Entbehrungen Jerusalem und gründeten das Königreich Jerusalem. Es wurde eine Bewegung, die nahezu zweihundert Jahre lang die Geschichte beherrschen und bewegen sollte und an der auch die staufischen Kaiser und Könige beteiligt waren.

Allerdings war ihr Interesse an den Kreuzzügen nur von wenig Begeisterung getragen; sie hatten im Abendland genug damit zu tun, ihre Konflikte auszutragen und ihre Leitideen zu verwirklichen.

Erst fünfzig Jahre nach Canossa, 1122, kam es im sogenannten Wormser Konkordat endlich zu einem Kompromiß in der Frage der Laieninvestitur. Heinrich V. (1106–1125) und Papst Kalixt II. einigten sich auf die Formel, daß der Papst zwar die Bischöfe des Reiches ernannte und die Investitur mit Ring und Stab vornahm, daß aber der deutsche Herrscher seine Zustimmung verweigern und damit die Ernennung ungültig machen konnte. Dem deutschen Herrscher blieb auch das Recht, die vom Papst ernannten Bischöfe seinerseits mit Kirchengut zu belehnen, so daß die Bischöfe als geistliche Fürsten dem Reich verpflichtet waren.

Das war insofern ein Sieg des Papstes, als das deutsche Königtum auf das seit Karl dem Großen ausgeübte Recht verzichtete, als Herr über

Staat und Kirche die Ämter selber zu vergeben. Das Lehnsrecht des Kaisers blieb allerdings erhalten.

Auf der anderen Seite zeigte es sich immer mehr, daß der übersteigerte Anspruch Gregors VII. das Mißtrauen der weltlichen Herrscher hervorgerufen hatte, die nun eine universelle Gewalt ablehnten und versuchten, die Kirche wieder dem Staat unterzuordnen. Gleichermaßen wehrten sich aber die einzelnen Länder zunehmend gegen eine andere Institution, die ebenfalls universelle Geltung beanspruchte: das Kaisertum.

Es war Glanz und Tragik der Staufer, daß sie hundert Jahre nach Canossa als weltliche Herren den gleichen Anspruch auf Weltherrschaft erhoben wie zuvor Papst Gregor VII. Denn, so der Historiker Eberhard Otto: »Das staufische Kaisertum, seine Idee und seine Herrschaft, wie sie unter Friedrich Barbarossa geschaffen wurde, sind die geschichtliche Antwort des deutschen Königtums auf die Epoche des Investiturstreits.«

II
»Die alte Kaiserherrlichkeit«:
Friedrich Barbarossa

Die Anfänge der staufischen Herrschaft

Dunkle Jahre

Im gleichen Jahr 1122, in dem der Investiturstreit sein vorläufiges Ende fand, wurde jener Mann geboren, den die Italiener später wegen seines rötlichen Bartwuchses Barbarossa, Rotbart, nannten.

Aber schon das ist eine Vermutung; denn seltsamerweise wissen wir über die ersten dreißig Jahre seines Lebens so gut wie nichts, obwohl einer seiner Biographen sein eigener Onkel war. Wir sind bis ins Detail über die 38 Jahre seiner Regierung informiert und können lange Listen aufstellen, an welchem Tag Friedrich Barbarossa in welcher Stadt war und was er da tat. Aber wir kennen weder seinen Geburtstag, noch kann man mit absoluter Sicherheit das Geburtsjahr angeben. Denn nur ein einziges Mal, als im Jahre 1152 Abt Wibald von Corvey dem Papst Eugen III. die Wahl Friedrich Barbarossas zum deutschen König mitteilt, wird sein Alter erwähnt, und selbst diese Angabe ist nur ungefähr: »Princeps noster«, heißt es da, »nondum ut credimus annorum triginta« – »unser Herrscher ist, wie wir *glauben*, noch nicht dreißig Jahre alt«.

Da die Königswahl im März 1152 stattfand, könnte dies heißen, daß Friedrich Barbarossa noch im Laufe dieses Jahres dreißig geworden ist. Dann würde sein Geburtstag in das Jahr 1122 fallen. Die Angabe »noch nicht dreißig« kann aber auch ebensogut bedeuten, daß er einige Jahre jünger war. Man findet daher in den verschiedenen Lexika und Geschichtswerken unterschiedliche Angaben, obwohl man sich neuerdings mehr oder weniger auf die Angabe »ca. 1122« geeinigt hat, weil dies die am wenigsten willkürliche Annahme ist.

Auch von Friedrich Barbarossas Eltern wissen wir kaum mehr als ihre Namen und Lebensdaten. Sein Vater, der Sohn Friedrichs des Alten, hieß ebenfalls Friedrich, nur daß man ihn zur Unterscheidung Fridericus Monoculus, Friedrich den Einäugigen, nannte, ohne daß die alten Quellen erzählen, ob Barbarossas Vater auf einem Auge blind war oder es verloren hatte.

Im Alter von etwa 30 Jahren heiratete Friedrich Einaug um 1120 eine gewisse Judith, die Tochter Heinrichs des Schwarzen von Bayern aus dem Stamme der Welfen – eine Tatsache, die später für die Karriere Friedrich Barbarossas von Bedeutung sein sollte. Wir erfahren dann, daß diese Judith an einem 22. November starb – aber diesmal hat der Chronist vergessen, das Jahr dazuzuschreiben, so daß wir auch hier auf Vermutungen angewiesen sind. Man nimmt aber an, daß sie im November 1130 oder 1131 starb, da Friedrich Einaug um 1132 noch einmal geheiratet hat, so daß Friedrich Barbarossa im Alter von acht oder neun Jahren seine Mutter verloren haben dürfte.

Ob der schwäbische Herzogssohn dann von den Mönchen im nahe gelegenen Kloster Lorch erzogen wurde, läßt sich nur vermuten, denn wir erfahren später, daß er Latein gekonnt hat. Wahrscheinlich aber ist er – als einziger der Stauferkaiser – auf dem Hohenstaufen aufgewachsen.

Das einzig sichere Datum aus den ersten dreißig Jahren seines Lebens ist dann der Mai des Jahres 1147, als der fünfundzwanzigjährige Friedrich mit seinem königlichen Onkel Konrad III. zum Zweiten Kreuzzug ins Heilige Land aufbrach.

Konrad III.

Um aber zu verstehen, wieso plötzlich die schwäbischen Herzöge durch Konrad III. zur deutschen Königswürde gekommen waren, muß ich ein wenig zurückgehen.

Wir erinnern uns, daß Friedrich Barbarossas Großvater, der »wakkere« Friedrich der Alte, die Tochter Kaiser Heinrichs IV. zur Frau bekommen hatte. Im Jahre 1090 hatte die Kaisertochter Agnes den Stammhalter Friedrich Einaug und drei Jahre später einen zweiten Sohn geboren, den man Konrad nannte.

Als nun Kaiser Heinrich V., der Sohn Heinrichs IV., im Alter von 44 Jahren als letzter fränkischer Kaiser aus salischem Haus kinderlos am 23. Mai 1125 in Utrecht starb, erbten die beiden staufischen Brüder Friedrich Einaug und Konrad als des Kaisers nächste Verwandte den Besitz und die Güter des salischen Herrscherhauses und, was entscheidender war: Friedrich Einaug war als ältester Sohn der Kaisertochter Agnes Anwärter auf den deutschen Königsthron.

Doch die Fürstenversammlung, die nach dem Tode Heinrichs V. in Mainz zusammenkam, entschied anders. Obwohl Heinrich V. schon früher Friedrich Einaug wieder mit dem Herzogtum Schwaben und Konrad mit dem ostfränkischen Herzogtum belehnt hatte, wodurch die Staufer zu einem der bedeutendsten Geschlechter des Reiches geworden waren, traf die Fürstenversammlung unter dem Einfluß des Erzbischofs Adalbert von Mainz eine andere Wahl. Da der Erzbischof ein Gegner der Staufer war, wählte man den sächsischen Herzog Lothar von Supplinburg zum König, der im Gegensatz zu den Staufern als papsttreu galt.

Der 50jährige Lothar von Supplinburg erhielt also die Reichsinsignien, aber die beiden Stauferbrüder weigerten sich, das Reichsgut herauszugeben, ohne das Lothar machtlos war.

Daraufhin beschloß nun ein Teil der Fürsten, lieber doch einen Staufer zum König zu wählen, aber wieder geschah etwas – zumindest für uns – Überraschendes: Nicht der ältere Friedrich Einaug wurde 1127 zum Gegenkönig gewählt, sondern der drei Jahre jüngere Konrad.

Wir kennen nicht die Beweggründe, die zu dieser Entscheidung geführt haben, aber es ist wahrscheinlich, daß sie religiöser Natur waren. Denn nach einer alten Regel, die bereits im Judentum galt, konnte kein Mensch Priester oder König werden, der ein körperliches Gebrechen hatte – und Friedrich hatte nur ein Auge.

Damit war Friedrich Einaug und somit auch sein fünfjähriger Sohn Friedrich Barbarossa vom Königtum ausgeschlossen. Doch auch hier sollte es eine überraschende Entwicklung geben, wenn auch erst viel später.

Zunächst regierte Lothar von Supplinburg und wurde 1133 sogar zum Kaiser gekrönt. Als er aber vier Jahre später starb, wählte eine Minderheit von Fürsten erneut den Staufer Konrad zum deutschen König, den ein päpstlicher Legat am 13. März 1138 in Aachen krönte. Damit war der erste Staufer zum legalen König geworden.

Ein fataler Kreuzzug

Als König Konrad III. unternahm der Staufer im Mai 1147 in Begleitung Friedrich Barbarossas einen Kreuzzug ins Heilige Land. Es war jener Zweite Kreuzzug, der durch den Fall von Edessa ausgelöst wurde und der von Anfang bis Ende eine einzige blamable Katastrophe war. Er brachte die Kreuzzugsbewegung für lange Jahre in Mißkredit, bis dann Friedrich Barbarossa 43 Jahre später zum Dritten Kreuzzug aufbrach, auf dem er den Tod fand.

Trotz des Aufrufs des Papstes hatte sich zunächst niemand bereit erklärt, an diesem Kreuzzug teilzunehmen. Erst als Abt Bernhard von Clairvaux, der beredsame »honigfließende Doktor«, im burgundischen Pilgerort Vézelay vor einer riesigen Volksmenge sprach, kam es in der ausbrechenden Massenhysterie zum Ruf »Gebt uns Kreuze!«. Daraufhin hatten sich der 25jährige französische König Ludwig VII. und seine Vasallen nicht mehr weigern können. Die Kreuzzugsbewegung, von jeher mehr eine französische als eine europäische Angelegenheit, war wieder in Schwung gekommen.

In Deutschland war es anfangs ähnlich. Dem Aufruf von Bernhard von Clairvaux folgte zwar das einfache Volk, aber König Konrad III. weigerte sich zunächst beharrlich, die Führung des deutschen Zuges zu übernehmen. Denn um Heiden zu bekämpfen, brauchten die Deutschen nicht erst ins Heilige Land zu ziehen: In Pommern und Brandenburg saßen noch genug heidnische Slawen, an deren Unterwerfung den deutschen Grundherren mehr lag als an einem Zug in den Orient. So kam es dann auch mit Billigung des Papstes im Jahre 1147 zu einem deutschen Kreuzzug gegen die Slawen östlich des heutigen Oldenburg. Aber noch bevor der Slawenfeldzug begann, predigte der redegewaltige Abt aus Clairvaux zu Weihnachten 1146 auf dem Reichstag zu Speyer und drohte dem deutschen König die schlimmsten himmlischen Strafen an, wenn er nicht nach Jerusalem zöge. So blieb dem frommen Konrad III. nichts weiter übrig, als einen Kreuzzug nach Jerusalem zu versprechen.

Lustlos brach dann das deutsche Kreuzfahrerheer im Mai 1147 aus Regensburg auf und marschierte plündernd und brandschatzend die Donau hinunter an Konstantinopel vorbei nach Anatolien. Kurz hinter Konstantinopel kam es dann zur ersten Katastrophe. Bei Doryläon wurde das Kreuzfahrerheer von türkischen Seldschuken überfallen und am Abend des 25. Oktober 1147 lebte von zehn Kreuzfahrern nur noch einer; rund 18 000 kamen, wenn die überlieferten Zahlen stimmen, an diesem Tag ums Leben.

Die Überlebenden, unter ihnen König Konrad III. und sein Neffe Friedrich Barbarossa, konnten fliehen und sich mit dem kläglichen Rest ihres Heeres mit dem Kreuzzug des französischen Königs Ludwig VII. vereinigen, der ihnen gefolgt war.

Aber die nächste Heimsuchung war nicht fern: Die Kreuzfahrer litten an einem solch verheerenden Durchfall, daß sie von den Seldschuken reihenweise im Gebüsch erschlagen wurden. König Konrad III. wurde dabei selbst so krank, daß er den Kreuzzug abbrechen und sich nach Konstantinopel zurückschaffen lassen mußte, wo ihn Kaiser Manuel I. von Byzanz eigenhändig gesund pflegte.

Im Heiligen Land kam es dann nach endlosen Streitereien zu einem der unsinnigsten Beschlüsse, die man überhaupt fassen konnte. Statt das verlorene Edessa zurückzuerobern, beschloß man, das befreundete Damaskus zu überfallen. Aber selbst das mißlang dem vereinigten deutsch-französischen Heer auf so groteske Weise, daß diese »Halsstarrigkeit, Unwissenheit und unfähige Torheit« der beiden abendländischen Könige – König Konrad III. hatte sich wieder von seinem Durchfall erholt – eher Anlaß zu einer Komödie gaben, wenn sie nicht wieder Tausende von Menschenleben gekostet hätte.

Man war nämlich vor Damaskus gezogen und hatte, statt die Stadt einzuschließen, erst einmal die Obstplantagen vor der Stadt niedergehauen, um daraus Palisaden zu bauen – um nun zur großen Verblüffung zu entdecken, daß man jetzt der glühenden Julisonne und dem Beschuß aus der belagerten Stadt hilflos ausgesetzt war. So verlegte man das Lager nach drei Tagen in eine Ebene vor der Stadt, um dort mit ebenso großer Verwunderung festzustellen, daß es hier kein Wasser gab. Damit war der großartige Kreuzzug am nächsten Tag eigentlich bereits beendet, denn niemand kam auf den gefährlichen Einfall, wieder in die Plantagen zurückzukehren, wo sich inzwischen die Feinde festgesetzt hatten. So zog man nach fünftägiger »Belagerung« von Damaskus eilig nach Jerusalem zurück. Aber noch tagelang verfolgten die Damaszener die abziehenden Kreuzfahrer mit ihrem Pfeilhagel. Der Gestank der getöteten Menschen und Pferde lag, wie der Chronist berichtet, noch monatelang in der Luft.

Fünf Wochen später, im September 1148, verließ Konrad III. verbittert das Heilige Land, und man wird sich ausmalen können, mit welchen Eindrücken der junge Friedrich Barbarossa von dieser päpstlich verordneten Expedition zurückkehrte, die so überhaupt nichts von dem Kreuzzugsruf »Gott will es!« gerechtfertigt hatte.

Als Friedrich Barbarossa nach Schwaben zurückkam, war Friedrich Einaug gestorben, so daß das Herzogtum Schwaben auf ihn überging. In diese Zeit fällt möglicherweise ein Ereignis, das Friedrich Barbarossa und seine Chronisten erstaunlicherweise schlichtweg totgeschwiegen haben, so daß wir wieder einmal keinerlei Daten besitzen: Es war die Hochzeit Friedrich Barbarossas mit Adelheid, der Tochter des Markgrafen Diepold III. von Vohburg. Aber nicht einmal bei seiner Krönung im Jahre 1152 wurde die Königin mit einem einzigen Wort erwähnt. Daß Friedrich Barbarossa überhaupt verheiratet war, erfahren wir erst nach seiner Krönung aus der Tatsache, daß er vom Papst die Annullierung seiner Ehe verlangte und auch bekam.

Die Königswahl

Die ersten wirklich sicheren Fakten und Daten aus dem Leben Friedrich Barbarossas haben wir erst vom Zeitpunkt seiner Krönung zum deutschen König, oder genauer: mit dem Tode Konrads III.

Konrad III., der während des Kreuzzuges die Regierungsgewalt dem Erzbischof Heinrich von Mainz übertragen hatte, war ernüchtert von dem sinnlosen Unternehmen zurückgekehrt. Unter ihm, den man geringschätzig den »Pfaffenkönig« nannte, hatte der Einfluß der Kirche in Deutschland seinen Höhepunkt erreicht. Seit dem Debakel des Kreuzzuges aber war Konrad III. »voll ernster Strenge«, und Abt Wibald von Stablo, bisher päpstlicher Vertrauensmann am Hofe, schrieb erstaunt und erbittert nach Rom: »Jene, die als treulos bekannt sind, werden mit Reichtümern und Ehren überhäuft, ich aber wie ein Fremdling behandelt.«

Was Wibald von Stablo so befremdete, war der Versuch Konrads III., nun den kirchlichen Einfluß im weltlichen Regierungsgeschäft zurückzudrängen. Aber er war zu schwach, um das in Welfen und Staufer, Anhänger und Gegner Roms, gespaltene Deutschland durch eine starke Politik zu einigen. Um so mehr lag ihm daran, daß sein Nachfolger die nötigen Voraussetzungen dafür mitbrachte.

Bevor König Konrad III. – der sich während seiner fünfzehnjährigen Regierung nicht in Rom zum Kaiser krönen ließ – dann am 15. Februar 1152, drei Jahre nach seiner Rückkehr vom Zweiten Kreuzzug, in Bamberg starb, übergab er die Regierungsinsignien seinem Neffen Friedrich Barbarossa. Aus dynastischen Gründen hätte es nahegelegen, daß er seinen sechsjährigen Sohn Friedrich als Nachfolger vorschlug. Aber das hätte unweigerlich wieder die Stärkung der päpstlichen Seite bedeutet, weil Erzbischof Heinrich von Mainz dann das Recht gehabt hätte, bis zur Mündigkeit des Kindes die Regentschaft für sich zu beanspruchen. Genau das aber wollte Konrad III. verhindern.

Dies jedenfalls berichten Friedrich Barbarossa und der Fürstbischof von Bamberg, die als einzige am Sterbelager Konrads III. gestanden hatten. Daß Konrad III. möglicherweise ganz andere Anordnungen getroffen habe, ist ein kaum zu beweisender Verdacht. Jedenfalls hat Friedrich Barbarossa dann »mit unheimlicher Schnelligkeit gehandelt«, wie ein Chronist notierte. Konrad wurde nicht, wie er gewünscht hatte, im schwäbischen Lorch beerdigt, sondern hastig in Bamberg beigesetzt. Und sofort nach der Beerdigung brachen Friedrich Barbarossa und der Fürstbischof von Bamberg in Eilmärschen auf, um nun auch von den Fürsten die Wahl zum deutschen König zu erreichen, denn die Fürsten waren frei in ihrer Entscheidung.

Aber die Sorge war unnötig. Am 4. März 1152 wählten die deutschen Fürsten Friedrich Barbarossa einhellig zum König, und die schwäbischen Ritter hoben ihren Herzog stolz auf den Schild, trugen ihn durch das Lager und riefen: »Es lebe Friedrich, der König!«

Damit waren nach alter Sitte die Vorschriften für eine gültige Wahl erfüllt, auch wenn Erzbischof Heinrich von Mainz die Wahl für Betrug erklärte, weil Friedrich Barbarossa schon vorher verkündet habe, er werde »König werden auch gegen den Willen der Anwesenden«. Es war die Enttäuschung eines Mannes, der seinen Einfluß verloren hatte.

Die deutschen Fürsten freilich wußten schon, was sie taten. »Es gab nämlich«, so schreibt Bischof Otto von Freising, Chronist und leiblicher Onkel des neuen Königs, »im Gebiet von Gallien und Germanien bisher zwei berühmte Familien; die eine war die der Heinriche von Waiblingen, die andere die der Welfen von Altdorf; die eine pflegte Kaiser, die andere große Herzöge hervorzubringen. Wie es unter bedeutenden und ruhmgierigen Männern zu gehen pflegt, wetteiferten sie häufig miteinander und hatten schon oft die Ruhe des Reiches gestört.«

Auf was der Chronist hier anspielt, ist der schier endlose Streit zwischen den Staufern, die nach dem bedeutenden staufischen Gut Waiblingen die Waiblinger genannt wurden (woraus die Italiener dann die Ghibellinen machten), und den Welfen (italienisch Guelfen), die ursprünglich wohl aus dem fränkischen Gebiet zwischen Mosel und Maas stammten, aber in Oberschwaben und Bayern große Ländereien besaßen.

Nach dem Tode des Kaisers Lothar (von Supplinburg) – gegen den man den Staufer Konrad III. zum Gegenkönig gewählt hatte – war den bayerischen Welfen im Jahre 1137 auch noch das Herzogtum Sachsen (nach unseren heutigen Begriffen Niedersachsen) zugefallen, so daß die bayerischen Welfen nun zwei Herzogtümer besaßen, was rechtlich an

STAUFER UND WELFEN

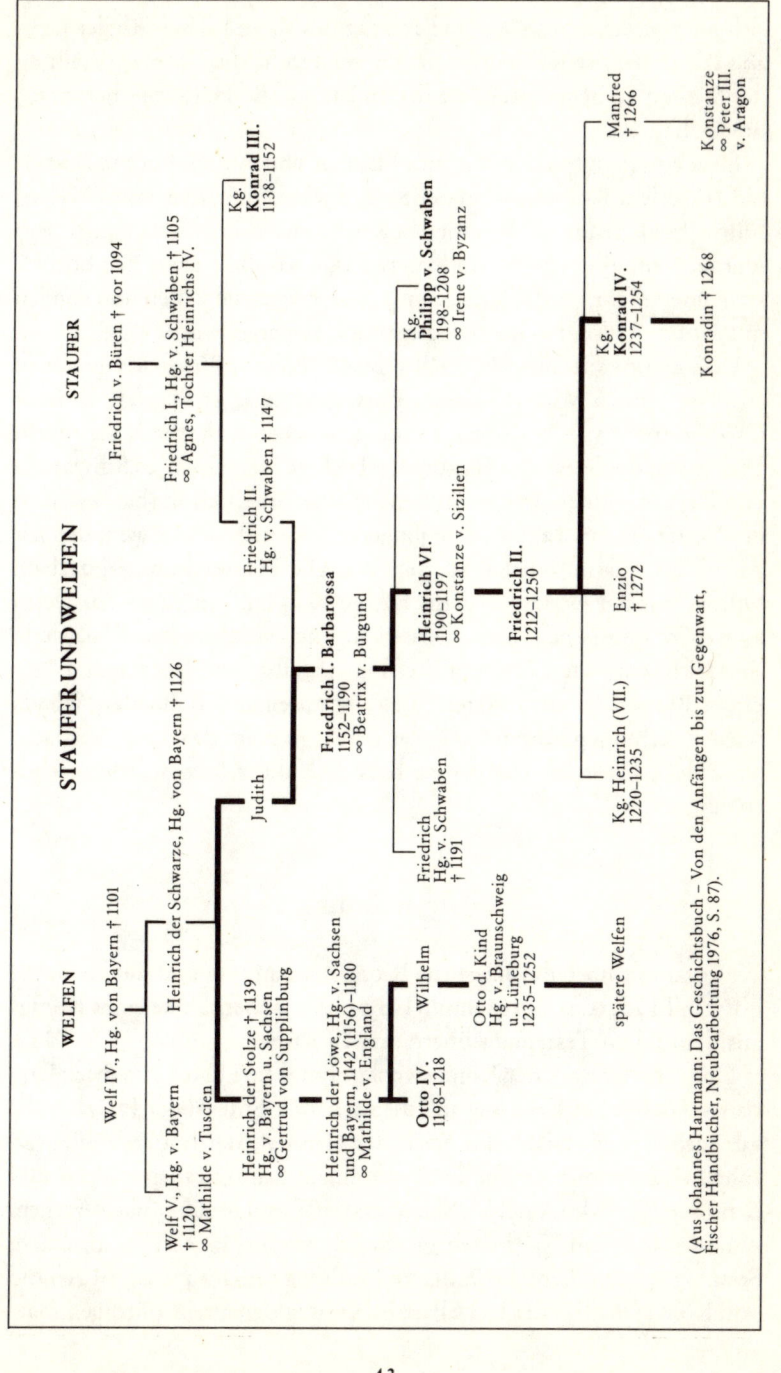

WELFEN

Welf IV., Hg. von Bayern † 1101

Welf V., Hg. v. Bayern † 1120 ∞ Mathilde v. Tuscien

Heinrich der Schwarze, Hg. von Bayern † 1126

Heinrich der Stolze † 1139 Hg. v. Bayern u. Sachsen ∞ Gertrud von Supplinburg

Judith

Heinrich der Löwe, Hg. v. Sachsen und Bayern, 1142 (1156)–1180 ∞ Mathilde v. England

Wilhelm

Otto IV. 1198–1218

Otto d. Kind Hg. v. Braunschweig u. Lüneburg 1235–1252

spätere Welfen

STAUFER

Friedrich v. Büren † vor 1094

Friedrich I., Hg. v. Schwaben † 1105 ∞ Agnes, Tochter Heinrichs IV.

Friedrich II. Hg. v. Schwaben † 1147

Kg. **Konrad III.** 1138–1152

Friedrich I. Barbarossa 1152–1190 ∞ Beatrix v. Burgund

Friedrich Hg. v. Schwaben † 1191

Heinrich VI. 1190–1197 ∞ Konstanze v. Sizilien

Kg. **Philipp v. Schwaben** 1198–1208 ∞ Irene v. Byzanz

Friedrich II. 1212–1250

Kg. Heinrich (VII.) 1220–1235

Enzio † 1272

Kg. **Konrad IV.** 1237–1254

Manfred † 1266

Konradin † 1268

Konstanze ∞ Peter III. v. Aragon

(Aus Johannes Hartmann: Das Geschichtsbuch – Von den Anfängen bis zur Gegenwart, Fischer Handbücher, Neubearbeitung 1976, S. 87).

sich nicht zulässig war. Konrad III. hatte während seiner Regierungszeit daher auch seine Energie darauf verwandt, die Vormachtstellung der Welfen zu bekämpfen, die in der Tat »große Herzöge« hervorgebracht hatten.

Die deutschen Fürsten, die unter Lothar von Supplinburg und Konrad III. erlebt hatten, wohin der Streit zwischen Staufern und Welfen führte, fanden nun, »daß es für das Reich außerordentlich nützlich sein würde, wenn die schwere und langwierige Rivalität unter den höchststehenden Männern des Reichs um privater Vorteile willen nun endlich mit Gottes Hilfe bei dieser Gelegenheit beseitigt würde«.

Und da bot sich nun jener schwäbische Herzog Friedrich geradezu an: Von seinem Vater Friedrich Einaug her war er Staufer, von der Großmutter Agnes her sogar mit dem salischen Kaiserhaus verwandt. Und er war der Sohn von Judith, der Tochter Heinrichs des Schwarzen von Bayern – einer Welfin. Außerdem war Friedrich Barbarossa auch der Vetter des etwa zehn Jahre jüngeren Heinrich des Löwen, der seit 1142 Herzog von (Nieder)Sachsen war. Die Fürsten konnten deshalb hoffen, mit der Wahl Friedrich Barbarossas endlich einen Ausgleich zwischen staufischen und welfischen Interessen zu schaffen, denn Friedrich war, wie Otto von Freising schreibt, »ein Verwandter beiderlei Bluts, wie ein Eckstein, der die auseinanderfallenden Wände wieder verbinden konnte«. Es war ein Argument, das jeden Verdacht ausschloß, Friedrich Barbarossa habe sich die Königswürde erschlichen.

Die Krönung

Nun war nur noch das feierliche Ritual der Salbung und der Krönung notwendig, das das Christentum bei der Amtsübernahme eines Königs aus dem Alten Testament übernommen hatte.

Unmittelbar nach der Königswahl in Frankfurt brach Friedrich Barbarossa daher zur Krönung auf, die nach alter Sitte in der Pfalzkapelle zu Aachen, der Kaiserstadt Karls des Großen, stattfinden mußte. So fuhr Friedrich mit seinem Troß auf einem Schiff erst den Main und dann den Rhein hinunter bis Sinzig und ritt dann hinüber nach Aachen.

Dort fand fünf Tage nach der Wahl, am 9. März 1152, an einem Sonntag, die feierliche Krönung und Salbung durch Erzbischof Arnold von Köln statt. Friedrich Barbarossa bestieg den altehrwürdigen marmornen Stuhl Karls des Großen, der heute noch an der gleichen Stelle im Dom zu Aachen steht.

Es ist dies eine jener wenigen Stellen auf der Welt, wo Geschichte heute noch be-»greifbar« ist: Man kann die Hand auf die kalten Marmorlehnen legen, auf denen die Hände Karls des Großen, Friedrich Barbarossas und 30 anderer Kaiser und Könige gelegen haben, bis dann im 16. Jahrhundert die Krönungsfeierlichkeiten in den »Kaiserdom« nach Frankfurt am Main verlegt wurden.

Nach Konrad III. war Friedrich Barbarossa der zweite Staufer, der zum deutschen König gekrönt wurde, und wie alle seine Vorgänger gab auch er nach seiner Weihe am Grabe Karls des Großen die programmatische Erklärung ab, »die alte Kaiserherrlichkeit« wiederherzustellen. Das waren nach der zum Teil recht verworrenen und hilflosen Regierung des »Pfaffenkönigs« schöne Worte eines kaum Dreißigjährigen.

Aber schon am Schluß der Krönungsfeierlichkeiten kam es zu einem Vorfall, der bald seine Runde durch das Reich machte und der zeigte, daß Friedrich Barbarossa seine Königswürde strenger auffaßte als mancher seiner Vorgänger.

Friedrich wollte gerade den Dom verlassen, um die Huldigung der Fürsten entgegenzunehmen und seine Anhänger durch Geschenke zu belohnen, als sich einer seiner schwäbischen Dienstleute vor ihm niederwarf und bat, ihm ein früheres Vergehen zu verzeihen. Jedermann nahm an, daß Friedrich in dieser Stunde Gnade vor Recht ergehen lassen würde. Um so aufsehenerregender war die Antwort des Königs: »Nicht aus Übermut habe ich dich bestraft, sondern um der Gerechtigkeit willen. Deshalb ist kein Grund zum Widerruf vorhanden.«

Deutlicher als die »unheimliche Schnelligkeit«, mit der Friedrich Barbarossa König geworden war, zeigte dieser Zwischenfall, daß der neue König seinen eigenen Weg gehen würde. Und so schrieb Abt Wibald von Stablo ahnungsvoll an den Papst: »Trauer überflutet unser Herz, wenn wir an die bevorstehenden Veränderungen im Reiche denken.« Es waren prophetische Worte.

Roter Bart und blaue Augen

Bevor wir den weiteren Weg Barbarossas verfolgen, ist es vielleicht angebracht, von den Chronisten etwas über den Charakter und das Aussehen dieses Mannes zu erfahren, der bisher so erstaunlich konturlos und geradezu anonym geblieben ist. Allerdings haben wir auch hier nur Mitteilungen über den älteren Friedrich Barbarossa. So schreibt Acerbus Morena, ein italienischer Chronist: »Er war außerordentlich streitbar, von lange anhaltendem Zorn, kühn und unerschrocken, rasch und redegewandt, freigebig, jedoch nicht verschwenderisch, behutsam und vorausschauend im Rat, schnellen Geistes, überströmend an Weisheit. Den Freunden und Gutgesinnten gegenüber war er liebreich und gnädig, zu den Feinden aber schrecklich und unerbittlich, ein Hüter der Gerechtigkeit und Liebhaber der Gesetze, gottesfürchtig und mildtätig und von fast allen geliebt, so daß die Natur nur darin irrte, daß sie ihn als Sterblichen schuf...«

Etwas weniger bombastisch beschreibt ihn Wibald von Stablo. Demnach war er »von scharfem Verstand und raschem Entschluß, gewandt in den Waffen, begierig nach Ruhm und jeder Art von schwierigen Unternehmungen, Unrecht unter keinen Umständen ertragend, leutselig und freigiebig, von blendender Beredsamkeit in seiner Muttersprache«.

Und von dem Geschichtsschreiber Rahewin (um 1160) erfahren wir schließlich: »Er liebt Kriege, aber nur, um dadurch den Frieden zu gewinnen, er ist persönlich tapfer, im Rat außerordentlich überlegen, Bittenden gegenüber nachgiebig und mild gegen die zu Gnaden Angenommenen.«

Aber trotz dieser in vielen Punkten übereinstimmenden Beschreibungen, die den Historiker Erich Maschke noch 1957 zu der Schlußfolgerung verleiteten, Friedrich Barbarossa habe ein »ritterlich-heldisches Leben« geführt, besagen diese Charakterschilderungen absolut nichts: Auch wenn sie noch so zutreffend klingen, sind es freie Erfindungen der Chronisten, denn im Mittelalter gab es verbindliche Regeln, nach denen sie ihre jeweiligen Herrscher porträtierten. Dabei ging es nicht darum, die Individualität eines bestimmten Königs zu beschreiben, sondern einen bestimmten Mann *als König* darzustellen.

Dazu benutzten die Chronisten von vornherein feststehende Eigenschaften, die einem Herrscher von alters her zugeschrieben wurden, wobei das Vorbild wieder einmal bis ins Alte Testament zurückreicht. Ganze Passagen mittelalterlicher Königsbeschreibungen sind auch lateinischen Autoren entnommen, die mit den gleichen Bildern und Worten etwa Kaiser Konstantin oder den Gotenkönig Theoderich beschrieben haben.

Bei einem Vergleich sämtlicher Beschreibungen der deutschen

Könige und Kaiser seit Karl dem Großen ergab sich daher der gleiche feststehende Katalog von Eigenschaften, die wir auch bei Friedrich Barbarossa wiederfinden. So sind die Herrscher zunächst einmal alle fromm und gottesfürchtig, geben den Armen reichlich Almosen, sind gerecht und lieben die Gesetze, bestrafen die Ungerechten und Schlechten, zeigen aber Demütigen und Unterworfenen gegenüber Gnade und Mitleid. Furcht und Liebe sind daher die Haupteigenschaften, die die Untertanen gegenüber ihrem Herrscher empfinden. Stets zeichnet sich ein Herrscher auch durch persönlichen Mut und durch Tapferkeit aus, führt aber nur Kriege, um die Kirche zu schützen. Der Herrscher ist selbstverständlich der Klügste im Rat, von schnellem Verstand und Scharfblick, dabei persönlich leutselig und freundlich. Es versteht sich auch, daß er den jeweiligen Vorgänger an Ruhm übertrifft und daß er aus einem edlen Geschlecht stammt. (Die Schilderungen der Gegner sind dann das negative Spiegelbild dieses Ideals.)

Man versteht nun, daß die Charakterbilder der Chronisten nur wenig oder gar nichts über die Mentalität Friedrich Barbarossas aussagen, obwohl sie immer wieder mit Andacht zitiert werden. Nicht anders ist es bei der Beschreibung von Friedrich Barbarossas Aussehen. Auch hier ist fast alles Klischee, wenn Rahewin notiert:

»Seine Gestalt ist wohlgebaut ... seine Augen sind scharf und durchdringend, die Nase ist schön, der Bart rötlich, die Lippen sind schmal und nicht durch breite Mundwinkel erweitert, das ganze Antlitz ist fröhlich und heiter. Die in schöner Ordnung stehende Reihe der Zähne zeigt schneeiges Weiß...«

Und dann wird, wieder genau nach Schema, der Körper beschrieben, obwohl Rahewin zwischen den Zeilen anzudeuten scheint, daß Friedrich Barbarossa eine eher gedrungene Gestalt und eine hohe Stimme hatte: »Die Schultern sind etwas hochstehend, in den kurzen Weichen liegt Kraft, die Schenkel ruhen auf starken Waden, sind ansehnlich und durchaus männlich. Sein Gang ist fest und gleichmäßig, seine Stimme hell und die ganze Körperhaltung männlich. Durch diese Leibesgestalt gewinnt er sowohl im Stehen wie im Sitzen höchste Würde und Autorität.«

Bei Acerbus Morena findet man die üblichen Standardklischees von der schönen Gestalt wieder: »Der Kaiser war von edelster Herkunft, er besaß mittlere Körpergröße, war von schöner Gestalt und besaß ebenmäßige und gut proportionierte Gliedmaßen ... er hatte weiße Zähne, sehr schöne Hände, einen feinen Mund.«

Auch hier wird wie bei den Vorbildern aus der Antike nicht das Individuelle, sondern das Ideal wiedergegeben. Die wirkliche Gestalt wird eher zugunsten des Typus kaschiert, um die Funktion – nicht den Menschen – deutlich hervortreten zu lassen, vergleichbar der idealtypischen Darstellung frühgriechischer Plastiken.

Es überrascht deshalb auch nicht, daß die bildlichen Darstellungen Friedrich Barbarossas nicht den Menschen, sondern den Kaiser darstellen wollen – ob es nun die Miniatur aus der sogenannten Welfenchronik (1179–1191) in Fulda ist, die den Kaiser mit seinen beiden Söhnen zeigt, oder das Steinporträt Barbarossas im Freisinger Dom (nach 1160) oder der sogenannte »Cappenberger Barbarossakopf«, jenes in Kupfer getriebene und vergoldete Reliquiar, das um 1170 entstand, als er 48 Jahre alt war.

Wie Friedrich Barbarossa wirklich ausgesehen hat, wissen wir also nicht. Allerdings können wir aus denjenigen Stellen, die nicht in das übliche Herrscherklischee passen, einige Details rekonstruieren.

So schreibt Rahewin, der die gedrungene Gestalt Friedrich Barbarossas zunächst nur ahnen ließ, später deutlicher: »statura longissimis brevior, procerior ementiorque mediocribus« – »von Statur ist er kleiner als die Größten und größer als die Mittelgroßen«. Hier wird umständlich und gewunden mitgeteilt, was wir schon geahnt haben, daß Friedrich Barbarossa leider nicht die von einem König erwartete Größe hatte, wie sie noch die Ottonen und Salier und vor allem Karl der Große mit nachweislich 192 cm aufbrachten.

Aber wenn der Kaiser nicht die gewünschte Länge erreicht, dann wird seine Größe eben zum Idealmaß: Auf einmal finden die höfischen Epen jener Zeit ihre Recken am schönsten, wenn sie nur mittelgroß sind. Auch die weiße Haut, der kleine Mund und die heitere, aber beherrschte Miene gehören seitdem zum Ritterideal, und der Chronist Acerbus Morena notiert: »Sein hellhäutiges Gesicht schien wie von rötlicher Farbe übergossen.« Diesen seltsamen Kontrast hat auch Rahewin beobachtet, wenn er den Hals beschreibt: »An der Kehle und am nicht fetten, aber ziemlich kräftigen Hals ist die Haut milchweiß und manchmal mit jugendlicher Röte übergossen; diese Färbung ruft aber nicht der Zorn hervor, sondern das Schamgefühl.«

Nach all dem Umstand könnte man vermuten, daß Friedrich Barbarossa gelegentlich schüchtern errötete; viel wahrscheinlicher ist aber, daß er jene pigmentarme und durchscheinende Hautfarbe hatte, wie sie Rothaarigen eigen ist. Denn nun kommt die Katastrophe, mit der die

Biographen nicht fertig wurden und die sie nur mühsam umschrieben haben: Rote Haare galten im Mittelalter und noch lange danach als Zeichen der Verschlagenheit und der Unehrlichkeit. Rothaarigkeit war ein negatives Indiz, und so waren es auch folgerichtig die Italiener, die plötzlich von Kaiser Barbarossa, dem Rotbart, sprachen, als Friedrich im Jahre 1162 Italien unterworfen und Mailand zerstört hatte.

Sein Haar war zwar »blond und oben an der Stirn etwas gekräuselt«, und die Ohren wurden kaum durch Haare verdeckt, aber der Bart zumindest, den er sich »um der Ehre des Reiches willen täglich stutzen ließ«, war eben rötlich, wie Rahewin noch zugibt, während Acerbus Morena die rötliche Farbe überhaupt nicht erwähnt, die ihm schließlich den Beinamen gab.

Ferner soll Friedrich Barbarossa blaue Augen gehabt haben und, wie eine Quelle berichtet, in »vaterländischer Tracht«, also nicht in »welscher Mode« gekleidet gewesen sein. Und schließlich hat Wibald von Stablo noch ein Detail vermerkt, das Friedrich Barbarossa als Schwabe nicht verleugnen konnte: er habe nämlich einen »freundlichen, reizvollen Dialekt« gesprochen.

Sowenig wir nun trotz aller Beschreibungen und Porträts sagen können, wie Friedrich Barbarossa in Wirklichkeit ausgesehen hat, um so verblüffender ist es, daß sich bis heute ein lebensechtes Porträt seiner Urgroßmutter Hildegard von Egisheim erhalten hat. Es ist die Totenmaske der »Dame inconnue de Sainte Foy«, wie die Franzosen sie zunächst genannt hatten, der »Unbekannten Dame von St. Fides« in Schlettstadt (dem heutigen Selestat) im Elsaß. Aber so unbekannt war sie nicht.

Man hatte sie gefunden, als man im Jahre 1892 die Kirche von St. Fides renovierte und dabei im Chor ein Grab entdeckte. Als man den Holzsarg öffnete, fand man darin den Leichnam seltsamerweise mit Kalk bestreut. Man vermutet, die Tote sei mit Kalk übergossen worden, weil sie einer Seuche, etwa der Pest, zum Opfer gefallen war, und tatsächlich ist der Leichnam nur bis in die Höhe des Herzens erhalten. Aber der Kalk zwischen Brust und Scheitel kann kein Ätzkalk gewesen sein, denn er hat nicht zerstört, sondern konserviert. Wie bei den Toten von Pompeji, die im Ascheregen begraben wurden, konnte man auch bei dieser Toten den Hohlraum ausgießen und erhielt auf diese Weise eine Totenmaske von herber Schönheit: Es ist das einzige naturgetreue Antlitz eines mittelalterlichen Menschen, das es gibt und dessen Namen wir kennen.

Man nimmt heute allgemein an, daß es die Totenmaske jener Hildegard von Egisheim ist, die Friedrich Barbarossas Urgroßvater Friedrich von Büren geheiratet hat, als er noch im Wäscherschlößchen wohnte. Nach dem Tode Friedrichs von Büren um 1054 war jene Hildegard ins Elsaß zurückgekehrt, in Schlettstadt gestorben und in der von ihr gestifteten Kirche von St. Fides beigesetzt worden, wo nun ihr Grab im Chor gefunden wurde.

Ich kann der Versuchung nicht wiederstehen, die verschiedenen Bilder der Staufer mit Hildegard von Egisheim zu vergleichen, um womöglich eine Familienähnlichkeit zu entdecken. Dabei scheint mir der Cappenberger Barbarossakopf dem Porträt der staufischen Urgroßmutter zumindest nicht zu widersprechen. Noch erstaunlicher aber ist der Vergleich der Totenmaske mit dem Fragment eines Kaiserbildnisses, das man in Italien gefunden hat und bei dem man allerdings nicht sicher ist, ob es tatsächlich Friedrich II., den Enkel Friedrich Barbarossas, darstellt.

Der Vertrag mit dem Papst

Nach diesem Exkurs nun wieder zurück zu den »Taten Friedrichs«, wie Otto von Freising seine Chronik genannt hat, in der er das Leben des Staufers beschrieb.

Als die Fürsten Friedrich Barbarossa zu ihrem König gewählt hatten, erhofften sie die Lösung von zwei Problemen, mit denen Barbarossas Onkel Konrad III. nicht fertig geworden war: Das eine war die ›innerdeutsche Frage‹ zwischen Welfen und Waiblingern, also zwischen Heinrich dem Löwen im Norden und den Staufern im Süden. Das andere war der noch immer nicht gelöste Konflikt zwischen Kirche und Staat.

Friedrich Barbarossa nahm beide Probleme sofort in Angriff. Schon unmittelbar nach seiner Krönung traf Friedrich Barbarossa die ersten Entscheidungen, die die Weichen für die Zukunft stellten. Zunächst schrieb er an Papst Eugen III. (1145–1153) und teilte dem Papst »als eine der beiden Gewalten, die diese Welt lenken« seine Wahl zum deutschen König mit und versprach, das »uns von Gott übertragene Reich« gerecht zu regieren und »die ehrwürdigen Gebräuche der früheren Könige sorgfältig zu beachten«.

Jeder dieser Sätze mußte den Papst alarmieren. Als wenn es nicht eben einen »Pfaffenkönig« und einen Anspruch der Kirche auf die Vorherrschaft über die Welt gegeben hätte, bittet hier ein junger Monarch nicht etwa um die Bestätigung oder Anerkennung der Königswahl, sondern teilt diese einfach als Faktum mit und begründet dies mit dem Argument, die Königswürde werde unmittelbar von Gott verliehen und nicht von der Kirche. Damit widersprach Friedrich Barbarossa von vornherein der Vorstellung, die sich seit Gregor VII. immer stärker durchgesetzt hatte, daß nämlich der Papst die lebenspendende Sonne sei, um die der König klein und mit geborgtem Glanz als Mond kreise.

Denn – so ein Zitat aus jenen Tagen – »die geistliche Gewalt hat die irdische einzusetzen, auf daß sie sei, und sie zurechtzuweisen, wenn sie nicht gut ist. Sie selbst aber« – die geistliche Gewalt – »ist zuvor von Gott eingesetzt und kann, wenn sie irrt, von Gott allein gerichtet werden, wie geschrieben steht: der geistliche Mensch richtet alles und wird selbst von niemandem gerichtet.«

Demgegenüber hielt Friedrich Barbarossa an der Zwei-Schwerter-Lehre fest, an die man sich vor dem Investiturstreit auf beiden Seiten gehalten hatte. Man bezog sich dabei auf eine Stelle im Lukas-Evangelium (22, 38), wo die Jünger sagen: »Herr, siehe, hier sind zwei Schwerter«, und Jesus ihnen antwortet: »Es ist genug.« Obwohl der biblische Text dafür gar keine Anhaltspunkte liefert, interpretierte man diese Stelle so, daß je ein Schwert für die geistliche und die weltliche Gewalt vorgesehen sei.

Mit dem Hinweis, der Papst sei »eine der beiden Gewalten, die diese Welt lenken«, geht Friedrich Barbarossa also wieder eindeutig auf die ursprüngliche Zwei-Schwerter-Theorie zurück.

Den Worten ließ er dann auch gleich Taten folgen. Entgegen der Abmachung des Wormser Konkordates von 1122, wonach der Papst die Bischöfe ernannte und der weltliche Herrscher sie nur bestätigte, setzte der junge König auf seiner ersten Reise durch das Reich in Utrecht den Bischofskandidaten seiner Wahl durch und ernannte bei einer strittigen Abstimmung auf dem Merseburger Reichstag, ohne den Papst zu fragen, den Bischof Wichmann von Naumburg zum Erzbischof von Magdeburg.

Damit nicht genug. Durch die Gesandtschaft, die er mit seinem Brief nach Rom geschickt hatte, ließ er ausrichten, ihm läge an einem »frommen Werk der Reinigung« durch den Papst. Friedrich Barbarossa verlangte dabei nichts anderes, als daß der Papst durch einen Legaten

(Beauftragten) die romhörigen geistlichen Würdenträger in Deutschland abberufen und durch Männer ersetzen sollte, die für die unabhängige Politik Friedrichs eintraten. Das hieß mit anderen Worten: Der Mann, der die Gottunmittelbarkeit des Königtums vertrat und damit den Papst brüskierte, verlangte nun auch noch, daß eben dieser Papst ihm dabei helfen sollte, seinen Anspruch durch die Neubesetzung von Bischofsämtern zu unterstützen. Der Papst sollte, um es salopp zu sagen, an dem Ast sägen, auf dem er selbst saß.

Doch das Eigenartige geschah: Papst Eugen III. gab ohne lange Widerrede nach, versprach einen Legaten zu senden, der zusammen mit dem König das »fromme Werk der Reinigung« in Angriff nehmen sollte, nannte die Gesandten Friedrichs Barbarossas seine »lieblichsten und auserlesenen Söhne der Kirche«, versicherte in einem Antwortbrief den König seines väterlichen Wohlgefallens und bestätigte seine Königswahl.

Ließe man diese Abfolge von Aktion und Reaktion einfach als Fakten nebeneinander stehen, so wäre dies bei aller Korrektheit der Wiedergabe jedoch eine Verfälschung der Tatsachen. Denn Papst Eugen war weder geistesschwach noch ein Feigling: Auch er machte bei dem Handel ein ganz gutes Geschäft, und wie so oft stellt jeder das als seinen Sieg dar, was im Grunde nur ein Kompromiß war.

Der Papst fühlte sich nämlich von zwei Seiten her bedroht. Einmal durch König Roger von Sizilien und seine Normannen, deren Reich sich von Sizilien bis kurz vor Rom erstreckte. Die Normannen konnten jederzeit auch noch den Rest Italiens samt dem Kirchenstaat erobern und damit die Stellung des Papsttums ernsthaft gefährden.

Eine zweite Gefahr sah Papst Eugen in den freundschaftlichen Beziehungen, die zwischen dem deutschen und dem byzantinischen Kaiserhaus in Konstantinopel bestanden. Immerhin war Bertha von Sulzbach, die Schwägerin König Konrads III., mit dem byzantinischen Kaiser Manuel I. verheiratet, der seinerzeit den kranken König Konrad gesund gepflegt hatte. Und am Ende dieses Kreuzzuges hatte Konrads Halbbruder, der Herzog Heinrich von Österreich – nach seinem ständigen Spruch »Ja! So mir Gott helfe!« als Heinrich Jasomirgott bekannt –, die byzantinische Kaisernichte Theodora geheiratet.

Der Papst fürchtete nun, diese enge Verbindung zwischen dem deutschen und dem byzantinischen Kaiserhaus könnte zu einem gemeinsamen Kampf gegen die Normannen führen und damit die Byzantiner nach Italien bringen. Gerade das hatte die päpstliche Politik jahrhundertelang zu vermeiden gesucht. Eben deshalb hatten die Päpste seit Karl dem Großen die Deutschen zu Kaisern des Römischen Reiches gekrönt, um ein machtpolitisches Gegengewicht zu »Ostrom« zu schaffen.

Aber der Kampf der Päpste gegen die deutschen Herrscher während des Investiturstreits hatte diese Machtbalance in Gefahr gebracht. Nach seiner Rückkehr vom Zweiten Kreuzzug und seinem Aufenthalt in Konstantinopel hatte selbst der »Pfaffenkönig« Konrad III. begonnen, den übermäßigen Einfluß der Kirche zurückzudrängen. Wenn Friedrich Barbarossa diese Entwicklung fortsetzte, stand das Papsttum am Ende allein. Papst Eugen III. mußte also versuchen, die traditionelle Allianz zwischen dem Heiligen Stuhl und dem deutschen Kaiserhaus wieder zu erneuern, denn ohne ein starkes deutsches Kaisertum konnte der Papst auf die Dauer nicht einmal seiner römischen Stadtbevölkerung sicher sein.

So kam es, daß sich der Papst trotz der wenig freundlichen Haltung Friedrich Barbarossas konziliant und nachgiebig zeigte, denn für das »fromme Werk der Reinigung« mußte Friedrich Barbarossa als Gegenleistung handfeste militärische Hilfe versprechen.

Die einzelnen Punkte wurden in einem Vertrag »zwischen dem Herrn Papst Eugen und dem Herrn und Römischen Kaiser Friedrich« niedergelegt, den die Gesandten des Königs in Rom ausgehandelt hatten und der dann im März 1153 in Konstanz in Kraft gesetzt wurde.

In diesem Konstanzer Vertrag, in dem Friedrich Barbarossa schon »durch Gottes Gnade erhabener Römischer Kaiser« genannt wird, obwohl er noch gar nicht zum Kaiser gekrönt war, heißt es:

»Der Herr König hat einen der Dienstleute des Reiches bei seinem Leben schwören lassen, und dieser hat versprochen, daß er (der König) weder mit den Römern noch mit Roger von Sizilien einen Waffenstillstand, noch Frieden schließen werde ohne Zustimmung und Willen der Römischen Kirche und des Papstes Eugen oder seiner Nachfolger...

Er verpflichtet sich nach Kräften, die Römer dem Papst und der Römischen Kirche so zu unterwerfen, wie sie es jemals vor hundert Jahren und davor gewesen sind...

Dem griechischen König (d.h. dem Kaiser von Byzanz) wird er kein Gebiet diesseits des Meeres zugestehen, und wenn derselbe einen Überfall macht, wird er sich nach Kräften bemühen, ihn so rasch wie möglich zu vertreiben. Dies alles wird er tun ohne Hinterlist oder bösen Willen.«

Und schließlich mußte Friedrich Barbarossa auch noch feierlich versprechen, »die Ehre des Papsttums« und die »Regalien des hl. Petrus« (das heißt, die Hoheitsrechte, die sich auf den Landbesitz bezogen) gegen alle Welt nach Kräften zu erhalten und zu beschützen. »Diejenigen aber, die er augenblicklich nicht innehat, wird er nach Kräften helfen wiederzugewinnen und das Wiedergewonnene verteidigen.«

Dafür versprach der Papst im Konstanzer Vertrag die moralische Unterstützung Friedrich Barbarossas: »Der Herr Papst hingegen hat kraft seiner apostolischen Autorität versprochen . . ., daß er diesen als geliebtesten Sohn des heiligen Petrus ehren und daß er ihn, wenn er zur Krönung kommt, soviel an ihm liegt, ohne Schwierigkeit und Widerspruch zum Kaiser krönen wird.«

Außerdem erklärte sich der Papst bereit, die Gegner Friedrich Barbarossas »in kanonischer Weise zur Genugtuung zu ermahnen«, das heißt, sie zu exkommunizieren, wenn der König dies forderte, denn der Papst übernahm die Aufgabe, »wenn es sein Amt gebietet, zur Erhaltung, Vermehrung und Erweiterung der Ehre des Reiches beizutragen«.

Mit diesem Vertrag konnten beide Seiten zufrieden sein. Der Papst hatte sich die militärische Unterstützung Friedrich Barbarossas gesichert, die er aber nur erhalten konnte, wenn es dem deutschen Herrscher gelang, das unter König Konrad III. in Papstanhänger und Papstgegner zerstrittene deutsche Reich wieder zu einen. Darum stimmte Eugen jener »Reinigung« zu, durch die die »Unwürdigen«, die sich in den letzten Jahren in die Kirche eingeschlichen hatten, vertrieben werden sollten.

Friedrich Barbarossa erhielt dafür die Zusage der Krönung zum Kaiser, was für ihn mehr war als eine Formel. Für Friedrich Barbarossa war es die Leitidee seines Handelns, die alte Kaiserherrlichkeit wieder heraufzuführen.

Das Erbe der Cäsaren: die Kaiseridee

Warum die Kaiserwürde für einen deutschen König von solcher Bedeutung war, obwohl sie nur Ansehen und Prestige, aber keinerlei realen Machtzuwachs brachte, muß kurz erklärt werden:

Sprachlich leitet sich das Wort Kaiser bekanntlich vom Namen Julius Cäsar ab: Es ist die Geschichte eines Eigennamens, der zum Titel wurde. Schon Octavian, der Adoptivsohn Cäsars und der eigentliche Begründer des römischen Kaisertums (31 vor bis 14 nach Christus), hatte den Namen Cäsar angenommen und sich Cäsar der Erhabene (Caesar Augustus) genannt, woraus dann allmählich eine Herrschaftsbezeichnung wurde. Als das Römische Reich im Jahre 476 nach den Stürmen der Völkerwanderung unterging, gab es auch keinen Cäsar mehr. (Die Herrscher Ostroms in Byzanz, die wir Kaiser nennen, bezeichneten sich selbst als Könige.)

324 Jahre nach dem Untergang des römischen Cäsarentums erinnerte sich Papst Leo III. (795–816) an den längst vergangenen Titel eines Cäsars und krönte aus Gründen, die nie ganz geklärt wurden, Karl den Großen bei seinem Besuch in Rom am 25. Dezember des Jahres 800 während eines Gottesdienstes unvermutet zum »Serenissimus Augustus Imperator, Romanum gubernans Imperium«, zum »Imperator Augustus, dem Herrscher des Römischen Reiches« – als ob es dieses Römische Reich noch gäbe.

War es nun schon höchst seltsam, daß Karl der Große die Herrscherwürde eines längst untergegangenen Reiches übertragen bekam, so war es noch merkwürdiger, daß diese »Translatio Imperii«, die Übertragung des Reiches, von einem Mann vorgenommen wurde, der dazu gar nicht befugt war: vom Papst. Allerdings hatte Leo III. die Form gewahrt und sorgsam ausgewähltes »römisches Volk« in die Kirche geladen, das dann zunächst nach alter Sitte die erforderliche »Acclamatio« vollzog, indem es Karl den Großen zum Cäsar ausrief: »Karl, dem Augustus, dem gottgekrönten, großen und friedlichen Imperator der Römer Heil und Sieg!« Anschließend vollzog Leo III. nach der »Coronatio« – der Krönung – die »Adoratio«: die Anbetung, indem er sich vor dem Kaiser verneigte. Damit war das Ritual erfüllt und Karl der Große war Kaiser des Römischen Reiches, noch ehe er wußte, wie ihm geschah.

Denn wie ein Chronist berichtet, kam es »ohne Vorherwissen des Herrn Karl« zur Kaiserkrönung, und nach den Worten seines Biographen und Freundes Einhard wäre Karl der Große trotz des hohen kirchlichen Festtages zu Weihnachten nicht in den Gottesdienst gegangen, wenn er geahnt hätte, was ihm bevorstand. Karl der Große konnte dann auch nichts mit der Würde eines römischen Imperators anfangen. Noch ein Vierteljahr nach seiner Kaiserkrönung in Rom nannte er sich schlicht »König«. Erst später übernahm er dann die Formel »Kaiser der Römer, König der Franken und Langobarden«.

Für den Papst hatte die wiederbelebte Kaiserwürde dagegen einen Vorteil. Indem er dem Herrscher des ersten großen Machtgebildes jenseits der Alpen, das seit der Völkerwanderung entstanden war, damit schmeichelte, daß er ihm die Nachfolge des römischen Weltreiches übertrug, gewann er einen »Beschützer der Christenheit« in einem Teil Europas, das noch weithin heidnisch war. Nach der Formel »Ein Gott – ein Reich – ein Herrscher« konnte er hoffen, daß der Kaiser zur Verbreitung des Christentums beitrug, wenn er sein Reich erweiterte, andererseits aber auch das Christentum da schütze, wo die Macht des Kaisers hinreiche.

Aus dieser Beschützerrolle des Christentums ergab sich aber nun, wie wir jetzt verstehen, auch der eigentliche Konflikt des Investiturstreites: Der Papst hatte das weltliche Schwert zu Hilfe gerufen, indem er ihm den Schutz des Christentums übertrug. Damit hatte sich das Papsttum jedoch auch eine Abhängigkeit eingehandelt, die es nun seit Gregor VII. bekämpfte.

Trotzdem blieb diese Translatio Imperii stets unangefochten mit dem einst von Rom unterworfenen Germanien verbunden. War Karl der Große noch Kaiser eines fränkisch-germanischen Gesamtreiches gewesen, so ging dann mit Otto dem Großen im Jahre 962 die römische Cäsarenwürde eindeutig auf die »Deutschen« über und blieb da bis 1806, als der Habsburger Franz II. unter dem Druck Napoleons die Kaiserkrone des »Heiligen Römischen Reiches Deutscher Nation« (eine Bezeichnung, die seit 1486 üblich ist) niederlegte. Rein staatsrechtlich wurde ein »Deutsches Reich« nach nahezu zweitausendjähriger deutscher Geschichte dann erst 1871 durch Bismarck geschaffen.

Aber während die Schaffung eines »Deutschen Kaisers« 1871 eher romantisierende Gründe hatte, bedeutete die alte »Kaiserherrlichkeit« im Mittelalter noch einen realen, wenn auch nie erreichten Anspruch auf übernationale Macht. Als »Beschützer der Christenheit« war der Kaiser theoretisch auch Herrscher der Christenheit. In seiner Eigenschaft als römischer Cäsar war der deutsche König das Haupt aller anderen christlichen Könige – ein Anspruch, der durch das Entstehen der Nationalstaaten immer irrealer wurde, der aber in der staufischen Geschichte Anstoß und Motiv für die Italienpolitik war.

Die Ordnung des Reiches

Nach seiner Krönung in Aachen hatte Friedrich Barbarossa zwar angekündigt, er werde nun zur Kaiserkrönung nach Rom aufbrechen. Eine solche »Heerfahrt« war aber nur möglich, wenn die Fürsten, die ihn gewählt hatten, zustimmten und ihn begleiteten. Dazu waren sie aber vorerst nicht bereit, vor allem widersetzte sich der Sachsenherzog, der Welfe Heinrich der Löwe.

Wenn Friedrich Barbarossa sein Ziel erreichen wollte, mußte er also erst einmal versuchen, die Fürsten zufriedenzustellen, indem er die von früheren Königen gegebenen Zusagen und Versprechen einlöste – und davon gab es einige.

Welfen und Ghibellinen

Das schwierigste und schier unlösbare Problem waren die Welfen, ein Herrschergeschlecht aus fränkischem Reichsadel, das ursprünglich aus Lothringen stammte und seit der Mitte des 8. Jahrhunderts am Bodensee in Schwaben saß.

Mit Welf III. war das Welfenhaus im Jahre 1055 im Mannesstamm erloschen, wurde aber über die italienische Linie durch Welf IV., den Neffen Welfs III., neu begründet. Dieser Welf IV. aus dem italienisch-lombardischen Hause Este erhielt 1070 das Herzogtum Bayern zum Lehen, und als er 1101 starb, übernahm sein jüngerer Bruder Welf V. dieses Herzogtum. Ihm folgte 1120 dessen jüngerer Bruder, der endlich einmal nicht mehr Welf hieß, sondern Heinrich, mit dem Zunamen der Schwarze. Dieser Bayernherzog Heinrich der Schwarze war Friedrich Barbarossas Großvater, denn der Staufer Friedrich Einaug hatte die Welfentochter Judith geheiratet.

Judiths Bruder Heinrich der Stolze (1126–1139) machte sogar noch eine bessere Partie: Er heiratete Gertrud, die Tochter König Lothars III. Nach dem Tode seines Vaters Heinrich des Schwarzen wurde Heinrich der Stolze auch Herzog von Bayern; aber da ihn König Lothar bereits mit dem Herzogtum Sachsen belehnt hatte, besaß Heinrich der Stolze plötzlich wider alle Regeln zwei Herzogtümer. Damit war der Konfliktfall gegeben.

DIE WELFEN

Welf II. † 1030
∞ Irmentrud von Luxemburg

- Welf III.
  † 1055
- Kunigunde
  ∞ Azzo von Este

Welf IV. Herzog von Bayern
† 1101
∞ Ethelinde von Nordheim

- Welf V.
  † 1120
- Heinrich der Schwarze
  † 1126
  ∞ Wulfhild von Sachsen,
  Tochter des Herzogs Magnus (Billunger)

- Heinrich der Stolze
  † 1139
  ∞ Gertrud von Sachsen
  Tochter des Kaisers Lothar von Supplinburg
- **Welf VI.**
- Judith
  ∞ Herzog Friedrich von
  Schwaben (Monoculus)
  (Staufer)

Heinrich der Löwe
† 1195
∞ 1. Clementia von Zähringen
2. Mathilde von England

Kaiser Friedrich I. Barbarossa

- Gertrud
  ∞ 1. Herzog Friedrich von Schwaben
  2. König Knud von Dänemark
- Wilhelm von Lüneburg
  ∞ Helena von Dänemark

Kaiser Otto IV.
† 1218
∞ 1. Beatrix von Schwaben,
   Tochter Königs Philipp von Schwaben
2. Maria von Brabant

Otto das Kind
1235 Herzog von Braunschweig
und Lüneburg

die späteren Welfen

(Aus Johannes Hartmann: Das Geschichtsbuch – Von den Anfängen bis zur Gegenwart, Fischer Handbücher, Neubearbeitung 1976, S. 84).

Lothars Nachfolger, der Staufer Konrad III., erklärte denn auch sofort nach seiner Thronbesteigung, »für die Ruhe und Ordnung im Reiche« sei Heinrichs des Stolzen Macht viel zu groß und gefährlich, zumal kein Fürst »nach altem Gesetz und Herkommen zwei Fürstentümer zugleich besitzen« dürfe. Dem widersprach Heinrich der Stolze mit der Feststellung, er sei durch Lothars Entscheidung »in rechtlichem Besitze« Sachsens – und das war vollkommen unanfechtbar.

Aber König Konrad III. wußte sich zu helfen, um seinen Konkurrenten auszuschalten: Er verhängte die Acht über ihn, wodurch gleich beide Herzogtümer frei wurden. Das Herzogtum Sachsen ging nun (bis 1142) an Albrecht den Bären, während Bayern an des Königs Halbbruder Leopold IV. von Österreich aus dem Hause Babenberg fiel.

Ein Jahr nach seiner Ächtung, 1139, starb dann Heinrich der Stolze im Alter von 37 Jahren. Sein Sohn, der spätere Heinrich der Löwe, war gerade erst zehn Jahre alt.

Inzwischen kämpfte Welf VI., der Bruder Heinrichs des Stolzen, um den Besitz Bayerns. Dadurch kam es zu einem regelrechten Krieg in Süddeutschland, da die Besitzungen und Einflußgebiete der Welfen und Staufer wie ein Flickenteppich über die Landkarte verstreut lagen.

In der Schlacht bei Weinsberg in der Nähe von Heilbronn wurde Welf VI. von König Konrad III. besiegt. In dieser Schlacht vom 21. Dezember 1140 soll zum erstenmal jener Schlachtruf erklungen sein, der noch lange den Konflikt jener Epoche kennzeichnen sollte: »Hie Welf – Hie Waiblingen!« (Es ist übrigens dieselbe Schlacht, bei der nach der Legende den Frauen der besiegten Festung Weinsberg aus königlicher Milde gestattet wurde, mit dem frei abzuziehen, was sie auf den Schultern tragen könnten. Zu ihrer Verblüffung verloren die Sieger auf diese Weise auch die Männer als Gefangene, denn die Frauen hatten beim Abzug ihre Männer Huckepack aufgeladen – weshalb die Burg bis heute die »Weibertreu« heißt.)

Mit der Schlacht von Weinsberg blieb Bayern auch weiterhin in der Hand der Babenberger, denn als Leopold IV. 1141 starb, ernannte König Konrad III. Leopolds Bruder zum neuen Herzog von Bayern: Es war der 27jährige Heinrich Jasomirgott, der im Jahr darauf Gertrud, die 26jährige Witwe Heinrichs des Stolzen und Mutter Heinrichs des Löwen heiratete, die allerdings nach kurzer Ehe starb. Nun glaubte König Konrad III., das Problem des Doppelherzogtums aus der Welt geschafft und die Macht der Welfen unter Kontrolle zu haben. Deshalb sprach er 1142 dem erst 13jährigen Heinrich (dem Löwen) wieder das

Herzogtum Sachsen zu, wobei das »wieder« eine merkwürdige Verdrehung anzeigt: Heinrich der Löwe, wohl selbst noch als bayerischer Welfe im Schwäbischen geboren, war nun nicht mehr der Herzog des süddeutschen Stammlandes, sondern plötzlich Herzog eben jenes (Nieder)Sachsen, dessen Zugewinn die Ächtung und Vertreibung seines Vaters Heinrich des Stolzen bewirkt hatte. Immerhin, die Welfen waren wieder Herzöge, und das nicht mehr in gefährlicher Nähe zu Schwaben und den Staufern, sondern angenehm weit weg im Norden. Man hatte sich friedlich-schiedlich »auseinandergelebt«.

Nur daß sich Heinrich der Löwe bald mit dem Tausch nicht zufriedengab. Denn nachdem ihm nun schon Sachsen zugesprochen war, forderte der 18jährige Heinrich im Jahre 1147 auch das Herzogtum Bayern als Stammland zurück. Damit war man nun wieder genauso weit wie neun Jahre zuvor, als die Welfen ebenfalls auf dem rechtmäßig verliehenen Doppelherzogtum bestanden hatten. Zwar besaß Heinrich der Löwe Bayern noch nicht, aber schon der Anspruch verhieß Unfrieden.

Um diesen Konflikt möglichst auf friedlichem Wege zu lösen, hatte man daher nach dem Tode König Konrads III. Friedrich Barbarossa zum Nachfolger gewählt, weil er, mit beiden Häusern verwandt, am ehesten die staufischen und welfischen Interessen versöhnen konnte.

Wie sich Friedrich Barbarossa allerdings mit seinem etwas jüngeren Vetter Heinrich dem Löwen arrangieren sollte, ohne bestehende Ansprüche zu verletzen, blieb ein Rätsel. Gab er Heinrich dem Löwen das Stammland Bayern zurück, zerstritt er sich unweigerlich mit den Babenbergern. Gab er Bayern nicht heraus, bekam er Schwierigkeiten mit Heinrich dem Löwen, wie sich schon gleich nach der Krönung gezeigt hatte, als Heinrich der Löwe die Teilnahme am Heerzug verweigerte, bevor nicht die Frage des Herzogtums Bayern geklärt war.

Wir wissen nicht, welche Lösung sich Friedrich Barbarossa ausgedacht hatte, da wir von den Chronisten nur über seine Handlungen informiert werden. Beurteilt man die ganze Sache vom Ergebnis her, so könnte man sagen, daß Friedrich einen recht pfiffigen Plan verfolgte, für den er aber offenbar Zeit brauchte, um ihn durchzusetzen. Sieht man dagegen die Lösung der Welfenfrage rein vom historischen Ablauf, so gewinnt man den Eindruck, daß Barbarossa im wahrsten Sinne des Wortes »Vetternwirtschaft« betrieben hat, um seine eigenen Ziele zu verwirklichen.

Da von nun an immer wieder von Reichstagen in verschiedenen

Städten die Rede sein wird, bedarf dies einer Erklärung. Im Gegensatz zu unserer heutigen Erfahrung, daß jeder auch noch so unbedeutende Staat eine Hauptstadt hat, gab es im Deutschland der Stauferzeit noch nichts dergleichen. Das lag im System des Feudalstaates begründet: Indem der König das Land an bestimmte Personen »auslieh«, hing seine tatsächliche Regierungsgewalt von dem Einfluß ab, den er auf diese Lehnsleute ausübte. Es bestand damals, wie man heute sagt, ein Personenverbandsstaat, der erst allmählich vom zentral durch Beamte verwalteten Flächenstaat abgelöst wurde.

Einfluß auf die Lehensträger konnte der König aber nur dann ausüben, wenn er mit seinem Hofstaat selbst umherreiste und durch seine Gegenwart deutlich machte, wer der eigentliche Herr war. Es ist dies das sogenannte »Wanderkönigtum«, das noch keine Königs- oder Hauptstadt kannte. Um nun sich und ihren Hofstaat auf den ständigen Reisen angemessen unterbringen zu können, hatten sich die Könige an den verschiedensten Stellen des Landes in Erinnerung an die germanische Königshalle Residenzen gebaut, die man mit dem lateinischen Wort Palatium bezeichnete. Aus diesem Wort entstand dann nicht nur der »Palast« und das »Palais«, sondern auch das Wort »Pfalz« (wobei sich die Bewohner der Pfalz selbst noch heute als »Pelzer« bezeichnen).

Die Pfalzen dienten als ständig wechselnde Regierungszentren, und die Tage, an denen das Land vom König zusammen mit den Verantwortlichen verwaltet und regiert und an denen Gericht gehalten wurde, waren die »Reichstage«.

Derartige Reichstage berief nun auch Friedrich Barbarossa auf seinem ersten »Umritt« durch sein Herrschaftsgebiet ein, und auf dem Reichstag zu Würzburg im Herbst 1152 unternahm er auch den ersten Versuch, das Welfenproblem zu lösen. Wie es sich gehörte, wurden die Betroffenen, also Heinrich Jasomirgott und Heinrich der Löwe, vom König vorgeladen. Doch Heinrich Jasomirgott erschien nicht, um seine berechtigten Ansprüche zu verteidigen. Auch ein halbes Jahr später, auf einem Reichstag in Worms zu Pfingsten 1153, bestritt er die Rechtmäßigkeit der Ladung. Wieder ein Jahr darauf, im Juni 1154, unternahm Friedrich Barbarossa einen dritten Versuch und lud die Beteiligten in die Kaiserpfalz zu Goslar ein, aber Heinrich Jasomirgott erschien auch diesmal nicht.

Nach dem Rechtsempfinden jener Tage war Friedrich Barbarossa nun berechtigt, so oder so eine Entscheidung herbeizuführen. Ihr

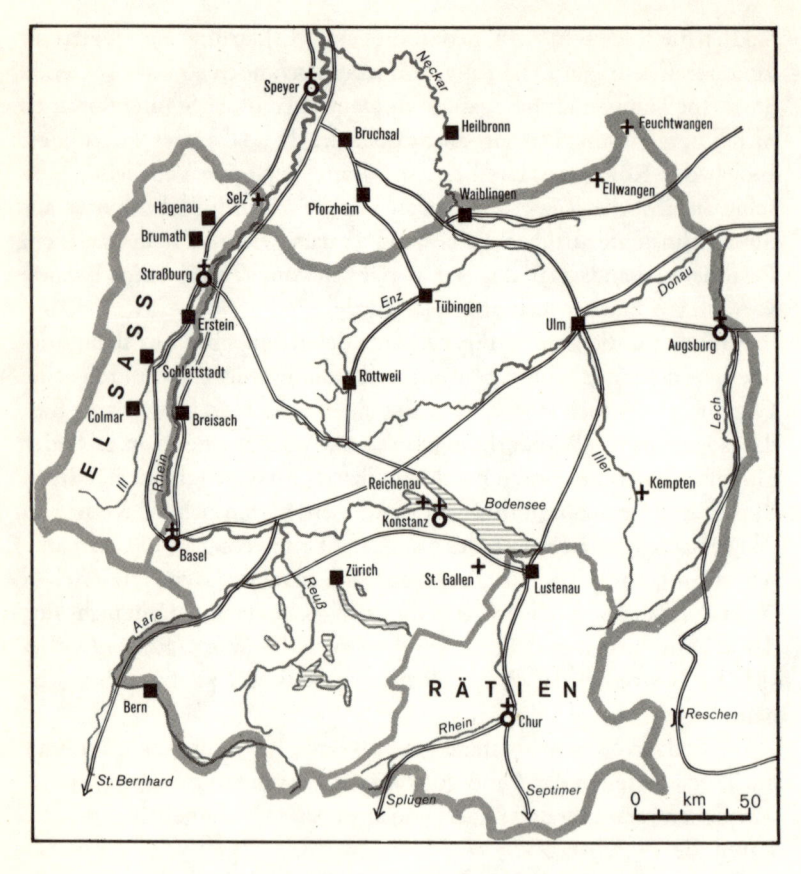

Das Herzogtum Schwaben zu Beginn der staufischen Zeit

Ergebnis war freilich schon durch den Ort des Reichstages vorauszuahnen: Goslar lag im Herrschaftsbereich Heinrichs des Löwen. Es kam daher genauso, wie Heinrich Jasomirgott befürchtet hatte: Der Welfe Heinrich bekam das angestammte Bayern wieder als Herzogtum zugesprochen und erhielt im Norden außer Sachsen noch die ostelbischen Kolonisationsgebiete Oldenburg, Ratzeburg und Mecklenburg in Vertretung der Königsmacht. Friedrich Barbarossa stellte also nicht nur das Doppelherzogtum wieder her, sondern gab Heinrich dem Löwen auch noch freie Hand in den slawischen Kolonisationsgebieten. Das war mehr, als die Welfen vorher besaßen, als man die Macht des Doppelherzogtums fürchtete.

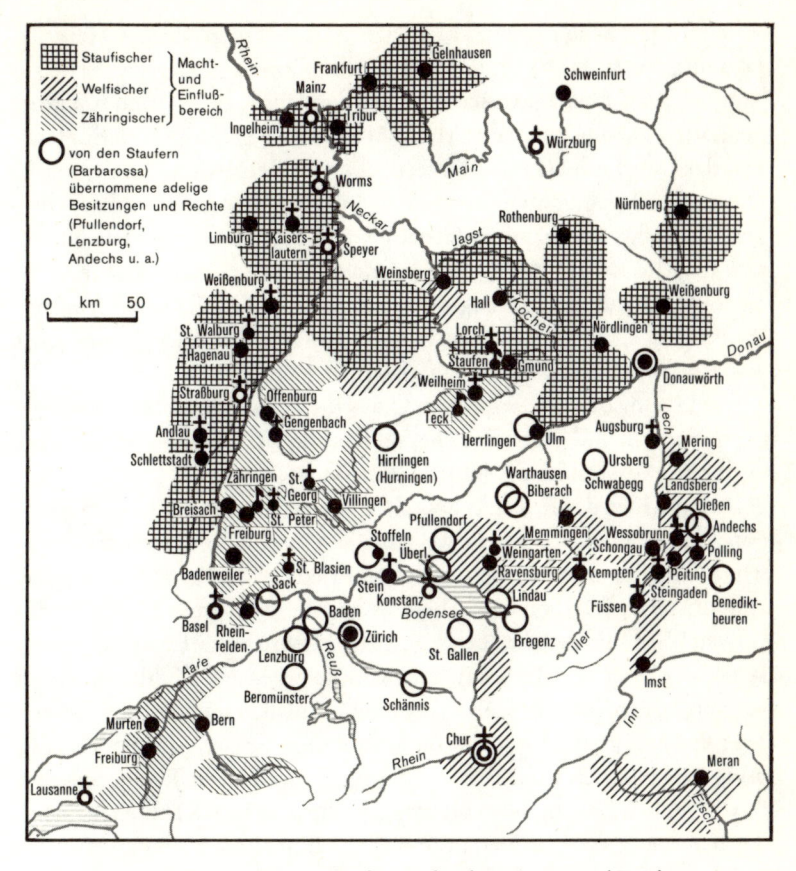

Die Territorialpolitik der Staufer in Schwaben, Bayern und Franken

Aber es war im Augenblick nur ein Wechsel auf Zukunft: Denn in Bayern regierte noch Heinrich Jasomirgott, und es schien rätselhaft, wie Friedrich Barbarossa ihm einen Verzicht nahelegen wollte. Trotzdem erklärte sich Heinrich der Löwe auf das bloße Versprechen hin bereit, Friedrich Barbarossa auf seiner Heerfahrt nach Italien und zur Krönung in Rom zu begleiten.

Friedrich Barbarossa konnte daraufhin noch im gleichen Jahr nach Italien ziehen und sich im Jahr darauf zum Kaiser krönen lassen. Erst zwei Jahre nach dem Versprechen erhielt dann Heinrich der Löwe 1156 das Herzogtum seines Vaters zurück. Damit waren die Welfen das einzige Fürstengeschlecht, das zwei Herzogtümer regierte.

Denn inzwischen war es Friedrich Barbarossa gelungen, Heinrich Jasomirgott Bayern wegzunehmen, ohne ihn zu verärgern. Er hatte ganz einfach das getan, was andere vor ihm längst auch hätten tun können, wenn sie nur die realisierbare Möglichkeit gesehen hätten: Heinrich der Löwe erhielt zwar Bayern, aber verkleinert um die Ostmark. Dieses Reichsgebiet im Osten, seit 996 »Ostarîchi« genannt, hatte bisher als Markgrafschaft dem Herzog von Bayern unterstanden. Friedrich Barbarossa trennte dieses Ostarîchi einfach ab und machte es zu einem selbständigen Herzogtum. Dadurch wurden die bisherigen babenbergischen Markgrafen zu Herzögen – und Heinrich Jasomirgott war's nach einigem Zögern zufrieden.

Die Lösung des Welfenproblems machte Friedrich Barbarossa sozusagen zum Gründer Österreichs, in dem die Babenberger seitdem bis zu ihrem Aussterben im Jahr 1246 herrschten.

Damit schien der Konflikt zwischen Welfen und Staufern ausgestanden zu sein. Heinrich der Löwe besiedelte und kolonisierte die slawischen Ostgebiete im Norden, während Friedrich Barbarossa ein um das andere Mal nach Italien zog. Aber das Doppelherzogtum Heinrichs des Löwen blieb nur 24 Jahre bestehen: Als Heinrich der Löwe auf einem Italienzug Friedrich Barbarossa seine Hilfe gegen den Lombardenbund verweigerte, nahm der Kaiser dies zum Anlaß, Heinrich den Löwen 1180 endgültig zu ächten, der daraufhin nach England in die Verbannung ging. Sachsen wurde geteilt, das stark verkleinerte Restherzogtum Bayern den Wittelsbachern übertragen, die es bis 1918 behielten. Aber der Konflikt zwischen Welfen und Ghibellinen war auch danach noch nicht ausgestanden. Der eigentliche Kampf, ein Thronstreit zwischen den Staufern, denen Frankreich zu Hilfe kam, und den Welfen, die von England unterstützt wurden, sollte noch lange die Gemüter erhitzen.

Im Jahre 1154 aber, zwei Jahre nach seiner Wahl zum deutschen König, hatte Friedrich Barbarossa jedenfalls das Seine getan, um den Frieden in Deutschland wiederherzustellen – und wenn es vielleicht auch nur um des persönlichen Vorteils willen war, weil er die Fürsten zur Heerfahrt nach Italien bewegen wollte.

Die Rektoren von Burgund

In den ersten Regierungsjahren hat sich Friedrich Barbarossa aber auch um seinen Nachbarn im Südwesten gekümmert – um Burgund. Dieses

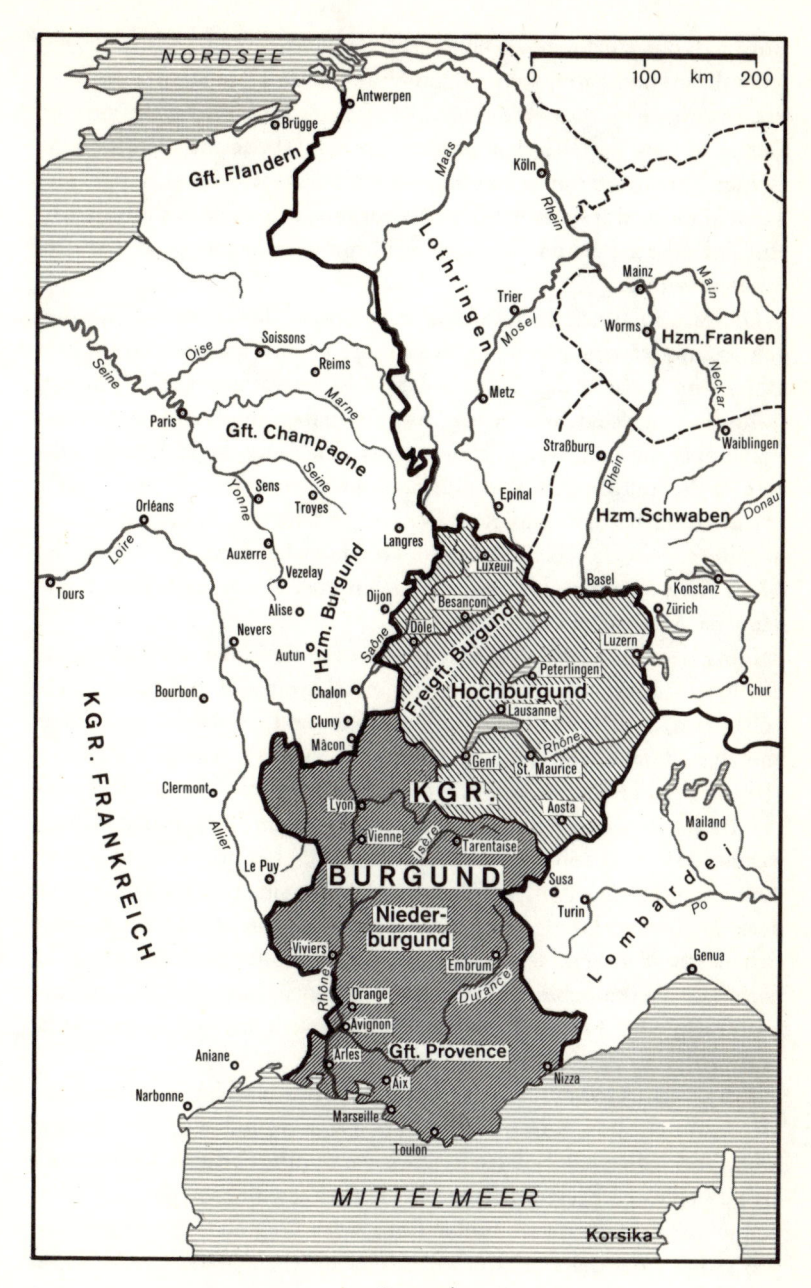

Burgund

Burgund, das wir heute als eine nicht klar umrissene Landschaft zwischen Loire und Saône kennen, umfaßte zur Zeit der Staufer auch die Provence (reichte also bis zum Mittelmeer) und erstreckte sich im Osten bis an den Vierwaldstätter See und bedeckte damit weite Gebiete, die heute zur Schweiz gehören. Städte wie Basel, Genf oder Saint-Maurice waren damals ebenso burgundisch wie das südfranzösische Arles, nach dem das Königreich Burgund später auch das »Arelat« genannt wurde.

Dieses Königreich Burgund war 1033 ein Teil des Deutschen Reiches geworden, der von sogenannten Rektoren – wir würden Vizekönige sagen – im Auftrag des deutschen Königs verwaltet wurde. Eine tatsächliche Herrschaft über ganz Burgund haben die Deutschen in der Praxis aber nie ausgeübt, auch wenn sich drei deutsche Herrscher offiziell auch zu Königen von Burgund krönen ließen: Heinrich III., Friedrich Barbarossa und Karl IV. Es handelte sich dabei jedoch nur um eine nominelle Oberhoheit – obwohl noch heute im Kreuzgang der Abtei Saint-Trophime in Arles ein steinerner Reichsadler längst vergangene Ansprüche dokumentiert.

Für Friedrich Barbarossa war es aus zwei Gründen wichtig, seinen Einfluß auf Burgund zu verstärken: Einmal konnte es ihm nicht gleichgültig sein, welche Haltung Burgund während des Welfenkonfliktes einnahm, denn Clementia, die Schwester des burgundischen Rektors, war die Frau Heinrichs des Löwen. Schon im Juni 1152 schloß Friedrich Barbarossa daher mit dem Rektor, dem Dux Burgundiae Herzog Berthold IV. von Zähringen, einen Vertrag ab, bestätigte ihn in seinem Amt und versprach ihm, im folgenden Jahr bei einem Feldzug zur Wiedererlangung verlorengegangener Gebiete beizustehen. Dafür erklärte sich Berthold bereit, seinerseits mit einem Kontingent am Heerzug nach Italien teilzunehmen. Zu diesem Feldzug in Burgund kam es dann zwar nicht, aber Friedrich Barbarossa hatte auch hier erst einmal Ruhe und Ordnung geschaffen.

Ein zweiter Grund für sein Interesse an Burgund lag in seiner Leitidee von der alten Kaiserherrlichkeit. Da Burgund wie Deutschland oder Oberitalien ein Teil des Reiches war, wollte er dieses Gebiet auch als tatsächlichen Herrschaftsbereich zurückgewinnen, zumal es einen bequemeren Zugang nach Süden bot als der Weg über die Alpen. Das war sicher einer der Gründe, weshalb er möglichst bald mit Berthold von Zähringen ins reine kommen wollte. Aber sowenig wie es zum Feldzug in Burgund kam, sowenig kam der arme Berthold IV. dann überhaupt noch zum Regieren, weil ihm Friedrich Barbarossa mit einem durchaus legalen »Trick« die Herrschaft abnahm.

Auch im Norden des Reiches hatte Friedrich Barbarossa gleich zu Anfang seiner Regierung seinen Standpunkt deutlich gemacht, indem er auf dem Reichstag zu Merseburg Pfingsten 1152 den Thronstreit im Nachbarreich Dänemark entschied. Nur im Südosten mußte Friedrich Barbarossa darauf verzichten, die sechs Jahre zuvor verlorengegangene Oberhoheit über Ungarn wiederzugewinnen: Auf dem Reichstag zu Regensburg Ende Juni 1152 hatten sich die Fürsten geweigert, einen Ungarn-Feldzug zu unternehmen.

Immerhin hatte Friedrich Barbarossa bereits in den ersten Monaten seiner Regierung mehr für die innere Befriedung des Reiches getan oder in die Wege geleitet als sein Vorgänger Konrad III.

Nur in einem wichtigen Bereich mußte Friedrich Barbarossa noch seine Macht demonstrieren: im italienischen Gebiet des Römischen Reiches Deutscher Nation. Nach Abschluß des Konstanzer Vertrages mit dem Papst und nach dem Arrangement mit dem Welfenherzog Heinrich dem Löwen zog Friedrich Barbarossa daher im Oktober 1154 nach Italien, um die Kaiserkrone entgegenzunehmen und die Herrschaft in Italien zu erneuern.

Italien und die Langobarden

Das Italien, das in jener Zeit zum Herrschaftsgebiet der deutschen Kaiser gehörte, bestand im wesentlichen aus der Lombardei, also der Südseite der Alpen, der Po-Ebene und Tuscien im Westen, das an den römischen Kirchenstaat grenzte. Daß man dies als »deutsches« Gebiet empfand, erklärt sich aus seiner Geschichte, die der Lombardei auch ihren Namen gegeben hat: Seine Bewohner waren skandinavische »Langbärte«, die zunächst an der Unterelbe gesiedelt hatten und Anfang des 5. Jahrhunderts dann nach Süden gezogen waren. 567 kamen diese »Langobarden« nach Italien und ließen sich vor allem in jenem Gebiet nieder, das man daraufhin die »Langobardei« nannte und das wir heute verkürzt als »Lombardei« kennen.

Die Langobarden waren die ersten Germanen, die sich nicht in die römische Rechtsordnung eingliederten, sondern ihre eigenen Überlieferungen beibehielten, so auch ihre Sprache, die neben dem Bayerischen und Alemannischen zu den oberdeutschen Mundarten gehörte. Erst um das Jahr 1000 übernahmen die Langobarden die oberitalienische Mundart. Zu dieser Zeit gehörten die Langobarden aber schon längst zum Fränkischen Reich. Karl der Große hatte 774 die Lombardei erobert und in sein Reich eingegliedert. 951, knapp zweihundert Jahre später, ließ sich dann Otto der Große zum König des Langobardenreiches krönen.

Die Bindung an das Reich löste sich dann während des Investiturstreites, als sich die lombardischen Städte gegen Heinrich IV. verbündeten und zum Papst hielten. Die großen Städte, vor allem Mailand, machten sich bei dieser Gelegenheit mit Unterstützung des Papstes selbständig, indem sie die bis dahin bestehenden Grafschaften und Reichsbistümer für sich beanspruchten. Damit zerstörten sie aber die geltende Lehensordnung, denn es war das alleinige Recht des Königs, über das Land zu verfügen.

Daß sich die Stadtgemeinden nun ein Recht anmaßten, das im Feudalstaat allein der König hatte, kam einer gesellschaftlichen Revolution gleich, aber kein König hatte bisher die Macht gehabt, die Lombardei wieder dem bestehenden Recht zu unterwerfen und damit auch wieder regulär als Teil des Reiches zu beherrschen.

Als Friedrich Barbarossa mit einem kleinen Heer von 1800 Mann Ende 1154 auf den Ronkalischen Feldern ankam, einer Ebene am Po bei Piacenza, nutzte er den Aufenthalt in der Lombardei deshalb zu einem demonstrativen Akt. Er ließ den Reichsschild als Zeichen des königlichen Aufgebots aufstellen und durch Herolde verkünden, alle Lehensträger des Reiches hätten in der folgenden Nacht beim König den Wachdienst zu leisten. Damit sollten alle weltlichen und geistlichen Lehensträger ihre Vasallentreue unter Beweis stellen. Wer nach dem zweiten Aufgebot nicht erschien, verlor sein Lehen.

Mit dieser Demonstration wollte Friedrich Barbarossa die Lombarden daran erinnern, daß er nach wie vor ihr Lehnsherr war.

Nur änderte sich dadurch nichts. Während in Deutschland das Feudalsystem dadurch eingeschränkt wurde, daß die Lehen weithin erblich geworden waren, war dieses System in der Lombardei schon seit hundert Jahren praktisch außer Kraft. Es wieder einzuführen erforderte die Unterwerfung der Städte, vor allem Mailands.

Damit reagierten die Deutschen auf ein neues Wirtschafts- und Sozialgefüge ebenso wie andere vor und nach ihnen in der Geschichte: Sie bekämpften als schädlich, was sie bald darauf mit Gewinn übernahmen. Das, was wir in der Rückschau als Fortschritt ansehen, lehnten sie ab, weil es fremd war. Und vieles, was sie in der Lombardei sahen, war neu: Die Macht beruhte nicht mehr auf dem Feudalsystem, sondern auf der Wirtschaft, auf Handel und Handwerk. Während in Deutschland der Lehnsmann noch Naturalabgaben an den Lehnsherrn abführen mußte, hatten die Lombarden bereits die Geldwirtschaft eingeführt. Man zahlte mit Silberstücken und – zur großen Verwunderung der Deutschen – sogar mit Pergamentstücken, die so gut wie Geld waren. Natürlich kannte man auch in Deutschland schon Geld, und man schätzte es sehr; aber man hatte noch nicht seine Bedeutung als alleiniges Zahlungsmittel erkannt. Hier erfuhr man nun, daß infolge der Geldwirtschaft Macht und Einfluß nicht mehr an Grund und Boden gebunden waren, sondern an Arbeit und deren Produkte. Was dann auch zu einer gesellschaftlichen Umschichtung geführt hatte: Die Städte und deren Bürger wurden durch ihren Reichtum zu den eigentlichen Herrschern. Das Äquivalent der Arbeit – das Geld – ließ sich, im Gegensatz zu Naturalien wie Getreide, beliebig lange aufheben, leicht transferieren und transportieren und sogar ohne eigene Arbeit vermehren, wenn man es gegen Zinsen auslieh.

Dieses neue System beeindruckte die Deutschen derart, daß man im späten Mittelalter die Geldwechsler und Pfandleiher summarisch »Lombarden« nannte und bis heute eine bestimmte Form des Kreditwesens als Lombardgeschäft und dessen Verzinsung als Lombardzins bezeichnet wird.

Das alles war den Deutschen damals so ungewohnt, daß sich auch Friedrich Barbarossa sichtlich erschüttert zeigte, als die Stadt Mailand die Dreistigkeit besaß und ihm für 4000 Mark die Herrschaft über die Städte Lodi und Como abkaufen wollte, die ursprünglich königliches Lehen gewesen waren. Friedrich Barbarossa lehnte dieses Sündengeld entrüstet ab und marschierte daraufhin bis vor Mailand, um die Stadt zur Ordnung zu rufen.

Nun boten ihm die Mailänder noch einmal die 4000 Mark an – damals eine ungeheure Summe –, aber das war immer noch gegen die Ehre des Reiches: Ein Lehen war nicht verkaufbar und schon gar nicht gegen das Geld der eigenen Untertanen. In der Folge sollte sich freilich zeigen, daß die Geldzahlungen der lombardischen Städte an Friedrich Barbarossa die Haupteinnahmequelle seines ganzen Reiches waren, und der Einfluß auf die Lombardei war bald keine Prestigeangelegenheit mehr, sondern ein Wirtschaftsfaktor ersten Ranges.

Zunächst aber hatte das Aufeinandertreffen von altem Lehenswesen und moderner Geldwirtschaft noch tragische Folgen. Als Mailand sich weigerte, Lodi und Como herauszugeben, wurde es in die Acht getan, also in den Zustand der Rechtlosigkeit und Friedlosigkeit versetzt. Dabei hatten die Deutschen nur noch nicht begriffen, daß man Macht und Abhängigkeit auch durch Geldzahlungen erreichen konnte.

Am liebsten hätte Friedrich Barbarossa Mailand sofort angegriffen und unterworfen, aber mit seinen 1800 Mann konnte er dies nicht wagen. So beschränkte er sich darauf, in der Umgebung Mailands einige Wehranlagen zu zerstören und das mit Mailand verbündete Tortona zu belagern, dessen Zitadelle nahezu unangreifbar auf einer steilen Felsnase lag.

Hier gedachte Friedrich Barbarossa ein Exempel zu statuieren: Ein aufgerichteter Galgen zeigte den Bewohnern, welches Schicksal ihnen bevorstand, und keine Bittprozession konnte Friedrich Barbarossa erweichen: Er belagerte und beschoß die Stadt, und als sich Tortona nach zwei Monaten am 13. April 1155 ergab, weil die Deutschen das Trinkwasser vergiftet hatten, dankten es die Bewohner nicht Friedrich Barbarossa, sondern den Fürsten, daß sie wenigstens das nackte Leben retten konnten. Dann plünderten die Soldaten die Stadt und brannten sie nieder.

Dieses Strafgericht löste zwar Schrecken aus, hatte aber nicht die gewünschte Wirkung. Städte wie Verona und Piacenza verbündeten sich nun erst recht mit Mailand, um im Falle eines Angriffs dessen Unterstützung zu erhalten, Genua zog sich vom König zurück. Die Einnahme Tortonas, die als Abschreckung gedacht war, wurde statt dessen zum Beginn eines jahrzehntelangen Kampfes der lombardischen Städte gegen Friedrich Barbarossa.

Nur die alte Hauptstadt der Lombardei, das königstreue Pavia, empfing den deutschen Heerzug feierlich. Dort wurde Friedrich Barbarossa am 17. April 1155 zum König der Lombarden gekrönt, bevor er über Bologna nach Rom zog, um die nächste Krone in Empfang zu nehmen.

Der Papst und sein Steigbügel

In Rom hatte sich inzwischen die Lage dramatisch zugespitzt. Das Volk war in Aufruhr gegen die Kirche, der Papst war aus Rom geflohen, und die heilige Stadt lag unter dem Papstbann des Interdiktes, das jegliche kirchliche Handlungen verbot.

Die Ursache des Aufruhrs war ein Mann gewesen, der nach Ansicht der Kirche »mit dem Teufel nach dem Blut der Seelen dürstete«: Es war der Priester Arnold von Brescia, dem die Kirche schon vor fünfzehn Jahren »ewiges Stillschweigen« auferlegt hatte, weil er – wie ein halbes Jahrhundert später Franziskus von Assisi – den Reichtum der Kirche angeprangert und verlangt hatte, kein Geistlicher oder Mönch dürfe Eigentum und kein Bischof ein Lehen besitzen. Für die Kirche jener Jahre galt dieser Hinweis auf die christliche Armut als Ketzerei und als »freche Anmaßung, wenn ein einzelner, mit Übergehung der von Gott eingesetzten, seit Jahrhunderten anerkannten Obrigkeit, die Kirche meistern und nach eigenem Dünkel umgestalten will«.

Dieser Arnold von Brescia war nun kurz zuvor nach Rom zurückgekehrt und hatte eine neue Ketzerei verbreitet: Der Einfluß des Papstes auf Rom sei unberechtigt und müsse abgeschafft, der Einfluß des Kaisers weitgehend eingeschränkt werden, denn schließlich habe Rom seinen Ruhm nicht durch den Willen einzelner, sondern durch den Senat und durch das Volk erhalten.

Die Gelegenheit war günstig. Papst Anastasius IV., ein alter Herr, war nach einjährigem Pontifikat am 3. Dezember 1154 gestorben und der neue Papst erst kurz im Amt. Es war Nikolaus von Albano, der als Hadrian IV. (1154–1159) den Papststuhl bestieg. Er war der einzige Engländer, der jemals Papst wurde. Sucht man das mittelalterliche Albano, so findet man es heute als St. Albans nördlich von London wieder, wo Nikolaus Breakspeare als Sohn eines Priesters (!) unter ärmlichen Bedingungen aufgewachsen war. In früher Jugend war er dann in ein französisches Kloster gekommen, wo er zum Abt aufstieg, von den Mönchen aber wegen seiner Strenge vertrieben wurde. Papst Eugen III. hatte ihn daraufhin zum Kardinal ernannt. Als Papst Hadrian IV. war dieser Nikolaus von Albano dann auch prompt in Streit geraten mit Wilhelm, dem neuernannten König von Sizilien, und den Römern, die sich die Forderungen Arnolds von Brescia zu eigen gemacht hatten.

Daraufhin hatte Hadrian IV. das Interdikt verhängt, aber als dann in der Karwoche tatsächlich kein einziger Gottesdienst stattfand, bekamen die Römer Angst um ihr Seelenheil und erklärten sich bereit, Arnold von Brescia zu vertreiben.

Zu diesem Zeitpunkt war Friedrich Barbarossa mit seinem kleinen

Heer auf dem Weg nach Rom, und der Papst, der in seinem Mißtrauen »eher an das Herannahen eines Feindes als seines Schirmherrn glaubte«, wollte Friedrich Barbarossa testen: Er bat ihn, ihm den Ketzer Arnold von Brescia auszuliefern, falls er Friedrich Barbarossa in die Hände fiele. Aber Barbarossa brauchte sich gar nicht selbst zu bemühen. Eines Morgens wurde Arnold von Brescia von Unbekannten an der Stadtmauer Roms übergeben und als Ketzer auf dem Scheiterhaufen verbrannt. Seine Asche wurde in den Tiber gestreut, damit sie nicht als Reliquie verehrt werden konnte.

So stand vor der ersten Begegnung zwischen Papst Hadrian IV. und Friedrich Barbarossa der Tod eines Mannes, dessen redlicher Glaube vielleicht mehr vom Wesen christlicher Demut erfaßt hatte als die »von Gott eingesetzte, seit Jahrhunderten anerkannte« kirchliche Obrigkeit.

Und wie der Papst seine von Gott gegebene Autorität verstand, zeigte sich bald, als Hadrian IV. am 8. Juni 1155 nördlich von Rom bei Sutri mit Friedrich Barbarossa zusammentraf. Als sogenannter »Gregorianer« vertrat Hadrian wie Gregor VII. die Ansicht, der Papst stehe über dem Kaiser.

Als der Papst, umgeben von einer Wolke von Kardinälen, auf seinem Schimmel ins königliche Lager einritt, erwartete er deshalb, daß ihm Friedrich Barbarossa als dem Höherstehenden entgegenkam, sein Pferd am Zügel führe und ihm beim Absteigen den Steigbügel halte.

Aber nichts dergleichen geschah, und einige Kardinäle, die meinten, nun werde der Himmel einstürzen, verließen fluchtartig die Szene. Papst Hadrian aber »wußte nicht, was er tun sollte, stieg ab und setzte sich auf den für ihn bereitgestellten Sessel«.

Das war eine Situation, die Friedrich Barbarossa als geeignet für eine Geste der ehrfürchtigen Huldigung ansah: Nach altem Brauch fiel er vor dem Papst nieder und küßte ihm den Fuß. Doch danach wartete der König vergebens auf die rituelle Antwort auf diese Geste. Der Papst aber dachte gar nicht daran, ihm den Friedenskuß zu geben. Den, so erklärte er, bekomme der König erst, wenn er ihm nach dem Zeremoniell des »Stallmeisterdienstes« den Steigbügel gehalten und ihm damit die gleiche Ehrfurcht erwiesen habe wie vor ihm »die rechtgläubigen Kaiser dem Apostelfürsten«.

Das zu tun weigerte sich Friedrich Barbarossa aber nun ganz entschieden: Mit dem Fußkuß ehrte er das geistliche Oberhaupt, mit dem Steigbügeldienst aber hätte er den Papst als seinen ihm übergeordneten

Herrn anerkannt, und das, meinte er, sei mit dem Investiturstreit ausgestanden.

Es kam nun zu einem langen Streit mit dem Papst und seinen Kardinälen auf der einen Seite und dem König und den Fürsten auf der anderen Seite, und schließlich zog der Papst am Abend beleidigt ab. Jetzt kamen den Fürsten Bedenken, und sie setzten ein Schiedsgericht ein, das nach längeren Beratungen zu der Erkenntnis kam, daß es am besten sei, wenn Friedrich Barbarossa dem Papst den Steigbügel halte, denn einmal könne »jene gleichgültige Handlung die wirkliche Macht des Königs nicht mindern«, zum anderen erinnerte man sich daran, daß in der Tat fast 25 Jahre zuvor König Lothar III. von Supplinburg schon einmal einem Papst den Steigbügel gehalten hatte: Damals hatte König Lothar vor 32 Erzbischöfen und Bischöfen sowie 53 Äbten und zahlreichen Fürsten in Lüttich Papst Innozenz II. auf seinem weißen Pferd durch die Stadt geführt und ihm den Stallmeisterdienst erwiesen. Das war ein solcher Triumph des Papstes gewesen, daß man im Lateran ein Gemälde anfertigen ließ, das Lothar III. als Vasallen des Papstes zeigte, von dem er die Krone zum Lehen empfing.

Als nun am nächsten Morgen der Papst wieder angeritten kam, ging ihm Friedrich Barbarossa daher artig entgegen und hielt, als Hadrian abstieg, »den Bügel mit solch kräftigem Griff«, daß manche schon glaubten, er wolle ihn abreißen. Aber die Situation war gerettet: Der Papst gab huldvoll den Friedenskuß, und der Kaiserkrönung stand nichts mehr im Wege – soweit es den Papst anging.

Die Kaiserkrönung

Jetzt aber erschien eine Abordnung des römischen Volkes und hielt eine schwungvolle Ansprache: »Möchtest du, o trefflicher König, günstig und mit unbefangenem Sinne anhören, was dir Rom, die hehre Gebieterin der Welt, durch unseren Mund verkündet...«

In einer schier endlosen Rede verkündete dieser Mund dann den unerschöpflichen Ruhm der Stadt Rom: »Alles bezwang die unbezwingliche Tapferkeit der Römer. Lange schlummerte durch die Abwesenheit unserer Fürsten und die Vernachlässigung des Senats diese unbesiegbare Kraft Roms, bis in unseren Tagen wiederhergestellt wurden der Senat und die Ritter, die Tribunen und das Kapitol. Du aber, scheinen dir nicht solche Gesinnung und Taten alles Lobes und Dankes würdig? Erfreust du dich nicht des Glanzes, welcher hierdurch auf deine Person zurückstrahlt?«

Endlich kam man dann zur Sache, und jetzt sprach gar die Stadt Rom selbst zu Barbarossa: »Höre nun noch, o Fürst, milde und geduldig das Wenige, was ich dir von deinen und meinen Rechten zu sagen habe; zuerst jedoch von den deinigen, denn es heißt ja: mit Jupiter der Anfang! Du warst ein Gast, ich machte dich zum Bürger; du warst ein Fremdling aus überalpinischen Ländern, ich erhob dich zum Fürsten; und Rechte, die mein waren, habe ich dir gegeben.«

Doch dann kamen die Pflichten: »Dafür mußt du meine alten Gewohnheiten und neuen Einrichtungen anerkennen; du mußt eine Sicherheit stellen, daß Barbarenwut keines meiner Rechte verletze; du zahlst meinen Beamten, die dir auf dem Kapitol zujauchzen werden, 5000 Pfund Silber; du stellst mir hierüber feierliche Urkunden aus; du beschwörst alles zur Beseitigung von Zweifeln und Verdacht.«

Hier bricht der Chronist die Rede der römischen Bürger ab und berichtet, daß Friedrich Barbarossa zornig aufgesprungen und dem Redner ins Wort gefallen sei: ». . . ihr verlangt die Bestätigung eurer Gesetze und Freiheiten: wo bestünden aber Gesetze verbindlich für euch, die nicht von den Deutschen herrührten? Und seit wann gäbe das Volk dem Fürsten, und nicht der Fürst dem Volke die nötigen Gesetze?« Und von 5000 Mark könne schon gar keine Rede sein: »Bin ich denn etwa euer Gefangener, daß ich mein Eigentum erkaufe?«

Verdutzt zog die Abordnung des Senatus Populusque Romanus ab und meinte, sie müßte das erst einmal zu Hause mit dem Volk besprechen. Den Zurückbleibenden aber war klar: Auf die Hilfe des römischen Volkes konnte der Kaiser des Römischen Reiches Deutscher Nation nicht rechnen; denn unter diesen Umständen würde das römische Volk Friedrich Barbarossa wohl nicht zum Nachfolger Cäsars wählen.

»Du wirst noch öfter, mein lieber Sohn, die List der Römer erfahren«, bemerkte der Papst dazu und beschloß, zusammen mit Friedrich Barbarossa die Römer zu überlisten. Unter Führung eines Kardinals wurden sofort »tausend erlesene« Soldaten Barbarossas heimlich nach Rom geschickt, um die Peterskirche und die Leostadt zu besetzen und zu sichern. Im Morgengrauen des nächsten Tages – es war der 18. Juni 1155 – zog dann Friedrich Barbarossa, begleitet vom Papst, den Kardinälen und vielen Geistlichen durch das Goldene Tor in die Leostadt. Ohne Zwischenfälle erreichte die Prozession die Peterskirche und, umgeben von den deutschen Fürsten und Edlen, wurde König Friedrich Barbarossa in einem schnell improvisierten Hochamt und unter »einem entsetzlichen Himmelsgewitter ähnlichen Freudengeschrei der Deutschen« zum Römischen Kaiser gekrönt.

Als der Senat und das Volk nach der Messe erfuhren, daß Friedrich Barbarossa ohne ihr Wissen und vor allem ohne ihre Zustimmung zum Römischen Cäsar gekrönt worden war – und das von einem Mann, »dessen törichte Anmaßung irdische und überirdische Macht zugleich besitzen will«, beschlossen Senat und Volk, die Deutschen anzugreifen.

Die Gelegenheit war günstig. In der prallen Junihitze hatten es sich die Deutschen ohne Waffen und Rüstung im Lager bequem gemacht und feierten gerade die Kaiserkrönung, als die Römer über sie herfielen. Es kam zu einer erbitterten Auseinandersetzung zwischen den Römern und den Truppen ihres angeblichen Cäsar, die erst mit Sonnenuntergang beendet wurde. An die tausend Römer wurden erschlagen oder ertranken im Tiber, viele wurden verwundet, zweihundert gefangengenommen. Einige der Gefangenen wurden aufgehängt, andere mußten sich für hohes Lösegeld freikaufen, alle übrigen erhielten auf Bitten des Papstes, der ja schließlich in Rom weiterleben mußte, die Freiheit. »So kaufen Franken das Kaisertum«, bemerkte dazu Otto von Freising, der Hofchronist.

Genaugenommen war dies alles eine beschämende Farce. In Wirklichkeit war von der alten Kaiseridee, wonach der Cäsar vom römischen Volk durch Zuruf gewählt und erst dann vom Bischof von Rom zum Kaiser gesalbt wurde, nichts mehr übriggeblieben. Das Amt hatte sich selbständig gemacht und zog seine Berechtigung aus der magischen Weihe, obwohl es noch immer die Legitimität der Cäsarennachfolge beanspruchte. Aber trotz der beschämenden Umstände betrachtete der »göttliche Kaiser Friedrich« – wie ihn die Chronisten in Erinnerung an den »göttlichen Kaiser Augustus« nannten – Rom als die Hauptstadt seines Reiches. Das ging sogar so weit, daß Otto von Freising von deutschen Städten »jenseits der Alpen« redete.

Diese auf der Kaiseridee basierende Optik liefert nicht nur den Schlüssel zum Verständnis der insgesamt sechs Feldzüge, die Kaiser Friedrich Barbarossa im Laufe seiner 38jährigen Regierungszeit nach Italien unternommen hat; auch die Tatsache, daß sein Enkel Friedrich II. als Deutscher Kaiser in Italien residierte und nur selten nach Deutschland kam, geht auf diese Vorstellung zurück.

Allerdings war Barbarossa auch vertraglich in das Kräftespiel zwischen Italien, dem Königreich Sizilien und Byzanz einbezogen. Im Vertrag von Konstanz hatte er ja erst zwei Jahre zuvor versprochen, dem Papst militärische Hilfe zu leisten, wenn die Umstände dies erforderten.

Und prompt erinnerte ihn Papst Hadrian IV. nach der Kaiserkrönung dann auch an diesen Vertrag, als der deutsche Heerzug schon am Tage nach der Krönung Rom verlassen und in sicherer Entfernung von den Römern in den Albanerbergen ein Lager aufgeschlagen hatte.

Der Papst forderte, Barbarossa solle gegen Sizilien vorgehen, denn die Umstände seien günstig. Das normannische Königreich Sizilien, zu dem auch ganz Unteritalien gehörte, befand sich nach dem Tode König Rogers in Auflösung. Einer kämpfte gegen den anderen, und einige aufständische Barone hatten auf dem italienischen Festland bereits Apulien in ihrer Hand und riefen die Deutschen zu Hilfe. Es war tatsächlich eine einmalige Gelegenheit, ganz Süditalien zu erobern, es vom Königreich Sizilien abzutrennen und dem Reich einzugliedern. Das hätte für den deutschen Kaiser einen erheblichen Prestige- und Machtzuwachs bedeutet und auf der anderen Seite den Papst von der ständigen Sorge befreit, zwischen Sizilien, dem deutschen Kaiser und Byzanz lavieren zu müssen.

Barbarossa berief denn auch seine Fürsten und Bischöfe zusammen, aber im Gegensatz zur Geistlichkeit war die Mehrzahl der Fürsten nicht bereit, in der sommerlichen Hitze auch noch einen regelrechten Kriegszug zu unternehmen. Außerdem wiesen sie mit Recht darauf hin, daß sie zwar zum Heerzug verpflichtet waren, daß dieser aber mit der Krönung zu Ende sei. So sah sich der Kaiser »zu seinem bitteren Leid« gezwungen, mit seinem kleinen Heer im Herbst 1155 nach Deutschland zurückzukehren. Auf dem Heimweg kam man über Bozen, das, wie der Chronist am Ende der Krönungsfahrt freudig notierte, »den Bayern einen süßen, zur Ausführung in das Ausland ohne weiteres geeigneten Wein liefert«. Ende Oktober traf der Heerzug in Augsburg ein, von wo er ein Jahr zuvor ausgezogen war.

Eine Kaiserhochzeit

Zwar hatte Kaiser Friedrich auf seinem ersten Zug nach Italien außer der ohnehin versprochenen Krönung nicht allzuviel erreicht, aber

Bischof Otto von Freising, der die peinliche Steigbügelgeschichte in seinen Annalen gar nicht erst erwähnte, meint trotzdem, es seien die »unvergeßlichen Taten« des Kaisers gewesen, die ihm im Herbst 1155 bei seiner Rückkehr nach Deutschland Respekt und Ansehen verschafft hätten. Denn »eine so große Furcht hatte die Daheimgebliebenen infolge seiner Großtaten befallen, daß alle aus eigenem Antriebe kamen und durch Dienstbeflissenheit um die Gnade seiner Zuneigung wetteiferten«.

Wie dem auch sei – Tatsache ist, daß sich Barbarossa bei der Schlichtung einer Reihe von Streitfällen erneut durchsetzen konnte, ohne damit gleich den nächsten Zank auszulösen. Einmal genügte es sogar, daß er den schuldig gesprochenen Pfalzgrafen Hermann zwang, »nach altem Brauch der Franken und Schwaben« einen Hund eine Meile weit zu tragen. Der so auf den Hund gekommene Pfalzgraf überlebte diese Schande nicht lange, verfiel in Trübsinn und starb in einem Kloster. Meist aber war es so, daß Friedrich Barbarossa »unverdrossen umherzog und Burg, Feste und Schlupfwinkel manches Räubers zerstörte und einige, die er festgenommen, köpfen, andere am Galgen verrecken ließ«, so daß »alle es vorzogen, sich ruhig zu verhalten, als sich in das Getümmel der Fehden zu stürzen«.

Unter die langwierigste Fehde, den Welfenkonflikt, zog er in dieser Zeit – wie schon berichtet – ebenfalls einen Schlußstrich: Am 5. Juni 1156 stimmte Heinrich Jasomirgott dem Tausch Bayerns gegen das neugebildete Ostarîchi zu und wurde Markgraf. Einige Monate später, am 17. September 1156, wurde dieser Kompromiß auf dem Reichstag zu Regensburg durch die feierliche Übergabe der Fahnen rechtskräftig.

Im Juni des Jahres 1156 gab es aber noch ein anderes Ereignis, das mehr als alle angeblichen Heldentaten in Italien zum Glanz der Kaiserwürde beigetragen haben dürfte: Mit wahrhaft königlicher Pracht heiratete Kaiser Friedrich Barbarossa in Würzburg ein noch nicht einmal fünfzehnjähriges Mädchen mit blondem Haar und hellen Augen, das (wenn das auf einer Münze erhaltene Bild stimmt) von kindlichem Liebreiz war. Es war Beatrix, die Erbin von Burgund.

Sie war Friedrich Barbarossas zweite Frau, nachdem der Papst seine Ehe mit Adelheid von Vohburg schon im März 1153 annulliert hatte. Als Trennungsgrund wurde offiziell angegeben, Barbarossa sei zu nah – nämlich im sechsten Grad – mit Adelheid verwandt gewesen, eine Entdeckung, die er freilich reichlich spät machte und die ihn dann auch nicht hinderte, Beatrix zu heiraten, die ebenfalls eine Verwandte sechsten Grades war.

Aber unter den wenigen Möglichkeiten, von der Kirche die Annullierung einer Ehe zu erreichen, war damals der Vorwand einer zu engen Verwandtschaft der bequemste Grund; er hatte auch die besten Aussichten auf Erfolg, denn dem Argument der Kinderlosigkeit konnte die Kirche allzuleicht entgegnen, man solle nur weiter auf Gottes Segen hoffen.

Man hat früher vermutet, Barbarossa habe wirklich befürchtet, die Ehe werde kinderlos bleiben, während andere Historiker meinten, die Ehe mit einer Markgrafentochter habe nicht seiner Stellung als König und Kaiser entsprochen. Ob dies die für Barbarossa ausschlaggebenden Gründe waren, läßt sich jedoch nicht nachweisen. Dagegen gibt es vier mittelalterliche Quellen, die von einem Ehebruch der Adelheid berichten. Man hat diese Berichte immer wieder als Verleumdungen abtun wollen; für ihre Korrektheit spricht aber, daß Adelheid nach der Scheidung weit unter ihrem Stand einen unfreien Dienstmann, einen sogenannten Ministerialen, heiratete, was den Historiker Friedrich von Raumer schon im letzten Jahrhundert zu der Bemerkung veranlaßte, daß Adelheids zweite Heirat »an allerhand obige Beschuldigungen erinnernde Bedenken erregt« habe, weil ein solcher Abstieg nur mit echter Liebe erklärt werden könne. Man nimmt daher heute allgemein an, daß Ehebruch der wahre Trennungsgrund gewesen ist und sicherlich auch der Anlaß dafür, daß Friedrich Barbarossa Adelheid mit keinem Wort erwähnte und auch nicht als Königin krönen ließ. Da Ehebruch den Mann zur Verstoßung seiner Frau, aber nicht zu einer kirchlich anerkannten Ungültigkeitserklärung berechtigt hätte, wurde zu nahe Verwandtschaft vorgeschoben.

Damit erging es Friedrich Barbarossa übrigens nicht besser als König Ludwig VII. von Frankreich, mit dem er am Zweiten Kreuzzug teilgenommen hatte und dessen Kräche mit seiner treulosen Eleonore er miterlebt hatte. Auch diese Ehe wurde trotz offensichtlichen Ehebruchs mit der Begründung zu naher Verwandtschaft geschieden, was die Dame Eleonore dann nicht hinderte, den späteren Heinrich II. von England zu heiraten und die Mutter von Richard Löwenherz zu werden.

Friedrich Barbarossa hatte übrigens nach der Auflösung seiner ersten Ehe alles andere im Sinn, als die Comtesse Beatrix zu heiraten. Vielmehr schickte er sofort eine Gesandtschaft nach Konstantinopel, um

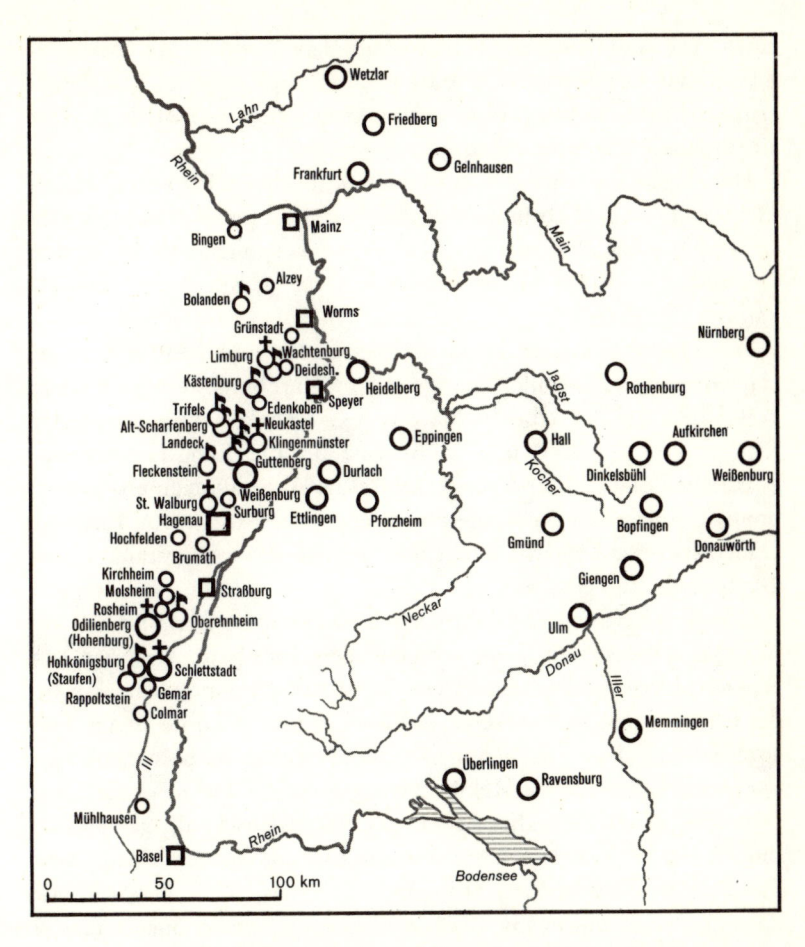

Staufische Burgen, Städte und Klöster im 12. Jahrhundert

eine Prinzessin aus dem byzantinischen Kaiserhaus zu erbitten. Während der Verhandlungen kühlte sich aber das Verhältnis zu Byzanz ab, und so konnte der taktisch geschickte Verschwägerungsplan nicht realisiert werden. Erst nach dieser Enttäuschung heiratete Friedrich Barbarossa dann für alle ziemlich überraschend Beatrix und verwirklichte damit die zweitbeste Lösung, indem er Burgund durch eine Ehe fest in das Reich eingliederte.

Beatrix war nämlich als Tochter des 1147 verstorbenen Reginald III. die Erbin Burgunds, was allerdings ihrem Onkel, dem Grafen Wilhelm III. von Burgund, nicht ins Konzept paßte. Er sperrte Beatrix in einen Turm und bewachte sie argwöhnisch, bis – wie im Märchen – der Kaiser kam, sie erlöste und heimführte. Zwischen 1143 und 1147 geboren, war Beatrix bei ihrer Hochzeit mit dem Kaiser bestenfalls 13 Jahre alt, Friedrich Barbarossa war 34.

Derartige Kinderheiraten waren im Mittelalter nicht selten. Kaiser Heinrich IV. wurde als Fünfzehnjähriger verlobt und heiratete ein Jahr später ein etwa gleichaltriges Mädchen. Noch nicht einmal 15 war Gertrud, die Mutter Heinrichs des Löwen, als sie ihren Sohn bekam.

Die Hochzeit Kaiser Friedrich Barbarossas mit Beatrix war ein glanzvolles Fest, und alle Welt traf sich in Würzburg, »um im Vortrag von Bitten und der Überreichung von Geschenken, von gewaltigem Staunen und Bewunderung erfüllt, einander den Rang abzulaufen«. Aus Italien und Burgund waren zahlreiche Abordnungen erschienen, um dem Kaiser ihre Reverenz zu erweisen, die Könige von England, Dänemark und Ungarn, und sogar der Kaiser von Byzanz hatten Gesandtschaften geschickt.

Lediglich Berthold von Zähringen, der Rektor von Burgund, war ein wenig erschüttert dem Feste ferngeblieben. Ihm hatte, wie man sich erinnert, Friedrich Barbarossa vier Jahre zuvor versprochen, ihm bei der Rückgewinnung verlorener Gebiete beizustehen, ohne dieses Versprechen einzuhalten. Und nun hatte ihm Friedrich Barbarossa mit seiner Heirat auch noch sein Rektorat weggenommen. Denn erst jetzt war dem guten Mann die wahre Bedeutung einer Klausel aufgegangen, die ihm in seiner Einfalt seinerzeit recht harmlos vorgekommen war. Friedrich Barbarossa hatte sich nämlich damals, als er Berthold von Zähringen als Rektor von Burgund bestätigte, ausbedungen, daß er selbst alle Hoheitsrechte in Burgund wahrnehmen könne, wenn er sich in denjenigen Teilen Burgunds aufhalte, »die der Graf von Macon für seine Nichte verwaltet«.

Dieser Graf war jener Wilhelm III. und seine Nichte, deren Ländereien er verwaltete, war Beatrix, die Frau Barbarossas: Durch die Heirat war Friedrich Barbarossa nun plötzlich »sub titulo uxoris«, also durch die Erbrechte seiner Frau, Herrscher von Burgund, und Berthold von Zähringen war praktisch Rektorat und Herrschaft los.

Aber ähnlich wie Heinrich Jasomirgott war er's am Ende zufrieden, ein kleines Stück Burgund zwischen Jura und Alpen zu verwalten und die Bistümer Lausanne, Genf und Sitten zu übernehmen, während Barbarossa das sogenannte Hochburgund beanspruchte und außer

Berthold von Zähringen damit auch den Grafen von Macon ausschaltete.

Es kann einem hier wie bei Heinrich Jasomirgott der Verdacht kommen, daß Friedrich Barbarossa das alles nach einem vorgefaßten Plan ablaufen ließ. Die Frage ist nur, ob er seine Ziele von Anfang an anstrebte oder ob ihm die Idee dazu erst später kam.

Auf jeden Fall mußte er selbst bei sorgfältiger Planung mit Widerständen rechnen. Aber diese Fähigkeit Barbarossas, Kompromisse zu finden, die auch den Unterlegenen zufriedenstellten, gehörte wohl zu seinen Eigenschaften, die seinen legendären Ruhm als großer Herrscher begründet haben. Wahrscheinlich war er in jenem Zeitalter, das von scharfen Gegensätzen und kompromißloser Härte, von Königen und Gegenkönigen, Päpsten und Gegenpäpsten gekennzeichnet war, eine Ausnahme, an die man sich noch lange erinnerte.

Bleibende Erfolge hatte der Kaiser am Ende aber nicht. Weder beherrschte er wirklich Burgund und die Provence, noch brachte, genau besehen, seine Italienpolitik mit ihren sechs Expeditionen einen dauerhaften Nutzen. Trotzdem hat er wohl in seiner Zeit und unter den Umständen das Beste erreicht – zumindest waren seine Zeitgenossen selbst dann dieser Ansicht, wenn man die übliche Lobhudelei abzieht, die bei Hofchronisten als lebenserhaltend zum Beruf gehört.

Seine Hochzeit mit der niedlichen Beatrix war jedenfalls ein geschickter Zug, der das Angenehme mit dem Nützlichen verband. Außer Kindern und Erben brachte ihm die burgundische Prinzessin ein altes Reichsgebiet ein, das nicht nur sein Ansehen und seine Macht vermehrte, sondern auch handfeste strategische Vorteile bot: Über Burgund und die Provence konnte er jetzt relativ bequem nach Süden ziehen. Vorher waren damit einige Unwägbarkeiten verbunden gewesen: Den St.-Gotthard-Paß gab es damals noch nicht, der Brennerpaß befand sich in den Händen Heinrichs des Löwen, und der Zugang über Tirol führte über die relativ eigenständige Grafschaft Österreich.

Friedrich Barbarossa war in der Folge dann auch öfter in Burgund als in Italien, nämlich neunmal, und diese Hinwendung nach Westen hatte für die Kultur jener Zeit vielleicht noch mehr Bedeutung als die Züge nach Italien. Über die Kaiserin Beatrix, die nicht nur reiten und fechten konnte, sondern bald auch französisch und deutsch, lateinisch und italienisch parlierte, kam der deutsche Hof mit der französischen Courtoisie und den welschen Troubadouren in Berührung, die dann den Minnesang eines Walthers von der Vogelweide inspirierten, während die Baumeister in Frankreich die Gotik kennenlernten. Und nach dieser Hochzeit schrieb dann auch Otto von Freising: »Von diesem Tag an lächelte bis auf die Gegenwart dem ganzen transalpinischen Reiche« – also Deutschland – »ein so heiterer Friede, daß Friedrich nicht nur Kaiser und Augustus, sondern auch Vater des Vaterlandes zu heißen verdient.«

Rahewin, der nach dem Tode Ottos von Freising die Chronik fortsetzte, nannte ihn gar den »Familienvater des Reiches« und schrieb: »Es herrschte mit einem Worte ein so tiefer Friede in Germanien, daß die Menschen wie umgewandelt waren, das Land ein ganz anderes und selbst das Klima gelinder und sanfter zu sein schien.«

Leben im Mittelalter

Um sich das Leben in der Stauferzeit auch nur einigermaßen vorstellen zu können, muß man sich zunächst einmal klar machen, wie menschenleer damals Europa war. Rechnete man 1975 für Europa (ohne Sowjetunion) eine Bevölkerungszahl von 475 Millionen, so ist das mehr als die gesamte Erdbevölkerung im Jahre 1300, die man mit etwa 400 Millionen berechnet hat (allerdings liegt die mögliche Fehlerquote bei derartigen Hochrechnungen in der Vergangenheit bei zwanzig Prozent und mehr).

Wie viele Menschen davon um 1300 in Europa lebten, wird dabei sehr verschieden geschätzt. Die einen reden von rund 28 Millionen, andere von 100 Millionen. Nimmt man eine beliebige Zahl in der Mitte, also etwa 60 Millionen, so würde das bedeuten, daß damals in ganz Europa etwa soviel Menschen gewohnt hätten wie heute allein in der Bundesrepublik Deutschland, einem Gebiet, in dem im 10. Jahrhundert etwa 3–4 Millionen Menschen lebten. Dem entsprach auch die Größe der Ortschaften und »Städte«.

Noch Ende des 15. Jahrhunderts hatten die meisten der etwa 3000 deutschen »Städte« weniger als 5000 Einwohner, und Städte mit 5000 Einwohnern galten bereits als gute Mittelstädte. »Großstädte« waren damals Augsburg mit 18 000 und Nürnberg, Ulm, Straßburg, Lübeck und Breslau mit 25 000–30 000 Einwohnern. Köln, die größte deutsche Stadt, hatte knapp 35 000 Einwohner und damit dreimal weniger als Paris, während eine kurfürstliche Residenz wie Meißen ganze 2000 zählte.

Um so verlorener müssen sich die kleinen Städtchen in den Weiten der Wälder, Felder und Sümpfe vorgekommen sein, wenn sie nicht wie viele Städte an Flußläufen – zwischen Bingen und Emmerich (an der deutsch-holländischen Grenze) gab es damals 39 Städte – oder entlang der alten Römerstraßen lagen, die zugleich Handelswege waren.

Oft wurde auch der einsame Gutshof eines Landbesitzers zum Kristallisationspunkt einer größeren Ortschaft. Und da so ein Herrensitz auf gut lateinisch Villa genannt wurde, übertrug man die Bezeichnung für das Haus auf den Ort. So entstand der deutsche »Weiler« und das französische Wort für Stadt: ville. Hatte der Herrensitz eine Burg, nannte man die Bewohner des Städtchens die »Bürger«, eine Bezeichnung wiederum, die sich später von der Burg löste und allmählich zur Bezeichnung eines Standes wurde.

Im Gegensatz zum offenen Dorf war das Kennzeichen einer Stadt die Befestigungsanlage mit Stadtmauer und Wehrtürmen. Durch diesen Mauerring war die Stadt zwar geschützt, ihre Ausdehnung aber oft auf Jahrhunderte festgelegt. Da die Einwohnerzahlen der Städte nun aber gerade im frühen Mittelalter ständig wuchsen, kam es zu der eigentümlichen Entwicklung, daß die von einer geradezu menschenleeren Landschaft umgebenen Städte unter einer drangvollen Enge litten, so daß man schon zu Barbarossas Zeiten in Deutschland dreistöckige und in Paris sogar vierstöckige Häuser baute.

Diese Stadthäuser waren dabei ursprünglich nichts anderes als eng zusammengebaute Bauerngehöfte, wie wir sie heute noch in Niederdeutschland kennen, mit einer großen Diele und der Feuerstelle im Zentrum, um die sich dann kleine Räume für Menschen und Vieh unter einem Dach gruppierten. Dieser lange Rechteckbau wurde im Grundriß unverändert in die Stadtplanung übernommen. Bei der Gründung Lübecks im Jahre 1158 wurde daher z. B. die Straßenbreite eines Hauses auf 8 Meter festgelegt, während die Haustiefe einheitlich 24 oder gar 32 Meter betrug.

Die große Diele blieb dabei erhalten, verlor aber ihre Funktion als zentrale Herdstelle und Küche, weil der Rauch wegen der Stockwerke nicht mehr durch den Dachfirst abziehen konnte. Erst jetzt entstand, meist in einem fensterlosen Raum an die Wand gedrängt, die eigentliche Küche mit dem Kamin, während in den oberen Stockwerken die Diele zum Flur wurde – eine Entwicklung, die durchaus nicht so selbstverständlich war, wie sie uns heute erscheint: Es ist gerade das Typische an mittelalterlichen Burgen, die sich nicht aus dem Bauernhaus entwickelt haben, daß sie keine Flure kennen, so daß die einzelnen Räume nur über andere Zimmer erreicht werden konnten.

Wie man lebte

Wie man in der Stauferzeit in diesen Häusern lebte und wie sie eingerichtet waren, können wir durch zufällig erhaltene Grundrisse, durch Miniaturmalerei in Büchern und durch Beschreibungen einigermaßen rekonstruieren.

Gebaut waren die Häuser aus dem, was es im Überfluß gab, aus Holz oder Fachwerk, die Dächer waren mit Holzschindeln oder Stroh gedeckt. Erst unter dem Eindruck verheerender Feuersbrünste – Worms brannte im 13. Jahrhundert allein sechsmal nieder – ordneten einzelne Städte an, daß die Häuser aus Stein gebaut werden müßten. Breslau verbot schon im Jahre 1272 den Holzbau überhaupt, während man 1246 in London nur verlangte, daß wenigstens die Häuser an den Hauptstraßen mit Ziegeln oder Schiefer gedeckt sein mußten. Andere Städte blieben beim Fachwerkbau, suchten sich aber durch den Einbau von Brandmauern vor dem Übergreifen der Flammen zu schützen. Da aber wegen der fehlenden Wasserleitungen die Löschmöglichkeiten sehr gering waren, kam es immer wieder zu verheerenden Katastrophen. So brannten im Jahre 1397 in Erfurt einmal über tausend Häuser auf einmal ab, und das war so gut wie die ganze Stadt.

Das Leben in diesen Häusern war eine permanente Überlebensübung und hatte mit Romantik wenig zu tun. Bequemlichkeiten wie Glasfenster oder ordentlich heizbare Räume kannte man damals nicht, und im Winter muß das Leben höchst strapaziös gewesen sein. Im Gegensatz zur Kaiserpfalz Karls des Großen, deren Fenster zwar vergittert, aber sonst nur offene Löcher waren, schützte man sich später wenigstens durch gefirnißtes Pergament, durch geölte oder gewachste Leinwand, Ölpapier oder Tierblasen, die man in die Fensterrahmen spannte. Glas konnten sich nur die Reichen in einzelnen Fenstern des Hauses leisten; es war auch noch kein Fensterglas, sondern bleigefaßte Butzenscheiben, die Licht hereinließen, aber jeden Blick nach außen versperrten. Oft wurde auch nur der obere Teil der Fenster verglast, während der untere durch Holzläden verschlossen wurde, wenn es kalt war. Erst allmählich wurden Glasfenster üblich. Zwar hatten repräsentative Gebäude wie das Kloster St. Gallen schon um 820 einige verglaste Fenster, aber erst um 1180 ist von Glasfenstern in simplen englischen Wohnhäusern die Rede.

Man kann sich vorstellen, wie dunkel und zugig die Wohnungen damals im Winter gewesen sein müssen, denn mehr als Öllämpchen, wie sie schon die alten Griechen kannten, und Talgkerzen gab es nicht. Echte Wachskerzen wurden nur in Kirchen und Klöstern verwendet, selbst in den reichen lombardischen Städten war es nicht anders.

Wie man zu Zeiten Karls des Großen geheizt hat, wissen wir nicht. Im Grundriß des Klosters St. Gallen sind zwar in manchen Räumen Ovale eingezeichnet, die eine Heizvorrichtung darstellen, aber es ist nicht erkennbar, ob offene Kamine oder schon gemauerte Öfen gemeint waren. Zumindest war auch später nicht jedes Zimmer heizbar, denn nach dem lateinischen Wort für Ofen – caminus – wurden diese heizbaren Räume jedenfalls ausdrücklich caminatae genannt, woraus dann unser Wort Kemenate entstand.

Im einfachen Haus auf dem Lande waren damals jedoch der Herd in der Dielenmitte und die Heizung identisch. Erst um 1200 rückte die Heizung allmählich als Kamin an die Wand mit dem Ergebnis, daß man vorn röstete und am Rücken fror. Wann dann der gemütliche Kachelofen in Deutschland üblich wurde, ist nicht genau festzustellen. In Osteuropa mit seinen strengen Wintern war er jedoch seit unvordenklichen Zeiten als Lehmbackofen bekannt. Man nimmt an, daß er schon im 7. Jahrhundert nach Europa kam, den offenen Kamin aber nur langsam verdrängen konnte, der völlig unrentabel 80 Prozent der Wärme durch den Schornstein abziehen ließ.

Seinen Siegeszug trat der gemauerte Ofen jedenfalls erst an, als man darauf verfiel, in die Lehmwand des Ofens dünne, unglasierte Tontöpfe einzumauern, die die Wärme speicherten. Aus diesen Tontöpfen wurden später die nach innen gebauchten sogenannten Nischenkacheln, bis man endlich dazu überging, größere quadratische und flache Kacheln zu verwenden, wie wir sie heute noch kennen.

In Burgen und Klöstern gab es noch eine besonders raffinierte Form der Heizung, das »Hypocaustum«. Diese von den Römern übernommene Warmluftheizung wird in Deutschland zum erstenmal Ende des 13. Jahrhunderts in einem Kloster in Schleswig erwähnt. Bei dieser Heizung wird in einem Kellerraum unter dem Saal ein Feuer gemacht, das die dort aufgeschichteten Feldsteine zum Glühen bringt. Wenn dann die Flammen erloschen und der Rauch und die Abgase durch den Kamin abgezogen waren, konnte man im Steinfußboden des Saales darüber kleine Schächte öffnen, die mit einem Deckel verschlossen waren. Durch diese Schächte strömte dann stundenlang eine milde Wärme in den Raum, bis die Steine erkaltet waren. Es war der Gipfel der Bequemlichkeit. Eine Erinnerung an dieses Hypocaustum (wörtlich: »das, was darunter brennt«) findet sich übrigens noch in dem Märchen »Sechs kommen durch die ganze Welt«, wo ein König die unerwünschten Sechs in den Speisesaal zum Tafeln einlädt und heimlich befiehlt, unter dem Saal ein riesiges Feuer anzumachen, um sie durch die Hitze umzubringen, was einer der Sechs allerdings durch anhaltendes Pusten durch die Nase zum Wohle der anderen verhindern kann.

Sauberkeit und Hygiene

Waren die Lebensgewohnheiten im Winter allmählich einigermaßen komfortabel geworden, so entsprachen die hygienischen Verhältnisse noch am ehesten der Vorstellung von den sprichwörtlichen »mittelalterlichen Zuständen«. Zwar war der Badezuber durchaus bekannt und wurde fleißig benützt, und bevor die öffentlichen Badehäuser als Freudenhäuser in Verruf kamen, boten sie für Männlein und Weiblein reiche Gelegenheit zur Reinigung.

Von den Langobarden hatte man sogar eine Art Dampfbad übernommen, das sie aus ihrer nordischen Heimat mit nach Süden gebracht hatten: Wir kennen diese Einrichtung noch heute als Sauna, wobei damals allerdings die Belebung des Kreislaufs noch nicht im Vordergrund stand. Da man in diesem Badezimmer das Wasser zu Dampf »zerstäubte«, nannte man diesen Raum die »Stuba«. Es ist unsere »Stube«, unter der man dann später schlichtweg ein heizbares Gemach verstand.

Im ganzen waren aber, vor allem in den Städten, die hygienischen Verhältnisse verheerend, da es keinerlei Kanalisation gab. Klöster und Burgen konnten sich, was die Toiletten betraf, einigermaßen behelfen. Entweder baute man das berühmte Häuschen mit seinem Plumpsklo weit genug weg – in den deutschen Ordensburgen baute man später eigens dafür Türme, die durch lange Bogengänge mit dem Haupthaus verbunden waren –, oder man baute an den Steilhängen des Burgberges jene im Winter eiskalten Erkerchen, die durchaus nicht nur ästhetische Funktionen erfüllten. Und wennschon: mit solchen Erkerchen, die oft unmittelbar am Wohnraum klebten, wurde nicht gespart, und wo es der Platz zuließ, baute man häufig gleich mehrere Sitzgelegenheiten in einer Reihe nebeneinander wie in den öffentlichen Bedürfnisanstalten des alten Rom: Wer zusammen aß und sich köstlich unterhielt, konnte sich anschließend auch gemeinsam in guter Konversation um die Düngung der Felder verdient machen.

In den Städten dagegen waren die Gruben in den Häusern nicht nur eine Geruchsbelästigung, sondern auch oft genug Herd der zahlreichen »Pestilenzen«, womit man damals summarisch die Seuchen bezeichnete.

Die sonstigen Abfälle warf man einfach auf die Straße oder in die mit Holzbohlen verdeckten Gräben oder Bäche, die man durch die Straße leitete. Erst 1228 erließ Verona eine Verordnung, nach der es verboten war, Unrat auf die Straße zu werfen. Zum Ausgleich mußten die Straßen dafür mindestens einmal im Jahr (!) gereinigt werden.

Da die Straßen aber nur in den seltensten Fällen gepflastert waren, kann man sich vorstellen, welchen Nutzen eine solche Reinigung hatte: Jeder Regen verwandelte die Straßen mit all ihrem Unrat in einen bodenlosen Morast. Nur Lübeck war damals schon hochmodern. Bei seiner Gründung im Jahre 1158 wurden von vornherein Bürgersteige aus Holzbohlen und Knüppeldämme als Fahrwege geschaffen, und zweihundert Jahre später waren in Lübeck alle wichtigen Straßen mit Granitstein gepflastert. Florenz ließ erst 1237, Bologna 1241 und Mailand, Modena und Padua um 1260 die Straßen mit gebrannten Steinen, also Ziegeln, belegen. Paris, die Großstadt, erhielt schon um 1200 feste Straßen.

Vereinzelt gab es sogar auch schon Wasserleitungen, zuerst aus ausgehöhlten Baumstämmen, später aus Tonröhren und schließlich sogar aus Blei. Üblich waren sie in der Stauferzeit aber nicht. Jeder war auf seinen eigenen Brunnen oder das öffentliche Brunnenhaus angewiesen.

Wie man wohnte

Die Wohnkultur selbst war bescheiden: Platz hatten weder die Armen noch die Reichen. Im 12. Jahrhundert lebte der Bauer mit seiner Familie in einem einzigen Raum seiner Kate, und nur der reiche Städter oder der Ritter hatte manchmal sogar zwei Zimmer. Im wesentlichen gab es einen großen Raum und kaum Privatzimmer.

Gerade die Burgen, deren Grundriß von der Form der Bergkuppe abhing und die ja nicht zur Bequemlichkeit, sondern zur Verteidigung gebaut wurden, boten mit all den Pferden, dem Gesinde und der Herrschaft meist nur qualvolle Enge und das Gegenteil von Ritterromantik.

Auch die Zimmer, entweder mit Fußböden aus Holzbohlenkacheln oder aus ganz einfachem Lehmstrich, kannten, ganz gleich ob im Schloß oder im Stadthaus, keine Bodenteppiche. Um der Bodenkälte zu entgehen, waren die Stühle deshalb im Mittelalter alle so hoch, daß man nur über eine Fußbank auf ihnen zum Sitzen kommen konnte. Wegen der Unebenheit der Böden bevorzugte man dreibeinige Stühle, da diese immer fest stehen.

Zum Aufbewahren hatte man Truhen, die erst allmählich zu hochgestellten Kästen und Schränken wurden. Eine Art Holzkasten, eher ein Verschlag, war auch das Bett. Nur eines fehlte in mittelalterlichen Zimmern: ein Tisch. Wollte man essen, so wurde eine Holzplatte hereingetragen und auf zwei auseinanderklappbare Böcke gesetzt. War die Mahlzeit beendet, so wurde, wie es die Redensart noch heute sagt, »die Tafel aufgehoben« und wieder hinausgeschafft.

Vom Essen und Trinken

Was man über die Mahlzeiten im frühen Mittelalter erfährt, ist höchst unterschiedlich, je nachdem, ob man von den permanenten Prassereien der wenigen Reichen liest oder herauszubekommen sucht, wovon das einfache Volk, also die große Mehrzahl, leben mußte.

Die Tischsitten dagegen waren, von einigen Verfeinerungen abgesehen, beim einfachen Volk die gleichen wie bei Hofe: Kaiser Barbarossa aß wie der ärmste seiner Untertanen bei Tisch mit der bloßen Hand. Zwar war die mehrzinkige Gabel längst »erfunden« und der zweizinkige Bratenspieß schon lange in Gebrauch, aber durch das ganze Mittelalter hindurch lehnte man es ab, sie bei Tisch zu benutzen, denn schließlich war es nicht nur bequemer, sondern auch richtig, das Essen, die kostbare Gabe Gottes, mit der Hand zum Munde zu führen. Gabeln zu benutzen war geradezu lasterhaft. Eine byzantinische Prinzessin, die sich von ihrem Eunuchen mit einem goldenen Gäbelchen füttern ließ, wurde – wie der Chronist berichtet – zur Strafe »hernach am ganzen Leibe stinkend«.

Sowenig es Gabeln gab, sowenig gab es auch Teller. Statt dessen aß man von einer meist runden Platte aus Holz oder Zinn, die mit Brot belegt war, um die Bratensoße aufzufangen, oder aus der gemeinsamen Schüssel. Suppenteller kamen überhaupt erst im 16. Jahrhundert auf. Gab es also Brei oder eine flüssige Mahlzeit, so tauchte man seinen Löffel in die gemeinsame Schüssel. Für diesen Fall hatten die Gäste meist ihren eigenen Löffel bei sich. Er bestand, wie das meiste Eßgeschirr, aus Holz und hatte nur einen kurzen Griff, den man mit der ganzen Faust umfaßte: Noch heute erinnert das englische Wort »spoon« daran, daß Löffel aus einem Holz-»Span« gemacht waren.

Lediglich das Messer war aus Eisen, und auch hier war es üblich, daß es der Gast selbst mitbrachte: Bei Rittern steckte es am Schwert mit dem Dolch in einer kleinen Außentasche der Scheide. Mit ihm konnte sich jeder selbst vom Fleisch abschneiden, obwohl Braten oft schon zerkleinert in mundgerechten Stücken auf den Tisch kam. Doch auch dann hat man vermutlich das Fleischstück auf die Messerspitze gespießt und mit dem Messer in den Mund gesteckt.

Wie man das alles nun möglichst anständig und höfisch bewältigte, war auch damals schon in Anstandsregeln festgelegt, von denen uns zwei aus dem 12. Jahrhundert überliefert sind. In der einen gibt ein Vater seinem Sohn einige Weisheiten mit auf den Weg, so auch die Grundregel, sich vor dem Essen die Hände zu waschen: »Wenn du dir die Hände gewaschen und abgetrocknet hast, beeile dich nicht mit dem Essen, man hält dich sonst für verhungert.« Oder: »Steck nicht zu große Bissen in den Mund und schluck nicht, bevor du gut gekaut hast. Warte mit dem Trinken, bis dein Mund leer ist. Hüte dich, mit vollem Mund zu sprechen, denn du riskierst, zu ersticken.«

Neben diesen Regeln, die auch heute noch gelten, gibt der Vater seinem Sohn auf die Frage, ob er nun als Gast viel oder wenig essen dürfe, gleich noch eine goldene Regel mit: »Iß soviel du kannst; denn wenn der Gastgeber dich liebt, wird er sich darüber freuen, wenn er dich aber haßt, wird es ihn ärgern.«

Aber auch aus den »Tischzuchten«, die Ende des 15. Jahrhunderts erschienen, können wir ablesen, wie es schon vorher in der Stauferzeit bei Tisch zuging. So galt es als unfein, sich mit der gleichen Hand zu schneuzen, mit der man das Fleisch anfaßte, sich bei Tisch zu kratzen oder über den Tisch zu spucken. Es galt auch nicht als schicklich, sich die Finger abzulecken (zum Händesäubern hatte man das Tischtuch) oder die Knochen mit den Fingernägeln abzukratzen. Überhaupt waren lange Fingernägel verpönt, weil sie Krätze verursachten. Seine Zähne sollte man sich daher auch weder mit Nägeln noch mit der Messerspitze reinigen. Selbst für die Abfälle bei Tisch gab es Regeln. Man legte Brotkrumen und Knochen entweder in eine Schale auf dem Tisch, oder man warf die Knochen unter den Tisch, »aber nahe an deine Füße und ohne jemanden zu verletzen«.

Auch in dem maßgeblichen Anstandsbuch der Renaissance, das Erasmus von Rotterdam im Jahre 1530 schrieb, geht es nicht anders zu als zu Kaiser Rotbarts Zeiten. Erasmus rät: »Trinke mäßig schlürfend, nicht in dich hineinschluckend mit dem Geräusch eines Pferdes«, und »wenig anständige Sitte verrät es, wenn du Halbverzehrtes einem anderen reichst ... wie es auch nicht fein ist, die Speisen aus dem Munde herauszunehmen und auf das Brot zu legen.« Wohin solche Fauxpas führen können, zeigt die traurige Geschichte eines Bräutigams, dessen Braut ihr Verlöbnis löste, weil ihr der Verlobte die Hälfte einer ungeschälten Birne gab – aber vermutlich mochte sie den Herrn auch ohne diese halbe Birne nicht.

Bei Hofe mußten allerdings noch ganz andere Sitten beachtet werden. So war es die Aufgabe des Truchseß (»der übers Gefolge Gesetzte«) – auch Seneschall genannt, und als Vorsteher der Hofhaltung auch Küchenmeister –, vorher die Speisen und Getränke zu kosten, die dem König oder Fürsten vorgesetzt wurden. Erst dann mochte der Herrscher glauben (lateinisch credere), daß ihn niemand vergiftete, wenn ihm nach der Probe der Seneschall den Wein »kredenzte«. Die Mittel für die Giftprobe – Einhornstäbchen, Haifischzähne und Krötenstein – wurden in einem eigens dafür gemachten Schrank aufbewahrt: der Kredenz aus Großmutters guter Stube.

Da man bei den Mahlzeiten an den Fürstenhöfen im Karree an den Außenseiten der Tische entlang saß, während die Tischseite in der Saalmitte zum Servieren freiblieb, entdeckte man bald, wie man die Tafelei mit angenehmer Unterhaltung in die Länge ziehen konnte. In dem offenen Geviert und jedermann sichtbar konnte sich nicht nur der Vorschneider hervortun, indem er, vor dem Fürsten kniend, mit erhobenen Armen, Geflügel in der Luft tranchierte und verteilte, ohne es mit den Händen zu berühren. Hier konnte auch der Troubadour auftreten und seine Lieder singen, und der Fürst hatte hier Gelegenheit, auch seinen eigenen Einfallsreichtum zu zeigen.

So wurden bei der Hochzeit des Johannes von Luxemburg mit Elisabeth von Böhmen im Jahre 1313 die Speisen mit Trompeten- und Trommelwirbel von Rittern hoch zu Roß serviert. Im späteren Mittelalter kamen dann ganze Theateraufführungen dazu, so daß Mahlzeiten von fünf Stunden Länge keine Seltenheit waren. Einmal ließ Karl V. von Frankreich gleich die ganze Eroberung Jerusalems durch Gottfried von Bouillon darstellen, um endlich einmal nicht immer nur die Taten des Herkules oder die Eroberung Trojas zu bieten. Zu den Lustbarkeiten von unwiderstehlichem Reiz gehörte später in der Renaissance auch die Riesenpastete, die nicht nur köstliche Speisen, sondern regelmäßig auch den Hofzwerg enthielt, der dann nach dem Aufschneiden fähnchenschwenkend auf dem Tisch herumlief.

Die Speisen selbst und vor allem deren Menge waren freilich geeignet, auch einen hungrigen Mann anschließend zu töten. So ist uns das für damalige Verhältnisse geradezu bescheidene Gastmahl überliefert, das die Stadt Weißenfels im Jahre 1303 bei der Einweihung der Stadtkirche dem Bischof Zenno von Zeitz gab. Es hatte nur folgende drei Gänge:

1) Eiersuppe mit Safran, Pfefferkörnern und Honig, Gemüse, Schaffleisch mit Zwiebeln; gebratenes Huhn mit Zwetschgen.
2) Stockfisch mit Öl und Rosinen; Bleie in Öl gebacken; gesottener Aal mit Pfeffer; gerösteter Bückling mit Senf.
3) Sauer gesottene Speisefische, ein gebackener Parmen (wohl eine Barbe); kleine Vögel in Schmalz gebacken mit Rettich; Schweinskeule mit Gurken.

Etwas üppiger war dann schon das Festmahl, das sich im Jahre 1149 die Mönche von St. Ambrosius in Mailand bestellten. Es bestand aus neun Gerichten in drei Gängen:

1) kalte Hühner
kaltes Schweinefleisch
Schinken in Wein
2) gefüllte Hühner
Kalbfleisch mit Pfefferkraut
Torten
3) gebratene Hühner
Nieren in Teig gebacken
gefüllte Ferkel.

Nun hat man von allen Gerichten vermutlich nur eine Kostprobe genommen und den Rest, wie sich das gehörte, unter die Armen verteilt. Aber auch dann überfraß man sich wohl gelegentlich derart, daß man den regen Gebrauch von Brechmitteln versteht, der damals üblich war.

Demgegenüber mutet das Mahl recht bescheiden an, das Ludwig IX. von Frankreich, genannt der Heilige, im Jahre 1248 am Abend vor seinem Aufbruch zum Kreuzzug servieren ließ: schlicht und einfach Milchreis mit Zimt, dazu frische Bohnen in Milch gekocht, Fische, Aale, Aalpasten und Torten. Aber der Schein trügt: Reis und Zimt zumindest war eine Delikatesse, die aus fernen Ländern kam, und somit eine wahrhaft königliche Speise.

Denn im Grunde war der mittelalterliche Speisezettel trist, weil man weder Gemüse noch Fleisch so zu konservieren verstand, daß es seinen Geschmack behielt. Ein paar Sorten Kraut, geräuchertes und gepökeltes Fleisch, Hirse und Grütze gehörten neben Fischen zu den Hauptnahrungsmitteln, die man in einem heute unvorstellbaren Maße pfefferte und parfümierte, um den Eigengeschmack zu überdecken. Es war keine Seltenheit, daß man Speisen mit Rosenwasser anrichtete.

Daneben gab es zu Barbarossas Zeiten eine Art von Wildbret, das bei uns nicht mehr auf den Tisch kommt: Geier, Raben, Igel, Schwäne, Kraniche, aber auch Eichhörnchen, Meerschweinchen und sogar Schlangen gehörten zur Nahrung.

Damit sind wir von den Schlemmereien der wenigen allmählich bei dem angekommen, was die meisten aßen. Von Fleisch war weit seltener die Rede, höchstens dreimal die Woche zu einer Mahlzeit. Sonst gab es bei den Bauern zur Zeit der Babenberger Fürsten in Österreich als Grundnahrung nur Kraut, Gerstenbrei und Rüben (denn Kartoffeln gab es in Deutschland erst seit Friedrich dem Großen!). Geradezu rührend ist die Schilderung einer Bauernhochzeit in der schwäbischen Bodenseegegend. Das ganze Festmahl bestand aus fünf Gängen: Zuerst wurde Weißbrot aufgetragen, dann für je vier Gäste ein Kübel Hirsebrei. Danach gab es Rüben mit Speck und viertens Bratwürste. Den Abschluß bildete ein Gericht, das wir nur dem Namen nach wiedergeben können: es hieß Brautmus. Allerdings lag der Reiz des Festmahls woanders: »sy suffent und trunkent, daß ihnen die zung hunkent.«

Um damit auf die Getränke zu kommen: Bier war das verbreitetste Getränk, Wein das vornehmste. Im 12. Jahrhundert war Wein *der* ritterliche Trunk, der aber erst im 13. Jahrhundert den Met völlig verdrängte, also jenes Getränk aus vergorenem Honig mit Wasser, von dem schon Tacitus in seiner Geschichte der Germanen berichtet. Aber da der Wein sehr sauer und überdies wenig haltbar war, gab man auch ihm im Mittelalter Honig und Gewürze bei und trank ihn reichlich, denn Wein machte, wie man im Parzifal nachlesen kann, nicht nur schön, er förderte auch die Gesundheit.

Zu allem Glück wurde von den Ärzten gegen Ende des 13. Jahrhunderts dann auch noch entdeckt, daß zwei Räusche im Monat besonders bekömmlich seien, und so schrieb Ritter Hans von Schweinichen in bedenklich kurzen Abständen befriedigt in sein Tagebuch »Heut wieder einen guten Rausch gehabt«.

Wenn man nach den alten Quellen geht, betrank man sich eigentlich nur aus Höflichkeit, denn wenn jemand das Glas zum Wohle hob, mußte man Bescheid tun. Doch weil die scharf gewürzten Speisen mehr Linderung verlangten, als man auf Fürsten, Edle und Anwesende trinken konnte, kam man auf die fromme Idee, auch auf die Heiligen zu trinken, und davon gab es erfreulich viele. Das nahm schließlich derartige Formen an, daß die Obrigkeit die Besäufnisse zu Ehren der Heiligen von Amts wegen verbot, zumal schon Karl der Große Jahrhunderte zuvor eigens in einem Armeebefehl das Zuprosten untersagt hatte.

Kleidung und Mode

Auch bei der Kleidung und Mode sind wir vor allem auf Miniaturen, Gemälde und Statuen angewiesen, wenn wir etwas darüber erfahren wollen, was man damals anhatte.

Der auffallendste Unterschied zur Gegenwart ist, daß auch die Männer Röcke trugen, deren Länge nach Mode und Berufsstand wechselte. Trug man noch zu Zeiten Karls des Großen vor allem den kurzen sogenannten altfränkischen Leibrock, so wurde in der 2. Hälfte des 11. Jahrhunderts der Rock allmählich länger. Zur Stauferzeit ging er bei den Herren bis über die Waden und dann bis zu den Füßen hinunter, während die Bauern beim kurzen Leibrock blieben. Dieses langärmelige Obergewand war im Grunde die antike Tunika, auch wenn sich der Schnitt inzwischen verändert hatte – eine Kleidung, die sich seit dem frühen Mittelalter in der Kirche bis heute erhalten hat: Das Mönchsgewand ist nichts anderes als jener lange Rock der Stauferzeit, und auch im Talar des protestantischen Geistlichen wie in der Kleidung der katholischen Priester hat sich jener lange Rock erhalten, und bis auf den heutigen Tag ist es unvorstellbar, daß ein Papst Hosen trägt.

Der Herrenrock der Stauferzeit fiel allerdings nicht wie eine römische Tunika lang herunter, sondern nahm auf Körperformen und Funktion des Trägers Rücksicht. Daher war das Oberteil enger gearbeitet, während der eigentliche Rock von der Hüfte an durch Keile zu erweitern war, so daß unabhängig vom Gürtel eine Taille entstand. Um mit diesem langen Rock auch reiten zu können, war er vorn oder seitlich geschlitzt.

Aber während noch Karl der Große unter dem Rock nur ein kurzes Leinenhemd trug, zog sich der Herr des 11. und 12. Jahrhunderts wärmer an: Unter dem Rock trug er einen zweiten Rock von gleicher

Entwicklung der Herrenmode: links ein Herr im 13. Jahrhundert, in der Mitte ein Stutzer aus dem 14. Jahrhundert, rechts die Herrenkleidung gegen Ende des 15. Jahrhunderts.

Länge, und erst darunter das Unterhemd. Da der lange und oft andersfarbige Unterrock in den Reitschlitzen des Oberkleides sichtbar wurde, gewann er allmählich eine Schmuckfunktion, die wir um einiges später in den durchbrochenen Kleidungsstücken der Landsknechtszeit wiederfinden, deren bunte Farbkontraste dann auf das Harlekinskostüm übergingen.

Im frühen 13. Jahrhundert kam dann eine neue Form des Obergewandes auf, die diese Kontrastwirkung von Ober- und Unterkleid noch förderte. Es war die »Suckenie«, ein ärmelloses Gewand, das die Ärmel des Unterkleides voll sehen ließ.

Nun war es natürlich nicht so, daß die Männer darunter keine Hosen angehabt hätten – die Hose wurde schon im 1. Jahrtausend vor Christus bei den Skythen nachgewiesen, dann auch bei den Kelten, Galliern und Germanen benutzt und in der römischen Kaiserzeit auch von den Römern übernommen. Nur war diese Hose stets unter dem Rock verborgen, war also nach heutigen Begriffen eine Unterhose. Die Beine selbst steckten in langen Strümpfen, den »Beinlingen«, und damit diese Strümpfe nicht ständig rutschten, wurden sie an der Unterhose befestigt.

Erst viel später wurde die Unterhose, die Bruoche, auch vorzeigbar, aber die Kombination zwischen Bruoche und Beinling blieb. Denn aus der Bruoche entstand die knielange Hose, die an den Waden durch ein Band zusammengeschnürt war, um das Rutschen der Strümpfe zu verhindern (dem Rutschen eines solchen Strumpfes im Jahre 1350 verdankt die Menschheit die geistesgegenwärtige Erfindung des noblen Hosenbandordens). Es hat dann Jahrhunderte gedauert, bis aus dieser kombinierten Strumpfhose jene »Beinkleider« wurden, die wir heute als Hosen tragen. Aber selbst wir reden noch in Erinnerung an die zwei Beinlinge von einem »Paar« Hosen, während die Bruoche über die englischen Breeches bis heute am Leben geblieben ist: Es sind die Knikkerbocker seligen Angedenkens und die Kniebundhosen, mit denen die Nachfahren Barbarossas in Süddeutschland noch heute am Sonntag wandern gehen.

Das Eigenartige ist nun, daß man mit der Beschreibung der Männermode gleichzeitig auch die Frauenkleidung beschrieben hat: Es gibt kaum wieder eine Epoche, in der sich die Mode der Geschlechter so wenig unterschieden hat wie in der Stauferzeit. Die Stifterfiguren des Naumburger Doms, um 1250 begonnen, sind dafür ein deutliches Beispiel.

Denn nicht einmal die Tatsache, daß die Frauen sich die Taille schnürten, war ein Unterscheidungsmerkmal: Die feineren Herren taten dies auch. Allerdings waren bei den Damen die Stoffe feiner, der Faltenwurf eleganter und das Schmuckbedürfnis größer.

So ließ die Regierung von Venedig im Jahre 1154 genau den Wert des weiblichen Kopfputzes festlegen, um die Putzwut auch nur einigermaßen einzudämmen, und Papst Gregor X. erklärte 1274 in Lyon auf einer Kirchenversammlung, der überflüssige Putz der Weiber müsse in der Christenheit nun endlich aufhören – ein unerschöpfliches und nie erschöpftes Thema aller Bußprediger.

In einem unterschieden sich allerdings die feinen Damen von den Herren – im »Swenzelin«, wie Konrad von Würzburg die Schleppe nannte. Aber auch sie wurde sofort zum Zielpunkt geistlicher Kritik. Der heilige Bernhard von Clairvaux fand, daß sie unnötig Staub aufwirbelte, und der Bischof von Terouanne klagte: »Wenn es, ihr Frauen, eure Bestimmung wäre, die Straßen zu fegen, würde euch die Natur schon ein Hilfsmittel anerschaffen haben, womit es füglich geschehen könnte.«

Auch wenn die Bauern praktischerweise im kurzen Rock umherliefen, lag der Unterschied in der Kleidung zwischen den einzelnen Ständen weniger im verschiedenen Aussehen als im Material.

Vom einfachen Linnen bis zum Hermelin war genau abgestuft, was der eine sich leisten konnte und was nicht, oder sogar, was er tragen durfte und was nicht: Fausthandschuhe waren für das einfache Volk, Fingerhandschuhe durften nur die Vornehmen tragen.

Haarschnitt und Moral

Einheitlich war dagegen die Haartracht. So war es in der Stauferzeit geradezu ein Kennzeichen des Christentums, daß die Männer keinen oder wenigstens keinen langen Bart trugen. Die Stadt Venedig machte sogar 1102 ein Gesetz daraus und befahl, alle langen Bärte abzuschneiden. Das war vielleicht eine Reaktion auf die Sitte der »heidnischen Sarazenen«, denen man auf dem Ersten Kreuzzug gerade Jerusalem abgenommen hatte und die, getreu dem »Barte des Propheten« Mohammed, möglichst volle Bärte trugen. Als sich rund zweihundert Jahre später viele Kreuzfahrer angewöhnt hatten, im Heiligen Land ebenfalls einen Bart als Zeichen der Männlichkeit zu tragen, wurde ihnen dies zum Verhängnis: Eine italienische Pilgertruppe, die 1290 gekommen war, um die Anhänger des Propheten zu bekämpfen, brachte alle um, die einen Bart trugen – und damit auch scharenweise ihre eigenen Glaubensgenossen.

Um die Länge des Kopfhaares kümmerte sich die Kirche selbstverständlich auch und stellte fest, daß kurzgeschnittenes Haar ein sichtbares Zeichen der Gottesfurcht sei – eine eigentümliche Verbindung von Haarlänge und Gehorsam, die bis in die Gegenwart hinein für autoritäre und totalitäre Herrschaften typisch ist. Was kurzes Haar war, wurde auf Kirchenversammlungen genau festgelegt: »Kein Mensch lasse sein Haar wachsen, sondern sei so geschoren, wie es sich für einen Christen schickt: daß nämlich die Augen nicht bedeckt sind und die Ohrzipfel hervorgucken.«

Wer trotzdem lange Haare hatte, mußte mit harten Kirchenstrafen rechnen, ihm wurde das Abendmahl nicht gereicht und »kein Geistlicher wohnt ihrem Begräbnis bei«. Aber bald fand man einen Ausweg:

Männer wie Frauen ließen, wie kurz darauf aus Augsburg berichtet wird, die Haare lang wachsen, trugen sie aber als Zöpfe gedreht um den Kopf, die Frauen, wie es die Kirche verlangte, unter einem Schleier oder Kopftuch, die Männer barhäuptig, denn der Hut war noch nicht erfunden: Man trug bestenfalls eine kegelförmige Kappe ohne Krempe.

Man könnte hier noch hundert Details anfügen, wie z. B., daß sich die Männer mitunter vorn kahlschoren »wie die Spitzbuben, hinten lassen sie dagegen alles wie die Huren und kräuseln sie mit dem Brenneisen«; oder daß Graf Fulko von Anjou die Schnabelschuhe erfand, weil er »so übel gebaute Füße« hatte; und schließlich, daß nach den züchtig langen Herrenröcken der Stauferzeit um 1350 die Röcke wieder so kurz wurden, daß es eine wahre Schande war: »Mußte sich jemand bücken, so sah man ihm in den Hintern...«

Man könnte auch noch lange Schreckliches und Ergötzliches über die geringe Bildung von Rittern und Bauern schreiben, denn damals gab es nur Klosterschulen für einige wenige, so daß die Kunst des Schreibens praktisch dem Kleriker vorbehalten blieb, woran noch heute das englische Wort für »Schreiber«, der clerk, erinnert; und man könnte schier Unerschöpfliches zusammentragen über die Moral jener Zeit, die auf der einen Seite fürs Volk von mönchischem Zuschnitt war und jeden Spaß am Sexuellen verdarb, sofern sich die Bauern da etwas verderben ließen, zumal eine kirchliche Trauung noch gar nicht üblich war; und die es auf der anderen Seite einem Herrn von Bernecke ermöglichte, sich »zur Erleichterung seines Witwenstandes«, wie er schrieb, ein Dutzend junger Hausmädchen zu halten; wie ja wohl auch unsere edlen Herren Staufer das Heranwachsen ihrer kindlichen Bräute auch nicht immer nur mit stiller Andacht beobachtet und so keusch gelebt haben, wie es ihren geistlichen Chronisten lieb gewesen wäre. Es wäre aber auch zu berichten, wie der Landgraf Ludwig von Thüringen auf einer Reise bei einem Fürsten abstieg und ein »säuberlich junges Weibchen« als Präsent in seiner Schlafkammer vorfand, »sich aber bezwang« und ihr statt dessen eine Mark in Silber geben ließ: als Gemahl der heiligen Elisabeth wußte Landgraf Ludwig, was sich gehörte.

Man könnte über bedenkliche Sitten in Klöstern und unter den Reichen erzählen und über die Strafen Gottes, die die Verstockten dann regelmäßig trafen wie jene »kleidersüchtigen Weiber«, die man nach dem Bericht eines Priesters auf Frauensätteln reiten ließ, »aus denen glühende Stifte hervorragten«, so daß sie »ganz erbärmlich wehe, wehe schrien«.

Aber mit solchen Geschichten verzeichnet man auch leicht die Wirklichkeit, indem man mit den frommen Chronistenberichten gleichzeitig auch deren zeitbedingte Moralvorstellungen übernimmt oder umgekehrt unsere heutigen Maßstäbe anlegt. Wie man in jener Zeit lebte und was man dachte, werden wir ohnehin nie vollständig nachempfinden können. Es war eine andere Welt, aber sie war nicht besser oder schlechter als andere Zeiten.

Gewiß lagen die Extreme weiter auseinander zwischen Reichtum und Armut, zwischen Freien und Leibeigenen; sicher waren die Menschen damals hilfloser Mißernten, Hungersnöten und Seuchen ausgeliefert. Aber all das wurde aufgefangen von einem Glauben an die Gerechtigkeit Gottes in diesem oder dem ewigen Leben. Vielleicht war damals das Leben schwerer und der Glaube leichter und einfacher als heute. Aber Glaube und Leben erklärten einander und wirkten aufeinander ein – im täglichen Leben wie im Handeln der Mächtigen.

Kaiser und Papst

Reichskanzler Rainald

In den ersten vier Jahren seiner Regierung hatte Friedrich Barbarossa, »der Familienvater des Reiches«, tatsächlich ein Stück der alten Kaiserherrlichkeit wieder sichtbar machen können. Der Streit zwischen Welfen und Staufern war vorerst beigelegt und im Land herrschte Ruhe und Ordnung. Ein neues Landfriedensgesetz war erlassen, das bei der Strafzumessung nicht mehr zwischen Freien und Unfreien unterschied. Kaiser Friedrich Barbarossa hatte seinen Einfluß auf Italien und Burgund ausdehnen können.

Nun mußte das Reich verwaltet werden. Dazu hatte es unter den salischen Kaisern bis zu Heinrich IV. für die Gebiete Deutschland, Italien und Burgund je eine eigene Kanzlei gegeben. Ihre Aufgabe war es gewesen, die Briefe und Urkunden auszufertigen, die für die Verwaltung des jeweiligen Gebietes notwendig waren. Unter Heinrich V. war dann 1122 die italienische und die deutsche Kanzlei zusammengelegt worden, während Konrad III., Friedrich Barbarossas Vorgänger, noch einen Schritt weiterging und alle drei Kanzleien zu einer zentralen »Reichskanzlei« zusammenschloß und jetzt statt der drei »Cancellarii« (lateinisch; »Schreiber«) nur noch einen »Reichskanzler« hatte – ein Titel, der bis zum Ende des Heiligen Römischen Reiches Deutscher Nation 1806 traditionsgemäß beim Erzbischof von Köln lag und mit der Gründung des Bismarckreiches über Adolf Hitler bis 1945 erhalten blieb. Entsprechend der bundesstaatlichen Verfassung nennen wir in Abwandlung den höchsten, vom Staatsoberhaupt ernannten Politiker heute noch »Bundeskanzler«, auch wenn das Amt längst nichts mehr mit dem Cancellarius, dem Schreiber des Mittelalters, zu tun hat.

Der Mann, den Friedrich Barbarossa im Frühjahr 1156 zu seinem Reichskanzler ernannt hatte, war alles andere als ein bloßer Schreiber oder Verwaltungsbeamter, denn er war »höchst begierig, die Würde des Kaisers zu erhöhen, und zwar so, daß der Kaiser keinem Rat mehr als dem seinen folgt«. Dieser Kanzler wurde tatsächlich zum engen Ratgeber des Kaisers und bestimmte ein Jahrzehnt lang maßgeblich und oft entscheidend die Politik Barbarossas.

Er hieß Rainald, stand etwa im gleichen Alter wie Friedrich Barbarossa und war der Sohn eines niedersächsischen Grafen, der an der

Weser in einem Ort namens Dassel lebte (heute zwischen Holzminden und Einbeck).

Dieser Rainald aus Dassel war in der Hildesheimer Adelsschule erzogen worden, hatte dann an der Universität von Paris studiert und war dort Schüler jenes berühmten Theologen Abaelard geworden, dessen tragische Liebesgeschichte mit der 22 Jahre jüngeren Héloïse in die Literaturgeschichte eingegangen ist: Es war eine geheimgehaltene Liebesheirat zwischen Lehrer und Schülerin, der ein Sohn mit dem eigenartigen Namen Astrolabius (»Sternenuhr«) entsprang, eine Ehe, die Kanonikus Fulbert, der Onkel der Héloïse, dadurch beendete, daß er Abaelard eines Nachts entmannen ließ. Beide zogen sich daraufhin in ein Kloster zurück, und nun schrieben sich die auf ewig Getrennten jene leidenschaftlichen »Epistulae«, die den Theologen Peter Abaelard und die Äbtissin Héloïse zu einem der klassischen Liebespaare der Geschichte werden ließen.

Dieser Abaelard, den man heute als frühscholastischen Philosophen einordnet und zu den Begründern der wissenschaftlichen dialektischen Methode in Philosophie und Theologie rechnet, galt in seiner Zeit nahezu als Ketzer und hatte schließlich Lehrverbot; im Gegensatz zu Anselm von Canterburys These »ich glaube, damit ich begreife« formulierte er im Jahre 1122 aufklärerisch die Gegenthese: »ich muß verstehen, um glauben zu können«, denn »durch Zweifel kommen wir zum Fragen, und durch Fragen erblicken wir die Wahrheit«.

Es ist deshalb kein Wunder, daß Rainald, der als zweiter Sohn des Grafen von Dassel entsprechend der damaligen Sitte für die Priesterlaufbahn bestimmt war, von vornherein kein ungebrochenes Verhältnis zur kirchlichen Autorität hatte, als er Anfang 1140 Propst zu Hildesheim wurde. 1148 erregte er sogar auf einem Papstkonzil in Reims ungeheures Aufsehen, als er als einziger lauthals dem Papst widersprach und recht bekam. Papst Eugen hatte damals zusammen mit einer Reihe von asketischen Anweisungen auch ein Dekret bekanntgegeben, das den Priestern verbot, bunte Pelze zu tragen. Rainald von Dassel bemerkte daraufhin nüchtern, daß ein solches Gesetz wohl kaum bei der Priesterschaft auf Gegenliebe stoßen werde – und Papst Eugen zog zum Erstaunen aller das Dekret zurück.

Auch auf einem anderen, viel entscheidenderen Gebiet hatte Rainald von Dassel andere Ansichten als der Papst. Genau wie Friedrich Barbarossa vertrat er die Ansicht, daß das weltliche Herrscheramt von »Gottes Gnaden«, also eigenständig und nicht dem Papsttum als der geistlichen Macht unterworfen sei; ja Rainald von Dassel vertrat sogar die Meinung, der römische Kaiser sei dem Papst übergeordnet, da der Papst, wie schon Karl der Große festgestellt habe, nur der Bischof von Rom sei.

Daß Friedrich Barbarossa diesen Mann zu seinem Kanzler gemacht hatte war eine Kampfansage an Papst Hadrian IV., der wie einst Gregor VII. das Primat des Papstes über den Kaiser verfocht. Hadrian schrieb denn auch beunruhigt an Abt Wibald I. von Stablo: »In der Umgebung unseres geliebten Sohnes, des Kaisers Friedrich, sollen sich gewisse Personen befinden, die mit allen Mitteln in seinem Herzen die Ergebenheit gegen die hochheilige römische Kirche zu ertöten suchen.«

Damit war der Reichskanzler gemeint. Wieweit Rainald von Dassel in der Folge dann tatsächlich Friedrich Barbarossa beeinflußt oder eben nur bestärkt hat, kann man verschieden interpretieren. Sicher ist jedenfalls, daß die entschiedene Haltung des sonst eher kompromißbereiten Friedrich Barbarossa in manchen Fragen auf den Einfluß seines Kanzlers zurückzuführen ist, den ältere Historiker gern mit dem altfränkischen Wort »ungestüm« charakterisieren.

Der Konflikt zwischen Papst und Kaiser ließ dann auch nicht lange auf sich warten. Zuvor ist aber noch von einem Feldzug nach Polen zu berichten, dessen spätere Folgen in keinem Verhältnis zu seinem harmlosen Verlauf standen.

Ein Feldzug nach Polen

Weil der polnische König Boleslaw IV., genannt »Kraushaar«, die Oberherrschaft des Deutschen Reiches nicht anerkannte und keinen Zins zahlte, hatte Friedrich Barbarossa schon 1156 einen Kriegszug nach Polen beschlossen, aber erst im August 1157 war er dann mit einem sächsisch-thüringischen Aufgebot zusammen mit Heinrich dem Löwen von Halle an der Saale aus an die Oder gezogen, die er am 22. August zum Entsetzen der »Polanen« mit seinem Heer »trotz dicht aneinanderstehender Baumstümpfe« und »gewaltiger Bollwerke« überquerte. Über Frodezlau (Breslau) verfolgte er König Boleslaw in kurzer Zeit bis in die Gegend von Poznan (Posen), wo sich Boleslaw endlich bereit erklärte, »in bloßen Füßen und das bloße Schwert am Halse hängend« den Lehnseid zu leisten, einen hohen Tribut zu zahlen,

300 Soldaten für Barbarossas nächsten Italienzug bereitzustellen und als Sicherheit seinen Bruder als Geisel zu übergeben.

Damit war dieser Feldzug nach kaum ein paar Wochen beendet. Trotzdem aber sollte sich dieses anscheinend so nebensächliche Unternehmen als höchst folgenreich erweisen, und der Historiker Leopold von Ranke hat es daher auch eines der wichtigsten Unternehmen Friedrich Barbarossas genannt.

Als nämlich Boleslaw das gegebene Versprechen, seinen jüngeren Bruder Wladislaw an der Regierung zu beteiligen, nicht einhielt, zwang ihn Barbarossa im Jahre 1163, die Söhne des inzwischen verstorbenen Wladislaw in die beiden schlesischen Herzogtümer Breslau und Ratibor einzusetzen. Obwohl das Gebiet der polnischen Oberhoheit unterstand, vollzogen die in Deutschland aufgewachsenen Söhne Wladislaws nun allmählich dessen Loslösung von Polen und die Hinwendung zum Reich, so daß dieser erste Feldzug Barbarossas nach Osten dem Reich am Ende tatsächlich Schlesien einbrachte.

Böhmen hatte Friedrich Barbarossa schon 1158 ans Reich gebunden, indem er Herzog Wladislaw II. von Böhmen die persönliche Königswürde zusprach. Gleichzeitig suchte Ungarn freundliche Beziehungen zum Reich, ebenso wie Waldemar von Dänemark, so daß Friedrich Barbarossa auf eine recht befriedigende »Ostpolitik« zurückblicken konnte.

Aber schon der Sieg über Polen im Sommer 1157 reichte aus, um den Reichstag zu Würzburg im September zu einem Huldigungsfest für den Kaiser zu machen. Außer den deutschen Fürsten und Prälaten erschienen Gesandte aus ganz Europa: Frankreich, Italien, Burgund, Spanien, Dänemark, Griechenland und England waren vertreten, und König Heinrich II. von England hatte sogar als Gastgeschenk ein Prunkzelt von solcher Größe überreichen lassen, daß man es »nur mit Maschinen und besonderen Hebegeräten« fortbewegen konnte. Dazu hatte König Heinrich von England einen Huldigungsbrief geschrieben, der deutlich macht, welches Ansehen Kaiser Friedrich Barbarossa genoß:

»Wir legen Eurer Macht unser Königreich und was sonst unser zu Füßen«, hieß es da, »damit alles nach Eurem Wink erfüllt werde und der Wille Eures Reiches geschehe ... dabei sollt Ihr, die Ihr die höhere Würde innehabt, gebieten, am Willen zum Gehorchen wird es uns nicht fehlen.«

Es waren Worte, denen zwar später keine Taten folgten, aber die

Demutsgeste vor dem Kaiser, der ja theoretisch die Oberhoheit über das ganze christliche Abendland innehatte, gehört zu den großen persönlichen Erfolgen Friedrich Barbarossas.

Im Vollgefühl dieser Anerkennung zog der Kaiser bald darauf Mitte Oktober nach Bisuncium (dem heutigen Besançon), um seinen ersten Reichstag im wiedergewonnenen Burgund abzuhalten. Hier sollte es nun zum Zusammenstoß zwischen Papst und Kaiser kommen, und da »dieser Abschnitt besonders wichtig und folgenschwer ist«, meint der Chronist Rahewin, wird »mit uns wegen der Weitschweifigkeit dieser Erzählung niemand rechten, der sorgsam die Bedeutung des Gegenstandes ... beachtet«. Die Bedeutung des Gegenstandes lag darin, daß Papst Hadrian IV. genau achtzig Jahre nach Canossa versuchte, die Ideen Gregors VII. von der Vormachtstellung der Kirche erneut durchzusetzen.

Der Reichstag zu Besançon

Der Reichstag zu Besançon war als Routineangelegenheit gedacht. Man hatte eine Reihe von lokalen Verwaltungsfragen zu regeln, man wollte Einzelheiten für einen Straffeldzug gegen Mailand festlegen, der fürs nächste Frühjahr geplant war, und man würde, wie üblich auf Reichstagen, Gesandte anderer Länder empfangen. So waren Abgesandte Spaniens und Englands nach Besançon gekommen, aber auch eine Delegation des Papstes, die aus dem Kardinal Roland (dem späteren Papst Alexander III.) und Kardinal Bernhard bestand.

Die beiden teilten mit, sie hätten gern eine »gute Nachricht« verlesen, was die Anwesenden mit Freude hörten, denn man war über zwei Beschlüsse des Papstes Hadrian verärgert. Einmal hatte der Papst kurz vorher ein Bündnis mit dem König von Sizilien geschlossen, ohne Friedrich Barbarossa vorher zu konsultieren, wie es der Vertrag von Konstanz aus dem Jahre 1153 vorsah. Zum zweiten hatte er dem Erzbischof Eskil von Lund den Primat über die skandinavischen Kirchen übertragen und damit die Ansprüche des Erzbistums Hamburg-Bremen verletzt. Die Absicht des Engländers Hadrian, der selbst früher in Skandinavien missioniert hatte, war deutlich: Er wollte den Norden aus dem deutschen Einfluß herauslösen und unmittelbar dem Papst unterstellen. Nun war aber jener Erzbischof Eskil auf seinem Heimweg von Rom passenderweise in Burgund überfallen und gefangengenommen worden, und kein Protest des Papstes bei Friedrich Barbarossa hatte seine Freilassung bewirken können.

Deshalb hatte der Papst seine beiden Kardinäle nach Besançon geschickt, und ihre »gute Nachricht« enthielt die erneute Forderung, Eskil freizulassen: »Schon einmal schrieb ich Deiner kaiserlichen Majestät über jene schreckliche, fluchwürdige, in Deutschland bisher unerhörte Schandtat«, beklagte sich der Papst und beschwerte sich dann, daß Eskil noch immer nicht frei sei: »Ganz unbekannt und unbegreiflich ist mir der Grund dieses Verzuges, dieser Nachlässigkeit. Denn mein Gewissen zeiht mich keines Fehlers, womit ich Deiner Ehre zu nahe getreten wäre. Vielmehr liebte ich Dich stets als meinen teuersten Sohn...«

Allerdings konnte sich Papst Hadrian ganz gut erklären, woher der kaiserliche Widerstand kam: »Nachdem Du aber jetzt solche Schmach für die ganze Kirche nicht beachtet und bestraft hast, fürchten wir, den Grund dafür darin suchen zu müssen, daß ein böser Mensch, der Unkraut sät, Dir solches eingeblasen hat.«

Mit diesem bösen Menschen war natürlich Barbarossas Kanzler Rainald von Dassel gemeint, der nun mit quickem Verstand tatsächlich für einen Eklat sorgte. Er war es nämlich, der das lateinische Schreiben des Papstes übersetzt hatte und nun auf dem Reichstag zu Besançon für die Teilnehmer des Reichstages auf deutsch vorlas. Diese Übersetzung ist ein klassisches Beispiel dafür, wie man mit einer absichtlich schiefen Wiedergabe eines bestimmten Wortes zwar um so mehr den eigentlichen Sinn des Originals trifft, aber eben deswegen auch einen Skandal auslöst.

Es ging dabei um die Stelle, an der der Papst Friedrich Barbarossa an seine Krönung zum Kaiser erinnerte und darstellte, wie er ihn mit herzlicher Zuneigung behandelt habe »und endlich durch willige Erteilung der Kaiserkrone Deine Größe zum Gipfel hob. Auch gereut es mich nicht, Deine Wünsche überall erfüllt zu haben«, hieß es in dem Schreiben. Und nun folgte jener berühmte Satz, der in wörtlicher Übersetzung vollkommen harmlos ist. Der Papst schrieb dann weiter: »... wenn Du, was freilich unmöglich ist, noch größere Wohltaten aus meiner Hand erhalten hättest, so würde es mich freuen.«

Rainald von Dassel las statt dessen auf deutsch vor: »... wenn Du, was freilich unmöglich ist, noch größere Lehen aus meiner Hand erhalten hättest...« und löste damit einen Tumult aus: Genau das war ja der entscheidende Punkt des Investiturstreites gewesen, ob die weltliche Gewalt von der geistlichen sozusagen als Lehen verliehen wurde und damit von der Kirche abhängig war oder nicht.

Rainald von Dassel hatte dabei nichts weiter getan, als das Wort »beneficium«, zu deutsch »Wohltat«, einfach mit »Lehen« zu übersetzen, obwohl das lateinische Wort für den Begriff Lehen »feudum« heißt. Trotzdem war seine interpretierende Übersetzung offenbar genau das, was Papst Hadrian verschleiert gemeint hatte, denn das Wort *beneficium* wurde im Mittelalter tatsächlich auch manchmal umschreibend im Sinne von »Lehen« gebraucht.

Wie recht Rainald von Dassel mit seiner nicht ganz korrekten Übersetzung hatte, zeigte sich gleich darauf in der hitzigen Debatte, als Kardinal Roland als päpstlicher Gesandter im Zorn schrie: »Von wem hat der Herr Kaiser denn die Krone, wenn nicht vom Herrn Papst?«

Das war für Otto von Wittelsbach zuviel. Mit gezogenem Schwert stürzte er sich auf die päpstlichen Gesandten, und wenn nicht der Kaiser eingeschritten wäre, hätte es ein Blutvergießen gegeben. So aber wurden die Gesandten sofort in ihr Quartier geschickt und am nächsten Tag des Landes verwiesen, um »ohne nach links oder rechts abzubiegen, geradewegs nach Rom« zurückzukehren.

Friedrich Barbarossa nutzte die Gelegenheit, um noch von Besançon aus ein Rundschreiben »durch den ganzen Umkreis des Reiches« zu schicken und seinen Standpunkt klarzustellen. Nachdem er den Vorfall geschildert hatte, der ihn nötige, gegen den Papst »zu unserem tiefsten Schmerz Klagen zu erheben«, heißt es dann weiter: »Da uns das Königs- und Kaisertum einzig von Gott durch die Wahl der Fürsten zuteil wurde – von Gott, der St. Peter sagen ließ: ›Fürchtet Gott, ehret den König‹ –, so ist jeder, der behauptet, wir hätten die Kaiserkrone vom Herrn Papst als Lehen empfangen, ein Gotteslästerer und ein überführter Lügner. Ich selber werde eher in den Tod gehen, als unter unserer Regierung solch einen schmachvollen Umsturz zu dulden.«

Damit war auf dem Reichstag zu Besançon der alte Konflikt um die Vormachtstellung wieder ausgebrochen, der das Abendland achtzig Jahre zuvor schon einmal in eine Krise gestürzt hatte. Aber die Zeiten hatten sich gewandelt. Damals war es Gregor VII. gelungen, Heinrich IV. durch den Bann zu isolieren. Einen solchen Schritt wagte Papst Hadrian IV. nicht mehr. Statt dessen schrieb er an die deutschen Bischöfe und verlangte, sie sollten »den Kaiser auf den rechten Weg zurückführen, wodurch Ihr nicht allein dem Apostel Petrus den gebührenden Gehorsam erweist, sondern auch Eure und Eurer Kirchen Freiheit erhaltet«.

Aber die Niederlage, die der Papst nun erlebte, war noch schlimmer als der Hinauswurf seiner Gesandten: Diesmal war er es, der isoliert dastand, denn die deutschen Bischöfe, auch die konservativen, stellten sich geschlossen vor Kaiser Friedrich. In aller Ehrerbietung, aber ohne die geringste Kompromißbereitschaft schrieben die Bischöfe an Papst Hadrian IV.: »Euer ... an uns gerichtetes Schreiben haben wir mit schuldiger Ehrfurcht empfangen und dem Befehl nach den Kaiser, Euren Sohn und unseren Herrn, ermahnt. Allein er hat uns – Gott sei Dank! – geantwortet, wie es einem katholischen Fürsten gebührt, nämlich: das Reich müsse beherrscht werden nach den heiligen Gesetzen und dem löblichen Brauch der Vorfahren.«

Was das hieß, wird dann aus dem entscheidenden Satz Barbarossas deutlich, den die deutschen Bischöfe zustimmend zitieren: »Frei sei die deutsche Krone von Gottes Gnade und werde übertragen durch freie Wahl – wobei der Erzbischof von Mainz zuerst, dann jeder Fürst in seiner Ordnung stimme und der Erzbischof von Köln die königliche und der Papst die kaiserliche Krönung verrichte. Was darüber sei, sei vom Übel und kein Grund vorhanden, die Rechte der Kirche zu vermehren oder zu beschränken.« Das hieß: die Kaiserkrönung war nur eine Weihehandlung, keine Verleihung.

Das Unerhörte war hiermit geschehen: Zum erstenmal war das Papsttum auch in seinem eigenen Bereich an eine Grenze gestoßen. So klar und eindeutig hatten sich die deutschen Bischöfe noch niemals gegen den Papst und gegen die Lehre von der Vormachtstellung der Kirche über das weltliche Schwert ausgesprochen. Das war, aus den eigenen Reihen, das Todesurteil über den ganzen Investiturstreit; vielleicht, weil sich das Problem zwar nicht erledigt, aber inzwischen überlebt hatte: Vielleicht aber auch, weil allmählich und zuerst noch zaghaft auch bei der Geistlichkeit ein nationalstaatliches Denken in Deutschland erwachte, das in Frankreich und England schon viel bewußter erlebt wurde. Denn in gleichem Maße, wie sich die Rolle des Kaisers als Beschützer der ganzen abendländischen Christenheit als Illusion erwies, entwickelten sich nun die Kirchen zu Nationalkirchen, mit denen der Papst nicht mehr schalten und walten konnte, wie er wollte.

Papst Hadrian brauchte ein halbes Jahr, bis er seine Niederlage eingestand und das Wort »beneficium«, das den ganzen Streit ausgelöst hatte, unzweideutig als Wohltat definierte: »beneficium est bonum factum, non feudum«: Dieser Satz stand in einem Brief, den zwei Beauftragte des Papstes auf einem Reichstag in Augsburg im Juni 1158 übergaben.

Damit war diese Angelegenheit zwar, wie man heute sagt, vom Tisch, aber die Animositäten blieben. Das Verhältnis der Deutschen zum Papsttum blieb gestört und war von Mißtrauen gekennzeichnet. Die Folgen zeigten sich nach dem Tode Hadrians und sollten Europa fast zwei Jahrzehnte lang beschäftigen.

Der Kampf gegen Mailand

Der zweite Italienzug

Nachdem dieser »Theoriestreit« zwischen Papst und Kaiser beigelegt war, brach Friedrich Barbarossa unmittelbar danach im Juni 1158 von Augsburg aus zu seinem zweiten Italienfeldzug auf, den er schon zwei Jahre zuvor angekündigt hatte, um seinen Einfluß in der Lombardei zu festigen. Es war erklärtermaßen ein Krieg gegen das reiche, aber aufsässige Mailand: »Mailand hat sein Haupt erhoben gegen das Römische Reich«, schrieb Friedrich Barbarossa 1156 in einem Rundschreiben, »es sucht, unbekümmert um die Ehrfurcht, welche Untertanen selbst ihrem entfernten Herrscher schuldig sind, ganz Italien zu verwirren, ja, seiner Herrschaft zu unterwerfen.« Einen solchen »Frevel« konnte sich Barbarossa nicht bieten lassen: »Wir müssen ihn mit der gesamten Macht des Reiches bekämpfen und das faule Glied abschneiden, bevor der ganze Körper vom Übel ergriffen wird und verdirbt.«

Jetzt, zwei Jahre später, war es nun soweit, und Friedrich Barbarossa zog mit einem für damalige Verhältnisse riesigen Heer von angeblich etwa 50000 Mann in vier Marschsäulen über die Alpen, »da kaum mehrere Straßenzüge ihre Überzahl fassen konnten: es waren nämlich Franken, Sachsen, Ribuarier (ein fränkischer Stamm), Burgunder, Schwaben, Bayern, Lothringer, Kärntner, Böhmen, Ungarn und außerdem noch manche andere keltische oder germanische Stämme« versammelt, die unter Friedrich Barbarossa nach Italien zogen – lauter »tapfere, kriegsgeübte Männer in mannigfacher Waffenrüstung, die kräftige, im Schlachtensturm unverzagte Jungmannschaft«, darunter »ungefähr sechshundert auserlesene Bogenschützen« aus Ungarn.

Auch vor seinem Heer rechtfertigte Barbarossa noch einmal den Feldzug: »Mailand ist es, das Euch von Euren Heimstätten aufgescheucht hat . . . einen gerechten Grund zum Krieg haben Euch diejenigen verschafft, welche als Empörer gegen die gesetzmäßige Reichsgewalt erfunden werden. Ihr werdet also die Feindseligkeiten nicht aus Habsucht oder Grausamkeit, sondern aus Eifer um den Frieden beginnen . . .« Auch damals wurden also Kriege nur um des Friedens willen geführt; die Zeiten ändern sich, die Ausreden bleiben die gleichen.

Bevor aber Friedrich Barbarossa um des Friedens willen überhaupt erst einmal einen Krieg anfing, war es notwendig, innerhalb seines zusammengewürfelten Heeres Disziplin zu halten. Es wurde deshalb gleich zu Beginn ein langer Katalog von »Friedensgesetzen« verkündet: »Kein Ritter oder Knecht wage Streit anzufangen!« Die Strafen waren entsprechend: Kahlscheren, Geißelung, »an der Kinnbacke brennen« und Händeabhacken drohten dem Raufbold ebenso wie dem Kaufmann, der seine Waren zu überhöhten Preisen verkaufte, während das Abschneiden der Nase denjenigen Damen vorbehalten blieb, die man im Lager traf, denn »niemand darf in seinem Quartier ein Weib haben«.

Moralisch derart gestärkt, kam nach den Worten des Chronisten Rahewin »eine sozusagen himmlische Freudigkeit über die Ritter«, als man nun gegen Mailand zog.

Barbarossa hatte schon vor Beginn des Feldzuges Otto von Wittelsbach und Rainald von Dassel nach Italien vorausgeschickt, um die Lage zu sondieren. Das äußerlich recht ungleiche Paar – Otto von Wittelsbach war groß, kräftig und schwarzhaarig, Rainald von Dassel klein, zart und blond – hatte auf einer Rundreise durch Oberitalien erkundet, welche Städte zum Kaiser hielten und welche nicht. Mit Ausnahme vor allem Mailands sah Rainald von Dassel die Lage optimistisch: »Ihr könnt jetzt getrost nach Italien kommen«, hatte er dem Kaiser mitgeteilt, »Gott hat Euch das ganze Land in die Hand gegeben. Mit dem Papst und seinen Kardinälen könnt Ihr umspringen, wie Ihr wollt, und, wenn es Euch beliebt, sogar Rom zerstören!«

So zog man nach der Zerstörung Brescias zuversichtlich vor Mailand und begann am 6. August die Belagerung, die sich Barbarossa vor drei Jahren nicht zugetraut hatte. Vier Wochen später, am 7. September 1158, war der Krieg schon beendet, und Kaiser Friedrich Barbarossa nahm feierlich vor dem großen Prunkzelt Platz, das ihm der englische König Heinrich II. vor einem Jahr in Würzburg geschenkt hatte: Mailand hatte sich auf Gnade und Ungnade ergeben.

In seinem Triumph bestand Friedrich Barbarossa nicht nur auf einer ungeheuren Geldzahlung, auf 300 Geiseln, auf der Wegnahme der »Regalien« (das heißt, der Hoheitsrechte für Zölle, Münzprägung und ähnliches); er ließ auch jeden einzelnen Mailänder zwischen 14 und 70 Jahren dem Kaiser die Treue schwören und verlangte, daß die Geistlichen im Büßergewand, die 12 Bürgermeister, der Rat und die Edlen »barfuß und die bloßen Schwerter am Nacken hangend« vor des Kaisers Thron traten und sich niederwarfen.

»Es war ein großartiges Schauspiel«, bemerkte der Chronist zu dieser Szene der Demütigung, als der Bürgermeister Obertus im »gewaltigen Gedränge« der neugierigen Sieger erklärte: »Wir haben gesündigt, wir haben unrecht gehandelt, wir bitten um Verzeihung ...«

Kaiser Friedrich, oder wie der Chronist schrieb »Der Göttliche Kaiser«, gab sich nun milde: »Es freut mich, daß die Mailänder endlich den Frieden dem Krieg vorziehen ... Wieviel Unglück wäre verhütet, wieviel Gutes gestiftet worden, wenn die Bürger von Anfang an dies bessere Teil erwählt hätten, denn ich herrsche lieber über Willige als über Gezwungene, ich belohne lieber, als ich strafe ...«

Diese schöne Rede war schlicht erlogen: Die Mailänder waren durchaus bereit gewesen, das bessere Teil zu wählen. Mehrfach hatten sie vor Beginn der Belagerung die Erfüllung aller Bedingungen versprochen, die Friedrich Barbarossa für einen Frieden stellen würde, und fast alle deutschen Fürsten waren auch bereit gewesen, darauf einzugehen. Nur der Erzbischof Anselm von Ravenna war dagegen und überzeugte allmählich die anderen, daß die Mailänder jedes Versprechen brachen. So kam es, statt den Friedenswillen der Mailänder zu erproben, zum unnötigen Kampf, der am Ende nicht mehr einbrachte, als die Mailänder am Anfang angeboten hatten – nur mit dem Erfolg, daß die Mailänder nach dieser Demütigung nun erst recht nicht daran dachten, die gestellten Bedingungen zu erfüllen.

Immerhin war damit das erklärte Kriegsziel des Italien-Feldzuges in wenigen Wochen erreicht: Das starke Mailand hatte sich ergeben, und was man sonst sicher nicht ohne dramatische Belagerung erreicht hätte, geschah nun von selbst: Nicht nur die von Mailand abhängigen Städte, wie Pavia und Como, sondern auch viele andere Gemeinden beeilten sich, dem Kaiser ihre Ergebenheit zu versichern.

Friedrich Barbarossa entließ daraufhin einen Großteil seines Heeres nach Hause, und auch aus den Kerntruppen wurden die Troßknechte, Händler und Dirnen entfernt, die trotz angekündigten Verlustes ihrer Nasen »die Ritter zu entnerven drohten«.

Dann rief Kaiser Friedrich Barbarossa für November 1158 einen Reichstag auf die Ronkalischen Felder ein, um dort nach der militärischen Unterwerfung nun auch die inneren Angelegenheiten Norditaliens in seinem Sinne zu ordnen.

Die Ronkalischen Gesetze

Was Friedrich Barbarossa dann auf den Ronkalischen Feldern bei Piacenza als Hauptziel verkündete, fand den jubelnden Beifall zumindest der offiziellen Redner. Es gehe darum, erklärte der Kaiser, Unsicherheiten in der Rechtsprechung zu beseitigen und das Recht zu reformieren, ohne die Rechtstradition zu negieren. »Zwar steht der Kaiser insofern über den Gesetzen, als sie von ihm ihren Ursprung nehmen«, sagte Friedrich Barbarossa, »aber ich ziehe eine Regierung, wo einem Jeden sein Recht und seine Freiheit unangetastet verbleibt, bei weitem einer solchen vor, wo der König sich ungestraft alles erlauben darf und dadurch seinen erhabenen Beruf in eine willkürliche Tyrannei verwandelt. Das Glück hat meine Gesinnung nicht verändert, und ich gedenke das Reich in unverminderter Hoheit nach den Grundsätzen zu erhalten, nach welchen es gegründet ward.«

Auch die Art, wie diese neuen Gesetze gefunden werden sollten, war höchst demokratisch: »Bevor aber über meine oder Eure Rechte etwas niedergeschrieben und feierlich anerkannt wird, müssen wir alle vorsichtig und gemeinsam prüfen: was ehrbar, gerecht, möglich, nötig, nützlich, dem Ort und der Zeit angemessen sei. Denn sobald sie einmal gegeben sind, soll nicht mehr gesprochen werden *über* die Gesetze, sondern *nach* den Gesetzen.«

»Man war starr vor Bewunderung«, berichtet der Chronist, »daß ein Mann, der nicht studiert hatte und in seinem Alter doch nur erst wenig über die Jünglingsjahre hinausgekommen war« eine solche verständige Rede halten konnte. Aber Kaiser Barbarossa beließ es nicht bei schönen Worten: Vier Gelehrte der Bologneser Rechtsakademie wurden beantragt, den Codex Justinianus, also das alte römische Kaiserrecht, mit den neuen Verhältnissen in Einklang zu bringen. Und um in diesem Zusammenhang festzustellen, welche Rechte dem Kaiser zustünden, auch wenn sie in der Zwischenzeit »durch die Lässigkeit der Könige« oder durch »freche Übergriffe« verlorengegangen waren, wurden den Bologneser Gelehrten sogar eigens noch einmal 28 Richter aus 14 Städten zugeordnet.

Rechts: Hildegard von Egisheim (ca. 1025–1094), die Frau Friedrichs von Büren. Das Grab dieser »staufischen Stammutter« wurde 1892 entdeckt. – *Folgende Seite:* Friedrich I., der Alte, Herzog von Schwaben (1079–1105) mit seiner Frau Agnes, der einzigen Tochter Kaiser Heinrichs IV. (Fresko in der Klosterkirche Lorch).

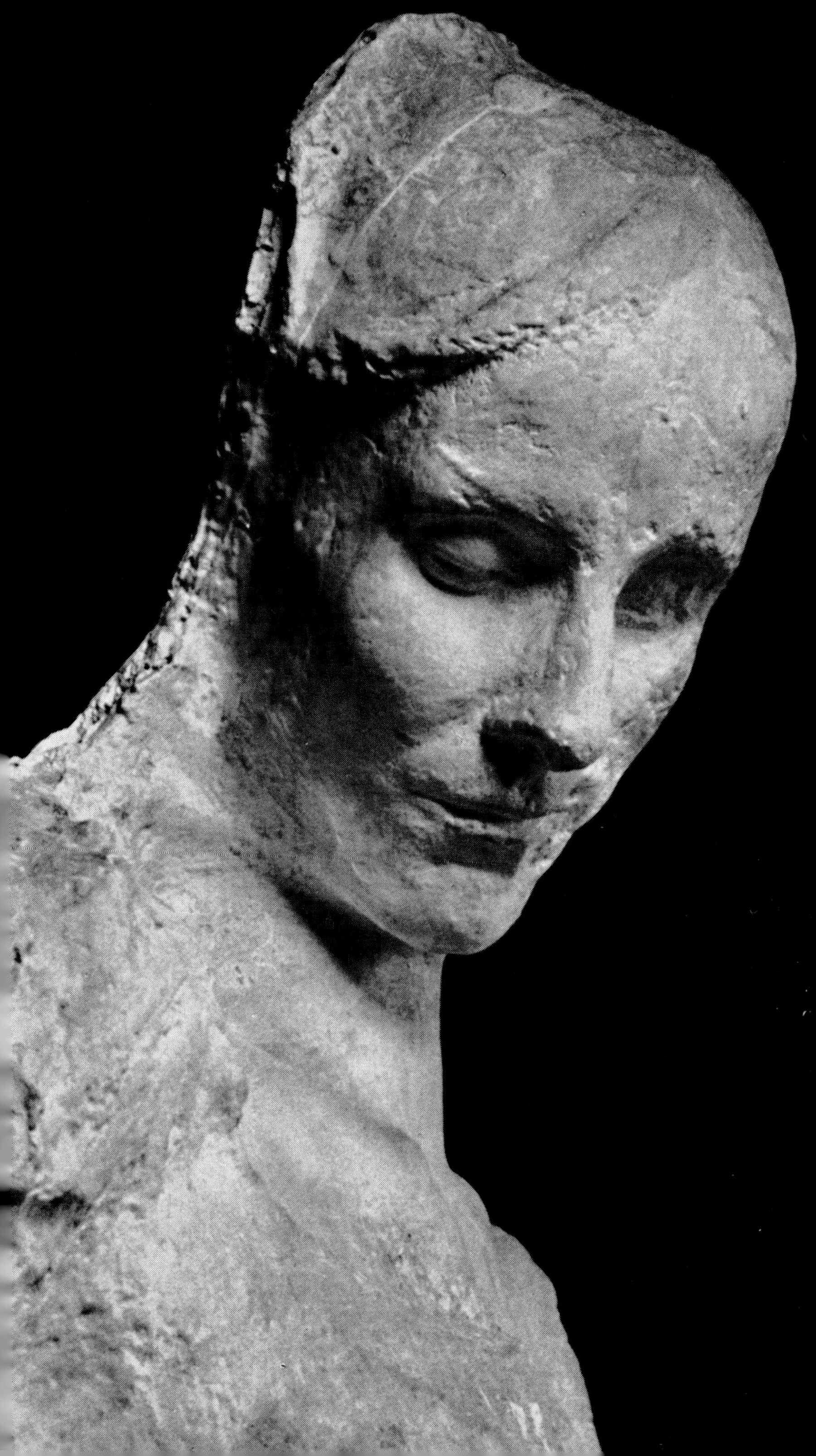

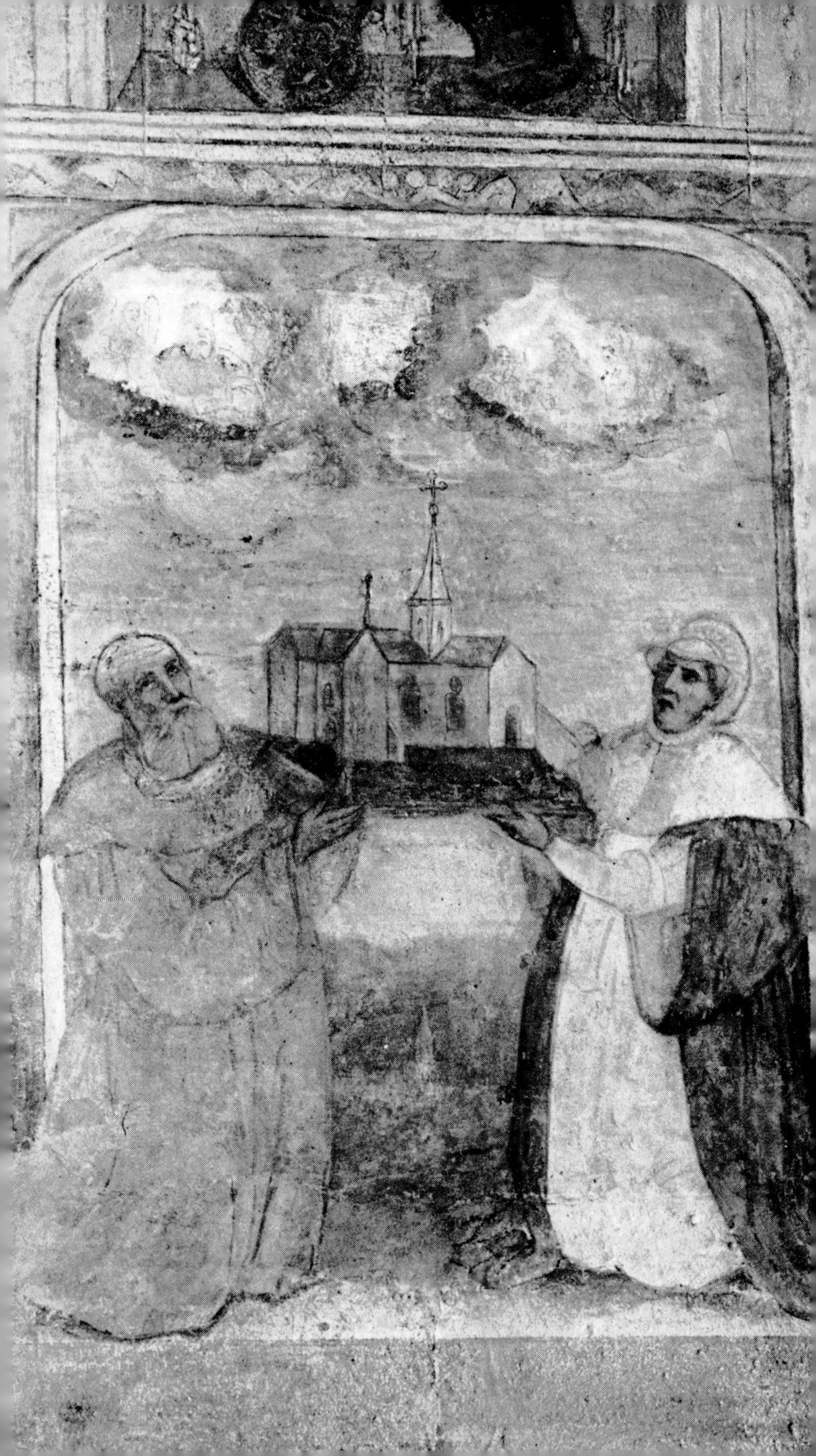

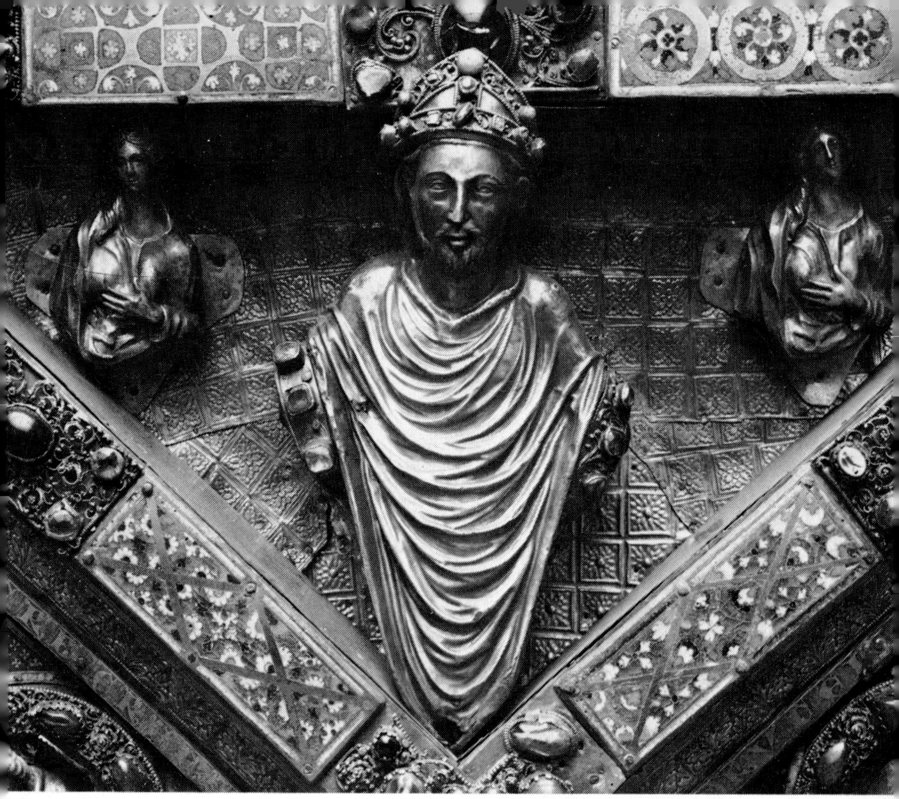

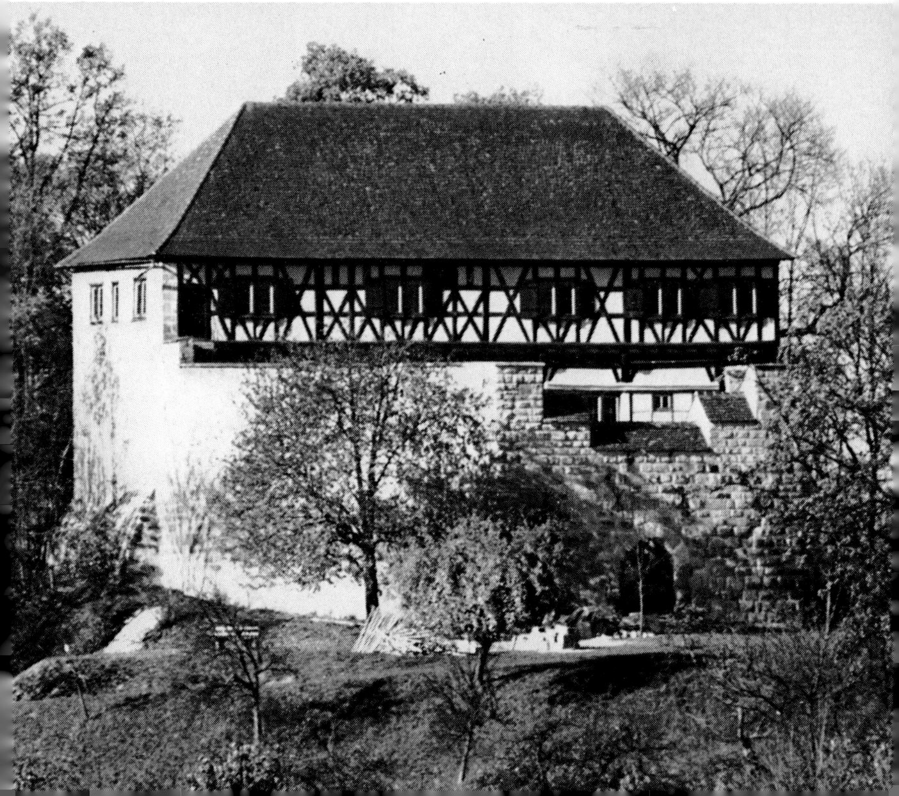

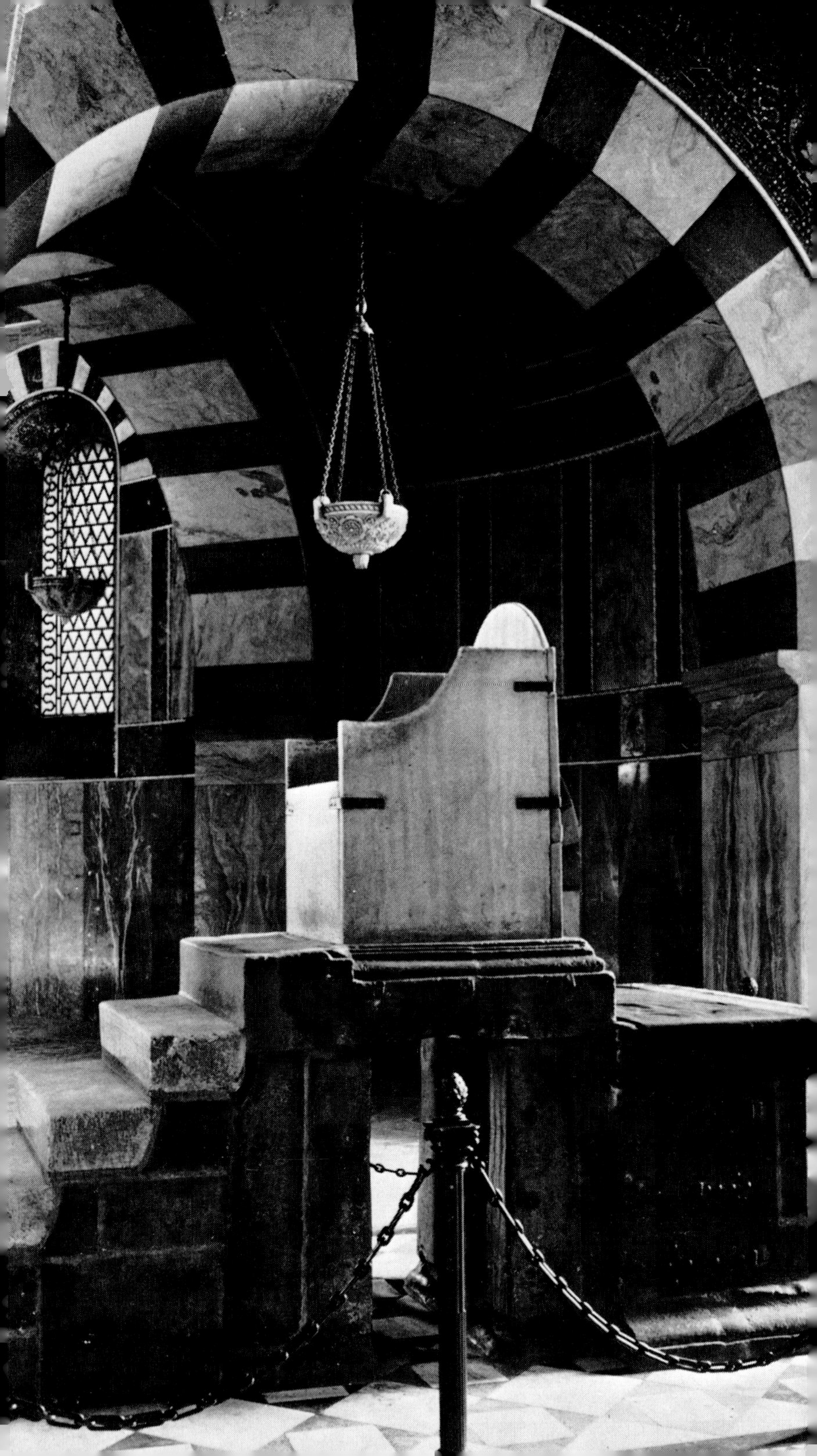

An dem Verfahren war also nichts auszusetzen, höchstens, daß die Ausschußmitglieder alle auf seiten Barbarossas standen. Das Ergebnis ließ daher bei den Italienern jeglichen Jubel verstummen. Die vier Bologneser Rechtsgelehrten stellten nämlich fest, daß praktisch alle, aber auch alle Abgaben und Zölle als kaiserliche »Regalien«, also kaiserliche Hoheitsrechte, anzusehen seien. Die Herren Rechtsgelehrten hatten außerdem erkannt, daß selbst die Wege- und Hafengebühren aus der vierhundert Jahre zurückliegenden Langobardenzeit dem Kaiser zustünden und nun zusammen mit den Abgaben und Zöllen für Märkte, Münzrechte, Mühlen-, Fischerei- und Brückenrechte, die Geleitgebühren und Strafgelder zu den Regalien gerechnet wurden.

Hinzu kam, daß dem Kaiser herrenlose oder beschlagnahmte Güter von Majestätsverbrechern, die Silberbergwerke und Salinen und die Hälfte aller Schätze gehörten, die auf königlichem oder kirchlichem Boden gefunden wurden. Dazu mußte jeder noch eine Kopfsteuer bei Kriegsfahrten zahlen und Pferde, Wagen oder Schiffe stellen. Mit anderen Worten: Ein Großteil der Steuern, von denen die Stadtstaaten und Städte Italiens bisher gelebt hatten, mußten nun an Friedrich Barbarossa abgeführt werden.

Man schätzt, daß Barbarossa aufgrund dieses »Ronkalischen Gesetzes« jährlich etwa 30000 Pfund Silber aus Italien erhielt, eine Summe, die man über die Jahrhunderte kaum verläßlich umrechnen kann, die aber nach heutigem Geldwert siebenstellige Millionenbeträge erreichen dürfte. Welche ungeheure Summe dies für damalige Zeiten war, kann man daran ablesen, daß diese 30000 Pfund Silber das viereinhalbfache der gesamten Staatseinnahmen aus den Abgaben der deutschen Städte darstellten.

So brachte dieser zweite Italien-Feldzug Friedrich Barbarossa einen derartig enormen materiellen Vorteil, daß man zu fragen versucht ist, ob hier nicht überhaupt der Anlaß für den ganzen Feldzug lag, der nicht aus »Habsucht oder Grausamkeit«, sondern angeblich »aus Eifer um den Frieden« begonnen worden war. Für den Historiker Wilhelm Gundlach besteht jedenfalls kein Zweifel. »Als Friedrich zur Unter-

---

Links: Der Thron Karls des Großen im Aachener Dom. Auf ihm wurden 30 deutsche Herrscher, darunter auch alle staufischen Könige und Kaiser, mit Ausnahme Konrads IV., gekrönt. – *Vorangehende Seite oben:* Rainald von Dassel, Friedrich Barbarossas Reichskanzler von 1156 bis 1167 (Dreikönigsschrein im Kölner Dom, um 1186 bis 1196). – *Vorangehende Seite unten:* Das »Wäscherschlößle«, der Stammsitz der Herren von Büren, bevor sie auf dem benachbarten Staufen ihre Burg bauten.

werfung Italiens auszog«, schreibt er in seinem Quellenband über Barbarossa, »war die Finanzlage der Krone der eigentlich treibende Grund geworden.«

Auch eine zweite Bestimmung der Ronkalischen Gesetze war nicht dazu angetan, die Italiener zu begeistern. Es wurde nämlich festgelegt, daß der Kaiser in jeder Stadt einen Bevollmächtigten, einen »Podestà«, ernennen konnte, der mit der Wahrnehmung der kaiserlichen Hoheitsrechte, das heißt, mit der Eintreibung der Steuern, beauftragt war. Die Wahl der Stadtregierungen war ebenfalls von der Zustimmung der Podestà abhängig. Das bedeutete für die Städte das Ende ihrer wirtschaftlichen und politischen Freiheit und den Beginn eines zähen Widerstandes, an dem schließlich die Italienpolitik Friedrich Barbarossas scheitern sollte.

Der Reichstag auf den Ronkalischen Feldern schloß jedoch mit einem feierlichen Schwur sämtlicher Städte – auch Mailands –, diese Gesetze anzuerkennen. Die einzige Ausnahme war Genua, das mit allem geziemendem Respekt mitteilte, durch Handel und Schiffahrt bringe es der Christenheit so viel Nutzen und Schutz, daß es dem Kaiser geradezu eine Aufgabe abnähme, die ihn selbst mindestens zehntausend Pfund im Jahr kosten würde. Und da Genua als Ablösung den Betrag von zwölfhundert Pfund Silber anbot, wurde es ähnlich wie Venedig aus der kaiserlichen Oberhoheit entlassen und blieb selbständig.

Mit diesem Zugeständnis durchbrach Friedrich Barbarossa seine eigenen, eben erlassenen Gesetze. Kein Wunder, daß auch andere Städte zu handeln begannen oder sich weigerten, die Podestà-Verwaltung einzurichten. Als Reichskanzler Rainald von Dassel mit ein paar Mann im Februar 1159 nach Mailand zog, um den Regierungsvertreter einzusetzen, kam es sogar zu einem Volksauflauf, Steine flogen, man schrie: »Werft sie hinaus, schlagt sie tot!« Die Deutschen mußten sich verstecken und konnten erst in der Nacht aus der Stadt flüchten.

Friedrich Barbarossa zitierte daraufhin eine Abordnung der Mailänder zu sich, die dann, wie der Chronist schreibt »in ihrer Frechheit« erklärte: »Geschworen haben wir wohl, nicht aber auch geschworen, die Eide zu halten.«

Verhärtete Fronten

Der schnelle Sieg über Mailand vom Herbst 1158 war verspielt, wenn es nicht gelang, die Stadt zur Räson zu bringen, aber die Mailänder dachten nicht daran nachzugeben. So blieb Friedrich Barbarossa nach einer gewissen Wartezeit nichts anderes übrig, als im April die Reichsacht über die Stadt zu verhängen und das nach Hause entlassene Heer wieder zurückzurufen, wobei sich Barbarossa am Rande der Gesetzlichkeit bewegte: Von Rechts wegen wäre ein Fürstenbeschluß nötig gewesen, um das Heer wieder aufzubieten. Aber niemand erhob Einspruch, das Heer kehrte um, der Krieg ging weiter – wenn auch für den Kaiser etwas angenehmer: Er hatte sich bei dieser Gelegenheit von Heinrich dem Löwen seine Beatrix nach Italien nachbringen lassen.

Um beim Kampf gegen Mailand den Rücken freizuhaben, wollte Friedrich Barbarossa als erstes das wenige Kilometer vor Mailand gelegene Crema einnehmen. Aber aus dem schnellen Handstreich wurde unversehens eine siebenmonatige Belagerung, bevor die mit Mailand verbündete Stadt im Januar 1160 fiel.

Inzwischen war immer deutlicher geworden, daß Friedrich Barbarossa nicht nur Krieg gegen italienische Städte führte, sondern auch gegen den Papst, der sich und seine Stellung bedroht sah. Denn nachdem sich Barbarossa durch die Ronkalischen Gesetze eine juristisch abgesicherte Machtposition über eben jene Städte geschaffen hatte, deren Kirchen den Papst bisher auch als weltliches Oberhaupt anerkannt hatten, mußte Hadrian befürchten, auch in Italien seinen Einfluß zu verlieren, nachdem die deutschen Bischöfe eben erst gegen ihn und für Friedrich Barbarossa Stellung genommen hatten.

Papst Hadrian hatte deshalb mit den lombardischen Städten Verbindung aufgenommen, um sie zum Widerstand gegen Friedrich Barbarossa zu animieren: Jeder Widerstand gegen den Kaiser sei ein gottgefälliges Werk. So kam es zu einer Reihe von geheimen Absprachen zwischen dem Papst und einzelnen Städten, die sich verpflichteten, den Kampf gegen Friedrich Barbarossa nur mit päpstlicher Genehmigung aufzugeben. Den Anfang hatte Mailand gemacht, als es Rainald von Dassel und seine Delegation hinauswarf. Crema war als nächste Stadt gefolgt.

Neben den Geheimabsprachen kam es dann auch bald zu offenen Sticheleien. So verweigerte Hadrian Rainald von Dassel die Anerkennung, als der bisherige Propst von Hildesheim 1159 zum Erzbischof von Köln und damit von Amts wegen zum Cancellarius von Italien gewählt wurde; er verweigerte auch seine Anerkennung für den Nachfolger des verstorbenen Erzbischofs von Ravenna, obwohl er – ein Anhänger Friedrich Barbarossas – in Gegenwart des päpstlichen Legaten einstimmig gewählt worden war.

In der Folge kam es dann auf beiden Seiten zu einem ruppigen Schriftwechsel, bei dem sich Papst und Kaiser entgegen aller Regel gegenseitig mit Du statt mit Ihr anredeten und gegen die Sitte stets im Briefkopf ihren eigenen Namen vor den des Adressaten setzten. Papst Hadrian schrieb: »Wer sich selbst erhöhet, soll erniedrigt werden. Deshalb, geliebter Sohn in dem Herrn, wundern wir uns sehr, daß Du der Römischen Kirche und dem heiligen Petrus nicht die gebührende Ehrfurcht bezeigst und nicht die geschworene Treue hältst; daß Du in dem an uns gerichteten Schreiben Deinen Namen vorsetzt und Dir hierdurch den Tadel der Neuerung, so nicht der Anmaßung zuziehst...«

Darauf Friedrich Barbarossa an den Papst: »Welche Hoheitsrechte hatte die Kirche zur Zeit Konstantins? Erst durch dessen Milde ist ihr Friede und Freiheit erworben worden; und was auch die Päpste besitzen, sie haben es nur als Geschenk der Fürsten. Wenn wir in unseren Briefen den Namen des Kaisers dem des Papstes vorsetzen, und Euch das gleiche in den Eurigen verstatten, so tun wir nichts Ungewöhnliches, wie Ihr wohl durch fleißiges Nachlesen älterer Schriften hättet wissen können...«

Aber während sie offiziell immerhin noch gemäßigt miteinander umgingen, ist uns ein Brief aus jener Zeit erhalten, den der Papst am 19. März 1159 über seinen »geliebten Sohn in Christo« an die Erzbischöfe von Mainz, Trier und Köln schrieb. Darin nennt er den Kaiser »die Fliege Pharaos, entsprungen aus der Tiefe der Hölle und umhergetrieben durch Wirbelstürme«, die »in Staub verwandelt wird, statt nach ihrem Wunsch die Sonne zu verdunkeln«. Barbarossa ist für ihn »aus ungerechtem Geschlecht und nichtsnutzigem Samen entsprossen, bar aller Dankbarkeit und Gottesfurcht«. Und überhaupt die Deutschen: »Zogen die deutschen Könige, bevor (Papst) Zacharias Karl (den Großen) weihte, nicht wie Philosophen auf Ochsenwagen einher? Besaßen die Elenden etwas anderes, als was ihnen ihr Hausmeier aus Gnaden bewilligte? Haben sie nicht noch ihren Sitz in Aachen in einem gallischen Walde, wir aber in Rom? So wie Rom über Aachen erhaben ist, so sind wir über jenen König erhaben, welcher mit Weltherrschaft prahlt, während er kaum einen seiner ungehorsamen Fürsten in Ordnung halten oder auch nur den rohen und unverständigen Stamm der Friesen bezwingen kann.«

Sie hatten beide recht: der Kaiser, daß die Kirche überhaupt erst durch Konstantin aus einer Katakombensekte rund 300 Jahre nach dem Tode Christi zur Staatsreligion wurde; der Papst, daß im Vergleich zu Rom und zur antiken Kultur die Germanen mit ihrem Karl dem Großen sozusagen noch auf den Bäumen saßen. Erschreckend ist nur, wie beide Seiten schon damals wie in einem modernen Wahlkampf die Wahrheit zum Slogan verkürzten, wobei die einen mehr mit Sachargumenten, die anderen mehr mit emotionalen Diffamierungen operierten.

Aber bevor dieser Streit noch seinen Höhepunkt erreichte – der Papst soll daran gedacht haben, den Bann über den Kaiser auszusprechen und damit jenes moralische Druckmittel anzuwenden, das dem geistlichen Oberhaupt immer dann zur Verfügung stand, wenn er dem weltlichen Herrscher zu unterliegen drohte –, starb Papst Hadrian IV. am 1. September des Jahres 1159.

Papst und Gegenpapst

Der Tod Hadrians IV. brachte zwar keine Wende im Kampf um die Vormachtstellung im italienischen Teil des Römischen Reiches Deutscher Nation – der Krieg ging weiter wie bisher –, aber die nun folgende Papstwahl lenkte die Politik Friedrich Barbarossas in andere Bahnen.

Diese Papstwahl fand am 7. September 1159 unter verworrenen und nie ganz geklärten Umständen statt, da es nur einander widersprechende Berichte gibt. Zwar hatten die Kardinäle noch am Totenbett Hadrians beschlossen, nur der solle Papst werden, der allen Parteien annehmbar sei. Aber da das Kardinalskollegium untereinander zerstritten war, blieb es bei frommen Wünschen; die einen meinten, die Freiheit der Kirche lasse sich nur gegen den Kaiser behaupten, während die anderen glaubten, man werde am besten fahren, wenn man den Konflikt mit dem Kaiser vermeide.

So nominierte jede Partei einen Kandidaten. Die Kaiserfeindlichen benannten den Kardinal Roland Bandinelli – es war der gleiche Roland, der in Besançon als Gesandter Papst Hadrians Idee verfochten hatte, der Kaiser habe seine Macht vom Papst als Lehen erhalten. Die anderen nominierten auf Mahnung Friedrich Barbarossas hin, man brauche einen Papst, »welcher die gesamte Kirche in Ordnung und Frieden hält, zugleich aber auch das Reich und die Getreuen des Reiches ehrenvoller behandelt als bisher«, den Kardinal Oktavian, dessen wichtigste Qualifikation darin bestand, daß er mit Friedrich Barbarossa und dem europäischen Hochadel verwandt war.

Drei Tage stritten sich die Kardinäle, bis es dann entgegen der beschlossenen Einstimmigkeit zu einer Kampfabstimmung kam, bei der Roland Bandinelli eindeutig als Sieger hervorging, da der barbarossafreundliche Oktavian nur wenig Anhänger hatte, die nun aber rabiat wurden. Die Kardinäle, so erinnerte sich Roland später, »boten mir unter dem Beifall der Geistlichkeit und des Volkes den päpstlichen Mantel, den ich aber im Gefühl meiner Unfähigkeit zurückwies. Als ihn mir der Älteste der Kardinäle dennoch umhing, rief Oktavian, durch die kaiserlichen Gesandten angetrieben, ›man muß ihn nicht zwingen!‹ und riß mir unter Schmähworten den Mantel von der Schulter.« Und schon kam es in der Sakristei von St. Peter zu einer höchst unwürdigen Rauferei, bei der beide Seiten so lange um den Mantel kämpften, bis er buchstäblich in Fetzen ging.

Da nun von einer einmütigen Papstwahl keine Rede mehr war, fühlten sich die Anhänger Oktavians nicht mehr an die Abmachung gebunden und wählten ihrerseits den kaiserfreundlichen Kardinal zum Papst, zumal ja Roland, wie seine eigenen Worte bezeugten, die Wahl nicht angenommen hatte.

In aller Eile wurde deshalb ein zweiter päpstlicher Mantel herbeigeschafft und diesmal Oktavian umgeworfen. So angetan, betrat Oktavian als neuer Papst die Peterskirche und erntete schallendes Gelächter. Denn als »lächerliche Strafe seiner irdischen Hast« hatte er, wie Roland höhnisch notierte, den Mantel verkehrt herum angezogen, »so daß das Oberste unten und das Hinterste vorn zu sitzen kam«.

In diesem Aufzug wurde Oktavian unter dem Namen Viktor IV. ordnungsgemäß und wie es dem Herkommen entsprach, vom anwesenden Volk und Klerus zum Papst gewählt, indem dreimal gefragt wurde: »Wollt Ihr Viktor zum Papst?« und dreimal die einstimmige Antwort kam: »Wir wollen ihn.«

Damit war Oktavian rechtmäßig durch »Investitur« und Volkswahl als Papst Viktor IV. gewählt – ganz gleich, ob das Volk bestellt war und was sich vorher in der Sakristei abgespielt hatte.

Der zwar mit Mehrheit gewählte, aber nicht ordnungsgemäß inthronisierte Roland zog sich daraufhin mit seinen Anhängern aus Rom zurück. Zwölf Tage später allerdings, am 18. September 1159, ließ er sich von dem gleichen Volk, das eben noch Oktavian zugejubelt hatte, plötzlich selbst zum Papst wählen und nahm bei der Weihe den Namen Alexander III. an, der zugleich ein Programm war: Alexander II., der Reformpapst vor Gregor VII., hatte als erster erfolgreich gegen die Deutschen Widerstand geleistet.

Die Stimmung war umgeschlagen, und jetzt war es Papst Viktor, der Rom verließ. Alexander, der sich nun plötzlich nicht mehr unfähig fühlte, den päpstlichen Mantel zu tragen, gab Viktor eine Woche Zeit, sein Amt niederzulegen. Und weil Viktor verständlicherweise nicht zurücktrat, ließ Alexander nach alter Sitte am 27. September feierlich die Kerzen verlöschen und verkündete damit den Bann über Viktor und seine Anhänger.

Das war die Perversion der Tradition: Nach allen Regeln war Oktavian/Viktor der rechtmäßige Papst und Roland/Alexander als nachträglich Gewählter der »Intrusus«, der Eindringling und Gegenpapst. Aber die Geschichte hat anders entschieden. Schlägt man heute Papstlisten nach, so erscheint Roland/Alexander als der rechtmäßige Papst und Oktavian/Viktor als Gegenpapst.

Den Ausschlag gab dabei wohl auch die Tatsache, daß Roland/Alexander in seinem 21jährigen Pontifikat vier kaisertreue Päpste überlebte – wenn er dabei am Ende auch nur ein Jahr unangefochten allein herrschte.

Denn nach dieser Doppelwahl folgten zwanzig Jahre, in denen sich Kaiser Friedrich mit einer Reihe von Päpsten und Gegenpäpsten auseinanderzusetzen hatte. Wie schwierig dabei eine kontinuierliche Politik zu machen war, geht schon aus der Tatsache hervor, daß Friedrich Barbarossa während seiner 38jährigen Regierungszeit mit acht regulären und vier Gegenpäpsten, also insgesamt zwölf Päpsten, zu tun hatte, die im Schnitt kaum mehr als jeweils drei Jahre regierten. (Heinrich IV. kam in 50 Jahren dagegen »nur« auf sieben Päpste und einen Gegenpapst.)

Dieses Zahlenverhältnis, läßt sich auch über längere Zeiträume nachweisen. In den 198 Jahren zwischen dem Beginn der Herrschaft Heinrichs IV. im Jahre 1056 und dem Ende der Stauferherrschaft im Jahre 1254 haben zehn weltliche Herrscher, davon ein Gegenkönig, regiert – gleichzeitig aber 39 Päpste, von denen 11 Gegenpäpste waren. Das entspricht einer durchschnittlichen Regierungszeit weltlicher Herrscher von fast 20 Jahren, während im Durchschnitt alle fünf Jahre ein neuer Papst gewählt wurde.

Barbarossas Sohn Heinrich VI. erlebte in sieben Regierungsjahren zwei, Friedrich Barbarossas Enkel Friedrich II. in 35 Regierungsjahren fünf Päpste. Der Kampf zwischen Papst und Kaiser war dabei auch ein Konflikt der übersprungenen Generation: Nicht Vater und Sohn, sondern Großvater- und Enkelgeneration trugen ihre Konflikte aus, denn während die Stauferkönige noch junge Männer zwischen zwanzig und dreißig waren, als sie auf den Thron kamen, waren die Päpste in der Regel 60 Jahre und noch älter, bevor sie Papst wurden. Heinrich VI. wurde mit 25 Jahren König; der kurz darauf gewählte Cölestin III. war über 85jährig.

Als der 21jährige Friedrich II. zum König gewählt wurde, war sein päpstlicher Kontrahent bald darauf Honorius III., der selbst schon Kämmerer des vorletzten Papstes gewesen war und sich außerdem als päpstlicher Legat mehr als ein Jahrzehnt zuvor um den unmündigen Friedrich gekümmert hatte. Als er Papst wurde, war er bereits ein gebrechlicher, alter Mann.

Bei der Doppelwahl von Papst Alexander und Papst Viktor verhielt sich Friedrich Barbarossa, der Mann des Kompromisses, völlig korrekt. Obwohl ihn sein Kanzler Rainald von Dassel drängte, den bequemen kaisertreuen Oktavian/Viktor als Papst anzuerkennen, berief der Kaiser statt dessen ein allgemeines Kirchenkonzil ein, auf dem »zum Heil aller Gläubigen« von den Kirchenvertretern – vor allem des deutschen Reiches, Englands und Frankreichs – ein gemeinsamer Papst bestimmt werden sollte, denn »wir werden nur eine solche Persönlichkeit auf dem Stuhle Petri dulden, die zur Ehre des Reiches und zum Frieden der Kirche einträchtig und einstimmig gewählt werden wird«.

Aber sowenig ein päpstlicher Bann noch die Welt erschütterte, so wirkungslos blieb umgekehrt auch die Aufforderung des Kaisers, die beiden Päpste sollten sich auf dem Konzil einfinden, um ihren Standpunkt zu vertreten. Roland/Alexander weigerte sich schlichtweg zu kommen, da ein Papst von niemandem gerichtet werden könne.

Als das Konzil nach der Eroberung Cremas mit einiger Verspätung Anfang Februar 1160 in Pavia eröffnet wurde, war daher nur Oktavian/Viktor erschienen, und die Versammelten – nur der deutsche und oberitalienische Klerus war einigermaßen vollständig anwesend – sahen sich daraufhin außerstande festzustellen, welcher der beiden Päpste denn nun rechtmäßig im Amt sei, da man ja nur den Bericht der einen

Seite hören könne. Nach einigem Hin und Her beschloß man aber, Oktavian wenigstens anzuhören.

Das Ergebnis war, daß man nach siebentägiger Beratung Oktavian mit den päpstlichen Würdezeichen ausstaffierte, ihn auf ein Pferd setzte, dessen Steigbügel Kaiser Friedrich hielt, und ihn zum rechtmäßigen Papst ausrief. Oktavian hatte mit einer großen Anzahl von Zeugen nachweisen können, daß er es gewesen war, der, mit dem päpstlichen Mantel bekleidet, das Konklave als erster verlassen hatte und vom Volk durch Zuruf als Papst anerkannt worden war. Außerdem lag ein Bericht der Domherren von St. Peter über die Wahl vor, in dem ausdrücklich vermerkt war, daß Roland mit dem Satz reagiert habe »Jener ist Papst«, als ihn seine Anhänger ermuntern wollten, die Wahl streitig zu machen. Ohne Zusammenhang mit der strittigen Papstwahl wurden dann auch noch Beweise dafür vorgebracht, daß sich Alexander mit den lombardischen Städten gegen den Kaiser verbündet habe. Rainald von Dassel, der den Vorsitz der Versammlung hatte, hielt nun eine Rede gegen den »Verräter« Alexander und schüchterte damit vor allem die italienische Geistlichkeit so ein, daß am Ende »in der Hoffnung auf Frieden und Eintracht Herr Viktor zum Papst angenommen« wurde.

Von Frieden konnte indes keine Rede sein. Zwar schickte Rainald von Dassel das Protokoll des Konzils als kaiserliches Sendschreiben in alle Welt, aber nun übertrieb er ein wenig. Am Konzil hatten kaum 50 Bischöfe teilgenommen, aber auf dem Protokoll waren wunderbarerweise die Unterschriften von 153 Bischöfen zu lesen. Außerdem schrieb Rainald von Dassel, auch alle auswärtigen Könige seien mit der Wahl Viktors einverstanden. Auch das war eine schlichte Lüge.

Engländern und Franzosen lag durchaus nicht an einem kaisertreuen Papst, der überdies noch vom Kanzler Rainald von Dassel manipuliert wurde und der die Vormachtstellung des Reiches stärken würde. Während der englische König noch wenige Jahre zuvor in den Zeiten des »heiteren Friedens« Ergebenheitsadressen an Kaiser Friedrich geschickt hatte, mokierte sich nun der Engländer Johannes von Salisbury: »Wer hat die Deutschen zu Richtern über die Völker bestellt? Wer hat diesen plumpen Barbaren das Recht gegeben, einen Herrn über die Häupter der Menschheit zu setzen?«

Rainald von Dassel reiste daraufhin mit großem Gefolge an den französischen und englischen Hof, um doch noch beide Herrscher für Papst Viktor zu gewinnen – ohne Erfolg. Das einzige Ergebnis war, daß man ein neues Konzil nach Toulouse einberief, an dem diesmal auch König Heinrich II. von England und König Ludwig VII. von Frankreich teilnahmen.

Bei dieser Zusammensetzung konnte sich Roland/Alexander Chancen ausrechnen, doch noch als Papst anerkannt zu werden, zumal er in der Zwischenzeit schon im Vollgefühl seiner Rechtmäßigkeit Barbarossa und seine Anhänger mit dem Kirchenbann belegt hatte. Roland/Alexander schickte nun also einen Legaten, um seinen Standpunkt vertreten zu lassen.

Und während die Anhänger Viktors den Gegenpapst Alexander nur verdammten und auf die Konzilsbeschlüsse von Pavia hinwiesen, hatte Rolands Delegat ein neues Argument zur Hand. Es sei ja nicht wichtig, sagte er, daß Oktavian tatsächlich im päpstlichen Mantel vom Volke als Papst gewählt worden sei, auf solche Äußerlichkeiten komme es gar nicht an. Viel wichtiger und entscheidend sei, wer von beiden zuerst nach altem Ritus zum Papst gesalbt und geweiht worden sei, auf wem also die Bestätigung Gottes ruhe. – Und in der Tat hatte Viktor so lange mit der Weihe gezögert, bis ihm Alexander zuvorgekommen war.

Das gab auf dem Konzil von Toulouse den Ausschlag. Ohnehin gegen die Deutschen eingenommen, stellte die Versammlung fest, daß Roland eher zum Papst geweiht worden war als sein Gegenspieler Oktavian, dessen Bestätigung in Pavia außerdem nur vom Kaiser erzwungen worden sei.

Damit erkannte das Konzil jetzt Roland als rechtmäßigen Papst Alexander an, und zum zweitenmal bannte Papst Alexander seinen Gegenspieler. Wieder wurden Kerzen gebracht und angezündet, und während sich die Könige von Frankreich und England und alle »Erzbischöfe, Bischöfe, Äbte und andere fromme Männer« erhoben, wurden die Lichter zu Boden geworfen und unter Verfluchung des kaiserlichen Papstes ausgetreten.

(So jedenfalls die auf den Quellen fußende allgemeine Darstellung. Neuerdings will man jedoch festgestellt haben, daß es dieses Konzil von Toulouse im Oktober 1160 überhaupt nicht gegeben habe, sondern daß Engländer und Franzosen auf getrennten Synoden im Juli 1160 Roland als Papst Alexander anerkannt hätten. Wie dem auch sei, am Ergebnis ändert dies nichts.)

Die Christenheit besaß also nun zwei regierende Stellvertreter Christi, die sich gegenseitig verfluchten. Ähnliches hatte es schon früher gegeben. Aber im Gegensatz zu früher brachte die jetzige Doppelherrschaft die Gefahr mit sich, daß das Papsttum seine überstaatliche Funktion verlor und zum Werkzeug nationaler Interessen wurde.

Denn die jeweiligen Päpste waren nun schon von ihrer Wahl her für oder gegen Deutschland, für oder gegen Frankreich oder England eingenommen, so daß die europäische Politik »jenseits der Alpen« immer auch mit dem Machtkampf der Päpste »diesseits der Alpen« verbunden war. Mit Glaubensfragen oder der Reinheit der Lehre hatte das nichts mehr zu tun. Hatte der deutsche Kaiser seinen Papst, so hatten die anderen den ihren. Die schöne Illusion von Kaiser und Papst als der obersten geistlichen und weltlichen Gewalt war endgültig dahin. Indem das Papsttum seine unabhängige Stellung verlor und politisiert wurde, verlor es erst recht seinen Führungsanspruch.

Zu Papst Alexander hielten Sizilien, die oberitalienischen Städte, England, Frankreich und die kleineren Randstaaten wie Ungarn, Norwegen und Spanien, und das nicht, weil sie unbedingt für diesen Papst, sondern weil sie vor allem gegen Deutschland waren. Dagegen konnte Papst Viktor IV. nur auf das von Friedrich Barbarossa beherrschte Gebiet, also Oberitalien, Deutschland, Polen, Böhmen und Dänemark zählen, und das nicht einmal ganz: Die Kirchenprovinz Salzburg bekannte sich offen zu Papst Alexander III. Nahezu zwei Jahrzehnte sollte dieser Gegensatz die Politik Friedrich Barbarossas beeinflussen.

Mailands Fall

Die unvorhergesehene, wenn auch von Kanzler Rainald von Dassel sicher nicht ganz unbeeinflußte Entwicklung nach dem Tode von Papst Hadrian IV. im September 1159 hatte im Sommer des folgenden Jahres mit der endgültigen Etablierung zweier Päpste ihr vorläufiges Ende gefunden.

Um diese Zeit hatte Friedrich Barbarossa den größten Teil des Heeres zu einem einjährigen »Heimaturlaub« nach Deutschland entlassen, nachdem er »mit königlicher Freigebigkeit« Gold und Silber, silberne und goldene Gefäße, »Prachtgewänder, Lehen und andere Geschenke« verteilt hatte.

So waren schließlich seit Beginn des Feldzuges drei volle Jahre vergangen, bevor sich das Heer wieder versammelte, um nun endlich das erklärte Ziel des ganzen Krieges, die endgültige Unterwerfung Mailands, in Angriff zu nehmen.

Im August 1161 begann die Belagerung, die von vornherein darauf abzielte, die stark befestigte Stadt einfach auszuhungern. Zu diesem Zwecke wurden im weiten Umkreis um Mailand sämtliche Felder und Weinberge zerstört, so daß die Bewohner der Stadt voll und ganz auf ihre Vorräte angewiesen waren. Angesichts der reichen Getreidelager machten sich die Mailänder aber wenig Sorgen und vertrauten auf ihren Schutzheiligen, den heiligen Ambrosius, der die Stadt bisher noch immer gerettet hatte.

Das änderte sich von einem Tag auf den anderen, als durch einen Unglücksfall, vielleicht auch durch Sabotage, die Hauptmagazine der Stadt Feuer fingen und niederbrannten. Bald war es soweit, daß sich »der Mann auf die Frau stürzte, der Bruder auf den Bruder, der Vater auf den Sohn, wenn man glaubte, daß einer ein Brot versteckt hielt«. Und wer sich in seiner Not aus der Stadt schlich, um irgendwo doch noch etwas Eßbares aufzutreiben, wurde von den Deutschen ebenso bestraft wie diejenigen, die Mailand von außen mit Lebensmitteln zu helfen suchten: Man schlug ihnen die rechte Hand ab und schickte sie als warnendes Beispiel zurück. Dabei war man nicht zimperlich: Als einmal 25 Einwohner von Piacenza mit Lebensmitteln für Mailand gefangengenommen wurden, verloren alle fünfundzwanzig ihre Hand.

Diese Brutalität war eine Art psychologische Kriegsführung, die den Gegner zermürben sollte. So schreckte Friedrich Barbarossa auch nicht davor zurück, einmal fünf Gefangenen beide Augen ausstechen zu lassen, einem sechsten Gefangenen die Nase abzuschneiden und nur ein Auge auszustechen, damit er die anderen fünf nach Mailand führen konnte, wo diese Jammergestalten dann auch gebührenden Schrecken verbreiteten.

Auch bei der Belagerung von Crema hatte man zu ähnlichen Mitteln gegriffen, wenn, wie der Chronist beschreibt, »die draußen Stehenden den Gefallenen die Köpfe abschnitten, damit Ball spielten und, aus der rechten in die linke Hand sie hin- und herwerfend, schonungslos vor aller Augen Spott trieben«. Dabei waren solche Dinge durchaus keine Erfindung der Deutschen. Während der Kreuzzüge war es üblich, die abgeschnittenen Köpfe der Feinde zur Abschreckung per Katapult ins gegnerische Lager zurückzuschießen.

Allmählich wurde die Lage in Mailand immer kritischer, so daß die Konsuln der Stadt Verhandlungen anboten und von Friedrich Barbarossas Halbbruder, dem Pfalzgrafen bei Rhein, sowie dem Herzog von Böhmen und dem Landgrafen von Thüringen auch freies Geleit für

Verhandlungen zugesichert bekamen. Die Mailänder wollten damit Rainald von Dassel umgehen, der nach seinem Hinauswurf aus Mailand kompromißlos auf Rache drang und Verhandlungen ablehnte. Prompt überfiel Rainald die Mailänder Delegation, da er ihnen ja kein freies Geleit zugesichert hatte, und es kam vor den Toren der Stadt zu einem stundenlangen Kampf – übrigens der einzige des ganzen Feldzuges.

Von Verhandlungen war dann keine Rede mehr, und selbst als Anfang 1162 die Mailänder erneut eine Delegation schickten und praktisch die bedingungslose Übergabe anboten, lehnte Rainald von Dassel ab. Ihm lag nichts am Sieg über Mailand, er wollte die Demütigung der Stadt. Schließlich mußte er aber doch dem Rat der Fürsten nachgeben und Verhandlungen aufnehmen, zog sie aber so in die Länge, daß es in Mailand zu einem Aufstand der hungernden Bevölkerung kam und sich die Stadt bedingungslos ergab. Für die Mailänder Delegation gab es nun nichts mehr mit Rainald von Dassel zu verhandeln, »von dessen Wink jeder Plan und jedes Geschäft abhängig geworden war«.

Am 6. März 1162 zog das Mailänder Volk barfuß, mit Asche auf dem Haupt, die Schwerter um den Hals gehängt und Kreuze in den Händen hinter den Konsuln, Rittern und Priestern aus der Stadt hinüber ins benachbarte Lodi, wo Friedrich Barbarossa in seiner neuerbauten Kaiserpfalz residierte. Barbarossa ließ sie erst einmal stundenlang im Regen warten. Dann erschien er und nahm auf einem erhöhten Thron Platz. Die Mailänder warfen sich zu Boden und hielten ihre hölzernen Kreuze hoch, während die Führer der einzelnen Stadtviertel vortraten, ihre Schuld bekannten und die Fahne vor Friedrich Barbarossa niederlegten.

Es war der Triumph Rainalds von Dassel, den er bis zum letzten auskostete, denn nun wurde, wobei selbst den Siegern die Tränen in den Augen standen, das Heiligtum der Stadt und das Symbol der Freiheit übergeben: Es war ein eisenbeschlagener Fahnenwagen, der »Carroccio«, an dessen Mastbaum das Bild des Schutzheiligen Mailands, der heilige Ambrosius, befestigt war. Vor Friedrich Barbarossa wurde der Mastbaum gesenkt, »um das Banner in die Hände des Kaisers zu legen, der es ergriff und sich abwandte ...«

Daraufhin verlas Reichskanzler Rainald von Dassel die Unterwerfungsurkunde, und knieend mußten die Mailänder den Treueid nachsprechen. Jetzt erhob sich Friedrich Barbarossa und ließ wieder einmal die obligatorische kaiserliche Milde walten: »Nach dem Gesetz habt ihr alle das Leben verwirkt. Ich will es allen schenken und nur solche Maßregeln ergreifen, wodurch es euch unmöglich wird, künftig ähnliche Verbrechen zu begehen.«

Einige Tage später wurden dann die Maßregeln verkündet, die allerdings wenig Milde erkennen ließen: »Mailand soll wüst und leer sein. Binnen acht Tagen verlassen alle Bewohner die Stadt und bauen sich in vier Flecken an, von denen jeder zwei Meilen vom anderen entfernt ist.«

Am 26. März 1162, zehn Tage nach der Kapitulation, zog Kaiser Friedrich über die eingerissenen Mauern in das menschenleere Mailand ein, und in ihrem ohnmächtigen Zorn brachten die deportierten Mailänder einen Spottnamen für den Kaiser auf, der bei den Deutschen dann zum Ehrennamen wurde. Da rote Haare als Zeichen für Falschheit galten, nannten sie ihn Barbarossa – Rotbart.

In Pavia feierte Kaiser Rotbart dann seinen Sieg, der ihm so wichtig war, daß er von da an die kaiserlichen Urkunden »vom Tage der Zerstörung Mailands« datieren ließ. Zum erstenmal seit drei Jahren trugen er und Kaiserin Beatrix wieder eine Krone, denn er hatte geschworen, sie erst wieder nach dem Fall Mailands aufzusetzen.

Der Fall und die Zerstörung Mailands hatten dann auch bald die erwartete Auswirkung: Die bisher noch widerspenstigen lombardischen Städte gaben nach und akzeptierten die vom Kaiser eingesetzten Statthalter. Papst Alexander III., der mit den kaiserfeindlichen Städten paktiert hatte, verließ Italien und ging nach Frankreich.

Friedrich Barbarossa stand, wie es aussah, auf dem Gipfel seiner Macht und seines Ansehens. Typisch dafür ist ein langes Siegeslied des namentlich nicht genannten »Archipoeta«, des Erzdichters, aus Rainald von Dassels Umgebung, mit dem er den Fall Mailands besingt und aus dem hier nur einige Strophen zitiert werden können:

>»Kaiser Friedrich, Oberhaupt
>aller Erdenlande,
>des Posaune Einsturz droht
>jedem Burgenstande!
>Alle huldigen wir dir,
>Tiere allerhande,
>Zedern auf dem Libanon,
>Kräutlein klein im Sande.

Kluge Leute werden nie
sich im Urteil spalten:
Gott ließ Dich als Oberherrn
über Kön'ge schalten
und in seinem eignen Volk
ehrenvoll erhalten
Schwert und Schild, als Rächer so
wie als Vogt zu walten ...

Christi Geist erfülle mich,
Christen zum Behufe,
Lob zu singen, Christi voll,
Friedrichs Herrschberufe
der, ob auch das Weltall ihn
sich zum Träger rufe,
stark das Reich emporgebracht
auf die alte Stufe.

Als im Reich die Könige
ehemals erschlafften
kam's, daß die verworfenen
Geltung sich verschafften.
Gar gewaltig schwoll der Kamm
vielen Völkerschaften
unter welchen mir im Sinn
die Lombarden haften ...

Wie in Friedrich Macht und Ruhm
sich zusammenfanden,
ist zu sagen hier nicht not,
kund auch allen Landen.
Da sein sieghaft Schwert bestraft
die Empörerbanden,
ist in ihm der Große Karl
wieder auferstanden.«

Da war sie also, die alte Kaiserherrlichkeit, die der dreißigjährige junge König am Grabe Karls des Großen heraufzuführen geschworen hatte. Es war daher nur konsequent, daß Friedrich Barbarossa drei Jahre nach dem Fall Mailands Karl den Großen in Aachen feierlich heiligsprechen ließ. Der große Radleuchter, den er zu Ehren Karls des Großen vermutlich zur gleichen Zeit in Auftrag gab, hängt heute noch im Dom zu Aachen.

Das Konzil von Saint Jean de Losne

Nach dem Sieg über die lombardischen Städte wäre nun eine günstige Gelegenheit gewesen, den seit sieben Jahren versprochenen Krieg gegen Sizilien zu beginnen, zumal die sizilianischen Barone gerade wieder einmal gegen König Wilhelm von Sizilien revoltierten. Friedrich Barbarossa, der diese Chance erkannte, gelang es auch, die miteinander verfeindeten Städte Pisa und Genua zu versöhnen und die Flotten beider Städte mit ungeheuren Versprechungen für den Heerestransport nach Sizilien zu chartern. Aber auch diesmal wurde aus dem Feldzug nichts, denn unvermutet ergab sich eine Möglichkeit, das leidige Papstproblem zu lösen.

Den Anstoß dazu hatte König Ludwig VII. von Frankreich gegeben, der auf der einen Seite zwar den nach Frankreich geflüchteten Papst Alexander unterstützte, aber auf der anderen Seite nicht riskieren wollte, daß sich Kaiser Friedrich Barbarossa deswegen mit ihm überwarf und er womöglich den kürzeren zog.

Daher kam nun auch König Ludwig VII. auf den Einfall, ein Konzil einzuberufen, das sich endgültig für einen der beiden Päpste entscheiden sollte. Um jedem Vorwurf der Beeinflussung zu entgehen, sollte dieses Konzil an einem neutralen Platz stattfinden, nämlich an der Saône, dem Grenzfluß zwischen Frankreich und Burgund. Als Ort war Saint Jean de Losne in der Nähe von Dijon vorgesehen, wo eine Brücke beide Seiten verband.

Zur Vorbereitung dieses Konzils hatte König Ludwig VII. seinen Schwager, den Grafen von Troyes, mit Verhandlungsvollmachten zu Friedrich Barbarossa nach Pavia geschickt, um die Modalitäten festzulegen. Und noch ehe der Graf von Troyes die Feinheiten begriff, hatte er nicht nur zugestimmt, daß beide Päpste zu erscheinen hatten – das wollte auch König Ludwig –, sondern auch, daß von vornherein die Sache desjenigen Papstes verloren sei, der nicht zum Konzil kam. Als König Ludwig VII. von dieser zusätzlichen Abmachung erfuhr, bekam er einen Wutanfall, denn ihm war klar, daß Papst Alexander niemals erscheinen würde und Papst Viktor damit schon jetzt als Sieger feststand. Aber da der Graf von Troyes nun einmal aufgrund seiner Vollmachten alles unterschrieben hatte, mußte sich der französische König an die Abmachung halten, wenn er nicht als vertragsbrüchig gelten wollte, zumal Friedrich Barbarossa die Einladungen zum Konzil schon »an alle Könige des Abendlandes« verschickt hatte.

Es war eine verfahrene Situation, denn wie vorauszusehen war, weigerte sich Papst Alexander, auf dem Konzil zu erscheinen, so daß König Ludwig schließlich verzweifelt gesagt haben soll: »Merkwürdig, daß jemand mit gutem Gewissen für seine Sache nicht eintreten will und die Untersuchung scheut.«

In seiner Verzweiflung verfiel Ludwig VII. auf eine Ausrede: Als am 29. August, dem vorgesehenen Termin, Friedrich Barbarossa mit seinem Papst Viktor auf der Brücke über die Saône stand, tauchten von der französischen Seite her drei würdige geistliche Herren auf – der Erzbischof von Tours, der Bischof von Paris und der Abt von Vézelay – und teilten mit, ihr König habe leider erst am Tag zuvor von der Abmachung erfahren und könne nun so schnell den Papst Alexander nicht herbeischaffen. Man einigte sich auf einen neuen Termin am 29. September und vereinbarte, daß sich der König von Frankreich dem Kaiser als Gefangener stellen müsse, wenn er bis dahin den Papst Alexander nicht zum Kommen bewege – eine Abmachung, die die Katastrophe schon vorprogrammierte. Und damit sich die 50 Bischöfe und die anwesenden Fürsten bis dahin nicht allzusehr langweilten, ließ Friedrich Barbarossa am 7. September, dem dritten Jahrestag des Schismas, seinen Papst Viktor vom Konzil noch einmal als den rechtmäßigen Papst bestätigen und Papst Alexander zum wiederholten Male feierlich verfluchen. Damit nahm die deutsche Seite die Entscheidung selbstherrlich vorweg und brauchte sich über die Folgen nicht zu wundern.

Denn selbstverständlich weigerte sich Papst Alexander nun erst recht, sich dem Konzil zu stellen. Die einzige Hoffnung König Ludwigs war jetzt, England auf seine Seite zu bringen und eine Front gegen die Deutschen zu bilden. Man muß sich dabei klarmachen, daß England damals noch nicht auf eine Insel beschränkt war, sondern auch noch dort auf dem Festland saß, von wo die Normannen unter Wilhelm dem Eroberer im Jahre 1066 überhaupt erst England erobert hatten – in der Normandie. England war als Nachbar Frankreichs noch eine Kontinentalmacht.

König Heinrich II. von England, der mit seinem Heer längst in

Frankreich bereitstand, war deshalb überhaupt nicht an einem deutsch-französischen Bündnis interessiert, das nur mit der Vertreibung der Engländer vom Festland enden konnte. Als daher in aller Eile französische Gesandtschaften am englischen Hofe in Rouen eintrafen, war Heinrich von England sofort bereit, die Franzosen mit Waffengewalt gegen die Deutschen zu unterstützen, falls es zu einem Konflikt kam.

Reichskanzler Rainald von Dassel, stets geneigt, in seiner kompromißlosen Härte lieber alles auf die Spitze zu treiben als der Ehre des Reiches Abbruch zu tun, hatte nun auch noch die Könige ringsum verprellt und sie in ihrer Ehre getroffen. Als nämlich König Waldemar von Dänemark – ein Hüne von einem Mann, neben dem Friedrich Barbarossa »wie ein Männchen« aussah – auf dem Konzil sein Königreich als Lehen vom Kaiser nahm, nannte Rainald von Dassel bei dieser Gelegenheit Waldemar und die anderen Könige in einer deutsch, französisch und lateinisch gehaltenen Rede herablassend »Reguli«, Kleinkönige von Provinzen, und verkündete, Rom sei eine deutsche Stadt und der römische Bischof – also der Papst – nichts anderes als ein deutscher Bischof, den der deutsche König infolgedessen ebenso ernennen könne wie etwa den Erzbischof von Köln.

Dieser von der Kaiseridee getragene Anspruch wirkte auf die »Reguli« als Überheblichkeit Friedrich Barbarossas, doch schon hier wird erkennbar, was sich später immer deutlicher zeigte, daß nicht der Kaiser, sondern sein Reichskanzler Rainald von Dassel zunehmend die Richtlinien der Politik bestimmte. Er ist in jenen Jahren die eigentlich faszinierende Gestalt. Zwar vertrat er stets die Interessen des Kaisers, aber er tat dies häufig in einer Form, mit der er auf lange Sicht mehr Schaden als Nutzen anrichtete: Das Eintreten für den kaisertreuen Papst Viktor entsprach Rainalds überhöhter Reichsidee, das Ergebnis war dann die so lange bekämpfte Anerkennung von Papst Alexander; mit seinem Auftreten in Saint Jean de Losne demonstrierte er zwar die Macht seines Kaisers, die Folge war dann aber ein Bündnis zwischen Frankreich und England gegen Deutschland und das Scheitern des Konzils.

Denn als am 19. September König Ludwig von Frankreich mit großem Gefolge auf der Saône-Brücke erschien, war er zwar immer noch ohne Papst Alexander, hatte aber dafür jetzt das Argument, die Deutschen hätten ja entgegen der Abmachung längst über den Papst entschieden. Nicht er, sondern Barbarossa habe zuerst den Vertrag verletzt. Daraufhin zog der französische König wieder ab, und drei Tage später geschah dann genau das, was Rainald von Dassel zwar nicht gewollt, aber um so mehr provoziert hatte: Die »Reguli«, die angeblichen »Kleinkönige« von Frankreich und England, trafen sich und erwiesen Papst Alexander demonstrativ ihre Ergebenheit. Auf jeder Seite des päpstlichen Pferdes lief ein König nebenher und hielt dem Papst den Steigbügel.

Es war eine Niederlage Friedrich Barbarossas, die den politischen Erfolg seines Italien-Feldzuges nahezu entwertete. Die Hoffnung, durch die Eroberung Mailands auch Papst Alexander zu treffen, war gescheitert. Der Gegenpapst regierte nicht nur weiter, sondern hatte auch noch England und Frankreich sichtbar auf seiner Seite.

Friedrich Barbarossa zog verbittert nach Hause, aber schon ein Jahr später, im Herbst 1163, war er wieder in Italien, um nun endlich seinen Feldzug gegen Sizilien zu absolvieren. Doch auch dieser Versuch blieb im Ansatz stecken, denn wie bisher kam auch jetzt etwas dazwischen.

Der harte Kurs des Kanzlers

An sich war es ein Ereignis, das alle Aussicht bot, die verworrene Situation mit einem Schlage zu lösen: Am 20. April des Jahres 1164 starb Viktor IV., der kaisertreue Papst. Das Problem der zwei rivalisierenden Päpste hatte sich damit von allein erledigt. Denn nun konnte man sich gewiß, ohne das Gesicht zu verlieren, mit dem übriggebliebenen Papst verständigen, zumal sich Papst Alexander trotz aller zur Schau getragenen Bockigkeit schon längst unter der Hand erkundigt hatte, unter welchen Bedingungen er seinen Frieden mit Friedrich Barbarossa schließen könne. Eine solche Entwicklung hätte eine Aufspaltung Europas in getrennte Lager gegenstandslos gemacht. Hinzu kam, daß Viktors Anhang ohnehin nur sehr gering und im wesentlichen auf Deutschland beschränkt war, während Papst Alexander an Ansehen gewonnen hatte.

Aber als Rainald von Dassel vom Tode des Papstes erfuhr, tat er genau das Gegenteil. Ohne Kaiser Friedrich Barbarossa zu fragen oder auch nur zu informieren, ließ er zwei Tage nach dem Tode Viktors in aller Eile den Kardinal Guido von Crema, den Vetter Viktors, zum Papst wählen, der sich dann Paschalis III. nannte.

Es war eine selbstherrliche Entscheidung des Kanzlers, die für ihn zwar durchaus logisch war, für den Kaiser aber verhängnisvolle Folgen hatte. Da Rainald von Dassel schon auf dem Konzil von Saint Jean de Losne mitgeteilt hatte, Rom sei eine deutsche Stadt und der Papst eine Art deutscher Bischof, den der Kaiser ernennen könne, war es nur konsequent gedacht, wenn er nun auch darauf bestand, einen kaisertreuen Papst wählen zu lassen. Konsequent war es auch, daß Rainald von Dassel hierbei nur die Ehre und das Wohl des Reiches vor Augen hatte. Aber er, der stets »alle Fäden in der Hand hielt« und »der an Schlauheit alle übertraf«, hatte bei allem diplomatischen Geschick kein Gespür für das Machbare. Er war ein Theoretiker, der unbeirrt sein Ziel verfolgte und es auch erreichte. Wo Barbarossa verhandelte, übte Rainald von Dassel Zwang aus, wo Kaiser Friedrich den Kompromiß fand, suchte der Kanzler die Konfrontation, wo Friedrich Barbarossa gerecht war, war Rainald von Dassel konsequent. Kaiser und Kanzler haben sich wohl in ihrer Gegensätzlichkeit eine Zeitlang ergänzt und gebraucht. Aber je eigenständiger Rainald von Dassel handelte, desto mehr entfernte er sich von der Art des Kaisers; und je mehr er selbst entschied, desto negativer waren die Folgen in der Zukunft.

Verhängnisvoll war die Entscheidung Rainalds von Dassel, weil sie nun endgültig auch bei den Deutschen den Bogen überspannte. Die lombardischen Gemeinden hatten sich in ihrer Unzufriedenheit bereits im »Veroneser Bund« zusammengetan, um sich gegen die deutsche Politik zu verteidigen. Nun hatte Rainald von Dassel auch erreicht, daß es in Deutschland alarmierende Zeichen gab. So hatte Erzbischof Konrad von Mainz auf einer Pilgerfahrt dem Papst Alexander den Treueid geleistet, die Erzbischöfe von Magdeburg und Trier teilten mit, sie fühlten sich nicht an Paschalis III. gebunden, und Konrad von Passau verzichtete bei seiner Ernennung zum Erzbischof von Salzburg auf seine Hoheitsrechte, die Regalien, um sich nicht für Paschalis aussprechen zu müssen. Mit der Wahl eines zweiten kaisertreuen Marionettenpapstes war Rainald von Dassel drauf und dran, die Einheit eben jenes Kaiserreiches aufs Spiel zu setzen, für das er kämpfte.

Wohlweislich erst vier Wochen nach der Wahl Paschalis' III. bequemte sich Rainald dann nach Pavia, um Friedrich Barbarossa Bericht zu erstatten. »Wie ein Verräter und Betrüger hast du gehandelt«, soll ihm der Kaiser gesagt haben, und »du bist der Treulose und nicht der Bischof von Mainz, den du bei mir anzuschwärzen suchst. Während dieser mir den vernünftigen Rat gab, keinen Nachfolger mehr zu wählen, wenn Gott mich aus der bisherigen Notlage befreien sollte, hast du mir nun einen neuen Papst aufgedrängt, ohne dich auch nur im geringsten an meine Anweisungen gehalten zu haben.«

Das Ergebnis war, daß sich wieder einmal der Kanzler durchsetzte, der, wie ein Chronist hellsichtig schrieb, nicht nur »die Ehre und der Ruhm, sondern auch das Entsetzen des Kaisers« war: Barbarossa deckte die Entscheidung Rainalds und akzeptierte nolens volens Paschalis III.

Das Faszinierende an Rainald von Dassel war aber nun, daß es ihm regelmäßig gelang, auch aus einem Eklat etwas herauszuholen. Er hatte recht behalten, als er in Besançon die »beneficia« als Lehen und nicht als Wohltaten übersetzt hatte. Er konnte darauf hinweisen, daß die gnadenlose Behandlung Mailands den notwendigen Schrecken verbreitet habe – und er zeigte diesmal, daß er mit seinem Paschalis III. nicht nur die Allianz Frankreich-England auflösen, sondern gar noch Welfen und Staufer durch Heirat mit dem englischen Thron verbinden konnte.

Es war ein Trick aus der Wunderkiste, den Rainald von Dassel mit solchen dramatischen Effekten hervorholte, daß er alle überrumpelte – und damit in die nächste Katastrophe führte.

Im Jahre 1164 – also dem gleichen Jahr, als Rainald von Dassel Paschalis III. wählen ließ – war es in England zu einem Konflikt zwischen Kirche und Staat gekommen. König Heinrich II. von England hatte auf dem Reichstag von Clarendon rigoros darauf bestanden, die Hoheitsrechte des englischen Königs gegenüber den Ansprüchen der Kirche durchzusetzen. Zwar ging es vor allem um das Gerichtswesen, aber das genügte, daß der neue Erzbischof von Canterbury und Primas der englischen Kirche seine heftige Opposition anmeldete. Denn obwohl dieser Erzbischof eben noch fast zehn Jahre lang als Kanzler dem englischen König treu gedient hatte und als Gegner des Papsttums galt, hatte der gleiche Mann als Kirchenfürst auf das energischste den Standpunkt der Kirche vertreten. Er weigerte sich, die Beschlüsse von Clarendon auszuführen, und floh im November 1164 zu Papst Alexander nach Frankreich: Es war jener Thomas Becket, den die Anhänger Heinrichs II. sechs Jahre später dann schließlich in der Kathedrale von Canterbury erschlugen. Noch heute zeigt eine Tafel westlich (also links) vom großen Treppenaufgang zum Chor die Stelle, wo der Mord im Dom geschah.

Rainald von Dassel erkannte sofort seine Chance, als der Primas der englischen Kirche zu Papst Alexander überging. Er reiste im April 1165 zum englischen Hof nach Rouen in die Normandie, um König Heinrich gegen Papst Alexander einzunehmen und für Paschalis zu gewinnen. Die Zeit eilte, denn Ende Mai 1165 sollte in Würzburg ein Reichstag stattfinden, um das Reich auf Paschalis III. zu verpflichten. Hier hätte es sich nun gut gemacht, wenn der englische Hof bei der allgemeinen Unlust, Paschalis anzuerkennen, auf seiten Barbarossas gestanden hätte.

Als aber im Mai der Reichstag begann, war Rainald von Dassel noch nicht aus Rouen zurück, und in Würzburg standen die Dinge schlecht: Erzbischof Konrad von Mainz war über Nacht aus Würzburg verschwunden, um sich Papst Alexander anzuschließen. Und auch die meisten anderen geistlichen Würdenträger waren für Alexander. Als aber Rainald von Dassel dann doch eintraf, hatte er seine große Stunde: Mit großer Geste erklärte er, der englische König Heinrich sei bereit, mit 50 englischen Bischöfen der Meinung des deutschen Kaisers zu folgen. Und vor dem erstaunten Reichstag ließ er englische Bischöfe auftreten, die feierlich beschworen, König Heinrich sei voll und ganz der Ansicht Rainalds von Dassel und habe sie daher ermächtigt, in allem Friedrich Barbarossa zu folgen, was der Heiligen Kirche und dem Christentum diene.

Zur Bekräftigung der englisch-deutschen Allianz hatte sich der englische König sogar bereit erklärt, seine beiden Töchter mit Staufern und Welfen zu verheiraten. Die älteste Tochter, die neunjährige Mathilde, wurde mit Heinrich dem Löwen verlobt, dessen Ehe mit Clementia, der Schwester Bertholds von Zähringen, nach 14 Jahren Ende 1162 annulliert worden war. König Heinrichs jüngere Tochter Eleonore wurde im zarten Alter von noch nicht ganz drei Jahren mit Friedrich Barbarossas erstem Sohn Friedrich verlobt, der noch nicht einmal ein Jahr alt war.

Angesichts dieser schönen Geste der Verständigung erreichte es Friedrich Barbarossa mit milder Gewalt – niemand durfte den Saal verlassen –, daß alle Anwesenden auf Paschalis III. schworen, wenn auch zum Teil unter erheblichen Vorbehalten.

Kaiser und Fürsten schworen nicht nur, niemals Alexander anzuerkennen, sondern auch nicht dessen mögliche Nachfolger. Eine solche Festlegung auf die Zukunft sollte sich als fatal erweisen, da sie die Handlungsfreiheit drastisch einschränkte und das Papstschisma unbegrenzt fortsetzte, statt es zu beenden.

Im Rückblick auf die Geschichte hat dieser Schwur denn auch nichts als Prestigeverluste eingebracht: Am Schluß blieb Alexander der anerkannte Papst, denn trotz aller schönen Eide dachte selbst König Heinrich von England nicht daran, mit Papst Alexander zu brechen, sondern benutzte das Ganze nur als Druckmittel gegen die Kurie, um sich in seinem eigenen Kirchenstreit durchzusetzen.

Die Katastrophe vor Rom

Inzwischen hatte Papst Alexander im Oktober 1165 Frankreich verlassen und war nach Rom zurückgekehrt, das er seit seiner Wahl im Jahre 1159 nur einmal im Juni 1161 für drei Wochen betreten hatte. Auch wenn Alexanders Herrschaft kaum über Rom hinausreichte, mußte seine Rückkehr nach Rom die Widerstandskraft der lombardischen Städte verstärken.

Friedrich Barbarossa beschloß darum einen neuen Romzug, um seinem Würzburger Schwur nun auch demonstrative Taten folgen zu lassen. Da Rainald von Dassel Rom ohnehin zu einer Stadt des Deutschen Reiches erklärt hatte, wollte Barbarossa nun auch seinen bislang in Viterbo residierenden Papst Paschalis dort installieren und Alexander endgültig entmachten. Ein neuer Italienzug wurde also vorbereitet, und es ergab sich ganz glücklich, daß im Mai des folgenden Jahres Wilhelm I. von Sizilien starb und Papst Alexander bei den Nachfolgekämpfen einen wesentlichen Teil seines sizilianischen Rückhaltes verlor.

Aber erst im Oktober 1166 begann die Heerfahrt gegen Rom, und über mehrere Alpenpässe zog ein starkes Heer nach Italien. In Lodi in Oberitalien wurde noch einmal ein Hoftag gehalten, auf dem sich die italienischen Städte über die hohen Steuern beschwerten, die die vom Kaiser eingesetzten Statthalter eintrieben. Friedrich Barbarossa bekam zu spüren, daß die Opposition gegen die deutsche Herrschaft gefährlich gewachsen war. Aber zu einem offenen Widerstand kam es noch nicht.

Dann zog Barbarossa mit einem Teil des Heeres nach Ancona, in dem sich byzantinische Truppen Kaiser Manuels festgesetzt hatten, der inzwischen vergeblich Papst Alexander dazu zu überreden versucht hatte, ihm zusätzlich zu seiner byzantinischen Krone auch noch die Krone des abendländischen Kaiserreiches zu übertragen.

Inzwischen war Rainald von Dassel mit den Truppen nach Rom marschiert, wo er Ende Mai 1167 ankam. Die Römer, zahlenmäßig weit überlegen, fielen über die Deutschen her, es kam zur Schlacht, aber das Ergebnis war verblüffend: Die Römer wurden vernichtend geschlagen und »wir verloren dabei nicht einen einzigen Mann«, schrieb Rainald von Dassel nach Hause. Daraufhin wurde Rom eingeschlossen und die Umgebung wie bei der Belagerung von Mailand verwüstet.

Bei alledem war Friedrich Barbarossa gar nicht dabei. Erst nach der Einnahme Anconas stieß er am 24. Juli zu Rainalds Truppen, und nun war es eine Sache von Stunden, bis Rom in den Händen der Deutschen war: Verräter hatten die Tore geöffnet, die Deutschen überrannten die päpstlichen Garden, und nur um die Peterskirche selbst wurde noch tagelang gekämpft.

In dieser verzweifelten Situation – so berichtet Kardinal Boso, Papst Alexanders Biograph – soll nun der damals heimlich aus Würzburg verschwundene ehemalige Erzbischof Konrad von Mainz mit Wissen des Papstes Alexander einen Vermittlungsversuch unternommen haben und zu Friedrich Barbarossa gegangen sein. Und tatsächlich machte Friedrich Barbarossa einen interessanten Vorschlag, um das Papstschisma zu beenden: Wenn die beiden Päpste Alexander und Paschalis von ihrem Amt zurückträten, wäre der Weg frei für die Kardinäle, einen neuen Papst zu wählen, der anstelle der beiden anzuerkennen sei. Ein solcher Vorschlag entsprach Friedrich Barbarossas Sinn für praktikable Kompromißlösungen, bei denen keiner völlig das Gesicht verlor, aber auch niemand gewann. Gleichzeitig war es ein geschickter Schachzug, um die Konsequenzen aus seinem eigenen unsinnigen Schwur umgehen zu können. Aber obwohl Friedrich Barbarossa versprochen hatte, sich nicht in die Wahl einzumischen, lehnten Bischöfe und Kardinäle den Vorschlag mit dem Hinweis ab, daß nur Gott den Papst richten könne, wobei sie offensichtlich überhören wollten, daß nicht von Richten, sondern von Rücktritt die Rede gewesen war.

Mit dieser Entscheidung aber waren die Römer ganz und gar nicht einverstanden, denn Friedrich Barbarossa hatte den Kompromißvorschlag ganz unauffällig mit einer kleinen Erpressung unterstützt: Wenn die Bischöfe und das römische Volk den Rücktritt Alexanders erreichten, so hatte er verlauten lassen, sei er bereit, die Beute und die Gefangenen wieder herauszugeben.

Das Volk verlangte daher, daß der Papst das Opfer auf sich nehme, um seine ihm anvertrauten Schafe zu retten. Aber Papst Alexander dachte nicht daran. Als Mönch verkleidet, ließ er sich eines Nachts den Tiber hinabrudern und entkam. Die Stimmung war inzwischen gegen ihn umgeschlagen: ein Bischof von Rom, der seinen persönlichen Ehrgeiz höher stellte als den Frieden der Stadt und die Freiheit der Römer, sollte auch nicht Papst sein.

Am 29. Juli 1167 fiel die Peterskirche in die Hand der kaiserlichen Truppen, und schon einen Tag später, einem Sonntag, wurde Papst Paschalis III. im Prachtzug aus Viterbo herbeigeholt und feierlich inthronisiert, nachdem er die Altäre der Peterskirche nach der Verunreinigung durch den Gegenpapst neu hatte weihen lassen.

Und wieder zwei Tage später, am 1. August 1167, ließ sich Friedrich Barbarossa noch einmal von Papst Paschalis III. zum Kaiser und Beatrix zur Kaiserin krönen. Zum zweitenmal setzte ihm ein Papst die Krone aufs Haupt, die er zwölf Jahre zuvor schon einmal aus den Händen Hadrians IV. empfangen hatte.

Damals hatte Friedrich Barbarossa nach der Krönung Rom fluchtartig verlassen müssen – diesmal war er Herr und Sieger über die Stadt, in der nun auch jener Papst residierte, dem er aus Loyalität zu Rainald von Dassel die Treue geschworen hatte.

Es war ein Triumph, wie ihn sich Friedrich Barbarossa nicht größer hätte wünschen können: der Gegenpapst geflüchtet, der eigene Papst in Rom installiert, das römische Volk auf seiner Seite – und das nicht allein: Die Eroberung Roms und die Flucht Papst Alexanders wirkte demoralisierend auf die opponierenden lombardischen Städte. Nach der Zerstörung Mailands war Kaiser Friedrich Barbarossa nun auch noch Herr Roms.

Just auf diesem Höhepunkt kam es nun zur Katastrophe, die von vielen Gegnern als ein gerechtes Gottesurteil angesehen wurde. Unvermutet brach in der feuchten Hitze der Tiberebene eine verheerende Seuche aus. Die Menschen starben unter Krämpfen, bekamen Schaum vor den Mund und brachen zusammen. Da nützte kein Aderlaß oder das Abscheren der Haare: »Um die Kranken verbreitete sich ein unerträglicher Gestank. Menschen, Rösser, Kleider waren verpestet, von jedem Weg, aus jedem Raum, aus jedem Haus stank es gen Himmel.«

Die alten Quellen reden von Pest, aber unter einer Pestilenz verstand man auch jede andere Seuche. Wir wissen daher nicht, welche Krankheit es wirklich war (manche vermuten eine Malariaseuche), der in wenigen Tagen mehr als 2000 Menschen zum Opfer fielen, unter ihnen viele Edle, Herzöge, Grafen und Freiherren.

Wenn der Kaiser überhaupt noch etwas retten wollte, mußte er Rom aufgeben und das Heer auf den Apennin führen, von dessen frischer

Luft man sich Besserung versprach. Doch die Seuche ließ nicht nach, und am 14. August 1167 brach jener Mann auf einer Landstraße zusammen, empfing die Sterbesakramente und starb schweigend, der fast zehn Jahre lang im Namen des Kaisers Politik gemacht hatte: Rainald von Dassel.

Sein Leichnam wurde, wie es der damaligen Sitte entsprach, in Wasser ausgekocht, damit man seine Gebeine feierlich im Kölner Dom auf der Südseite der Marienkapelle bestatten konnte, deren Altar er durch ein altes Marienbild aus Mailand bereichert hatte. Die Kölner setzten damit ihrem Erzbischof ein Denkmal, der sich zwar erst sechs Jahre nach seiner Ernennung hatte weihen lassen, der aber nach der Zerstörung Mailands die ursprünglich aus Byzanz stammenden »hochheiligen Gebeine der drei Weisen und Könige« in drei schweren Marmorsarkophagen als Kriegsbeute nach Köln gebracht und damit den deutschen Pilgertourismus belebt hatte.

Der kostbare Schrein, in den man die Gebeine der Heiligen Drei Könige bettete, hat die Zeiten überdauert und zählt heute noch zu den Kostbarkeiten des Kölner Domschatzes. Das Grab des Mannes, dessen Tod ein Wendepunkt in Friedrich Barbarossas Politik bedeutete, ist dagegen verschwunden: Ende des 18. Jahrhunderts wurde sein Grabmal zerstört und die auf dem Grab liegende Metallfigur Rainalds von Dassel als altes Kupfer verkauft.

Der Kaiser auf der Flucht

Die Seuche hatte den Triumph des Kaisers jäh in eine Niederlage verwandelt. Nur unter größten Schwierigkeiten konnte sich das zusammengeschmolzene Heer nach Pavia durchkämpfen, denn die Lombarden, die eben noch in stiller Erbitterung von der Einnahme Roms gehört hatten, befanden sich nun im Aufstand. »Alle Elemente sind in Aufruhr geraten«, schrieb Friedrich Barbarossa in einem Hilferuf nach Deutschland. »Nicht gegen unsere Person allein geht dieser nichtswürdige Aufruhr, er geht gegen die Macht des deutschen Volkes, denn sie schreien überall, ›wir wollen die deutsche Herrschaft nicht mehr!‹.«

Vergebens versuchte Friedrich Barbarossa, die Hilfe angeblich treuer Lombardenstädte zu gewinnen, aber weder aus Deutschland noch aus der Lombardei bekam er irgendwelche Unterstützung. Im Gegenteil:

Der lombardische Städtebund mit seinen 16 Städten stellte sich offen gegen den Kaiser und kämpfte um seine Freiheit.

Zwar wollte Friedrich Barbarossa »lieber inmitten unserer Feinde in Ehren untergehen, als daß wir, solange wir leben, den Untergang des Reiches dulden«, aber er mußte einsehen, daß auch Heldenmut nichts mehr retten konnte. Nach 15 Jahren Regierungszeit und vier Italienzügen war seine Italienpolitik gescheitert. Er konnte froh sein, wenn er sein Leben rettete.

Als der Kaiser im März 1168 mit ein paar Mann in Susa ankam, wollten ihn die Bürger der Stadt nachts gefangennehmen und töten. Friedrich Barbarossa erfuhr von dem Plan, und Hermann von Siebeneichen, ein Ritter, legte sich in das Bett des Kaisers, um die Bewohner zu täuschen. Inzwischen floh der Kaiser mit fünf Mann als Knecht verkleidet nach Deutschland.

Neue Wege

Die Aussöhnung mit dem Papst

Die Katastrophe des vierten Italienzuges hatte mit einem Schlage alle Hoffnungen zerstört, die alte Kaiserherrlichkeit wiederaufzurichten. Der Versuch, die Reichsgewalt in Italien wieder durchzusetzen, war gescheitert, gescheitert war aber auch Friedrich Barbarossas Kampf gegen die Ansprüche des Papsttums.

Während Italien für Friedrich Barbarossa praktisch verloren war, errichteten die lombardischen Städte im Mai 1168 westlich von Tortona triumphierend eine gemeinsame Bundesfestung, die sie zu Ehren des Papstes Alessandria nannten – Symbol und Anspruch zugleich.

Friedrich Barbarossa blieb nach dem Desaster sechs Jahre lang in Deutschland – eine Zeitspanne, die er bisher in den 16 Jahren seiner Herrschaft noch nie ohne Unterbrechung im Stammland verbracht hatte. Er nutzte die Zeit, seine Hausmacht durch Gebietstausch und -kauf zu erweitern, die Verwaltung zu straffen und seine Präsenz durch den Bau oder Wiederaufbau von Kaiserpfalzen – unter anderem in Hagenau, Trifels, Kaiserslautern, Wimpfen, Nürnberg, Eger, Altenburg, Gelnhausen und Dortmund – zu dokumentieren.

Gleichzeitig förderte Friedrich Barbarossa parallel mit der Entwicklung des Städtewesens die Einführung der Geldwirtschaft, wie er sie in der Lombardei kennengelernt hatte. Hatte es vor seiner Regierungszeit gerade eben zwei dutzend Münzstätten auf deutschem Gebiet gegeben, so waren es am Ende seiner Regierungszeit insgesamt 215. Eine davon, die der Kaiser im Jahre 1180 in Schwäbisch Hall gegründet hatte, stellte einen Pfennig her, der auf der einen Seite eine Schwurhand und auf der Rückseite ein Kreuz zeigte und nach dem Herkunftsort die Umschrift »Halla« trug. Dieser Haller Silberpfennig wurde bald so beliebt, daß er einen Siegeszug durch Deutschland antrat, die Pfennige anderer Münzorte ersetzte und bald nur noch »der Heller« hieß, bis auch er später durch zuviel Kupferbeimischung keinen »roten Heller« mehr wert war.

Es war, nach Jahren einer forcierten Italienpolitik, eine notwendige Phase, das eigene Haus in Ordnung zu bringen. So ließ der 47jährige Friedrich Barbarossa auch vorsichtshalber im Juni 1169 seinen zweiten Sohn Heinrich von den deutschen Fürsten zum König wählen und zwei

Monate später in Aachen zum König krönen. Der junge Monarch, mit dem Barbarossa die Erbfolge der Staufer sicherte, konnte freilich noch lange nicht regieren: Man hatte in Aachen feierlich einem dreijährigen die Krone aufs Haupt gesetzt.

Sein ältester Sohn Friedrich hatte dafür im Jahr zuvor das Herzogtum Schwaben bekommen, das Barbarossa für den Vierjährigen verwaltete – eine eigentümliche Entscheidung übrigens, durch die dem erstgeborenen Sohn Friedrich das Königtum und die spätere Kaiserwürde verlorengingen. Friedrich von Raumer kam dies vor 150 Jahren so seltsam vor, daß er schlichtweg behauptete, Heinrich sei der ältere und Friedrich der jüngere Sohn Barbarossas gewesen. Gegen diese Umkehrung spricht aber schon die einfache Tatsache, daß nach alter Regel der älteste Sohn stets den »Leitnamen« des Geschlechtes bekam, während die nachfolgenden Söhne oft die Leitnamen aus der mütterlichen Linie erhielten, so daß Barbarossas Sohn Heinrich nach Heinrich IV. genannt sein dürfte, dessen Tochter Agnes einen Staufer geheiratet hatte.

Warum Barbarossa so entschieden hat, wissen wir nicht. Weder die Vermutung, Friedrich sollte die Tradition des staufischen Hauses und Heinrich die des Reiches sichern, noch die Annahme, der Vierjährige habe »besondere Anlagen verraten«, können diese Entscheidung ausreichend erklären, die nach dem milden Friedrich Barbarossa einen derart brutalen und verschlagenen Mann zum Kaiser machte, wie es Heinrich VI. später werden sollte.

Am ehesten mag noch die Vermutung zutreffen, daß Friedrich Barbarossa, nach dem plötzlichen Tode seines Kanzlers Rainald von Dassel ganz auf sich gestellt, unsicher war und nun seinen eigenen Weg finden mußte. Rainald von Dassel hatte das »Reich« im Auge gehabt; mag sein, daß Barbarossa nach dem Fiasko vor Rom nun zunächst bemüht war, seinen staufischen Besitz gegen die zunehmende Macht Heinrichs des Löwen zu sichern, und erst später die Gelegenheit sah, auch die Erbfolge des Königtums zu garantieren, wobei er sich auf die magisch-religiöse Wirkung verlassen konnte, die selbst einem Kinde die spätere Herrschaft zusicherte, sofern es vor Gott und der Welt wie einst der biblische König David vom Priester gesalbt und gekrönt war.

Wie dem auch sei: Erst jetzt, mit 47 Jahren, begann Friedrich Barbarossa eine eigenständige Politik zu entwickeln, nachdem Rainald von Dassel ein Jahrzehnt mit einer Härte und Kompromißlosigkeit regiert hatte, die dem Charakter Barbarossas fremd waren.

Denn auf einmal, seit Rainald von Dassel tot war, schwenkte die Politik Friedrich Barbarossas um. Er, der eben noch 1165 auf dem Reichstag zu Würzburg geschworen hatte, niemals Papst Alexander und seine Nachfolger anzuerkennen, verhandelt nach dem Tod von Papst Paschalis III. 1168 plötzlich mit eben jenem Alexander, um zu einer vernünftigen Lösung zu kommen. Und es war der gleiche Friedrich Barbarossa, der die gedemütigten oberitalienischen Städte wieder für sich gewann, indem er ihnen die Rechte zurückgab, die er erst im Namen des Reiches für sich beansprucht hatte; und ausgerechnet in Mailand sollte sein Sohn Heinrich die Tochter des sizilianischen Normannenkönigs heiraten, gegen den Barbarossa ständig Feldzüge vorbereitet hatte.

Der historische Ablauf verlangt, daß dies schon wieder auf dem Umweg eines Italien-Feldzuges beschrieben werden muß. Es war der fünfte, den Friedrich Barbarossa nach sechs Jahren Pause wieder unternahm.

Schon 1171, drei Jahre vor Beginn des fünften Feldzuges, hatte Friedrich Barbarossa seinen neuen Kanzler, den Erzbischof Christian von Mainz, als kaiserlichen Legaten nach Oberitalien gesandt, um nach Möglichkeit die lädierte kaiserliche Autorität wieder etwas aufzupolieren. Tatsächlich war es dem Erzbischof auch gelungen, Venedig vom Lombardenbund abzuspalten und die Ordnung einigermaßen wiederherzustellen, so daß sich Friedrich Barbarossa im September 1174 entschloß, selbst einmal wieder in Italien nach dem rechten zu sehen.

Mit einem kleinen Heer von etwa 8000 Mann zog er über Genf nach Italien, wo das bloße Gerücht seiner Ankunft einen solchen Schrecken verbreitete, daß sich die Städte in der östlichen Lombardei sofort unterwarfen. Er brauchte nur noch die nach Papst Alexander benannte Festung Alessandria einzunehmen, um wieder in alter Pracht aufzutreten.

Aber diese »Festung«, die noch nicht einmal Türme hatte und nur von »Dieben, Räubern und entlaufenen Sklaven« verteidigt wurde, erwies sich infolge eines himmlischen Wunders als stärker. Denn kaum war Friedrich Barbarossa mit seinen Mannen aufmarschiert, verwandelten heftige Regengüsse das Gelände um die lediglich durch »einen Graben wunderbar gesicherte Stadt« in einen solchen Morast, daß alles versank. Als ein Angriff zurückgeschlagen wurde, blieb Friedrich Barbarossa nichts anderes übrig, als die Belagerung zu beginnen. Das aber war nicht im Sinne der kaiserlichen Truppen. Als sie unter der einsetzenden Winterkälte und unter Hunger zu leiden begannen, desertierten sie in hellen Scharen, während die Lombarden, wieder mutig geworden, mit einem Heer nach Alessandria marschierten, um die Festung zu befreien.

Friedrich Barbarossa versuchte noch einmal einen Sturmangriff, wurde aber wieder zurückgeschlagen. Schweren Herzens mußte er sich entschließen, die Belagerung abzubrechen, um sich den heranmarschierenden Lombarden zu stellen, die dem deutschen Heer zahlenmäßig weit überlegen waren. Aber nun geschah endlich auch einmal ein Wunder zugunsten Friedrich Barbarossas: Statt das geschwächte und dezimierte Heer Barbarossas einfach über den Haufen zu rennen, verließ die Lombarden der Mut vor dem großen Kaiser. Statt zu kämpfen, begann man zu verhandeln, und gegen das Versprechen, daß die lombardischen Städte eine Reihe von Rechten zurückerhielten, waren sie bereit, sich dem Kaiser zu unterwerfen. Friedrich Barbarossa, froh, so gut wegzukommen, stimmte zu. Beide Seiten benannten »drei kluge Männer«, die den Vertrag im einzelnen aushandeln sollten, und weil nun alles gelöst schien, schickte Friedrich Barbarossa den größten Teil seines Heeres nach Hause.

Es wäre unnötig, solche Details auch nur zu erwähnen, wenn es nicht eben manchmal derartige Nebensächlichkeiten wären, die Geschichte machen: Die Tatsache, daß Barbarossa in Italien etwas übereilt sein Heer auflöste, sollte am Ende einen Mann in Norddeutschland Besitz und Titel kosten, der auf diesem Kriegszug gar nicht dabei war: Heinrich den Löwen.

Es stellte sich nämlich heraus, daß sich die »klugen Männer« nicht einigen konnten: Die Lombarden verlangten, daß die Ronkalischen Gesetze insgesamt für null und nichtig erklärt würden und daß Barbarossa Papst Alexander anerkennen müsse. Das konnte Friedrich Barbarossa nicht akzeptieren, machte dafür aber einen seiner berühmten Kompromißvorschläge: Die Konsuln von Cremona, die in dem ganzen Streit neutral geblieben waren, sollten das Urteil fällen. Die Lombarden stimmten zu, deren Entscheidung anzunehmen. Als aber dann der Spruch verkündet wurde, der keiner Seite ganz recht gab, dachten die Lombarden gar nicht daran, das Urteil zu akzeptieren, während diesmal Friedrich Barbarossa dazu bereit war. Der Kaiser berief nun ein kaiserliches Gericht ein, aber die Lombarden erschienen nicht.

Jetzt wurde die Lage kritisch, denn ohne Heer konnte Barbarossa sein Konzept nicht durchsetzen. Aber der Kaiser schlug erneut einen Kompromiß vor, der diesmal von atemberaubender Verwegenheit war. Er, der inzwischen wieder einmal feierlich geschworen hatte, nie und nimmer Papst Alexander anzuerkennen, lud eben jenen Papst Alexander ein, zwischen ihm und den papsttreuen lombardischen Städten Recht zu sprechen. Es war ein Vabanquespiel, aber der Eröffnungscoup gelang: Papst Alexander schickte drei Kardinäle nach Pavia, die, als wäre das völlig selbstverständlich, mit den vom Papst feierlich verfluchten Erzbischöfen von Mainz und Köln zu verhandeln begannen. Doch die Verhandlungen führten zu keinem Ergebnis, weil sich Friedrich Barbarossa weigerte, sich als Vorleistung erst einmal dem Papst zu unterwerfen.

Über all dem Hin und Her war inzwischen mehr als ein Jahr vergangen, und Barbarossa saß wie ein Gefangener in Pavia, ohne das geringste erreicht zu haben. Er bat deshalb in Deutschland um Hilfe und griff mit den paar Mann, die er noch hatte, mehrfach vergeblich Alessandria an, das der Papst seinerseits zum Bistum erhob.

Der Kaiser wußte, daß sich sein Vetter Heinrich der Löwe zu dieser Zeit in seinem Fürstentum Bayern aufhielt. Er bat ihn um eine Unterredung, und man traf sich dann auch Anfang 1176 auf halbem Wege in Chiavenna am Comersee. Friedrich Barbarossa war überzeugt, Heinrich der Löwe, inzwischen der mächtigste Fürst in Deutschland, werde ihm mit seinem Heer, das gleich jenseits der Alpen lag, zu Hilfe kommen, um den Streit mit den Lombarden für das Reich zu entscheiden, denn, so schrieb der Abt von Blasien, »nur der Herzog Heinrich konnte dem Reiche jetzt bei seiner Macht und seinem Reichtum den entscheidenden Dienst leisten«. Friedrich Barbarossa war sich der Hilfe um so sicherer, als er bei früheren Gelegenheiten mehrfach einige Handlungen Heinrichs des Löwen gedeckt hatte, die am Rande der Legalität oder deutlich jenseits davon lagen.

Doch just in diesem Moment, in dem Friedrich Barbarossa die Hilfe seines Vetters brauchte, argumentierte Heinrich der Löwe formaljuristisch. Er habe die Teilnahme an einer solchen Heerfahrt ebensowenig geschworen, d. h. versprochen, wie die anderen Fürsten und sehe infolgedessen keine Veranlassung, sich nun plötzlich daran zu beteiligen, zumal er – mit 46 Jahren! – für eine Heerfahrt viel zu alt sei.

Formal gesehen hatte Heinrich der Löwe vollkommen recht: Er war nicht verpflichtet, dem Kaiser zu helfen. Das wußte auch Friedrich Barbarossa. Und so kam es zu einer Demutsgeste, die schon wieder von

Größe zeugt: Kaiser Friedrich Barbarossa kniete vor dem jüngeren Heinrich dem Löwen nieder und bat ihn noch einmal um Hilfe, um die alte Kaiserherrlichkeit zu retten – was Jordanus, der Truchseß Heinrichs des Löwen, mit der Bemerkung quittierte, er solle den Kaiser ruhig knien lassen, denn Heinrich der Löwe werde ohnehin bald die Kaiserkrone tragen.

So jedenfalls berichtet es eine Quelle, während andere davon erzählen, Heinrich der Löwe habe Barbarossa erschrocken aufgerichtet, als er flehend seine Knie umfaßte. Jedenfalls ist gerade an diesem entscheidenden Punkte die Quellenlage nicht eindeutig, deshalb hat man auch vermutet, Friedrich Barbarossa habe diesen Kniefall überhaupt nicht getan. Ich meine jedoch, man sollte Barbarossa eine solche Geste durchaus zutrauen. Er hatte zeit seines Lebens nicht das getan, was »man« tat. Legende oder nicht, er hatte zum Erstaunen aller am Tag seiner Krönung einen Bittsteller zurückgewiesen, weil Recht vor Gnade ging; er hatte es geschafft, daß sich Welfen und Waiblinger versöhnten, was vor ihm keiner erreichte, weil niemand den Mut zu neuen Lösungen hatte. Er hatte eben erst, um seine Idee vom Reich zu retten, sogar Papst Alexander um Vermittlung gebeten – warum sollte ein Kaiser nicht vor seinem Vasallen, seinem Lehnsmann, niederknien und ihn um Hilfe bitten?

Aber Heinrich der Löwe blieb hart und stellte Bedingungen: Wenn Barbarossa ihm die reiche Kaiserpfalz Goslar mit ihren Silberbergwerken überließ, wollte er ihm helfen. Doch diese Forderung ging genau einen Schritt zuweit: Demut darf man nicht verletzen; und so überliefert uns eine Quelle den Ausspruch der Kaiserin Beatrix, der wohl im nachhinein erfunden ist, der aber psychologisch genau das Richtige trifft: »Lieber Herr«, soll Kaiserin Beatrix nach dem Kniefall gesagt haben, »stehe auf, Gott wird dir Hilfe leisten, wenn du einst dieses Tages und dieses Hochmuts gedenkst.«

Und so geschah es. Es kam an diesem Tage zwar zu keinem Bruch zwischen den Vettern, aber Friedrich Barbarossa, flexibel in seinen Methoden, aber beharrlich und unbeirrbar bei der Verfolgung seines Zieles, hat diese Stunde nicht vergessen. Jahre später hat er mit dem gleichen kalten Rechtsstandpunkt, den Heinrich der Löwe in Chiavenna hervorgekehrt hatte, seinen Vetter fallenlassen.

Die Begegnung von Chiavenna war also ohne jeden Erfolg geblieben, und Friedrich Barbarossa kehrte lediglich mit der Hoffnung nach Pavia zurück, daß es seinen Gesandten vielleicht doch noch gelang, in

Deutschland Truppen zu mobilisieren. Tatsächlich trafen im Mai 1176 an die tausend Ritter ein, mit denen der Kaiser auch gleich bei Legnano (nordwestlich von Mailand) eine Schlacht wagte und jämmerlich geschlagen wurde: Ein großer Feldherr ist er nie gewesen.

Nach all diesen Mißerfolgen entschloß sich Friedrich Barbarossa zu Verhandlungen mit seinem eigentlichen Gegner, dem Papst, der durch einen Mönch seine Bereitschaft dazu bereits signalisiert hatte.

Am 22. Oktober 1176 trafen daraufhin Barbarossas Gesandte mit Papst Alexander zusammen, und in den folgenden zwei Wochen wurde dann in größter Heimlichkeit ein Vertragsentwurf ausgearbeitet. Danach sollte der Kaiser Alexander als rechtmäßigen Papst anerkennen, die ihm zustehenden Regalien und Besitzungen zurückgeben, mit den oberitalienischen Städten Frieden schließen und dabei auch das Königreich Sizilien einbeziehen. Demgegenüber versprach der Papst lediglich, Friedrich als Kaiser und dessen Sohn Heinrich als römischen König anzuerkennen.

In den anschließenden, oft dramatischen Verhandlungen gelang es Friedrich Barbarossa jedoch, den für die Kurie so günstigen Vertragsentwurf praktisch in sein Gegenteil zu verkehren. Indem er durch gezielte Gerüchte die Lombarden gegen den Papst mißtrauisch machte, wurde dieser, weil er nun nicht mehr auf die Unterstützung der Lombarden rechnen konnte, zum Nachgeben gezwungen. Während er sich auf diese Weise mit dem Papst aussöhnte, wurde der endgültige Friede mit den lombardischen Städten und den Sizilianern durch einen Waffenstillstand hinausgeschoben.

Am 24. Juli 1177, vierzehn Monate nach der Niederlage von Legnano, war es dann soweit: Auf dem Markusplatz von Venedig erwartete Papst Alexander den Kaiser um ihn, den »Hammer der Gottlosen«, wieder in Gnaden in die Kirche aufzunehmen.

Als die kaiserliche Gondel anlegte, brauchte Friedrich Barbarossa – die Krone auf dem Haupt, den Purpurmantel um die Schultern und Lanze und Schwert in den Händen – nur wenige Schritte zu tun, um vor dem Mann niederzuknien und ihm die Füße zu küssen, den er zwanzig Jahre lang bekämpft und den nie anzuerkennen er zweimal geschworen hatte. Nun erhielt er von ihm den Friedenskuß. Das Papstschisma war beendet, der Kirchenfriede wiederhergestellt.

Während die Menge das Te Deum sang, führte Friedrich Barbarossa den vor Schwäche wankenden Papst in den Dom. Dort hob man den Papst auf die Kanzel, aber er predigte so leise, daß der Kaiser nahe herantreten mußte, um ihn zu verstehen. Nach der Messe führte der Kaiser den Papst wieder an der Hand auf den Platz, und während man den greisen Papst auf das weiße Pferd hob, hielt Friedrich Barbarossa die Steigbügel, wie andere Herrscher vor ihm auch.

Es war der Triumph eines Papstes, der es nur mit einem kaiserlichen Truppenaufgebot wagen konnte, nach Rom zurückzukehren, wo Kalixt III., der verbitterte Gegenpapst, erst ein Jahr später bereit war, sich Alexander zu unterwerfen.

Papst Alexander III. lebte nach dem Friedensvertrag von Venedig noch drei Jahre und starb am 30. August 1181 in einer kleinen Burg auf dem Wege nach Viterbo. Vorher aber hatte er 1179 noch ein großes Konzil einberufen, das als 3. Laterankonzil in die Geschichtsbücher eingegangen ist und nach den bitteren Erfahrungen mit Päpsten und Gegenpäpsten die Regeln für die Papstwahl festlegte, die heute noch gültig sind.

Friedrich Barbarossa residierte nach dem Friedensschluß noch ein Jahr lang in Oberitalien, um unter den lombardischen Städten Frieden zu stiften und ihr Vertrauen zurückzuerlangen. Aber wie immer war es Mailand, das sich widersetzte.

So zog Friedrich Barbarossa im Sommer 1178 ins südliche Burgund, wo er sich demonstrativ in Arles zum König von Burgund krönen ließ. Im Oktober des Jahres 1178 war er nach vier Jahren wieder in Deutschland, um schon einen Monat später gegen jenen Mann vorzugehen, der »durch seine Übermacht eine Reichsgefahr geworden« war: Heinrich den Löwen.

Der Kampf gegen Heinrich den Löwen

Für Friedrich Barbarossa war nach dem letzten Zusammentreffen mit seinem Vetter der Punkt gekommen, von dem an er den mächtigsten Fürsten des Reiches mit legalen Mitteln zurechtweisen mußte.

Die Gelegenheit dazu ergab sich unmittelbar nach seiner Rückkehr aus Italien auf dem Reichstag zu Speyer, der im November 1178 stattfand. Es ging um den Vorwurf des Landfriedensbruchs. Heinrich der Löwe hatte sich geweigert, dem Halberstädter Bischof Udalrich einige Kirchenlehen herauszugeben. Dieser Bischof Udalrich war ihm durch den Frieden von Venedig zwischen Barbarossa und Papst Alexander aufgedrängt und der von ihm eingesetzte Bischof Gero von Halberstadt dafür abgesetzt worden. Da aber der neue Bischof Udalrich den Kölner Erzbischof Philipp auf seiner Seite hatte, kam es nach der Weigerung Heinrichs des Löwen zu einem regelrechten Kriegszug gegen Heinrich, dem sich auch andere Fürsten anschlossen.

Auf dem Reichstag zu Speyer trug nun jede Seite ihren Standpunkt vor, aber im Gegensatz zu früher dachte Friedrich Barbarossa gar nicht daran zu vermitteln. Er nahm vielmehr die Klage der Fürsten gegen Heinrich den Löwen an und eröffnete das Rechtsverfahren. Dazu lud er alle Beteiligten zu einem neuen Reichstag nach Worms ein, der zwei Monate später, im Januar 1179, stattfand.

Aber weder auf diesem noch dem nächsten Reichstag, der im Juni nach Magdeburg einberufen wurde, erschien Heinrich der Löwe, so daß er unter der Anklage des Landfriedensbruchs automatisch der Acht, also der Rechtlosigkeit und Verfolgung verfiel. Danach kam es doch noch zu einer Begegnung zwischen dem Kaiser und Heinrich dem Löwen, den der Stand der Dinge nun doch offensichtlich zu beunruhigen begann. Aber da er sich weigerte, die vom Kaiser geforderte Summe von 5000 Mark zu zahlen, blieb auch dieses Treffen ergebnislos.

Aus den nun folgenden Kämpfen in Westfalen und Ostsachsen hielt sich Friedrich Barbarossa selbst heraus. Dabei verlor Heinrich der Löwe Westfalen, konnte sich aber in Ostsachsen behaupten, indem er die slawischen Wenden im Kampf gegen die Fürsten einsetzte.

Es waren aber nicht diese Kämpfe, die schließlich zum Sturz Heinrichs des Löwen führten, sondern ein zweites Verfahren, das Friedrich Barbarossa gegen ihn eröffnete. Da Heinrich der Löwe nach dem bestehenden Lehnsrecht ein Untertan, ein Vasall des Königs war, aber entgegen der Aufforderung des Königs nicht zu den Reichstagen erschienen war, erhob Friedrich Barbarossa nun Klage wegen Mißachtung der Königlichen Majestät. Auch zu diesem Verfahren wurde Heinrich der Löwe dreimal vergeblich geladen, so daß er im Januar 1180 auf dem Reichstag zu Würzburg von den Reichsfürsten verurteilt wurde: Seine beiden als Königslehen vergebenen Herzogtümer Sachsen und Bayern wurden ihm aberkannt, er verlor den Herzogtitel, und darüber hinaus wurde auch noch sein Privatvermögen und -besitz eingezogen.

Als auch die vorgesehene Sühnefrist von sechs Wochen ungenutzt verstrich, wurde das Urteil rechtskräftig, und Friedrich Barbarossa konnte Sachsen und Bayern neu vergeben.

Diese Neuverteilung sollte am 13. April 1180 auf dem Reichstag in der Kaiserpfalz Gelnhausen stattfinden, doch schienen weder Heinrich der Löwe noch die Fürsten daran zu glauben, daß Friedrich Barbarossa den Spruch tatsächlich wahrmachen werde. Aber diesmal ließ sich Friedrich Barbarossa auf keinen Kompromiß ein, sondern verkündete die Neuverteilung der Reichsgewalten. (Nieder)Sachsen wurde dabei aufgeteilt: Die westliche Hälfte ging als Reichslehen an das Kölner Erzstift, die östliche Hälfte erhielt Bernhard von Askanien, ein jüngerer Sohn Albrechts des Bären, der sich nun Herzog von Westfalen-Engern nannte. Auch Bayern wurde kurz darauf auf einem Hoftag in einen bayerischen und steirischen Teil geteilt. Das Kernland Bayern erhielt Pfalzgraf Otto von Wittelsbach, mit dem die mehr als siebenhundertjährige Herrschaft der Wittelsbacher in Bayern begann. Die Steiermark bekam der bisherige Markgraf Ottokar. Die mitteldeutschen Gebiete, die seinerzeit die beiden Herzogtümer (Nieder)Sachsen und Bayern verbanden, wurden nicht vergeben, sondern unter die Reichsverwaltung eines Vogtes gestellt. Es ist jenes Gebiet zwischen Thüringer Wald, Fichtelgebirge und Erzgebirge, das heute noch Vogtland heißt.

Heinrich der Löwe ließ sich durch den Spruch der Reichsfürsten in keiner Weise beirren, sondern begann den Kampf. Er überfiel Goslar und zerstörte die Silberminen, er marschierte nach Thüringen und besiegte Thüringer und ein askanisches Aufgebot, machte zahlreiche Gefangene und kehrte triumphierend nach Braunschweig zurück, wo er sich in großen Siegesfesten von seinen Vasallen erneut die Treue schwören ließ.

In dieser Stimmung war Heinrich der Löwe drauf und dran, seinen Sieg durch noch größere Erfolge zu krönen. Er forderte seinen Schwiegervater König Heinrich II. von England auf, die Gelegenheit zu nutzen und gegen den Kaiser zu Felde zu ziehen. Dieser wollte sich allerdings vorher noch der Unterstützung des französischen Königs versichern. Er ließ deshalb bei dem eben gekrönten König Philipp II. August von Frankreich anfragen, ob er bereit sei, gegen den Kaiser Krieg zu führen. König Philipp II. August, ein schmächtiger Jüngling mit Anfällen von Todesfurcht, erklärte sich überraschend bereit, ließ sich aber bald davon überzeugen, daß »es für einen König weder nützlich noch anständig sei, wenn er einen Kaiser wegen dessen Streit mit einem Herzog angreife, einen Kaiser, der weder ihm noch seinem Vater je etwas zuleide getan habe«.

So scheiterte die französisch-englische Allianz gegen den Kaiser, aber Heinrich der Löwe ließ sich dadurch nicht entmutigen. Obwohl er inzwischen der Oberacht, also der völligen Ehr- und Rechtlosigkeit verfallen war, kämpfte er weiter. Doch nun fielen allmählich seine Anhänger ab und leisteten dem Kaiser den Treueid. Nach kurzer Belagerung zog Friedrich Barbarossa im August 1181 in Lübeck ein, der wichtigsten und letzten Stadt Heinrichs des Löwen, der sich selbst in der Elbfestung Stade verschanzt hatte. Der Kampf war aus.

Ein Vierteljahr später, im November 1181, trafen dann Kaiser Friedrich Barbarossa und Heinrich der Löwe auf dem Reichstag zu Erfurt noch einmal zusammen. Diesmal war es Heinrich der Löwe, der sich vor allen Reichsfürsten mit gebeugtem Haupt demütig dem Thron näherte, sich wortlos vor dem Kaiser niederwarf und um Gnade bat.

So hatte Friedrich Barbarossa fünf Jahre zuvor vor ihm gekniet, und wenn er rückblickend »dieses Tages und dieses Hochmuts« des Welfen gedachte, hatte ihm Gott tatsächlich Hilfe geleistet, wie der Chronist damals vorausschauend geschrieben hatte. Kaiser Friedrich Barbarossa richtete den gedemütigten Heinrich auf und gab ihm weinend den Friedenskuß.

Der Kuß rettete dem Vogelfreien das Leben, aber nicht mehr. Er durfte seinen Privatbesitz behalten, mußte aber zunächst für drei Jahre in die Verbannung gehen.

Am 25. Juli des Jahres 1182 zog er mit Mathilde, seiner Frau, seinem ältesten Sohn Heinrich und seinem jüngsten Sohn Otto (dem späteren Kaiser Otto IV.) zu seinem Schwiegervater Heinrich II. von England in die Normandie in die Verbannung. Noch einmal versuchte er später, nachdem Friedrich Barbarossa 1190 den Dritten Kreuzzug angetreten hatte, die frühere Macht wiederherzustellen und die Königskrone zu erkämpfen, doch auch dies gelang ihm nicht. Verbittert, durch einen Sturz fast gelähmt, starb er fünf Jahre nach Friedrich Barbarossa am 6. August 1195 im Alter von 66 Jahren an einem Schlaganfall.

Die Geschichtsschreibung hat diesen Kampf zwischen Barbarossa und Heinrich dem Löwen im Laufe der Zeit sehr unterschiedlich beurteilt. So schrieb Einhard 1909 in seiner »Deutschen Geschichte«, die noch im Jahre 1934 in 18. Auflage erschien: »Wahrlich, ein eigenartiges Schicksal: der Welfe, niedergeschmettert in dem Augenblick, wo er Großes, Dauerndes geleistet hatte, und dies am letzten Ende zur Strafe dafür, daß er seinen kaiserlichen Freund im nutzlosen Kampf um Italien im Stich gelassen. Die geschichtliche Gerechtigkeit gebietet es auszusprechen: mögen Friedrichs Tage glänzender, weithin sichtbarer gewesen

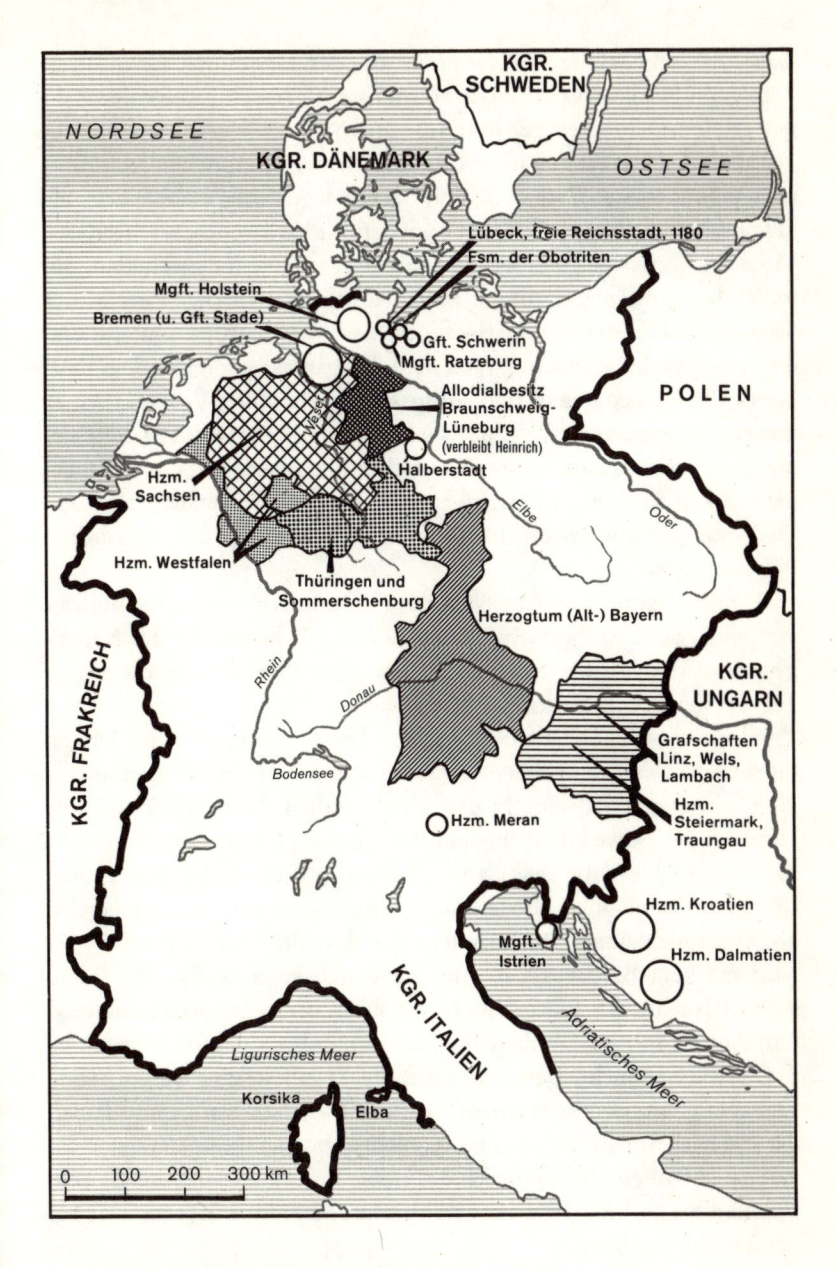

Sachsen und Bayern nach dem Sturz Heinrich des Löwen

sein – die zähe, ruhige Arbeit Heinrichs des Löwen hat sie in ihren Erfolgen überdauert und ihren Meister wert gemacht, unter der Zahl der großen Deutschen genannt zu werden.«

Tatsächlich hat Heinrich der Löwe mit seiner ostelbischen Kolonisation eine bessere Grundlage für das gelegt, was man später als »Deutschland« begriff, als – so wieder Einhard – »dieser herrliche Mensch« Barbarossa, der »seine Kraft an eine Aufgabe gesetzt hat, die im Widerspruch stand mit der nächsten Pflicht deutscher Politik: der Schaffung eines festen Staatsgefüges, das Mitteleuropa umfaßt und deutsch besiedelt« gewesen wäre, denn Barbarossa »unterlag dem Zauber des Kaisergedankens und suchte die Größe seines Volkes, dem er mit ganzer Seele angehörte, da, wo sie nicht zu finden war. Die Weltmacht des Römischen Kaisers Deutscher Nation, die weltliche Oberherrlichkeit über die Christenheit wollte er wiederherstellen ... ein Gedanke, der ebenso unnatürlich war wie derjenige der päpstlichen Weltherrschaft.«

Ähnlich hatte es der Historiker Gundlach 1898 formuliert: »... nicht die Unterjochung Italiens und die Erkämpfung der Kaiserkrone, sondern die Besiedelung des slawischen Ostens (war) die größte Tat des deutschen Volkes im Mittelalter.«

Solche Urteile, seit dem Erwachen des Nationalismus im letzten Jahrhundert weit verbreitet und dann von den Nazis propagiert, projizierten spätere Maßstäbe in die Vergangenheit. Für Barbarossa war Heinrich der Löwe vor allem ein Rivale, dessen Ehrgeiz er auf die ostelbischen Gebiete abgelenkt hatte. Daß dieses Gebiet im Osten einmal für Deutschland mehr Bedeutung haben würde als die Lombardei, konnte er nicht ahnen. Man kann es ihm deshalb auch nicht zum Vorwurf machen. Barbarossa dachte »historisch-konservativ«. Er fühlte sich als Nachfolger Cäsars, und die »alte Kaiserherrlichkeit« bestand nun einmal aus der Dreiheit Italien, Burgund und Deutschland.

Daß die Geschichte Barbarossa nicht recht gab, ist eine andere Sache. Er hat bei dem überkommenen Konflikt zwischen Kaiser und Papst, der ihn nach Süden hin orientierte, nicht verstehen können oder nicht verstehen wollen, daß Heinrich der Löwe für seine Italienpolitik kein Verständnis aufbrachte, zumal Reichtum und Kultur in jener Zeit aus der Lombardei kamen.

Man hat es hinterher leicht, Zensuren zu verteilen und Heiligenscheine zu vergeben. So findet Hans Martin Elstner im Jahre 1940 – typisch für jene Zeit –, daß Heinrich der Löwe im Gegensatz zu Friedrich Barbarossas »utopischen Plänen« – »der eigentlich deutsche Mann« war, denn er »kämpfte für deutsche Sitten, deutsche Kultur, deutschen Glauben gegen die ... nicht-deutschen Völkerschaften«.

Demgegenüber ist die Formulierung von Wilhelm Schaafhausen über »Das Leben Heinrichs des Löwen« geradezu wohltuend nüchtern, wenn er 1926 schrieb: »Er hat aus Eigennutz geplant und gehandelt, hat *sich* gemeint, für *sich* gesorgt. Aber was er eroberte, das war dem deutschen Volke gewonnen.«

Viel anders wird es auch bei Kaiser Friedrich Barbarossa nicht gewesen sein; und wo der weiterwirkende Nutzen eines Herrschers lag, wird die Nachwelt aus ihrer Sicht jeweils neu beurteilen müssen.

Fest steht aber, daß der Sturz Heinrichs des Löwen die Politik der folgenden Jahre entscheidend beeinflußte. So notwendig es für den Herrschaftsgedanken war, daß sich Friedrich Barbarossa gegen den Herzog durchsetzte, so sehr brachte er damit das stabilisierte Gleichgewicht im Norden durcheinander. Die zweifellos rabiate Herrschaft Heinrichs des Löwen hatte im Nordosten des Reiches für Ruhe gesorgt und eine Besiedelung durch deutsche Bauern ermöglicht. Nach seinem Sturz kam es jahrzehntelang zu Kämpfen und Wirren, da sich der neue Herzog Bernhard nicht durchsetzen konnte.

Eine zweite, viel länger wirkende Folge war, daß mit der Aufteilung der großen Stammesherzogtümer Sachsen und Bayern die Voraussetzungen für jene kleineren territorialen Herrschaftsgebilde geschaffen wurden, aus denen dann der groteske Fleckenteppich entstand, den das deutsche Gebiet noch im letzten Jahrhundert bildete.

Der Sturz Heinrichs des Löwen hatte ohnehin die Stellung der Fürsten gestärkt: Ohne sie und ihre Zustimmung hätte sich Barbarossa nicht durchsetzen können, und das kostete seinen Preis. So schrieb Karl Jordan 1959 in »Friedrich Barbarossa«: »Nicht das Königtum, sondern die Fürsten sind letzten Endes aus diesem Kampf mit dem Löwen als Sieger hervorgegangen. Allerdings konnte Friedrich diese Entwicklung noch nicht voraussehen...« Und: »So ist der Sturz Heinrichs des Löwen eines der tragischsten Ereignisse der mittelalterlichen deutschen Geschichte.«

Aber im Gegensatz zur kurzen Blütezeit der Staufer haben die Welfen nicht nur weiterbestanden, sondern auch weitergewirkt: eine Nachfahrin des Welfengeschlechts aus dem Haus Braunschweig hat Jahrhunderte später ihren Namen sogar einer ganzen Epoche gegeben: Queen Victoria von England.

Der Friede mit den Lombarden

Es ist erstaunlich, wie viele Entscheidungen und Beschlüsse früherer Jahre Friedrich Barbarossa am Ende seiner langen Regierungszeit korrigierte, aufhob, ins Gegenteil verkehrte oder den Gegebenheiten anglich, ohne bei seinen Zeitgenossen oder den Historikern der folgenden Jahrhunderte an Ansehen zu verlieren. Im Gegenteil, Chronisten und Nachgeborene feiern oft geradezu Barbarossas Pragmatismus, ohne ihn allerdings so zu nennen.

Er rief, um *ein* Problem zu beseitigen, ein Doppelherzogtum ins Leben und schaffte es wieder ab, als daraus das *nächste* Problem entstand. Er schwor mehrmals feierlich, niemals Papst Alexander anzuerkennen, und hielt ihm dann den Steigbügel, als der Schwur seinen Sinn verloren hatte. Er erließ die Ronkalischen Gesetze, die den lombardischen Städten ihre Eigenständigkeit nahmen, und hob sie wieder auf, als sie außer Geld nichts als Unfrieden brachten. Er bekämpfte Mailand als den Erzfeind des Reiches und ließ es zerstören, nur um später im gleichen Mailand im schönsten Einvernehmen die Hochzeit seines Sohnes zu feiern. Er hatte in Verträgen versprochen, niemals mit den Sizilianern zu paktieren, aber die Verlobte seines Sohnes war eine Sizilianerin.

Das alles war weder konsequent noch geradlinig. Konsequent war allein das Ziel, das »Reich« zu stärken, und seine Fähigkeit bestand darin, mit Anstand Positionen aufzugeben, die sich überlebt hatten, und sich zu korrigieren, wenn es die Einsicht forderte.

Im Gegensatz zur unwandelbaren Geradlinigkeit oder Uneinsichtigkeit anderer Herrscher, die man dann Charaktere nannte, nahm sich Friedrich Barbarossa das Recht, im Laufe von über 30 Jahren seine Meinung zu ändern und am Ende anders zu denken und zu handeln als ein Dreißigjähriger.

So brachte er nun auch den jahrzehntelangen Streit mit den lombardischen Städten auf friedliche Weise zu Ende, indem er nachgab und gleichzeitig gewann.

Der Anlaß dazu war das Ende des sechsjährigen Waffenstillstandes mit dem Lombardischen Bund, den Friedrich Barbarossa 1177 bei seinen Verhandlungen mit Papst Alexander in Venedig abgeschlossen hatte.

Noch bevor der Waffenstillstand im Sommer 1183 auslief, hatten neue Verhandlungen begonnen, denn nach dem Sturz Heinrichs des

Löwen hatten die lombardischen Städte die Lust verloren, sich noch länger mit dem Kaiser anzulegen oder etwa gar einen neuen Krieg zu beginnen. So konnte es Friedrich Barbarossa sozusagen als »Einstand« durchsetzen, daß die demonstrativ nach Papst Alexander benannte Festung Alessandria sich formell unterwarf und dabei den Namen des vor zwei Jahren gestorbenen Papstes Alexander aufgab. Dazu mußten alle Bürger Alessandrias die Stadt verlassen, und erst als ein Bevollmächtigter des Kaisers sie wieder in die Stadt führte und den Treueid schwören ließ, war dem Ritual Genüge getan. Aber die Bewohner, die in ihre alten Häuser zurückgekehrt waren, wohnten plötzlich in einer neugegründeten Stadt. Alessandria war inzwischen nicht weniger symbolträchtig mit Einverständnis der Lombarden in Caesarea umbenannt worden. (Erst 15 Jahre danach erhielt die Stadt wieder ihren alten Namen.)

Mit dieser Umbenennung wurde die Schwenkung der lombardischen Städte deutlich. Hatten sie bisher ihren Rückhalt beim Papst gesehen, so suchten sie jetzt, während der kaiserfreundliche Lucius III. (1181–1185) auf dem Stuhle Petri saß, die Aussöhnung mit dem Kaiser. Friedrich Barbarossa konnte das nur recht sein, wenn dadurch der päpstliche Einfluß zurückgedrängt wurde, aber auch er mußte einen Preis zahlen.

Im Vorfrieden von Piacenza vom März 1183 erkannten die Lombarden den Kaiser als ihren Herrn an, der weiter die oberste Gerichtsbarkeit behielt und die Konsuln der Städte bestätigte. Dafür verzichtete Friedrich Barbarossa gegen die einmalige Zahlung einer Summe von 15 000 Mark in Zukunft auf alle wirtschaftlichen Vorrechte, eben jene Regalien, die er sich 25 Jahre zuvor in den Ronkalischen Gesetzen gesichert hatte.

Am 20. Juni 1183 wurde der Frieden in Konstanz feierlich beschworen: »Alles Vergangene wird gegenseitig vergeben und vergessen«, versprachen sich Kaiser und Lombarden.

Fünfundzwanzig Jahre hatte es gebraucht, bis aus den Gegnern des Kaisers Verbündete geworden waren, die nun sogar versprachen, »dem Herrn Kaiser getreulich zu helfen, seine Besitzungen, die er außerhalb des Bundes innehat, zu erhalten«. Dieser Satz besagte nichts anderes, als daß der Lombardenbund bereit war, die Ansprüche Barbarossas gegen den Papst durchzusetzen, das heißt, dem Papst und der Kurie Gebiets- und Hoheitsansprüche in Italien abzusprechen. Der Zankapfel waren dabei vor allem die sogenannten »Mathildischen Güter« in der Toscana, Emilia und der Lombardei, die Markgräfin Mathilde von Tuscien (1046-1115) der Kirche vermacht hatte, die aber seit 1111 vom deutschen Herrscher aufgrund einer Abmachung als Erbe beansprucht wurden.

Es versteht sich, daß Papst Lucius III. beunruhigt war, als er von dieser Vertragsklausel erfuhr, denn Friedrich Barbarossa hatte bereits vorher mit ihm über die Mathildischen Güter verhandelt und ihm vorgeschlagen, dem Heiligen Stuhl die Besitzansprüche auf die Mathildischen Güter durch eine ewige Rente abzukaufen, die ein Fünftel der Einnahmen aus den riesigen Gütern ausmachen sollte. Papst Lucius III. hatte sich aber nicht mit der Idee befreunden können, auf diese Weise in die Rolle eines kaiserlichen Rentners gedrängt zu werden, und hatte eine Entscheidung hinausgezögert, bis ihn der Vertrag von Konstanz überraschte. Noch in Konstanz wurde daher mit den päpstlichen Delegaten ausgemacht, daß sich Kaiser und Papst im Juni des kommenden Jahres in Verona treffen sollten, um zu einer Einigung zu kommen und um, wie Barbarossa schrieb, »zu Euren und unseren Lebzeiten einen ewigen Frieden zwischen Kirche und Reich« abzuschließen.

Das Mainzer Hoffest

Doch bevor Friedrich Barbarossa nach Verona zog, gab er zu Pfingsten des Jahres 1184 in Mainz ein kaiserliches Fest, wie er es noch nie gefeiert hatte. Aus Italien, Frankreich, Spanien und Ungarn kamen Ritter hoch zu Roß, aus Deutschland Fürsten, Erzbischöfe, Bischöfe und Priester zu diesem Mainzer Hoftag.

Gekommen waren die Herzöge von Sachsen, Böhmen, Österreich, Steiermark, Oberlothringen, Brabant, erschienen Berthold von Zähringen, der alte Welf, und der junge Ludwig aus Bayern, umgeben von Grafen, Edlen und Ministerialen und riesigem Gefolge. So war der Herzog von Böhmen gleich mit 2000, der Kölner Erzbischof mit 1700 Rittern eingetroffen, viele andere kamen mit tausend Mann, um sich und dem Kaiser die Ehre zu erweisen. Von Zeitgenossen wurde die Teilnehmerzahl auf mindestens 40000 geschätzt, manche schrieben sogar von 70000 Menschen.

Jedenfalls waren es so viele, daß man von vornherein außerhalb der Stadt auf dem rechten Rheinufer nördlich des Mains auf der Maraue ein riesiges Zeltlager aufgebaut hatte, in dessen Mitte eigens aus Holz eine kaiserliche Pfalz und eine große Kirche errichtet worden waren.

Das Fest wurde am 20. Mai 1184 mit einem feierlichen Hochamt eröffnet, das sieben Erzbischöfe nebst vielen Bischöfen und Äbten zelebrierten und dem Friedrich Barbarossa und Beatrix mit Kaiserkronen, ihr Sohn Heinrich mit der Königskrone auf dem Haupt beiwohnten.

Es war ein Fest von solch erlesenem Glanz und strahlender Üppigkeit, eine solche Heerschau der Edlen, die ihrem Kaiser und König huldigten, daß die Minnesänger mit ihren Vergleichen bis zu König Artus, Xerxes und Alexander den Großen zurückgehen mußten, um ähnliches wieder zu entdecken, und Heinrich von Veldeke, einer der ersten mittelhochdeutschen ritterlichen Dichter, fand sogar erst bei Äneas den passenden Vergleich:

»Ich envernam van hôtide	»Ich vernahm von keinem Feste
in alre wîlen mâre	in aller Zeiten Mären
die alsô grôt wâre	das ähnlich glanzvoll wäre
als doe hadde Enêas	wie des Äneis, nur eins
wan die te Meginze was	kenn ich: das Fest zu Mainz.
die wir selve sâgen,	
des endorfe wir niet frâgen.	
Die was betalle onmetelîch	Das war schier unermeßlich
dâ der kaiser Frederîch	da unser Kaiser Friedrich
gav twein sînen sonen swert.«	gab zwei Söhnen das Schwert.«

Und hier erfahren wir auch den Zweck dieses riesigen Aufgebotes, das für das Mittelalter einmalig gewesen sein dürfte: Friedrich Barbarossa gab zweien seiner Söhne das Schwert, oder wie es in einer alten Chronik genauer heißt: »Am Pfingstmontag wurden der Herr Heinrich, König der Römer, und der Schwabenherzog Friedrich, Söhne des Herrn Kaisers Friedrich, zu Rittern geschlagen.«

Diese »Schwertleite« schloß die »Knappenzeit« ab, die mit etwa 13 oder 14 Jahren begann und im Alter von etwa 21 Jahren mit dem Ritterschlag endete, der nach heutigen Begriffen der »Volljährigkeit« entspricht: Der zum Ritter Geschlagene konnte jetzt ein Lehen entgegennehmen, durfte den gerichtlichen Zweikampf und das Turnier annehmen, er war, kurz gesagt, ein Ritter – eine Ehre, die zu Barbarossas Zeiten noch nicht vererbbar war, sondern von jeder Generation neu erworben werden mußte.

Das ganze riesige Fest war also im Grunde eine Familienfeier des 62jährigen Kaisers, der die Volljährigkeit seiner ältesten Söhne feierte: Friedrich, der Herzog von Schwaben, war 20, sein Bruder Heinrich, der schon gekrönte König und spätere Kaiser, 19 Jahre alt, als sie, begleitet von Edelknappen, vor dem Kaiser am Altar niederknieten und das Rittergelübde ablegten. Daraufhin empfingen sie Rüstung, Sporen und Panzerhemd, den Handschuh und schließlich das Schwert. Und erst jetzt schlug der Kaiser mit der flachen Klinge auf die Schulter der Knienden und sagte dabei: »Im Namen Gottes, des heiligen Michael und des heiligen Georg mache ich dich zum Ritter; sei tapfer, unverzagt und getreu ...«

Dann begannen Zehntausende von Rittern die Turniere. Diese »wurden ohne eigentlichen Kampf abgehalten«, berichtet ein Chronist, »die Ritter ergötzten sich bloß am Schild-, Lanzen- und Fahnenschwingen sowie ihrer Reitkunst. Auch der Herr Kaiser tat mit, und wenn er auch an Größe und Schönheit nicht alle übertraf, so führte er doch seinen Schild am besten.«

Doch mit dem Fahnenschwingen allein war es nicht getan: »Ohne Kampf« hieß nur, daß es ein Spiel blieb, und Rudolph Wahl hat es wohl mit leichtem Pathos ganz richtig nachempfunden, wenn er schrieb: »Es war ein Anblick von hinreißender Schönheit, wenn die beiden Kämpfer in ihren blitzenden Rüstungen und wehender Helmzier auf ihren starken Kampfrossen, die buntbestickte Decken trugen, gegeneinander sprengten. Mit krachender Wucht fuhren die stumpfen, an der Spitze durch ein ›Krönlein‹ gesicherten Lanzen gegen die Harnische. Gelang es dem Schwächeren der beiden nicht, den Stoß durch geschmeidige Bewegung zum Abgleiten zu bringen, so mußte er aus dem Sattel fallen ...«

Diesen Zweikämpfen folgte dann eine »Phantasia« nach arabischem Vorbild, eine Reiterschlacht, deren Regeln ein französischer Edelmann im 11. Jahrhundert festgelegt hatte, in der zwei »Heere« gegeneinander anritten und sich in Einzelkämpfen vom Pferd zu stechen versuchten. Es war das Spiel für den Ernstfall, bei dem man Rüstung, Pferd und Ritter gewann – aber am Ende mit einer Verneigung wieder in die Freiheit entließ.

Minne, Ritter und Turniere

Minnesang und Rittertum, diese Charakteristika des Mittelalters, sind beide in der Stauferzeit entstanden und haben in ihrer seltsamen Verbindung von zarter Poesie und rauhem Kriegshandwerk bald ihre Blütezeit erlebt. Man kann daher manche geistigen Bezüge, Ideale und sozialen Veränderungen jener Zeit nicht verstehen, wenn man sich nicht wenigstens kurz mit diesen beiden Leitbegriffen beschäftigt hat.

Die Ritter waren zu verschiedenen Zeiten und manchmal auch gleichzeitig alles: Ritter von Beruf, das heißt, Soldaten zu Pferde; Ritter als besonderer Stand, das heißt Edle und Adlige; Ritter als barmherzige Samariter in der Nachfolge Christi und Raubritter für eine eigene Gerechtigkeit oder die eigene Bereicherung.

Sie kämpften für Beute und stritten um Minne, sie weihten sich Gott und köpften für Sold. Sie starben für den Herrn und darbten für die ferne Angebetete, sie gingen in Eisen und litten an verwundeten Herzen. Als »ritterlicher Mensch« waren sie Ausdruck und Inbegriff ihrer Zeit – nur eines waren sie nicht: Sie waren nicht so, wie wir sie uns in unserem überlieferten Schulbuchwissen vorstellen.

Der Ritter als Beruf

Wie beim Bürger, beim Handwerker oder Bauern ist auch beim Ritter erst allmählich aus den Tätigkeitsmerkmalen eine Bezeichnung und dann ein Stand geworden. Den Soldaten zu Pferde kannten auch schon die alten Völker. Aber während die Römer noch den miles, den Fußsoldaten (daher unser Wort Militär) vom eques, dem Reiter, unterschieden, wurde um das Jahr 1050 im Deutschen ein solcher Unterschied nicht mehr gemacht: Auch der miles wurde nach dem althochdeutschen Wort ritan der »Ritande« oder der »Reitman« genannt: Das Wort stand für den bewaffneten Krieger überhaupt. Erst um 1060 finden wir dann zum erstenmal das Wort »Ritter«.

Zwar war nun jeder Adlige als Anführer seiner Untertanen ein Ritter, aber durchaus nicht jeder Ritter adlig. Die Ritterschaft bestand vielmehr an ihrem Beginn vor allem aus Ministerialen, also aus den Dienstleuten des Lehnsherrn, die dadurch einen gewissen sozialen Status erreichten, sich aber nicht als adlig empfanden. Erst allmählich gewann das Rittertum so an Prestige und Ansehen, daß sich auch die Adligen gern Ritter nannten, so daß allmählich Ritter und Adel identisch zu sein schienen.

Diese Aufwertung des Rittertums läßt sich exakt nachweisen: In den 90 Jahren zwischen 1060 und 1150 wird in der damaligen Literatur der »Ritter« nur 28 mal erwähnt. Es ist die Zeit, in der der Ministeriale als Ritter noch kein Prestigeberuf war. In dem Augenblick aber, in dem das Rittertum zum höfischen Ideal wurde, weil sich die Adligen mit ihm identifizierten, wurde er auch in der Literatur gesellschaftsfähig: In den dreißig Jahren zwischen 1150 und 1180 wird der »Ritter« schon 150 mal genannt und in den siebzig Jahren zwischen 1180 und 1250 dann gleich mehr als 6000 mal.

Gleichzeitig wurde aus dem Beruf ein Stand, der nun auch in Urkunden auftauchte und damit eine soziale Revolution kennzeichnete: Kaiser und unfreie Dienstleute, Adlige und einfache Leute waren als Ritter untereinander alle gleich und gehörten unabhängig von ihrem Herkommen dem gleichen Stand an und standen rechtlich auf einer Stufe, Ritter und Knappe unterschieden sich nur durch ihren Rang. Erst später rekrutierten sich die Ritter vor allem aus den Mitgliedern der Oberschicht, die sich als erbliche Elite nach unten abschloß. Sie waren es dann, die das »Rittergut« erhielten und nach denen die Tapferkeitsauszeichnung »Ritterkreuz« genannt wurde, obwohl der berittene Ritter als Soldatenstand schon bald nach 1300 dem viel wendigeren Fußvolk und der veränderten Kampftechnik unterlegen war und militärisch an Ansehen einbüßte.

Man muß sich fragen, was in so kurzer Zeit diesen ungeheuren Aufschwung des Rittertums herbeigeführt hat, so daß es um 1200 in Deutschland an die zehntausend Ritterburgen gab.

Adolf Waas schreibt in seiner Geschichte der Kreuzzüge: »So läßt sich mit vollem Recht sagen, daß der Ruf zum Kreuzzug das Rittertum geschaffen hat.« Dieser Satz ist insofern irreführend, als das Rittertum nicht erst um 1100 mit dem Ersten Kreuzzug aufkam. Wohl aber hat der Kreuzzugsgedanke dazu beigetragen, dem Rittertum jenseits des bloßen Waffenhandwerks eine übergeordnete Bedeutung und ein Ideal zu verschaffen und es damit auch dem Adligen schmackhaft zu machen. Die Idealisierung des Rittertums setzte dabei vor den Kreuzzügen ein, die Kreuzzüge boten dann nur die willkommene Möglichkeit, das Ideal in der Realität zu erproben.

Auch diese Entwicklung kann man mit Zitaten belegen. Abgeleitet

Ritter der staufischen Zeit in Kettenhemd und Waffenrock. Rechts zu seinen Füßen der Topfhelm. Miniatur aus einer englischen Handschrift.

aus dem germanischen Heerbann und der Vasallentreue war es um 1095 »die besondere Sache der Ritter, ihren Herren ergeben zu sein, nicht nach Beute zu streben, zum Schutz des Lebens ihres Herrn das eigene Leben nicht zu schonen, für das Wohl der res publica (des Gemeinwohls) bis zum Tode zu kämpfen ... die gelobte Treue nicht zu brechen und ihrem Herrn nicht meineidig zu werden«.

Diese Definition des italienischen Bischofs Bonizo von Sutri ist aber mit diesem profanen Soldateneid noch nicht zu Ende. Bonizo von Sutri, im Investiturstreit ein Parteigänger Gregors VII., sah im Ritter bereits den Verteidiger des Glaubens, der »sich nicht gegen den christlichen Glauben wenden« durfte und dessen Aufgabe es auch war, »Schismatiker und Ketzer zu bekriegen«. Damit wurde der Ritter im Sinne Gregors VII. zum christlichen Soldaten, der heilige Kriege gegen Nichtchristen und Ketzer führen sollte. Konsequenterweise entstanden dann im Königreich Jerusalem auch die Kreuzritterorden der Tempelritter, der Johanniter und der Deutschritter, die sich »Ritter Christi« nannten und denen Bernhard von Clairvaux in die Ordensregel schrieb: »Der Christ frohlockt über den Tod des Heiden, denn er gereicht Christus selbst zum Ruhme«, und: »Der Christ, der den Ungläubigen im heiligen Krieg tötet, ist seines Lohnes sicher.«

So verband sich der Dienst für den Lehnsherrn mit dem Dienst für Christus und die Kirche, zu dem dann noch, wie wir sehen werden, von ganz anderer Seite der Frauendienst, die Minne, hinzukam.

Doch schon zwei Generationen später definierte Mitte des 12. Jahrhunderts der englische Bischof Johannes von Salisbury die Aufgabe der Ritterschaft rein religiös: »Aber wozu dient die ordinierte Ritterschaft? Die Kirche zu beschützen, Treulosigkeit zu bekämpfen, das Priestertum zu ehren. Ungerechtigkeiten gegenüber den Armen zu beseitigen, dem Land den Frieden zu bringen, für seine Brüder das Blut zu vergießen und, wenn es nötig ist, das Leben hinzugeben.« Das Treuegelöbnis zum Fürsten und zum Lehnsherrn fehlt in dieser Definition völlig: Der Ritter war ein »Vasall Christi«, und nur diesem hatte er zu gehorchen.

Diese Spiritualisierung des Rittertums ist natürlich nie in vollem Maße Wirklichkeit geworden. Aber mit der Übernahme christlicher Pflichten, wie der Sorge um die Armen, gewann das Rittertum jene Ideale, die wir in der Dichtung jener Zeit beschrieben finden und die eine Mischung aus germanischem Erbe und christlicher Tugend sind.

Ritter sein bedeutete mehr als bestimmte Kampf- und Anstandsregeln einhalten. Rittertum bedeutete Entwicklung, Arbeit an sich selbst, denn nicht nur die alten Tugenden der »triuwe«, der »milte«, der »êre« und der »muot« waren zu beachten, sondern auch die Zucht, die »staete«, »gerehtekeit« und die »erbärmde«. Dies alles stand unter einem Idealbegriff und wurden von ihm geprägt, den man heute nur schwer übersetzen kann; der »mâze«. Im Mittelhochdeutschen bedeutete dieses Wort soviel wie Maß, zugemessene Menge, gehörige Größe, Angemessenheit und Maßhalten bis hin zur Bescheidenheit.

So wurde das Rittertum zu einer Form der Verhaltensweise und des Handelns, wie wir sie heute noch im »ritterlichen Benehmen« wiederfinden, wenn wir Courtoisie, Hilfsbereitschaft und männliches Handeln zusammenfassen wollen. Diese Entwicklung zum Ideal der »mâze« liefert daher auch meist den Stoff für Epen wie Parzifal, der als das Urbild des christlichen Ritters zweifelnd, irrend und leidend das Gralsgeheimnis der Erlösung sucht.

Auch die Ausbildung des Ritters vom Edelknaben bis zum Ritterschlag unterlag bestimmten Regeln und begann schon früh. Mit sieben Jahren wurden die »Edelknaben« am Hof eines Ritters oder Fürsten zur Ausbildung aufgenommen und erhielten Reitunterricht und Waffenausbildung. Mit Beginn der Mannbarkeit, mit etwa 14 Jahren, wenn sie »reiten und gehen, mit Zucht sprechen und stehen« gelernt hatten, wurden sie »Knappen«, die schon mit in den Krieg ziehen konnten, aber noch kein Schwert, sondern nur eine eisenbeschlagene Keule erhielten.

Erst um das 21. Jahr bekamen sie die Erlaubnis, das »Swert zu leiten«, das Schwert zu führen. Diese »Schwertleite« wurde mit einem leichten Schlag der Hand oder der Schwertklinge auf die Schulter des jungen Mannes begleitet, woraus sich später der »Ritterschlag« entwickelte. Damit war der Knappe zum vollgültigen Ritter geworden und erhielt das Recht, an Turnieren teilzunehmen, Recht zu sprechen, ein Wappen zu tragen usw. – Rechte, die jahrhundertelang erhalten blieben, auch als der vom Kaiser verfügte sogenannte »Briefadel« aufkam.

Als zum Beispiel Goethe im Jahre 1782 vom »Römischen Kaiser Joseph dem anderen« allergnädigst in den Adelsstand aufgenommen wurde, erhielt der 43jährige Dichter damit das verbriefte Recht, zu »turnieren, mit anderen des Reichs recht gebohrenen lehens-turniersgenossenen adelichen Personen«, Recht zu sprechen und ein »adeliches Wappen« zu tragen in »Streiten, Stürmen, Schlachten, Kämpfen, Turnieren, Gestechen, Gefechten, Ritterspielen, Feldzügen, Panieren, Gezeltenaufschlagen«.

Obwohl ursprünglich ein profanes Mannbarkeitsritual, wurde die Schwertleite meist durch eine kirchliche Weihehandlung begleitet. Dabei legte der junge Ritter das Schwert auf den Altar, um deutlich zu machen, daß er als christlicher Ritter Gott seine Dienste geweiht hat. Daraufhin segnete der Priester das Schwert des Vasallen Gottes – eine Sitte, die wir noch in unserem Jahrhundert wiederfinden, als die Kirchen die Kanonen segneten, die weniger für Gott als fürs Vaterland oder noch für ganz andere Interessen gegossen worden waren.

Die nach der Schwertleite abgehaltenen Turniere wurden mit solcher Leidenschaft betrieben, daß die Kirche sich zwischen 1130 und 1193 viermal auf Konzilen gegen diese Ritterspiele aussprach und jeden mit der Exkommunikation und der Verweigerung eines christlichen Begräbnisses bedrohte, der daran teilnahm – und oft war ein Begräbnis sehr schnell nötig. Allein in Sachsen starben im Jahr 1175 sechzehn Ritter auf dem Turnierplatz, wie Erzbischof Wichmann von Magdeburg voll Zorn vermerkte, bevor er alle übrigen Teilnehmer in den Bann tat. Aber das hielt niemanden ab. Die Turniere gingen weiter, und 1241 trug man von einem Turnier in Neuß am Rhein gleich sechzig tote Ritter vom Platz.

Dabei war ein solcher »turnei« (vom französischen Wort »tourner« für »wenden« des Pferdes) ein friedlicher Wettkampf, den die Franzo-

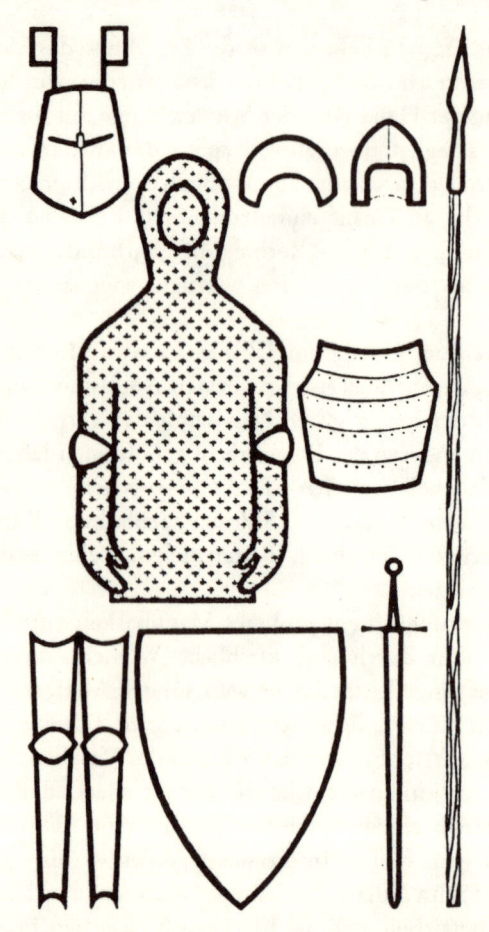

Schema der ritterlichen Bewaffnung um 1200: Topfhelm mit Zimier, darunter als Kopfschutz eiserne bzw. lederne Haube oder Eisenhut mit abwärts gerichteter Krempe – Panzerhemd mit Hersenier und Handschuhen, dazu den Plattenschutz – Bein- und Armschienen aus Leder – kleiner Dreiecksschild – Schwert und Lanze (3 Meter).

sen aus dem arabischen Dscharid, dem Zweikampf gepanzerter Reiter, entwickelt hatten, den sie im arabischen Andalusien kennenlernen konnten. Dieses »Hastiludium«, das »Lanzenspiel«, war dabei, wie das Rittertum selbst, noch relativ jung. Otto von Freising, Barbarossas Hofbiograph, erwähnt es 1127 zum erstenmal, die Franzosen geben als den Erfinder des Turniers einen gewissen Gaufridus de Pruliaco (Preuilly) an, der im Jahre 1066 gefallen sein soll. Deutsche Chronisten führen die Einführung des Turniers allerdings schon auf Heinrich I. (919-936) zurück – aber beides sind reine Vermutungen.

Da der bûhurt als Imitation einer Reiterschlacht oder der ritterliche Zweikampf, der tjost, immer nur mit stumpfen Lanzen ausgefochten wurde, waren ernsthafte Verletzungen eigentlich ausgeschlossen. Weil aber das Spiel darin bestand, den Gegner mit der ungefügen, mehr als drei Meter langen Lanze »aus dem Sattel zu heben«, kam es bei den in Eisen verpackten, nahezu unbeweglichen Rittern zu schweren Stürzen, wenn die Rüstung überhaupt fest genug war, starke Stöße auszuhalten.

Wir dürfen uns nämlich die Ritter der Stauferzeit nicht in jenen dekorativen Ritterrüstungen vorstellen, die man heute meist in Burgen und Schlössern ausgestellt findet: Diese Panzerplattenrüstung wurde erst im 14. Jahrhundert üblich, als man sich gegen die Geschosse der Armbrust und noch später gegen die unheimlichen Kugeln schützen mußte, die man mit Pulver verschoß.

Der Ritter der Stauferzeit trug dagegen ein Schuppenhemd aus kleinen Eisenplatten, die auf Stoff oder Leder aufgenäht waren, oder das Kettenhemd, das sich aus ineinander verflochtenen Eisenringen zusammensetzte, sowie zum Schutz von Hals und Kopf das Hersenier, eine ebenfalls mit Eisenplättchen oder Ringen besetzte Haube, die er unter dem Kinn mit einem Riemen festband und die nur Augen und Nase freiließ. Darauf stülpte man einen sogenannten Topfhelm, der wie bei den alten Griechen bestenfalls noch einen Nasenschutz hatte, bis dann um 1170 Gesichtsschutz und Helm miteinander verbunden wurden. Erst danach entstand der rundumschützende Eisenkopf der Ritterrüstung mit dem herabklappbaren Visier.

Da der Ritter in dieser Vermummung nicht mehr zu erkennen war, befestigte er links und rechts an seinem Topfhelm Stangen mit Wappenstandarten, damit der Gegner auch wußte, mit wem er es zu tun hatte. In den Miniaturen der Heidelberger Liederhandschrift sieht man diese eigenartigen Maikäferfühler häufig.

Entwicklung des Helms: Der alte Helm reichte nur bis zur Stirn, an den unteren Rand wurde ein Eisenband angeschmiedet, das gerade die Nase bedeckte.

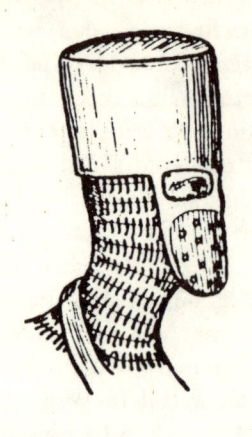

Um 1170 trat an die Stelle des Nasenbandes die Barbiere, eine fest mit dem Helm verbundene Platte, mit Augenschlitzen und Luftlöchern.

Die Beine schützte der Rittersmann mit eisernen Beinschienen, die er sich wie seine Beinlinge mit Lederriemen an einem Gürtel festbinden mußte.

So ausgerüstet hob man den Herrn zu Pferde und gab ihm den Schild, der aus Holz bestand und mit Leder bezogen, aber meist auch noch mit Eisen beschlagen war. Wegen des Gewichts hängte man sich den Schild mit einem Lederriemen um den Hals und dirigierte ihn mit der linken Hand, während man unter den rechten Arm die Lanze einlegte. Das alles sah dann mit dem wehenden bunten Waffenrock über dem Kettenpanzer, der flatternden Helmzier und der wimpelgeschmückten Lanze, dem bunten Wappen auf dem Schild und dem ebenfalls mit Stoff und Kettenpanzer behängten Pferd ganz lustig aus, war aber eine rechte Strapaze, denn die Rüstung und Bewaffnung wogen zwischen 60 Pfund und einem Zentner. Es gab Ritter, die in ihrer Rüstung regelrecht erstickten.

Das Schwert, die eigentliche Waffe des Ritters, wurde beim friedlichen Turnier nicht benutzt. Weil manche dieser Ungetüme bis zu anderthalb Meter lang waren und notfalls auch mit zwei Händen geschwungen werden konnten, brauchte es dafür schon starke Männer.

Um 1220 reichte der Helm bis tief in den Nacken. Die Barbiere war nun beweglich mit Schnüren befestigt.

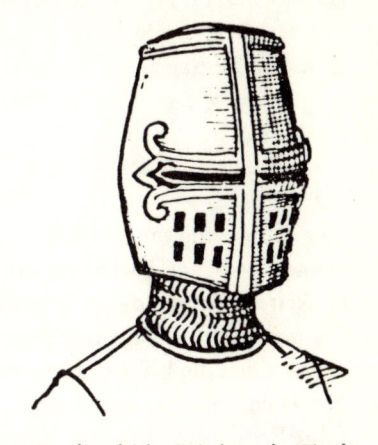

Um die gleiche Zeit kam der Topfhelm auf, der vorn über das Kinn und hinten bis zum Nacken reichte.

Es steckte während des Turniers in der mit Leder bezogenen hölzernen Scheide.

Da die Kämpfe sich den ganzen Tag hinzogen, waren die Ritter am Abend einigermaßen erschöpft. Einer berichtete: »Da waren für die Ritter schöne Bäder gerüstet, manche wurden vor Müdigkeit ohnmächtig, hier verband man den einen, dort salbte man den anderen, dem dort die Arme, dem hier die Knie. Mancher fiel um vor Schlaf.« Oft gab es auch Feste, die man in allegorischer Anlehnung an die Artussage auch Gralsfeste nannte. Dabei »gralte« man dann so ausgiebig und vor allem so laut, daß sich davon unser Wort »grölen« ableiten soll.

Die Turniere selbst blieben ernsthafter Wettkampf. Auch wenn bei vielen Turnieren um Preise gekämpft wurde – man gewann das Pferd des Gegners, oder der Unterlegene mußte sich freikaufen –, der echte Ritter stritt »durch die vrouwen, durch êre« und nicht »umb guot«. Auch das Nibelungenlied erzählt, warum die Ritter diese Mühen auf sich nahmen: »Da saßen in den Fenstern die schönen Mägdelein« und sahen zu. War der Kampf vorüber, so empfing der Sieger dann kniend den Dank aus der Hand der Dame, für die er »in die Schranken« gestiegen war. Denn Schwert, Rüstung und Kampf waren nichts ohne die Minne, für die sie ihr Leben hingaben und die sie immer wieder in Minneliedern besangen.

Von Minne und Minnesängern

Der Minnesang mit seinem zarten Zauber von Entsagung und Sinnlichkeit, seinem Gleichklang »von Fröhlichkeit und trûren, von Wirklichkeit und wân«, dieser Sehnsuchtssang des Ritters an die Schöne, ist das unverwechselbare Kennzeichen der Stauferzeit.

Dabei hat die Blüte des Minnesanges nur wenige Jahre gedauert, gerade eben ein Menschenalter von 1180 bis etwa 1210: Es sind die späten Jahre Friedrich Barbarossas, des Mainzer Hoffestes und der Herrschaft Heinrichs VI., bevor er dann schon wieder, wie Peter Wapnewski schreibt, zur »sanft vergilbenden Minne« wird, die in Formen und Gedanken erstarrt, die eben noch neu und unerhört waren.

Was »Minne« genau meint, ist dabei gar nicht so leicht zu definieren. Am leichtesten und am ungenauesten läßt sich Minne mit »Liebe« übersetzen, und in der sogenannten »niederen Minne« heißt »ich minne dich« soviel wie ich schlafe mit dir. So dichtete Heinrich von Mohrungen:

»Owê, daz er sô dicke sich	»O weh, daß er sich so satt
bî mir ersêen hât!	an mir gesehen hat!
als er endahte mich	Er nahm die Decke weg
sô wolte er sunder wât	er wollt mich ohne was
mich armen schouwen blôz.	in meiner Nacktheit sehn.
ez war ein wunder grôz	Es war ein Wunder groß
daz in des nie verdrôz.«	daß ihn das nie verdroß.«

Aber gerade diese bloße Entsprechung von Minne und Sexualität geht am Eigentlichen vorbei. Minne war die oft scheue Verehrung einer verheirateten Frau und Herrin, für die man Heldentaten verrichtete; Traumerfüllung des Unerreichbaren, auch wenn dann von der nächtlichen Belohnung der Minne die Rede ist. Und so gibt Lexer in seinem mittelhochdeutschen Taschenwörterbuch unter »Minne« als Bedeutung an: freundliches Gedenken, Erinnerung, religiöse Liebe, Elternliebe, Freundschaft, Liebe, Zuneigung, Wohlwollen, gefälliges Aussehen, gütliches Übereinkommen, geschlechtliche, sinnliche Liebe und (in der Kindersprache) Mutter.

Alle diese Nuancen finden sich auch im Minnesang wieder, der eben keine subjektive Liebeslyrik ist, denn ihn kann man in einem Begriff zusammenfassen, der ursprünglich dem europäischen Denken fremd war: dem Frauendienst, der Verehrung der Frau, der man diente wie der Vasall dem Herrn. Ob nun dieser Frauendienst aus der Muttergottes-Verehrung entstanden ist – wie manche meinen – oder einfach volkstümlichen Ursprungs ist oder gar auf Ovid als Vorbild zurückgeht, ist umstritten. Am wahrscheinlichsten ist aber, daß Frauendienst und Minnesang ebenso aus dem Arabischen übernommen wurden wie das Turnier. Auch hier war das Vorbild die arabisch-mohammedanische Hofkultur Spaniens in der, wie Wapnewski zusammenfaßt, »die Herrin-Diener-Attitüde Gegenstand einer von Doktrin, Reflexion, Ich-Analyse und erotischem Fluidum durchtränkten Lyrik war«.

So taucht auch folgerichtig der erste europäische Troubadour – ein Wort, das sich wohl vom arabischen tarrab/tarraba für Singen, Musizieren ableitet – in der benachbarten Provence auf: Es war Graf Wilhelm IX. von Poitiers und Herzog von Aquitanien (1071–1127), der als der früheste bekannte Minnesänger gilt. Ihm folgten mehr als 450 provenzalische Sänger, von denen uns über 2600 Lieder erhalten sind.

Es dürfte dann vor allem Beatrix von Burgund gewesen sein, die zweite Frau Friedrich Barbarossas, die diese »trobadors« nach Deutschland gebracht und hoffähig gemacht hat.

Zusammen mit dem arabischen Minnethema übernahmen die deutschen Minnesänger zugleich auch eine arabische Form der Lyrik, die für uns zum Kennzeichen und Synonym des Gedichts geworden ist: den Endreim, den die andalusischen Dichter als »der Liebe Ebenbild« empfanden, weil er »wie eine Jungfrau, die Heimweh nach ihresgleichen hat«, als »helle, enteilende Schönheiten« zusammentrifft, »um ihre Umarmung dem anderen zu schenken«.

So hat der Minnesang nicht nur das lateinische Kunstgedicht abgelöst und die deutschsprachige Lyrik geschaffen, sondern gleichzeitig auch den Reim eingeführt, der den Deutschen bis dahin fremd war: Aus der Antike kannte man nur Versformen, die auf der kunstvoll wechselnden Länge und Kürze der Silben aufgebaut waren, während der germanische Stabreim auf dem Gleichklang des Anfangslautes der Worte beruhte.

Die höfische Minnelyrik, die zuerst im bayrisch-donauländischen

Raum begegnet, hatte von Anfang an ihr Thema gefunden. So heißt es in einem Gedicht eines unbekannten Sängers:

> »mich dunket niht sô guotes noch sô lobesam
> sô diu liehte rôse und diu minne mînes man
> diu kleinen vogelîn
> diu singent in dem walde dêst menegem herzen liep.
> mir enkome mîn holder geselle, in hân der sumerwünne niet.«

> »Mir scheint nichts so gut und so herrlich
> wie die strahlende Rose und die Liebe meines Geliebten.
> Die kleinen Vögel
> sie singen im Walde: wem ist sie nicht von Herzen lieb.
> Mein holder Gefährte, komm zu mir, ich habe Verlangen nach der Wonne des Sommers.«

Der erste namentlich bekannte Sänger ist hier der von Kürenberg, der vielleicht zwischen 1150 und 1170 seine Lieder dichtete. Ihm folgen dann etwa seit 1170 der schwäbische Ministeriale Meinloh von Sevelingen und, als die beiden ersten hochadligen Minnesänger, der Burggraf von Regensburg und sein Bruder, der Burggraf von Rietenburg. Danach kamen Namen über Namen, darunter auch Kaiser Heinrichs VI. und schließlich der bekannteste und größte: Walther von der Vogelweide.

»Genaedeclîchiu Minne, lâ	»Ach, gnadenreiche Minne, sieh,
war umbe tuost dû mir sô wê?	warum nur tust du mir so weh?
Dû twingest hie, nû twing ouch dâ,	erst zwangst du mich – nun zwing auch sie:
und sich wâ sie dir widerstê.«	versuche, wer dir widersteh.«

Die übliche Lesebuchauswahl von Tandaradei-Liedern und verlorenen Herzensschlüsseln hat dazu geführt, die mittelalterliche Lyrik für reine Liebeslyrik zu halten, denn, so Peter Gülke: »Kaum je ist in der Dichtung soviel von An- und Ausziehen, von Nacktheit, körperlicher Schönheit, von Liebesnächten die Rede gewesen und über Liebesfragen disputiert worden.«

In Wirklichkeit aber war ein Mann wie Walther von der Vogelweide auch ein politischer Dichter, der mit seinen Liedern und Sprüchen mit aller Deutlichkeit für oder gegen die Herrschende Partei nahm, sie ermunterte, ermahnte und tadelte, wobei er als Hofdichter nach der Devise handelte: Wes Brot ich eß, des Lied ich sing.

Allerdings wissen wir über das Leben Walthers von der Vogelweide nur wenig. Man weiß nicht, wann er geboren ist (vermutlich um 1170), weiß nicht, wo er geboren wurde (wahrscheinlich in Österreich), und glaubt, daß er um 1230 gestorben ist, möglicherweise in Würzburg. Was wir von ihm wissen, erfahren wir aus seinen Liedern, zum Beispiel, daß ihm einmal ein Herr Gerhard Atze bei Eisenach sein Pferd erschlagen hat, das »wol drier marke wert«, also drei Mark wert war, und daß ihm Friedrich II. endlich das ersehnte Lehen gab, worüber er jubelt: »Ich hân mîn lêhen, al die werlt! Ich hân mîn lêhen!«, und stolz mitteilt: »Die Nachbarn schaun mich jetzt mit andern Augen an...« Nur ein einziges Mal wurde der Minnesänger auch aktenkundig: ein Ausgabenbeleg aus dem Jahre 1203 gibt an, daß er Geld für einen Pelzrock erhielt.

An welchen Höfen der Sänger gelebt hat, wissen wir ebenfalls aus seinen Liedern, denn er lobte seinen Gastgeber und beschimpfte die Gegner seines Herrn, daß ihm, wie er einmal schrieb, vom Schelten sein »âtem stanc«. Demnach erhielt er seine Bildung am Hof der Babenberger in Wien und trat dann in die Dienste Philipps von Schwaben, den er als den legitimen Herrscher anpries. Nach dessen Ermordung im Jahr 1208 wechselte er auf die Gegenseite über, besang nun den Welfen Otto IV. und beschimpfte den Papst und ist schließlich beim Staufer Friedrich II.

Liebeslieder, religiöse Dichtung, Kreuzzugsgesänge und politische Kampflieder (»ahi, wie kristenlîche der bâbest unser lachet...«), sie alle gehören zur Lyrik Walthers von der Vogelweide. Liest man die rund 190 erhaltenen Lieder und Sprüche dieses politischen Poeten und wehmütigen Minnesängers, ahnt man deutlicher, als es die Chronisten vermelden, was die Menschen in der Stauferzeit empfanden und in welcher Welt sie lebten.

Am Ende seines Lebens faßt Walther von der Vogelweide es noch einmal zusammen: »wol vierzic jâr hab ich gesungen oder mê/von minnen und als iemen sol«: »Wohl vierzig Jahr hab ich gesungen von der Minne / und davon, wie einer sich zu halten hat«, und er ist zufrieden:

| »Frô welt, ir sult dem wirte sagen | »Frau Welt, sagt's dem Wirte, |
| daz ich im gar vergolten habe: | daß ich alles bezahlt habe: |

mîn grôziu gülte ist abe geslagen;	meine große Rechnung ist getilgt
daz er mich von dem brieve schabe ...«	er soll mich streichen ...«

Mit Walther von der Vogelweide hatte die deutsche mittelalterliche Lyrik gleich zu Beginn ihren Höhepunkt erreicht, aber es ist nahezu beängstigend, in welch einer Häufung die Stauferzeit Höhepunkte und Charaktere geradezu spielerisch nebeneinander auftauchen läßt. Kathedralen und Dome mit ihren Plastiken entstehen, Männer wie Friedrich Barbarossa, Heinrich VI. und Friedrich II. beherrschen die Welt, Männer wie Thomas von Aquin werden geboren, Sultan Saladin, der »Edle Sarazene«, und Dschingis Khan halten die Welt in Atem. Und so erscheint es ganz natürlich, daß nicht nur Minnesang und Lyrik ihren raschen Gipfel erreichen, sondern daß gleichzeitig auch die großen Heldenlieder und Epen in deutscher Sprache niedergeschrieben werden.

Den Anfang machte Heinrich von Veldeke, der zwischen 1184 – dem Jahr des Mainzer Hoffestes – und 1190 seine »Eneide« schrieb, ein deutsches Versepos, das nach einem französischen Vorbild die Geschichte des Äneas nach der Zerstörung Trojas schildert. Heinrich von Veldeke ist also noch in doppeltem Sinne abhängig: einmal von der antiken Vorlage der Vergilschen »Aeneis«, zum anderen von dem französischen »Roman d'Enéas«, der 1160 entstand und anonym überliefert ist. Was nun Heinrich von Veldeke daraus machte, hat aber mit Vergil kaum noch etwas zu tun. Da ihn mit der historischen Vorlage nichts mehr verband, machte er die trojanischen Helden naiv zu Rittern seiner Zeit, die vor allem mit der niederen und höheren Minne zu kämpfen hatten. Der antike Stoff, übersetzt in die Welt des Mittelalters, leitete dabei zunehmend eine eigenständige Themenwahl ein.

Zwar geht auch Hartmann von Aues (um 1165–1215) höfisches Epos »Erec« auf eine französische Vorlage zurück, aber der Stoff stammt nicht mehr aus der klassischen Antike. Denn der Erec des Hartmann von Aue – kurz nach 1180 beendet – ist der erste deutsche Artusroman, der damit Motive aus einem nordischen Sagenkreis aufnimmt. Aber auch hier wird eine alte Sage in die Welt und die Denkweise der Minnezeit übertragen.

Erec, ein junger Königssohn, ein Ritter der berühmten Tafelrunde des Artus, wird in Gegenwart der Gemahlin des Artus beleidigt und reitet nun aus, um seine »êre« durch »aventiure«, durch ritterliche Wagnisse, wiederherzustellen. Es gelingt ihm, die »Schande« zu tilgen und dabei zugleich Enîte, die Tochter eines verarmten Grafen, zu gewinnen. Aber durch die Minne mit seiner Enîte »verligt« er sich, wie es plastisch heißt, d. h., er wird durch Liegen träge in seinem Rittertum, so daß er erneut seine »êre« verliert.

Wieder muß er auf »aventiure« ausziehen. Enîte begleitet ihn, darf aber nicht mit ihm sprechen. Erec hat gewaltige Kämpfe zu bestehen, die er nur übersteht, weil Enîte das Schweigegebot bricht, ihn warnt und ihm hilft. Daran erkennt der Ritter Erec die Liebe seiner Frau, und nach siegreichem Kampf kehren sie versöhnt zurück.

Das mehr als 10000 Verse-Epos enthält dann auch eine Moral: Die Minne, die Erec mit seiner Enîte »verligt«, ist »unmâze«, aber ebenso »unmâze« ist Erecs Abkehr von der Minne, indem er Enîte schweigend reiten läßt und seine »êre« im »aventiure« sucht. Die wahre mâze ist aber, die Minne in »not« und »arebeit« (Mühsal) zu erringen: ein ritterlicher Entwicklungsroman in Versen.

Etwa dreißig Jahre später, um 1210, und während Walther von der Vogelweide noch um sein Lehen bettelte und von der »süßen wahren Minne« sang, hatte Wolfram von Eschenbach (etwa 1170–1220) seinen fast 25000 Verse zählenden »Parzifal« beendet, der die Artussage mit dem Gralsstoff verband und mit seinem ritterlichen Helden Parzifal auch psychologisch die Antike ablöste: Zum erstenmal tritt ein Held auf, der seiner nicht sicher ist: Der »zwîfel«, das Abwägen, Schwanken, Zweifeln, von Hamlet und Faust später wiederholt, ist die Grundstimmung des Epos, das Wolfram von Eschenbach in fränkisch-bajuwarischer Mundart erzählt.

Es ist ein Epos, das sich einer endgültigen Deutung widersetzt, und es wäre fahrlässig, in diesem Zusammenhang in wenigen Zeilen dergleichen zu versuchen. Wohl aber kann man auf die Zeitzusammenhänge aufmerksam machen, die alte Sagen mit der Welt der Staufer verbinden. König Artus, der legendäre König der keltischen Briten, hat um das Jahr 500 gegen die eindringenden Sachsen gekämpft. Parzifals Vater Gahmuret aber war in erster Ehe mit der orientalischen Königin Belacane verheiratet, einer »Mohrin«, die er verließ, weil sie keine Christin war, um die Fürstin Herzeloide, eine jungfräuliche Witwe, zu heiraten. Zwischen König Artus und Herzeloide liegen – historisch gesehen – etwa 500 Jahre, denn die Ehe Gahmurets mit Belacane verweist in die Kreuzfahrerzeit. Und als Parzifal zur »bruoderschaft« des Grals findet, nennen sich diese »Templeisen« – der Templerorden aber wurde erst 1119 gestiftet.

In seinem unvollendet gebliebenen »Willehalm« hat Wolfram von Eschenbach dann das Weltbild des christlichen Mittelalters mit dem höfisch-humanen Weltbild der Stauferzeit verschmolzen. Das Nur-Höfische und der Ritterstand werden dabei bereits kritisch eingeschätzt, dagegen Minne und Gott als das Leitmotiv des Menschen hervorgehoben.

Wenige Jahre vorher, etwa um 1210, hatte Gottfried von Straßburg in seinem Fragment gebliebenen Versroman »Tristan« ebenfalls die Minne als das Zentrum der höfischen Tugenden dargestellt, den Minnegedanken selbst aber in allegorischen Beziehungen zu christlichen Vorstellungen über Tod und Auferstehung gebracht. Minne ist für ihn »liep und leit, tot und leben« (Leid und Freude, Tod und Leben) zugleich:

»solte diu wunnecliche Isot	»sollte die herrliche Isolde
iemer alsus sin min tot	auch immer mein Tod sein:
so wolte ich gerne werben	so wollt ich gerne werben
umb ein ewecliches sterben«	für ein ewiges Sterben«

Doch dieser elegische Gedanke wird dann in Anspielung auf Salomos »Hohes Lied« der Liebe durch eine Grotte im Venusberg verdrängt, die der »Göttin Minne« geweiht ist und auf deren kristallenem Bett die Minnenden entrückt werden, ohne daß dabei allerdings die Todesmystik der Minne verlorengeht.

Neben dieser ständigen Fortentwicklung des Minnegedankens erinnerte man sich nun aber auch an das alte Sagengut. Gleichzeitig mit den Minne-Epen schrieb ein Unbekannter in dem Gebiet zwischen Passau und Wien in mehr als 2000 Strophen das »Nibelungenlied« auf, das die Überlieferungen von Siegfrieds Taten, Siegfrieds Tod, dem Untergang der Burgunden und Etzels Tod verarbeitet hat, die, soweit sie historisch faßbar sind, ins 5. Jahrhundert zurückgehen.

Damit hatte sich das Versepos in wenigen Jahrzehnten vom antiken Vorbild und der französischen Überlieferung gelöst. Mit Minnesang und Heldenepos war die deutsche Literatur entstanden.

So war das Mainzer Hoffest vom Jahre 1184 mit seinen ritterlichen Spielen und Gesängen eine festliche Zusammenfassung dessen, was das höfische Leben der Stauferzeit bestimmte: Rittertum und Minne.

Die letzten Jahre

Zum letztenmal nach Italien

Um einen »ewigen Frieden« abzuschließen, hatten sich Papst Lucius III. und der Kaiser im Juni 1183 für den Juli des folgenden Jahres – nach dem Hoffest also – in Verona verabredet, und Papst Lucius traf auch im Juli in Verona ein. Aber Kaiser Friedrich Barbarossa konnte es sich leisten, den Papst bis Oktober warten zu lassen.

Von einem ewigen Frieden konnte ohnehin keine Rede mehr sein. Denn erstens hatte Friedrich Barbarossa vor seinem Treffen mit dem Papst in Mailand einen Reichstag abgehalten, um das Bündnis mit der ehemals feindlichen Stadt zu dokumentieren. Dabei hatten sich die Mailänder deutlich auf die Seite des Kaisers geschlagen, indem sie ausdrücklich versprachen, »alle kaiserlichen Rechte besonders in den Gebieten zu schützen, die einst Gräfin Mathilde besaß« – auf die Mathildischen Güter aber konnte und mochte der Papst nicht verzichten. – Zum zweiten wurden dann die in Verona auf beiden Seiten mit zurückhaltender Liebenswürdigkeit geführten Verhandlungen durch eine Nachricht gestört, die auch den gutwilligsten Papst alarmiert hätte. Während nämlich der Kaiser verlangte, der Papst solle seinen Sohn Heinrich möglichst gleich zum Kaiser krönen (was dieser ablehnte, weil es dann ja zwei Kaiser gäbe), und der Papst seinerseits forderte, Friedrich Barbarossa solle einen Kreuzzug unternehmen (was Barbarossa nicht gefiel), wurde in Verona bekannt, daß Friedrich Barbarossa in aller Stille mit dem friedlichen Mittel einer Verlobung die Voraussetzungen für einen Zweifrontenkrieg gegen den Kirchenstaat vorbereitet hatte.

Am 29. Oktober 1184 war nach längeren Verhandlungen im Bischofspalast von Augsburg ein Ehevertrag zwischen Heinrich VI. und Konstanze, der Tochter König Rogers II. von Sizilien feierlich geschlossen und beschworen worden. Damit hatte sich Friedrich Barbarossa mit eben jenem sizilianischen Königreich versöhnt und verschwägert, das zu bekämpfen er einunddreißig Jahre vorher versprochen hatte, denn im Konstanzer Vertrag von 1153 hatte der Kaiser beschworen, »daß er weder mit den Römern noch mit Roger von Sizilien einen Waffenstillstand noch Frieden schließen werde . . .«, und später sogar einen Feldzug gegen Sizilien vorbereitet.

In der Zwischenzeit hatte sich die Konstellation jedoch längst verändert. Den Päpsten war es gelungen, das Königreich Sizilien, das ja auf dem italienischen »Stiefel« bis kurz vor Rom reichte, auf ihre Seite zu ziehen und sich dadurch Süditalien zu Bundesgenossen zu machen.

Jetzt aber hatte Friedrich Barbarossa nicht nur mit der Lombardei im Norden seinen Frieden gemacht und Anspruch auf die südlich davon liegenden Mathildischen Güter erhoben; er hatte nun auch noch erreicht, daß das Königreich Sizilien zum Kaiser überging. Der Papst mit seinem Kirchenstaat rund um Rom stand jetzt ohne einen Bundesgenossen da – eine Tatsache, die die Kardinäle so verschreckte, daß daraufhin die Verhandlungen mit dem Kaiser abgebrochen wurden.

Dabei bestand keine Gefahr, daß Friedrich Barbarossa oder sein Sohn Heinrich VI. tatsächlich die Macht in Süditalien und Sizilien ergreifen konnten: Denn niemand konnte auch nur im Traum damit rechnen, daß der 19jährige Heinrich VI. einmal König von Sizilien wurde, nur weil er sich eben mit Konstanze von Sizilien verlobt hatte, einem ältlichen Mädchen um die dreißig, das man zu diesem Zwecke erst wieder aus einem Kloster hervorsuchen mußte. Allerdings war sie als Tochter Rogers II. von Sizilien die Erbin des Königreiches, falls der herrschende König Wilhelm II. keine eigenen Kinder bekommen sollte. Aber auch da mußte man sich keine Sorgen machen: Wilhelm war noch ein junger Mann von etwa 30 Jahren, der seit vier Jahren mit Johanna, der noch ganz jungen Tochter König Heinrichs II. von England, verheiratet war – und manchmal dauerte es eben seine Zeit, ehe sich Nachwuchs einstellte. Heinrich VI. selbst sollte das beste Beispiel sein: Er war acht Jahre mit seiner Konstanze verheiratet, bevor ihm die über 40jährige dann den ersten Sohn gebar.

Zunächst fand aber erst einmal die Hochzeit statt. Und wenn man sich vor Augen hält, daß Friedrich Barbarossa in der zweiten Hälfte seines Lebens so ziemlich alles korrigiert hat, wozu ihn sein Reichskanzler Rainald in den ersten Jahren veranlaßt hatte, dann verwundert es nicht, daß die Hochzeit ausgerechnet in Mailand stattfand, in jener Stadt also, deren erbarmungslose Zerstörung ihm 24 Jahre zuvor so wichtig war.

Im Januar 1186 begannen die Gäste aus allen Teilen des Reiches nach Mailand zu strömen, das in aller Eile vor der Stadt eine riesige hölzerne Halle gebaut hatte, weil Mailand selbst seit der Zerstörung im Jahre 1162 keinen Festsaal mehr besaß, der groß genug gewesen wäre.

Heinrich, der Kaisersohn, holte inzwischen seine Konstanze von Sizilien in Piacenza ab und geleitete sie durch die Lombardei nach Mailand. In ihrem Troß befanden sich unter anderem einhundertfünfzig Tragtiere, die vollbeladen waren mit der Aussteuer der Braut, die aus unvorstellbaren Mengen an Gold, Silber, Edelsteinen, kostbaren Gewändern, Pelzen, Samt und Seide bestand. Die eigentliche Mitgift von 40000 Goldpfunden – eine geradezu märchenhafte Summe – war der kaiserlichen Schatzkammer bereits bei der Verlobung in Augsburg übergeben worden.

In Mailand wurde dann am 27. Januar 1186 der 21jährige König Heinrich VI. mit der elf Jahre älteren Konstanze feierlich in der Kirche des heiligen Ambrosius, der heute noch vorhandenen Kirche von Sant'Ambrogio, getraut.

Dabei wurde noch einmal das Zeremoniell der Krönung mit außergewöhnlichem Pomp wiederholt: Der burgundische Bischof von Vienne setzte dem Kaiser die Krone auf, Erzbischof Konrad von Mainz vollzog diese Handlung bei der Königin Konstanze, und der Patriarch von Aquileja krönte König Heinrich VI. So hatten aus jedem Teil des Reiches ein Bischof, ein Erzbischof und ein Patriarch gleichzeitig die Mitglieder eines Kaiserhauses gekrönt, das nun zum erstenmal tatsächlich auch alle Teilreiche repräsentierte: den deutschen Kaiser Friedrich Barbarossa, den durch seine Mutter burgundischen König Heinrich VI. und die südländische Prinzessin Konstanze.

Kaiserin Beatrix hat diesen Tag freilich nicht mehr miterlebt. Sie war kurz nach der Verlobung Heinrichs mit Konstanze am 15. November 1184 in der Kaiserpfalz Gelnhausen gestorben, nachdem sie dem Kaiser fünf Söhne und zwei Töchter geboren hatte. Im Dom zu Speyer wurde sie am 28. August 1185 in Anwesenheit Heinrichs VI. beigesetzt, während Friedrich Barbarossa noch in Italien war.

Die Historiker streiten sich darüber, ob die Tatsache, daß Heinrich durch den italienischen Patriarchen von Aquileja gekrönt wurde, nun auch bedeutete, daß Heinrich VI. König von Italien war; ebenso unklar ist, ob Friedrich Barbarossa mit dieser Reihum-Krönung seinen Sohn selbstherrlich zum Mitkaiser erhoben hatte, nachdem Papst Lucius die Kaiserkrönung Heinrichs VI. abgelehnt hatte. Aber diese Fragen haben in der damaligen Zeit keine Rolle gespielt. Ohne daß dies jemand ahnen konnte, war viel entscheidender, daß ein deutscher Kaisersohn eine Sizilianerin geheiratet hatte.

Sizilien

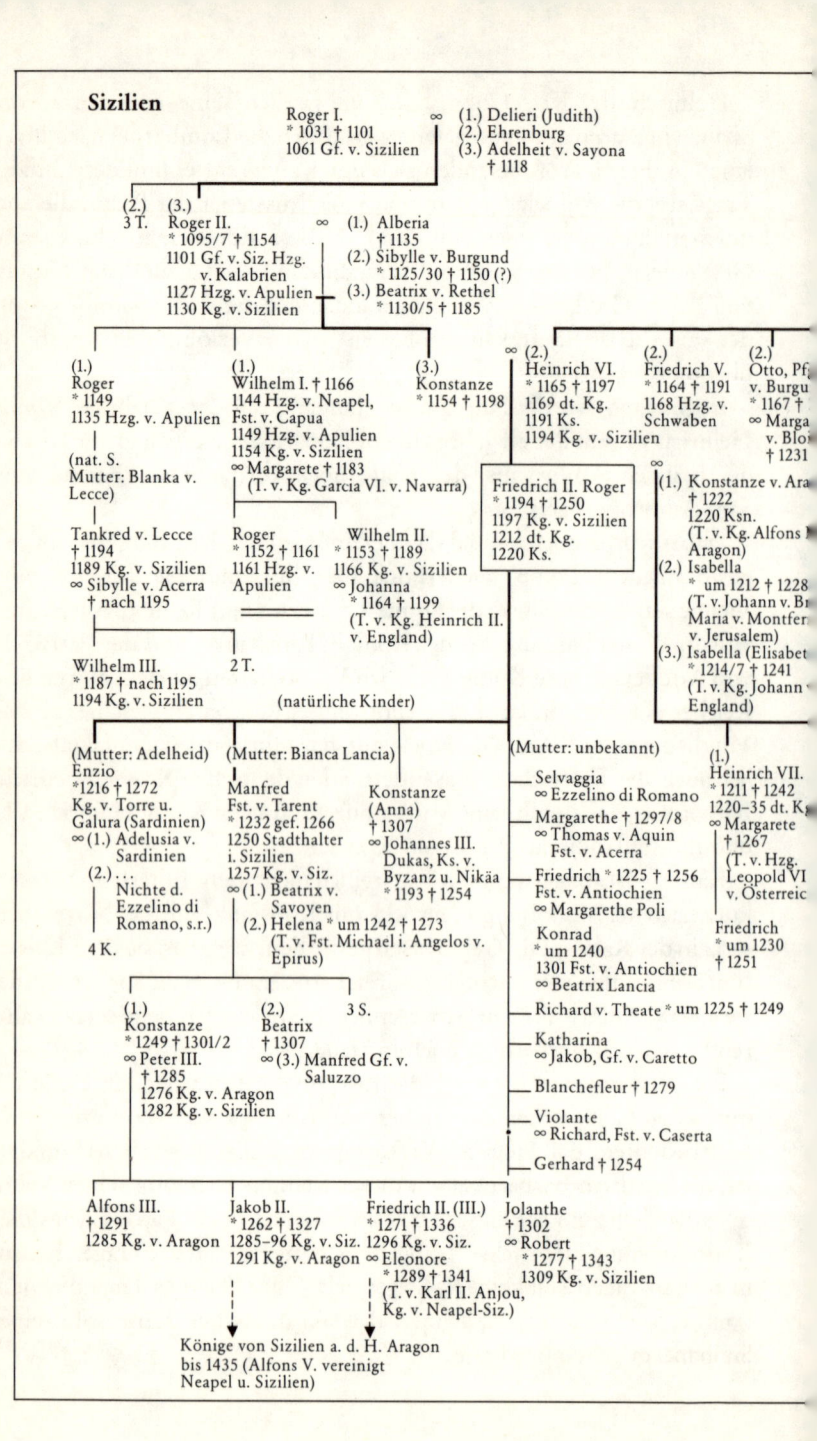

Roger I. ∞ (1.) Delieri (Judith)
* 1031 † 1101   (2.) Ehrenburg
1061 Gf. v. Sizilien   (3.) Adelheit v. Sayona
 † 1118

(2.) (3.)
3 T. Roger II. ∞ (1.) Alberia
* 1095/7 † 1154   † 1135
1101 Gf. v. Siz. Hzg.   (2.) Sibylle v. Burgund
 v. Kalabrien   * 1125/30 † 1150 (?)
1127 Hzg. v. Apulien   (3.) Beatrix v. Rethel
1130 Kg. v. Sizilien   * 1130/5 † 1185

∞ (2.) Heinrich VI. (2.) Friedrich V. (2.) Otto, Pf.
  * 1165 † 1197 * 1164 † 1191 v. Burgu
  1169 dt. Kg. 1168 Hzg. v. * 1167 †
  1191 Ks. Schwaben ∞ Marga
  1194 Kg. v. Sizilien   v. Blo
        † 1231

(1.) Roger   (1.) Wilhelm I. † 1166   (3.) Konstanze
* 1149   1144 Hzg. v. Neapel,   * 1154 † 1198
1135 Hzg. v. Apulien   Fst. v. Capua
| 1149 Hzg. v. Apulien
(nat. S.   1154 Kg. v. Sizilien
Mutter: Blanka v. ∞ Margarete † 1183
Lecce)   (T. v. Kg. Garcia VI. v. Navarra)

Tankred v. Lecce   Roger   Wilhelm II.
† 1194   * 1152 † 1161   * 1153 † 1189
1189 Kg. v. Sizilien 1161 Hzg. v.   1166 Kg. v. Sizilien
∞ Sibylle v. Acerra   Apulien   ∞ Johanna
 † nach 1195   * 1164 † 1199
                                     (T. v. Kg. Heinrich II.
                                      v. England)

Friedrich II. Roger
* 1194 † 1250
1197 Kg. v. Sizilien
1212 dt. Kg.
1220 Ks.

∞
(1.) Konstanze v. Ara
 † 1222
 1220 Ksn.
 (T. v. Kg. Alfons
 Aragon)
(2.) Isabella
 * um 1212 † 1228
 (T. v. Johann v. B
 Maria v. Montfer
 v. Jerusalem)
(3.) Isabella (Elisabet
 * 1214/7 † 1241
 (T. v. Kg. Johann
 England)

Wilhelm III.   2 T.
* 1187 † nach 1195
1194 Kg. v. Sizilien   (natürliche Kinder)

(Mutter: Adelheid) (Mutter: Bianca Lancia)   (Mutter: unbekannt)   (1.)
Enzio   Manfred   Konstanze   Heinrich VII.
*1216 † 1272   Fst. v. Tarent   (Anna)   Selvaggia   * 1211 † 1242
Kg. v. Torre u.   * 1232 gef. 1266 † 1307   ∞ Ezzelino di Romano   1220–35 dt. K
Galura (Sardinien) 1250 Stadthalter ∞ Johannes III.   ∞ Margarete
∞ (1.) Adelusia v.   i. Sizilien   Dukas, Ks. v.   Margarethe † 1297/8   † 1267
 Sardinien   1257 Kg. v. Siz.   Byzanz u. Nikäa   ∞ Thomas v. Aquin   (T. v. Hzg.
 (2.)...   ∞ (1.) Beatrix v. * 1193 † 1254   Fst. v. Acerra   Leopold VI
 Nichte d.   Savoyen   v. Österreic
 Ezzelino di   (2.) Helena * um 1242 † 1273   Friedrich * 1225 † 1256
 Romano, s.r.)   (T. v. Fst. Michael i. Angelos v.   Fst. v. Antiochien   Friedrich
4 K.   Epirus)   ∞ Margarethe Poli   * um 1230
                                                                                     † 1251
                                                            Konrad
                                                            * um 1240
                                                            1301 Fst. v. Antiochien
                                                            ∞ Beatrix Lancia

(1.) Konstanze   (2.) Beatrix   3 S.   Richard v. Theate * um 1225 † 1249
* 1249 † 1301/2   † 1307
∞ Peter III.   ∞ (3.) Manfred Gf. v.   Katharina
 † 1285   Saluzzo   ∞ Jakob, Gf. v. Caretto
 1276 Kg. v. Aragon
 1282 Kg. v. Sizilien   Blanchefleur † 1279

                                                            Violante
                                                            ∞ Richard, Fst. v. Caserta

                                                            Gerhard † 1254

Alfons III.   Jakob II.   Friedrich II. (III.)   Jolanthe
† 1291   * 1262 † 1327   * 1271 † 1336   † 1302
1285 Kg. v. Aragon 1285–96 Kg. v. Siz. 1296 Kg. v. Siz. ∞ Robert
               1291 Kg. v. Aragon ∞ Eleonore   * 1277 † 1343
                                  * 1289 † 1341   1309 Kg. v. Sizilien
                                  (T. v. Karl II. Anjou,
                                  Kg. v. Neapel-Siz.)

Könige von Sizilien a. d. H. Aragon
bis 1435 (Alfons V. vereinigt
Neapel u. Sizilien)

Hohenstaufen

Friedrich II.
* um 1090 † 1147
1105 Hzg. v. Schwaben
∞ (1.) Judith v. Bayern
(2.) Agnes v. Saarbrücken

(1., ∞ 1153) Adelh. v. Vohburg
(2.) Beatrix
* um 1145 † 1184
(T. v. Gf. Rainald III. v. Burgund)

(2.) Konrad
* um 1135 † 1195
1156 Pfgf. bei Rhein
∞ Irmgard v. Henneberg
† 1197

(2.) Jutta
* um 1135 † 1191
∞ Ludwig II. v. Thüringen
-der Eiserne-
* um 1128 † 1172

---

ch III./
arossa
† 1190
zg. v. Schwaben
. Kg.
s.

(2.) **Philipp**
* um 1176 erm. 1208
1191 Bf. v. Würzburg
1195 Hzg. v. Spoleto
1196 Hzg. v. Schwaben
1198 dt. Kg.
∞ Irene * 1172 † 1208
(T. v. Ks. Isaak II. Angelos v. Byzanz)

(2.) 2 T.
† jung

Agnes
† 1204
∞ Heinrich I. v. Hannover
† 1227
1195 Pfgf. bei Rhein
(S. v. Hzg. Heinrich d. Löwen)

S.

Ludwig III. v. Thüringen
* um 1152
† 1190

Hermann I. v. Thüringen
† 1217
∞ (2.) Sofie
† 1238
(T. v. Hzg. Otto I. v. Bayern)

d
172

zg. v.
othenburg
zg. v. Schw.

Heinrich II.
† 1214

Agnes
* um 1201
† 1267
∞ Otto II. v. Bayern
* 1206
† 1253

Ludwig IV.
-der Heilige-
* 1200 † 1227
∞ Elisabeth
-die Heilige-
* 1207 † 1231
(T. v. Kg. Andreas II. v. Ungarn)

Heinrich Raspe
* um 1202
† 1247
1246 Gegenkg.
∞ (1.) Elisabeth † 1231
(2.) Gertrud v. Österr.
(3.) Beatrix v. Brabant
* um 1225 † 1288

atrix d. Ä.
212
Otto IV. v. Braunschw.
1218
198 Gegenkg.
209 Ks.
S. v. Hzg. Heinrich d. Löwen)
(2.) Maria v. Brabant
† nach 1260

Beatrix d. J. (Elisabeth)
† 1234/5
∞ Ferdinand III. v. Kastilien u. Leon
* 1200 † 1252

Alfons X. v. Kastilien
* 1220 † 1284
1257–75 dt. Kg.

Hermann II. v. Thüringen
* 1223 † 1241

Sofie
* 1224
† 1275

Gertrud
* 1227 † 1297
Äbtissin

(3.) **Margarethe**
* 1237 † 1270
∞ Albrecht, Ldgf. v. Thüringen
† 1315

(3.) **Heinrich Carlotto**
* 1238/9 † 1253
1247 Stadthalter in Sizilien

Elisabeth
* 1227 † 1273
∞ (2.) Meinhard IV. Graf v. Tirol
† 1295

Ludwig
* 1229 † 1294
1255 Hzg. v. Oberbayern

Heinrich I.
* 1235 † 1290
1255 Hzg. v. Niederbayern

2 T.

Friedrich -der Friedige-
* 1257 † 1323

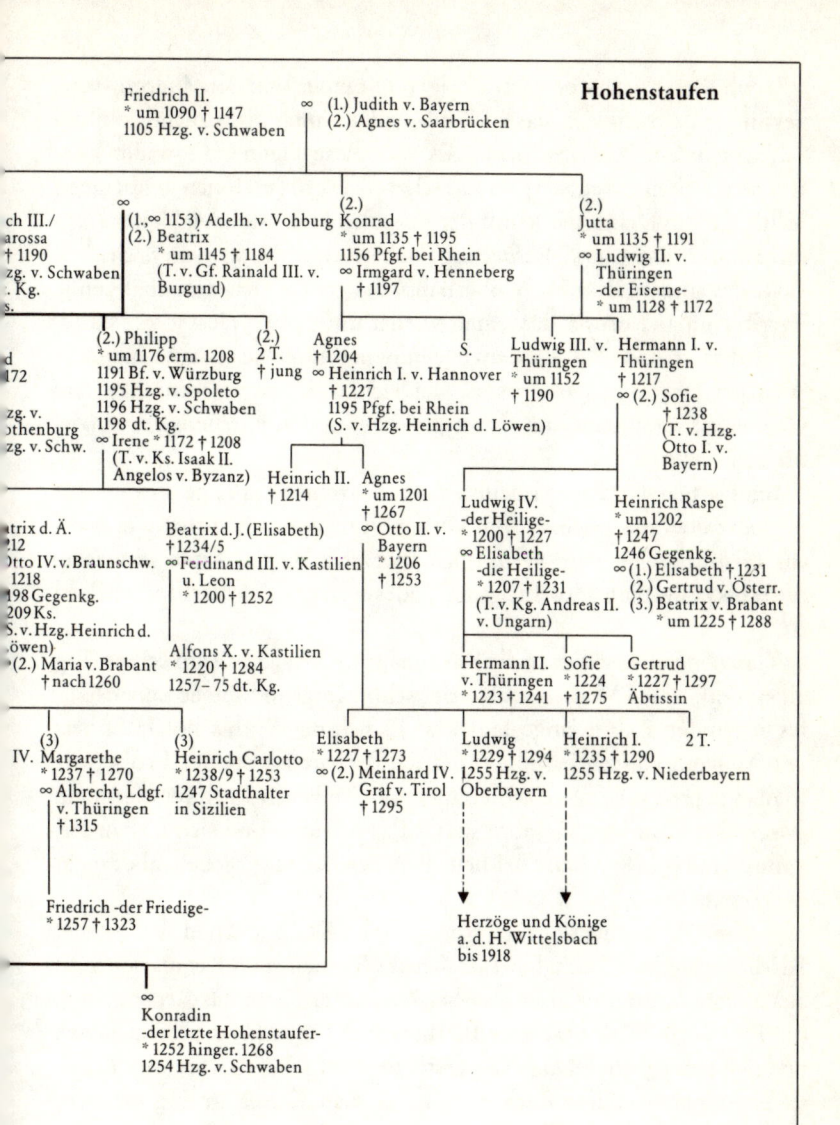

Herzöge und Könige
a. d. H. Wittelsbach
bis 1918

∞
Konradin
-der letzte Hohenstaufer-
* 1252 hinger. 1268
1254 Hzg. v. Schwaben

(Aus Eberhard Horst: Friedrich II. der Staufer, Heyne-Taschenbuch 1977)

Denn diese Heirat eines 21jährigen mit einer sehr viel älteren Prinzessin aus dem Kloster war am Ende bedeutsamer als manche sinnlose Schlacht in der Weltgeschichte. Es war diese Heirat, die wider alles Erwarten einem deutschen Herrscher das größte Reich einbringen sollte, das ein Deutscher je mit dem friedlichen Mittel der Heirat (also nicht durch Krieg und Besatzung) beherrschte. Ja, es war nach dem Ende des antiken Rom wohl überhaupt das größte zusammenhängende Territorium in Europa, das jemals wieder unter einer Herrschaft stand. Doch dies ist ein Urteil aus dem nachhinein und keine vorausschauende Weisheit Friedrich Barbarossas, der sich wohl nur gefreut hat, alte Gegner zu versöhnen und damit gleichzeitig den Kirchenstaat einzukreisen.

Inzwischen war Papst Lucius am 25. November 1185 gestorben, aus Schmerz über die gescheiterten Verhandlungen von Verona, wie manche Historiker meinen, vermutlich aber eher wegen Altersschwäche, die ja bis heute eine der häufigsten Todesursachen der Nachfolger Petri ist.

Zum neuen Papst hatten die Kardinäle in Verona noch am selben Tag einstimmig einen Mann gewählt, der schon aufgrund seines Lebenslaufes gegen den Kaiser eingestellt war. Es war der Erzbischof Humbert von Mailand, dessen Familie Friedrich Barbarossa bei der Eroberung Mailands 1162 verfolgen, ächten und zum Teil auch hatte verstümmeln lassen. Als Humbert 24 Jahre später Papst wurde und sich Urban III. nannte (1185–1187), hatte der neue Papst vielleicht vergeben, aber nicht vergessen.

Urban III. versuchte daher sofort, einen Keil zwischen Kaiser und Kirche zu treiben. Dazu hatte er sich das Spolien- und Regularienrecht ausgesucht, die dem Kaiser als oberstem Lehnsherrn das Recht gaben, die Einkünfte nicht besetzter Bischofssitze für sich zu beanspruchen und den beweglichen Nachlaß verstorbener Bischöfe, Äbte und Pröpste einzuziehen. Diese Rechte wollte er dem Kaiser streitig machen, weil sie der Kirche ziemliche Verluste einbrachten. Der Papst hatte fest damit gerechnet, daß ihn die deutschen Bischöfe bei dieser Aktion unterstützen würden. Doch die Zeiten hatten sich geändert.

Während Heinrich VI. den Kirchenstaat besetzte und den Papst praktisch zu seinem Gefangenen machte, zog Friedrich Barbarossa im Juni 1186 nach zweijährigem Italienaufenthalt nach Deutschland zurück und rief für Ende November in Gelnhausen die Reichskirche zusammen. Dort erklärte er: »Unser Kaiserliches Recht, nach eigenem

Ermessen die Männer unseres Vertrauens zu Bischöfen einzusetzen, wie es von unseren Vorgängern überliefert war, ist abgeschafft worden. Wir erkennen das an. Den kleinen Rest früherer Kaiserrechte aber, der uns verblieben ist, werden wir niemals aufgeben. Laßt Euch an Euren neuen Rechten genügen wie wir an unseren alten.«

Mit dieser Formel, die ein ganzes Kapitel mittelalterlicher Geschichte zwischen Kaiser und Papst seit dem Investiturstreit zusammenfaßte, waren auch die deutschen Bischöfe einverstanden. Sie schrieben daher gemeinsam an den Papst und baten ihn, die Sache fallenzulassen. Aber Urban III. wollte gerade in seiner Ohnmacht nicht nachgeben. Chronisten berichten, er habe den Kaiser daraufhin bannen wollen. Doch Urban III. starb am 20. Oktober 1187, ohne daß etwas Derartiges geschehen war.

Es war die letzte Auseinandersetzung Friedrich Barbarossas mit dem Papsttum, das nicht einsehen wollte, daß es den Kampf um die Vorherrschaft längst verloren hatte, aber unbeirrt an der falschen Front weiterkämpfte, denn seit fast hundert Jahren war das Abendland nicht die einzige Arena, um Macht und Ansehen zu erkämpfen.

Kreuzzug und Ende

In einer Mischung aus Glaubenseifer, Abenteurertum und Naivität waren 1096 Hunderttausende dem Aufruf des Papstes gefolgt, um das Grab Christi aus den Händen der »Heiden« zu befreien. Drei Jahre später, 1099, hatten die Kreuzfahrer nach ungeheuren Verlusten das Königreich von Jerusalem errichtet, den ersten Staat des christlichen Abendlandes außerhalb seiner eigenen Grenzen.

Aus der Befreiung der christlichen Stätten von den »Sarazenen«, wie man summarisch die türkischen und arabischen Mohammedaner nannte, war bald in einem Kleinkrieg der Fürsten ein regelrechter Kolonialstaat entstanden, dessen abenteuerliche und wechselvolle Geschichte kaum noch etwas mit dem frommen Aufbruch um die Jahrtausendwende zu tun hatte. Als im Jahre 1144 Edessa, eines der »morgendländischen Fürstentümer«, in die Hand der Sarazenen fiel, war es nach mühseligem Anlauf von 1147 bis 1149 zu einem zweiten Kreuzzug gekommen, der so blamabel endete, daß Papst und Herrscher in Europa keine Lust mehr verspürten, sich weiterhin an derartigen Unternehmungen zu beteiligen, zumal die ganze Kreuzzugsbewegung und das Königreich Jerusalem zum großen Teil eine »fränkische«, das heißt französische Angelegenheit waren. An diesem Zweiten Kreuzzug hatte auch der junge Friedrich Barbarossa teilgenommen.

Inzwischen waren 40 Jahre vergangen, in denen das Königreich Jerusalem, ohne Hilfe aus Europa, mehr schlecht als recht weiterbestanden hatte. Die Päpste, fixiert auf den ererbten Kampf gegen den Kaiser und damit gegen die Deutschen, begriffen nicht, daß sie als Schirmherren der Kreuzzugsbewegung nicht nur Pflichten hatten, sondern auch große Möglichkeiten. Aber das permanente Fiasko der Kreuzfahrerstaaten zeigte, daß die Päpste mit der weltlichen Macht nicht umgehen konnten, sosehr sie sie auch forderten. Tatsache ist, daß die Päpste schlichtweg die Möglichkeiten ignorierten, im Heiligen Land jenen »Gottesstaat« zu errichten, von dem sie seit Augustinus träumten. Hier, an den Stätten des christlichen Glaubens, hätte »ihr« Staat entstehen und dem Kaiser Paroli bieten können.

So lagen Kaiser und Papst um Regalien- und Spolienrechte im Streit, während Sultan Saladin die Christen am 4. Juli 1187 bei den »Hörnern von Hittim« am See Genezareth vernichtend schlug und wenige Monate später, im Oktober 1187, Jerusalem nach fast hundertjähriger christlicher Herrschaft zurückeroberte.

Längst hatten Botschaften aus dem Heiligen Land vor der kommenden Katastrophe gewarnt, aber nichts war geschehen. Als es dann fast zu spät war und Urban III. bei den Königen Europas um einen Kreuzzug bat, reisten seine Delegaten verzweifelt von Königshof zu Königshof. Friedrich Barbarossa, grundsätzlich zu einem Kreuzzug bereit, war gerade mit dem Papst zerstritten, und die Könige von Frankreich und England verstanden sich nicht dazu, etwas zu unternehmen. Erst als die Nachricht vom Fall Jerusalems eintraf und der nächste Papst, Gregor VIII., zum Kreuzzug aufrief, nahmen die Könige von Frankreich und England wie auch Kaiser Friedrich Barbarossa das Kreuz, ohne freilich sofort an einen Aufbruch zu denken. England und Frankreich führten gerade miteinander Krieg, Friedrich Barbarossa hatte immer noch seinen Streit mit dem Papst und seinen Fürsten, und alle drei Könige waren aus gegenseitigem Mißtrauen nicht bereit, ohne den anderen ins Heilige Land zu ziehen.

So vergingen anderthalb Jahre nach dem Fall Jerusalems, bis schließlich Friedrich Barbarossa als erster am 11. Mai 1189 von Regensburg aus zum Kreuzzug aufbrach, nachdem die beiden anderen Könige versprochen hatten, bald nachzufolgen.

Der 67jährige Kaiser Friedrich »Rotbart«, dessen Bart und Haare längst weiß geworden waren, hatte diesen Kreuzzug ein Jahr zuvor, am 27. März 1188 in Mainz auf einem »Hoftag Jesu Christi« gelobt, und da nach dem Willen Friedrich Barbarossas bei dieser Gelegenheit der Heiland selbst den Vorsitz führen sollte, war ein Stuhl frei geblieben.

Für Friedrich Barbarossa sollte dieser Kreuzzug die Krönung seines Lebens werden. Er als der Kaiser und Beschützer der Christenheit wollte das Grab Christi zurückerobern und wohl auch nebenbei demonstrieren, wer der eigentliche Herr der Welt war.

Aber es kam anders. Nach einem mühseligen Marsch, begleitet von einem Erzbischof, acht Bischöfen, einem Herzog (seinem Sohn Friedrich V. von Schwaben), drei Markgrafen und 29 Grafen, war das deutsche Heer nach einem Jahr erst durch Anatolien marschiert. Im Juni 1190 kam man jenseits des Taurusgebirges in die Ebene von Seleukia. Als das Heer am 10. Juni 1190, einem Sonntag, den Fluß Kalykadnos (heute Gök-Su) überqueren wollte, um in Seleukia einzuziehen, ertrank Kaiser Friedrich Barbarossa in den Fluten des Flusses, den wir in der Geschichte unter dem Namen Salef kennen.

Wir wissen nicht, ob Friedrich Barbarossa an einem Hitzschlag starb, ob ihn die schwere Rüstung ins Wasser zog oder sein Pferd scheute; die Chronisten berichten Widersprechendes. Sie alle aber stimmen in ihrer Trauer überein: »An dieser Stelle und bei diesem traurigen Bericht versagt unser Griffel und verstummt unsere Rede.« Und ein anderer klagte: »O, in flumine lumen extinctum« – der Fluß hat das Licht verlöscht –, während Richard von London schrieb: »O Meer, o Erde, o Himmel! Dieser zu allen Zeiten erhabene Lenker des Römischen Reiches, der den Ruhm des alten Rom wieder erblühen, seine Ehre wieder aufleben, seine Macht wieder erstarken ließ, wehe, von den Fluten erfaßt, geht er unter ...«

Das deutsche Kreuzfahrerheer, führerlos und verschreckt, begann sich aufzulösen, und dankbar notierte ein arabischer Chronist: »Hätte Allah nicht die Gnade gehabt, den Mohammedanern seine Güte dadurch zu zeigen, daß er den König der Deutschen in dem Augenblicke zugrunde gehen ließ, wo er im Begriff stand, in Syrien einzudringen, schriebe man heute: Syrien und Ägypten haben einst dem Islam zugehört ...«

Nur mit einer kleinen Schar zog Friedrich Barbarossas Sohn Friedrich von Schwaben weiter nach Süden, um seinen Vater in Jerusalem zu beerdigen. Entsprechend den Konservierungsmöglichkeiten der damaligen Zeit hatte man den Kaiser in ein Faß mit Essig gesteckt, aber die erwartete Wirkung blieb aus. So mußte man das Fleisch des Kaisers eilig in der Peterskirche in Antiochia beerdigen, während man seine Gebeine in der Kathedrale von Tyros beisetzte.

Trotz des doppelten Begräbnisses blieb der plötzliche Tod Friedrich Barbarossas so geheimnisvoll, daß die Legende ihn auch nicht akzeptiert hat. Nach der Sage, die ursprünglich seinem Enkel Friedrich II. galt und erst viel später auf Barbarossa übertragen wurde, sitzt Kaiser Rotbart seitdem in einer Höhle im Kyffhäusergebirge, um in Zeiten der Not das Reich wieder zum alten Glanz zu führen, wie es Friedrich Rückkert vor 150 Jahren reimte:

»Der alte Barbarossa
der Kaiser Friederich
im unterirdschen Schlosse
hält er verzaubert sich.

Er ist niemals gestorben
er lebt darin noch jetzt;
er hat im Schloß verborgen
zum Schlaf sich hingesetzt.

Er hat hinabgenommen
des Reiches Herrlichkeit
und wird einst wiederkommen
mit ihr zu seiner Zeit.

Der Stuhl ist elfenbeinern,
darauf der Kaiser sitzt,
der Tisch ist marmelsteinern,
worauf sein Haupt er stützt.

Sein Bart ist nicht von Flachse,
er ist von Feuersglut,
ist durch den Tisch gewachsen,
worauf sein Kinn ausruht.

Er nickt als wie im Traume,
sein Aug' halb offen zwinkt,

und je nach langem Traume
er einen Knaben winkt.

Er spricht im Schlaf zum Knaben:
geh hin vors Schloß, o Zwerg,
und sieh, ob noch die Raben
herfliegen um den Berg.

Und wenn die alten Raben
noch fliegen immerdar,
so muß ich auch noch schlafen
verzaubert hundert Jahr.«

III
»Die Weltherrschaft«: Heinrich VI.

Die gesteigerte Macht

Selten hat ein Herrscherhaus dreimal hintereinander über Vater, Sohn und Enkel derart eigenständige, wenn auch einander entgegengesetzte Persönlichkeiten hervorgebracht wie die Staufer. Friedrich Barbarossa, dessen ehrbarer Charakter Zeitgenossen und Nachwelt mehr beeindruckt hat als zeitweilig seine Politik; Heinrich VI., dessen Weltmachtpolitik und dessen Erfolge, die er in nur sieben Regierungsjahren errang, nicht seinen perfiden Charakter verdecken; und Friedrich II., den genialen Antiherrscher, dessen Intelligenz, wissenschaftlicher Forscherdrang und geistige Unabhängigkeit ihn zum »ersten modernen Menschen« des Mittelalters machten. Rostfreier Patriarch, erfolgreicher Machtmensch und charmanter Ketzer; biederer Schwabe, eiskalter Kosmopolit und sensibler Sizilianer – jeder auf seine Weise einmalig und die Gegenthese der anderen.

Der Wechsel von Friedrich Barbarossa zu Heinrich VI. ist daher nicht nur ein Wechsel von Vater zum Sohn, von einem Staufer zum nächsten.

Der Zwang des Zufalls

Als Friedrich Barbarossas zweiter Sohn Heinrich im Jahre 1190 nach seines Vaters Tod mit noch nicht ganz 25 Jahren zum regierenden König wurde, traf ihn die neue Würde zwar überraschend, aber nicht unvorbereitet. Schon mit drei Jahren zum König und Nachfolger gekrönt, hatte ihn Barbarossa in den letzten Jahren als Mitregenten herangezogen. Der Kaiser hatte alles getan, um die Kontinuität der Herrschaft zu sichern; und das, was man dann immer so summarisch das »Schicksal« nennt, tat sein übriges.

Denn eine Reihe von geradezu unwahrscheinlichen Zufällen bestärkte ihn nicht nur in seinem Ehrgeiz, »das Reich noch größer und mächtiger als unter seinen Vorgängern zu gestalten«; sie machten ihn auch tatsächlich zum Herrscher einer »Weltmonarchie«, wie sie das mittelalterliche Europa bisher noch nicht gekannt hatte. Als Kaiser des Römischen Reiches, als König von Sizilien und Lehnsherr von England, Zypern und Armenien vereinigte er in den kurzen sieben Jahren seiner Herrschaft eine Machtfülle auf sich, die nahezu beängstigend war. »Sein früher, unerwarteter Tod«, schrieb Karl Hampe in seiner Deutschen Kaisergeschichte, »war die furchtbarste Katastrophe der mittelalterlichen Geschichte Deutschlands«, denn das Machtvakuum, das der 32jährige hinterließ, führte zu einem Bürgerkrieg und zu einem Chaos, das fünfzehn Jahre dauern sollte.

Erstaunlich ist, daß eine solche Gestalt wie Heinrich VI. trotzdem in den Geschichtsbüchern immer nur als Zwischenstation zwischen Friedrich Barbarossa und Friedrich II. auf wenigen Seiten abgehandelt wird. Es gibt, von wissenschaftlichen Abhandlungen abgesehen, eine ganze Anzahl von Biographien über Barbarossa und Friedrich II. – über Heinrich VI. jedoch nicht eine einzige.

Den Grund lernt man begreifen, wenn man nicht nur die Erfolge sieht, sondern auch die dabei angewandten Methoden. Denn der Mann, der nach den Worten Karl Hampes den »Sinn für Macht und die Kunst staatsmännischen Handelns« von Friedrich Barbarossa »in großartiger Steigerung« erbte, hat diese Fähigkeiten »auf Kosten aller anderen Eigenschaften entwickelt«. Und was da nun Chronisten und Historiker an Charakterzügen aufzählen, ist deprimierend: »Rücksichtslos, grausam, für Gefühlswerte unzugänglich«, faßt Hampe zusammen; Karl Jordan schreibt in Gebhardts »Handbuch der deutschen Geschichte«, Heinrich VI. war »eine harte, gelegentlich sogar grausame Natur, die auch vor Treulosigkeit nicht zurückschreckte«; Wilhelm Zimmermann fand in seiner 1843 erschienenen »Geschichte der Hohenstaufen«: »Heinrich hatte die Schattenseiten des Vaters in einem Grade, welcher sie bis zu Lastern steigerte, bis zum Entsetzlichen, ohne eine seiner Lichtseiten anders als in sehr geringem Grade zu besitzen.« Und Friedrich von Raumer schrieb 1829 in seiner Geschichte der Hohenstaufer: »Er war hart gegen Abgeneigte, grausam gegen Widerspenstige, unerbittlich gegen Verräter«, und faßte zusammen, »daß er auch schlechte, gemeine Mittel nicht verschmähte, und an die Stelle edler Festigkeit eine grausame Folgerichtigkeit des Verstandes, an die Stelle freier Kühnheit des Gemütes frühzeitig eine krampfhafte Leidenschaftlichkeit« gesetzt habe. Und die »Propyläen Weltgeschichte« von 1963 überschreibt die anderthalb Seiten über ihn schließlich mit: »Der Wahn Kaiser Heinrichs VI.«.

Auch die Beschreibung seines Äußeren paßt zu diesem Bild: »Bleich und gedankenvoll« nennt ihn der eine, »mit einem schönen, aber ziemlich hageren Antlitz, mittelgroß, mager und schwächlich« ein anderer Chronist. »Stets war er von Sorgen in Anspruch genommen«, beschreibt ihn der Grieche Nicetas, »und jedem Vergnügen abgeneigt«. Trotzdem war er »eitlen Dingen, zumal der Jagd und dem Vogelfang ergeben«, wie ein nächster bemerkt – ein ganzer Katalog negativer Eigenschaften, allerdings weder von der faszinierenden Abartigkeit eines Cäsarenwahns noch von der gespenstischen Verbohrtheit eines Fanatikers. Es war nur ein mieser Charakter, zu klein, um ein negativer Held zu sein, und als Mensch zu unbedeutend, um seinen eigenen Erfolgen standzuhalten.

Man hat es also schwer, sich mit dem Sohn des redlichen Vaters Barbarossa und der niedlichen Kaiserin Beatrix anzufreunden. Denn so wie Friedrich Barbarossa freundliche Chronisten hatte, so hatte Heinrich VI. durchgehend kritische, von denen wiederum die Historiker ihre Urteile beziehen, ohne deren Wahrheitsgehalt jedesmal im einzelnen nachprüfen zu können. Vielleicht, so hofft man, war alles nur halb so schlimm.

Der Minnesänger auf dem Thron

Das Erstaunen beginnt damit, daß uns von diesem bleichen, gedankenvollen und »allen Lüsten abholden« Heinrich VI. drei Minnelieder überliefert sind – oder vorsichtiger gesagt: ihm zugeschrieben werden – die in ihrer Zartheit nichts von dem negativen Bild eines Machtrohlings verraten:

»Mir sint diu rîche und diu lant undertân
swenn ich bî der minneclîchen bin;
unde swénne ab ich gescheide von dan,
sost mir ál mîn gewalt und mîn rîchtuom dâ hin;
senden kúmber den zele ich mir danne ze habe:
sus kan ich an vröuden ûf stîgen joch abe,
unde bringe den wehsel, als ich waen, durch ir liebe ze grabe.«

»Mir sind die Reiche und Länder untertan,
sooft ich bei der Geliebten bin.
Doch wenn ich von ihr Abschied nahm,
schwanden mir Macht und Reichtum dahin.
Der ist im Unrecht, der nicht glaubt,
daß mein wär manch lieber Tag,

schmückt auch keine Krone mein Haupt:
weiß nicht, wie ich mich dessen ohne sie rühmen mag.

Verlör' ich die Liebe, was hätte ich dann?
Ich taugte zur Freude weder Weib noch Mann,
mein bester Trost stünd' in Acht und Bann.«

Wir wissen natürlich nicht, ob dies, wie so oft bei Minneliedern, nur ein Sehnsuchtslied ist oder ob es auf Erlebtem beruht, denn die Chronisten berichten über Heinrich VI. nichts Persönliches, so daß man sich nur seine eigenen Gedanken machen kann. Aber die »krampfhafte Leidenschaftlichkeit« Heinrichs kann eine recht gut erspürte Umschreibung für eine neurotische Haltung sein, die zwischen Härte und Weichheit hin- und herschwankt, vielleicht, weil der junge König nicht so sein durfte, wie er wollte.

Aber wie dem auch sei – auch dies zarte Gedicht stammt von Heinrich VI.:

»Ich grüeze mit gesange die süezen
die ich vermîden niht wil noch enmac.
deich si rêhte von munde mohte grüezen,
ach leides, des ist manic tac.
swer disiu liet nu singe vor ir
der ich gàr unsenfteclîchen enbir,
ez sî wîp óder man, der habe si gegrüezet von mir.«

»Ich grüße singend die Süße,
die ich nicht missen will noch mag.
Seit ich ihr selber brachte die Grüße,
verfloß, wehe! so mancher Tag.
Wer immer dies Lied singt von ihr,
deren Anblick so sehr mir fehlt,
bringt, Frau oder Mann, ihr die Grüße von mir.«

Es ist kaum anzunehmen, daß er dies Gedicht seiner Konstanze von Sizilien gewidmet hat, von der später das Gerücht ging, sie sei an einem Mordanschlag auf ihren Hohen Gebieter und Gemahl beteiligt gewesen.

Immerhin aber war es seine Heirat mit Konstanze, ursprünglich als freundliche Verbrüderung mit dem Königreich Sizilien gedacht, die nun plötzlich zum entscheidenden Einschnitt für ihn und die Geschichte der Staufer überhaupt wurde.

Denn während Friedrich Barbarossa mit seinem Kreuzzug seit Monaten in Philippopolis (dem heutigen Plovdiv in Bulgarien) steckengeblieben war, statt längst auf Jerusalem zuzumarschieren, geschah das Unwahrscheinliche und Unvorhergesehene: Im November 1189 starb König Wilhelm II. von Sizilien, ohne einen Erben zu hinterlassen. Damit war plötzlich Konstanze von Sizilien Erbin des Reiches und ihr Ehemann Heinrich VI. automatisch der König eines Reiches, in dem er nie gewesen war, von dem er keine blasse Ahnung hatte und das zu regieren er auch keine Anerkennung besaß. Denn das »Sekulische Königreich«, wie das »Reich beider Sizilien« – in Sizilien und Süditalien – damals hieß, hatte seine eigene Geschichte, die das Althergebrachte durchbrach.

Sizilien und die Normannen

Das Königreich Sizilien war nämlich alles andere als eine Fortsetzung Italiens nach Süden, wie es uns heute geläufig ist. So wie die Langobarden nach der großen Völkerwanderung als nordgermanischer Stamm Oberitalien okkupiert hatten und allmählich zu »Italienern« wurden, so waren Jahrhunderte später ebenfalls plötzlich Männer aus dem Norden in Süditalien aufgetaucht und hatten sich Apulien unterworfen.

Diese Nor(d)mannen aus Skandinavien, die wir auch unter der Bezeichnung Wikinger kennen, hatten seit dem Jahre 799 die Küsten Frankreichs angegriffen, hatten Bordeaux und Paris, Reims und Rouen gestürmt, hatten Köln und Aachen verbrannt und waren im Jahre 845 mit ihren schnellen Schiffen die Elbe hinaufgerudert und hatten die Hammaburg, eine fränkische Burganlage, vernichtet, an deren Stelle heute Hamburg steht.

Diese Männer, »hoch wie Palmen, rotblond und hellaügig«, waren zur Zeit Karls des Großen der Schrecken Europas. Trotz des Gebetes »vor dem Zorn der Normannen verschone uns Herr«, verwüsteten die Wikinger im Westen ganze Länder, und ihre brutale Art ist bis heute als Redensart lebendig geblieben: an jene Leute, die ein Bärenfell als Sekr, als Hemd, trugen, erinnert die Wut der »Berserker«.

Als sich größere Teile der Normannen im Gebiet von Caën, Bayeux und vor allem um Rouen angesiedelt hatten, sich im Jahre 912 taufen ließen und König Karl den Einfältigen als Lehnsherrn anerkannten, bildeten die Eroberer das Herzogtum der »Normandie«, das noch zu Zeiten Friedrich Barbarossas zu England gehörte: Von der Normandie aus war der Normanne Wilhelm der Eroberer im Jahre 1066 nach England gezogen und hatte die Angelsachsen in der berühmten Schlacht bei Hastings besiegt.

Aus der Normandie stammte aber auch Robert Guiskard (das »Wiesel«, 1015–1085), der sich nach Süden auf den Weg machte, um Rom zu erobern. Kurz nach der Kaiserkrönung Heinrichs IV. traf er dort ein, befreite den im Lateran eingeschlossenen Papst Gregor VII. und verbrannte die Stadt. Dann zog er weiter nach Süden. Um 1060 finden wir ihn als Herzog von Apulien wieder, in jenem Gebiet also, das zum Stammland des sizilianischen Königreiches wurde. Denn erst von hier aus wurde Sizilien in den folgenden dreißig Jahren unter Roger I. erobert. Die normannische Herrschaft in Sizilien bestand also erst rund einhundert Jahre, als Heinrich VI. Konstanze, die Erbin des sizilianischen Normannen Wilhelm I., heiratete.

Doch auch davor war Sizilien nicht »italienisch« gewesen. Im 8. Jahrhundert vor Christus waren es die Griechen, die die Insel besiedelt, Städte gegründet und das Gebiet zum westlichen Mittelpunkt griechischer Kultur gemacht hatten, während der Westen der Insel mit Palermo den Karthagern gehörte. In römischer Zeit war Sizilien dann die Kornkammer Italiens, wurde aber während der Völkerwanderung zuerst 440 von den Vandalen, dann 493 von den Ostgoten besetzt. 535 wurde die Insel mit Unteritalien ein Teil des byzantinischen Reiches, gehörte also zu Konstantinopel. Entscheidend für die kulturelle Entwicklung Siziliens, die dann auch Friedrich II. beeinflußte, war von 827 an die Eroberung der Insel durch die Araber, die Palermo zu ihrer Hauptstadt machten. Von ihnen hatten die Normannen eine vom griechischen Denken und der arabischen Kultur geprägte Lebensart übernommen, die nördlich der Alpen vollkommen ungewohnt war.

Als daher Heinrich VI. seine Ansprüche auf Sizilien anmeldete, waren die Nachfahren der einstigen Berserker entsetzt: »Wehe, dreimal wehe!« hieß es. »Schon sehe ich im Geiste die wilden Horden der nordischen Barbaren einbrechen und unsere reichen Städte und unsere durch langen Frieden blühenden Lande mit Schrecken, Mord und Raub erfüllen...« Da ist auch von der »deutschen Wut« die Rede, von »angeborenem Mordsinn, Raubsucht und Zügellosigkeit«, und der sizilianische Reichskanzler Matthäus von Salerno fragte die Barone: »Soll ein fremdes Volk, in Italien nur bekannt durch seine Roheit und seine Verwüstungen, künftig auch an uns seinen Übermut üben? Kann ein fremder Herrscher, der schon in den Jahren der Jugend keine Milde kennt und kein Gesetz außer seinem Willen, bei dem unvermeidlichen Zusammenstoß verschiedener Ansichten, unsere Einrichtungen, unsere Sitten und unsere Sprache erhalten und in Schutz nehmen?«

Obwohl die Deutschen sicher mit ihren Gegnern nicht zimperlich umgingen, war ein Teil der Schreckensmeldungen doch reine Greuelpropaganda, die Matthäus von Salerno nun ausnutzte: »Ja, wenn es kein Mittel, keine Rettung gäbe aus diesem Abgrund! Allein das Mittel liegt so nahe, die Rettung ist gewiß, wenn wir den Grafen Tankred von Lecce zu unserem König erheben!«

Und schon wählte man gegen die Stimmen der kaisertreuen sizilianischen Barone diesen Tankred zum nationalen König, der ein illegitimer letzter Nachfahre jenes Königs Roger war, der Sizilien erobert hatte. Der Sohn dieses alten Roger, ebenfalls Roger geheißen, hatte sich dereinst in die Gräfin Sibylle von Lecce verliebt, doch ehe er sie heiraten konnte, hatte er zwei Söhne von ihr und starb unversehens. Einer davon war Tankred, der nach anfänglicher Gefangenschaft in Palermo und Exil in Athen nun plötzlich zu Ehren kam.

Im Januar 1190, zwei Monate nach dem Tod König Wilhelms II. wurde er in Palermo mit Zustimmung des Papstes zum König gekrönt, denn auch der Papst hatte sofort den Vorteil dieser Regentschaft erkannt; indem er sich auf die Seite Tankreds stellte und alle Barone von ihrem Treueid zu Heinrich VI. entband, konnte er die Umklammerung seines Kirchenstaates verhindern.

Heinrich VI. konnte seinen berechtigten Thronanspruch in Sizilien jetzt nur noch mit einem Krieg durchsetzen. Bis es soweit war, sollten aber noch Jahre vergehen, denn inzwischen hatte sich die Lage in Deutschland dramatisch zugespitzt.

»Des großen Friedrichs entarteter Sohn«

Entgegen allen Versprechungen war Heinrich der Löwe im Oktober 1189 aus der Verbannung nach Deutschland zurückgekehrt; er wollte mit einem Gewaltstreich sein niedersächsisches Gebiet zurückerobern, während Kaiser Friedrich Barbarossa auf dem Wege ins Heilige Land war.

Heinrich VI. erklärte ihm zwar sofort auf dem Reichstag von Merseburg den Krieg, aber bevor er seine Truppen sammeln konnte, hatte Heinrich der Löwe bereits Bremen und zahlreiche andere Orte erobert, wobei ihn der Erzbischof von Bremen, Hartwig II., unterstützte. Erst im folgenden Frühjahr gelang es Heinrich VI., Terrain zu gewinnen, und da Heinrich der Löwe entdeckte, daß er längst nicht so viele Bundesgenossen besaß, wie er zunächst geglaubt hatte, kam es im Juli 1190 auf dem Hoftag in Fulda zu einem Vergleich zwischen den beiden Heinrichen. Heinrich der Löwe bekam dabei die Hälfte der Reichseinkünfte der Stadt Lübeck zugesichert, mußte aber zur Sicherheit seine beiden Söhne als Geiseln stellen. Während Lothar, der eine Sohn, bald darauf starb, sollte Heinrich, der andere Sohn, König Heinrich VI. mit 50 Rittern nach Italien begleiten.

Zu diesem Italienzug kam es aber zunächst nicht, denn inzwischen traf die Nachricht vom Tode Kaiser Barbarossas in Deutschland ein. Erst im Januar 1191 konnte dann König Heinrich VI. nach Italien ziehen. Was aber ursprünglich als reiner Feldzug gegen Sizilien gedacht war, mußte nun erst zu einer Romfahrt werden, denn nach dem Tode Friedrich Barbarossas hatte Heinrich VI. Anspruch auf die Kaiserkrone. Papst Klemens III. hatte ihm auch die Krönung versprochen, starb aber im März 1191, bevor Heinrich VI. in Rom eintraf. Sein Nachfolger dagegen, der nahezu neunzigjährige Cölestin III. (1191–1198) zeigte als Gegner der Sizilienpolitik Heinrichs nicht die geringste Neigung, ihn zu krönen. Er hätte es auch gar nicht gedurft, denn der neugewählte Cölestin verfiel auf den Trick, sich zwar wählen, aber dann nicht zum Papst konsekrieren zu lassen, um auf diese Weise jede Entscheidung hinauszuschieben: Ein nicht geweihter Papst konnte auch keinen Kaiser krönen.

Heinrich VI., der inzwischen wenige Kilometer vor Rom in der kaisertreuen Stadt Tusculum saß, nahm daraufhin Verbindung mit den Römern auf, die sofort bereit waren, den Papst erst zu seiner eigenen Weihe und dann zur Kaiserkrönung zu zwingen – allerdings unter einer Bedingung: Heinrich VI. sollte ihnen Tusculum ausliefern, das ihnen als kaiserliche Stadt so nahe vor den Toren Roms von jeher verhaßt gewesen war. Es war die Stadt, die eben Heinrich VI. mit offenen Armen aufgenommen hatte.

Die Forderung der Römer war für jeden eine Zumutung, der noch etwas auf Bündnistreue und Rechtschaffenheit gab. Heinrich VI. aber, »des großen Friedrich entarteter Sohn«, wie ein Historiker entrüstet schreibt, fand, daß der Zweck die Mittel heilige. Zwar hatte er eben erst den königlichen Schutz für Tusculum erneuert, aber nun zog er sofort mit seinen kaiserlichen Truppen aus der Stadt und überließ sie der Rache der Römer.

Am Karfreitag des Jahres 1191 zogen die Römer in Scharen nach Tusculum, zerstörten und verbrannten die Stadt, erschlugen die Bewohner oder verstümmelten und blendeten sie. Das war das Ende. Die wenigen Überlebenden bauten sich neben den Trümmern Tusculums aus Zweigen armselige Hütten. Nach diesen Zweighütten hat die Nachfolgestadt bis heute ihren Namen: Es ist das Städtchen Frascati, etwa 20 Kilometer südöstlich von Rom in den Albanerbergen, das nach dem italienischen Wort für Zweig, frasca, gebildet ist.

Zwei Tage später, am Ostersonntag, dem 14. April 1191, ließ sich Cölestin zum Papst weihen, einen Tag später, am Ostermontag, krönte er dann Heinrich VI. zum Kaiser und Konstanze zur Kaiserin. Papst und Römer hatten Tusculum, Heinrich VI. hatte seine Krone, aber die Ehre des Reiches und des Kaisers war angeschlagen. Heinrich VI. begann genau so zu werden, wie die Sizilianer befürchtet hatten.

Nach ausgiebigen Freudenfesten in Rom brach der Kaiser dann nach Süden auf und ließ sich weder durch Bitten noch durch Drohungen des Papstes und König Tankreds von Sizilien abhalten: »Durch Erbrecht ist Sizilien und Apulien mein, aber selbst davon abgesehen gehört nach altem Kaiser- und Lehensrecht Apulien mir.« Damit war Kaiser Heinrich VI. vollkommen im Recht. Aber die Art, wie er Ende April in Apulien einfiel und jeden Widerstand mit Feuer und Schwert niederkämpfte, setzte ihn um so mehr ins Unrecht.

Vor Neapel kam dann der Vormarsch zum Stehen, und die Belagerung begann. Aber wie es schon einmal Friedrich Barbarossa vor Rom ergangen war, so passierte es jetzt seinem Sohn Heinrich: Nach vier Monaten brach eine so verheerende Seuche aus, daß die Belagerung am 24. August 1191 aufgegeben werden mußte, da ihr nicht nur Ritter und Edle, sondern auch Herzöge und Erzbischöfe zum Opfer fielen.

Auch Heinrich VI. selbst wurde todkrank, so daß sich schon das Gerücht von seinem Tode verbreitete. Das führte in Apulien dazu, daß Tankred Kaiserin Konstanze gefangennahm und daß der Sohn Heinrichs des Löwen, der den Kaiser, wie versprochen, auf dem Italienzug begleitet hatte, nach seiner Flucht aus dem Lager vor Neapel mit der

Nachricht nach Deutschland kam, Heinrich VI. sei gestorben. Daraufhin brachen in Niedersachsen sofort wieder die Kämpfe aus.

Schwierigkeiten in Deutschland

Als Heinrich VI. im September 1191 nach Deutschland zurückkehrte, war seine Lage im Grunde trostlos. Sein Kriegszug nach Apulien war kläglich gescheitert, seine Frau in den Händen des Gegners, er selbst vom sizilianischen Königtum weiter entfernt denn je. In Deutschland wiederum besaß er nach der Patriarchenherrschaft Barbarossas nicht genug Autorität, um sich als junger König durchzusetzen: Die Rückkehr Heinrichs des Löwen hatte deutlich genug gezeigt, wie wenig der Welfe seine Regentschaft ernst nahm. Auch von den deutschen Fürsten dachten jetzt einige schon an eine neue Königswahl.

Nun hätte Heinrich VI. in Deutschland alles daransetzen müssen, um durch kluges und bestimmtes Auftreten an Autorität zu gewinnen. Aber er verwechselte Bestimmtheit mit herrischem Wesen und verlor zusehends an Mitstreitern gegen Heinrich den Löwen. Am Ende standen nur noch das Herzogtum Schwaben, der Herzog Leopold von Österreich und die staufische Beamtenschaft, die Ministerialen, auf seiner Seite. Alle Versuche Friedrich Barbarossas, den Sohn als Mitregenten einzuführen und ihn das Regieren zu lehren, waren vergeblich gewesen.

Hätte Kaiser Heinrich VI. geahnt, mit welch gläubiger Hingabe die Historiker späterer Jahrhunderte jede subjektive Meinungsäußerung eines Chronisten als historisches Urteil ausgeben würden, so hätte er sich wohl wenigstens in Deutschland einen Hofschreiber angestellt, der auch einmal etwas Positives über ihn schrieb. So aber findet man in den Berichten immer nur das Negative, was sich selbst in solchen Kleinigkeiten niederschlug, daß er einmal einen Bischof einfach verdreschen ließ, weil er anderer Meinung war als er.

Und auch den Beginn seiner »Weltherrschaft«, den Lehnseid Englands, kann man nur in der Vorstellungswelt eines Raubritters nachvollziehen, der all das weit hinter sich gelassen hat, was Ritterlichkeit und Anstand geboten. Es ist die Geschichte von der Gefangennahme des 35jährigen Königs Richard I. von England, genannt Löwenherz.

Als Kaiser Friedrich Barbarossa, König Richard I. von England und König Philipp II. August von Frankreich einen gemeinsamen Kreuzzug verabredet hatten, waren die miteinander zerstrittenen Könige von England und Frankreich erst aufgebrochen, als Kaiser Barbarossa schon im Salef ertrunken war. Sich selbst überlassen, setzten sie ihren Krieg mit anderen Mitteln fort, ergriffen in den verworrenen Verhältnissen im Königreich Jerusalem grundsätzlich für die Gegenseite des anderen Partei und ärgerten sich gegenseitig derart, daß König Philipp, jener Jüngling mit den Anfällen von Todesfurcht, nach wenigen Monaten wieder abfuhr, ohne auch nur das Geringste für die Wiedereroberung Jerusalems getan zu haben.

So blieb Richard Löwenherz allein im Heiligen Land, eroberte dort eine Reihe von Städten, nur nicht Jerusalem, und schloß am Ende mit Sultan Saladin einen Friedensvertrag, der die Besitzverhältnisse so festlegte, wie sie schon vor dem Kreuzzug gewesen waren. Jerusalem und große Teile des Königreiches von Jerusalem blieben in der Hand Saladins, während die Kreuzritter den Küstenstreifen behaupteten. Dazu hätte es keines Kreuzzuges bedurft.

Die eigentlichen Folgen dieser sinnlosen Expedition stellten sich denn auch nicht in Palästina, sondern im »Abendland« ein. Richard Löwenherz, das Urbild des abenteuernden, umherstreifenden Ritters, der von zehn Regierungsjahren nur ganze sechs Monate in England verbrachte und der später in seinem königlichen Testament der Stadt Poitou, die ihn früher einmal beleidigt hatte, seinen letzten Stuhlgang vermachte – dieser Richard Löwenherz hatte sich auf dem Kreuzzug reihum so unbeliebt gemacht, daß er sich nur noch inkognito nach England durchschlagen konnte, als er im Herbst 1192 das Heilige Land verließ.

So landete er nach einer abenteuerlichen Fahrt als Kaufmann Hugo in Dalmatien und zog mit ein paar Begleitern nach Kärnten. Unterwegs wurden die meisten gefangen oder zerstreuten sich, so daß Richard Löwenherz am Ende nur noch in Begleitung von zwei Mann in den Wäldern um Wien umherirrte. Bei dem Versuch, etwas zu essen zu kaufen, wurden sie dann erkannt, und Herzog Leopold von Österreich, auf dem Kreuzzug von Richard Löwenherz in Akkon schwer beleidigt, nahm den englischen König eigenhändig kurz vor Weihnachten 1192 gefangen und brachte ihn auf die Burg Dürnstein.

Als Heinrich VI. und der französische König Philipp davon erfuhren, waren sie hocherfreut, und Heinrich VI. verlangte sofort die Auslieferung, da ein Herzog keinen König gefangenhalten dürfe. Herzog Leopold von Österreich gab seine Ansprüche zwar nicht auf, mußte aber im Frühjahr 1193 Richard Löwenherz an Kaiser Heinrich VI. ausliefern, der ihn dann auf die Reichsfestung Trifels bei Annweiler in der Pfalz brachte, wo er ihn streng bewachen ließ.

Das alles war von Anfang an nicht rechtens, da für die Dauer eines Kreuzzuges allen Beteiligten jedwede Fehde durch einen sogenannten Gottesfrieden untersagt war. Schon Herzog Leopold hätte König Richard I. gar nicht erst gefangennehmen dürfen. Einen Mann wie Kaiser Heinrich VI. konnte das freilich nicht stören, im Gegenteil, es stärkte seinen Einfallsreichtum. Denn statt sich an seinem sizilianischen Thronrivalen Tankred ein Beispiel zu nehmen, der seine Konstanze reich mit Geschenken beladen sofort wieder freigelassen hatte, als er erfuhr, daß Heinrich VI. gar nicht an der Seuche vor Neapel gestorben war, nutzte der Kaiser nun die Gelegenheit aus. Er hielt nicht nur einen König gefangen, mit dessen Land er sich gar nicht im Krieg befand, sondern verlangte sogar noch ein Lösegeld von 100000 Silbermark, eine Summe, die 23400 kg reinem Silber entsprach und die er bei Gelegenheit noch um weitere 50000 Silbermark erhöhte.

Nun griff Eleonore von Aquitanien ein, die Mutter von Richard Löwenherz, die vorzeiten den Zweiten Kreuzzug als damalige Gemahlin des französischen Königs durch ihre Liebesaffairen belebt hatte. Die jetzt 70jährige Dame schrieb entrüstet an Papst Cölestin: »Sonst wird wohl um geringerer Kleinigkeiten ein Gesandter abgeschickt; diesmal aber geschieht nichts, um die ungeheuerlichsten Frevel, um die Gefangennahme eines freien Königs, eines Kreuzfahrers, eines unter dem besonderen Schutz der Kirche stehenden heiligen Kämpfers aufzuheben und zu bestrafen. Aber freilich die Ehre der Kirche und die Ruhe der Reiche kommt wenig in Betracht, wenn bei einer Angelegenheit sonst nichts zu gewinnen ist.«

Diesen Argumenten konnte sich Papst Cölestin nicht verschließen. Er schrieb also an Kaiser Heinrich VI., und erst daraufhin kam es in Hagenau zu einer Versammlung der Fürsten, um zum erstenmal in Rede und Gegenrede den Fall zu prüfen. Man warf Richard Löwenherz einen ganzen Katalog von Vergehen vor, aber Richard verteidigte sich so großartig, daß ihm Kaiser Heinrich VI. gerührt um den Hals fiel. Von seiner Lösegeldforderung ging er jedoch nicht ab.

So kam es zum Vertragsabschluß: »Im Namen des Vaters, des Sohnes und des Heiligen Geistes, Amen. Dies ist der Vergleich zwischen dem Herrn Kaiser, immerdar, Mehrer des Reiches, und dem Herrn Richard, dem Erlauchten König von England.

Der Herr Kaiser wird seine Boten mit denen des Herrn Königs nach London senden, wo sie hunderttausend Mark reines Silber Kölner Gewichts in Empfang nehmen werden ...« Außerdem wurde England gegen einen Jahreszins deutsches Lehen.

Als der französische König und Richards Bruder Johann Ohneland von diesem Vertrag und seinen Zusatzabmachungen erfuhren, boten sie eine noch höhere Geldsumme, wenn Heinrich VI. seinen Vertrag bräche und Richard Löwenherz noch länger gefangenhielt. Dazu war der Kaiser zwar sofort bereit, aber nun war das Maß voll und die Beschämung der deutschen Fürsten groß genug, so daß der Kaiser seinen Gefangenen am 4. Februar 1194 freilassen mußte, nachdem die Engländer mit einer Gewaltanstrengung – selbst Särge wurden mit Steuern belegt – die Lösegeldsumme aufgebracht hatten.

Der Tyrann von Sizilien

Nach Palermo

Nach der Erpressung von Richard Löwenherz hatte Kaiser Heinrich VI. genug Geld beisammen, um endlich seinen Feldzug gegen Sizilien beginnen zu können. Auch hier kamen ihm zwei Glücksfälle entgegen.

Der erste Fall war romantischer Art und brachte die Aussöhnung zwischen Welfen und Staufern, denn – so der Historiker Wilhelm Zimmermann – »schnell vollendete die Liebe, was der Politik nimmer gelang«. Ausgerechnet der älteste Sohn Heinrichs des Löwen, der junge Heinrich von Braunschweig, hatte heimlich Agnes, die Tochter des staufischen Rheinpfalzgrafen Konrad, geheiratet. Als die Sache herauskam, war Heinrich VI. außer sich vor Zorn, denn ohne sich um die Wünsche des Rheinpfalzgrafen, seines Onkels, zu kümmern, hatte er Agnes, die reichste Erbtochter Europas, gerade dem französischen König Philipp versprochen und damit Herzog Ludwig von Bayern auf das tiefste verärgert, dem er die gleiche Agnes auch schon feierlich zugesagt hatte. Aber Abmachungen und Versprechungen hatten für den Kaiser keinerlei Wert, wenn sich etwas Vorteilhafteres bot. Doch hier war nichts mehr zu ändern, und so machte Heinrich VI. das Beste daraus, indem er die unvorhergesehene Heirat zur Aussöhnung mit Heinrich dem Löwen benutzte.

Im März 1194 trafen die beiden in Tilleda am Kyffhäuser zusammen und machten ihren Frieden. Ein Jahr darauf, am 6. August 1195, starb Heinrich der Löwe in Braunschweig im Alter von 66 Jahren. Im gleichen Jahr wurde sein Sohn, der Welfe Heinrich, nach dem Tode des Staufers Konrad Herr der rheinischen Pfalzgrafschaft. So hatte Kaiser Heinrich VI. nach jahrelangen Kämpfen mit den Welfen in Deutschland den Rücken frei, um nach Sizilien ziehen zu können.

Der zweite »Glücksfall« ereignete sich in Sizilien selbst. Fast gleichzeitig mit der Aussöhnung zwischen Welfen und Staufern war am 20. Februar 1194 König Tankred in Palermo verstorben. Da kurz zuvor auch sein ältester, eben gekrönter Sohn Roger gestorben war, hinterließ Tankred nur einen dreijährigen Sohn Wilhelm, der unter der Vormundschaft seiner Mutter Sibylle zum König ernannt wurde. Da nach Tankreds Tod jeder Zusammenhalt unter den sizilianischen Edlen verlorenging und jeder gegen jeden intrigierte, konnte sich Kaiser Heinrich VI. ein leichtes Spiel ausrechnen.

So zog er, wohlversehen mit englischem Geld, schon im Mai 1194 nach Italien und verhandelte mit Genua und Pisa über eine Flottenbeteiligung, denn, so Heinrich VI. nach den Worten des Chronisten: »Wenn ich mir das Sizilianische Reich unterwerfe, so habe ich davon freilich den Ruhm, ihr aber den Vorteil. Denn ich kann mit meinen Deutschen nicht dort verweilen, während Ihr und Eure Nachkommen daselbst bleibt. Mithin wird das Reich nicht das meine, es wird das Eure sein.«

Es versteht sich, daß Genua und Pisa zur Hilfe bereit waren, es verwundert aber auch nicht, daß sich Kaiser Heinrich nach seinem Sieg an dieses und andere Versprechen nicht mehr erinnern wollte.

Nach jenen Vorbereitungen wurde der Feldzug nach Sizilien rasch zu einem Siegeszug. Die meisten Städte, selbst Neapel, ließen die Deutschen widerstandslos einziehen, die Barone zogen dem Kaiser zur Huldigung entgegen.

Ende November 1194 zog Heinrich in Palermo ein, das ihn, durch seinen Erfolg eingeschüchtert, festlich geschmückt empfing.

Heinrich VI. bemächtigte sich des sagenhaften Normannenschatzes, der aus »unermeßlichen Mengen von Gold und Silber« bestand und ließ ihn in die Reichsfestung Trifels schaffen, gab sich aber im übrigen herrscherlich milde. Er versprach allen Sicherheit der Personen und Güter und dem gekrönten Königskind Wilhelm vertraglich die angestammte Herrschaft Lecce und das Fürstentum Sorrent.

Darauf legte Klein Wilhelm dem Kaiser die sizilianische Krone zu Füßen, und zu Weihnachten 1194 wurde Kaiser Heinrich VI., König der Deutschen und Lehnsherr Englands, im Dom zu Palermo nun auch feierlich zum König von Sizilien gekrönt. Damit war er Herrscher eines Reiches, das sich vom Mittelmeer aus zweieinhalbtausend Kilometer nach Norden erstreckte und damit das größte Territorium war, das bis dahin ein deutscher Kaiser regiert hatte.

Das Blutgericht

Zur gleichen Zeit hatte Kaiser Heinrich VI. die Edlen Siziliens zu einer Versammlung nach Palermo geladen, um die Angelegenheiten des Landes zu beraten. Aber aus der Versammlung wurde ein Tribunal und aus dem Tribunal ein Blutgericht. Der Kaiser erschien nämlich mit abgefangenen Briefen, in denen von einer Verschwörung gegen ihn die Rede war. Das klang wahrscheinlich, denn die Sizilianer dürften den neuen König trotz vorgetäuschter Ergebenheit kaum mit besonderer Freude erwartet haben. Insofern spricht einiges dafür, daß die Briefe echt waren. Auf der anderen Seite behaupteten alle italienischen Chronisten, der Kaiser habe diese Briefe gefälscht, um einen Anlaß für eine Säuberungsaktion zu haben.

Jedenfalls ließ Kaiser Heinrich die Echtheit der Briefe von keinem Gericht überprüfen, sondern setzte sofort ein Blutgericht ein, das die gesamte mögliche Opposition gefangennehmen ließ und ohne Verfahren die Urteile sprach. Es waren Urteile, die ihm den Namen eines Tyrannen einbrachten.

Wie wenig es ihm dabei um ein gerechtes Verfahren ging, zeigte sich darin, daß die Gräber König Tankreds und seines Sohnes Roger aufgebrochen wurden, um den Toten ihre Kronen vom Kopf reißen zu können. Nachträglich wurde der tote Tankred sogar noch enthauptet. Bischöfe und weltliche Herren, die an diesen Krönungen mitgewirkt hatten – und das waren praktisch alle Anhänger des sizilianischen Königshauses –, wurden zu langsamem Feuertode verurteilt oder, wenn sie Glück hatten, im Meer ertränkt. Einer wurde lebendig skalpiert, andere mit Hebebäumen durchbohrt oder lebendig in die Erde eingegraben. Die übrigen wurden geblendet und auf ewig nach Deutschland deportiert. Auch das Königshaus – immerhin die nächsten Verwandten der Kaiserin Konstanze – wurde nicht verschont. Der minderjährige König Wilhelm wurde geblendet, nach einigen Berichten sogar entmannt, und dann auf die Welfenburg Hohenems im Vorarlberg in Gefangenschaft geführt, in der er fünf Jahre später starb. Seine Mutter Sibylle wurde mit ihren drei kleinen Töchtern ins Kloster Hohenburg auf dem Ottilienberg im Elsaß eingeschlossen, zwei ihrer Vettern in der Festung Triberg in die unterirdischen Gefängnisse geworfen, wo sie dann umkamen. Kaiser Heinrich VI. hatte sich als genau der Barbar erwiesen, als den man ihn gefürchtet hatte.

Es ist fast gespenstisch, daß einen Tag nach der Krönung dieses Heinrich VI., und während das Blutgericht tagte, Kaiserin Konstanze in Jesi dem Thronerben das Leben schenkte, den seine Zeitgenossen später in Bewunderung den stupor mundi, »das Staunen der Welt« nannten: Friedrich II., der große Enkel Barbarossas.

203

Sicherung der Macht

Ein Vierteljahr nach diesen Ereignissen hielt dann Heinrich VI. im März 1195 in Bari einen Reichstag ab, um die Verhältnisse des Königreiches Sizilien neu zu ordnen. Da er sich bei der Delegation der Macht nicht auf die normannische Oberschicht Siziliens verlassen konnte, sofern sie dem Gemetzel nach der »Verschwörung« überhaupt entgangen war, fand Heinrich VI. nun eine Lösung, die um Jahrzehnte vorwegnahm, was sein Sohn Friedrich II. später weiter ausbauen sollte.

Im Gegensatz zu Burgund und Oberitalien, das die Deutschen zwar mehr oder weniger beherrschen, aber nie durch eine »Besatzungsmacht« regiert hatten, ging Heinrich VI. nun daran, das Königreich Sizilien ins Reich zu integrieren, indem er weit unten in Italien deutsche Ministeriale, deutsche Beamte, in die höchsten Ämter einsetzte. Zwar machte er seine normannische Frau Konstanze zur Regentin, weil dies die Ansprüche auf die Erbfolge untermauerte, in Wirklichkeit herrschten aber, nach dem Vorbild der Kolonisation im Heiligen Land, Fremde: So ging z. B. die Mark Ancona und das Herzogtum der Romagna als Erblehen an Markward von Annweiler, und Philipp, der Bruder des Kaisers, erhielt das Herzogtum Toscana und die Verwaltung der Mathildischen Güter.

Der Hauptnutzen Philipps bestand allerdings darin, daß er recht günstig heiratete und seinem Bruder Heinrich gar noch Erbansprüche auf den Kaiserthron von Byzanz einbrachte. Er hatte sich nämlich in Irene verliebt, die Tochter des byzantinischen Kaisers Isaak Angelos, die mit Tankreds verstorbenem Sohn Roger verlobt gewesen und bei dem Gemetzel in Palermo verschont worden war.

Da außerdem das Königreich Armenien und das von Richard Löwenherz gegründete Königreich Zypern ihre Herrschaft vom Kaiser als Lehen entgegengenommen hatten und die Gebiete von Tunis und Tripolis Tribut zahlten, konnte Kaiser Heinrich VI. tatsächlich vom Beginn der Weltmacht träumen, und seine Vorstellungen waren dabei ganz konkret.

Nicht umsonst hatte Heinrich VI. versprochen, einen Kreuzzug ins Heilige Land zu unternehmen, um das Heilige Grab zu befreien. Die fromme Absicht hatte aber wohl weniger fromme Motive, denn dahinter stand mit Sicherheit der Wunsch, auch den östlichen Mittelmeerraum zu beherrschen und – angesichts der Thronwirren in Byzanz und Philipps Erbansprüchen – am Ende durch die Einnahme des oströmischen Reiches von Byzanz die längst verlorene Einheit des alten Imperium Romanum wiederherzustellen.

Um nun diesen Kreuzzug vorzubereiten, vor allem aber auch, um die Nachfolgefrage zu regeln, kehrte Heinrich VI. nach dem Reichstag in Bari im Juli 1195 nach Deutschland zurück. Auf einem Reichstag in Worms im Dezember 1195 schlug er dann den versammelten Fürsten vor, seinen noch nicht einmal einjährigen Sohn Friedrich zum deutschen König zu wählen.

Dieses damals übliche Verfahren zur Sicherung der Thronfolge lehnten die Fürsten erstaunlicherweise ab, ohne daß uns die Gründe überliefert sind. Überhaupt ist die Quellenlage für diese Periode reichlich unsicher. Fest steht aber, daß Heinrich VI. wenige Monate später, Ende Februar 1196, auf dem Hoftag in Mainz mit einem überraschenden und nahezu revolutionären Vorschlag vor die Fürsten trat. Statt zurückzustecken, nachdem die Fürsten nicht einmal bereit gewesen waren, seinen Sohn zum König zu wählen, schlug er nun sogar vor, durch Reichsgesetz das deutsche Königtum erblich zu machen und dadurch erst recht die Krone an die Hohenstaufer zu binden.

Dieser Vorschlag war, so seltsam das klingt, die nahezu zwangsläufige Folge der Einverleibung Siziliens. Denn im Gegensatz zu Burgund und Italien besaß Sizilien eine Monarchie, die im Unterschied zum deutschen Wahlkönigtum erblich war. Da nun der deutsche König gleichzeitig auch König von Sizilien war, konnte sich der Fall ergeben, daß über die Erbmonarchie Sizilien und deren Erbfolge plötzlich die deutsche Königswahl und damit der Anspruch auf die Kaiserkrone präjudiziert werden konnte. Heinrich VI. mußte also daran liegen, diesen Konflikt aus der Welt zu schaffen, indem er auch das deutsche Königtum zur Erbmonarchie erklären ließ. Das hatte nebenbei noch den Vorteil, daß dadurch die Reichspolitik an Geradlinigkeit und Stetigkeit gewonnen hätte; man wäre nicht mehr von dem Willen der Fürsten abhängig gewesen. Denn dieser Übergang von der Wahlmonarchie zur Erbmonarchie bedeutete praktisch die Entmachtung der Fürsten, die nun nicht mehr ihren König wählen sollten.

Einen solchen Plan konnte Heinrich VI. den Fürsten selbstverständlich nur mit einem Zugeständnis schmackhaft machen. So wie die Königskrone erblich werden sollte, so sollten auch die Reichslehen der Fürsten erblich werden, und zwar auch in der weiblichen Erbfolge. Das bedeutete den endgültigen Verzicht auf das Lehensrecht. Die Ausschaltung Heinrichs des Löwen, dem der König die Reichslehen einfach wieder weggenommen hatte, wäre dann nicht mehr möglich gewesen. Das Angebot Heinrichs VI. bedeutete also für die Fürsten größere Unabhängigkeit und Sicherheit. Den geistlichen Fürsten und Äbten bot er gleichzeitig als deren Zugewinn an Selbständigkeit den kaiserlichen Verzicht auf die Spolien an, für die sein Vater Friedrich Barbarossa noch gekämpft hatte.

Trotzdem waren die Fürsten nicht bereit, diesen Erbreichsplan anzunehmen. Ein paar Monate später erklärten sie sich unter dem Druck des Kaisers dann zwar dazu bereit, zogen aber im Oktober 1196 ihre Zustimmung wieder zurück, als sich Heinrich VI. in Italien aufhielt und vergeblich versuchte, auch Papst Cölestin III. für den Erbreichsplan zu gewinnen. Immerhin erreichte Heinrich VI. nun im Gegenzug, daß die Fürsten im Dezember 1196 wenigstens seinen Sohn Friedrich zum König wählten. Die unmittelbare Nachfolge war gesichert, bevor Heinrich VI. seinen Kreuzzug antrat.

Die Vorbereitungen für den Kreuzzug waren inzwischen gut vorangekommen, obwohl man den vorgesehenen Marschtermin – man wollte ursprünglich im Dezember 1196 losziehen – nicht einhalten konnte. Doch auch der nächste Termin im Mai verzögerte sich, weil in Sizilien wieder ein Aufstand ausbrach.

Die sizilianischen Barone, unzufrieden mit der deutschen Herrschaft und dem harten Steuerdruck, hatten beschlossen, den Kaiser zu ermorden und wieder einen Normannen auf den sizilianischen Thron zu setzen. Heinrich VI. konnte den Plan noch rechtzeitig aufdecken und entging dem Mordanschlag, in dessen Vorbereitung nach umlaufenden Gerüchten sogar der Papst und seine eigene Frau eingeweiht gewesen sein sollen.

Der Staufer schlug den Aufstand mit einem seiner fürchterlichen Strafgerichte nieder. »Der Kaiser bestrafte sie alle grausam«, heißt es bei einem Chronisten: »Dem Gegenkönig ließ er vor den Augen seiner Gemahlin, der Kaiserin, eine Krone mit eisernen Nägeln aufs Haupt schlagen, andere verbrennen und einige ins Meer werfen.« Selbst die in Deutschland gefangenen Mitglieder des alten Königshauses, die an dem Aufstand überhaupt nicht beteiligt gewesen sein konnten, bekamen seine Rache zu spüren.

Unterdessen war ein Teil der Kreuzfahrertruppen ungeduldig geworden und ins Heilige Land aufgebrochen. Im August 1197 waren sie in Akkon eingetroffen und hatten den inzwischen herrschenden Frieden zwischen Christen und Mohammedanern empfindlich gestört. Da erreichte die Kreuzfahrer die Nachricht, daß Kaiser Heinrich VI. am 28. September 1197 in Messina im Alter von noch nicht ganz 32 Jahren gestorben war.

Über die Todesursache gibt es verschiedene Vermutungen, aber Genaues weiß man nicht. Nach einem Bericht hatte er am 6. August auf einer Jagd während der Tageshitze eiskaltes Quellwasser getrunken und sich dann in der folgenden kühlen Nacht so schwer erkältet, daß er einen Monat später daran starb. Andere meinen, er sei an der Malaria gestorben, wieder andere Historiker reden vom Sumpffieber und von Ruhr, während einer vage behauptet, Heinrich sei ein »Opfer des sizilianischen Sommers« geworden.

In jedem Fall war es ein überraschender Tod, so daß unter den Zeitgenossen sofort das Gerücht aufkam, seine Frau Konstanze habe ihn vergiftet. Aber wennschon nicht wahr, so ist das Gerücht immerhin bezeichnend für die Beziehungen, die man den kaiserlichen Gatten zueinander nachsagte.

Ein seltsames Testament

Vor seinem Tode fand er allerdings noch Zeit, seine Sünden zu bereuen und im Beisein Konstanzes, »unserer geliebten Gemahlin«, ein »Testament« zu machen, das verblüffend genug, den Papst als möglichen Erben Siziliens einsetzte: »Sollte unsere Gemahlin vor unserem Sohn sterben«, heißt es da, »dann soll dieser (das sizilianische Reich) behalten, stirbt er kinderlos, fällt es an die Römische Kirche. Stirbt unser Sohn vor unserer geliebten Gemahlin, dann behält sie zeitlebens das sizilianische Reich, das nach ihrem Tode an die Römische Kirche fällt.«

Das ist, nachdem die Einbeziehung Siziliens in das Reich hauptsächlich der Umklammerung des Kirchenstaates diente, immerhin merkwürdig, ganz abgesehen davon, daß der Kaiser damit einfach Teile des Reiches einem möglichen Anspruch des Papstes ausliefert, als wenn es nicht seit dem Investiturstreit darum gegangen wäre, eben jene Ansprüche auszuschalten.

Aber Heinrich ging noch weiter. Die berühmten Mathildischen Güter wurden dem Papst gleich zurückgegeben und Sizilien als Lehen des Papstes bezeichnet: »Unsere Gemahlin, die Kaiserin, und unser Sohn Friedrich sollen all den Verpflichtungen gegen den Herrn Papst und die Römische Kirche nachkommen und dem Herrn Papst die

Sicherheiten leisten, wie es die sizilianischen Könige übernommen haben und zu halten pflegten ... das Kaiserreich sollen der Herr Papst und die Römische Kirche unserem Sohn bestätigen, wofür dieser unser ganzes Land der früheren Gräfin Mathilde ... dem Herrn Papst und der Römischen Kirche zurückgeben soll ...« Auch Markward von Annweiler, der Seneschall des Reiches, sollte nach dem Wortlaut des Testaments für seine italienischen Besitzungen Ravenna und Ancona, die er vom Kaiser erhalten hatte, nun dem Papst »als seinem Herrn den Lehenseid« leisten.

Was auch immer sich Heinrich VI. von diesem merkwürdigen Vermächtnis versprach – Markward von Annweiler jedenfalls unterschlug dieses »Testament« kurzerhand, das manche Historiker ohnehin nur für eine Art Anweisung für kommende Verhandlungen halten. Es wurde drei Jahre nach Heinrichs Tod zufällig im Gepäck des Seneschalls gefunden. Zu dieser Zeit aber war bereits deutlich, daß die Umstände ganz andere Lösungen verlangten.

Als Kaiser Heinrich VI. im Dom zu Palermo in einem roten Porphyrsarg neben dem Normannenkönig Roger II. beigesetzt wurde, hatte man in Deutschland zwei Könige gewählt und in Rom einen Papst, wie es ihn seit den Zeiten Gregors VII. nicht wieder gegeben hatte.

Alles, was Heinrich VI. in den sieben Jahren Herrschaft seit dem Tode Barbarossas durch Glück, Gewalt oder Hinterlist an Macht, Einfluß und Größe erreicht hatte, blieb ohne Fortsetzung, und so schrieb Otto von Sankt Blasien, der Chronist: »Seinen Hingang mögen das Volk der Deutschen und alle Stämme Germaniens in Ewigkeit beklagen. Denn er hat ihren Namen durch die Reichtümer der übrigen Länder berühmt gemacht, hat alle Nationen ringsum durch seine kriegerische Tüchtigkeit Schrecken vor den Deutschen eingejagt und hätte ihre Überlegenheit über alle anderen Völker noch erwiesen und durch seine Tüchtigkeit und Tatkraft das Reich in seinem alten Glanze aufblühen lassen, wenn er noch länger am Leben geblieben wäre ...«

Der Nationalismus und die Überheblichkeit dieses Zitates sind erschreckend, und nicht ohne Grund haben Historiker später Heinrich VI. mit Napoleon verglichen. Wenn man will, kann man den »Wahn Kaiser Heinrichs VI.« von der Weltherrschaft dann auch bei Hitler wiederfinden, wenn man ihn mit den Worten Wilhelm Zimmermanns, eines Historikers des letzten Jahrhunderts, charakterisiert: »Seine Politik war Arglist, Falschheit, eine Wortbrüchigkeit, die keine

Oben: Die Burg Hohenstaufen (Fresko in der Oberhofenkirche in Göppingen, um 1470). Es ist die älteste erhaltene, nicht idealisierte Ansicht der staufischen Stammburg.

In medio p[at]ris residet pater IMPERIALIS

Linke Seite: Kaiser Friedrich I. Barbarossa mit seinen Söhnen König Heinrich VI. und Herzog Friedrich von Schwaben (Welfenchronik 1179–1191). – *Oben links:* Kaiser Friedrich Barbarossa als Kreuzfahrer (Ebulo-Handschrift, 13. Jahrhundert). – *Oben rechts:* Heinrich VI. empfängt die Zeichen seiner Macht aus den Händen der Tugenden (Ebulo-Handschrift, 13. Jahrhundert). – *Unten:* Der Krönungsmantel Friedrich II. (Kunsthistorisches Museum Wien). – *Folgende Seite:* Kaiser Friedrich II. (aus dem Falkenbuch).

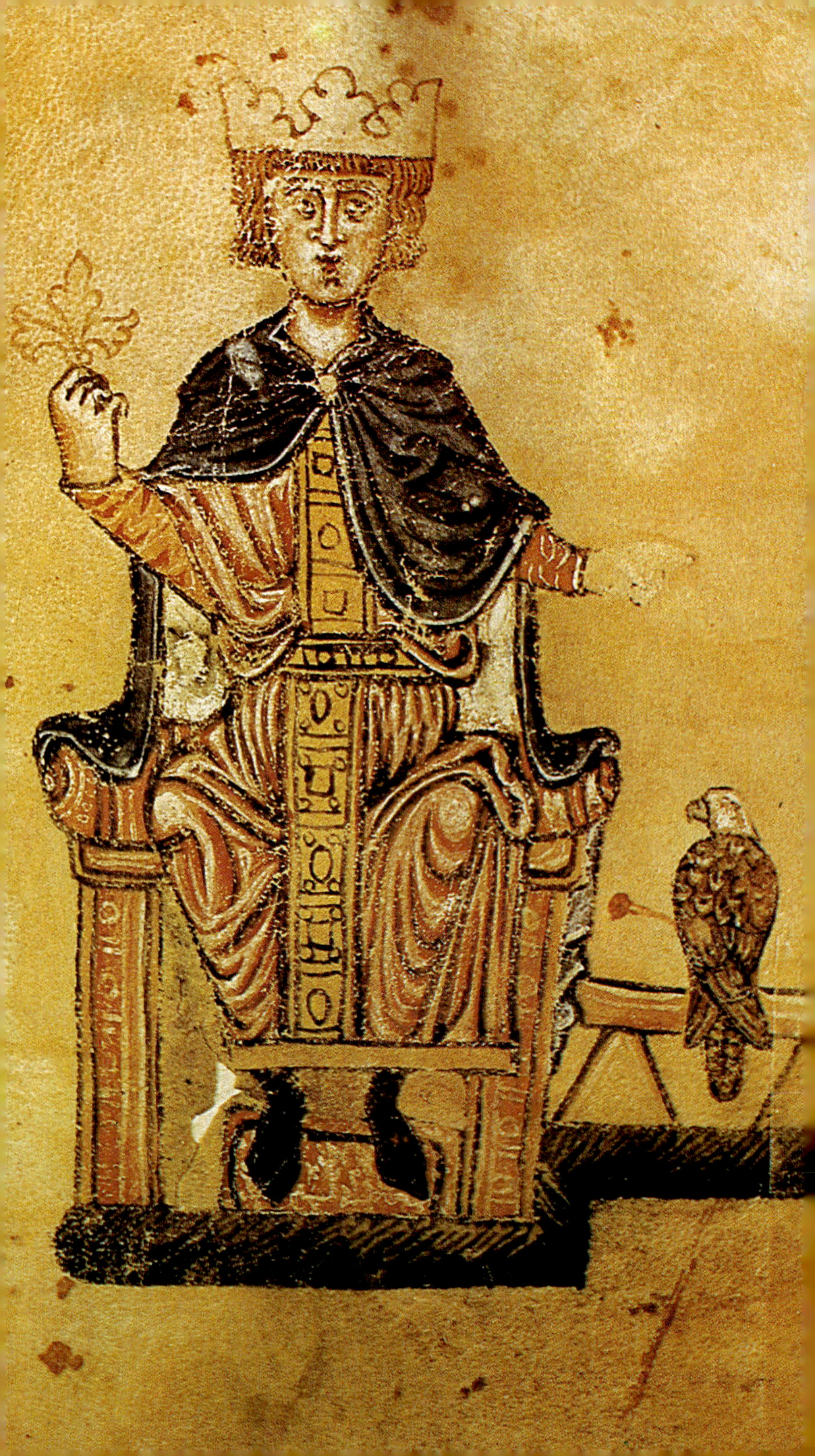

Scham kannte und jede Bemäntelung verschmähte, von vornherein berechneter Treulosigkeit...«

Sieht man nur auf den politischen Erfolg, so kann man Karl Jordan zitieren: »Auf der Bahn seines Vaters voranschreitend, hat er die staufische Königsmacht in Deutschland weiter gefestigt und das abendländische Kaisertum auf eine Höhe geführt, die bis dahin noch nie erreicht worden war.« Für Jordan ist daher der Tod Heinrichs VI. »die schwerste Katastrophe in der Geschichte des deutschen Mittelalters...«

Man kann es so und so sehen, und jeder Aspekt trifft einen Teil der Wahrheit. Es ist schwierig, einem Menschen gerecht zu werden, der zu jung gestorben ist, um ihn beurteilen zu können, und den man doch beurteilen muß, weil er Geschichte gemacht hat.

Der Kampf um das Erbe

Die Rache der Fürsten

Es waren prophetische Worte gewesen: Als Heinrich VI. die Fürsten ersucht hatte, seinen Sohn Friedrich zum König zu wählen, hatte er sie beschworen: »Mit dem Tode jedes deutschen Königs war das Reich seither ohne Haupt, und der Zwischenraum bis zur nächsten Wahl notwendig eine Zeit der inneren Auflösung. Ja, selbst eine neue Wahl beendete nur selten diesen Zustand. Denn widersprechende Forderungen wurden oft mit gleicher Heftigkeit aufgestellt und führten zur Ernennung zweier Könige oder zum Aufruhr der Mißvergnügten gegen den durch die Mehrheit gewählten. Nur alsdann wurde diesem Übel einigermaßen vorgebeugt, wenn man beim Leben des Vaters, dem Sohne oder nächsten Verwandten die Nachfolge zusicherte, mithin nach der Weise des Erbrechts verfuhr.« Aber obwohl man längst den zweijährigen Friedrich zum König gewählt hatte, trat mit dem Tode Heinrichs VI. genau das ein, was er hatte verhindern wollen.

Es war die Rache der Fürsten an einem Herrscher, den sie nicht mochten und dessen Größe kaum ein Zeitgenosse gerühmt hatte, sondern erst jene späteren Historiker bewunderten, die von seiner Idee der Weltherrschaft fasziniert waren. Für die Deutschen waren Palermo und Sizilien damals fast ebenso weit weg wie Zypern, Byzanz oder Jerusalem – weltferne Träume, die nichts einbrachten.

Heinrich VI. mag Großes vorgehabt haben – aber er war nicht der Mann dazu, sich in sieben kurzen Jahren gegen das Vaterbild Friedrich Barbarossas durchzusetzen. Es war seine Tragik, der Sohn eines großen Mannes gewesen zu sein. Erst sein Sohn Friedrich II., der Jahre später wieder am Punkt Null begann, konnte die Menschen wieder so beeindrucken, daß sie ihn auch ohne Gewalt anerkannten.

In Wirklichkeit waren die deutschen Fürsten froh, einen Mann wie Heinrich VI. los zu sein, an dessen Absetzung sie ja schon einmal gedacht hatten. Aber was sie damit einhandelten, als sie den gewählten Friedrich übergingen, war dann nicht besser.

Binnen Kürze hatte man mehrere Könige, dann Bürgerkrieg, Mord und Totschlag und, alles in allem, fünfzehn Jahre lang ein Interregnum, bei dem so ziemlich alles verlorenging, was Barbarossa und Heinrich VI. erreicht hatten.

Dabei wäre es eine Sache von Tagen gewesen, daß alles hätte anders kommen können. Heinrich VI., der die Wahl seines Sohnes Friedrich möglichst schnell auch durch die Krönung in Aachen absichern wollte, hatte seinen etwa 20jährigen Bruder Philipp von Schwaben gebeten, den inzwischen dreijährigen Friedrich in Foligno bei Assisi abzuholen, wo er bei Freunden erzogen wurde, und zur Krönung nach Aachen zu bringen.

Philipp machte sich danach auf den Weg, kam aber nicht bis Assisi, denn inzwischen war der Tod Kaiser Heinrichs bekanntgeworden und in Mittelitalien ein Aufstand gegen das Reich ausgebrochen, so daß Philipp kurz vor seinem Ziel umkehren und fliehen mußte. Daraufhin wurde Friedrich zu seiner Mutter nach Palermo gebracht.

Es wäre nun logisch gewesen, daß Heinrichs Witwe, die Kaiserin Konstanze, die Regentschaft für Friedrich übernahm, aber auf den Einfall kam offenbar niemand: Sie war und blieb auch als Frau des deutschen Königs Sizilianerin. So kehrte Philipp von Schwaben, der »junge süeze man«, wie ihn Walther von der Vogelweide genannt hat, nach Deutschland zurück, um für Friedrich die Regentschaft zu übernehmen. Doch obwohl die Reichsfürsten, die noch auf dem Kreuzzug waren, in Beirut den Treueid für Friedrich wiederholten, hatte sich Erzbischof Adolf von Köln mit Richard Löwenherz von England verbündet und hintertrieb die Anerkennung Friedrichs.

Unter diesen Umständen hielt es Philipp von Schwaben für besser, dem Drängen der ostdeutschen Fürsten nachzugeben und sich selbst im März 1198 zum König wählen zu lassen. Im Grunde war das eine Unmöglichkeit, denn mit Friedrich II. hatte man bereits einen König. Aber vermutlich waren die Fürsten froh, die von Heinrich VI. erzwungene Wahl des halbnormannischen Königskindes stillschweigend rückgängig machen zu können. Sie sollten auch insofern recht behalten, als Kaiserin Konstanze Friedrich kurz darauf zu Pfingsten 1198 in Palermo zum sizilianischen König krönen ließ und dabei ausdrücklich auf den deutschen Königstitel verzichtete.

Inzwischen aber hatte man längst einen dritten König, der, wie konnte es anders sein, ein Welfe war. Richard Löwenherz hatte sich diese Rache an den Staufern sogar viel Geld kosten lassen, das heißt, er ließ seine Untertanen zahlen, die seit den enormen Steuern für sein Lösegeld einigermaßen ans Steuerzahlen gewöhnt waren. Mit diesen englischen Pfunden sollte der Kölner Erzbischof die Gegenwahl eines Welfen betreiben.

Nach einigen Mühen fand der Erzbischof dann auch einen. Es war Otto, der Sohn Heinrichs des Löwen. Dieser etwa 20jährige Otto wurde am 9. Juni 1198 zum dritten König der Deutschen gewählt und noch vor Philipp am 12. Juli in Aachen gekrönt.

Geklärt war dadurch nichts. Otto war zwar am richtigen Ort, in Aachen, aber mit der falschen Krone, Philipp dagegen am falschen Ort, in Mainz, dafür aber am 8. September mit der echten Krone gekrönt worden. Für mittelalterliche Begriffe ein unlösbares Problem, das nur durch Schlachten oder Geld gelöst werden konnte. Aber weder Kriegszüge noch Bestechungen brachten etwas, auch nicht das Bündnis der Welfen mit England und der Staufer mit Frankreich, obwohl nach dem Tode von Richard Löwenherz im April 1199 Otto IV. an Rückhalt verlor. Er wandte sich daraufhin hilfesuchend an den Papst, aber auf dem Stuhle Petri saß nicht mehr Cölestin III.

Wenige Monate nach dem Tode Heinrichs VI. war es dem Herrn über Leben und Tod endlich gelungen, den über 90jährigen Cölestin am 8. Januar 1198 in die ewige Seligkeit abzuberufen. Noch am gleichen Tag hatte man den erst 37jährigen Kardinal Lothar aus dem Hause des Grafen von Segni zum Papst gewählt, der sich dann Innozenz III. nannte und bis 1216 als Stellvertreter Christi fungierte. Dieser Innozenz, der sich vorher vor allem durch moraltheologische Schriften hervorgetan hatte, erwies sich bald als ein Herrscher von staatsmännischem Format, der den Verfall des Kaisertums benutzte, um das mittelalterliche Papsttum erneut auf einen Gipfel seiner Macht zu führen.

Sein Ziel war es, die Kaisermacht durch eine universelle Papstgewalt abzulösen und vor allem in Italien den Kirchenstaat im alten Umfang herzustellen. Geschickt nutzte er dabei die früheren – nie realisierten – Versprechen der Kaiser aus, und bald hatte er tatsächlich den Kirchenstaat verdoppelt. Er reichte jetzt quer über Mittelitalien bis an die adriatische Küste im Osten, so daß Sizilien von Oberitalien getrennt war. Und da Kaiserin Konstanze bei der Krönung Friedrichs das Königreich Sizilien vom Papst als Lehen entgegengenommen hatte, reichte der Einfluß des Papstes in Wirklichkeit über ganz Mittel- und Unteritalien einschließlich Siziliens.

Denn ein halbes Jahr nach der Krönung des dreijährigen Friedrich zum König von Sizilien war Konstanze am 28. November 1198 gestorben und hatte Papst Innozenz III. vorher als Vormund des Kaisersohnes eingesetzt und ihn damit zum eigentlichen Herrscher des Königreiches von Sizilien gemacht. Als Regent von Sizilien hatte der Papst daraufhin eine Regierung von vier Erzbischöfen unter dem Kanzler Walther von Palearia gebildet, die es in Kürze verstand, das Land in Anarchie versinken zu lassen.

In dieser Situation traf nun der Papst seine Entscheidung im deutschen Thronstreit, aus dem sich Innozenz (»der Unschuldige«) bisher herausgehalten hatte, obwohl er in Geheimgesprächen mit dem Staufer Philipp und dem Welfen Otto zu erfahren gesucht hatte, welcher der beiden ihm die größten Zugeständnisse machen würde, um anerkannt und damit zum Kaiser gekrönt zu werden.

Es war der Welfe Otto IV., der auf alle päpstlichen Bedingungen einging, vor allem, weil die englischen Pfunde nach dem Tode von Richard Löwenherz spärlich flossen und weil Verhandlungen im Gange waren, anstelle der beiden Gegenkönige nun doch wieder Friedrich II. in seine Rechte einzusetzen.

Der Triumph der Welfen

Unter diesen Umständen traf Papst Innozenz III. seine Entscheidung zum Nachteil seines eigenen Mündels Friedrich. Im Juli 1201 – mithin mehr als drei Jahre nach Ottos Wahl – verkündete der Legat des Papstes in Köln feierlich die rechtmäßige Wahl Ottos IV. und bannte die Staufer, was freilich Otto nichts nutzte und den Staufern nicht schadete.

Es blieb nämlich alles beim alten. Der Papst verhandelte weiter mit dem gebannten Philipp, und Otto verlor unterdes seinen letzten Anhang, als die Engländer 1202 aus ihren (heute französischen) Gebieten auf dem Festland vertrieben wurden. Selbst Ottos eigener Bruder Heinrich ging in Philipps Lager über.

1207 war es dann soweit: Der Papst schickte wieder zwei Delegaten nach Deutschland, diesmal, um Otto IV. zum Thronverzicht zu bewegen, damit Philipp als rechtmäßiger König anerkannt würde. Sie lösten deshalb Philipp vom Bann und erreichten einen einjährigen Waffenstillstand, an dessen Ende Otto IV. zum Rücktritt bereit war und Philipp zum Kaiser gekrönt werden sollte. Da wurde Philipp am 21. Juni 1208 in Bamberg ermordet.

Es war der erste Königsmord in der deutschen Geschichte und ein unerhörtes Ereignis. Doch es war kein politischer Mord, sondern die Rache des jähzornigen und beleidigten bayerischen Pfalzgrafen Otto von Wittelsbach, dem König Philipp erst eine seiner Töchter als Frau versprochen, dann aber das Verlöbnis wieder zurückgenommen hatte. Daraufhin war der Bayer wutentbrannt in Philipps Zimmer auf Schloß Altenberg bei Bamberg eingedrungen und hatte ihn mit dem Schwert erschlagen, so daß er, wie man früher sagte, »entseelt in seinem Blut zu Boden sank«.

Der »junge sueze man« war gewiß der harmloseste und liebenswerteste der Staufer, kein Mann der großen Taten, dafür aber – wie sein Vater Barbarossa – redlich und ritterlich und damit das volle Gegenteil seines Bruders Heinrich.

Sein Mörder, so erzählte man später, irrte dann von Gewissensbissen gepeinigt umher, von allen gemieden und ohne Zuflucht. Seine Güter wurden verwüstet, sein Stammschloß Wittelsbach niedergerissen und an seiner Stelle zur Sühne für den Königsmord eine Kirche gebaut. In einer Scheune der Mönche von Oberndorf in der Nähe von Regensburg wurde Pfalzgraf Otto von Wittelsbach dann aufgespürt. Man stach ihn nieder und warf den abgeschlagenen Kopf in die Donau, die Leiche blieb jahrelang unbeerdigt.

Es ist ein Dramenstoff wie von Shakespeare: Als Philipps königliche Gemahlin, die byzantinische Prinzessin Irene von der Ermordung ihres Gemahls erfuhr, floh sie zur Burg Hohenstaufen. Dort kam sie, die Walther von der Vogelweide eine »rôse âne dorn, ein tûbe sunder gallen« (eine Rose ohne Dornen, eine Taube ohne Galle) genannt hatte, vorzeitig nieder »und starb mit dem Kind vor Schmerz und Gram«.

Es ist dies übrigens eine der ganz wenigen Male, daß die Burg Hohenstaufen in der Geschichte der Staufer erwähnt wird. Von hier hatte das Geschlecht seinen Ausgang genommen; hier wurde beim Tod der byzantinischen Kaisertochter mit einem Male deutlich, daß das Geschlecht der Staufer nahezu am Ende war.

Philipp hatte nur Töchter gehabt, und alle Söhne Friedrich Barbarossas – bis auf einen – waren ohne männliche Erben gestorben, zum Teil auf recht ungewöhnliche Weise wie Herzog Konrad, der in (Karlsruhe-)Durlach bei einem erzwungenen Liebesabenteuer von seiner Angebeteten so ins Auge gebissen wurde, daß er nach drei Tagen starb, nach einer anderen Variante, aber mit dem gleichen Ergebnis, vom erbosten Ehemann während der Liebeslust erdolcht wurde.

So gab es im Jahre 1208 nach der Ermordung Philipps nur noch einen einzigen männlichen Erben der Staufer – einen 14jährigen Jungen, um den sich niemand kümmerte und der sich deshalb von fremden Leuten reihum zum Essen einladen lassen mußte, um bei seinem Streunerdasein überhaupt satt zu werden, von »einem Bürger eine Woche«, von einem anderen »einen Monat und so fort . . .«

Es war Friedrich, das Pflegekind von Papst Innozenz III., der weit weg im Süden in den Gassen Palermos unter Arabern, Juden, Afrikanern und Normannen aufwuchs, nie eine ordentliche Schulbildung bekommen hatte und, obwohl er »voll Scharfsinn und Gelehrigkeit« und »an Wissen jetzt schon ein Mann« war, ein höchst unkaiserliches »ungehöriges und unschickliches Betragen« an den Tag legte, »ganz unzugänglich für Ermahnungen« war und »nur dem Triebe seines eigenen freien Willens« folgte, wie ein Zeitgenosse berichtet.

Nach sizilianischem Recht wurde dieser Friedrich mit 14 Jahren mündig, so daß er nun sogar nach der Ermordung seines Onkels Philipp mit einigem Recht seinen Anspruch auf den deutschen Thron hätte anmelden können, der ihm 1196 im Alter von zwei Jahren zugesagt worden war.

Aber Papst Innozenz, der die Ermordung des Staufers Philipp etwas voreilig als ein Gottesurteil begrüßte, hatte anderes im Sinn. Nachdem sich Otto IV. nach der Ermordung Philipps zur Sicherheit noch einmal am 11. November 1208 in Frankfurt zum König wählen ließ und die älteste Tochter seines toten Rivalen geheiratet hatte, war nun auch Innozenz bereit, sich zu entscheiden und Otto IV. mit der biblischen Formel »mein lieber Sohn, an dem ich Wohlgefallen habe«, zum Kaiser zu krönen. Otto IV. hatte nämlich erneut versprochen, die Gebietsansprüche des Kirchenstaates, die sogenannten »Rekuperationen«, anzuerkennen, dem Papst bei der Beherrschung Siziliens zu helfen, auf Spolien- und Regalienrechte zu verzichten und ihn bei der Ketzerbekämpfung zu unterstützen. So bequem hatte es schon lange kein Papst gehabt, seine Ansprüche durchzusetzen.

Ein Welfe wird Kaiser

Trotz mancher Warnungen krönte daher Innozenz III. seinen »lieben Sohn« Otto am 4. Oktober 1209 als übriggebliebenen König der Deutschen zum Kaiser der Römer. Damit war – ein später Triumph – doch noch ein Welfe deutscher Kaiser geworden.

Aber weder die Welfen noch der Papst sollten den Erfolg genießen. Noch in Rom kam es zu blutigen Zusammenstößen zwischen Römern und dem starken deutschen Heer Ottos, und plötzlich erinnerte sich auch Otto nicht mehr an seine Zusagen in bezug auf das Territorium des Kirchenstaates. Verstimmt trennte man sich, und Otto IV. zog in Richtung Deutschland nach Hause.

Doch nun geschah etwas Unerwartetes, aber nicht Unverständliches, auch wenn es jede Seite anders sah: Otto IV. kehrte wieder um und zog plötzlich gegen alle Abmachungen nach Süden. Seine Motive waren dabei ebenso verständlich wie die des Papstes, nur bewegten sie sich leider im gleichen Interessengebiet. Kaiser Otto wollte den knapp 14jährigen Friedrich aus seinem sizilianischen Erbreich verdrängen, um den Rivalen von vornherein auszuschalten.

Der Papst wiederum wollte überhaupt keine Deutschen im Königreich Sizilien haben. Schon gar nicht einen Kaiser anstelle eines 14jährigen Jungen mit gewissen Ansprüchen.

Um diese Ansprüche einigermaßen aus dem Wege zu schaffen, war Papst Innozenz III. nämlich schon vor einiger Zeit die Idee gekommen, sie durch eben jenes Mittel zu neutralisieren, durch das sie sonst bewirkt werden: durch Heirat.

Friedrich II. und Konstanze von Aragon

Der Papst hatte deshalb dem noch nicht einmal vierzehnjährigen Friedrich vorgeschlagen, eine gewisse Konstanze von Aragon zu heiraten, deren Familie dem Papst als Lehensträger verpflichtet war. Friedrich war davon überhaupt nicht begeistert, denn die spanische Konstanze, bereits Witwe des Ungarnkönigs Emmerich, war mindestens schon 25 Jahre alt. Wie sein Vater Heinrich VI. die um elf Jahre ältere Konstanze von Sizilien geheiratet hatte, so sollte nun also auch der Sohn eine ebenfalls elf Jahre ältere Konstanze zur Frau bekommen.

Aber auch der König von Aragon, der Bruder jener Konstanze, zeigte keine große Lust, seine Schwester an einen kaum vierzehnjährigen Straßenjungen wegzugeben, der noch nicht einmal als erwachsen galt. Deshalb schrieb der Papst, wennschon nicht aus eigener, so doch aus literarischer Kenntnis, an Peter II. von Aragon beruhigende Worte über die Potenz der »ebenbürtigen Cäsaren«: »Ihre Manneskraft tritt vor der Zeit ein.« (Eine Fähigkeit, die übrigens, entsprechend der päpstlichen Prophetie, bei Friedrich so ausdauernd anhielt, daß die Genealogen bis heute bei der Aufstellung seiner Nachkommenschaft verzweifeln.) – Aber weder dieser Hinweis noch die päpstliche Mahnung, die Braut »mit einer angemessenen Mitgift und einem ehrenvollen Geleite ... unverzüglich absenden zu wollen«, konnten die Sache beschleunigen. Erst mehr als ein Jahr später traf Konstanze im August 1209 in Palermo ein, wo dann kurz darauf die Hochzeit stattfand. Als »Mitgift« hatte sie etwas mitgebracht, was für den völlig mittellosen Friedrich der einzige Anreiz zur Heirat gewesen war: Mit ihr kamen 500 spanische Ritter, so daß Friedrich nun über ein kleines Heer verfügte, um wenigstens als König von Sizilien seine Ansprüche durchsetzen zu können. Doch die Enttäuschung blieb nicht aus. Ein großer Teil der Ritter starb zwei Monate später an einer verheerenden Seuche, die auch das Königspaar für einige Zeit aus Palermo vertrieb. Dafür machte Friedrich II. eine Entdeckung, auf die er nicht gefaßt war: Er liebte seine Konstanze, und sie liebte ihn.

Das war die Situation, als der Welfe Otto IV. entgegen allen Abmachungen seine Krönungsfahrt dazu benutzte, um 1210 gegen Friedrich II. nach Sizilien zu ziehen. Als Otto IV. im Herbst an der Südspitze Italiens ankam und von Tarent aus nach Messina übersetzen wollte, war für Friedrich II. die Lage so hoffnungslos, daß er an Verteidigung gar nicht denken konnte. Im Gegenteil: Friedrichs einzige Gegenmaßnahme bestand darin, daß er in Palermo eine Galeere bereithielt, um notfalls nach Afrika fliehen zu können.

Doch dazu kam es nicht. In seiner tiefen Enttäuschung über den Welfen Otto IV. – »das Schwert, das wir uns geschaffen, schlägt uns schwere Wunden« – verhängte der Papst im November den Bann über den Kaiser – eine Maßnahme, die Otto IV. wenig kümmerte, die aber ihre Auswirkungen auf Fürsten und Geistliche diesmal nicht verfehlte. Als Otto IV. nicht zum Einlenken bereit war, wurde der Bann am Gründonnerstag 1211 noch einmal wiederholt. Mit dem Bibelwort »es reut uns, den Menschen geschaffen zu haben« trennte sich der Papst von dem Welfen, den er den Staufern vorgezogen hatte.

Die Kehrtwendung

Gleichzeitig vollzog der Papst eine geradezu sensationelle Kehrtwendung. Wenn Otto IV. nicht bereit war, seine Gebietsansprüche zu achten, dann konnte er sie vielleicht mit seinem früheren Mündel, dem Staufer Friedrich durchsetzen. Daher setzte der gleiche Innozenz III., der bisher alles getan hatte, um Sizilien wieder vom Imperium und der Kaiserkrone zu trennen, plötzlich alle seine Trümpfe auf den Staufer Friedrich II., der längst zum deutschen König gewählt und als König von Sizilien bereits gekrönt war. Unterstützt wurde er bei diesem Gesinnungswandel von König Philipp II. August von Frankreich, der traditionellerweise für die Staufer eintrat und schon gegen die Wahl Ottos zum Kaiser opponiert hatte.

In diesem Sinne hatte er bereits unter den deutschen Fürsten Stimmung gemacht, die nun nach dem Bann Ottos IV. auch bald entdeckten, daß sie den Welfen nicht mochten, da er zwar »stark, aber sonst hochfahrend und dumm« war, wie es der Ursperger Chronist notierte.

So kam es, daß einige der deutschen Fürsten auf Anregung des Papstes und »nach dem Rat des Königs Philipp von Frankreich« im September des Jahres 1211 in Nürnberg zusammenkamen und, im ständigen Wählen wechselnder Könige schon einigermaßen geübt, diesmal Friedrich II. zum deutschen König und künftigen Kaiser wählten und dafür Otto IV. für abgesetzt erklärten.

Als diese Nachricht Italien erreichte, brach Otto IV. sofort seinen Angriff auf Sizilien ab, um in Deutschland noch zu retten, was zu retten war. Aber während Otto IV. nach Norden marschierte, traf aus Nürnberg schon Anselm von Justingen als Beauftragter der Fürsten in Palermo ein und überreichte dem erstaunten Friedrich, der eben noch an eine Flucht nach Afrika gedacht hatte, seine Botschaft: »Die versammelten Fürsten des Deutschen Reiches entbieten dem Erlauchten Herrn, dem König von Sizilien und Herzog von Schwaben, Friedrich, ihren Gruß.«

Nach dieser Einleitung las dann der inzwischen siebzehnjährige Friedrich II. weiter: »Wir, die Fürsten des Deutschen Reiches, denen von alten Zeiten her das Recht und die Macht gegeben ist, ihren König und Herrn zu erwählen und solchen auf den alten Thron der Römischen Kaiser zu setzen, sind in Nürnberg zusammengekommen, um über das gemeine Beste zu ratschlagen und uns einen neuen König zu wählen. Wir richten nun unsere Augen auf Dich als den, der solcher Ehre am allerwürdigsten erscheint, der zwar ein Jüngling an Jahren ist, aber ein Greis an Einsicht und Erfahrung, den die Natur mit allen edlen Gaben mehr als irgendeinen anderen Menschen ausgestattet hat, den edelsten Sproß jener erhabenen Kaiser, die weder ihre Schätze noch ihr Leben geschont haben, das Reich zu mehren und alle ihre Untertanen zu beglücken.

In Betracht all dieses bitten wir Dich nun, daß Du Dich aus Deinem Erbreich erheben und zu uns nach Deutschland kommen wollest, um die Krone dieses Reiches gegen den Feind Deines Hauses zu behaupten.«

Wenn Anselm von Justingen nun geglaubt hatte, der junge König würde sich voll Stolz und voller Tatendrang auf den Weg machen, so sah er sich getäuscht. Nicht nur die sizilianischen Ratgeber rieten ihm ab, weil es keinen Zweck habe, sich in ein ungewisses Abenteuer zu stürzen, solange in Sizilien noch nicht die Anarchie beseitigt war; auch seine Konstanze, mit dem neugeborenen Stammhalter Heinrich auf dem Arm, flehte ihren hohen Gebieter und Gemahl an, sie und ihr neugeborenes Kind in solchen unruhigen Zeiten nicht allein zu lassen.

So verging ein volles Vierteljahr, bis Friedrich II. dem Ruf der Fürsten folgte. Erst nachdem Konstanze zur Regentin von Sizilien ernannt und Heinrich (VII.) zum Thronerben gekrönt war, segelte der Siebzehnjährige am Palmsonntag, dem 18. März 1212, aus Palermo ab, um mit einer Handvoll treuer Begleiter und fast ohne einen Pfennig Geld das Reich in Besitz zu nehmen.

IV
»Das Staunen der Welt«: Friedrich II.

Das »Chint von Pulle«

Vom Bettler zum König

Ohne auch nur einen Schritt von der historischen Wirklichkeit abzuweichen, kann man die Geschichte des Barbarossa-Enkels Friedrich wie ein Märchen erzählen. Es ist die Geschichte von einem Königskind, das fern vom königlichen Hof aufwuchs, das dann beide Eltern verlor und, als Waisenkind herumgestoßen, in bitterster Armut lebte, während andere auf dem Thron saßen, der ihm zustand. Aber am Ende sollte er als Jüngster und Ärmster über alle triumphieren.

»Arm und abgerissen wie ein Bettler« zog er los, wie der Chronist schreibt, um ein fernes Königreich zu übernehmen, dessen Sprache ihm fremd war und das ihm dann doch ohne einen Schwertstreich zufiel. Es ist die Geschichte von einem armen Königssohn, den niemand auf seine Zukunft vorbereitet hatte und der dann einer der gebildetsten und weisesten Herrscher war, die je auf einem Kaiserthron gesessen haben, eine Gestalt, von der es im Märchen heißen würde: Und wenn er nicht gestorben ist, dann lebt er heute noch. Aber selbst in diesem Detail bleibt das Leben dieses Hohenstaufer märchenhaft: Sein Tod erschien den Zeitgenossen so unfaßlich, daß sie ihn in der Legende an einem unbekannten Ort weiterleben ließen, eine Sage, die, wie wir schon wissen, erst viel später von ihm auf Barbarossa und den Kyffhäuser übertragen wurde.

Als Friedrich II. damals am 18. März 1212 im Alter von siebzehn Jahren und drei Monaten aus Palermo absegelte, um sich nach Deutschland durchzuschlagen, konnte freilich niemand ahnen, welche geradezu unglaublichen Glücksfälle das Leben dieses jungen Mannes bestimmen sollten. Die Wirklichkeit sah zunächst ganz anders aus. Schon auf der Überfahrt lauerten ihm welfentreue pisanische Galeeren auf, so daß er vorzeitig in Gaeta, mehr als 150 km vor Rom, das Schiff verlassen und auf dem Landwege nach Rom reisen mußte, wo er dann Mitte April eintraf.

Dort jubelten ihm die Römer als dem zukünftigen Kaiser zu, und zufrieden schrieb Friedrich nach Sizilien: »Uns ergeht es hier auf das trefflichste.« Aber dafür, daß er die deutsche Krone erhalten sollte, mußte er dem Papst den Lehnseid für Sizilien leisten und versprechen, das Königreich Sizilien nach seiner Krönung zum Kaiser seinem Sohn

Heinrich zu übergeben. Nach dem Willen von Papst Innozenz III. sollte es niemals wieder zu einer Doppelherrschaft kommen, mit der Friedrichs Vater, Heinrich VI., zugleich König von Sizilien und Kaiser des »Heiligen Reiches« gewesen war und damit den Kirchenstaat umklammert hatte.

Von diesem Zusammentreffen Friedrichs mit seinem früheren Vormund, das am Ostersonntag stattfand, haben wir leider keinen Bericht, obwohl es die erste und letzte Begegnung der beiden war. Aber man kann sich leicht vorstellen, mit welcher Skepsis der 52jährige Papst den Siebzehnjährigen gemustert hat, dem er zwar einige Jahre zuvor geschrieben hatte, »daß wir für die Verteidigung Deiner guten Rechte oft schlaflose Nächte verbracht haben« und daß oft »Briefe für Deine und Deines Reiches Ruhe die Federn der Notare ermüdet und die Tinte der Schreiber verbraucht« haben, der aber gleichzeitig alles getan hatte, um die Staufer von der Macht fernzuhalten.

Vorsichtshalber gab daher der Papst dem jungen Königssohn einen kirchen- und papsttreuen Legaten mit. Es war der Erzbischof von Bari, der etwa 35jährige Berard von Castacca, der in der Folge aber durchaus nicht so papsttreu war, wie Innozenz gehofft hatte. Als Berater, Botschafter und Unterhändler des Kaisers hielt Berard von Castacca auch dann unbeirrt zu Friedrich II., als ihn ein Papst bannte, und das geschah immerhin zweimal.

Nach dem kurzen Aufenthalt in Rom segelte Friedrich dann auf dem sicheren Seeweg nach Genua, wo er festlich empfangen wurde, da Genua traditionellerweise schon deswegen stauferfreundlich war, weil es das rivalisierende Pisa nicht war. Aber schon geriet die Reise ins Stocken. Über ein Vierteljahr mußte Friedrich in Genua bleiben, weil seine Gegner den »Pfaffenkaiser« abfangen wollten. Praktisch waren ihm alle Wege nach Deutschland versperrt, da die umliegenden Städte noch zu Otto IV. hielten.

In seiner Ungeduld brach Friedrich dann trotzdem am 15. Juli aus Genua auf und kam glücklich bis Pavia, geriet dann aber hinter Pavia am Fluß Lambro in einen Hinterhalt der Mailänder, aus dem er sich nur durch die Flucht retten konnte. Auf einem sattellosen Pferd gelang es ihm, den Fluß zu durchqueren, so daß die Mailänder spotteten, Friedrich habe seine Hosen im Lambro gewaschen.

Über Mantua und Verona zog Friedrich nun, von Freunden geleitet, das Etschtal hinauf, mußte aber dann auf unwegsamen und strapaziösen Nebenpässen über die Alpen, weil der Brenner von feindlichen

Truppen besetzt war. Der genaue Reiseweg läßt sich nicht mehr rekonstruieren, aber da Friedrich für die Alpenüberquerung nahezu zwei Monate brauchte, kann man sich ausrechnen, welche Mühsal der Marsch bedeutet haben muß, bevor er mit einem »Heer« von kaum sechzig Mann im September 1212 vor Konstanz erschien.

Es war ein dramatischer Wettlauf mit der Zeit, und ein Chronist schrieb: »Wäre Friedrich drei Stunden später in Konstanz eingetroffen, so wäre er niemals in Deutschland hochgekommen.« Denn kaum hatte Otto IV. erfahren, daß Friedrich auf dem Wege nach Norden war, hatte er einen Feldzug in Thüringen abgebrochen und war in Gewaltmärschen an den Bodensee geeilt. In Überlingen wartete Otto IV. gerade auf eine Bodenseefähre, die ihn nach Konstanz bringen sollte, als just in diesen Stunden von der anderen Seite Friedrich vor dem Stadttor auftauchte. Die Konstanzer, die sich bereits auf einen feierlichen Empfang Kaiser Ottos vorbereitet hatten – Ottos Hofköche waren schon eingetroffen und bereiteten das Festmahl vor –, wollten Friedrich unter keinen Umständen in die Stadt lassen, denn Konstanz werde seine Tore nur dem rechtmäßigen Kaiser öffnen.

Nun riefen der Bischof von Chur und der Abt von St. Gallen, die im Gefolge Friedrichs waren, mit Friedrich sei ja der rechtmäßige Kaiser soeben eingetroffen, aber das rührte den Bischof von Konstanz nicht. Erst als der päpstliche Legat Berard von Castacca vortrat und die päpstliche Bannbulle gegen den »ehemaligen Kaiser Otto« vorlas, blieb dem Konstanzer Bischof keine andere Wahl, als Friedrich in die Stadt zu lassen. – Und während Otto IV. wenige Kilometer vor Konstanz verzweifelt auf seine Fähre wartete, vollzog sich in Konstanz eine bühnenreife Posse. Der feierliche Empfang, für Otto gedacht, kam nun Friedrich zugute, und als Ottos Köche das Festmahl auftrugen, saß ein siebzehnjähriger Junge an der Tafel, der nun behaglich den Festbraten für den Kaiser aufaß.

Als dann Otto IV. endlich mit seiner Fähre vor Konstanz Anker warf, war der Rollentausch perfekt. Jetzt stand er vor den Toren der Stadt und wurde ebensowenig hineingelassen wie wenige Stunden zuvor Friedrich II.

Dieser zufällige Zeitvorsprung entschied das Schicksal Friedrich II. Otto blieb ausgeschlossen, und Friedrich, einmal in Konstanz als rechtmäßiger Herrscher anerkannt, gewann in wenigen Monaten die Unterstützung der Staufergebiete, des Klerus und der Bevölkerung, während das Ansehen des gebannten Otto rapide zurückging.

Hatten die Deutschen erst noch ein wenig spöttisch von dem »Chint von Pulle« – dem Kind aus Apulien – geredet, so wurde die Bezeichnung für den blauäugigen und rötlichblonden Friedrich bald zum Ehrennamen, und die Troubadoure sangen ihre Lieder über ihn wie Aimeric de Pegulhan das Lied vom »guten Arzt«: »Noch nie sah ein Mensch einen Arzt von seiner Jugendfrische, so freigebig, so schön, so mutig, so fest, so siegreich, so wohlberedt und so wohl verständig . . .«, und Walther von der Vogelweide dichtete über das Kind von Pulle:

>»Sein junger Leib ward mächtig und ward groß,
> wie hoch empor er schoß! Bald ist er Riesen ein Genoss'!«

Und selbst die nüchterne deutsche Kaiserchronik, die feststellte, »das sehr weise Kind von Apulien« habe »eher mit himmlischen als mit irdischen Kräften« den Welfen überwunden, schildert seinen Weg gleich in Reimen:

>»Die Herren waren, wo sie sind,
> sie schickten Botschaft an das Kind,
> das man »von Apulien« hieß;
> jeder für sich ihm sagen ließ:
> komme es in deutsches Land.
> Sie machten es da unverwandt
> zum König und zum Überherrn.
> Das Kind vernahm die Kunde gern. –
> Der Kaiser Otto hatte größere Kraft,
> das Kind jedoch ward sieghaft
> ganz ohne eines Schwertes Streich;
> die Gnade wog der Menge gleich.«

Was man nun aber allzugern auf den jugendlichen Charme oder das politische Charisma des jugendlichen Helden zurückführen möchte, hatte einen ganz nüchternen Hintergrund. Denn daß Friedrich so schnell anerkannt wurde, lag ganz einfach daran, daß er die Fürsten großzügig mit Geld bestach.

Genau das und nichts anderes hat auch Walther von der Vogelweide mit seinem Vergleich gemeint, als er Friedrich zum Genossen der Riesen machte. Das Gedicht beginnt nämlich mit den Zeilen:

»Ich hatt' Herrn Ottos Wort, er wollte reich mich machen,
wie trüglich war sein Wort! – es ist zum Lachen.«

Und dann vergleicht Walther von der Vogelweide die finanzielle »Milde« Ottos und Friedrichs und stellt fest: »An mildem Sinn« war Otto IV. »kleiner als ein Zwerg«. Als er aber Friedrich II. mit der gleichen Elle maß, fand er: »... wie hoch empor er schoß ... bald ist er Riesen ein Genoss'.«

Das notwendige Geld hatte Friedrich II. vom französischen König erhalten. Noch im November, keine zwei Monate nach seinem Erscheinen in Deutschland, war Friedrich an der Reichsgrenze bei Vaucouleurs bei Toul mit dem Sohn König Philipps II. August von Frankreich, dem späteren Ludwig VIII., zusammengetroffen. Von ihm hatte er für das Versprechen, weder mit Otto IV. noch dessen Neffen, dem englischen König Johann Ohneland, ohne Frankreichs Einverständnis einen Friedensvertrag zu schließen, die ansehnliche Summe von 20000 Silbermark bekommen. Als man Friedrich nun besorgt fragte, wo er so viel Geld aufbewahren wollte, soll er geantwortet haben: »bei den Fürsten«.

Gelegenheit dazu ergab sich gleich darauf am 5. Dezember auf der großen Fürstenversammlung in Frankfurt, die ihn noch einmal zum König wählte. Vier Tage später, also am 9. Dezember 1212, wurde der siebzehnjährige Friedrich II. von Hohenstaufen dann feierlich zum König gekrönt, wenn auch am falschen Ort und ohne die echten Insignien: Da Aachen, die Kaiserstadt, im Einflußgebiet Ottos lag, hatte man die Krönungsfeierlichkeiten nach Mainz verlegt.

Damit war Friedrich II. ein Vierteljahr nach seiner abenteuerlichen Alpenüberquerung mit Unterstützung des Papstes und der Überzeugungskraft des französischen Geldes rechtmäßiger König der Deutschen, auch wenn er genau besehen eigentlich nur ein neuer Gegenkönig zu Otto IV. war, der ja, ebenfalls rechtmäßig und sogar richtig in Aachen gekrönt und gesalbt, noch immer als Kaiser und König regierte.

Dieser nun schon 15 Jahre andauernde Thronstreit wurde aber nicht, wie man denken sollte, von den Deutschen gelöst, sondern fast versehentlich von den Franzosen.

Es ist dies wieder einer jener seltsamen Glücksfälle, die Friedrich II. den Weg ebneten, den er allein nie hätte gehen können. Otto IV., der weniger in Friedrich als im französischen König seinen Hauptgegner sah, weil er den Staufer protegierte, hatte nämlich beschlossen, mit seinem Neffen Johann Ohneland Frankreich anzugreifen.

Diesem immer wieder aufflackernden welfisch/englisch-französisch/staufischen Konflikt war es zu verdanken, daß der deutsche Thronstreit de facto beendet wurde: Bei Bouvines, östlich von Lille, wurde Otto IV. von König Philipp II. August am 27. Juli 1214 vernichtend geschlagen. Demonstrativ schickte der französische König daraufhin den erbeuteten Adler der Kaiserstandarte an Friedrich II. als dem eigentlichen Sieger, während sich Otto über ein Jahr auf Kosten der Bevölkerung in Köln versteckt hielt und dann hinausflog, weil seine Frau beim Würfelspiel zuviel Geld verlor.

Damit hatte der französische König zum drittenmal den Königsmacher für Friedrich gespielt: Erst durch seine Fürsprache beim Papst, dann mit Geld und schließlich mit einem Sieg auf dem Schlachtfeld. Unbeachtet und ohne jeden Einfluß starb – wie einst sein Vater Heinrich der Löwe – der Welfenkaiser Otto IV. im Jahre 1218, noch nicht 36 Jahre alt.

Da nach damaliger Ansicht die Rechtmäßigkeit der Krönung und der Anspruch auf die Kaiserkrone erst dann eindeutig gegeben war, wenn Krönung und Salbung in Aachen, »der Hauptstadt und dem Sitz des Deutschen Königtums«, vollzogen wurde, ließ sich Friedrich II. am 23. Juli 1215 ein zweites Mal und diesmal auf dem ehrwürdigen Thronsitz Karls des Großen und mit der echten Krone zum König salben, denn er fand es »angemessen und sinngemäß, dem Beispiel des Herrn und Heiligen Karl und dem der anderen Vorfahren zu folgen«. Damit war der 21jährige, der seine Regierungsjahre von diesem Tag an zählte, unbestrittener König der Deutschen.

Und wie Friedrich Barbarossa zu Ehren des Herrn Karl für den Dom den großen Radleuchter hatte anfertigen lassen, so erwies auch dessen Enkel Friedrich II. Karl dem Großen seine Reverenz: Am Tage nach seiner Krönung ließ Friedrich II. die Gebeine Karls des Großen in einen kostbaren Schrein aus Gold und Silber umbetten, den schon Barbarossa in Auftrag gegeben hatte, der aber erst jetzt fertig geworden war. An seinen Außenflächen waren 16 deutsche Kaiser und Könige bis zu Friedrich II. selbst in Silber getrieben abgebildet. Es ist der mehr als 2 m lange Schrein, der bis auf den heutigen Tag im Aachener Dom steht.

Bevor der Schrein geschlossen wurde, deckte Friedrich II., der in Palermo eher Arabisch als Deutsch gelernt hatte, die Gebeine Karls des

Großen mit einem kostbaren Tuch zu, das aus einer islamischen Weberei stammte und dessen auffälligste »Arabeske« unpassenderweise in endloser Wiederkehr hüpfende Häschen zeigte (heute ebenfalls im Aachener Domschatz). Danach, so berichtet ein Chronist, legte Friedrich II. zur Verwunderung der anderen den Mantel ab, »nahm einen Hammer, erstieg mit dem Werkmeister das Gerüst und schlug vor den Augen aller Anwesenden zusammen mit dem Meister die Nägel des Schreines fest...«

Außer dieser Geste der Tradition hatte der junge König am Tag zuvor bei seiner Krönung eine andere symbolische Handlung vollzogen, die in die Zukunft wies und zugleich einen Führungsanspruch des Königs gegenüber dem Papst signalisierte. »Sofort nach der Messe«, so notierte der Chronist, »nahm der König völlig unerwartet das Zeichen des lebensspendenden Kreuzes...«

Es sollten jedoch 13 Jahre vergehen, bis Friedrich II. den versprochenen Kreuzzug unternahm. Bis dahin war aber das Versprechen des Kreuzzuges eher eine Hypothek, für die Friedrich II. viel zu hohe Zinsen zahlen mußte.

Vom König zum Kaiser

Von den insgesamt acht Jahren, die Friedrich II. von seinem ersten triumphalen Auftritt bis zu seiner Kaiserkrönung in Deutschland verbrachte, dienten die ersten drei Jahre hauptsächlich dazu, seine persönliche Stellung auszubauen. In den folgenden fünf Jahren bis zur Kaiserkrönung in Rom versuchte Friedrich II., die Nachfolge zu sichern und seine Verzichterklärung auf Sizilien zu unterlaufen, ohne dabei das Wohlwollen oder zumindest das Vertrauen des Papstes zu verlieren.

Solange Innozenz III. lebte, gab sich Friedrich II. als gehorsamer und nachgiebiger Sohn der Kirche. So hatte er noch vor seiner Krönung auf einem Reichstag im böhmischen Eger zu Pfingsten 1213 in einer »Goldenen Bulle« dem Papst als seinem »Schützer und Wohltäter« die Territorialrechte in Mittelitalien bestätigt, die schon Otto IV. dem Papst im Jahre 1209 zugestanden hatte und die zur Bildung eines ausgedehnten Kirchenstaates geführt hatten, der von Küste zu Küste reichte und das Königreich Sizilien räumlich vom Reich trennte.

Gleichzeitig und darüber hinaus gab Friedrich II. in Eger aber auch mit einem Federstrich Rechte auf, für die frühere Kaiser im Investiturstreit erbittert gekämpft hatten. So verzichtete er ebenso auf das Recht, bei der Bischofswahl mitzuwirken, wie auf die Regalien- und Spolienrechte; er gestand den geistlichen Fürsten außerdem eine Anzahl von Privilegien zu, in denen die vermehrte Unabhängigkeit der Kirche vom Staat zum Ausdruck kam. Alles zusammen kam einem Verzicht des Königs auf Herrschaft über die deutsche Kirche gleich, zumal die Goldene Bulle als »Reichsprivileg« von allen Fürsten gegengezeichnet wurde.

Damit begann die Verselbständigung der deutschen Fürstentümer, die man Friedrich II. oft zur Last gelegt hat, weil sie im Laufe der Zeit zur Zersplitterung des Reiches geführt hat. Für Friedrich II. aber war diese endgültige Erledigung des alten Investiturstreites kein Problem, das ihn beschäftigte oder betraf. Für ihn, den Sizilianer, war Deutschland bestenfalls Sprungbrett, aber nicht Heimat.

Statt um Privilegien und Vorrechte in Deutschland ging es ihm um Sizilien und den Versuch, wie sein Vater beide, Sizilien und das Heilige (Römische) Reich (Deutscher Nation), in einer Hand zu behalten. Aber wie es aussah, stand Friedrich II. vor der Wahl, entweder Kaiser zu werden und auf Sizilien zu verzichten oder seine Heimat Sizilien als Lehen des Papstes zu regieren und auf den höchsten weltlichen Titel zu verzichten.

Papst Innozenz III. ließ sich denn auch wohlweislich bei passenden Gelegenheiten von Friedrich II. die Verzichterklärung auf Sizilien feierlich wiederholen. Eine gute Gelegenheit ergab sich nach dem 4. Laterankonzil, das Papst Innozenz III. im November 1215 in Rom eröffnete und das zur geistlichen Heerschau päpstlicher Macht wurde.

Auf Drängen des Papstes hatte Friedrich II. dem päpstlichen Legaten von Straßburg am 1. Juli 1216 erklärt: »Es soll dadurch, daß wir durch Göttliche Gnade zum Gipfel des Kaisertums berufen sind, nicht die Meinung entstehen, als bestünde irgendwann irgendeine Art von Verbindung zwischen dem Sizilischen Reich und dem Kaisertum, wenn wir Kaiser- und Königtum zugleich innehätten.«

Diese allgemeine Verzichterklärung wurde in dem gleichen Dokument noch genau spezifiziert: »In dem Bestreben, sowohl der Römischen Kirche als auch dem Königreich Sizilien zu nützen, versprechen und gestehen wir ausdrücklich, sogleich nach Empfang der Kaiserkrone unseren Sohn Heinrich, den wir Eurem Auftrag gemäß zum König krönen ließen, aus der väterlichen Gewalt freizugeben und ihm das

Königreich Sizilien sowohl diesseits wie jenseits des Faro« – also auf dem italienischen Festland wie auf der Insel – »als Lehen der Römischen Kirche zu überlassen, so wie wir selbst es von dieser haben, daß wir es von da ab nicht mehr innehaben und uns nicht mehr König von Sizilien nennen.«

Da nun Heinrich noch ein Kind im Spielalter war, mußte Friedrich sogar zugestehen, Sizilien bis zu seiner Volljährigkeit durch eine Person verwalten zu lassen, »die in allem Recht und Dienst der Römischen Kirche, der bekanntlich allein die Herrschaft über dieses Reich zusteht, Verantwortung schuldet«.

Es war ein Dokument päpstlicher Machtfülle, wie es sonst nur ein weltlicher Herrscher verlangen konnte. Aber von der geistlichen Instanz war das Papsttum unter Innozenz III. zur realpolitischen Macht geworden, die nicht mehr nur mit Fluch und Segen in den Ablauf der Welt eingriff, sondern die selbst Länder besaß und sie in eigener Herrschaft verwaltete. Mochte das Reich Jesu Christi nicht von dieser Welt sein, das seines Stellvertreters Innozenz war es allemal.

Aber mit der Regelmäßigkeit, mit der Macht in Gefahr gerät, sich durch Mißbrauch und Übertreibung in Mißkredit zu bringen, hatte auch die zunehmende Machtfülle der Kirche längst ihre Opposition in den eigenen Reihen gefunden. Gegen die südfranzösischen Albigenser, die in der kirchlichen Hierarchie ein Hindernis sahen, um zum wahren christlichen Leben zu gelangen, und die für absolute Gewaltlosigkeit im Sinne des Urchristentums eintraten, hatte Papst Innozenz im Jahre 1209 sogar einen Kreuzzug ausgerufen und sie wie Heiden umbringen lassen. Aber die Bewegung ließ sich bestenfalls unterdrücken, doch nicht aufhalten.

Das rein politisch operierende Papsttum hatte im Gegenteil gerade bei den Frommen die Befürchtung geweckt, der Papst selbst sei am Ende der Antichrist, den man bekämpfen müsse. Um wieder zu christlichen Maßstäben zurückzufinden, entstanden daher angesichts der reichen Kirche eine ganz neue Art von Orden: die Bettelorden. Ihr bekanntester Wanderprediger war seit dem Jahre 1208 ein gewisser Giovanni Bernardone, der Sohn eines reichen Tuchhändlers aus Assisi, der sich nach seiner Bekehrung Franziskus nannte. Das Zeitalter des weltbeherrschenden Papsttums trug bereits die Keime des Verfalls in sich, und Walther von der Vogelweide sang von einer Welt, »swâ kristentuom ze siechhûs lît«, wo das Christentum im Siechenhaus liegt:

»in dürstet sêre	»es dürstet das Christentum heiß
nach der lêre	nach der Lehre,
als er von Rôme was gewon:	wie es sie von Rom einst gewohnt war.
der im die schancte	Wenn einer sie ihm schenkte
und in dâ trancte	und ihm zu trinken gäbe
as ê, dâ wurd er varnde von.«	wie einst – dann würde es wieder aufstehen können.«

Doch nun, auf dem Höhepunkt seiner Macht, da Innozenz III. sogar England als päpstliches Lehen vergeben und zwei Wochen zuvor Friedrich II. in Straßburg erneut gezwungen hatte, auf Sizilien zu verzichten, starb der Papst am 16. Juli 1216 im Alter von 56 Jahren unerwartet in Perugia. Er, der sich »geringer als Gott, doch mehr als der Mensch« empfand und wie Gregor VII. die »plenitudo potentatis«, »die Fülle der Macht«, auch über den Kaiser beanspruchte, gehört als Papst und Theologe zu den großen Gestalten der Kirchengeschichte. Hätte er länger gelebt, so wäre mit Sicherheit auch die Geschichte Friedrichs II. anders verlaufen.

So aber wählten die Kardinäle zwei Tage später den schon älteren Kardinal Censius Savelli zum Papst, der als Honorius III. (1216–1227) nach dem Wahlspruch verfuhr: »Ich will lieber in Milde verfahren als in Strenge.« Dieser Censius Savelli, der schon unter dem vorletzten Papst Cölestin bis 1188 Kämmerer gewesen war und den »liber censuum«, das berühmte Zinsbuch der Römischen Kirche, angelegt hatte, auf das sich später die Kirche als Finanzmacht stützen konnte – dieser Kardinal war für Friedrich II. kein Fremder. Als päpstlicher Legat in Sizilien hatte er sich vor Jahren um den noch unmündigen Friedrich gekümmert, so daß ihm Friedrich II. nun freudig zu seiner Wahl gratulierte: »Als die Ohren unserer Majestät wiederholt das Gerücht traf, daß Du durch die einmütige Wahl der Kardinäle auf den apostolischen Stuhl berufen wurdest, freute sich unsere Seele sehr, da wir den Mann, den wir früher für den liebsten unserer Freunde hielten, jetzt als unseren geistlichen Herrn und Vater sehen.« Kurz darauf schickte Friedrich »zum Zeichen unserer aufrichtigen Ergebenheit und Verehrung zwölf Pfund Goldes und zwei edle Rosse« an Papst Honorius III.

Das alles aber konnte nicht darüber hinwegtäuschen, daß auch Honorius III. nicht bereit war, in der Sizilienfrage nachzugeben. »Der Reiter ist vom hohen Roß herabgestiegen und setzt seinen Weg zu

Fuß fort, die Richtung ändert sich nicht«, schrieb Johannes Haller dazu.

Dafür aber änderte Friedrich II. seine Taktik. Sofort nach dem Tode von Papst Innozenz ließ er seine Frau Konstanze und seinen inzwischen vierjährigen Sohn Heinrich nach Deutschland kommen. Hier übertrug er ihm sogleich das Herzogtum Schwaben und zwei Jahre später, als das Geschlecht der Zähringer ausstarb, auch das Rektorat in Burgund. Wieder zwei Jahre später, im April 1220, hatte Friedrich II. dann sein Ziel erreicht: Die deutschen Fürsten wählten den achtjährigen Heinrich zum deutschen König. Friedrich war bei dieser Wahl absichtlich gar nicht dabei, so daß er hinterher immer behaupten konnte, die Wahl sei »in unserer Abwesenheit und ohne unser Wissen« erfolgt. In Wirklichkeit hatte er die Wahl seines Sohnes durch die Preisgabe weiterer Privilegien an die Fürsten, vor allem die Geistlichen, erkaufen müssen, die nun weitgehende landesherrliche Rechte erhielten.

Aber Friedrich II. hatte nun erreicht, was er wollte: Da Heinrich die sizilianische und die deutsche Krone sicher war, konnte Friedrich II. dem Buchstaben getreu nach seiner Krönung zum Kaiser leicht auf Sizilien verzichten: Denn wenn er nicht gleichzeitig über Sizilien und das Römische Imperium herrschen durfte, dann eben sein Sohn, der in der Verzichterklärung gegenüber dem Papst nicht erwähnt war. Und da sein Sohn minderjährig war, würde er als der Vater für ihn in Sizilien regieren.

Damit hatte Friedrich II., ohne den Wortlaut seiner Verzichterklärung zu verletzen, die Union des Heiligen (Römischen) Reiches (Deutscher Nation) mit dem Königreich Sizilien erhalten. Allerdings war es keine Realunion, sondern eine Personalunion, aber das lief am Ende auf das gleiche hinaus.

Und so konnte Friedrich II. dem verärgerten Papst Honorius III. treuherzig versichern: »Ferne sei es nämlich, daß das Reich mit dem Königreich (Sizilien) irgend etwas gemein habe oder daß wir beide bei der Gelegenheit der Wahl unseres Sohnes miteinander vereinigen! Ja, wir widersetzen uns ihrer Vereinigung jederzeit mit allen Kräften ...« Tatsächlich hat Friedrich II. das Erbreich Sizilien auch später nie als einen Teil des Imperiums betrachtet, so daß – genau betrachtet – der Kaiser das Heilige (Römische) Reich (Deutscher Nation) die letzten dreißig Jahre seiner Herrschaft sozusagen aus dem Ausland regiert hat.

Daß Papst Honorius III. sich nur mit verbalen Protesten begnügte und sogar darauf drängte, Friedrich II. möglichst bald zum Kaiser zu krönen, statt durch die Verweigerung der Kaiserkrönung nun seinerseits seinen Willen durchzusetzen, hatte einen ganz einfachen Grund: Der Papst war auf die Hilfe Friedrichs II. angewiesen.

Honorius III. hatte sich nämlich auf das Abenteuer eines Kreuzzuges eingelassen, der wie üblich in einer Katastrophe zu enden drohte, wenn ihm nicht Friedrich II. half. Seit Mai 1218 lag ein Kreuzfahrerheer unter der Leitung eines aufgeblasenen und arroganten päpstlichen Prälaten nicht etwa vor Jerusalem, sondern vor Damiette an der Nilmündung. Die Idee dabei war, die Mohammedaner in Ägypten zu schlagen und dadurch Jerusalem einhandeln zu können. Aber nach anderthalb Jahren hatten die Kreuzfahrer noch nicht einmal Damiette erobert, geschweige denn Kairo, das nach dem Tode Sultan Saladins zum Zentrum der mohammedanischen Welt geworden war. Honorius III., dessen Prestige auf dem Spiel stand, hatte daher Friedrich II. mehrfach gedrängt, seinen längst versprochenen Kreuzzug zu absolvieren, aber der hatte es nicht eilig.

Schließlich fiel den Kreuzfahrern das Glück geradezu in den Schoß: Die Mohammedaner boten den Christen einen dreißigjährigen Frieden und die Rückgabe Jerusalems an, wenn sie ihren Kreuzzug beendeten. Aber der Starrsinn des päpstlichen Legaten wußte selbst diese einmalige Gelegenheit zu verhindern: Als Christ wollte er nicht mit Ungläubigen verhandeln. Ihm ging es nicht um das Grab Christi, sondern um die Demütigung und Vernichtung der Ungläubigen. Darüber brach ein lähmender Streit unter den Kreuzfahrern aus. Man konnte nach anderthalb Jahren im November 1219 gerade noch Damiette einnehmen, aber damit war jede Initiative zu Ende, obwohl Kairo offen vor ihnen lag.

In dieser Situation wollte es Papst Honorius natürlich nicht mit Friedrich II. verderben, der bei der allgemeinen Kreuzzugsmüdigkeit weit und breit der einzige Herrscher war, der das Kreuz genommen hatte. Darum ließ er nicht nur durchgehen, daß Friedrich II. die Personalunion mit Sizilien wiederherstellte; er war auch bereit, ihn möglichst schnell zum Kaiser zu krönen, damit er mit der Autorität dieses Amtes einen glücklichen Ausgang des Kreuzzuges zustande brächte.

So ließ Friedrich II. seinen achtjährigen Sohn Heinrich unter der Aufsicht eines Kronrates in Deutschland zurück und zog nach Rom. Für Konstanze von Aragon, Heinrichs Mutter, war es ein Abschied für immer.

Am 22. November 1220 wurde Friedrich II. dann in St. Peter von

Honorius III. zum 89. Kaiser seit Augustus gekrönt. Bei der Feierlichkeit trug der 25jährige Enkel Kaiser Friedrich Barbarossas den Krönungsmantel seines normannischen Großvaters Rogers II., der neunzig Jahre zuvor zum »Herrscher über beide Sizilien« gekrönt worden war. Er wurde seitdem zum Krönungsornat der deutschen Herrscher.

Man kann diesen rund 850 Jahre alten Kaisermantel noch heute in der Schatzkammer der Wiener Hofburg sehen und über die ungebrochene Kraft der Farben staunen. Aber vergeblich sucht man auf seinem leuchtendroten Untergrund ein kaiserliches Symbol oder ein Kreuz. Statt dessen wird der große Halbkreis des Mantels auf dem Rücken von einer gelben Dattelpalme geteilt, von der links und rechts in symmetrischer Spiegelung unter den Pranken von Löwen zwei Kamele zusammenbrechen: Es sind aus dem Orient stammende Herrschaftssymbole. Aus dem Orient stammt auch das breite Saumband, das das Halbrund des Mantels dekorativ umgibt und das wir heute nur als Muster betrachten. Aber es sind keine »Arabesken«, sondern Buchstaben. Der Enkel Friedrich Barbarossas und die späteren deutschen Kaiser ließen sich in Rom im Dom von St. Peter in einem Mantel zum Herrscher des Heiligen Römischen Reiches krönen, der eine arabische Inschrift trägt: »Gearbeitet in der königlichen Werkstatt, in der das Glück und die Ehre, der Wohlstand und die Vollendung, das Verdienst und der Ruhm ihren Sitz haben, in der Stadt Siziliens im Jahre 528.«

Sogar die Jahreszahl auf dem Kaisermantel, der in Palermo von byzantinischen Gefangenen gewebt und von arabischen Bortenwirkern und Perlenstickern ausgeschmückt wurde, geht auf die islamische Zeitrechnung zurück: Das Jahr 528 nach der Flucht Mohammeds von Mekka nach Medina entspricht nach dem christlichen Kalender dem Jahr 1133/34, als der Normanne Roger II. den sizilianischen Thron bestieg.

Man kann es für ein Kuriosum der Geschichte halten, daß außer Reichsapfel, Zepter und Schwert ausgerechnet ein Umhang zu den Insignien der deutschen Kaiser gehörte, der von eben jenen Heiden stammte, die man gleichzeitig in den Kreuzzügen bekämpfte.

Für Kaiser Friedrich II., den sizilianischen Nachkommen des ehrbaren deutschen Barbarossa, gab es hierbei jedoch keine Diskrepanz. Für ihn, der früher Arabisch sprach als Deutsch, war diese Welt eine Einheit.

Nach dem feierlichen Hochamt in St. Peter wurden die Kerzen gelöscht und der Bann über die Ketzer und ihre Helfer ausgesprochen, die die Kirche seit dem Kreuzzug gegen die Albigenser bekämpfte und überall entdeckte.

Danach nahm der Kaiser von Kardinalbischof Hugo von Ostia, dem späteren Papst Gregor IX., das Kreuz entgegen und versprach, im August des kommenden Jahres den längst gelobten Kreuzzug endlich zu beginnen. Daß er ihn dann noch einmal um sieben Jahre verzögerte, brachte ihm den ersten Bannfluch des Papstes ein.

Am Krönungstag aber schien volle Zufriedenheit zu herrschen. Was frühere Kaiser als Geste der Unterwerfung verweigert oder nur unter Zwang getan hatten: Kaiser Friedrich II. hielt als Vasall des Papstes nach der Zeremonie bereitwillig den Steigbügel, als Honorius III. das Pferd bestieg, und führte das Pferd ein paar Schritte am Zaum. Danach tauschten Kaiser und Papst noch einmal einen Friedenskuß.

Wenige Tage später brachen Kaiser Friedrich II. und Konstanze mit ihrer Leibwache und einem kleinen Gefolge von Dienstleuten und Hofbeamten nach Süden auf. Das »Chint von Pulle« kehrte nach acht Jahren in Deutschland als Kaiser nach Sizilien zurück.

Der Gesetzgeber

In dem Augenblick, als Kaiser Friedrich II. Mitte Dezember 1220 wieder den Boden des Königreiches Sizilien betrat und bei Padua, wenige Kilometer vor Neapel, seine erste Station machte, war er wie verwandelt. Waren seine acht Regierungsjahre in Deutschland mit ihrem allmählich ermüdenden Hin und Her zwischen König, Papst und Fürsten, zwischen Welfen und Staufern, zwischen Königswahl und Kaiserkrönung im Grunde mit der Geschichte seiner Vorgänger weithin auswechselbar, so geschah nun plötzlich unverwechselbar Neues.

Als König der Deutschen hatte sich der Sizilianer als biederer Sachwalter überkommener Probleme erwiesen, die er mit Intelligenz und Gespür in Angriff nahm und, soweit es ihn selbst betraf, auch löste. In Sizilien ging er plötzlich neue Wege und gestaltete den Staat, statt ihn, wie bisher, nur zu lenken.

Trotz seines märchenhaften Aufstiegs enthielten die acht Jahre in Deutschland nichts, was ihn zum Staunen der Welt gemacht hätte, zumindest haben es die Chronisten nicht berichtet. Kaum aber war er wieder im Königreich Sizilien, entdeckt man neben dem Herrscher gleichzeitig einen Friedrich, der naturwissenschaftliche Experimente macht, philosophiert, die Welt und den Glauben hinterfragt, ein wissenschaftliches Buch über die Falkenjagd schreibt und Gedichte macht – alles Dinge, zu denen ihn in Deutschland offenbar nichts angeregt hat. In Sizilien war sein Hof von Anfang an das geistige und kulturelle Zentrum, an dem sich die Gelehrten und Dichter seiner Zeit aufhielten; in Deutschland lebte er wie der Jäger aus Kurpfalz am liebsten im elsässischen Hagenau, weil man dort in den Wäldern so schön jagen konnte.

Der kalte europäische Norden war für Friedrich nie Heimat und Ziel, sondern bestenfalls ein Umweg; und hätte ihn nicht 15 Jahre später die Revolte seines Sohnes Heinrich gezwungen, noch einmal nach Deutschland zu marschieren, er wäre wohl in den dreißig Jahren bis zu seinem Tode nicht ein einziges Mal wieder in das Heimatland seiner staufischen Vorfahren gezogen.

Für den Enkel Friedrich Barbarossas war der Süden der Boden, den er brauchte, um sich selbst zu verwirklichen und um, wie er später einmal sagte, aus dem Amboß zum »Hammer der Welt« zu werden. So wurde Friedrich II., wie Jacob Burckhardt es formulierte, mitten im tiefsten Mittelalter »der erste moderne Mensch auf dem Thron« und – nach Friedrich Nietzsche – »jener große Freigeist, das Genie unter den deutschen Kaisern«.

Die Akzisen von Capua

Als Friedrich II. nach achtjähriger Abwesenheit ins Königreich Sizilien zurückkehrte, herrschten ähnlich anarchische Zustände wie nach dem Tode seines Vaters Heinrich VI. Die Fürsten und Edlen hatten verständlicherweise die Abwesenheit Friedrichs ausgenutzt und jeder für sich und einer gegen den anderen Macht und Besitz zusammengerafft. Von einer Zentralgewalt konnte keine Rede sein. Vor allem hatten sich die Sarazenen, wie man mit einem Sammelbegriff die mohammedanischen »Heiden« nannte, in den Bergen Siziliens zu einer unabhängigen und einigermaßen selbständigen Macht entwickelt, die schon durch ihre Kultur und ihren Glauben eigene Wege ging.

Friedrichs II. wichtigste Aufgabe war es also, sein Erbreich wieder unter Kontrolle zu bringen. Nur ging er weit weniger brutal vor als sein Vater Heinrich VI., wenn auch kaum weniger radikal. Hatte Heinrich noch die Barone gefoltert und abgeschlachtet, so benutzte sein Sohn die unanfechtbaren Rechte, die ihm zustanden, um am Ende das gleiche zu erreichen.

In den sogenannten Akzisen (Hoftagsbeschlüssen) von Capua wurde den erstaunten sizilianischen Grundbesitzern mitgeteilt, daß alle Rechtstitel, die in den letzten dreißig Jahren, seit dem Tode des letzten normannischen Königs Wilhelm II. im Jahre 1189, ausgestellt worden waren, ihre Gültigkeit verloren hätten und neu beantragt werden müßten. Damit fiel zunächst einmal völlig legitim fast der gesamte Landbesitz, aber auch die Gerichtsbarkeit an den Kaiser zurück. Praktisch kam dies einer Enteignung von Besitz gleich, den sich die sizilianischen Fürsten in den letzten dreißig Jahren zum Teil durch Gewalt, zweifelhafte Schenkungen oder gar durch Urkundenfälschungen angeeignet hatten. Und ganz im Gegensatz zu Deutschland, wo Friedrich die Rechte und die Selbständigkeit der Fürsten eher gestärkt hatte, schränkte er im Königreich Sizilien das Feudalsystem radikal ein, indem er neue Lehen nur unter dem Vorbehalt vergab, daß er sie jederzeit zurückfordern könne.

Um die Kontrolle zu behalten, mischte er sich später sogar mit Hilfe des Gesetzes in das Familienleben seiner Untertanen ein: »Zur Wahrung der unserer Krone gebührenden Ehre verordnen wir mit gegenwärtigem Erlaß, daß kein Graf, Baron oder Ritter oder irgendein anderer, der Baronien, Burgen oder Lehen von uns oder einem anderen innehat, die in den Grundbüchern unserer Herrschaft verzeichnet sind, ohne unsere Genehmigung eine Gattin heimzuführen wage, seine Töchter, Schwestern oder Nichten oder sonstwelche Verwandte, die er selbst verheiraten kann oder soll, zu vermählen oder seine Söhne mit beweglichem oder unbeweglichem Gute zu begaben...«

Weiter wurde in den Akzisen von Capua bestimmt, daß die Gerichtsbarkeit vor allem Richtern unterstand, die von der Krone eingesetzt waren, und daß anstelle gewählter Bürgermeister königliche Beamte eingesetzt wurden. Die Barone und Fürsten mußten außerdem ihre Burgen zurückgeben, die sie in den letzten dreißig Jahren erworben oder gebaut hatten und eine Genehmigung einholen, wenn sie mehr als vier unbewaffnete Männer in einem der rund 200 Kastelle und Burgen einquartiert hatten. Selbst das Recht, Waffen zu tragen, wurde wieder auf den Kreis derjenigen beschränkt, die dieses Privileg bereits vor dreißig Jahren besaßen.

Es versteht sich, daß solche rigorosen Anordnungen, die einer völligen Entmachtung des Adels gleichkamen, nicht ohne Protest und Widerstand hingenommen wurden. Einzelne Grafen gingen sogar zum offenen Aufruhr über, aber Friedrich II. blieb unerbittlich und ließ die widerspenstigen Burgen belagern und erobern. Trotzdem bleibt es erstaunlich, wie schnell der Kaiser die chaotischen Zustände im Königreich Sizilien beenden konnte, denn was Friedrich II. betrieb, war keine Rückführung zu alten Ordnungen, sondern eine Revolution.

Indem er sich per Gesetz alle entscheidenden Rechte wie Zollhoheit, Gerichtsbarkeit und Verwaltung sicherte und nur an Beauftragte der Krone vergab, wurde Friedrich zum Schöpfer des Beamtenstaates. Recht und Gewalt wurde nicht mehr an Besitzende, sondern an Beauftragte vergeben. Das, was in Deutschland mit den einst besitzlosen Ministerialen zaghaft begonnen hatte, wurde von Friedrich II. zum Prinzip erhoben. Es war der Beginn einer neuen Gesellschaftsordnung, in der nicht mehr der durch Geburt oder Besitz Privilegierte, sondern der Staat selbst die Macht ausübte. Nicht die Person, sondern die Institution gewann an anonymer Macht – mit all den Nachteilen subalterner Borniertheit, Einfallslosigkeit und Charakterschwäche, die bis heute den »Beamten« zur Zielscheibe von Witzen macht.

Wie schnell aber eine straffe Organisation zu Erfolgen führt, zeigte sich beim Aufbau des Handels. Da nach den alten normannischen Gesetzen bestimmte Lehensträger und Städte verpflichtet waren, den Schiffsbau zu unterstützen und sogar Matrosen zu stellen, benutzte Friedrich II. einen Teil des Zoll- und Steuereinkommens, um noch im ersten Jahr seiner Rückkehr staatliche Werften anzulegen und eine eigene Flotte bauen zu lassen, die am Ende billiger war als die gemieteten Handelsschiffe. Ein Jahr später waren zwei größere Geschwader gebaut, und schon im März 1224 schrieb Friedrich II. an den Papst, das Königreich Sizilien habe hundert Galeeren bereitliegen, während noch weitere fünfzig Schiffe im Bau seien, die für den geplanten Kreuzzug 2000 Ritter samt ihren Pferden aufnehmen könnten. Zwanzig Jahre später beherrschte die sizilianische Flotte das westliche Mittelmeer und hatte mit der genuesischen Seemacht gleichgezogen.

Weite Teile der Wirtschaft wurden zum Staatsmonopol. Nachdem er die Handelsniederlassungen der Fremden verstaatlich hatte, erließ er 1224 ein Gesetz, mit dem die Ausfuhr für wichtige Handelsgüter wie Getreide, Lebensmittel und Vieh verboten und andere Erzeugnisse, wie Eisen, Stahl, Kupfer, Seide, Salz und Webereien, zu Staatsmonopolen erklärt wurden.

Ein- und Ausfuhren und deren festgesetzte Preise wurden an den Grenzen von besonderen Verwaltungsbehörden kontrolliert, die nach arabischem Vorbild Diwan genannt wurden. Aus diesem »Diwan«, der zugleich die Liegestatt und den Staatsrat (!) beziehungsweise die Verwaltungsbehörde bedeutet, entwickelte sich über das italienische das französische Wort für Zoll, »douane« – wie überhaupt ein Teil der Kaufmannssprache aus dem Arabischen stammt: Worte wie Magazin, Arsenal, Risiko, Scheck, Tara, Tarif oder Trafik sind arabisch.

Diesen Autarkiebestrebungen nach außen stand im Inland der freie Handel gegenüber, denn, »es liegt uns daran, reiche Untertanen zu haben und daß deren Güter sich zur Zeit unserer glücklichen Regierung mehren und verbessern«. Zu diesem Zweck wurde auch das Münzwesen vereinheitlicht. – Ob allerdings die sizilianischen Untertanen die Regierung als so überaus glücklich empfanden, kann man bezweifeln, denn es gab im Laufe der Jahre fast nichts, was nicht durch staatliche Gesetze geregelt war, so daß sogar Papst Gregor IX. an Friedrich II. schrieb: »In Deinem Reich wagt niemand ohne Deinen Befehl die Hand oder den Fuß zu bewegen«, und ein anderer fand: »Alle beugten den Nacken vor dem Kaiser.«

In der Tat war, wie bei allem Reglement, die Grenze zwischen notwendiger Ordnung und Gängelei fließend, auch wenn die Zusammenfassung seiner Gesetzgebung in den berühmten »Konstitutionen von Melfi« aus dem Jahre 1231 von bewundernswerter Großartigkeit ist.

Die Konstitutionen von Melfi

Mit dieser Gesetzessammlung wurde zum erstenmal in der Geschichte der Versuch unternommen, das Zusammenleben der Menschen mit einem einheitlich konzipierten Gesetz zu regeln, das nicht mehr auf dem religiösen Naturrecht oder auf göttlichen Geboten beruhte, sondern auf der Vernunft, denn: »Die Wissenschaft muß der Verwaltung, der Gesetzgebung und der Kriegskunst zur Seite stehen...«

So erließ Friedrich II. schon vor über 750 Jahren ein Umweltschutzgesetz: »Wir sind gesonnen, die durch göttlichen Ratschluß gewahrte Gesundheit der Luft durch unsere eifrige Sorge, soweit wir es vermögen, zu erhalten, indem wir anordnen, daß keiner in den irgendeiner Stadt oder Burg benachbarten Gewässern in einer Entfernung von einer Meile oder weniger Flachs oder Hanf wässern darf, damit nicht dadurch, wie wir wissen, die Beschaffenheit der Luft verdorben wird.«

Auch für die Reinerhaltung der Gewässer sorgte der Kaiser: »Wir verbieten auch den Fischern, Taxus oder ähnliche Kräuter, durch welche die Fische getötet werden oder sterben, in die Gewässer zu werfen. Denn dadurch werden sowohl die Fische selbst giftig, wie auch die Gewässer, aus denen Menschen und Tiere öfter trinken, eben dadurch schädlich werden.« Nach dem Verursacherprinzip werden die Umweltsünder bei Friedrich II. drakonisch bestraft: »Wer das tut, soll zu einem Jahr Zwangsarbeit in Ketten verurteilt werden.«

Gleichfalls wurde genau festgelegt, in welcher Entfernung von den Behausungen alle »Abfälle, die Gestank verbreiten« deponiert werden mußten und wie tief »die Grabstätten der Toten, sofern sie nicht Urnen enthalten« sein sollten.

Geradezu erstaunlich modern sind die Vorschriften für das Medizinstudium, das bis ins Detail vorgeschrieben wurde: »Da man niemals die medizinische Wissenschaft beherrschen kann, ohne vorher etwas von der Logik zu wissen, bestimmen wir, daß keiner Medizin studieren darf, wenn er nicht vorher drei Jahre lang die Wissenschaft der Logik studiert hat.

Nach drei Jahren soll er, wenn er dazu willens ist, an das Studium der Medizin gehen, die er fünf Jahre lang studieren soll, und zwar so, daß er die Chirurgie, die ein Teil der Medizin ist, innerhalb der genannten Zeit erlernt. Keiner soll jedoch nach Beendigung des fünfjährigen Studiums praktizieren, ohne vorher ein Jahr lang unter der Aufsicht eines erfahrenen Arztes praktiziert zu haben... Danach und nicht vorher soll ihm die Erlaubnis zum Praktizieren gegeben werden, nachdem er sich einer Prüfung nach der geltenden Form unseres Hofes unterzogen und außerdem darüber ein amtliches Zeugnis über die genannte Studienzeit erhalten hat.«

Selbst die Besuchsordnung und die Honorare wurden festgesetzt: »Der Arzt soll seine Kranken mindestens zweimal am Tage besuchen und auf Ansuchen des Kranken einmal nachts.« Für eine Visite außerhalb der Stadt durfte der Arzt den vier- bis sechsfachen Satz einer Stadtvisite verlangen, Arme sollte er kostenlos behandeln.

Besonders fortschrittlich waren die Anordnungen für Chirurgen. In einer Zeit, da Anatomie und Leichensektion noch weitgehend als gottlos diffamiert waren, bestimmte der Kaiser: »Auch verordnen wir in heilsamer Bestimmung, daß kein Chirurg zur Ausübung der Praxis zugelassen werden soll, wenn er nicht Zeugnisse der Professoren der medizinischen Fakultät vorweisen kann, daß er mindestens ein Jahr lang dieses Teilgebiet der Medizin studiert hat, das die Chirurgie lehrt, besonders die Anatomie...«

Konsequenterweise wurden auch den Apothekern die Preise vorgeschrieben und diejenigen unter Strafe gestellt, die als Quacksalber umherzogen: »Wer Liebestränke darreicht oder irgendwelche schädliche Speisen oder wer Beschwörungen vornimmt«, wird mit dem Tode bestraft, wenn sein Patient »dadurch Leben oder Verstand einbüßt«, sonst aber ein Jahr lang in den Kerker geworfen.

Auf ähnliche Art und Weise regelten die Gesetze die verschiedensten Bereiche des Lebens. Angefangen von der Polizeistunde für Gasthäuser bis hin zum Strafmaß für passive Bestechung bei Beamten, und was bei einer Raupenplage zu geschehen hatte: »Am frühen Morgen vor Sonnenaufgang vier Scheffel von diesen Raupen sammeln und vier Vereidigten des jeweiligen Landes zum Verbrennen geben...«

Das Reinigen von Weinfässern, das Benutzen von Gänsefedern, das Stopfen der Betten und das Kastrieren der Hähne, die Beschäftigung von Mägden, »die nichts zu tun haben« – es gab praktisch nichts, was in Friedrichs Beamtenstaat nicht geregelt war. Selbst auf die »Rassereinheit« achtete er und befahl, »daß es keinem der Söhne und Töchter des Reiches erlaubt sein soll, die Ehe mit Ausländern und Fremdgeborenen, die nicht aus dem Reiche stammen, ohne besondere Erlaubnis unseres Hofes einzugehen«. Denn der Kaiser bedauerte, »daß es so oft vorgekommen ist, daß infolge der Mischung verschiedener Volksstämme die Reinheit des Reiches durch fremde Sitten Schaden erlitt« und daß durch den »Sauerteig« der Fremden »die Schar der Getreuen besudelt« wurde.

Mit einer Diffamierung oder gar Bekämpfung solcher »Ausländer« hatte das allerdings nichts zu tun. Unter Friedrichs ersten Gesetzen findet sich eins, das den Juden von Trani seinen besonderen Schutz gewährte und ihnen sogar Steuern nachließ. Und später lud er sogar die »fremdgeborenen Söhne« der »ihm untertanen Länder« als Gastarbeiter ein, »hier zu wohnen, wozu wir ihn gern und freudig einladen, nach Übersiedelung mit seiner ganzen Familie, sicheres Glück zu genießen und sich außer der Fülle unserer Gnade, wie wir ihm großmütig versprechen, der Befreiung von öffentlichen Sammlungen und Erhebungen auf zehn Jahre zu erfreuen«.

Diese Gesetze, die manchem modernem Staat ein Vorbild sein könnten, stießen sogleich auf den Widerspruch der Kirche. Das hatte seinen doppelten Grund: Durch die Akzisen von Capua verlor die Kirche nicht nur an Landbesitz, sondern auch an Einfluß. Waren bisher die Schaltstellen des sizilianischen Königreiches mit Geistlichen besetzt gewesen – der Kronrat hatte sogar ausschließlich aus Bischöfen bestanden –, so rückten dort allmählich Staatsdiener und Beamte nach. Sodann führte der Ausbau der staatlichen Gesetzgebung durch die Juristen zur Entstehung eines weltlichen Staatsgebildes inmitten einer Welt, in der sich die Kirche immer noch darum bemühte, die altbekannte Zwei-Schwerter-Theorie durch den Primat des Papstes zu ersetzen.

Daß Kaiser Friedrich es wagte, eine von der Kirche unabhängige Verfassung zu erlassen, war die eigentliche Revolution, die er dann auch mehrfach mit dem Hinweis auf die Zwei-Schwerter-Theorie verteidigte.

Papst Gregor IX. schrieb deshalb noch vor der Veröffentlichung der Konstitutionen von Melfi wütend an Kaiser Friedrich: »Es kam uns zu Ohren, daß Du aus eigenem Antrieb oder verführt durch die übel beratenen Räte Verderbter neue Gesetze herauszugeben im Sinne hast, aus denen notwendig folgt, daß man Dich einen Verfolger der Kirche und

Umstürzer der staatlichen Freiheit nennt ...« Und dann kam die Drohung: »Wahrlich, wenn Du etwa aus Dir heraus bestimmt warst, so fürchten wir sehr, Dir sei die Gnade Gottes entzogen, da Du so offen den Ruf verwirkst wie Dein Heil.«

In einer Welt freilich, in der ein Chronist entrüstet berichtet, der Kaiser habe »häufig am Sonntag gebadet. Daraus geht hervor, daß er die Vorschriften Gottes und die Feste und Sakramente der Kirche für nichtig und sinnlos hält« – in einer solchen Welt mußten auch die vernünftigsten Gesetze Friedrichs II. wie eine Gotteslästerung wirken.

»Schlangensöhne des Unglaubens«

Allerdings gab es tatsächlich ein Problem zwischen Kaiser und Papst, bei dem Friedrich in seinen Entscheidungen nicht frei war: die Ketzer. Friedrich II. hatte versprochen, gegen die Ketzer vorzugehen, die seit dem Laterankonzil vom Jahre 1215 offiziell als Gegner der Kirche galten, die man mit allen Mitteln zu bekämpfen hatte. Und so erließ auch Friedrich II. Gesetze gegen die »Schlangensöhne des Unglaubens«, die gegenüber der sonst so liberalen und toleranten Einstellung Friedrichs wie ein Schock wirken.

Im April 1221 hatte er noch bekanntmachen lassen: »Nicht nur auf die uns untertänigen Christen, sondern auch auf die Angehörigen anderer Glaubensgemeinschaften erstreckt sich die Wirkung unseres Schutzes.« Das war keine bloße Floskel: Juden wie Mohammedaner genossen tatsächlich seinen Schutz, und von beiden hatte er genug in seinem Königreich.

Die mohammedanischen Sarazenen, die sich zunächst in den Bergen Siziliens verschanzt hatten, siedelte er nach Apulien, seinem Lieblingsland, um, statt sie auszurotten. Während die Kreuzzüge seinerzeit immerhin dazu dienten, eben jene Sarazenen zum höheren Lobe Gottes umzubringen, ermöglichte Friedrich II., daß sich in einer großen Sarazenenkolonie etwa 16000 Menschen in der Nähe des päpstlichen Kirchenstaates niederließen.

Papst Gregor IX. hatte darauf mit Erbitterung reagiert: »Verwundert und bestürzt vernahmen wir, daß die Söhne des Verderbens, die Sarazenen nämlich, die Du in Apulien angesiedelt hast, unter Zusicherung Deiner Gnade, was kaum glaublich scheint, die Kirche des heiligen Petrus in Bagno Fojetano ... in einen Ort des Teufels verwandelten, während sie vorher der Wohnort der Engel war, und sie von Grund auf zerstörten... Überdies möge es, da eine Überfülle an Freiheiten, die Du, wie man sagt, den Sarazenen gewährt hast, in einer für die Christen gefährlichen Nachbarschaft besteht und vielen, die davon hören, Schrecken verursacht, Deiner Hoheit gefallen, ihre Anmaßung so zu ersticken... zumal es unserem Erlöser Unrecht scheinen muß, daß die Söhne Belials, die durch die Fessel der Knechtschaft gebunden sein sollten, die Söhne des Lichts in unserem Lande bedrängen oder sich sündhafterweise ihnen an Freiheit gleichachten.«

Aber Friedrich dachte gar nicht daran, etwas gegen die Sarazenen zu unternehmen. Er ließ sie ihre Moscheen und Minarette mitten in Italien bauen, wo sie in eigenen Koranschulen die Lehre des Propheten lernten, so daß man Friedrich nach dem Zentrum der Sarazenen schon den »Sultan von Lucera« nannte. Im Gegenteil: Sein Schutz verwandelte die ehemaligen Gegner in treue Anhänger des Imperators, den sie ihren »Imberadour« nannten. Und schließlich waren es eben jene mohammedanischen Sarazenen, die die treue Leibwache des christlichen Kaisers bildeten und denen er den legendären Normannenschatz zur Bewachung anvertraute, den Heinrich VI. nach Trifels gebracht und den sein Sohn Friedrich zurückgeführt hatte.

So war die Begeisterung wohl kaum echt, als der Papst die Entsendung von Brüdern des Predigerordens ankündigte, die die heidnischen Sarazenen bekehren sollten: »Wir wetteifern nämlich in himmlischer Begeisterung, auf daß nicht nur die Sarazenen Luceras, sondern die Gesamtheit der Völker zum Glauben zurückkehre...« In Wirklichkeit war die religiöse Toleranz Kaiser Friedrichs, die er auch beim Kreuzzug im Heiligen Land bewies, größer als die »himmlische Begeisterung« der Wanderprediger, die dann auch nichts erreichten.

Auf diesem Hintergrund muß es unredlich und unglaubwürdig erscheinen, wenn Friedrich II. nun mehrfach – 1224 und 1232 – eine Ketzerordnung erließ, die selbst seinen Erzbiographen Ernst Kantorowicz am Kaiser irre werden ließ, als er 1927 bemerkte, Friedrich II. sei »in Wahrheit vielleicht der intoleranteste Kaiser gewesen, den das Abendland überhaupt hervorgebracht hat«.

Dies ist sicher eine der Stellen, an denen Kantorowicz seinen sonst nahezu mystisch verehrten Kaiser mißverstanden haben dürfte. Dem Wortlaut nach ist es allerdings ein erschreckendes Dokument: »Die Sorge für die uns vom Himmel übertragene königliche Gewalt und die Hoheit der uns vom Herrn verliehenen kaiserlichen Würde zwingen uns«, heißt es da, »das weltliche Schwert, das wir im Gegensatz zur priesterlichen Würde führen, gegen die Feinde des Glaubens und zur Ausrottung der ketzerischen Niedertracht zu zücken, damit wir die Schlangensöhne des Unglaubens, die Gott und die Kirche beleidigen, wie Entweiher des Mutterleibes, mit gerechtem Gericht verfolgen und die Bösewichter nicht leben lassen . . .« Da ist dann die Rede von »ketzerischer Schlechtigkeit«, die noch in Sippenhaft bis in die Enkelgeneration verfolgt werden müsse, von »ketzerischem Unkraut«, das »von der Kirche verdammt dem weltlichen Gericht überwiesen« werden solle, um sie zu hängen, zu vierteilen oder zu blenden nach dem Motto: »Es ist ein Zeichen der Milde, in der Bestrafung derartiger Verbrechen grausam zu sein.«

Die Frage ist dabei nur, ob Friedrich II. das auch glaubte. Denn zum Teil mußte er zunächst durch verbale Zugeständnisse seinen immer wieder verzögerten Kreuzzug abdecken und später dem Vorwurf begegnen, er sei selbst ein Ketzer. Entscheidender dürfte aber gewesen sein, daß Friedrich davon ausging, ein Ketzer, der die Staatsreligion ablehne, wende sich auch gegen die Autorität des Kaisers selbst. Ketzer und Rebell waren, wie Herbert Nette formulierte, für Friedrich II. das gleiche. Daß diese Ansicht etwas für sich hat, ergibt sich aus der Mahnung des Papstes, Friedrich solle zwischen jenen unterscheiden, die gegen die Kirche seien, und jenen, die gegen die kaiserliche Macht opponierten.

Hier träfe sich dann der durch Gesetz geregelte Beamtenstaat mit der quasi-religiösen Vorstellung, daß eine Auflehnung gegen die Staatsgesetze der Ketzerei gleichkam und man Staatsfeinde zu Ketzern und Ketzer zu Staatsfeinden machte – eine Vorstellung, die durchaus nicht nur bei Friedrich II. zu finden ist, sondern die jeder totalitäre Weltanschauungsstaat auch heute noch vertritt und die selbst die Demokratien gegen ihre Kritiker allergisch macht. Allerdings ist diese Deutung nur eine Hypothese, sie könnte aber die in diesem Fall so eigenartige Unterwürfigkeit Friedrichs II. gegenüber der Kirche erklären.

Der Forscher

Es gehört zu den aufregenden Momenten der Historie, wenn man einem Herrscher oder Politiker begegnet, der mehr war als nur Herrscher oder Politiker. Denn die Erfahrung beschränkt die Mächtigen eher auf Durchsetzungsvermögen, Machtwillen, vielleicht auch Skrupellosigkeit und jenen gradlinigen Sinn für das Faktische und Machbare, wodurch Philosophen, Dichter oder Denker auf einem Thron zur staunenswerten Ausnahme werden.

Die Geschichte hat derartige Gestalten selten genug und nur in großen Abständen hervorgebracht. Friedrich II., der Autodidakt aus Palermo, gehört zu ihnen. Wo andere nach sorgfältiger und mühsamer Ausbildung vielleicht nur das Mittelmaß erreichten oder versagten, hatte sich das »Chint von Pulle« mindestens ein halbes Dutzend Sprachen angeeignet und sich für alles interessiert, so daß er »obwohl noch ein Knabe, voll des Wissens ist und einen Verstand besitzt, wie er meist erst im Lauf der Jahre heranwächst«. Für ihn war die »Würze der Wissenschaft unerläßlich«, schrieb er später einmal, »die wir vor Übernahme der Lasten unserer Regierung von Jugend an gesucht, ihre Form unentwegt geliebt und stets unermüdlich im Dufte ihres Öls geatmet haben«.

Aber das Erstaunliche ist, daß er auch als König und Kaiser noch Zeit und Energie aufbrachte, um sich mit den verschiedensten Wissenschaften zu beschäftigen und nebenbei in eigener Forschung eine Ornithologie und eine Falknerkunde zu schreiben, nach der noch siebenhundert Jahre später die Falken des japanischen Kaisers bis zum Beginn des Zweiten Weltkrieges abgerichtet wurden.

»Nachdem wir uns aber der Sorge um unser Reich unterzogen haben«, erzählt Friedrich II., widmete er der Wissenschaft, »obwohl die mühselige Menge der Geschäfte uns häufig in Anspruch nimmt und die öffentlichen Angelegenheiten uns beschäftigen, dennoch einen Teil der Zeit, die für persönliche Dinge vorbehalten ist, und gönnen uns, nicht müßigzugehen.«

Und so klingen die nächsten Sätze des Kaisers wie der Lebensbericht eines Wissenschaftlers, wenn er beschreibt, wie »wir also die Bände der Werke, deren vielfache und verschiedenartige Handschriften unsere Schatzkammern füllen, in emsiger Arbeit wälzten und in sorgfältiger Betrachtung durchdachten . . .«, denn »wir nehmen willig und freudig jede Mühe der Ausübung des Studiums auf uns, damit das Werkzeug des Geistes um so vollkommener werde in der Erwerbung des Wissens, ohne das das Leben der Menschen nicht würdig verlaufen kann«.

Die Pflanzschule Neapel

Historisch faßbar wird der wissenschaftliche Eifer des Kaisers allerdings erst im Jahre 1224, als der Dreißigjährige in seinem Königreich Sizilien etwas tat, was weder ihm noch seinen Vorgängern in Deutschland auch nur im Traum eingefallen war: Er gründete eine Universität. Und er wäre nicht der Erfinder des Beamtenstaates gewesen, wenn er nicht per Erlaß dabei auch das Problem der Studentenbuden geregelt hätte.

Es ist ein Dokument von solch verlockendem Eifer, daß ich einiges daraus zitieren will.

Am 24. Juni 1224 schrieb er an die Erzbischöfe, Bischöfe und Kirchenvorstände, an die Markgrafen, Grafen und Barone, an die Justitiare, Kämmerer und Marschälle, Vögte, Richter sowie an alle Untertanen des Königreiches Sizilien einen Brief, der die Gründungsurkunde der Universität von Neapel ist:

»Mit der Gnade Gottes, durch den wir leben und regieren, dem wir alle unsere Taten weihen, dem wir alles, was wir tun, zuschreiben, wünschen wir, daß es in unserem Königreich durch eine Quelle der Wissenschaften und eine Pflanzschule der Gelehrsamkeit viele kluge und weitschauende Männer gebe, Männer, die durch das Studium der Natur und die Erforschung des Rechts Gott dienen können ...

Wir verfügen ..., daß in der lieblichen Stadt Neapel die Wissenschaften jeder Art gelehrt werden und die Studien blühen sollen, damit alle, die hungrig und durstig nach der Gelehrsamkeit sind, im Königreich selbst den Ort finden, an dem ihre Begier gestillt werden kann und damit sie nicht gezwungen sind, auf der Suche nach Wissen auswärtige Völker aufzusuchen und in fremden Gegenden zu betteln ...

Fröhlich also und bereit zum Unterricht, den die Studenten wünschen, mögen sich jene aufmachen, denen wir da einen Wohnplatz anweisen, wo alles zu haben ist, wo die Häuser hübsch und recht geräumig und wo die Einwohner freundlich und gutartig sind.« In Neapel, so teilte Friedrich mit, »bereiten wir Wohnungen vor, bestellen wir Lehrer, verheißen wir Stipendien und versprechen wir denen

Geschenke, die uns ihrer würdig erscheinen ... Denn natürlich werden die Unterrichteten die besten Aussichten haben und die meisten Güter erwarten können, während den Faulen kein Aufstieg erwartet.«

Genau wird dann festgelegt, daß der Mietpreis pro Jahr nicht zwei Goldunzen übersteigen darf, daß den Scholaren gegen Pfand »je nach Bedarf Bücher ausgeliehen« werden und daß den Studenten »Wein, Fleisch, Fische und andere Lebensmittel unter denselben Bedingungen verkauft werden wie den Bürgern«.

Der berühmteste Student und spätere Lehrer an dieser Universität – der fünften italienischen und der siebenten in der Geschichte des Abendlandes –, die im Laufe der Zeit so bekannt wurde, »daß sich die Süßigkeit ihres Duftes nicht nur bis zu den Söhnen der Untertanen, sondern auch bis zu den Fremden verbreitet hat«, war der mit dem Kaiserhaus verschwägerte Sohn eines solchen Untertanen aus Roccasecca nördlich von Capua, der etwa um die Zeit geboren wurde, als Kaiser Friedrich II. die Universität von Neapel gründete. Die Kirche hat ihn, der Aristoteles durch die Übersetzungen am Hofe Friedrichs II. kennenlernte und von ihm tief beeinflußt wurde, heiliggesprochen: Thomas von Aquin (etwa 1225-1274).

Student wurde man damals mit etwa 14 Jahren (Philipp Melanchthon war erst zwölf, als er die Universität besuchte!) und wohnte entweder beim Lehrer im Haushalt oder in Internaten, die man Bursa nannte. Die Bewohner dieser Bursen wurden dann im Deutschen zur Bezeichnung junger Männer überhaupt: den »Burschen«, während die umherziehenden Studenten nach dem lateinischen Wort »Vaganten« genannt wurden. Die Zahl dieser »Studenten« war zur Zeit Friedrichs II. gering, man schätzt, daß pro Jahr in Italien etwa einhundert neue Studenten hinzukamen (um 1500 gab es in ganz Europa insgesamt nur etwa 6000 Studenten).

Obwohl der Begriff »Universität« erst im 14. Jahrhundert aufkam, gab es bereits regelrechte Fakultäten, deren Lehrer sehr unterschiedlich bezahlt wurden. Unter Karl II. von Anjou erhielt in Neapel ein Kirchenrechtler und Theologe jährlich 25 Unzen Gold, die Lehrer für Naturwissenschaften und Physik 20 Unzen, der Logiker 12 und der Sprachlehrer und die Lehrer der »philosophischen Fakultät« zehn Unzen. So kam es, daß die ärmeren Professoren ganz gern Studenten gegen Geld aufnahmen und ihnen auch das zu Hause boten, was sonst nur die Kneipe bot: Sie wurden im späten Mittelalter oft zu regelrechten Kneipwirten, und das Sauflied ganzer Studentengenerationen bis in unsere Großväterzeit: »Mihi est propositum, in taberna mori ...« (mir ist es vorherbestimmt, im Wirtshaus zu sterben), stammt immerhin von jenem Archipoeta, der auch Friedrich Barbarossas Verdienste besungen hatte.

Doch zurück zu Friedrich II. Schon vor der Gründung der Universität Neapel dürfte er, der »Bauherr, Dichter und Gelehrte«, wie ihn der Historiker Klaus J. Heinisch nannte, sein emsiges Privatstudium fortgesetzt haben. Er zog jedenfalls Gelehrte an den Hof, ganz gleich ob Europäer, Araber oder Juden, und hatte ständig eine Schar junger Leute um sich, die er in fremden Sprachen ausbilden ließ, um die Werke seiner »Schatzkammern« – wie den Aristoteles – ins Lateinische übersetzen und kopieren zu lassen, damit auch andere »aus den alten Brunnen klüglich neue Wasser« schöpfen konnten.

Die Mathematik und die Null

So ist es, kurios genug, der kaiserlichen Neugier für eingekleidete Rechenaufgaben zu verdanken, daß in Europa endlich das aus Indien stammende und bei den Arabern längst bekannte Dezimalsystem eingeführt wurde. Im Jahr 1220, dem Jahr der Kaiserkrönung Friedrichs II., war nämlich auf Anregung des Hofastrologen Dominicus Hispanus das Buch »Praxis der Geometrie« erschienen, das sofort die Aufmerksamkeit des Kaisers erregte.

Der Autor dieses Buches war ein gewisser Leonardo, der um 1180 in Pisa geboren wurde und den sein Vater, ein Zollsekretär in der pisanischen »Duane« in Bugia an der algerischen Küste, in seinem Büro mitarbeiten ließ. Bei Sidi Omar, einem arabischen Rechenmeister, lernte Leonardo dort das Rechnen mit den sogenannten indischen Ziffern, wobei er entdeckte, daß dies viel schneller ging und ganz andere Möglichkeiten ergab als das Rechnen mit römischen Zahlen oder gar mit den Buchstabenzahlen der Griechen, die nach altem semitischem Vorbild alpha für 1, beta für 2, gamma für 3 usw. schreiben (was sich übrigens bis heute in der Auflistung nach a, b, c usw. erhalten hat).

»Auf daß das Volk der Lateiner in solchen Dingen nicht mehr als unwissend befunden werde«, hatte der 23jährige daraufhin die neue Rechenmethode in einem lateinisch geschriebenen Buch mit dem Titel »Liber abaci« im Abendland bekanntgemacht. Es war ein epochemachendes Werk, auch wenn wir Heutigen uns kaum noch die Revolution des Denkens vorstellen können, die mit ihm verbunden war, denn mit den römischen Zahlen konnte man nicht schriftlich rechnen und vor allem auch keine Brüche.

Das lag daran, daß die römischen Zahlen keinen festen Stellenwert kannten: Mal standen wie bei IX die Einer vor, dann wieder wie bei XI die Einer hinter der Zehn. Man konnte solche Zahlen nicht einmal untereinanderschreiben und kolonnenweise addieren. Selbst wenn man konsequent VIIII und XI so untereinandergeschrieben hätte, daß die Einer in der gleichen Spalte anfingen, hätte man verschieden breite Spalten bekommen. Daher übertrugen die Römer die Rechenvorgänge auf den Abacus, das Rechenbrett, bei dem sie, wie Kinder heute noch, Kügelchen für Einer und Kügelchen für Zehner hin und her verschoben und die Mengen dann addierten oder subtrahierten.

Nun hatten die Inder schon vor dem Jahre 700 die »Stellenschrift« entdeckt, mit der allein man schriftlich rechnen konnte. Sie beruhte auf der Tatsache, daß die Zahlen 1–9 ein bestimmtes Zeichen erhielten, das nicht mehr zusammengesetzt war wie IV (fünf weniger eins), und daß man Hunderter, Zehner und Einer entsprechend immer in die erste, zweite oder dritte Spalte setzte. Um anzuzeigen, daß eine Fünf nicht 50 oder 500 bedeutete, wurde ein »sunja« (Leere), ein Zeichen für die Leerstelle oder ein »kha«, ein »Loch« hingemalt: Dieses Loch haben wir bis heute als Null. So zeigt auch bei uns die Zahl 105 an, daß ein Hunderter, kein Zehner und fünf Einer zu lesen sind. Diese »Leere« übersetzten die Araber einfach ins Arabische und nannten sie »as-sifr«, woraus im Deutschen das Wort Ziffer und im Französischen die Chiffre entstand. Da nun Leonardo das »as-sifr« latinisierte und »cephirum« nannte, entstand aus dieser Ableitung dann das französische Wort für Null, zéro, während das deutsche Wort »Null« ebenfalls aus dem Lateinischen kommt: aus der »nulla figura« – kein Zeichen – wurde die Nulla und dann die Null.

Durch die Null erhielten die Zahlen ihren festen Stellenwert und damit ihre Wertigkeit. (200 war eben etwas anderes als 002, so wie sich eben auch 20 Mark von 0,20 DM unterscheiden, wo wir sogar noch den fehlenden Hunderter mit einer Null schreiben und eigentlich nur zur Deutlichkeit durch ein Komma betonen.)

Dieses Stellensystem ist aber nicht notwendigerweise mit dem Dezimalsystem verbunden: Die alten Babylonier rechneten im Sexagesimalsystem mit 60 eigenen Zahlzeichen ebenso nach dem Stellenwertsystem, eine Zählweise, die wir bis heute in den 60 Minuten der Uhr und den 360 Grad des Kreises erhalten haben. Das Entscheidende am indisch-arabischen Stellenwertsystem war daher nicht allein die Null als Leerstelle, sondern die gleichzeitige Benutzung von nur 9 Zahlzeichen, durch die das wesentlich einfachere Dezimalsystem möglich wurde, weil der Stellenwert nun in leicht rechenbaren Zehnerpotenzen faßbar war.

Offensichtlich hatte nun Kaiser Friedrich II. die Vorteile des arabischen Rechnens erkannt, denn er veranlaßte nicht nur, daß Leonardos »Liber abaci« 1228 in einer überarbeiteten Fassung neu erschien, sondern er traf sich auch 1226 in Pisa mit Leonardo und ließ sich von dem inzwischen berühmten Mathematiker das neue System vorführen. »In Gegenwart Eurer Majestät, glorreicher Fürst Friedrich«, schrieb Leonardo später, »hat Euer Philosoph, Magister Johannes von Palermo, sich ausführlich mit mir über die Eigenschaften der Zahlen besprochen.«

Wir wissen sogar, welche Aufgaben Leonardo dort gelöst hat. Das erste Problem hieß: »Eine Quadratzahl zu finden, die um fünf vermehrt und vermindert neue Quadratzahlen liefert«, und das zweite: »Eine kubische Zahl zu finden, deren Summe mit ihrem doppelten Quadrat und ihrer zehnfachen Wurzel die Zahl 20 ergebe« ($x^3 + 2x^2 + 10x = 20$). Auch den dritten Alptraum von eingekleideter Aufgabe löste Leonardo spielend und fand als Lösung die Zahlen 33, 13 und 1: »Drei Männer haben an einer Summe ein Eigentumsrecht von $1/2$, $1/3$, $1/6$. Sie greifen zu und legen der Reihe nach die Hälfte, ein Drittel und ein Sechstel des Genommenen wieder hin, um nach Teilung des Zurückgelegten je das Zustehende zu erhalten. Wie groß war die Summe? Und wieviel nahm jeder zunächst?«

Die kaiserliche Neugier an derartigen Aufgaben führte nun dazu, daß man sich im Abendland mit dem neuen Rechensystem zu beschäftigen begann, obwohl die Kreuzfahrer das arabische Rechnen seit mehr als hundert Jahren hätten begreifen und übernehmen können. Aber hier wie auch bei anderen kulturellen Einflüssen war der Hof Friedrichs II. entscheidender für den kulturellen Austausch als die zweihundertjährige Geschichte der Kreuzfahrerstaaten. Aber auch in Europa dauerte es noch lange, bis man dazu überging, das umständliche DCCCCLXXXXVIII durch das viel einfachere 998 zu ersetzen.

Die Philosophie und Ibn Roschd

Durch Leonardo von Pisa hat Friedrich II. vermutlich auch den Mann kennengelernt, der am Kaiserhof zu einem der bedeutendsten Gelehrten werden sollte. Es war ein Schotte namens Michael, der in einer damals durchaus nicht suspekten Mischung Astrologe, Astronom und Philosoph, Übersetzer und Mathematiker, Zeichendeuter und Magier war.

Über das Leben dieses Michael Scotus wissen wir so gut wie nichts. Vermutlich um 1175 in der schottischen Grafschaft Five geboren, lebte er zwischen 1210 und 1220 als Übersetzer in der spanischen Stadt Toledo, war drei Jahre später in Bologna und stand mit der päpstlichen Kurie in Verbindung. Erst um 1227 kam er zu Friedrich, lebte am kaiserlichen Hofe und starb 1235, als er Kaiser Friedrich II. nach Deutschland begleitete.

Es ist das historische Verdienst des »Hofphilosophen« Michael Scotus, daß er das Abendland durch seine Übersetzungen wieder mit den Gedankengängen eines griechischen Philosophen vertraut machte, den damals keiner mehr genau kannte: mit Aristoteles; und es ist ebenso das historische Verdienst Kaiser Friedrichs II., daß er einen solchen Mann an seinen Hof zog.

Michael Scotus hatte Aristoteles nämlich in seiner ursprünglichen Form übersetzt, während man die meisten Schriften nur mit neuplatonischen Zusätzen kannte oder überhaupt untergeschobene Schriften für aristotelisch hielt. Zu dieser diffizilen Arbeit war Michael Scotus gekommen, weil er mit den Schriften des Aristoteles zugleich den damals bedeutendsten Kommentar dieser Schriften mitübersetzte.

Dessen Verfasser, der Aristoteles in seiner ursprünglichen Form vermittelte, war ein arabischer Arzt und Philosoph, der 1126 in Cordoba geboren und 1198 in Marrakesch gestorben war. Seinen eigentlichen Namen Ibn Roschd kann man im Lexikon nur dann finden, wenn man nach dem Namen sucht, unter dem er in die Philosophiegeschichte eingegangen ist: Averroës. In elf Bänden hatte dieser Averroës in den Jahren 1150–1162 seine Aristoteles-Kommentare niedergeschrieben. Dieser Aristotelismus des Averroës und die Übersetzung des Michael Scotus hatten nur einen Haken: Da Ibn Roschd als Mohammedaner die Unsterblichkeit der Seele bestritt und der Christ Michael Scotus diese Gedankengänge verbreitete, wurde das Ganze dem christlichen Abendland verdächtig. Selbst Dante, der als Ghibelline den Staufern die Treue hielt, läßt in seinem Höllengemälde der »Göttlichen Komödie« Michael Scotus als Meister des »Hexenblendwerks und der Zauberei« und als falschen Verkünder kommender Dinge mit auf den Rücken gedrehtem Kopf daherkommen.

Das alles müßte man nicht erzählen, wenn wir nicht einen Bericht dieses Michael Scotus hätten, wonach ihm Kaiser Friedrich II. – vermutlich Ende 1227 – »in aller Heimlichkeit« einen ganzen Katalog von Fragen stellte, der nicht nur seine unbändige Wissensgier verriet, sondern auch jene kritische Neugier in religiösen Fragen, die ihm bald genug den Vorwurf der Ketzerei einbrachte. Es ist eine für uns Heutige seltsame Mischung aus Diesseitigem und Jenseitigem, aber sie kennzeichnet vielleicht mehr als alles andere die Welt des Mittelalters, die Kaiser Friedrich II. nicht mehr nur hinnahm, sondern von der er wissen wollte, wie sie wirklich war. Ich will daher den Fragekatalog des 33jährigen Kaisers ungekürzt wiedergeben:

»Mein teuerster Meister! Oft und mannigfach haben Wir von dem einen und anderen Fragen und Antworten vernommen betreffs der überirdischen Körper, nämlich Sonne, Mond und Fixsterne des Himmels, und über die Elemente, über die Weltseele, über heidnische und christliche Völker und andere Geschöpfe, die gemeinsam auf und in der Erde sind, wie z. B. Pflanzen und Metalle. Noch niemals aber haben Wir etwas gehört von jenen Geheimnissen, die dem Ergötzen des Geistes zugleich mit der Weisheit dienen, nämlich von Paradies, Fegefeuer und Hölle, von der Grundlage der Erde und ihren Wunderbarkeiten.

Daher bitten Wir Dich bei Deiner Liebe zur Weisheit und bei der Ehrfurcht vor Unserer Krone und der Majestät des Kaisertums, Du mögest Uns die Grundlage der Erde erklären, nämlich wie doch ihr fester Bestand über der Raumtiefe steht und wie diese Raumtiefe unter der Erde und ob da etwas anderes ist, was die Erde trägt, als Luft und Wasser, ob sie etwa auf sich selbst beruht oder auf Himmeln, die unter ihr sind; wie viele Himmel es gibt und wer ihre Lenker sind und die in ihnen hauptsächlich ihre Stätte haben. Und wie weit nach wahrem Maße ein Himmel entfernt ist vom andern, und was dann noch außerhalb des letzten Himmels ist, wenn es noch mehrere sind, und um wieviel größer ein Himmel ist als der andere. In welchem Himmel Gott seinem Wesen nach ist, das heißt in seiner göttlichen Majestät, und wie er auf dem Himmelsthrone sitzt, wie er umringt ist von Engeln und von Heiligen und was die Engel und Heiligen beständig tun im Angesicht Gottes.

Ferner sag Uns, wie viele Raumtiefen es gibt, und welches Namens die Geister sind, die da weilen, wo denn die Hölle sei und das Fegefeuer und das himmlische Paradies: unter der Erde, in der Erde oder über der Erde? Und was für ein Unterschied besteht zwischen den Seelen, die täglich dort hinabfahren, und den Geistern, die vom Himmel herabgefallen sind? Und ob eine Seele im jenseitigen Leben die andere erkennt, und ob irgendeine zu diesem Leben zurückkehren kann, um zu sprechen oder sich jemandem zu zeigen, und wie viele Höllenstrafen es gibt.

Sag Uns weiter, wie es kommt, daß, wenn die Seele irgendeines Menschen zum anderen Leben hinübergegangen ist, dann weder erste Liebe noch auch Haß ihr Anlaß zur Rückkehr wird, gleich als wäre nichts gewesen, und daß sie sich um alles Zurückbleibende gar nicht mehr zu kümmern scheint, einerlei, ob sie zu den Seligen oder zu den Verdammten gehört.

Sag Uns, welches das Maß dieses Erdkörpers in Dicke und Länge und wie weit es ist von der Erde bis hinab in die Tiefe, und ob es eine einzige Tiefe gibt oder mehrere Tiefen, und wenn es mehrere gibt, wie weit dann eine von der anderen entfernt ist. Und ob diese Erde leere Räume hat oder nicht, so daß sie also ein fester Körper wie ein Feuerstein wäre; und wie weit es ist von der Erdoberfläche hinab bis zum unteren Himmel.

Ferner sag Uns, wie es kommt, daß die Wasser des Meeres so bitter sind und daß es an vielen Stellen Salzwasser, an anderen aber Süßwasser fern vom Meere gibt, da doch alle Wasser aus dem lebendigen Meere hervorgehen. Sag Uns auch von den süßen Wassern, weshalb sie unablässig herausströmen aus der Erde, bisweilen auch aus Steinen und aus Bäumen, z.B. Weinstöcken, wie man im Frühjahr sehen kann, wenn sie beschnitten werden; woher sie kommen und emporsteigen und wie es zu erklären ist, daß von ihnen einige süß und milde herausströmen, einige klar, einige trübe und einige zähflüssig und gummiartig. Denn Wir verwundern Uns darüber sehr, weil Wir ja längst wissen, daß alle Wasser vom Meere ausgehen und, nachdem sie durch wechselnde Strecken auf und in der Erde geflossen sind, wieder ins Meer zurückkehren und das Meer so groß und so beschaffen ist, daß es als Bett und Aufnahmebehälter aller herabfließenden Gewässer zu gelten hat.

Deshalb möchten Wir gerne erfahren, ob es einen Raum für sich gibt, der allein Süßwasser hat, und einen anderen, der nur Salzwasser hat, oder ob ein einziger Raum für beide Wasser zugleich da ist, und wenn ein einziger, wie es dann kommt, daß beide Wasser unter sich so gegensätzlich sind, da es doch wegen der Verschiedenheit von Farbe, Geschmack und Bewegung den Anschein hat, als gäbe es zwei getrennte Räume; sollte es also doch zwei solche Räume geben, nämlich für das süße und salzige Wasser, so wünschen Wir darüber Auskunft zu erhalten, welcher von beiden der größere, welcher der kleinere ist; auch wie es kommt, daß diese fließenden Gewässer auf dem ganzen Erdkreise unaufhörlich aus einer übergroßen Eigenfülle von ihrer Quellstelle wegzuströmen scheinen, daß sie aber, obwohl sie dort solche Überfülle haben, trotz so reichen Zugangs sich über ein gewisses mittleres Maß hinaus nicht verstärken, sondern in so gleichem Flusse hervorströmen, als hätten sie ein bestimmtes oder doch annähernd bestimmtes Maß.

Wir möchten weiter wissen, woher die salzigen und bitteren Gewässer entstehen, die, wie man findet, an manchen Orten emporgetrieben werden, und die übelriechenden Wasser, wie in manchen Bädern und Weihern, ob sie aus sich selbst entstehen oder anderswoher. Ähnlich auch jene Wasser da, die stellenweise lau oder ganz warm oder auch heiß hervorquellen, als wären sie in einem Topf über brennendem Feuer, wie es sich erklärt, daß von hervorströmenden Gewässern die einen immer klar, die andern trübe sind.

Wir möchten auch wissen, wie es mit jenem Winde steht, der von vielen Gegenden des Erdkreises ausgeht, und mit dem Feuer, das aus der Erde hervorbricht, sowohl in der Ebene wie im Gebirge, ebenso auch, wie es mit dem Dampfe steht, der bald hier, bald dort erscheint; von wo er gespeist wird und welche Kraft es ist, die ihn emportreibt, wie in manchen Gegenden Siziliens und bei Messina ersichtlich ist, z. B. am Ätna, Volcano, Lipari und Stromboli. Wie erklärt es sich ferner, daß flammendes Feuer nicht nur aus der Erde sichtbar hervortritt, sondern auch an gewissen Stellen des indischen Meeres?«

Daß ein mittelalterlicher Kaiser überhaupt Dinge wissen wollte, die nicht nur jenseits des Alltäglichen lagen, sondern die das bestehende Weltbild durch eben jene Fragen »in Frage stellte«, gehört zu den Charakteristika, die Friedrich II. zu einem modernen Menschen machen. *Daß* er diese Fragen stellte ist dabei wichtiger, als daß er sie richtig beantwortet bekam.

So hat er auch später noch eine ganze Anzahl solcher Fragebriefe verschickt, z. B. während des Kreuzzuges einen an Malik el-Kamil, den Sultan von Ägypten, dem er sieben Fragen vorlegte, »um die Muslims zu prüfen«, wie der arabische Gelehrte Schihab ed-Din Ahmed ibn Idrisi al-Qarafi dazu bemerkte, durch den wir auch drei dieser Fragen kennen:

Einmal wollte der Kaiser wissen: »Warum sieht man Ruder, Lanzen und alle geraden Körper, von denen ein Teil in klares Wasser taucht, nach der Wasseroberfläche zu gekrümmt?« Dann fragte er, warum man den Suhail (den Kanopus, den zweithellsten Stern am Fixsternhimmel, der aber in Europa nicht zu sehen ist) »bei seinem Aufgang größer sieht als an seiner höchsten Stelle, obwohl im Süden sich keine Feuchtigkeit befindet, die bei der Sonne zur Erklärung herangezogen wird...« Und schließlich: »Warum sieht der, bei dem der Dunst zum Gehirn aufsteigt, und der, bei dem der Star beginnt, schwarze Fäden wie Fliegen und Mücken außerhalb des Auges, obwohl sich nichts außerhalb des Auges befindet...?«

Durch einen glücklichen Zufall blieben uns auch die sogenannten »sizilianischen Fragen« aus dem Jahre 1232 erhalten, die noch ein Jahrzehnt später in Abschriften an Gelehrte in Ägypten, Syrien, dem Irak und Kleinasien und dem Jemen kursierten und die sich mit philosophischen und religiösen Themen beschäftigen.

In seiner Antwort schrieb der islamische Gelehrte Ibn Sabin: »O König, den Allah zum wahren Glauben führen möge! Du hast gefragt, welches ist das Ziel der theologischen Wissenschaft und welches sind die unumgänglichen notwendigen Voraussetzungen zu dieser Wissenschaft, wenn sie überhaupt Voraussetzungen hat? Das sind buchstäblich Deine Worte.«

Auf diese Weise erfahren wir, daß Friedrich II. auch danach gefragt hat, welche Beweise Aristoteles für die Behauptung habe, daß die Welt einfach »von Ewigkeit her« existiere, und: »Welches ist der Beweis für die Unsterblichkeit der Seele«, eine Frage, die ihn vor allem durch den Zusatz »und ist sie überhaupt unsterblich« in den Augen der Kirche zum Ketzer und Gottlosen stempelte.

Die Experimente und die »Wahnideen«

Seine – christliche – Umwelt hat ihn nicht verstanden und deshalb beargwöhnt. Der »stupor mundi«, das Staunen der Welt, lag nahe am Umschlag zum Entsetzen. Das zeigt sich auch deutlich an den Berichten über die Experimente, die Kaiser Friedrich II. mit der Nüchternheit eines Naturwissenschaftlers unternommen hat und die der Franziskanermönch Salimbene von Parma als »Wahnideen« bezeichnete.

So hielt es Salimbene für eine solche »Wahnidee« des Kaisers, »daß er bei einem Mahle zwei Männer trefflich speiste und den einen von ihnen schlafen, den anderen auf die Jagd sandte und am nächsten Abend in seinem Beisein ihren Bauch entleeren ließ, um zu erkennen, wer besser verdaut habe. Und die Ärzte fällten das Urteil, daß der, der geschlafen habe, eine bessere Verdauung habe.«

So aberwitzig ist dieser Test ja nun nicht; er wird es aber durch die implizierte Vorstellung, der Kaiser habe den beiden den Bauch aufschneiden lassen und Menschenexperimente gemacht. Die gleiche Geschichte gibt es aber auch mit Hunden, von denen er den einen tüchtig laufen und den anderen schlafen ließ, und es spricht einiges dafür, daß Salimbene den Vorgang absichtlich verdreht hat.

Eine andere »Wahnidee« des Kaisers bestand darin, daß er in einem Test die mathematischen Berechnungen seines Hofphilosophen nachprüfen ließ. Auf einer Jagd ließ Kaiser Friedrich II. die Höhe eines Kirchturms geometrisch vermessen. »Nach angestellter geometrischer und arithmetrischer Berechnung«, so erinnerte sich Michael Scotus, »nannten wir ihm die Höhe in Metern, und er ließ sie aufschreiben. Inzwischen ließ er heimlich den Turm um 6/100 abtragen, berief mich wieder zur Jagd in jener Gegend, und als wir in der Nähe des Turmes waren, gab er vor, er könne sich nicht recht erinnern an die genaue Entfernung des Turmes vom Sternenhimmel, und er verlangte daher eine zweite Berechnung von mir. Nachdem ich die Berechnung angestellt hatte und nicht zum selben Ergebnis kam wie vorher, sagte ich: ›Herr, entweder ist der Himmel höher als damals, oder der Turm ist eine Handbreit in die Erde gesunken, was mir unmöglich zu sein scheint.‹ Und da ich nicht daran dachte, daß der Turm heimlich abgetragen worden sein könnte, umarmt mich der Kaiser und wunderte sich sehr über die Genauigkeit der Rechnung und alles, was damit zusammenhängt.«

Bei Salimbene, der sich »ekelt, so viele Torheiten von ihm« zu berichten, wird daraus die mißverstandene Geschichte, wie der Kaiser einmal seinen Hofastrologen Michael Scotus im Palast gefragt habe, »wie weit er vom Himmel entfernt sei«. Michael Scotus berechnet dann im Saal des Palastes die Entfernung »zum Himmel«, was auch immer man darunter verstehen will; der Kaiser läßt nun heimlich den Boden des Saales durch Bauschreiner absenken und ruft seinen Astronomen erneut herbei, und der stellt dann fest: »daß entweder der Himmel sich erhöht oder aber die Erde sich gesenkt haben müsse. Da erkannte der Kaiser, daß er ein wahrer Astrologe sei«. Es ist die gleiche Geschichte, nur daß Salimbenes Variante tatsächlich Unsinn enthält.

Wir können aus Salimbenes Schilderungen daher nicht mit Sicherheit den Ablauf und den Zweck der kaiserlichen Experimente ablesen, wohl aber erkennen, für was sich Friedrich II. interessierte. So hatte der Kaiser von einem sizilianischen Taucher namens Nikola und seinen Berichten über die Meerestiefen gehört. Nun gab es bei Messina einen gefährlichen Meeresarm, der durch seine heftigen Strömungen und Wirbel bekannt war und in dem es »zuzeiten eines Seesturmes in jener Meerestiefe viele große Fische gab und außerdem«, wie jener Nikola berichtete, »viele Schiffstrümmer« lagen.

Kaiser Friedrich II. wollte es nun genauer wissen und ließ Nikola mehrfach hinabtauchen, um einen möglichst genauen Bericht zu erhalten. Um sicher zu sein, daß ihm Nikola keine Märchen erzählte, und weil er wissen wollte, »ob jener wirklich und wahrhaftig bis zum Grunde getaucht und von da zurückgekehrt sei oder nicht, warf er seinen goldenen Becher da ins Meer, wo er glaubte, daß es am tiefsten sei. Und jener tauchte hinab, fand ihn und brachte ihn ihm; und es erstaunte der Kaiser.«

Man kann die Geschichte des Tauchers Nikola auch in Versen erzählen, denn diese »Wahnidee« Friedrichs II. war die exakte Vorlage zu Friedrich Schillers »Taucher«:

»Der König darob sich verwundert schier
Und spricht: ›Der Becher ist dein,
Und diesen Ring noch bestimm ich dir,
Geschmückt mit dem köstlichsten Edelgestein,
Versuchst du's noch einmal und bringst mir Kunde,
Was du sahst auf des Meeres tiefunterstem Grunde?‹«

Aber der Nikola des Salimbene weigert sich: »Schickt mich um keinen Preis wieder dorthin, weil das Meer in der Tiefe so aufgeregt ist, daß, wenn Ihr mich hinschickt, ich niemals zurückkehren werde.« Oder bei Schiller:

»Da unten aber ist's fürchterlich,
Und der Mensch versuche die Götter nicht
Und begehre nimmer und nimmer zu schauen,
Was sie gnädig bedecken mit Nacht und Grauen.«

Denn, so Schillers berühmter lautmalender Vers:

»Und es wallet und siedet und brauset und zischt,
Wie wenn Wasser mit Feuer sich mengt.«

Aber Nikola tauchte doch wieder hinab, und wie im Schillerschen »Taucher« geschieht, was geschehen muß:

»Es kommen, es kommen die Wasser all,
Sie rauschen herauf, sie rauschen nieder,
Den Jüngling bringt keines wieder.«

Auch das vielleicht tiefsinnigste Experiment Kaiser Friedrichs II. endete tragisch. Er wollte nämlich einen Versuch wiederholen, den der ägyptische König Psammetich II. etwa 600 Jahre vor Christus gemacht hatte und von dem Herodot berichtete. Genau wie Pharao Psammetich wollte Friedrich II. wissen, welche Sprache Kinder sprechen würden, wenn man sie vollkommen isoliert und ohne jede Ansprache aufwachsen ließe. Aber während bei Psammetich der Versuch angeblich gut ausging, zeigt das traurige Ende des Friedrichschen Versuches, daß er das Experiment konsequent bis zum Ende ausgeführt hat.

Hier zunächst die »Versuchsanordnung«, wie sie Salimbene gibt: »Seine Wahnidee war, daß er ein Experiment machen wollte, welche Art Sprache und Sprechweise Knaben nach ihrem Heranwachsen hätten, wenn sie (vorher) mit niemandem sprächen. Und deshalb befahl er den Ammen und Pflegerinnen, sie sollten den Kindern Milch geben, daß sie an den Brüsten saugen möchten, sie baden und waschen, aber in keiner Weise mit ihnen schöntun und zu ihnen sprechen. Er wollte nämlich erforschen, ob sie die hebräische Sprache sprächen, als die älteste, oder Griechisch oder Lateinisch oder Arabisch oder aber die Sprache ihrer Eltern, die sie geboren hatten.«

Aber statt eine Antwort auf seine sprachphilosophische Frage zu erhalten, bewies Kaiser Friedrich II. einen psychologischen Sachverhalt, den moderne Verhaltensforscher und Psychologen ihm nur bestätigen können, daß nämlich Tiere wie Menschen verkümmern oder sogar sterben, wenn sie zwar ernährt werden, aber sonst ohne Ansprache und Bezugspersonen bleiben. Und so schreibt Salimbene, »aber er mühte sich vergebens, weil die Kinder alle starben«. Und ausnahmsweise hat der Franziskanermönch einmal die richtige Deutung zur Hand: »Denn sie vermöchten nicht zu leben ohne das Händchenpatschen und das fröhliche Gesichterschneiden und die Koseworte ihrer Ammen und Nährerinnen.«

Das Falkenbuch

Aber nicht nur mit seinen Experimenten wurde Kaiser Friedrich II. zum Begründer der modernen Erfahrungswissenschaft. Fast dreißig Jahre lang schrieb der Kaiser, wenn auch »häufig durch dringende und fast unentwirrbare Geschäfte gehindert . . ., die die Lenkung des Reiches und der Länder mit sich brachte«, an einer Ornithologie, die er schließlich gegen Ende seines Lebens auf Drängen seines Lieblingssohnes Manfred hin herausgab, obwohl er sie noch nicht für vollendet hielt.

Dieses Buch »Über die Kunst, mit Vögeln zu jagen« (De arte venandi cum avibus) ist ein einzigartiges Dokument; nicht nur, weil es über siebenhundert Jahre hinweg Gültiges über die Abrichtung der Falken und die Jagd mit ihnen enthält und damit eine ganze Anzahl bereits bestehender Falkenbücher ersetzte. Doch das ist eine Sache der praktischen Erfahrung. Viel wichtiger sind von den uns erhaltenen sechs Büchern die ersten zwei über die allgemeine Ornithologie, denn hier hat Friedrich II. echte Forschungsarbeit geleistet, die weit über seine Zeit hinausging. Seine Absicht, die er im Vorwort formulierte und die auch für seine Experimente gilt, nämlich »das, was ist, so sichtbar zu machen, wie es ist« (manifestare ea quae sunt sicut sunt), ist die klassische Definition des Wunsches, Dinge objektiv darzustellen.

Man versteht leichter, welche Revolution dies für das Denken bedeutete, wenn man nachliest, was damals so gang und gäbe war. Da gab es zum Beispiel den »Physiologus«, das Standardwerk eines anonymen »Naturforschers«, das zwischen dem 2. und 4. Jahrhundert nach Christus im griechischen Sprachraum entstanden war und das in vielen Übersetzungen das ganze Mittelalter beeinflußt hat, obwohl es die aberwitzigsten Dinge behauptete.

Daß der berühmte Phönix aus der Asche aufstand, war dabei ebenso real wie die Zeugungsgeschichte des »Ameisenlöwen«, der Larve eines libellenähnlichen Netzflüglers, die sich in den trockenen Boden einwühlt und dort besonders Ameisen fängt. Nach »Physiologus« wird »von der Ameise und dem Löwen ein Tier geboren, welches der Ameisenlöwe genannt wird; und dieses Tier, sobald es geboren wird, verendet sogleich wieder, weil es sich nicht mit Nahrung versorgen kann, vielmehr unfähig dazu ist und Hungers stirbt. Und daß dies wahr ist, bezeugt die Heilige Schrift, welche sagt: ›Der Ameisenlöwe verendet aus Mangel an Nahrung‹.« – »Physiologus« wirft den überflüssigen Beweis noch hinterher: »Denn da er aus zwei Naturen besteht – wann immer er Fleisch essen will, verweigert die Natur der Ameise, die auf Samen Appetit hat, das Fleisch; will er sich aber von Samen ernähren, widersteht die Natur des Löwen. Da er so weder Fleisch noch Samen zu verzehren imstande ist, so geht er ein. So sind jene, die zweien Herren dienen wollen, dem Herrn und dem Satan . . .«

Einer solchen Naturkunde, die ja nicht der »tumbe« Bauer las, sondern der des Lesens kundige Mönch oder Gelehrte, setzte nun Kaiser Friedrich eine sachliche und nüchterne Vogelkunde gegenüber, die sich, wie er schrieb, nur »auf unsere eigene Erfahrung« verließ, denn »Gewißheit erhält man nicht durch das Ohr«. So folgte er auch »dem Fürsten der Philosophen« – Aristoteles – »nicht in allem«, sondern verbesserte ihn ebenso wie Plinius und »schenkte diesen Angaben keinen Glauben«, wenn er es besser wußte.

So hatte er z. B. die Geschichte gehört, daß die Bernickelgans aus Würmern oder Muscheln des faulen Schiffsholzes im Norden auskrieche. Statt dies nun einfach nachzuerzählen, schickte er auf eigene Kosten Gesandte nach dem Norden, um das Holz herbeizuschaffen, und die Legende war gestorben: »non sic se habet«: »Das trifft nicht zu«, war alles, was er dazu bemerkte.

Es ist diese streng sachliche Haltung und Skepsis, die den Enkel Friedrich Barbarossas über seine Zeit hinaushob, ihn zugleich von ihr entfernte und ihn zum ersten modernen Menschen des Mittelalters machte. Beobachtung, Experiment und Schlußfolgerung sind für ihn eine Selbstverständlichkeit. So ließ er sich eigens Straußeneier kommen, weil er gehört hatte, sie würden von der Sonne im heißen Sand ausgebrütet, und ließ künstliche Brutöfen bauen, um die Sache nachzuprüfen. Ebenso beobachtete er das Verhalten anderer Tiere.

»Man darf nicht daran festhalten«, schrieb er z. B. über die Aasvögel, »daß die Raubvögel ein Aas mit dem Geruchssinn spüren, wie manche behaupten. Sondern sie tun es vielmehr mit dem Gesicht. Dies haben wir vielfach beobachtet, wenn nämlich Geier, die völlig geblendet waren, ihnen vorgeworfenes Fleisch nicht bemerkten, obwohl ihr Geruchssinn nicht beeinträchtigt war. Wir haben auch festgestellt, daß die Vögel nicht schlagen, wenn sie nicht hungrig sind; wir warfen ihnen, da sie es sehen konnten, ein Küken vor, und sie schlugen es weder, noch töteten sie es.«

Selbst das berühmte Kuckucksei ist eine Entdeckung Kaiser Friedrichs II.: »Einmal wurde uns ein Nest jenes Vogels gebracht, der Zeisig genannt wird; in diesem Nest waren Junge, und eines der Vögelchen war schrecklich mißgestalt, so daß es kaum die Gestalt eines Vogels verriet, mit großem Schnabel ohne Federn und mit vielen langen Haaren über dem ganzen Kopf bis zu den Augen und zum Schnabel. Um also zu erfahren, was für ein Vogel das sei, zogen wir diese Jungen nebst jenem anderen Vogel unter sorgfältiger Obhut auf, und nachdem sie größer geworden waren, sahen wir, daß es sich um einen Kuckuck handelte; daraus entnahmen wir, daß der Kuckuck kein Nest baut, sondern seine Eier in fremde Nester legt.«

Er beschäftigte sich mit dem Knochenbau der Vögel, der Anordnung der Federn und der »Mechanik« des Fliegens, wobei er schon damals feststellte, daß der Flügelschlag kein reines Auf und Ab, sondern Teil einer Kreisbewegung ist, er beobachtete den Flug der Zugvögel und führte einen ausführlichen Briefwechsel, um sich über den Flug der Kolibris, das Leben der Pelikane, Papageien und des Wiedehopfs zu unterrichten.

Erst nach dieser allgemeinen Ornithologie, so schrieb er, »kommen wir nun zu unserer eigentlichen Aufgabe, indem wir auf die Falknerei genau eingehen und auf alles das, was jeder, der sie lernen und ausüben will, wissen und können muß«. Dieses Lehrbuch, bis heute benutzbar, interessiert in seinen Details nur den Falkner.

Die wenigen Abschriften aber, die noch erhalten sind, gehören mit ihren farbigen Illustrationen der verschiedenen Vögel und der Falknerei zu den Kostbarkeiten der Bibliotheken.

Das Original allerdings, eine reich mit Gold und Silber verzierte Ausgabe, die dem Kaiser »mehr als alles, was ihn sonst freute, teuer war«, ist verloren. Sie wurde 1248 bei einem Überfall auf das kaiserliche Lager von Parmesanern gestohlen und 1265 noch einmal Karl von Anjou zum Kauf angeboten, seitdem ist sie verschwunden. Erhalten blieben einzelne Teile des Buches und zwei annähernd vollständige Abschriften: eine, die sein Lieblingssohn Manfred anfertigen ließ und die in den vatikanischen Museen liegt, und eine französische Übersetzung des Falkenbuches in Paris, die etwa aus dem Jahre 1300 stammt und aus 186 Pergamentseiten besteht, die neben dem zweispaltigen

Text – wie die Manfredsche Ausgabe – liebevoll mit Deckfarbenmalerei illustriert ist.

Es wäre wert, allein über die wissenschaftlichen Erkenntnisse Kaiser Friedrichs II. ein eigenes Buch zu schreiben; es würde erweisen, daß die Historiker oft an der eigentlichen Bedeutung des Kaisers vorbeigesehen haben, weil sie in ihm lediglich oder vor allem den Politiker sahen, oder daß sie ihn gar nicht verstanden haben, wenn sie das entsprechende Kapitel im Kuriositätenstil mit »Merkwürdige Experimente« überschrieben.

Vom Skeptiker zum Ketzer

Friedrich II. war mehr als ein nüchterner Politiker und mehr als ein neugieriger Wissenschaftler. Das macht ihn so schwer faßbar, weil im Grunde Historiker, Naturwissenschaftler und Poeten zusammenarbeiten müßten, um seine Persönlichkeit zu beschreiben und seine Wirkung zu begreifen.

Die Legende des Mittelalters hat ihn auf ihre Weise gewürdigt, nicht nur mit der Sage von seiner Unsterblichkeit, die dann auf Friedrich Barbarossa überging, sondern auch, indem sie den Naturforscher Friedrich mit der kuriosen Geschichte von dem uralten Hecht zusammenbrachte, den man 1497 im Böckinger See bei Heilbronn herausfischte und den ein Gemälde »in Lebensgröße« als einen nahezu ausgewachsenen Haifisch von fast 4 Meter Länge darstellte. Dieser Fisch soll einen Halsring in griechischer Schrift getragen haben, der nach der Inschrift des Bildes von Friedrich II. stammte: »Ich bin der Fisch, welcher in diesen Seh gethon worden von Friderico dem anderen Diß namens Regenten der Weldt im Jahr 1230 den 5ten Oktober.« Nur wurde leider der Böckinger See erst genau hundert Jahre später angelegt, und ein Hecht mit dem ehrwürdigen Alter von 267 Jahren dürfte ohnehin zu den Raritäten zählen. Das hat allerdings niemanden abgehalten, die gleiche Geschichte auch von Kaiserslautern zu erzählen mit dem Erfolg, daß dort der Riesenhecht ins Stadtwappen geriet. Immerhin zeigt die Geschichte aber, welchen Ruhm Kaiser Friedrich als Naturforscher noch nach so langer Zeit hatte.

Daß der Skeptiker, der nichts vom Hörensagen übernahm, mit seinen Experimenten auch viel kurzfristigere Erfolge hatte, beweist ein anderes Beispiel, das der Mönch Salimbene als eine der Wahnideen des

Kaisers anführt. Vorausgesetzt, der Bericht stimmt, war Friedrichs Versuch geeignet, nicht nur das Unverständnis seiner Zeitgenossen, sondern auch den Zorn der Kirche hervorzurufen. Durch die Kommentare des Averroës bestärkt, machte sich nämlich Friedrich II. daran zu beweisen, daß es kein Weiterleben nach dem Tode gab.

Er konnte sich dabei zwar auf das Alte Testament berufen, das erst in seinen jüngeren Schriften von der Auferstehung der Toten und dem Weiterleben nach dem Tode spricht, weshalb auch die Sadduzäer des Neuen Testaments noch zu Jesu Zeiten an keine Auferstehung der Toten glaubten, weil sie in der Thora, im Gesetz, nicht vorkam.

Für das Christentum aber kam die Ableugnung eines Weiterlebens nach dem Tode einer Ketzerei gleich. Leugnete man das Weiterleben der Seele nach dem Tode, war die Auferstehung Christi ebenso zunichte wie der Moralkodex des Mittelalters, der mit Himmelsfreuden lockte und mit Höllenstrafen drohte und in jedem Falle auf ein Leben nach dem Tode verweisen konnte, das Leid und Armut auf Erden im Himmel belohnte und das denjenigen, die ihren »fleischlichen Bedürfnissen und Jämmerlichkeiten« frönten – so Salimbene – die gerechte Strafe androhte.

Der Beweis für Friedrichs II. »Neugier, Flucherei, Ungläubigkeit und Verruchtheit« zeigte sich nun der Kirche in einem Experiment, das uns heute eher naiv vorkommen mag, weil wir keinen derart materiellen Begriff von der Seele haben wie das Mittelalter. Der Kaiser ließ nämlich einen Mann lebendig in ein Faß sperren »bis er darin starb, um damit zu zeigen, daß auch die Seele gänzlich zugrunde gehe«. Offenbar hat man das vollkommen abgedichtete Faß nach dem Tode des armen Mannes geöffnet und keine Seele davonschweben sehen – an sich eine vernünftige Versuchsanordnung, wenn auch am untauglichen Objekt –, falls das Ganze nicht von Friedrichs Gegnern frei erfunden ist.

Für die Kirche galt Kaiser Friedrich II. in jedem Falle als Epikureer, als einer also, der hier sein Leben auskostet und genießt, weil es kein zweites Leben gibt. Dante läßt ihn deshalb im 6. Kreis der Hölle unter den Irrlehrern und »Ketzern aller Art« in glühendem Sarge schmachten:

»Denn um die Särge lohen Feuerbrände,
und alle glühen heiß in deren Flammen
wie Eisen, schmieden's grad des Meisters Hände.

> Die Deckel waren aufgetan mitsammen,
> und grimmes Jammern drang daraus hervor,
> das Schwergeplagter Leiden mußt' entstammen.«

So heißt es im 9. Gesang, und im nächsten Gesang steht dann ausdrücklich:

> »da drinnen liegt der zweite Friederich«.

Damit war Kaiser Friedrich II. in Dantes »Göttlicher Komödie« genau da, wo ihn die Kirche zu Lebzeiten hinwünschte und wo sie ihn nach seinem Tode mit Sicherheit vermutete. Denn seine grenzenlose Neugier, seine Vorliebe für arabische Sitten und seine ständige Weigerung, den längst versprochenen Kreuzzug nun endlich anzutreten, hatten ihn in den Augen der Kirche zum Ketzer gemacht.

Der Kreuzfahrer

Ein lästiges Gelübde

Es klingt wie Ironie, daß ein Mann wie Kaiser Friedrich II., der sich in einem arabischen Mantel zum Kaiser krönen ließ, der an seinem Hof gelehrte Mohammedaner beschäftigte und die sizilianischen Sarazenen in seinem geliebten Apulien ansiedelte, einen Kreuzzug gegen eben jene Sarazenen im Heiligen Land unternehmen sollte, deren Kultur er schon als Kind in Palermo kennen und schätzen gelernt hatte.

Man rätselt deshalb noch heute, weshalb er bei seiner Krönung zum deutschen König im Jahre 1215 überhaupt einen Kreuzzug versprochen hat. Vielleicht war es Taktik, um Papst Innozenz III. für die spätere Kaiserkrönung günstig zu stimmen; aber dann hatte er sich verrechnet, denn der Papst war höchst unangenehm berührt, daß ihm jemand die Initiative aus der Hand nahm. Vielleicht war es wirklich eine echte fromme Eingebung, dann aber hatte sich Friedrich II. gegen seine eigene Natur entschieden.

Tatsache ist jedenfalls, daß Friedrich II. einen Kreuzzug versprochen hatte, ohne daß das Geringste geschah, aber das hatte auch seine Gründe: Papst Innozenz III. war ein Jahr nach der Königskrönung gestorben, und sein Nachfolger, Honorius III., so fand Friedrich II., sollte erst einmal die ersehnte Kaiserkrönung vollziehen, bevor er die Vorleistung eines teuren Kreuzzuges unternahm. Im Gegensatz zu Papst Innozenz, der vor allem die Gebiete in Italien für die Kirche sichern wollte, suchte Honorius III. sein Prestige durch einen Kreuzzug aufzuwerten. So hatte er jenen fatalen Kreuzzug veranlaßt, der seit 1218 hilflos vor Damiette lag. Innozenz III. hoffte vergeblich, daß Friedrich II. eingreifen würde. Doch zunächst stand Kaiserkrönung gegen Kreuzzug, bis Honorius III., ein milder Greis, schließlich nachgab und 1220 die Kaiserkrönung vollzog.

Jetzt war Friedrich II. am Zug, aber zuerst mußte er in seinem Königreich Sizilien Ordnung schaffen, bevor er nach Ägypten ziehen konnte, wo der päpstliche Legat Pelagius durch seine Herrschsucht den ganzen Kreuzzug lähmte.

Immerhin erließ Friedrich II. trotz der chaotischen Zustände im Königreich Sizilien kaum ein Vierteljahr nach seiner Krönung zum Kaiser am 11. Februar 1221 einen bombastischen Aufruf zum Kreuzzug: »Auf, Ihr Ritter, Ihr Getreuen des Reiches, ergreift rasch die Waffen des christlichen Rittertums...«

Aber inzwischen erreichte die Nachricht Europa, daß der Prälat Pelagius genau zum falschen Moment den Vormarsch auf Kairo befohlen hatte und kläglich gescheitert war. Die Sarazenen hatten die Nilschleusen geöffnet, so daß die im wahrsten Sinne des Wortes »siegestrunkenen« Kreuzfahrer torkelnd »bis an die Knie im Wasser standen, im Schlamm ausrutschten und den Feind nicht erreichen konnten, der sie mit Pfeilen überschüttete«. Pelagius mußte sich ergeben, die Stadt Damiette herausgeben und die Gefangenen freilassen. Ohne das Geringste erreicht zu haben, ging dieser Kreuzzug im September 1221 nach vier Jahren ohne Friedrich II. zu Ende.

Es war das vierte erfolglose Kreuzzugunternehmen zu Lebzeiten Friedrichs II. Der Kreuzzug von 1202–1204 war gar nicht erst ins Heilige Land gezogen, sondern hatte in einer Perversion der Kreuzzugidee den christlichen Bundesgenossen in Byzanz überfallen und die Stadt in einer Weise geplündert, wie sie es in ihrer Geschichte noch nicht erlebt hatte.

In den Jahren 1209–1210 war es dann zu einem Kreuzzug gekommen, bei dem man von vornherein nicht vorgab, das Heilige Grab zu befreien, sondern die christlichen Albigenser in Südfrankreich unterwerfen wollte, die von der Kirche als Ketzer angesehen wurden.

Diese Ereignisse hatten dazu beigetragen, die ganze Kreuzzugsbewegung in Mißkredit zu bringen, die einmal als frommer Aufbruch zur Befreiung Jerusalems von den Sarazenen begonnen hatte. Niemand war mehr bereit, sich einem derart zweifelhaften Unternehmen anzuschließen, als etwas geradezu Unheimliches geschah.

In der Gegend von Orléans begann der 12jährige Hirtenjunge Stephan einen Kinderkreuzzug zu predigen. Wenn die Erwachsenen versagten, so würden es diesmal Kinder sein, die das Heilige Land zurückeroberten. Die religiöse Schwärmerei des Hirtenjungen fand ein ungeheures Echo, und binnen eines Monats zog Stephan mit Tausenden von Kindern, die nicht älter waren als er selbst, über die Alpen. Und da die Nachricht von dem französischen Kinderkreuzzug im Rheinland eine ähnliche Bewegung auslöste, zogen im Jahre 1212 sogar zwei Kinderkreuzzüge zur gleichen Zeit nach Süden, als der 16jährige Friedrich II. gerade die Alpen in umgekehrter Richtung überquerte, um seine Herrschaft in Deutschland anzutreten.

Das Ende dieser Kinderkreuzzüge hat die Sage im Rattenfänger von

Hameln festgehalten. Sofern die Kinder nicht unterwegs umkamen, wurden die meisten schiffsladungsweise in die Sklaverei verkauft, nur wenige kehrten zurück.

Und da schließlich auch der Kreuzzug des Pelagius gescheitert war, ist es durchaus verständlich, daß Friedrich II. nun erst recht kein Bedürfnis verspürte, die Reihe dieser zweifelhaften Unternehmungen fortzusetzen, zumal ohnehin niemand mehr bereit war, mitzuziehen.

Papst Honorius III. dagegen war fest entschlossen, sein Pontifikat mit einem erfolgreichen Kreuzzug zu krönen. Bei persönlichen Zusammenkünften und in Briefen drängte der Papst daher den Kaiser, endlich einen Aufbruchstermin festzulegen, während Friedrich II. in langen und schwülstigen Antworten zwar stets betonte, daß er sich »wie der Erforscher der Herzen, Gott, der Herz und Nieren der Menschen durchschaut, weiß, mit ganzem Herzen um den bevorstehenden Kreuzzug« bemühe, aber zunächst jeder Festlegung auswich.

Bei einem Treffen zwischen Papst und Kaiser in Ferentino in Campanien im Jahre 1223 mußte sich Friedrich II. dann aber festlegen: Der Aufbruch des kaiserlichen Kreuzfahrerheeres wurde für den 24. Juni 1225 beschlossen. Zu diesem Zeitpunkt war das Kreuzzugsgelübde zehn Jahre alt.

Bis dahin würde, so hatte es der Papst in seiner fürsorgenden Güte geplant, der Kaiser aber ohnehin ein persönliches Interesse haben, das Königreich Jerusalem aufzusuchen. Denn dann wäre er nämlich, noch bevor er Jerusalem zurückeroberte, bereits Herrscher des Königreiches von Jerusalem.

Jolande und das Königreich Jerusalem

Diese überraschende Aussicht hatte sich dadurch ergeben, daß Friedrichs Frau, Konstanze von Aragon, am 23. Juni 1222 gestorben war, während sich der Kaiser gerade in den sizilianischen Bergen aufhielt.

Und so wie ihm seinerzeit Papst Innozenz die um elf Jahre ältere Konstanze von Aragon ausgesucht hatte, so hatte nun auch Papst Honorius für den 28jährigen Witwer gleich wieder eine Braut bereit, die diesmal zur Abwechslung nur halb so alt war wie der Kaiser. Es war die 13jährige Isabella von Brienne, genannt Jolande. Sie war die Tochter des über 70jährigen Johann von Brienne, der seinerseits wiederum der verwitwete Schwiegersohn des letzten Königs von Jerusalem gewesen war.

Dieser Johann von Brienne war nach Europa gereist, um für Jolande einen Mann und damit einen König von Jerusalem zu suchen. In Ferentino war er 1223 mit Papst und Kaiser zusammengetroffen, und der Papst hatte sofort seine Chance erkannt, den Kaiser mit dem Königtum von Jerusalem zur Kreuzfahrt zu verlocken.

Friedrich II. war offensichtlich von diesem Arrangement nicht sonderlich begeistert, denn er mußte förmlich überredet werden, wie er in einem Brief an den Papst zugibt:

»Auf Euren Ratschlag, auf den dringenden Wunsch Eurer väterlichen Mahnung, sowie auch auf den Rat und den Wunsch Eurer ehrwürdigen Brüder, der Kardinäle, jedes einzelnen wie in der Gesamtheit von ihnen, gelobten Wir auch, die Tochter des Erlauchten Königs von Jerusalem, der Erbherrin jenes Landes, nach der Brautwerbung der Hochheiligen Römischen Kirche sowie Eurer selbst als Brautführer, zur Gattin zu nehmen, um das in Angriff genommene Werk der Befreiung des Heiligen Landes noch besser durchführen zu können.«

Aber Friedrich hatte es mit der Heirat nicht eilig, und der vorgesehene Aufbruchstermin für den Kreuzzug im Juni 1225 verstrich, denn noch war keine Jolande in Apulien aufgetaucht. Jetzt verlor der Papst die Geduld und zwang Kaiser Friedrich II. im Juli 1225 im Vertrag von San Germano unter Androhung des Kirchenbannes zu festen Zusagen. Danach mußte der Kaiser bis spätestens August 1227 zum Kreuzzug aufgebrochen sein, wenn er nicht automatisch dem Bann verfallen wollte.

Außerdem wurde die Zahl der Ritter genau festgelegt: »Die Überfahrt werden wir ... 2000 Rittern und ihrem Gefolge sowie drei Pferden für jeden Ritter ermöglichen. Wir werden 100 Lastschiffe mit uns führen, ebenso 50 ausgerüstete Galeeren zwei Jahre lang für den Notfall bereithalten.«

Für den Aufenthalt im Heiligen Land mußte Friedrich II. garantieren, daß »dort zwei Jahre lang 1000 Ritter bereitgehalten werden«, und versprechen, für jeden fehlenden Ritter 50 Mark Silber zu zahlen. Darüber hinaus mußte der Kaiser schon im voraus eine riesige Geldsumme hinterlegen, die für den Papst wohl die sicherste Garantie für die Einhaltung des Versprechens gewesen sein dürfte:

»Außerdem wollen wir 100000 Goldgulden oder ihren Wert in Silber ... zu treuen Händen übergeben ... Sobald wir aber nach Ablauf von zwei Jahren selbst die Überfahrt antreten, sollen uns die genannten 100000 Gulden zur Bestreitung des Dienstes Gottes und des Heiligen Landes zurückgezahlt werden ...

Wir aber schwören persönlich, daß wir über Meer zur Unterstützung des Heiligen Landes zum obengenannten Termin fahren werden ... da bereits jetzt der Bannspruch ergangen ist, dem wir verfallen, wenn wir nicht zum obengenannten Zeitpunkt übersetzen oder die 1000 Ritter nicht mit uns nehmen oder bereithalten oder die genannte Summe Geldes nicht schicken, wie es oben vermerkt ist.«

Durch einen solchen Vertrag gebunden, heiratete Friedrich II. dann am 9. November 1225 in der Kathedrale von Brindisi Isabella von Brienne. Von Liebe konnte bei dieser zweiten Ehe Friedrichs II. keine Rede sein. Am Morgen nach der Hochzeitsnacht erzählte Isabella weinend ihrem Vater, der Kaiser habe sie überhaupt nicht beachtet und statt dessen Anais, eine ihrer Kusinen aus dem Gefolge, verführt. Auch später kümmerte er sich kaum um Isabella, sondern schickte sie in den Harem »von schönen Frauen«, den er sich nach orientalischer Sitte in Salerno hielt.

Da er allerdings einen Sohn brauchte, um das Königreich von Jerusalem fortführen zu können, gebar ihm die unglückliche Isabella am 25. April 1228 einen Thronfolger: Es war Konrad. Sechs Tage später starb Königin Isabella von Brienne, noch nicht einmal siebzehn Jahre alt.

Ein Kreuzzug unter dem Bannfluch

Zu dieser Zeit war Kaiser Friedrich II. schon im Kirchenbann, denn trotz Vertrag, Schwur und Heirat war er auch diesmal nicht zum Kreuzzug aufgebrochen. Zwar hatte er im Sommer 1227 sein Kreuzfahrerheer versammelt und war tatsächlich am 8. September von Brindisi aus ins Heilige Land abgesegelt, um nun endlich das inzwischen zwölf Jahre alte Versprechen einzulösen. Aber kaum war der Kaiser abgefahren, erkrankte er und kehrte auf Anraten der Fürsten zurück, während das ebenfalls von einer Seuche betroffene Kreuzfahrerheer weitersegelte. Der Papst – inzwischen war es Gregor IX. – sprach nun den angekündigten Kirchenbann aus. Er hielt nach allem, was vorangegangen war, die Krankheit Friedrichs für eine Ausrede.

Aber Friedrich II. war wirklich krank geworden. Welche Krankheit es war, erfahren wir nicht, wohl aber, daß sein Vetter, der Landgraf Ludwig IV. von Thüringen, an der gleichen Krankheit litt und daran starb.

Obwohl Kaiser Friedrich alles tat, um den Papst davon zu überzeugen, daß es keine Ausrede war, blieb es beim Bann, den Gregor IX. sogar zur Sicherheit noch einmal wiederholte.

Dieser Papst, der im März 1227 Nachfolger des Honorius geworden war, hatte nicht zufällig den Namen jenes Papstes angenommen, der erbittert um die Vorherrschaft der Kirche gekämpft hatte. So kam ihm die jetzige Situation sehr gelegen: Durch den Bann konnte er vor allem die kaiserlichen Untertanen in Italien von ihrer Treuepflicht entbinden. Gleichzeitig verbündete sich der Papst offen mit den Lombarden gegen den Kaiser und drohte außerdem mit der Einziehung und Besetzung des päpstlichen Lehens Sizilien, falls es Friedrich II. jetzt wagen sollte, eben jenen Kreuzzug anzutreten, wegen dessen Nichtantritt der Kaiser gebannt worden war.

In einem Brief vom April 1228 wies Friedrich II. den Papst auf diese Unlogik hin und wiederholte seine Kampfansage in einem zweiten, fast wortgleichen Brief, den er etwas später an seine Untertanen richtete:

»Während wir mit höchster Anstrengung bemüht waren und von der Römischen Kirche jeden Rat erhofften, erfuhren wir, daß der, den wir als Führer und Berater zu haben glaubten, unerwartet ein Gegner dieses unseres Vorhabens geworden sei... Obgleich aber dieser Römische Oberpriester sich durch dies alles unseren Wünschen entgegensetzt und auf unverschämte Weise versucht, unsere Sanftmut zu erbittern, so hielt er uns doch keineswegs vom Dienste Christi zurück.«

Zwei Monate später, am 28. Juni 1228, segelte der Kaiser von Brindisi aus nach Palästina, um gegen den Willen des Papstes und unter dem Kirchenbann die Heilige Stadt Jerusalem für die Christenheit zurückzugewinnen.

Nachdem er sich in Zypern, wo die Staufer seit Heinrich VI. die Oberlehenshoheit besaßen, auf etwas eigenwillige und rabiate Weise Respekt und erneute Anerkennung verschafft hatte, landete Friedrich am 7. September 1228 in Akkon. Er war der erste Kaiser, der bis ins Heilige Land gekommen war, und der arabische Historiker Abu el-Fada muß seinen Landsleuten den seltsamen Titel verdolmetschen: »Der Name Kaiser bedeutet in der Sprache der Franken ›König der Emire‹.«

Es war eine merkwürdige Situation. Da Friedrich im Kirchenbann war, kamen Zweifel auf, ob die Lehnseide, die man dem König von Jerusalem geschworen hatte, noch gültig waren. Während die Deutschritter unter Hermann von Salza zum Kaiser hielten, wollten Gerold, der Patriarch von Jerusalem, die Templer und die Hospitaliter nichts mit einem Exkommunizierten zu tun haben.

Dafür behandelten sich die beiden Gegner, Kaiser Friedrich und Sultan El-Kamil, mit ausgesuchter Freundlichkeit. Gleich nach seiner Ankunft schickte Friedrich dem Sultan fürstliche Geschenke, darunter auch seinen eigenen Panzer, seinen Helm und das Schwert, und teilte dem »Beherrscher der Gläubigen« mit, er lege seine Waffen in seine Hände, denn »nicht um Euer Land zu erobern, sind wir über das Meer gefahren«, schrieb der Kaiser, »denn Länder besitzen wir mehr als irgendein Herrscher der Erde, sondern um unserem Vertrag gemäß die heiligen Stätten zu übernehmen«. Und dann folgte ein Satz, der nach all den Jahren überheblicher Selbstgerechtigkeit, nach einem Jahrhundert voll Raub und Mord im Namen des Erlösers geradezu unglaublich klingt: »Ruhe sollt Ihr haben vor den Christen und nicht gezwungen sein, das Blut Eurer Untertanen gegen uns zu vergießen.«

Es war tatsächlich eine verkehrte Welt: Während die Christen im Namen des Papstes an den Sultan schrieben und ihn aufforderten, Jerusalem um keinen Preis dem Gebannten auszuliefern, und der Papst eher entschlossen war, auf Jerusalem zu verzichten und den Kreuzzug scheitern zu lassen, als Kaiser Friedrich siegen zu sehen, warnte Sultan El-Kamil den Kaiser vor den Templern, die ihn an der Taufstelle Jesu am Jordan den Sarazenen in die Hände spielen wollten.

Die Situation war auch insofern makaber, als Sultan El-Kamil den Kaiser schon zwei Jahre vor Beginn des Kreuzzuges um Hilfe gegen seinen Bruder El-Mu'Azzam gebeten hatte. In diesem Falle sollte Friedrich II. Jerusalem bekommen. Auf diesen Tatbestand spielte Friedrich in seinem Brief an, als er schrieb, »unserem Vertrag gemäß« wolle er die heiligen Stätten übernehmen.

Das Ergebnis des Kreuzzuges, nämlich die Herausgabe Jerusalems, stand also schon von Anfang an fest. Allerdings war inzwischen El-Mu'Azzam gestorben, und El-Kamil hatte Jerusalem in seinen Besitz gebracht. Weder war der Kaiser jetzt noch als Partner erforderlich, noch hatte der Sultan eigentlich Lust, Jerusalem herauszugeben, das er vorher nur deshalb so großzügig verschenkt hatte, weil es ihm gar nicht gehörte.

Immerhin hielt sich der Sultan an seine Abmachungen, versuchte aber soviel wie möglich für sich zu retten. So zogen sich die Verhandlungen monatelang hin, denn keiner der beiden Kontrahenten hatte offensichtlich die Absicht, seine Ansprüche mit Gewalt durchzusetzen, keiner durfte aber auch sofort nachgeben, wenn er nicht das Gesicht verlieren wollte.

Ein Sieg »ohne Kampf und Kriegswerkzeug«

Es war ein Pokerspiel zwischen zwei Männern, die dann bis an ihr Lebensende befreundet blieben und sich noch lange Geschenke schickten. Doch eine Zeitlang schien der Ausgang nicht sicher. »Wir verbargen den zehrenden Schmerz hinter einer heiteren Miene«, gestand der Kaiser später, »damit unsere Feinde nicht triumphierten.«

Ende November 1228 tat Friedrich dann so, als verlöre er die Geduld und marschierte unter großem Aufwand mit seinen paar tausend Rittern die Küste entlang nach Jaffa, das er zu befestigen begann.

Vielleicht brauchte El-Kamil diese Drohgeste, um vor seinen Landsleuten die Herausgabe Jerusalems rechtfertigen zu können, das den Christen 42 Jahre zuvor von Sultan Saladin entrissen worden war. Jedenfalls wurde kurz darauf am 18. Februar 1229 zwischen dem Sultan und dem »Imperur« aus dem Westen der Vertrag geschlossen, mit dem die Christenheit »ohne Kampf und ohne Kriegswerkzeug« Jerusalem zurückerhielt. Der Großmeister des Deutschen Ritterordens und die Bischöfe von Exeter und Winchester waren Zeugen des heiligen Eides »bei Gott und seinem Gesetz, mit reinem Herzen und gutem Willen alles zu beobachten, was die unter meiner Hand liegende Urkunde geschrieben enthält«.

Geschrieben stand, daß die Christen Jerusalem und Bethlehem zurückbekamen, die mit einem Korridor über Lydda mit der Hafenstadt Jaffa verbunden waren. Außerdem sollten Nazareth und das westliche Galiläa einschließlich Montfort und Toron sowie das Gebiet um Sidon zurückgegeben werden.

Ohne einen einzigen Schwertstreich hatte der noch immer exkommunizierte Kaiser Friedrich die Heilige Stadt zurückgewonnen, in der lediglich das Tempelviertel mit dem Felsendom und der El-Aksa-Moschee in mohammedanischer Hand blieb. Voll Stolz ließ Kaiser Friedrich verkünden: »Frohlocken mögen alle und jubeln im Herrn!

Denn durch Wunderkraft mehr als durch Tapferkeit ist jenes Werk glückhaft vollbracht, das seit langen Zeiten keiner der Fürsten und Gewaltigen des Erdenrunds weder durch die Menge des aufgebotenen Volkes noch durch Furcht oder andere Mittel zu vollbringen vermochte, die Herzen getrennter Völker zu einen.«

Es gibt nur wenige Verträge, die auf beiden Seiten eine solche Empörung auslösten, wie dieser Friedensvertrag. In Damaskus wurde öffentliche Trauer wegen des Verrats am Islam angeordnet. Die Entschuldigung El-Kamils, er habe nur alte Kirchen und verfallene Häuser zurückgegeben, die heiligen Stätten des Islam jedoch behalten, war für die Mohammedaner kein Trost.

Aber auch die Christen, die nun endlich wieder besaßen, wofür sie Hunderttausende von Menschenleben geopfert hatten, häuften ihren gesamten Zorn auf diesen »Feind des Papstes«. Die ansässigen Barone, die Templer und Hospitaliter, bemängelten mit einer Logik, die auch heute noch in der Politik gängig ist, warum der Kaiser nicht noch mehr herausgeschlagen habe. Obwohl sie selbst nicht das geringste erreicht hatten, kritisierten sie, daß man das Königreich mit so wenig Hinterland nicht verteidigen könne – wobei sie allerdings vergaßen, daß sie seit Saladins Zeiten überhaupt kein Hinterland mehr gehabt hatten.

Niemand kam auf die Idee, dem Papst vorzuschlagen, er möge den Kaiser nun vom Kirchenbann befreien – im Gegenteil: Der Patriarch von Jerusalem, der den Vertrag über die Rückgabe der Heiligen Stadt »tückisch und trügerisch«, ja sogar ein »unsinniges Verbrechen« nannte – dieser Patriarch drohte seiner Stadt Jerusalem den Bann an, falls man den Kaiser in ihren Mauern aufnehme.

Der Kaiser krönt sich selbst

Friedrich II. ließ sich jedoch nicht davon abhalten, nach Jerusalem zu ziehen. Am Sonnabend, dem 17. März 1229, überreichte der Kadi Schams ed-Din von Nablus im Namen des Sultans die Schlüssel der Stadt, und Kaiser Friedrich zog in Jerusalem ein.

Es war eine traurige Prozession. Die Mohammedaner hatten die Stadt verlassen, die christliche Bevölkerung blieb in ihren Häusern. Nachdem sie mehr als vierzig Jahre friedlich unter den Mohammedanern gelebt hatten, konnte ihnen ein christlicher Herrscher keinen Freudenjubel entlocken.

Als der Kaiser am nächsten Morgen mit seinen Soldaten und den Deutschen Ordensrittern in der Grabeskirche an der Messe teilnehmen wollte, war kein einziger Priester erschienen, um die heilige Messe zu lesen. Der Befreier Jerusalems war geächtet. Aber auch das focht den Kaiser nicht an. War kein Priester und kein Bischof da, so mußte er selbst tun, was deren Aufgabe war: Er ließ die Königskrone auf den Passionsaltar legen, hob sie feierlich auf und krönte sich selbst.

Und dann sprach Friedrich II., angetan mit einem weiten roten Seidenmantel, vor den Deutschordensrittern in ihren weißen Mänteln. Er begründete seine Krönung und fand versöhnliche Worte für den Papst, denn er, der Kaiser, suche den Frieden und wolle »eigene Versehen und alles, was meine Anhänger gegen die Kirche getan haben, wiedergutmachen«.

Danach blieb Friedrich noch zwei Tage in der Heiligen Stadt, rief den Kronrat zusammen, der aus seinen Getreuen bestand, um die Wiederinstandsetzung der Stadt zu beraten, und widmete sich dann einem Besichtigungsprogramm, das die frommen Christen schaudern ließ: Der Kaiser besah sich Moscheen. Er, der Arabisch sprach und als deutscher Kaiser Kämmerer und Hofleute hatte, die sich als gläubige Mohammedaner beim Gebetsruf zu Boden warfen und in Richtung Mekka beteten, besichtigte nun auch voller Bewunderung die Omar-Moschee und die El-Aksa-Moschee und ließ sich alles erklären.

In diesem Zusammenhang werden einige Geschichten erzählt, die Friedrichs Einstellung zum Christentum und zur Religion überhaupt deutlich machen sollen, und sie sind tatsächlich charakteristisch für den Schock, den der Kaiser bei Christen und Nichtchristen auslöste.

Für die Araber war es ein Wechselbad der Empfindungen: Nach seiner ersten Nacht in Jerusalem erkundigte sich Friedrich II. z.B., warum man den Gebetsruf des Muezzins nicht höre. Kadi Schams ed-Din (»Sonne des Glaubens«) antwortete, dies sei auf Wunsch El-Kamils unterblieben, der die Ohren eines Christen nicht mit dem mohammedanischen Gebetsruf belästigen wolle. Der Kaiser bestand jedoch auf dem Gebetsruf, denn seinetwegen sollten keine Gebräuche geändert werden. Es war Toleranz, wie auch Saladin sie gezeigt hatte.

Als Friedrich II. dann die Omar-Moschee besichtigte und fragte, wozu die Gitterfenster über dem Eingang da seien, antwortete ihm der Kadi, man wolle damit die Sperlinge fernhalten. Daraufhin soll der Kaiser gesagt haben: »Und doch hat Allah die ›Schweine‹ zu euch gebracht« – ein Satz, den die Mohammedaner ihm übelnahmen, denn es gehörte sich nicht, über seine eigene Religion abfällig zu sprechen, das Wort »Schweine« aber war nun einmal das mohammedanische Schimpfwort für Christen. »Aus seiner Redeweise ersah man«, schrieb ein arabischer Chronist, »daß er mit dem Christentum nur Spiel trieb«, und es ist der gleiche Chronist, der mitteilte, daß man für den Kaiser, diesen »rotblonden, bartlosen und kurzsichtigen Mann«, auf dem Sklavenmarkt »keine zweihundert Drachmen« einhandeln würde.

Tatsächlich scheint der Kaiser kein guter Christ im Sinne des Mittelalters gewesen zu sein. Ein arabischer Chronist berichtet von einem Gespräch am Hofe El-Kamils: Als man die Stellung des Kalifen mit seiner direkten Abstammung aus der Familie des Propheten Mohammed erklärte, sagte der Kaiser nach den Worten dieses Chronisten: »Das ist viel besser als bei den einfältigen Franken, die irgendeinen Mann zu ihrem Papst machen, der keinerlei Verwandtschaft mit dem Messias nachweisen kann. Dieser Mann hat kein Recht, sich einen ähnlichen Rang anzumaßen, während euer Kalif alles Recht dazu hat.«

Die Christen freilich entdeckten noch andere Ärgernisse. Voller Erschütterung schrieb der Patriarch von Jerusalem nach Rom: »Was wir ferner mit größter Wahrhaftigkeit und brennender Scham berichten, ist, daß der Sultan dem Kaiser, als er hörte, daß dieser nach sarazenischen Sitten lebe, Sängerinnen, die auch Tänzerinnen genannt werden, schickte, sowie Gaukler, Personen also, die nicht nur verrufen sind, sondern von denen man unter Christen überhaupt nicht sprechen sollte. Mit diesen vergnügte sich der Fürst dieser Welt bei abendlichen Gelagen, bei sarazenischen Getränken, in sarazenischen Kleidern und überhaupt in jeder Weise als Sarazene.«

Die Barone des Königreiches Jerusalem hatten noch handfestere Beschwerden. Sie waren darüber empört, daß sich Friedrich selbst zum König gekrönt hatte, denn als Regent seines Sohnes Konrad durfte er weder ohne Zustimmung des Kronrates einen Friedensvertrag schließen noch sich ohne dessen Einwilligung krönen.

Der Kaiser hatte tatsächlich gegen das Gesetz gehandelt. Deshalb kam es dann auch zu Aufständen gegen den Befreier Jerusalems und zu Zusammenstößen mit den kaiserlichen Truppen, so daß es Friedrich für angeraten hielt, das Heilige Land möglichst unauffällig zu verlassen, zumal der Papst in Italien das Gerücht ausgestreut und von Bischöfen hatte beschwören lassen, daß der Kaiser tot sei, um in Sizilien einmarschieren zu können.

Als Friedrich II. am 1. Mai 1229 am frühen Morgen in Akkon durch die Fleischergasse zum Hafen ging, bewarf das Volk ihn und sein Gefolge mit Abfällen.

Erst ein ganzes Jahr später, am 28. August 1230, fand sich der Papst, der einen guten Teil der Kreuzzugsspenden zum Kampf gegen den Kaiser verwendet hatte, bereit, den Kirchenbann aufzuheben und den »Schüler Mohammeds« wieder »zum geliebten Sohn der Kirche« zu machen. Der Patriarch von Jerusalem, eben noch hoch gelobt, wurde nun getadelt, daß er eigenmächtig das Predigt- und Messeverbot, das Interdikt, über Jerusalem verhängt hatte. Kaiser Friedrich II. war wieder – bis zur nächsten Exkommunikation – in Gnaden in die heilige Kirche aufgenommen.

Der Ketzer

Gotteslästerer oder Reformer?

Durch seinen Kreuzzug hatte Friedrich II. zwar Papst Gregor IX. gezwungen, den Bann aufzuheben, aber das Mißtrauen war damit keineswegs beseitigt. Der Kaiser hatte sich im Moment lediglich als der Stärkere erwiesen, da es ihm nach seiner Rückkehr gelang, das Königreich Sizilien rasch wieder unter Kontrolle zu bringen.

Auch die moralische Stellung des Papstes war etwas lädiert. War es schon bedenklich gewesen, daß der Papst, um Sizilien zu gewinnen, mit dem weltlichen Schwert operiert hatte, so war die Lüge vom Tod des Kaisers erst recht kein geeignetes Mittel eines geistlichen Oberhirten.

Aber für Gregor IX. heiligte der Zweck die Mittel, denn in seinen Augen war Friedrich II. ein Ketzer, den man bekämpfen mußte. Und für seine Ketzerei gab es genügend Beweise: Sein Verhalten im Heiligen Land, sein Lebensstil in Apulien, sein aufklärerischer Skeptizismus waren eindeutige Indizien, zumal in einer Zeit, in der es schon Ketzerei war, wenn man den Machtanspruch der Kirche anzweifelte. Aber diejenigen, die die Kirche als Ketzer bekämpfte, waren nicht mehr ungehorsame Kinder, sondern Heranwachsende, die selbständig zu denken begannen. In dieser Autoritätskrise der Kirche war Kaiser Friedrich nicht der erste und einzige »Ketzer«, wohl aber der prominenteste und gefährlichste.

Wieweit nun Kaiser Friedrich II. tatsächlich ein Ketzer oder gar ein »Gottloser« war, läßt sich aber trotz zahlreicher Zitate nur schwer belegen. Denn einmal stammen die Zitate fast alle von seinen Gegnern, die vor keiner Übertreibung zurückscheuten, zum anderen wurden Friedrich II. sicher auch kritische Äußerungen zugeschrieben, die von anderen stammten, die es nicht wagten, sie zu äußern, und die sie daher – für sich selbst gefahrlos – auf den Kaiser projizierten, der ohnehin im Ruf eines Ketzers stand. – Immerhin verraten seine im Heiligen Land von arabischen Chronisten notierten Gedanken über das Christentum und den Papst, daß er zumindest nicht im Sinne des kirchlichen Dogmas gläubig war. Einiges spricht dafür, daß seine Ketzerei hauptsächlich darin bestand, daß er die Einfachheit und Demut des Urchristentums für wahrhaftiger hielt als die Papstkirche. Denn nach seiner

Krönung im Jahre 1215 bat er den Zisterzienserorden »in aller Inständigkeit, Ihr möget Uns in Eure Bruderschaft aufnehmen und Uns in Eure Heilige Gebetsgemeinschaft einschließen«, denn – so in einem späteren Brief – »wir glauben und halten für gewiß, daß durch Euch und Eure Heiligen Gebete der Welt besonders geholfen wird«.

Das Besondere an den Zisterziensern, die nach den Regeln des heiligen Benedikt lebten, war aber die asketische Strenge und Einfachheit der Lebensführung. Viele Jahre später, nämlich 1246, hat er diesen Gedanken noch einmal geäußert: »Immer war es unseres Willens Absicht, die Geistlichen jeglichen Ranges – und am meisten die Höchsten – dahin zu führen, daß sie, wie sie in der Urkirche gewesen sind, als solche auch am Ende verharrten: Das apostolische Leben führend, die meisterliche Demut nachahmend, daß sie alles Überflüssige abtuen und, mit mäßiger Habe zufrieden, Gott dienen.«

Vier Jahre nach diesem Brief, ließ sich Kaiser Friedrich, den der Papst als Ketzer in den Kirchenbann getan hatte, vor seinem Tod in die graue Ordenskutte hüllen und starb als Zisterziensermönch.

In den öffentlichen Verdacht der Ketzerei war Friedrich II. durch sein Verhalten auf dem Kreuzzug geraten, obwohl er schon vorher, wenn eben auch »in aller Heimlichkeit« seine ersten Zweifel mit Michael Scotus diskutiert hatte.

Das gute Verhältnis zu Sultan El-Kamil und die vielen Geschenke, die sie miteinander austauschten, die sarazenischen Tänzerinnen und die Tatsache, daß er »ungläubige Mohammedaner zu seinen Kämmerern und seinen vertrautesten Dienern« machte und »seine Frauen gar von Eunuchen bewachen ließ«, waren böse Anzeichen. »Deshalb«, so schrieb ein christlicher Zeitgenosse, »hatten der Papst und alle anderen Christen, die es erfuhren, große Besorgnis und großen Verdacht, daß er zum Glauben Mohammeds übertreten wolle. Alle Leute aber versicherten fest, daß er nichts glaube und daß er nicht mehr wisse, welchen Glauben er vernichten und welchen er wählen und halten wolle.«

»In jener Zeit«, heißt es in Chronistenberichten, »warf der Papst dem Kaiser vor, daß er Mohammed und dem sarazenischen Gesetz mehr anhänge als Christus und dem Christenglauben«, zumal er seinen sarazenischen Gästen in Akkon »christliche Frauen und Tänzerinnen ... zu, wie man sagt, fleischlicher Vermischung« gegeben habe.

Außer diesen generellen Vorwürfen und dem stets beliebten moralischen Schauder scheinen Friedrichs Gegner aber wohl keine »handfesten« Beweise gegen ihn gehabt zu haben. Doch auch nachdem der Kaiser im August 1230 nach langen Verhandlungen vom Bann freigesprochen war, blieb das Mißtrauen bestehen.

Denn da hatte Friedrich II. in den letzten zehn Jahren zweihundert profane Gebäude – Kastelle, Festungen und Residenzen bauen oder herrichten lassen, aber nur eine einzige Kirche (die Kathedrale von Altamura), so daß ihn schon Thomas von Gaeta, ein sizilianischer Justitiar, mahnte: »Um Gottes willen, Herr, legt eine Pause ein ... bringt zunächst einmal Gott ein wohlgefälliges Werk, wie es die allerchristlichsten Könige von Sizilien, Eure Vorfahren, gehalten haben, die sogar mitten im Kriege Kirchen und Klöster errichteten!«

Und da hatte Friedrich II. begonnen, die Gesetze der schon erwähnten Konstitutionen von Melfi auszuarbeiten, gegen die der Papst schon vor ihrer Veröffentlichung im Jahre 1232 Widerspruch eingelegt und den Kaiser einen »Verfolger der Kirche genannt« hatte, da er nur das zu glauben bereit sei, was sich durch den Verstand beweisen lasse.

Und in der Tat verbot Kaiser Friedrich z. B. mit eben diesem Argument in den Konstitutionen von Melfi das Gottesurteil, »das besser Gottesversuchung heißen sollte«, weil es nach den Naturgesetzen nicht möglich sei, daß bei einem Unschuldigen »die natürliche Hitze des glühenden Eisens lau, ja kalt werde, ohne daß eine sichtbare Ursache vorliegt«. Ebensowenig sei es möglich, einen Schuldigen daran zu erkennen, daß er im Wasser nicht völlig untergehe, »während doch der Widerstand der eingeschlossenen Luft sein Untertauchen verhindert«.

In diese Jahre fielen auch Friedrichs Zweifel an der Unsterblichkeit der Seele und der Ewigkeit der Welt, die er in den sizilianischen Fragen im Jahre 1232 formuliert hatte. Aber da wir diese Fragen nur aus den Antworten eines arabischen Gelehrten kennen, der sie beantwortet hat, ist kaum anzunehmen, daß Friedrich seine Zweifel öffentlich ausgesprochen hat.

Von dem »Ketzer« Friedrich II. ist daher trotz allem Mißtrauen in den nächsten Jahren immer weniger die Rede. Und daß um das Jahr 1238 der »Ruf des Kaisers« wegen Gotteslästerung wieder »sehr angeschwärzt« war, hatte eher politische und propagandistische Gründe.

Der Konflikt mit König Heinrich VII.

In den dazwischenliegenden Jahren waren es vor allem zwei politische Entwicklungen, die wir uns genauer ansehen müssen. Die eine war die leidige Lombardenfrage, die bisher noch jeden Staufer beschäftigt hatte; die andere die Lage in Deutschland. Beide wurden auf dem Reichstag zu Ravenna deutlich, den Kaiser Friedrich für November 1231 einberufen hatte, um mit allen Fürsten des Reiches und »mit unserem Sohne, dem König von Deutschland« den »Frieden des ganzen Reiches wiederherzustellen, den Zustand Italiens zu glückhafter Ruhe zu bringen, die inneren und äußeren Streitigkeiten zwischen den Städten zu schlichten und allen Zündstoff des Zwistes zwischen benachbarten Völkern zu entfernen«.

Zu diesem ersten Reichstag nach dem Kreuzzug war Kaiser Friedrich ohne Heer, dafür aber mit orientalischer Pracht nach Ravenna gezogen. »Unter anderem«, so berichtet ein staunender Chronist, »führte er mit sich viele in Italien ungewöhnliche Tiere: Elefanten, Dromedare, Kamele, Panther, Gerfalken, Löwen, Leoparden, weiße Falken und bärtige Eulen.«

Das war allerdings für den Kaiser nicht ungewöhnlich, denn er ging stets mit einem derartigen Zoo auf Reisen. So hatten etwa die verschreckten Klosterbrüder von St. Zeno in Verona im Jahre 1241 einmal nicht nur den Kaiser, sondern mit ihm zusammen »einen Elefanten, 24 Kamele und 5 Leoparden« als Schlafgäste.

Aber Kaiser Friedrich und seine Menagerie warteten in Ravenna vergeblich auf die Fürsten. Wie schon fünf Jahre zuvor beim Hoftag in Cremona hatten sich die lombardischen Städte wieder zu einem Bündnis gegen den Kaiser zusammengeschlossen und die Alpenübergänge gesperrt, so daß die anreisenden deutschen Fürsten auf halbem Wege umkehren mußten.

Damit war das eine Ziel des Reichstages, eine friedliche Lösung mit den lombardischen Städten zu finden, noch vor dessen Beginn blokkiert. Da Friedrich II. ohne Heer war, konnte er an keinen Kampf denken; dafür verhängte er die Reichsacht über die papstfreundlichen Städte: Man stand sich wie eh und je feindlich gegenüber.

Aber noch eine zweite Enttäuschung erlebte der Kaiser: Zwar fanden sich dann im Laufe der Wochen ein paar deutsche Fürsten in Ravenna ein, die auf Umwegen, zum Teil mit dem Schiff, dorthin gekommen waren, sein Sohn Heinrich VII., der deutsche König, war jedoch nicht unter ihnen. Er unternahm erst gar nicht den Versuch, bis nach Ravenna zu reisen. Der König verfolgte inzwischen eine eigene Politik, und der 20jährige Sohn mochte dabei den Unwillen seines kaiserlichen Vaters fürchten.

Der Kaiser mußte den Reichstag auf das kommende Frühjahr verschieben. Statt Zündstoff zu beseitigen, hatte der Reichstag noch vor seinem Beginn die längst schwelende Auseinandersetzung mit der Lombardei und dem deutschen König Heinrich VII. eher verschärft und deutlich gemacht, wo die Probleme lagen.

Während hinter dem Konflikt zwischen dem Kaiser und den lombardischen Städten vordergründig der altgewohnte Gegensatz zwischen dem weltlichen Herrscher und dem Papst stand, der die Lombarden unterstützte, die ihrerseits wirtschaftliche und politische Unabhängigkeit anstrebten, war der Konflikt zwischen Heinrich VII. und seinem Vater erst ein halbes Jahr alt, auch wenn er sich durch die Lebensgeschichte des jungen Königs längst angebahnt hatte.

Friedrich II. war wenige Monate nach der Geburt Heinrichs als Siebzehnjähriger zur Krönung nach Deutschland gezogen. Vier Jahre später, im Jahre 1216, hatte er dann Konstanze mit seinem Sohn Heinrich nach Deutschland nachkommen lassen, wo der Vierjährige zum deutschen König gekrönt wurde. Die folgenden vier Jahre waren die einzige Zeitspanne, in der Heinrich bei beiden Eltern war. Als Friedrich II. 1220 Deutschland verließ, um sich in Rom zum Kaiser krönen zu lassen, blieb der achtjährige Heinrich zurück und wuchs wie ein Waisenkind unter schwäbischen und pfälzischen Ministerialen auf. Er hat seine Mutter nie wiedergesehen und seinen Vater erst 12 Jahre später, als der Konflikt bereits ausgebrochen war.

Erinnert schon die Kindheit Heinrichs an das Schicksal seines Vaters, so wiederholte sich auch die weitere Entwicklung. Wie Friedrich wurde auch Heinrich als 14jähriger mit einer um Jahre älteren Prinzessin verheiratet: Es war die 21jährige Margarethe, eine Tochter Leopolds VI. von Österreich.

Als Heinrich VII., der als lebensfroh und kunstsinnig galt, von Walther von der Vogelweide aber auch ein »selbstbewußtes Kind« genannt wird, im Jahre 1129 mit 18 Jahren die Herrschaft übernahm, war der Konflikt schon vorprogrammiert. Zum Teil lag er wohl in seinem Charakter und seiner Erziehung, denn Walther von der Vogelweide kritisierte den erst 17jährigen in einem Lied als recht unerwachsen.

| »selbwahsen kint, du bist ze- krump, sit niemand dich gerihten mac, | »Wildwachsen Kind, du bist zu krumm! da niemand grad dich biegen kann. |

du bist den besmen leider alze-groz	Du, für die Rute leider allzu groß,
den swerten alze kleine!	fürs Schwert noch allzu klein,
nu slaf und habe gemach!	so schlaf und halt dich ruhig,
ich han mich selben des zetump,	ich halte selber mich für dumm,
daz ich dich ie so hohe wac.«	daß ich dich je so hoch geschätzt.«

Obwohl ohne die Eltern aufgewachsen, mußte sich dieser Heinrich VII. nun mit 18 Jahren gegen ein übermächtiges Vaterbild behaupten und durchsetzen. In dieser Oppositionshaltung betrieb er, wenn auch nicht konsequent, eine Politik, die an sich ganz vernünftig war: Um seine Selbständigkeit auch gegenüber den deutschen Fürsten zu beweisen, stützte er sich auf deren Gegner, die Städte, das erstarkende Bürgertum und den niederen Adel. Mit diesen neuen Kräften hätte er festgefahrene Herrschaftsstrukturen aufbrechen und eine fortschrittliche Gesellschaftsordnung vorbereiten können. Aber in seiner Unsicherheit opponierte er mehr um der Opposition willen, statt ein klares Konzept zu entwickeln.

Hinzu kam, daß seine fürstenfeindliche Haltung die Politik des kaiserlichen Vaters auf fatale Weise störte. Denn gerade als die deutschen Fürsten nach dem Kreuzzug in Italien zwischen Kaiser und Papst vermittelten, um den Kirchenbann zu lösen, verärgerte Heinrich VII. im Norden die Fürsten, indem er sich in einer relativ unwichtigen Sache gegen den Fürstbischof von Lüttich auf die Seite der Bürger stellte. Das schlug auf die Verhandlungen in Italien zurück, und so hatte am Ende Heinrich VII. nicht nur die Fürsten, sondern auch seinen Vater gegen sich.

Sonst durchaus nicht einer Meinung, erzwangen die Fürsten daraufhin im Mai 1231 gemeinsam auf einem Hoftag in Worms, daß ihnen Heinrich VII. noch mehr Rechte zubilligte, als sie ohnehin schon besaßen. Denn bereits Friedrich II. hatte ihnen 1220 in einem Privileg weitgehende territoriale Selbständigkeit zubilligen müssen, um die Wahl Heinrichs zum König durchzusetzen.

Nun benutzten die Fürsten die Gelegenheit, sich in einem »Statut zugunsten der Fürsten« (statutum in favorem principum) ohne Gegenleistung noch weitere Rechte zu sichern. Statt wie Heinrich VII. vorhatte, die Aufsplitterung des Reiches in selbständige Fürstentümer zu verhindern, indem er die Städte stärkte, mußte er nun noch mehr Königsrechte an die Fürsten abgeben. Dadurch erhielten die Landesherrn nahezu unbeschränkte Gewalt in ihren Territorien, vor allem auch über die Städte. Deutschland wurde dadurch immer mehr zu einem Fürstenbund, der das alte germanische Stammeskönigtum allmählich ablöste.

Durch dieses Statut zugunsten der Fürsten, das Friedrich II. im Jahre 1232 dann bestätigte, wurden bestehende Zustände legalisiert, statt sie zugunsten des aufsteigenden Bürgertums und Städtewesens zu verändern, wie dies in der Lombardei schon längst geschehen war. Aber es ist müßig, darüber zu streiten, ob in Deutschland eine andere Entwicklung in jener Zeit möglich gewesen wäre. Heinrich VII. jedenfalls, der das Gegenteil gewollt hatte, war gescheitert.

Er scheiterte auch an der Politik seines kaiserlichen Vaters, den die Verhältnisse in Deutschland nur insoweit interessierten, als ihm die Fürsten von Nutzen waren: Seit über zehn Jahren war Friedrich II. nicht mehr nördlich der Alpen gewesen. Für sein Königreich von Sizilien hatte der Kaiser in den Konstitutionen von Melfi einen fortschrittlichen, wenn auch monarchisch zentralistischen Staat geschaffen. Aber er empfand es nicht als Widerspruch, in Deutschland genau das Gegenteil zu fördern – vielleicht aus der Einsicht heraus, daß etwas anderes nicht durchzusetzen war; vermutlich aber auch aus einem gewissen Desinteresse an einem Lande, das er zwar beherrschte, in dem er aber nicht regierte und nicht residierte. Es ist dies einer der Punkte, die zu dem Vorwurf geführt haben, der Staufer Friedrich II. sei mehr Italiener gewesen als Deutscher, nachdem das Kaisertum vorher auf das engste mit Deutschland verbunden war.

Strafexpedition nach Deutschland

Als dann der in Ravenna nicht zustande gekommene Reichstag ein halbes Jahr später zu Ostern 1232 in Aquileja (am Golf von Triest, etwa 30 km nordwestlich davon) nachgeholt wurde, war König Heinrich VII. regelrecht herbeibefohlen worden – allerdings ohne Aquileja betreten zu dürfen. Statt dessen saß der junge König im benachbarten Cividale, wo der Kaiser mit ihm über Mittelsmänner wie mit einem Fremden verhandelte und ihn zur Annahme demütigender Bedingungen zwang, die praktisch einer Absetzung gleichkamen.

Heinrich VII. mußte vor den Fürsten schwören, in Zukunft allen Befehlen des Kaisers zu gehorchen und nichts mehr gegen die deutschen Fürsten, die »Augäpfel« des Kaisers, zu unternehmen. Im Falle eines Ungehorsams mußte Heinrich die Fürsten sogar selbst bitten, sich gegen ihn zu erheben – ein grotesker Schwur. Aber damit nicht genug: Kaiser Friedrich zwang seinen Sohn sogar, einen Brief an den Papst zu schreiben und um seine automatische Exkommunikation zu bitten, falls er die gegebenen Versprechen bräche. Erst dann durfte Heinrich nach mehr als zehn Jahren seinen Vater sehen.

»König Heinrich aber hätte kein Staufer sein dürfen«, meinte Ernst Kantorowicz dazu, »wäre dieses Ende seiner Träume nicht zum Anfang seiner Tragödie geworden.« Und so war es.

Heinrich VII., in seinem Stolz zutiefst verletzt, gab nicht nach, sondern behielt seine fürstenfeindliche Haltung bei. Und da er auch noch – mit Recht! – gegen die maßlose Ketzerverfolgung durch den fanatischen Inquisitor Konrad von Marburg vorging und damit den Unwillen des Papstes und des Kaisers auf sich zog, war es nun der Kaiser selbst, der im Sommer 1234 beim Papst die Exkommunikation seines eigenen Sohnes beantragte.

Daraufhin empörte sich Heinrich VII. im September in »knabenhaftem Trotz«, wie Friedrich II. später schrieb, gegen seinen Vater und verbündete sich in einem aberwitzigen Entschluß mit den Lombarden, den Erzfeinden des Kaisers.

Für Friedrich II. wurde eine Strafexpedition gegen seinen Sohn unvermeidlich. Ohne Heer, aber – ebenso wirksam – mit größeren Geldsummen zur Förderung kaisertreuer Gesinnung unter den verarmten Edlen versehen, zog der Kaiser mit seiner Menagerie im Frühjahr 1235 über die Alpen.

Viele Fürsten kamen ihm bis Regensburg entgegen, und angesichts des exotischen Pomps herrschte schnell wieder ehrfürchtige Ordnung im Reich, »denn es folgten ihm viele Quadrigen mit Gold und mit Silber beladen, mit Batist und Purpur, mit Gemmen und köstlichem Gerät«. Und: »Er führte mit sich Kamele, Maultiere und Dromedare, Affen und Leoparden, auch viele Sarazenen und dunkle Äthiopier, die sich auf mancherlei Künste verstanden und als Wache dienten für Geld und Schätze.« Der berühmte Elefant war diesmal allerdings nicht dabei, dafür aber, wie Albertus Magnus erzählt, ein höchst wunderbares Tier, das man in Europa noch nie gesehen hatte: eine Giraffe.

Als Kaiser Friedrich kurz darauf am 2. Juli 1235, gefolgt von seinem

Zoo und umschwärmt von seinen Mohren, in die Kaiserpfalz Wimpfen einritt, wollte sich ihm dort Heinrich VII. zu Füßen werfen, aber der Kaiser blieb hart. Ohne ihn zu empfangen, ließ er ihn in den Kerker stecken, und die Troubadoure erzählten, morgens, als man ihm die Rüstung nahm, habe er noch gesungen, aber als man ihm abends das Essen brachte, geweint.

Noch in der ersten Juliwoche hielt der Kaiser dann in Worms über seinen Sohn Gericht. Heinrich mußte als Aufrührer sogar mit seinem Tode rechnen. Als man ihn in Gegenwart vieler Fürsten, Grafen und Adligen vor den Kaiserthron brachte, warf er sich daher vor seinem Vater auf den Boden und flehte um Gnade. Aber niemand, am wenigsten der Kaiser, machte Miene, ihn zum Aufstehen aufzufordern. In drückendem Schweigen lag Heinrich lange Zeit, die Stirn auf den Boden gepreßt, bis ihm schließlich auf Einspruch einiger Fürsten der Kaiser befahl, sich aufzurichten. Stehend hörte der 24jährige seinen Urteilsspruch: lebenslange Gefangenschaft.

Er kam zunächst nach Heidelberg in den Kerker und wurde dann nach Apulien geschafft, wo er in verschiedenen Gefängnissen untergebracht wurde. Sieben Jahre später, als man ihn in ein anderes Gefängnis transportierte, stürzte sein Pferd, und Heinrich VII. starb am 10. Februar 1242, im Alter von 31 Jahren. Vielleicht war es auch Selbstmord gewesen, denn einige Quellen berichten, er habe sich vom Pferd oder gar mit dem Pferd in eine Schlucht gestürzt. Er wurde im Dom zu Cosenza, in einen Königsmantel gehüllt, beigesetzt.

Als man Kaiser Friedrich II. die Nachricht überbrachte, wurde aus dem Tyrannen, der die Staatsraison vertrat, wieder der Vater. »Wer könnte die strömenden Bäche der Tränen zurückhalten«, schrieb er, und in einem anderen Brief: »Das Leid des liebenden Vaters hat die strenge Stimme des Richters verstummen lassen. Tief müssen wir das Geschick unseres erstgeborenen Sohnes Heinrich betrauern, und die Natur trieb eine Flut von Tränen aus unserem Innersten, die bisher der Schmerz über die Kränkung und die Starre der Gerechtigkeit zurückgehalten hatten ... Wir gestehen, daß wir, der wir durch des lebenden Königs Übermut nicht gebeugt werden konnten, durch den Sturz dieses unseres Sohnes gerührt sind. Wir sind jedoch weder die ersten noch die letzten, die durch die Übergriffe von Söhnen Schaden erlitten und nichtsdestoweniger an ihrem Grabe weinen ...«

Des Kaisers dritte Ehe

Als Heinrich VII. 1235 zu lebenslänglicher Haft verurteilt wurde, hatte Kaiser Friedrich II. nur einen legitimen männlichen Erben. Es war der inzwischen sieben Jahre alte Konrad, den er mit nach Deutschland gebracht hatte. Er war das Kind der unglücklichen Isabella von Brienne, der Erbin des Königreiches von Jerusalem, die sechs Tage nach Konrads Geburt gestorben war.

Seit dem Tode seiner zweiten Frau Isabella im Jahre 1228 war Kaiser Friedrich II. Witwer gewesen, und seit einiger Zeit hatte ihn der Papst gedrängt, sich wieder zu verheiraten. »Der Ehrwürdige Vater ermahnte uns eifrig«, schrieb Friedrich II. an »seinen geliebten Freund«, den französischen König Ludwig IX., »die Ehe, die Gott von Anbeginn einsetzte und ohne die die Fürsten des Erdkreises nicht bleiben sollen, um der Nachkommenschaft und eines ehrenhaften Wandels willen einzugehen...«

Denn an illegitimen Kindern, die er einem weniger »ehrenhaften Wandel« verdankte, fehlte es Kaiser Friedrich II. nicht.

Schon zu Zeiten seiner ersten Ehe zeugte er während seines ersten Deutschlandaufenthaltes angeblich sechs sogenannte »linkshändige Kinder«, von denen wir zwei kennen. Es sind Sohn und Tochter eines »vornehmen deutschen Fräuleins« mit Namen Adelheid, die Friedrich »Alayta« nannte. Der Sohn, gut deutsch Heinz getauft, wurde in Italien Enzio gerufen und gehörte zu seinen Lieblingssöhnen, die er stets um sich hatte.

Sein liebster Sohn, den er sogar gegen alle Regel in die Erbfolge aufnahm und in seinem Testament bedachte, war ebenfalls das Kind einer illegitimen Verbindung. Es war der 1232 geborene Manfred, dessen Mutter Bianca er offenbar in Liebe und, wenn man so will, auch in Treue ergeben war wie keiner seiner drei offiziellen Frauen. Sie war die Tochter des piemontesischen Markgrafen Manfred dei Lancia, dessen Verwandte schon zu Friedrich Barbarossas Zeiten in kaiserlichem Dienst gestanden hatten.

Mit Bianca hatte Friedrich II. mindestens zwei Kinder: Außer Manfred gab es noch eine zwei Jahre vor ihm geborene Schwester Konstanze, die sogar Kaiserin von Byzanz wurde und erst 77jährig in Valencia starb. Die Verbindung mit Bianca überdauerte auch Friedrichs dritte Ehe, zu der ihn jetzt der Papst drängte, denn nach dem Tode seiner dritten Frau hat Friedrich II. mit Bianca in einer sogenannten morganatischen, also nicht standesgemäßen Ehe »zur linken Hand« gelebt, was, wie der Chronist schreibt, »viele Jahre geheim geblieben ist«.

Diese dritte Ehe schloß Kaiser Friedrich in Worms sechs Wochen nach der Aburteilung seines Sohnes Heinrich. Die auch diesmal vom Papst »auserwählte« Braut war die bildhübsche 21jährige Isabella von England, die Tochter des 1216 gestorbenen Königs Johann Ohneland und die Schwester des regierenden Königs Heinrich III. aus dem Hause Anjou-Plantagenet.

Die Brautschau hatten zwei Deutschordensritter gehalten, und nachdem man die schöne Elisabeth – Isabella ist die damals gebräuchliche spanische Form des Namens – aus dem Tower zu London geholt hatte, war sie den Gesandten vorgeführt worden. Und voll naiver Freude berichtet der englische Chronist Roger von Wendover: »Nachdem sich diese einige Zeit an ihrem Anblick geweidet und sie des kaiserlichen Ehebettes in allen Stücken für würdig erkannt hatten, bekräftigten sie im Namen des Kaisers das Ehebündnis durch einen Eid und boten ihr in seinem Namen den Verlobungsring.«

Das englische Königshaus stürzte sich daraufhin in Unkosten, und Roger von Wendover berichtet begeistert von der Krone aus feinstem Gold, den goldenen Ringen, den kostbaren Steinen, den seidenen und leinenen Oberkleidern, dem kostbaren Brautbett »mit seinen bunten Decken und Kissen und Leintüchern von der feinsten Leinwand«, und dem goldenen Tafelgeschirr. Selbst die Kochtöpfe waren, was nach den Worten des Chronisten »allen überflüssig erschien, von Silber«.

Im Triumphzug wurde die schöne Isabella über Antwerpen nach Köln gebracht, wo sie sich durch eine kleine Geste die Sympathien der Damenwelt sicherte. Denn als sie bemerkte, »daß alle und besonders die edlen Matronen, die auf ihren Söllern saßen, ihr Antlitz zu sehen wünschten, nahm sie Hut und Schleier ab, so daß sie alle ungehindert anschauen konnten«.

Am 15. Juli 1235, einem Sonntag, wurde dann die Trauung im Dom zu Worms vollzogen, an der vier Könige, elf Herzöge und dreißig Grafen und Markgrafen, dazu Kirchenfürsten und zahllose Ritter teilnahmen. König Heinrich VII. saß währenddes im Turm »Luginsland« gefangen und konnte über die seltsamen Wege des Schicksals nachdenken: Jene Isabella von England, die sein Vater heiratete und die damit seine Stiefmutter wurde, hätte eigentlich seine Frau sein sollen. Er hatte vor zehn Jahren um sie geworben, war aber abgelehnt worden.

Von dieser Isabella berichtet der Chronist dann weiter, daß sie dem Kaiser nicht nur dem Aussehen nach gefallen habe: »sie gefiel ihm noch weit mehr in den Freuden des Ehebettes«, allerdings wollte er sie in der ersten Nacht nicht »fleischlich erkennen«, denn seine Hofastrologen hatten als die geeignete Stunde für die Zeugung eines königlichen Nachfolgers eine frühe Morgenstunde errechnet. Als die Ehe zur berechneten Stunde vollzogen wurde, war sich Kaiser Friedrich völlig sicher: »Gib acht auf Dich, denn Du hast einen Knaben empfangen«, teilte er seiner jungen Ehefrau anschließend mit, aber auch Hofastrologen können sich gelegentlich irren. Isabella bekam ihr erstes Kind erst mehr als ein Jahr später, Ende 1236, und dann war es eine Tochter namens Margarethe.

Wie seine anderen Frauen hat Kaiser Friedrich II. übrigens auch Isabella von England »vielen maurischen Eunuchen und ähnlichen alten Ungetümen zur Obhut« anvertraut, wie sich Roger von Wendover entrüstet. Tatsächlich lebte Friedrich II. entsprechend seinem orientalischen Lebensstil mit seiner jeweiligen Frau nicht wie Kaiser und Kaiserin zusammen. Die Ehefrauen traten daher auch nie öffentlich in ihrer Rolle als Kaiserin auf, sondern lebten nahezu verborgen in dem, was die einen dann einen »Harem«, die anderen einen »Kerker« nannten.

Als es dann später wieder galt, die Gottlosigkeit des Kaisers zu beweisen, wurden diese Kerker mit Vorliebe erwähnt: »Seine drei Gemahlinnen hielt er in einem gomorrhäischen« – also sündigen – »Labyrinth verschlossen, fast unsichtbar und fern von den Augen der Kinder; die Enge des Kerkers bedrückte sie, so daß ihnen Sterben Wonne und Leben Marter wurde.« Und auch wenn es nicht stimmte, hieß es dann weiter: »Aber kein natürlicher Tod entriß sie den Qualen des Lebens, sondern, wie die Volksmeinung will, brachte sie Gift ums Leben«: Isabella zumindest starb 1241 im Kindbett.

Die ersten Gesetze in deutscher Sprache

Das dritte wichtige Ereignis seines Deutschlandaufenthaltes war dann einen Monat nach der Hochzeit im August 1235 der große Reichstag in Mainz, der einen alten Streit beendete, der unter Friedrichs Großvater Barbarossa begonnen hatte: Es kam wieder einmal zu einer Aussöhnung zwischen Welfen und Staufern. Dazu hatte die Ehe mit Isabella von England beigetragen, denn traditionellerweise war England mit den Staufern zerstritten, da es seit Heinrich dem Löwen zu den Welfen gehalten hatte, so daß sich daraufhin eine französisch-staufische Allianz gebildet hatte. Indem sich nun der Staufer Friedrich II. durch seine Heirat mit England aussöhnte, hatten Papst und Kaiser zunächst einige Mühe, den französischen König davon zu überzeugen, daß der Schritt nicht gegen Frankreich gerichtet sei; dafür ergab sich in Deutschland von allein ein harmonisches Ende des generationenalten Zwistes, den die Enkel nun beilegten.

Der Welfe Otto von Lüneburg, ein Enkel Heinrichs des Löwen, war auf den Hoftag in Mainz gekommen und hatte vor Kaiser Friedrich, dem Enkel Friedrich Barbarossas, »die Knie gebeugt, hat allen Hader und Haß, der zwischen unseren Vorfahren bestanden haben mochte, hintangestellt und sich ganz in unsere Hand gegeben«, wie es in einem Bericht heißt. Der Welfe wurde dafür zum Reichsfürsten erhoben und mit dem bisher strittigen Welfenerbe als neuem Herzogtum Braunschweig-Lüneburg belehnt.

Mit kaiserlicher Machtvollkommenheit verkündete Friedrich II. dann das sogenannte Mainzer Landfriedensgesetz, das schon deswegen von historischer Bedeutung ist, weil es das erste Reichsgesetz ist, das nicht, wie bisher, nur in Latein, sondern auch in Deutsch abgefaßt war. In seinen 29 Artikeln ordnete der Kaiser die deutschen Rechtsverhältnisse, indem er die der Krone verbliebenen Rechte sicherte und damit die Reichseinheit stärkte, auch wenn er die Fürstenprivilegien nicht rückgängig machen konnte. Dieses Landfriedensgesetz ist also nicht mit den Konstitutionen von Melfi zu vergleichen, die dem Kaiser zentralistische Macht sicherten. Immerhin zeigt es aber, daß Friedrich II. nicht nur willens, sondern auch imstande war, ordnend in die deutschen Verhältnisse einzugreifen.

Wider den »Keim verruchter Freiheit«

Kaiser Friedrich II. benutzte den Mainzer Hoftag aber auch dazu, sich bei der Bekämpfung der Lombarden Unterstützung zu verschaffen. Auf Drängen des Kaisers beschlossen die anwesenden Fürsten einstimmig, im kommenden Jahr einen Feldzug gegen die Lombarden zu unternehmen, wenn sie sich bis dahin nicht freiwillig dem Reich unterworfen hätten.

Während nun Kaiser Friedrich und sein Gefolge den Winter in seiner elsässischen Lieblingsresidenz Hagenau verbrachten, verhandelten inzwischen seine Beauftragten in Rom mit Papst Gregor IX., um die Lombardenfrage friedlich zu regeln. Damit geriet der Papst in eine Zwickmühle. Einerseits konnte er nicht leugnen, daß die Lombarden die Reichshoheit verletzt hatten. Auf der anderen Seite konnte und wollte er aber nicht auf sein Bündnis mit den Lombarden verzichten, deren Widerstand gegen den Kaiser ein Unterpfand war, mit dem der Papst jederzeit versuchen konnte, seine Ansprüche durchzusetzen. Außerdem mußte der Papst befürchten, daß eine erneute Eingliederung der Lombardei ins Reich seinen eigenen Kirchenstaat bedrängen würde: Kirchenstaat und Lombardei waren der doppelte Riegel, der das Königreich Sizilien vom Reich im Norden trennte.

So schleppten sich die Verhandlungen durch ständige Ausflüchte des Papstes hin, der nun wieder von einem Kreuzzug sprach, obwohl der Waffenstillstand, den Friedrich II. mit El-Kamil im Heiligen Land abgeschlossen hatte, noch für Jahre gültig war. Kaiser Friedrich II. durchschaute die Taktik und wechselte geschickt die eigene Argumentation. Von einem normalen »Krieg« gegen die Lombarden, wie der Papst behauptet habe, könne keine Rede sein. Die Maßnahmen gegen die Lombarden seien nichts anderes als die »Exekution des Rechts« gegen Aufrührer und die letzten Störer des Weltfriedens.

Dieser imperiale Gedanke, daß alles gerecht sei, was dem Frieden des Reiches diene, wurde jetzt vom Kaiser fast zu einer Art gottwohlgefälligem Kreuzzug hochstilisiert: »Den liebsten Dienst glauben wir also dem lebendigen Gotte zu leisten, wenn wir mit löblichem Eifer und festem Vorsatz den friedlichen Zustand des ganzen Imperiums erstreben«, schrieb er dem Papst.

Aber wie so oft waren auch hier persönliche Gefühle ausschlaggebend, auch wenn sie zu staatsmännischen Einsichten erklärt wurden. Der anhaltende Widerstand der Lombarden war das Trauma der Staufer. Seit Friedrich Barbarossa war Mailand der Inbegriff der Widerspenstigkeit gegen die Reichsidee, während für Mailand die deutschen Kaiser zum Symbol der Ungerechtigkeit geworden waren, seit Barbarossas Reichskanzler Rainald von Dassel aus persönlicher Rache Mailand hatte zerstören lassen. Beide Seiten konnten nicht vergessen, und so war der Kampf Kaiser Friedrichs II. gegen die Lombarden im Grunde nichts weiter als ein verspäteter Rachefeldzug. In einem Brief an den König von Frankreich gab Kaiser Friedrich dieses Motiv auch offen zu. Seit seiner Erhebung zum Kaiser, so schrieb er, war seines

»Geistes Schärfe unausgesetzt darauf gerichtet ... die am Vater und Großvater begangene Beleidigung zu bestrafen und den schon an anderen Orten ausgerotteten Keim verruchter Freiheit zu zertreten«.

Als die vom Papst erbetenen Vermittlungsversuche zu nichts führten, zog Kaiser Friedrich II. daher, wie angekündigt, im Sommer des Jahres 1236 mit einem kleinen Heer über die Alpen nach Oberitalien, nachdem er sich etwas mehr als ein Jahr in Deutschland aufgehalten hatte.

Der Kampf gegen die Lombarden, der Friedrich II. höchste Machtentfaltung, aber auch Bannfluch und Absetzung einbringen sollte, begann.

Geplänkel in der Lombardei

Militärisch gesehen waren die ersten Monate des Lombardenfeldzuges eine reine Farce. Einmal hatte Kaiser Friedrich mit etwa 2000 Mann ein viel zu kleines Heer, um mehr als Drohgesten inszenieren zu können. Zum anderen war Friedrich II. alles andere als ein bedeutender Feldherr.

So kam es, daß er, kaum daß sein Heer im August 1236 in der Nähe von Verona angekommen war und ein paar Kastelle erobert hatte, fast den ganzen Oktober abwartend in Cremona saß und dann den Feldzug abbrach, um sich nach der Einnahme von Vicenza für zehn Monate nach Wien und Speyer zu begeben.

Immerhin hatten diese wenigen Monate genügt, um die östlichen Teile Oberitaliens wieder zu kaiserlichen Gebieten zu machen, Verona in die Hand zu bekommen und den Alpenübergang und die Verbindung zum kaisertreuen Cremona zu sichern. Aber es war weder Sieg noch Niederlage, da die Konstellationen in der Lombardei ständig wechselten und die befreundeten Städte von heute schon morgen auf der Gegenseite stehen konnten.

Man kann sich natürlich fragen, ob es dann überhaupt nötig war, daß der Kaiser wegen einer solchen lahmen Strafexpedition die deutschen Fürsten und deren Heereskontingente bemühen mußte. Aber Friedrich II. beherrschte zwar ein riesiges Territorium, besaß jedoch kein »Heer« im heutigen Sinne. Alles, was er aus eigener Machtvollkommenheit »mobilisieren« konnte, waren seine direkten Untertanen im Königreich Sizilien. So befehligte Kaiser Friedrich II. nur an die achttausend Sarazenen, die vor allem als Bogenschützen gefürchtet waren und die je nachdem Soldaten oder Polizei spielten. Aber sie reichten nicht einmal aus, um bei Unruhen das Königreich Sizilien zu befrieden. Selbst in solchen Fällen war der Kaiser auf Hilfstruppen angewiesen.

Wollte er nun, wie in der Lombardei, einen Feldzug unternehmen, mußte er wie in alten Zeiten die Territorialfürsten und später sogar die Könige der umliegenden Reiche um Hilfstruppen bitten.

Einige Fürsten hatten für den Lombardenfeldzug keine Truppen zur Verfügung gestellt, da sie gerade selbst Krieg führten. Es ging diesmal um das Herzogtum Österreich und dessen Herzog Friedrich den Streitbaren. Dieser Babenberger hatte sich, ohne sich selbst an der Empörung seines Schwagers Heinrich VII. zu beteiligen, während dessen Aufstand dem Kaiser entfremdet und sich mit seinen Nachbarn Bayern, Böhmen und Ungarn verfeindet.

Um die Angelegenheit zu bereinigen, hatte ihn der Kaiser dreimal zu Hoftagen bestellt, aber Friedrich der Streitbare war nie erschienen, so daß er im Juni 1236 geächtet wurde. Damit verlor er auch das Reichslehen Österreich und Steiermark, das nun im Auftrag des Kaisers von den Bayern und Böhmen besetzt wurde, während sich Friedrich II. in der Lombardei aufhielt.

Wiener Intermezzo

Das war der Stand der Dinge, als sich Kaiser Friedrich entschloß, nach Wien zu reisen. Er wollte nach der Vertreibung des letzten Babenbergers Österreich und die Steiermark nicht wieder als Lehen vergeben, sondern als Reichsgebiet selbst verwalten. Zu diesem Zweck wurde ein Hoftag nach Wien einberufen, der im Februar 1237 zusammentrat. Die versammelten deutschen Fürsten erklärten dort erwartungsgemäß auf Wunsch des Kaisers, die Herzogtümer Österreich und Steiermark seien dem Reich unmittelbar unterstellt, und erhoben Wien zur Freien Reichsstadt.

Damit hatte Friedrich II. auch außerhalb des Königreiches von Sizilien begonnen, das erbliche Lehenswesen durch die Zentralregierung des Kaisers zu ersetzen. (Allerdings gelang dieser Schritt nicht beim ersten Versuch. Der abgesetzte Friedrich von Babenberg verständigte sich mit Bayern und Böhmen und wurde Ende 1239 sogar vom Kaiser wieder als Herzog von Österreich anerkannt, um ihn bei seinem Kampf gegen das Papsttum auf seine Seite zu ziehen. Erst als Friedrich der Streitbare 1246 starb, gelang es dem Kaiser, die beiden Herzogtümer als Reichsgebiet unter fürstlichen Generalkapitänen seiner Beamtenverwaltung zu unterstellen.)

In Wien hatte der Kaiser aber auch noch eine andere Angelegenheit zu ordnen: Seit nahezu zwei Jahren – seit der Gefangennahme und Absetzung Heinrichs VII. – besaß Deutschland keinen König und das Kaisertum keinen Nachfolger. Es zeugt für die Autorität des Kaisers, daß sein Vorschlag ohne Widerrede und Gegenforderung angenommen wurde, seinen erst neun Jahre alten Sohn Konrad nicht nur zum deutschen König, sondern gleich auch als »künftigen Kaiser« zu wählen. Damit war Konrad, von seiner Mutter Jolande von Brienne her bereits König von Jerusalem, zum legitimen Nachfolger des Kaisers bestellt, auch wenn er erst nach dessen Tode gekrönt werden sollte. Bis dahin wurde zunächst der Mainzer Erzbischof Siegfried als Reichsprokurator ernannt.

Dabei stand, genau besehen, den deutschen Fürsten die Wahl eines Kaisers überhaupt nicht zu. Als Nachfolger der römischen Cäsaren mußte der Kaiser vom römischen Volk (beziehungsweise dessen Senat) gewählt werden, so war es die Regel, und so hatte man es bisher gehalten, auch wenn die Akklamation oft nur eine Formsache war.

Daß Friedrich II. nun seine deutschen Fürsten für zuständig hielt, den deutschen König auch zum Kaiser zu wählen, bedeutete einen Ablösungsprozeß von der Tradition und eine Verselbständigung der Reichsidee. Obwohl sich der deutsche König offiziell noch immer »Römischer König« nannte, löste Friedrich II. die historische Verbindung zum römischen Senat, indem er die deutschen Fürsten zu dessen Nachfolger erklärte. Diese Willenskundgebung, weder durch Überlieferung noch durch eine rechtliche Übertragung abgesichert, bildete die Grundlage für ein künftiges autonomes deutsches Kaisertum, das nur noch dem Namen nach auf die römischen Cäsaren zurückging.

Da in Wien nicht alle deutschen Fürsten anwesend waren, reiste Kaiser Friedrich II. im Frühjahr mit seinem Sohn Konrad nach Speyer, um sich auf einem Hoftag die Zustimmung der übrigen Fürsten einzuholen. Gleichzeitig nutzte er den Aufenthalt in Deutschland, um nach Möglichkeit noch einige Streitkräfte anzuwerben, nachdem er nun auf einige Anfangserfolge in der Lombardei hinweisen konnte.

Aber es war auch diesmal schwierig. Die Zeiten, da deutsche Ritter gern nach Italien zogen, war vorbei, zumal viele Fürsten meinten,

Friedrich II. solle seine italienischen Angelegenheiten mit Kräften aus Apulien selbst ordnen. Außer den notwendigen Romzügen zur Kaiserkrönung hielt man derartige Unternehmungen mittlerweile sogar schon für ungesetzlich, sprich für zu teuer.

So bekam der Kaiser nur wieder an die zweitausend Ritter zusammen, mit denen er im August 1237 von Augsburg aus über den Brenner nach Italien zog. Zusammen mit seinen Sarazenen und den reichstreuen Lombardenstädten verfügte er nun über ein bunt zusammengewürfeltes Heer von mindestens 12000 Mann, das den Gegnern zahlenmäßig überlegen war.

Ein neuer Versuch, durch Verhandlungen die Fortsetzung des Lombardenfeldzuges unnötig zu machen, scheiterte am Widerstand Venedigs, so daß Hermann von Salza, der Deutschordensmeister und Vertraute des Kaisers, die Verhandlungen abbrechen mußte.

Der Sieg von Cortenuova

Es kam also zur Fortsetzung des Lombardenfeldzuges, und bald nachdem Friedrich II. im September in Verona eingetroffen war, wurden auch die Festung Redondesco westlich von Mantua sowie zwei Kastelle eingenommen, so daß sich Mantua am 1. Oktober ergab.

Nun zog der Kaiser ins Gebiet von Brescia, wo das Haupheer der Lombarden bereit war, die Stadt zu verteidigen. Um dieses Heer von Brescia wegzulocken, zog Kaiser Friedrich südwärts in Richtung Cremona weiter und verwüstete dabei das Hinterland. Das lombardische Heer folgte, vermied aber eine Schlacht. Mitte November lagen sich dann beide Heere bei Pontevico gegenüber, drei bis vier Marschstunden vor Cremona und nur durch ein kleines versumpftes Flüßchen getrennt, das bei Pontevico in den Oglio mündete, der selbst wieder ein linker Nebenfluß des Po ist. In diesem Sumpfgelände geriet alles ins Stocken, denn, obwohl der Kaiser hier seine schwere Reiterei nicht einsetzen konnte, wagten die Lombarden keinen Angriff.

Nun versuchte der Kaiser eine List: Demonstrativ setzte er mit seinem Heer über den Oglio, als wenn er sein Winterlager in Cremona aufschlagen wollte, und entließ einen großen Teil des Heeres tatsächlich nach Cremona. Mitte November war ein solcher Entschluß einleuchtend. Er selbst aber zog heimlich mit seiner Reiterei und den sarazenischen Bogenschützen nordwärts den Oglio hinauf, um die vor allem nach Mailand heimkehrenden Lombarden abzufangen, wenn sie ebenfalls den Oglio überschritten. Zwei Tage wartete Kaiser Friedrich bei Soncino im Hinterhalt auf die Gegner, aber nichts geschah. Denn die Lombarden hatten inzwischen den Oglio längst viel weiter im Norden überquert. So mußte er ihnen eilig hinterherziehen, da sie bereits südöstlich von Bergamo bei Cortenuova lagen.

Es war bereits Nachmittag, als der Kaiser nach einem anstrengenden Marsch mit seiner Vorhut unversehens auf das lombardische Heer traf, das sich gerade noch um den berühmten mailändischen Fahnenwagen sammeln konnte, den wir schon von Kaiser Barbarossa her kennen.

In der Hoffnung, daß das Hauptheer rechtzeitig eintreffen werde, überfiel die Vorhut sofort die Lombarden. Das Hauptheer folgte tatsächlich, aber da es – Ende November – schon frühzeitig dunkel wurde und schwere Regengüsse einsetzten, mußte man die Schlacht abbrechen, ohne Cortenuova eingenommen zu haben.

Inzwischen versuchten die Lombarden, wenigstens den kostbaren Fahnenwagen nach Cortenuova zu schaffen, aber durch den Regen war er so tief in den Morast eingesunken, daß man ihn nicht mehr von der Stelle brachte. Nun begann man ihn in Stücke zu schlagen, um ihn nicht den Feinden als Trophäe zu überlassen. Vor allem lag den Lombarden daran, das am Mastbaum befestigte goldene Kreuz zu retten, aber selbst das gelang ihnen nicht.

So flüchteten sie hinter die Mauern der Stadt, aus der sie aber noch im Schutze der Dunkelheit flohen, wobei sie Tausende von Gefallenen zurückließen. Als die kaiserlichen Truppen am nächsten Morgen die Verfolgung aufnahmen, wurden noch einmal an die 4000 Mann gefangengenommen.

Weniger durch ihren Ablauf als durch ihr Ergebnis gilt dieses ungeplante Aufeinanderschlagen bei Cortenuova bei Historikern als eine der großen Schlachten des Mittelalters, während sie Viscount Montgomery of Alamein in seiner »Weltgeschichte der Schlachten und Kriegszüge« nur nebenbei als Beispiel eines Überraschungsangriffes erwähnt.

Die Auswirkung dieser Schlacht vom 27. November 1237 dagegen war überwältigend. Nur zehn Wochen nach der Wiederaufnahme des lombardischen Krieges war die Entscheidung gefallen und die Macht der Lombarden gebrochen. Der Kaiser war nun wieder Herr über »Reichsitalien« wie zu Zeiten Friedrich Barbarossas.

Bei seinem Einzug in Cremona trat Friedrich II. wie zu Cäsars Zeiten als siegreicher Imperator auf und führte die gefangenen Heerführer in Ketten hinter sich her. Pietro Tiepolo, der Podestà von Mailand und Befehlshaber der lombardischen Truppen, hatte man zur Demütigung an den umgelegten Fahnenmast des Carroccio, des wieder reparierten Fahnenwagens, gebunden, den der königliche Elefant durch die Straßen Cremonas zog, »der einen hölzernen Turm und Flötenspieler mit den Fahnen des Reiches auf dem Rücken trug zum Lob und Ruhm des Kaisers«.

Als Felix Victor ac Triumphator – als glücklicher Sieger und Triumphator – wie sich Kaiser Friedrich nun in Anlehnung an die römischen Cäsaren nennen ließ, schickte er nach der Siegesfeier in Cremona den Carroccio mit allen erbeuteten Feldzeichen nach Rom und ließ ihn auf dem Kapitol aufstellen, denn »dadurch« – so der Kaiser an die Römer – »erinnern wir uns nämlich der alten Cäsaren«.

Kaiser Friedrich II. war auf dem Gipfel seiner Macht und seines Ruhmes, und Petrus von Vinea, des Kaisers Großhofrichter und Diplomat, schrieb: »Frohlocken möge nun des Römischen Reiches Gipfel, und der gesamte Erdkreis möge sich freuen über den Sieg eines solchen Herrn! Erröten möge die widerrechtliche Genossenschaft der Lombarden, zerschmettert werde der Wahnwitz der Empörer, und angesichts des Ausgangs der Schlacht mögen die feindlichen Völker erzittern! Vor allem jedoch möge das unglückliche Mailand seufzen und jammern und in bittere Tränen ausbrechen über eine solch große Anzahl von gefallenen Rittern und gefangenen Bürgern! Und es möge sich unverzüglich daran gewöhnen, dem ›Herrn der Welt‹ zu gehorchen!«

Mailand, »die Anführerin des Aufruhrs in Italien«, wie Friedrich die Stadt nannte, war zu diesem Schritt bereit. Sofern der Kaiser sie verschone und allen verzeihe, wollte die Stadt den Kaiser für alle Zeiten als Herrn anerkennen, einen kaiserlichen Beamten als obersten Richter akzeptieren, Geiseln stellen und einen »ganzen Schatz von Gold und Silber« abliefern, sämtliche Fahnen vor dem Kaiser niederlegen und ein Heer von 10000 Mann für einen Kreuzzug bereitstellen.

Mehr konnten die Mailänder Unterhändler, angeführt von einem Minoritenmönch, kaum anbieten, und mehr konnte Kaiser Friedrich II. an Demütigung kaum erwarten. Aber der Kaiser lehnte ab. Er fürchtete dabei weniger die Untreue der Mailänder, die in der Not viel versprachen und dies in besseren Tagen leicht vergaßen.

Die Entscheidung Friedrichs II. hatte mit Vernunft wenig zu tun, sondern war von irrationaler Rache bestimmt. Er wollte die an »Vater und Großvater begangenen Beleidigungen bestrafen«, und als die Gräfin Caserta aus der Mailänder Delegation ihn mahnte: »Gnädigster Herr, Ihr habt ein so schönes Reich, Ihr habt alles, was einen Menschen beglücken kann; um Gottes willen, warum stürzt Ihr Euch in eine neue Fehde« – da antwortete der Kaiser: »Du redest wahr, aber der Ehre halber bin ich so weit vorgeschritten, und der Ehre halber will und kann ich nicht zurück.«

Um dieser Ehre willen, hauptsächlich aber wohl aus Rache, beging Kaiser Friedrich II. auf dem Gipfel seines Ruhmes den schwersten Fehler seiner Herrschaft: »Trotzig« forderte er die bedingungslose Unterwerfung Mailands. »Auf dieses tyrannische Verlangen«, so berichtet der Chronist, »antworteten die Bürger insgesamt, daß sie dies auf keinen Fall tun würden, indem sie sagten: ›Wir fürchten, durch die Erfahrung gewitzigt, Deine Härte. Lieber wollen wir hinter unseren Schilden durch Lanzen, Schwert und Pfeile fallen, als durch Henkershand, Hunger oder Feuer umkommen.‹«

So nahm das Unglück seinen Lauf. Hätte Kaiser Friedrich II. die freiwillige Unterwerfung Mailands angenommen, so hätte er unter dem Eindruck der Schlacht von Cortenuova die gesamte Lombardei für sich gewinnen und dauerhaft als Teil des Reiches eingliedern können. Nun aber forderte er vollkommen unnütz den todesmutigen Widerstand der Mailänder heraus, dem sich jetzt auch die Städte Alessandria, Brescia und Piacenza in der Lombardei und Faenza sowie Bologna in der Romagna anschlossen.

Statt die Unterwerfung einer Stadt anzunehmen, hatte der Kaiser erneut fünf Städte gegen sich, statt Frieden nur wieder einen ungewissen Krieg vor sich. Es kam tatsächlich, wie Matthäus von Paris schrieb: »Von da an verlor der Kaiser die Gunst vieler, weil er ein unerbittlicher Tyrann geworden war, und die Mailänder wurden ihrer Demut wegen erhöht und gekräftigt, gemäß dem Ausspruch: ›Der Herr widersteht dem Hochmütigen, den Demütigen aber schenkt er seine Gnade.‹«

Fast scheint es, als wenn Kaiser Friedrich II. das Maß verloren hatte, daß er als Dominus mundi, als Herr der Welt, überheblich geworden war. Seine Untertanen im Königreich Sizilien hatten ihn schon lange einen Tyrannen genannt, weil er und sein Beamtenstaat alles reglementierten. Nach seinem Sieg von Cortenuova wurde er nun auch zum Tyrannen, der sich außerhalb von Vernunft und Ordnung stellte und nur sich selbst als Maßstab anerkannte. Grund zur Überheblichkeit hatte er genug: Weder Niederlagen noch Mißerfolge hatten sein Leben bestimmt, seit er als Kind von Apulien König und Kaiser geworden war, sein Selbstbewußtsein war ungebrochen.

Vielleicht aber wird eine solche Deutung einer so vielschichtigen Persönlichkeit, wie es Friedrich II. war, nicht gerecht. Soviel aber stimmt gewiß, daß Herrschaft und Macht für ihn Härte und Überlegenheit bedeuteten. So schrieb er einmal 1238 oder 1239 an seinen zehn- oder elfjährigen Sohn Konrad: »Herrscher aber hören wir auf zu sein, wenn wir uns, herrscherlicher Klugheit bar, eher durch die Herrschaft Untergebener beherrschen lassen als selbst herrschen.« Im gleichen Brief an seinen Sohn schrieb er jedoch auch: »Es genügt den Großen der Erde und den Königen nicht ihre berühmte Herkunft, wenn ihrer hervorragenden Abstammung nicht adliges Wesen entspricht und erlauchte Tatkraft das Fürstentum erhebt. Auch nicht deshalb allein unterscheidet man Könige und Kaiser von anderen, weil sie höher thronen, sondern weil sie tiefer blicken und tüchtiger handeln. Außerdem nämlich, daß sie den Menschen durch ihre Menschlichkeit gleich sind und an ihrem Leben teilhaben, können sie nichts Besonderes für sich in Anspruch nehmen, wenn nicht jeder einzelne von ihnen durch die Tugend der Klugheit die übrigen Menschen überstrahlt. So wie Menschen nämlich werden sie geboren, und wie Menschen sterben sie ...«

Und darum ermahnte der kaiserliche Vater seinen Sohn: »So kommt es dir notwendig zu, die Klugheit zu lieben, zu der man auf der Leiter des Fleißes und auf den Stufen der Zucht rasch gelangt und in der Du, unter Ablegung der kaiserlichen Würde und Demütigung des Gipfels königlicher Majestät, unter der Rute des Meisters und dem Stock des Lehrers nicht König oder Kaiser, sondern nur Schüler sein sollst... Auf daß Du also, als weiser Sohn, den Vater erfreust, liebe das Wissen und verabscheue die Zucht nicht. Und es genüge Dir nicht, lediglich durch die Würde des Namens ein König zu sein, sondern sei durch die Tüchtigkeit der Herrschaft ein Herrscher.«

Konflikt und Bann

Kaiser Friedrich II. von Hohenstaufen hatte es verstanden, die Würde des Titels und die Tüchtigkeit eines Herrschers miteinander zu verbinden – trotz mancher Grausamkeiten ein Kaiser, der ohne Heer, ohne

Schlachten und Feldzüge vielleicht mehr erreicht hat als andere; selbst Jerusalem gewann er »ohne Kampf und Kriegswerkzeug« zurück. Erst die Schlacht von Cortenuova und die harte Haltung gegen Mailand brachten mit dem Sieg auch die Wende.

Wollte sich Kaiser Friedrich in der Lombardei endgültig durchsetzen, so mußte er jetzt sechs Städte durch langwierige Belagerungen niederzwingen, denn der Ausgang eines Krieges wurde damals mehr durch die Verteidigung oder Eroberung der Städte entschieden als durch eine offene Feldschlacht. Dazu aber hatte der Kaiser weder genug Soldaten noch genügend Geld, so daß er Sondersteuern erheben und an die Herrscher des Abendlandes schreiben und um Unterstützung gegen »die Ketzer« bitten mußte, wie er die Lombarden nannte.

Tatsächlich schickten nicht nur Deutschland, Burgund und Italien, sondern auch England, Frankreich, Spanien und Ungarn Hilfskontingente, selbst vom griechischen Kaiser in Byzanz und vom ägyptischen Sultan erhielt er Unterstützung, so daß der Kaiser nach einem glanzvollen Hoftag in Verona im Juli 1238 mit einem stattlichen Heer Anfang August die Belagerung Brescias beginnen konnte, weil man sich an das große und starke Mailand gar nicht erst heranwagte.

Aber selbst das kleine Brescia erwies sich als stärker: Ohne jedes Ergebnis mußte der Kaiser die Belagerung nach zwei Monaten und sechs Tagen im Oktober abbrechen, da wieder einmal eine Seuche unter den Belagerern wütete. Damit war, von ständigen kleinen Plänkeleien abgesehen, der Lombardenfeldzug des Kaisers mehr oder weniger kläglich gescheitert und der Erfolg von Cortenuova verspielt.

Die Auswirkungen zeigten sich bald: Die Gegner Kaiser Friedrichs, vor allem der inzwischen steinalte Papst Gregor IX., fühlten wieder Auftrieb. Der etwa 90jährige Papst – der bisher abwartend zugesehen hatte, wie Friedrich II. die päpstlich gesinnte Lombardei zu unterwerfen suchte und es sich sogar leisten konnte, den Mailänder Fahnenwagen zu seinem großen Ärger in Rom aufzustellen – gewann wieder Anhänger, obwohl es Friedrich II. inzwischen sogar gelungen war, selbst im Kardinalskollegium Freunde zu finden, die seine Politik unterstützten. – Gregor IX. hatte eine Antwort auf die dreimal an ihn ergangene Bitte, im Streit mit den Lombarden zu vermitteln, immer wieder hinausgezögert – einmal sogar mit der Ausrede, er habe »gleichsam aus träumerischer Vergeßlichkeit« zu antworten vergessen. Nun griff er wieder aktiv in die Politik ein und versuchte, die Gegner des Kaisers zu sammeln.

Gleichzeitig griff er den Kaiser an und legte ihm eine lange Liste von Verletzungen des Vertrages von San Germano vor, den er im Juli 1230 mit ihm geschlossen hatte und in dem sich der Kaiser verpflichtet hatte, die Ansprüche des Kirchenstaates zu achten, wenn er nicht wieder dem Kirchenbann verfallen wollte. Tatsächlich war Friedrich II. mit dem Vertrag ein wenig großzügig umgegangen, denn, wie er später sagte, habe er geschworen, »die zerstreuten Güter des Reiches wieder zu sammeln – und ich werde nicht ablassen, dies zu tun«.

Das Verhältnis zwischen Kaiser und Papst, seit der kaiserlichen Ankündigung eines Lombardenzuges ohnehin gespannt, lief auf einen Bruch zu. Der Papst, der sich nicht ohne Grund nach seinen antikaiserlichen Vorgängern Gregor nannte, hatte den Anspruch auf die päpstliche Vorherrschaft schon 1236 überspitzt zum Ausdruck gebracht, als er vom Kaiser verlangte, er habe nicht nur ihm, sondern allen Geistlichen zu gehorchen: »Die Nacken der Könige und Fürsten siehst du unterworfen den Knien der Priester, und christliche Kaiser müssen ihr Tun unterstellen, nicht nur dem römischen Pontifex, sondern dürfen ihm nicht einmal den Vorzug geben vor anderen Priestern.«

In dieser hohepriesterlichen Haltung begann er jetzt den Kaiser abzukanzeln und ihm Befehle zu erteilen, die Friedrich II. zunehmend ironisch beantwortete: »... Wir konnten trotz eifriger Überlegungen nicht erraten, was diese Gesandtschaft eigentlich wollte, die weder eine Form noch ein Programm enthielt ...«

Offenbar überschätzte Kaiser Friedrich nun aber seine Macht, oder er unterschätzte die Energie des greisen Papstes, jedenfalls tat der Kaiser jetzt etwas, das ihn aller Voraussicht nach in scharfen Konflikt mit dem Papst bringen mußte, ohne daß der eigentliche Nutzen das gerechtfertigt hätte: Er verheiratete im Oktober 1238 den etwa 18 Jahre alten Enzio, den Sohn des deutschen Edelfräuleins Adelheid, mit der mehr als zehn Jahre älteren Adelasia, der Witwe und Erbin des Herrn von Torre und Gallura auf Sardinien. Dies ärgerte den Papst schon deshalb, weil er Adelasia mit einem stauferfeindlichen Welfen verheiraten wollte. Daß aber Kaiser Friedrich II. Enzio nun auch noch zum König von Sardinien ernannte, war eine Herausforderung, die selbst einen milden und abgeklärten Papst hätte empören müssen: Sardinien war eindeutig ein Lehen des Papstes, und die Ernennung Enzios zum König kam einer Annektion gleich, auch wenn Friedrich II. behauptete, Sardinien habe früher einmal zum Reich gehört.

Gregor IX., der eben ein gegen den Kaiser gerichtetes Bündnis zwischen Genua und Venedig zustande gebracht hatte, dachte zwar sofort daran, Friedrich II. ein zweites Mal zu bannen, zögerte damit aber einige Monate, so daß Friedrich II. Gelegenheit fand, sich an die Kardinäle zu wenden.

In einem Schreiben vom 10. März 1239 versuchte er, das Kardinalskollegium gegen den Papst aufzubringen und sogar über den Papst zu stellen, indem er der »verehrungswürdigen Gemeinschaft« der Kardinäle das eigentliche Entscheidungsrecht und damit auch die Verantwortung zusprach: »Denn an allem, was der Inhaber des Stuhles Petri zu beschließen vorhat oder zu verkünden beschlossen hat, steht Euch gleiche Teilhabe zu ... Deshalb bitten wir Eure verehrungswürdige Gemeinschaft, Ihr möget die Sinnesweise des höchsten Priesters, die die Welt aus offenkundigen Gründen als ebenso ungerecht wie willkürlich erkennt, in wohlüberlegter Mäßigung einschränken und die allgemeine Lage der Kirche sowie vor allem die Ruhe der Gemüter vor Ärgernissen bewahren. Denn obwohl wir auf Euer aller Heil und Ehre gnädig bedacht sind, werden wir nicht gleichmütig von der Verfolgung der Missetäter absehen ...«

Er selbst wollte gegen den Papst nicht vorgehen, weil »weder er selber noch seine ganze Sippschaft es wert sind, daß des Reiches Gipfel rächend gegen sie vorgeht«, wohl aber drohte er den Kardinälen in dem Brief die Rache an, »die die Cäsaren zu üben pflegen«.

Aber noch bevor die Kardinäle zusammentreten konnten, um über diesen Brief des Kaisers zu beraten, handelte Gregor IX. angesichts der Gefahr, daß die Kardinäle ihm widersprechen könnten oder durch zu lange Beratungen den üblichen Termin für eine Bannverkündung – den Gründonnerstag – übergingen. Daher verkündete der Papst schon am Palmsonntag, dem 20. März 1239, den Bannfluch gegen Kaiser Friedrich II:

»Wir exkommunizieren und anathematisieren (verfluchen) aus der Machtvollkommenheit des Vaters, des Sohnes und des Heiligen Geistes, der Apostel Petrus und Paulus und unserer eigenen, Friedrich, den man Kaiser nennt ...«

Und dann folgen, jeweils durch das feierlich »wir exkommunizieren und anathematisieren ...« eingeleitet, die Gründe: »... weil er in der Stadt Rom gegen die Römische Kirche eine Empörung angestiftet hat;

... weil er unseren Ehrwürdigen Bruder, den Bischof Jakob von Präneste ... durch einige seiner Getreuen verhindern ließ, die

Gesandtschaftsreise durchzuführen, die wir ihm aufgetragen haben;

... weil er einige Bistümer und einige andere freie Kirchen in seinem Königreiche nicht besetzen läßt;

... weil in seinem Königreiche Geistliche gefangengesetzt und eingekerkert, enteignet und getötet werden;

... weil in seinem Königreiche dem Herrn geweihte Kirchen zerstört und entweiht werden;

... weil er nicht erlaubt, daß die Kirche von Sora wiederhergestellt wird;

... weil er den Neffen des Königs von Tunis, der nach Rom kommen wollte, um das Sakrament der Taufe zu empfangen, festhält und nicht weiterreisen läßt;

... weil er den Petrus Sarazenus, einen adligen Bürger Roms ... gefangennahm ...;

... weil er kirchliche Besitztümer und die Insel Sardinien in Besitz nahm ...«

Es folgt noch eine ganze Litanei ähnlicher Punkte, die Vorgänge in der Lombardei, die die eigentliche Ursache des ganzen Konfliktes waren, wurden jedoch mit keinem einzigen Wort erwähnt. Alles, was der Papst statt dessen als Banngründe vorbrachte, waren vorgeschobene Argumente von zum Teil so läppischer Natur, daß sie das einfache Kirchenvolk nur durch ihre Menge beeindrucken konnten. Das Hauptargument, das im Namen des Vaters und des Sohnes und des Heiligen Geistes einen päpstlichen Bann gerechtfertigt hätte, nämlich ein ketzerischer Glaube des Kaisers, wurde dagegen nicht in das Anathema einbezogen, sondern nur als Androhung an die Bannbulle angefügt: »Weil er außerdem aufgrund seiner Reden und Handlungen von vielen, ja geradezu auf dem ganzen Erdenkreis schwer angeklagt wird, daß er nicht den rechten katholischen Glauben habe, so werden wir mit Gottes Hilfe an geeigneter Stelle und zur rechten Zeit so vorgehen, wie es in solchen Dingen der gesetzliche Gang vorschreibt.«

Ohne sich an den gesetzlichen Gang zu halten, hatten die Gegner Friedrich II. allerdings schon längst einen Propagandafeldzug gegen den Kaiser eröffnet und den »Ruf des Kaisers sehr angeschwärzt«. Nach dem immer wieder wirksamen Schema, daß man mit Rufmord und Diffamierung anderer die eigene Ohnmacht kompensieren kann, war in unzähligen Varianten verbreitet worden, was ihm Papst Gregor IX. in seiner Enzyklika vom 10. Juli 1239 vorwarf: »Dieser König der Pestilenz«, schrieb der Papst, »hat offen erklärt, daß – um seine eigenen Worte zu gebrauchen – die ganze Welt von drei Betrügern: Christus, Moses und Mohammed, getäuscht worden sei ...«

Dieser Ausspruch von den drei »Gauklern«, die »die ganze Welt verführt« haben, wie ein anderer schreibt, »nämlich Moses die Hebräer, Christus die Christen und Mohammed die Barbaren«, ist aber auffallenderweise später auf dem Konzil von Lyon, auf dem der Kaiser 1245 der Häresie angeklagt wurde, nicht angeführt worden. Man kann daher mit einiger Sicherheit annehmen, daß dem Kaiser dieser Ausspruch nicht nachzuweisen war. Der Skeptiker Friedrich mag zwar so gedacht haben – und insofern hat dieser Ausspruch den Wahrheitsgehalt einer Anekdote, bei der es mehr auf das Typische als auf das Nachweisbare ankommt –, er dürfte aber so klug gewesen sein, solche Ansichten nicht allzu laut zu äußern.

Im übrigen, so wies man nach, hat Friedrich II. diesen Ausspruch bestenfalls übernommen: Die arabische Sekte der Karmaten hatte ihn offenbar im 10. Jahrhundert aufgebracht. Eine erste schriftliche Fassung stammt aus dem Jahre 1080, und von da an dürfte dieser Ausspruch als Ketzeranklage benutzt worden sein, denn er wird Averroës ebenso zugeschrieben wie dem Aristoteliker Simon von Tournai, der um 1200 in Paris lehrte.

Jedenfalls kam nun alles wieder auf, was man Kaiser Friedrich nach seinem Kreuzzug schon einmal an Gottlosigkeit vorgeworfen hatte. Aber hatte man damals eher gemeint, »daß er Mohammed und dem sarazenischen Gesetz mehr anhänge als Christus und dem Christusglauben«, so führte man jetzt Beispiele dafür an, daß er das christliche Dogma selbst kritisierte. So schrieb der Papst in der schon zitierten Enzyklika weiter: »Außerdem hat er mit klaren Worten zu behaupten oder vielmehr zu lügen gewagt, daß alle töricht sind, die da glauben, daß Gott ... aus einer Jungfrau geboren werden konnte. Diese Häresie bekräftigte er durch den Irrtum, daß keiner geboren werden könne, es sei denn, daß seiner Empfängnis die Vereinigung von Mann und Weib vorausgegangen sei.«

Man ist versucht, diesen Ausspruch als ein echtes Zitat des Kaisers zu akzeptieren, denn das, was der Papst nun als Begründung für diese

Rechts: Büste Kaiser Friedrichs II. (Mitte 13. Jahrhundert, Barletta Museum). – *Folgende Seite:* Aufruhr der Einwohner von Salerno im Jahr 1191 gegen Kaiserin Konstanze, die Frau Heinrichs VI.

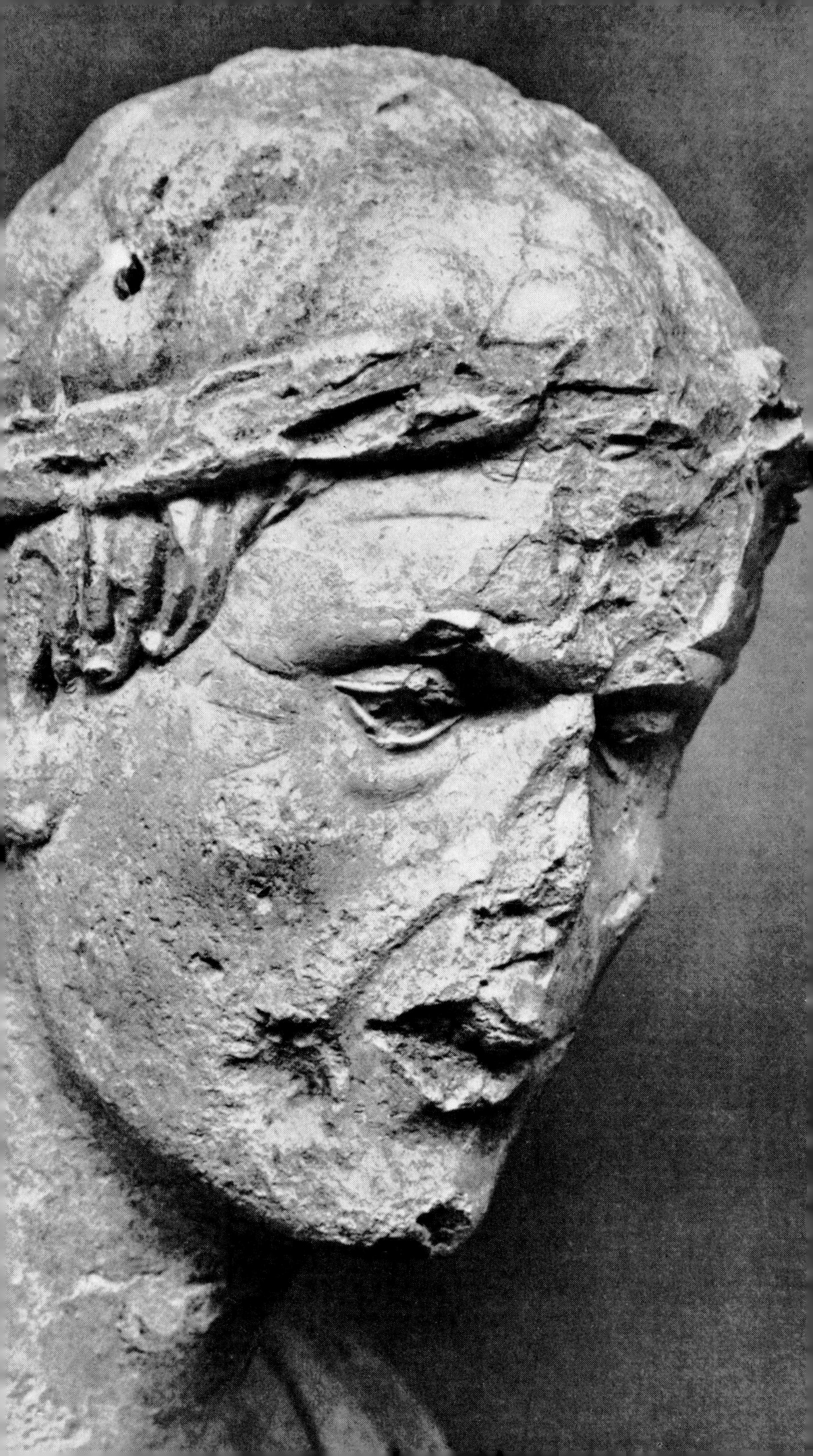

Salernitan' popt's audito recessu sparten'
i suadniam calcaneu erexert.

hii gaudet.   hii dolet.

Teutonici

sparten

Künig Chûnrat der Junge.

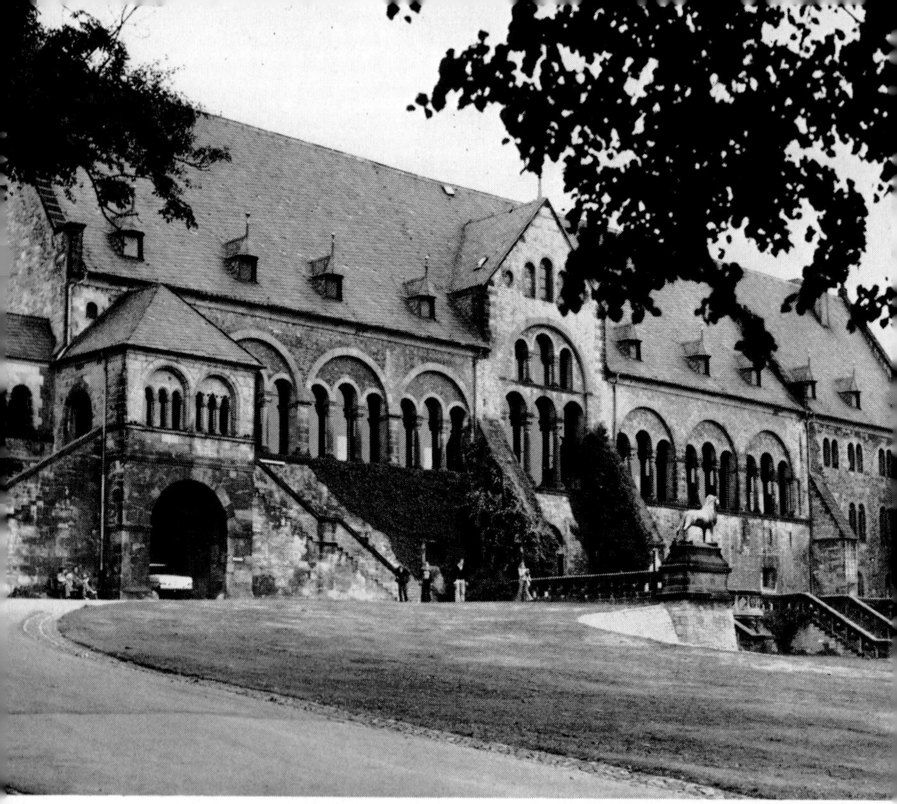

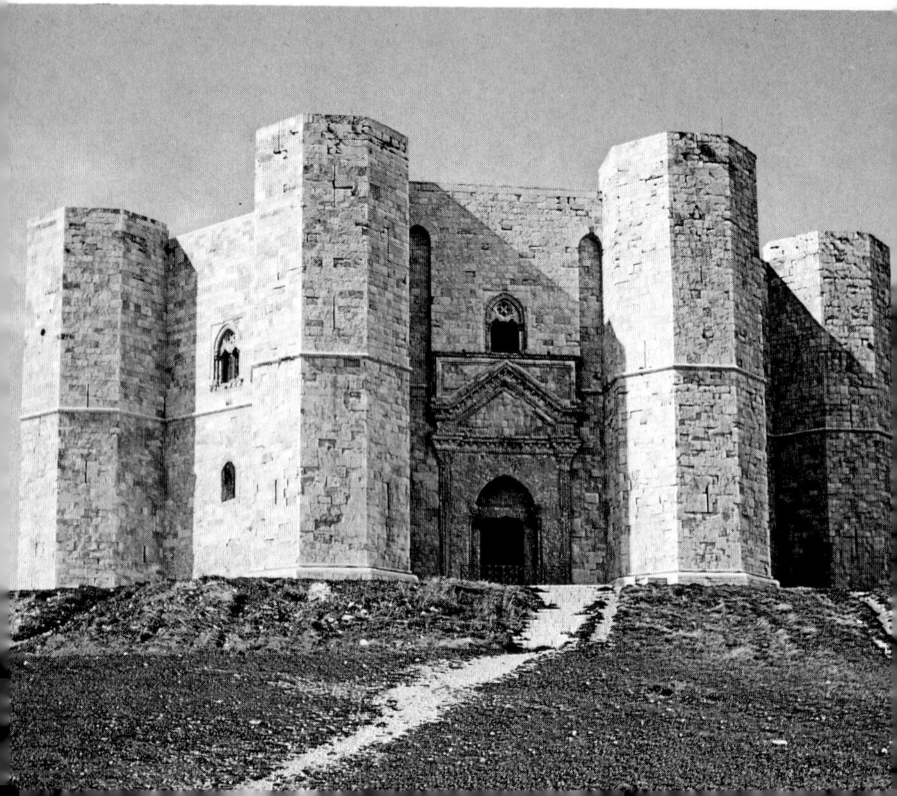

Ketzerei angibt, entspricht voll und ganz der Haltung Friedrichs II: Der Mensch dürfe – so der Kaiser – »nichts glauben, was nicht durch die Natur und die Wissenschaft bewiesen werden könne«.

Eine ähnliche »Ketzerei«, die in ihrer Pointe genausogut auch von Voltaire stammen könnte, überliefert Johann von Winterthur: »Einige berichten von ihm, daß er so tief in die Fallgrube des Aberwitzes gestürzt, daß er mit allen Kräften danach trachtete, die Verehrung der heilbringenden Hostie oder Eucharistie vollständig auszurotten... Man berichtet auch von ihm, er habe, als er eines Tages mit seinem Heer ein Kornfeld... durchquerte, gottlos und ketzerisch ü   · das Allerheiligste Sakrament des Leibes Christi gelästert: ›O wie viele Götter werden bald aus diesem Getreide gebacken werden!‹«

Und schließlich wird auch noch erzählt, der Kaiser habe in seiner »Ruchlosigkeit« vorgehabt, »wenn die Fürsten des Reiches meinem Vorschlag zustimmten, eine viel bessere Art des Glaubens und des Lebens für alle Völker anzuordnen«. – Eine Absicht also, die die Reformation Martin Luthers um 280 Jahre vorwegnahm.

Es ist nicht nachprüfbar, welche dieser »Häresien« erfunden sind und welche nicht. Entscheidend ist nur, daß sie alle erst vorgebracht wurden, als es opportun und möglich erschien, den Kaiser auf einem Gebiet anzugreifen, auf dem er wehrlos war, um damit auch seine weltliche Macht in Mißkredit zu bringen, gegen die wiederum der Papst nichts unternehmen konnte.

Um dem Kaiser zu schaden, griff man den Christen an. Da nützte es Friedrich II. gar nichts, daß er noch vor Beginn des Lombardenzuges im Mai 1236 bei der Kanonisierung der heiligen Elisabeth in Marburg barfuß und in der grauen Zisterzienserkutte dem Sarg der Heiligen gefolgt war. Der Kaiser wurde – zu Recht oder Unrecht – zum Ketzer gestempelt und blieb es bis an sein Lebensende, denn nun begann noch einmal eine erbitterte Auseinandersetzung zwischen Papst und Kaiser um die Vormachtstellung in der Welt, die zum Schicksal der Staufer wurde.

Links oben: Kaiserpfalz in Goslar. Hier und in zahlreichen ähnlichen Pfalzen hielten die Kaiser hof, wenn sie ihre »Reichstage« abhielten. Barbarossa war hier mehrfach, Friedrich II. 1219. – *Links unten:* Castel del Monte, Friedrichs II. Jagdschloß in Apulien. – *Vorangehende Seite:* König Konradin und Friedrich von Baden auf der Falkenjagd (Manessische Liederhandschrift).

Der Hammer der Welt

Der Krieg mit dem Papst

Mit dem zweiten Kirchenbann gegen Friedrich II. wiederholte Gregor IX. den politischen Machtanspruch der Kirche, den 163 Jahre zuvor bereits Gregor VII. angemeldet hatte: Der Name Gregor war ein Programm.

Beide Male wurde das geistliche Mittel des Bannes eingesetzt, um ein politisches Ziel zu erreichen. Doch schon in der Zwischenzeit hatte der Bann seine abschreckende und lähmende Wirkung verloren. Er wurde genommen als das, was er eigentlich war: als Kriegserklärung.

So reagierte Kaiser Friedrich II. entsprechend, als er Anfang April die Nachricht in Padua erhielt. Er ließ eine große Versammlung im Rathaus von Padua zusammenrufen und Petrus von Vinea, seinen obersten Richter und Ratgeber, einen Vortrag halten über den Ovid-Vers: »Was nach Verdienst du erleidest, das mußt du geduldig tragen; / Strafe, die unverdient, gibt dir zur Klage ein Recht.«

Dann nahm der Kaiser das Wort und erklärte sich bereit, sich »auf alle Weise allen Anordnungen und Befehlen der Kirche zu unterwerfen«, wenn er zu Recht exkommuniziert worden sei. Da hier aber kein solcher Grund vorliege, »wunderte er sich daher über die Diener der Apostolischen Heiligkeit, die ihr Spruch so unbesonnen in einen solchen Abgrund stürzt«.

Mit dem Vorwurf, der Papst habe »das geistliche Schwert in weltlicher Art und Weise« gegen ihn gezückt, kam es dann zu einer Art Mobilmachung für einen jahrzehntelangen Krieg gegen Papst und Kirchenstaat, nachdem sich Papst und Kaiser erst einmal wechselseitig als »Bestie voller Namen der Lästerung«, als »Ungeheuer«, »großen Drachen«, »falsche Statthalter Christi« und schließlich gar als »Antichrist« beschimpft hatten.

Zum Schutz des sizilianischen Königreiches ließ Friedrich II. zunächst die Wachtürme an den Küsten und an der Nordgrenze des Königreiches stärker besetzen und schnell die Hafenkastelle von Trani, Bari und Otranto ausbauen. Wer in das Königreich Sizilien einreisen wollte, brauchte nun einen Paß, während Schiffe nur noch bestimmte Häfen anlaufen durften und peinlich genau untersucht wurden.

Gleichzeitig wurde die Verwaltung neu geordnet. In Sizilien und

Süditalien wurde je ein Generalkapitän eingesetzt, der als Zivil- und Militärbefehlshaber nahezu unbeschränkte Rechte besaß. Ebenso wurde Norditalien, das sogenannte »Reichsitalien«, in zehn Generalvikariate eingeteilt, die von kaiserlichen Statthaltern und Beamten – oft Söhnen und Schwiegersöhnen des Kaisers – verwaltet und finanziell ausgebeutet wurden, so daß man bald das »Apulische Joch« beklagte. König Enzio wurde im Juni 1239 zum Statthalter von ganz Italien ernannt.

Die zum Kirchenstaat gehörende Mark Ancona und das Herzogtum Spoleto wurden im August vom Kaiser als lebenswichtige Landverbindung zwischen Nord- und Süditalien für das Reich zurückgefordert und im Jahr darauf von Enzio besetzt.

Die Bettelmönche, die als Propagandisten der päpstlichen Seite galten, wurden ausgewiesen, den Geistlichen wurde zwar freigestellt, ob sie nach der Verhängung des Kirchenbannes noch Gottesdienste halten wollten oder nicht, aber wer keine Gottesdienste hielt, verlor allen weltlichen Besitz und die Einkünfte der Kirche. Die Bistümer wurden wieder von weltlichen Herrschern besetzt, die Bevölkerung des Königreiches scharf bewacht und bespitzelt.

Alle diese Maßnahmen kosteten ungeheure Summen, so daß im Herbst 1239 die Schulden des Kaisers 24653 Goldunzen (rund 840000 Mark Silber nach damaligem Wert) erreichten. Die kaiserlichen Kanzleischreiber litten in dieser Zeit an Überarbeitung, und einer beklagte sich, daß »zu den Qualen dieser Erschöpfung die Bescheidenheit meines Gehaltes hinzukommt, das, wie ihr wißt, in keinem Verhältnis zu meiner Arbeit steht«.

Trotzdem mußte der Kaiser wieder neue Anleihen zu hohen Zinssätzen aufnehmen, und aus einer Notiz erfahren wir, daß einer seiner »Bankiers« der Wiener Kaufmann Heinrich Baum war: Nicht erst die Fugger halfen dem Staat mit ihrem Kapital.

Alle diese nüchternen Vorbereitungen wurden nun von einer ganz eigenartigen Geisteshaltung getragen, die wir bei Friedrich II. am allerwenigsten vermuten würden: Die Anschuldigung, ein Ketzer zu sein, kompensierte er plötzlich dadurch, daß er sich selbst zu einer Art Heiland aufwertete. So schrieb er im August 1239 in deutlicher Anspielung auf Jesu Geburtsort an seine Geburtsstadt Jesi in der Mark Ancona, »wo unsere Wiege erglänzte«: »Und so bist Du, Bethlehem, Stadt der Marken, nicht die geringste unter den Fürsten unseres Geschlechtes. Denn aus Dir ist der Herzog hervorgegangen, der Fürst des Römischen

Italien zur Zeit Friedrich II.

Reiches, auf daß er über Dein Volk herrsche und es schirme und nicht gestatte, daß es länger Fremden untertan sei.« Und noch deutlicher: »Unser Bethlehem« ist für Friedrich die Stelle, »wo unsere göttliche Mutter uns zum Licht brachte...«

Das klingt nach religiösem Größenwahn und zeigt tatsächlich eine neue Dimension im Charakter dieses Skeptikers. Aber man muß dies in die Gedankenwelt von damals einordnen, in der der Kaiser in Flugschriften als Heiland und Retter dargestellt und der Papst aufgefordert wurde, den »eingeborenen Sohn« wieder in den Schoß der Kirche aufzunehmen. Mystik, Macht und Allegorie verdichteten sich mit dem antiken Kaiserbild: »Weltenrichter und Justitiakaiser«, schreibt Kantorowicz, »Erlöser des Heiligen Grabes und messianischer Friedefürst: Das alles verschmolz wieder in dem Bilde des Caesar Augustus, das selbst Zug um Zug nur dem idealen rex justus (dem gerechten König) entsprach.«

Aber damit nicht genug: Zu Weihnachten 1239 bestieg der Gebannte im Dom zu Pisa die Kanzel und predigte, was ihm den Vorwurf höchster Gotteslästerung einbrachte. Und als er im Februar 1240 von Norden her in den Kirchenstaat einmarschierte, ließ er sich nach den Worten Johannes des Täufers ankündigen: »Bereitet den Weg des Herrn und machet richtig seine Steige ... nehmet fort die Riegel Eurer Türen, auf daß Euer Caesar komme, den Rebellen furchtbar und Euch hold ... der Augenblick Eurer Erlösung ... ist gekommen.« Tatsächlich fielen ihm die meisten Städte ohne Kampf zu, während er hinter einem Kreuz segnend durch den Kirchenstaat zog und bald vor Rom lag.

Die Lage des Papstes war kritisch, denn der Kaiser hatte zahlreiche Anhänger in der Stadt. Doch Gregor IX. gab nicht nach. Am 22. Februar 1240, einem Festtag, an dem die heiligsten Reliquien – Kreuzessplitter und die Häupter der Apostel Petrus und Paulus – feierlich vom Lateran zur Peterskirche getragen wurden, verhöhnte die Menge den uralten Papst, dem nichts weiter übrigblieb, als seine Zuflucht zu den heiligen Reliquien zu nehmen. Er blieb mitten im Tumult stehen, wies auf die Reliquien und rief: »Das sind die Altertümer Roms, für die Eure Stadt verehrt wird. Dies ist die Kirche, dieses sind die Reliquien, die Ihr, Römer, zu schützen verpflichtet seid. Ich kann nicht mehr tun, als ein Mensch zu tun vermag; aber ich fliehe nicht. Seht, hier warte ich auf die Gnade des Herrn.«

Daraufhin nahm er die Tiara vom Kopf und legte sie auf die Reliquien: »Ihr Heiligen, verteidigt Rom, wenn die Männer von Rom es nicht verteidigen wollen.«

Diese symbolische Geste genügte, um das Wunder zu bewirken. Weinend vor Scham rissen sich die Menschen ihre Kaiseradler von den Kleidern, umringten den Papst, nahmen das Kreuz und gelobten, den Papst und die Heiligtümer der Stadt zu schützen. Der Papst hatte gesiegt, und Georgina Masson schreibt dazu: »Einen Augenblick lang stand das Schicksal der Welt auf des Messers Schneide: Hier wurde die Wahl zwischen der mittelalterlichen Welt und der kommenden Welt der Renaissance getroffen; aber im dreizehnten Jahrhundert war Gregor und alles, was er vertrat, den Herzen und Gedanken des römischen Volkes näher als aller Glanz des Stupor Mundi.«

Friedrich II. zog an Rom vorbei nach Apulien, doch wenige Monate später, im Juni 1240, stand er wieder an der Grenze zum Kirchenstaat, um diesmal mit einem starken Heer den Papst zum Nachgeben zu zwingen. Weil aber zu dieser Zeit gerade die deutschen Fürsten durch Konrad von Thüringen, den Hochmeister des Deutschen Ordens, mit dem Papst verhandelten, zog Friedrich II. erneut an Rom vorbei, um die Friedensverhandlungen nicht zu stören. Diese wurden allerdings bald abgebrochen, weil der Papst darauf bestand, die Lombardenfrage mit einzubeziehen, »denn dies« – so Kaiser Friedrich bereits früher in einem Rundschreiben – »ist wahrhaftig die Ursache, nämlich die lombardische Frage, die das Herz des Papstes zuinnerst quälte und brannte ...«

Inzwischen eroberte Kaiser Friedrich II. Ravenna und belagerte Faenza, das sich aber erst acht Monate später, im April 1241, ergab.

Der Papst und sein Konzil

So gemächlich dieser Krieg in der Lombardei vor sich ging – Kaiser Friedrich benutzte die Zeit vor Faenza, einen aus dem Arabischen übersetzten Traktat über Beizfalken durchzusehen und zu verbessern –, so gefährlich hatte sich die Entwicklung an zwei weit auseinanderliegenden Punkten zugespitzt.

Der eine war die Ankündigung des Papstes, für Ostern 1241 ein Konzil einzuberufen, weil »Dinge der Welt und der Kirche zu beraten« seien. In Wirklichkeit sollte das Konzil zu nichts anderem dienen, als den Kaiser abzusetzen. Schon unmittelbar nach dem Bannfluch hatte sich der Papst unter der Hand nach einem Nachfolger des Kaisers umgesehen, war aber auf keine Gegenliebe gestoßen: Weder der Herzog Abel von Schleswig noch Herzog Otto von Braunschweig wollten gegen Friedrich II. kandidieren. Statt dessen schrieben die deutschen Fürsten und Prälaten an den Papst, er »habe nur das Recht, den erwählten deutschen König zu krönen, keineswegs aber ihn abzusetzen oder neue Wahlen anzuordnen«.

Daraufhin hatte sich Gregor IX. an Frankreich gewandt und mitgeteilt, »er habe, mit Rat der Kardinäle, den Kaiser für seine weltbekannten Verbrechen abgesetzt und den Bruder des Königs von Frankreich, den Grafen Robert von Artois, zum Nachfolger bestimmt«. Aber auch hier erhielt er die gleiche Antwort: »Wie kann der Papst einen Fürsten, welchem keiner in der Christenheit voran, oder auch nur gleichsteht, mit verwegenem Übermut, ungehört und ohne Eingeständnis, seines Erbes berauben und vom Throne stürzen?«

So blieb dem Papst nichts anderes übrig, als seine Absicht mit Hilfe eines Konzils durchzusetzen, obwohl auch ein solches Gremium rechtens außerstande war, einen Kaiser abzusetzen. Trotzdem durfte Friedrich II. nicht riskieren, daß ein vom Papst einberufenes Konzil etwas Ähnliches beschloß. Deshalb befahl der Kaiser, die Straßen im Reich für Konzilsteilnehmer zu sperren und sie, wenn möglich, gegen Belohnung gefangenzunehmen. Damit waren die Teilnehmer aus Deutschland, Sizilien und Italien ausgeschaltet, während Franzosen, Engländer und Spanier wenigstens versuchen konnten, auf dem Seewege nach Rom zu kommen.

Dschingis-Khan und die »Tartaren«

Während nun dieses Katz-und-Maus-Spiel vor sich ging, war das Schicksal Europas durch eine Gefahr bedroht, der gegenüber das Gerangel zwischen Papst und Kaiser geradezu kindisch erscheinen muß.

Von den Kreuzfahrern längst angekündigt, war schon »vor längerer Zeit von den entlegensten südöstlichen Ländern der Erde ein Volk barbarischer Abkunft und Lebensweise, dessen Ursprung und Wohnsitze wir nicht kennen«, nach Westen aufgebrochen und hatte jetzt Ungarn erreicht.

Es war nach den Worten Friedrichs II. ein Volk, das so wild, gottlos und schrecklich war, daß es aus dem Tartaros, dem tiefen Abgrund zu stammen schien, in den nach dem griechischen Mythos Zeus den Urvater Kronos und die Titanen, aber auch Verbrecher wie Tantalos und Sisiphos hinabgestürzt hatte. Es waren Menschen, die ungegerbte Felle als Kleider anhatten, gegorene Stutenmilch tranken und »wie der Blitz des zürnenden Gottes ... plötzlich da sind, um zu morden und Beute zu machen« – kurzum eben »Abkömmlinge des Tartarus«, »die das Leben nicht achten, denen Bogen, Pfeile und Wurfspieße vertraute Waffen sind, die sie täglich führen, da ihre Arme stärker sind als die anderer Menschen«.

Es waren jene Stämme aus der inneren Mongolei, die in kaum dreißig Jahren ein Weltreich erobert hatten, das von Peking bis nach Europa reichte und deren barbarische Gier nach frischem Fleisch wir nach mehr als siebenhundert Jahren mit einer Bestellung von Beefsteak Tatar noch heute nacherleben können – nur daß man damals die mongolischen Tataren als Nachkommen des Tartarus betrachtete und daher Tartaren nannte.

Im frühen 12. Jahrhundert – also etwa in den Kindertagen Friedrich Barbarossas – hatte ein »Khan«, ein Nomadenführer namens Khabul, einige Stämme der »Manghol« unter sich vereinigt. Sein Sohn Jegüsei wurde dann 1171 von einem rivalisierenden Stamm der Tataren ermordet. Erst Khabuls Enkel, dem berühmten Dschingis-Khan, gelang dann die Einigung der rivalisierenden Stämme und Steppenvölker, nachdem er 1206 von einer Volksversammlung zum Herrscher der Mongolen gewählt worden war.

Unter Dschingis-Khan begann dann die geradezu unglaubliche Expansion. 1215 hatten Dschingis-Khan und seine Horden Peking erobert, acht Jahre später waren sie schon in Südrußland und in den Ländern an der mittleren Wolga und hatten Persien erobert, so daß Marco Polo schrieb: »Sie sind jetzt Herren über den größten Teil der Welt.« Die Grenzen reichten vom Kaspischen Meer bis ans Japanische Meer, und Boten brauchten von jeder Grenze ein volles Jahr, um in die Hauptstadt Karakorum (zu deutsch »Schwarzer Wall«) zu reiten. Im Jahr 1227, als Kaiser Friedrich II. seinen Kreuzzug antrat, war Dschingis-Khan an den Folgen eines Sturzes vom Pferd gestorben. Sein Nachfolger war der Großkhan Ögödei, und es war dessen Tod im Jahr 1241, der Europa vor dem Mongolensturm bewahrte.

Denn was das christliche Abendland gegen den Ansturm der Mongolen unternahm, läßt sich in einem Wort sagen: nichts. Dabei war sich Kaiser Friedrich II. der Gefahr durchaus bewußt, zumal ihn König Bela IV. von Ungarn sogar als Lehensherrn anerkennen wollte, wenn er ihm gegen die Mongolen zu Hilfe käme.

Ebenso kamen aus Polen Hilferufe. Friedrich II. hatte sich daher, »alles gewissermaßen voraussehend«, schon längst an die Herrscher

Europas gewandt und »mit dringender Mahnung darauf hingewiesen, daß zwischen den obersten Behörden, die den übrigen Mächten vorgesetzt sind, Übereinstimmung, Freundschaft und Friede herrschen solle, damit man nach Ausgleichung der Zerwürfnisse, die der allgemeinen Sache Christi Schaden bringen, einmütig und desto freudiger der neuerdings drohenden Gefahr entgegentreten könne ...«

Und schon sah er die Völker vor sich, die als »Kräfte des Abendlandes« die Mongolen wieder in den »Tartarus hinabstürzen« würden: »Das wuchtige und waffenfreudige Deutschland, Frankreich, die Mutter und Amme tapferer Ritterschaft, das kriegerische und kühne Spanien, das männerreiche und schiffsbewehrte fruchtbare England, das seemächtige Dakien (zwischen Theiß, Donau und Pruth), das unbezwungene Italien, das friedensunkundige Burgund, das unruhige Apulien mit den seetüchtigen und unbesieglichen Inseln des Griechischen, Adriatischen und Tyrrhenischen Meeres: Kreta, Zypern, Sizilien und den dem Ozean angrenzenden Inseln und Ländern, dem blutdürstigen Irland nebst dem behenden Walis, dem sumpfigen Schottland, dem eisigen Norwegen, und was sonst an edlen und ruhmreichen Ländern unter dem westlichen Himmel liegt ...«

Daß diese durchaus vernünftige gemeinsame Abwehrfront nicht zustande kam, lag dann am Starrsinn eines angeblich nahezu hundertjährigen Greises, über den sich Friedrich II. bitter beklagte: »O Gott! Wie sehr und wie oft wollten wir uns demütigen und haben allen guten Willen angewandt, damit der römische Papst von dem ... Ärgernis seiner Entzweiung mit uns abließe ..., auf daß nach Beruhigung des Landes ... unsere Macht sich gewaltiger erhebe und sich aufpflanze gegen den gemeinsamen Gegner.«

Verständlicherweise konnte dem Papst aber nicht daran gelegen sein, daß sich Friedrichs II. Macht »gewaltiger erhebe« als bisher. Im Gegenteil: Ihm konnte es nur lieb sein, wenn der Kaiser durch die Mongolen in einen Zweifrontenkrieg geriet, zumal zur Beruhigung des Papstes in Rom die Gefahr erfreulich weit entfernt war und anscheinend nur die deutschen Ostgebiete betraf. So dachte Gregor IX. nicht daran, angesichts der Mongolengefahr seinen Kampf mit dem Kaiser zu unterbrechen, und resigniert schrieb Friedrich II.: »Da uns die übergroße Sorge bedrängt, mit unseren alten und vertrauten Feinden (in Italien) fertig zu werden – wie sollen wir da die Barbaren vertreiben?«

Während der Papst starrsinnig den Kaiser bekämpfte, um die Vormachtstellung der Kirche zu stärken, hätte darüber das christliche

Abendland untergehen können. Aber da dem Papst »sein Wille allein die Richtschnur war«, fand er auch eine Begründung für seine Haltung: Er durfte keinen Frieden mit dem Kaiser schließen, denn der Ketzer Friedrich II. steckte – so die Gerüchte – mit den Tartaren unter einer Decke, um zusammen mit ihnen das Christentum auszurotten. »Es gab nämlich Leute«, berichtet ein Chronist, »die sagten, daß der Kaiser diese Pest der Tartaren aus freien Stücken angestiftet ... und, auf die Alleinherrschaft über die ganze Welt bedacht, zum Umsturz des Christenglaubens nach dem Vorbilde Luzifers oder des Antichrists mit keckem Ansturm sich verschwöre.«

Das war reine Greuelpropaganda, denn wenige Jahre später war es das Papsttum selbst, das sich mit den Mongolen gegen die Sarazenen zu verbünden suchte und mehrfach Boten bis nach Karakorum schickte, während Kaiser Friedrich mitteilte: »Unserem geliebten Sohne Konrad aber (er war gerade 13 Jahre alt!) und den übrigen Fürsten unseres Reiches haben wir ausdrücklich befohlen, daß sie dem Einfall und Angriff der feindlichen Barbaren mit Macht begegnen.«

Diesen Satz schrieb der Kaiser am 3. Juli 1241 in einem Brief an König Heinrich III. von England – zu einem Zeitpunkt also, an dem es schon längst hätte zu spät sein können. Denn die entscheidende Schlacht auf der Wahlstatt bei Liegnitz hatte bereits im April stattgefunden.

Dschingis-Khans Enkel Batu, der Gründer der »Goldenen Horde«, hatte bereits die russischen Fürstentümer eingenommen, am 6. Dezember Kiew erobert und war nach Ungarn und Polen eingefallen. Am 24. März 1241 hatten die Mongolen Krakau überrannt und waren nach Schlesien gezogen, auch Breslau wurde zerstört. Da stellte sich ihm endlich Herzog Heinrich II. (der Fromme) von Niederschlesien mit einem zusammengewürfelten Heer aus schlesischen und polnischen Rittern, Templern, Johannitern und Deutschordensrittern entgegen. Es waren kaum 10000 Mann, die einer dreifachen Übermacht gegenüberstanden. Am 9. April 1241 kam es dann auf der Wahlstatt bei Liegnitz zur entscheidenden Schlacht, die in einer Katastrophe für die Verteidiger endete.

Die schwerfälligen Ritter waren dem Pfeilhagel der immer wieder auf schnellen Pferden heranstürmenden Mongolen nahezu hilflos ausgeliefert und wurden bis fast auf den letzten Mann niedergemacht, auch Herzog Heinrich wurde getötet. Die Mongolen zogen ihn nackt aus, hieben ihm den Kopf ab, steckten ihn auf eine Lanze und zogen damit vor die Stadt Liegnitz. Dann machten sie kehrt, verwüsteten Mähren, drangen bis Wien vor und ritten dann in die ungarischen Ebenen. Als 1242 die Nachricht von Ögödeis Tod eintraf, zogen sie sich wieder nach Asien zurück.

So rätselhaft dieser plötzliche Einhalt der Mongolen auch ist. Tatsache ist jedenfalls, daß Europa ohne eigenes Zutun gerettet war. Allerdings war die Gefahr noch nicht vorüber, weshalb auch Kaiser Friedrich nach der Schlacht bei Liegnitz noch an die Herrscher Europas schrieb und eine gemeinsame Abwehr aufbauen wollte.

Die Prälaten vor Monte Christo

Unterdessen bereitete Papst Gregor IX. weiter sein Konzil zur Absetzung des Kaisers vor, als gäbe es nichts Wichtigeres auf der ganzen Welt. Wie zu erwarten, hatten sich die englischen, französischen und spanischen Konzilsteilnehmer auf Anraten des Papstes in Genua eingeschifft, um über Ostia oder Civitavecchia nach Rom zu kommen. Es sollte ihnen nicht gelingen, denn nun griff Friedrich II. ein. Nachdem er schon vorher ausdrücklich allen Konzilsteilnehmern seinen Schutz verweigert hatte, überfiel am 3. Mai 1241 eine kaiserliche sizilianisch-pisanische Flotte die fröhlich dahinsegelnden Geistlichen zwischen den Inseln Monte Christo und Giglio südöstlich von Elba und überwältigte sie nach kurzem Kampf. Nur drei Galeeren entkamen, drei gingen mit der gesamten Besatzung unter, 22 Schiffe wurden gekapert. Mehr als 4000 Mann, darunter drei päpstliche Legaten und über hundert hohe geistliche Würdenträger, wurden gefangengenommen und in die apulischen Gefängnisse gesteckt. Lediglich die französischen Prälaten ließ Friedrich II. auf Wunsch König Ludwigs von Frankreich frei.

Mit dieser Aktion, die der Kaiser ein Gottesurteil nannte, war zwar das Konzil endgültig verhindert, aber die Tatsache, daß er eine solche große Anzahl von Geistlichen gefangenhielt, brachte ihm erneut den Ruf des Antichristen ein. Dabei hatte Friedrich II. gar nicht vorgehabt, die Geistlichkeit einzusperren; vielmehr wollte er sie gegen Zugeständnisse des Papstes freilassen. Doch der Papst ließ sich nicht erpressen. Er war fest entschlossen, seinen Kampf gegen den Kaiser fortzusetzen.

Schließlich rückte Friedrich II. erneut in den Kirchenstaat ein, um nun auch militärischen Druck auszuüben. Diesmal trat, wenn man so will, nun wirklich ein Gottesgericht ein: Am 22. August 1241 starb Papst Gregor IX., und Kaiser Friedrich II., der nie die Kirche, sondern Papst Gregor bekämpft hatte, kehrte nach Apulien zurück, um die Papstwahl abzuwarten.

Für die Kirche freilich blieb er der Antichrist, der Hammer, der sie zerstören wollte, wie man damals sagte.

Der Verlierer

Eine schreckliche Wahl

Vierzehn Jahre lang hatten sich Kaiser und Papst bekämpft, und Friedrich II. hoffte nun, daß mit dem Tode Gregors IX. die Auseinandersetzung zu Ende sein werde. Aber was der Kaiser für eine Fehde zwischen sich und dem Papst gehalten hatte, war längst zu einem erbitterten Parteienstreit geworden.

Denn während sich Friedrich nach dem Tode Gregors IX. von Rom zurückzog und gar nicht daran dachte, die Papstwahl zu beeinflussen, handelte die Gegenseite. Der kaiserfeindlich eingestellte römische Senator Matthäus Orsini, wegen seiner roten Haare Rosso genannt, ließ die in Rom anwesenden zehn Kardinäle festnehmen und in ein Zimmer des Septizoniums des Severus, einem halb verfallenen antiken Prachtbau auf dem Palatin einschließen, noch bevor die eigentliche Wahlversammlung zusammengetreten war. Dort sollten die Kardinäle so lange gefangengehalten werden, bis sie einen Papst gewählt hatten.

Es war das erste Konklave der Geschichte, und man wundert sich, daß die Römische Kirche den Mut fand, an diesem Modus der Papstwahl 33 Jahre später auf dem Konzil von Lyon auch für die Zukunft festzuhalten. Denn dieses erste Konklave war ein grauenvolles und entwürdigendes Schauspiel. Es begann damit, daß die zumeist älteren Kardinäle mit Fußtritten und Fausthieben »wie Diebe in einen Kerker« gestoßen wurden. Einen hatte man sogar an den Haaren durch die Straßen geschleift. Er wurde völlig zerschunden ohne ärztliche Hilfe mit den anderen in einen Raum eingeschlossen, der ohne jede sanitäre Einrichtung war. Die Augusthitze mit ihren Fieberdünsten, die ungenügende Ernährung und die fehlende ärztliche Versorgung führte bald dazu, daß die meisten derart an Durchfällen und Erbrechen litten, daß drei an den Folgen des Konklaves starben.

Bald herrschte ein unsäglicher Gestank, zumal die Wachsoldaten sich das Vergnügen machten, das Zimmer über dem Konklave als Toilette zu benutzen, so daß in dem alten rissigen Gebäude der Urin und die Exkremente durch die Decke sickerten und auf die Kardinäle tropften, die sich nur mühsam mit aufgespannten Zeltdecken schützen konnten. Aber trotz Bestechungsgeldern erhielten die geplagten Geistlichen weder warmes Wasser noch sonst eine Erleichterung.

Es war klar, daß die Eingeschlossenen bald einen Papst wählen mußten, wenn sie überleben wollten. Aber genau darin bestand die Schwierigkeit, denn auch die Kardinäle waren untereinander zerstritten und konnten sich auf keinen gemeinsamen Kandidaten einigen. Schließlich wählte die Mehrheit einen kaiserfreundlich Gesinnten, während einige einen Gegner des Kaisers als Papst vorschlugen. Keiner erreichte jedoch die notwendige Zweidrittelmehrheit. Vielleicht wäre es den Kaiserfreundlichen doch noch gelungen, einen der Kardinäle auf ihre Seite zu ziehen, aber durch den Tod des Engländers Robert von Somercote verlor die Friedenspartei jede Aussicht, die notwendige Stimmenzahl zu erreichen.

Der englische Kardinal war noch lebend von den Soldaten in den Winkel für die Toten geworfen worden, wo er ohne jede Pflege liegenblieb. Nur einmal kümmerten sich die Soldaten noch um ihn, als sie ihn aufs Dach schleppten, wo er öffentlich seine letzte Notdurft verrichten mußte; dann starb er, von den Soldaten bespuckt, ohne jeden geistlichen Beistand.

Inzwischen war ein Monat vergangen, und Senator Matthäus Rosso drohte, er werde Papst Gregor IX. wieder ausgraben und die verwesende Leiche in den Konklaveraum legen lassen, um eine baldige Papstwahl zu erzwingen. Aber noch einmal verging ein voller Monat, bis sich die halbtoten Kardinäle auf einen gemeinsamen Kandidaten geeinigt hatten. Es war der Mailänder Kardinal Gottfried, der schließlich am 25. Oktober 1241 als Papst Cölestin IV. gewählt wurde. Doch noch bevor er die Papstweihe empfing, starb er am 17. Tage nach Beendigung des Konklave an den Folgen der Tortur.

Eine neue Papstwahl wurde notwendig, ein neues Konklave drohte, und man kann es den Kardinälen nicht übelnehmen, daß sie in der Mehrzahl Hals über Kopf aus Rom flohen. Damit war nun überhaupt keine Wahl mehr möglich, und es dauerte ein Jahr und acht Monate, bis schließlich am 25. Juni 1243, ohne derart entwürdigende Umstände, eine neue Wahl zustande kam und der Genueser Sinibald Fiesco einstimmig zum Papst gewählt wurde.

Kaiser Friedrich II. war mit dieser Wahl zufrieden, da Sinibald Fiesco zur sogenannten Friedenspartei gezählt wurde, die den Ausgleich mit dem Kaiser suchte. Er ließ daher überall Dankgottesdienste abhalten und begrüßte den Papst begeistert: »Vater, siehe Deinen Sohn, den die Brust der Mutter säugte und in dessen Gehorsam Deine getreue Väterlichkeit ausruhen wird.«

Aber Friedrich II., der seinen Frieden mit Kirche und Papst suchte, wurde bitter enttäuscht. Dabei hätte er ahnen können, daß er einem Wunschtraum nachhing. Da sich die Päpste gern die Namen bestimmter Vorgänger zulegten, deren Politik sie dann auch verfolgten, war es nicht von ungefähr, daß sich Sinibald Fiesco als Papst Innozenz IV. weihen ließ: Es war Innozenz III. gewesen, der die kaiserliche Gewalt durch die universelle Papstgewalt ablösen wollte, der den Kirchenstaat rigoros erweitert und als Vormund Friedrichs II. zunächst den Welfen Otto IV. zum Kaiser gemacht und die Staufer gebannt hatte. Innozenz hatte ein politisches Papsttum vertreten, aber Kaiser Friedrich II. wollte es zunächst nicht wahrhaben, daß Innozenz IV. genauso dachte.

Die erste Ernüchterung kam, als der neue Papst die kaiserliche Gesandtschaft mit der Ergebenheitsadresse gar nicht erst vorließ, da er nicht mit den Gesandten eines Gebannten verhandele. »Ich habe einen Freund verloren«, soll Kaiser Friedrich II. gesagt haben, und »der bisher mein Freund war, wird bald mein Feind sein«.

Genauso kam es. Kaiser Friedrich II. konnte machen, was er wollte – der Papst, geschmeidiger als seine Vorgänger, gab zunächst nach, wich dann aus und tat am Ende alles, um den Kaiser auszuschalten: Er setzte ihn ab, was er gar nicht durfte, er war an Mordkomplotts beteiligt, was einem Papst schlecht anstand. Papst Innozenz IV. kämpfte mit allen Mitteln um die Vorherrschaft der Kirche.

Dabei wären solche rabiaten Mittel gar nicht nötig gewesen. Es gibt keine Epoche in der langen Regierungszeit Friedrichs II., in der sich der Kaiser so gedemütigt gefühlt und geradezu um Frieden gebettelt hätte wie in jener Zeit. Aber Innozenz IV. war offensichtlich nicht nur mißtrauisch, er war grundsätzlich gegen diesen Kaiser, der inzwischen schon wieder seit vier Jahren im Kirchenbann war.

Päpstliche Intrigen

Am Anfang hatte es so ausgesehen, als ob der Papst zu Verhandlungen bereit sei; und um vom Kirchenbann gelöst zu werden, hatte Friedrich sich sogar bereit erklärt, in der Lombardenfrage, dem ewigen Streitpunkt, nachzugeben, obwohl die Lösung des Kirchenbannes nicht davon abhing, denn dieser Punkt war, wie wir uns erinnern, im Bannfluch von 1239 überhaupt nicht erwähnt.

Aber nun kam etwas dazwischen, was Kantorowicz eine »Machination der päpstlichen Kurie« nannte: Der kaiserfeindlich eingestellte Kardinal Rainer von Viterbo zettelte mit Wissen des Papstes in seiner Heimatstadt Viterbo einen Aufstand gegen den Kaiser an, und das bisher kaisertreue Viterbo fiel ab. Daraufhin wurden zunächst einmal die Verhandlungen zwischen Papst und Kaiser abgebrochen. Friedrich II. ging gegen die Stadt vor, konnte sie aber nicht sofort einnehmen.

Um jedoch die Wiederaufnahme der Verhandlungen nicht zu gefährden, verzichtete der Kaiser dann sogar ganz auf die Belagerung und die Eroberung Viterbos und zog sich wieder nach Apulien zurück. Trotz des Friedensschlusses wurde er aber von Kardinal Rainer und der Stadtbevölkerung auf dem Heimweg überfallen. In der ersten Erbitterung drohte Friedrich II., selbst wenn er schon mit einem Fuß im Paradies stünde, »so würde er ihn zurückziehen, um der Rache an Viterbo willen«. Doch dann dachte er an die Verhandlungen und beschloß, die »berechtigte Erregung im Schrein unseres Herzens mit dem Knoten des Schweigens zu fesseln«. Als die Verhandlungen wiederaufgenommen wurden, war der Kaiser bereit, den Kirchenstaat zu räumen, für die bei Monte Christo gefangenen Prälaten ein Sühnegeld zu zahlen, die Rebellen zu begnadigen und in der Lombardenfrage die Forderungen des Papstes entgegenzunehmen.

Die Zeit drängte, denn wenn der Papst wie üblich am Gründonnerstag die Liste der Gebannten verlas, sollte endlich der Name des Kaisers nicht mehr darauf stehen. Und wirklich, am Gründonnerstag des Jahres 1244 kam es zur öffentlichen Beeidung der Abmachung zwischen Kaiser und Papst, und Innozenz IV. nannte den Kaiser in seiner Predigt einen ergebenen Sohn der Kirche und einen rechtgläubigen Fürsten.

Nur: gelöst war damit der Bann noch nicht. Die Lombarden erhoben Einspruch, der Papst änderte daraufhin eigenmächtig die beschworenen Vertragsbedingungen, und alles war wieder beim alten. Jetzt bat der Kaiser um ein Treffen mit dem Papst, der lehnte zuerst ab, stimmte dann aber unvermutet doch zu. Man beschloß, sich in der Nähe von Civita Castellana, etwa auf halbem Wege zwischen Rom und Viterbo, zu treffen.

Beide Seiten trafen im Juni 1244 mit ihrem Gefolge ein, aber während man noch über einen Termin verhandelte, war der Papst am 28. Juni als Ritter verkleidet nach Genua geflohen, wo er am 7. Juli eintraf. Es war eine seit langem geplante Flucht, mit der der Papst einer

Entscheidung zugunsten des Kaisers entgehen wollte: Längst hatte er mit den Genuesern abgesprochen, daß ihn bei Civitavecchia eine entgegengesandte Flotte aufnehmen sollte, wie es dann auch geschah.

Sofort wurde das Gerücht ausgestreut, der Papst habe sich vor dem Zugriff des Kaisers retten müssen, denn daß der Kaiser die Kirche verfolge, sei ja bekannt. Damit hatte der Papst den Kaiser wohl vorausberechnet in ein schlechtes Licht gesetzt. Als ihm Friedrich auch nach Genua ein Friedensangebot schickte, antwortete der Papst nicht, sondern verließ ein Vierteljahr später Italien und schlug seinen Hof in Lyon auf, das zwar zum Arelat und damit zum Herrschaftsbereich des Kaisers gehörte, das aber so gut wie selbständig war. Hier angekommen, berief er als erstes ein allgemeines Konzil für den Juni des Jahres 1245 ein, dessen Aufgabe es sein sollte, den Kaiser abzusetzen.

Nun machte der Kaiser ein geradezu atemberaubendes Angebot, mit dem er alles aufgab, was er jemals gefordert, erkämpft oder verteidigt hatte: In der Lombardenfrage wollte er sich voll und ganz dem Spruch des Papstes beugen, er wollte die Erbgüter räumen, für drei Jahre ins Heilige Land gehen und das soeben im August 1244 verlorengegangene Jerusalem zurückerobern. Er versprach sogar, nur dann nach Europa zurückzukehren, wenn der Papst vorher zustimme: Bei einer Rückkehr ohne päpstliche Einwilligung würde er von vornherein seine Reiche verlieren. Darüber hinaus verpflichtete er sich, Könige und Fürsten als Bürgen zu stellen.

Weder von Friedrich II. noch von seinen Chronisten erfahren wir eine plausible Erklärung für eine derart vollkommene Unterwerfung. Allgemein nimmt man an, das treibende Motiv sei der Friedenswille des Kaisers gewesen. Und in einem Brief an seine Verbündeten findet sich auch der Satz »um des hohen Gutes (= des Friedens willen) steigen wir tiefer hinab, als wir je auf irgendeine Weise herabzusteigen gedachten«.

Vielleicht war es aber auch Müdigkeit und Resignation des Fünfzigjährigen, der es allmählich leid war, sein Leben noch länger von endlosen Diffamierungen und Auseinandersetzungen aufreiben zu lassen, statt sich in Ruhe der Jagd und seinen wissenschaftlichen Interessen zu widmen. Wenig später äußerte er sogar den Gedanken, zugunsten seines siebzehnjährigen Sohnes Konrad abzudanken und für immer in den Orient zu gehen, dessen geistige Welt und Lebensstil ihm von jeher vertrauter waren als das Abendland.

Vielleicht war das Ganze aber auch nur Taktik, um den Papst ins

Unrecht zu setzen, falls er ihn trotz dieses Friedensangebotes auf dem Konzil in Lyon absetzen sollte.

Denn es versteht sich, daß dem Papst die Unterwerfung des Kaisers höchst ungelegen kam. Sicher glaubte er nicht im entferntesten an die Ernsthaftigkeit des kaiserlichen Angebotes. Friedrich II. hatte ja schon einmal einen Kreuzzug versprochen und dann zwölf Jahre lang keine Zeit gefunden, das Gelübde zu erfüllen. Außerdem: Was sollte einen Kaiser bewegen, praktisch auf Reich und Herrschaft zu verzichten und sich sklavisch unterzuordnen, nur um von einem Bann gelöst zu werden, der ihn seit Jahren nicht in seiner Handlungsfähigkeit gehindert oder sein Ansehen herabgesetzt hatte?

Trotzdem blieb dem Papst nichts anderes übrig, als die Lösung des Bannes anzukündigen, zumal sich auch der französische König Ludwig IX. für den Kaiser einsetzte. So beauftragte Innozenz IV. den Patriarchen von Antiochia mit der Lösung des Bannes, wenn alle Bedingungen erfüllt seien. Patriarch Albert von Antiochien war nämlich nach dem Verlust Jerusalems nach Europa gekommen, um zwischen Kaiser und Papst Frieden zu stiften, damit man gemeinsam das Heilige Land zurückerobern könne.

Die Absetzung

Aber dann fand der Papst doch noch einen Anlaß, um den Kaiser erneut zu verdammen und damit das Konzil zum längstgeplanten Erfolg zu führen.

Schuld war wieder einmal Viterbo: Friedrich II. war im April 1245 mit einem Heer aus Apulien aufgebrochen, um gleichzeitig mit dem Papstkonzil im Juni in Verona einen Hoftag zu halten, an dem König Konrad und die deutschen Fürsten teilnehmen sollten.

Auf dem Wege nach Verona mußte man an Viterbo vorbei, das vor anderthalb Jahren auf Betreiben Kardinal Rainers vom Kaiser abgefallen war und die Verhandlungen mit dem Papst gestört hatte. Aber obwohl Friedrich II. damals seinen Zorn »mit dem Knoten des Schweigens gefesselt« hatte, ließ er nun seine Truppen zwei volle Wochen lang die Umgebung von Viterbo sowie einige päpstliche Gebiete verwüsten – und brachte damit seine bisherigen Friedensbemühungen ins Zwielicht.

Kardinal Rainer von Viterbo, ohnehin ein erbitterter Gegner des

Kaisers und während des päpstlichen Exils Stellvertreter des Papstes in Italien, unterrichtete den Papst sofort von diesem Friedensbruch, den er ins Ungeheuerliche aufblähte. – Gleichzeitig sandte der Kardinal Flugschriften an die bereits in Lyon versammelten Konzilsteilnehmer, in denen der Kaiser in einem geradezu blindwütigen Haß als der Vorläufer des Antichrists dargestellt wurde, den man nach einer Prophezeiung mit Sicherheit zum Jahre 1260 erwartete.

Es sind diese Hetzschriften, die das negative Bild Friedrichs II. auch bei späteren Chronisten bestimmt haben, da sie eine Zusammenfassung aller seiner angeblichen Untaten enthalten: Da wird ihm die Ermordung von Papst Gregor IX. und seines eigenen Sohnes Heinrich VII. ebenso vorgeworfen wie die Ermordung seiner drei Ehefrauen. Da wird die Einführung des Paßzwanges im sizilianischen Reich als ein Zeichen des Satans hingestellt, und da tauchen all die alten unbewiesenen Vorwürfe wieder auf, die schon einmal den Ruf des Kaisers »angeschwärzt« hatten. Da wird, natürlich ohne Beweis, festgestellt, daß der Kaiser danach »trachtet, den Glauben, zu dem er sich selbst bekennt, zu vernichten«. Und schließlich wird ihm vorgeworfen, daß er mit mohammedanischen Fürsten freundschaftlich verkehre und Geschenke austausche, daß seine Sarazenen in Apulien mit Vorliebe christliche Frauen und Mädchen vor dem heiligen Altar schändeten und daß der Kaiser selbst sündigen Umgang mit heidnischen Sarazeninnen habe.

Es ist eine lange Litanei von Verdächtigungen, Unterstellungen und Vorwürfen, die auf die Diffamierung und Verteufelung eines Mannes hinauslaufen, der – und das ist einer der Vorwürfe – »glaubt, Gesetze und Zeiten verwandeln zu können«.

Und so fordert der Kardinal mit der selbstgerechten Gnadenlosigkeit eines Pharisäers: »Habt kein Mitleid mit dem Ruchlosen! Werft ihn zu Boden vor der Könige Antlitz, daß sie ihn sehen und fürchten, im Handeln diesem zu folgen. Werft ihn hinaus aus dem Heiligtum Gottes, daß er nicht länger herrsche über das christliche Volk! Vernichtet Namen und Leib, Sproß und Samen dieses Babyloniers! Die Barmherzigkeit möge seiner vergessen...«

Auf dem »allgemeinen Konzil« von Lyon, an dem allerdings kaum 150 Prälaten, vor allem aus England und Frankreich teilnahmen, folgte der Papst dann allzugern dieser Aufforderung, er verlas am letzten Tag – dem 17. Juli 1245 – noch einmal in kaum abgewandelter Form die von Kardinal Rainer vorgebrachten Anschuldigungen und setzte den Kaiser ab:

».... so erklären wir den besagten Fürsten, der sich des Kaisertums, der Königreiche und jeglicher Ehre und Würde so unwürdig gemacht hat, der seiner Frevel halber von Gott verworfen ist, um nicht ferner zu regieren, für einen Menschen, der von Gott in seinen Sünden verstrickt und verdammt und all seiner Ehren und Würden vom Herrn beraubt ist, und entsetzen ihn durch unseren Urteilsspruch.

Alle, die ihm durch den Eid der Treue verpflichtet sind, lösen wir für immer von diesem Eide, verbieten Kraft apostolischer Vollmacht strengstens, daß in Zukunft irgend jemand ihm als König oder Kaiser gehorche ... jene aber, denen es obliegt, für das Reich einen Kaiser zu wählen, sollen ungehindert die Wahl eines Nachfolgers vornehmen ...«

Danach verfluchten Papst und Prälaten mit angezündeten Kerzen den Kaiser, ließen dann die Kerzen sinken und löschten sie aus. »Was meine Aufgabe war, habe ich getan«, sagte daraufhin der Papst, »jetzt möge Gott in diesen Dingen tun und die Sache weiterführen, wie es ihm beliebt.«

Die Hetze geht weiter

Mit der Absetzung eines Kaisers 168 Jahre nach Canossa war der Anspruch auf die Weltherrschaft des Papstes wieder einmal sichtbar demonstriert worden. Hatten früher die Kaiser die Päpste ein- und abgesetzt, so war das Pendel jetzt voll auf die Gegenseite ausgeschlagen, bevor das Papsttum kurz darauf mit seinem Machtanspruch inneren und äußeren Widerspruch hervorrief und in eine langanhaltende Krise verfiel.

Trotz der pompösen Geste aber war die Absetzung des Kaisers nicht mehr als eine Selbstbefriedigung der päpstlichen Macht: Von sich aus bewirkt hat sie nichts. Ohne Bestechung und Hetzpredigten hätte sich nicht einmal ein Gegenkönig finden lassen, und ohne Mordanschläge hätte Friedrich II. so ruhig weiterregiert wie zuvor.

Als Kaiser Friedrich II. von seiner Absetzung erfuhr, so berichtet der Chronist, soll er ausgerufen haben: »Woher diese Frechheit? Woher ein so vermessenes Unterfangen?« Dann verlangte er seine Krone, setzte sie auf und sagte: »Noch habe ich meine Krone nicht verloren und werde sie weder durch die Anfeindung des Papstes noch durch den Beschluß der Kirchenversammlung ohne blutigen Kampf verlieren.«

Es ist nie zu solch einem blutigen Kampf um die Krone des Kaisers gekommen, denn fast alle deutschen geistlichen und weltlichen Fürsten beharrten auch jetzt auf ihrem bereits im Jahre 1240 vertretenen Standpunkt, daß der Papst nicht das Recht habe, den deutschen König abzusetzen oder Neuwahlen anzuordnen. Ebenso deutlich sprach sich der französische König gegen das Absetzungsdekret des Papstes aus.

Trotzdem wies Kaiser Friedrich II. noch in verschiedenen Schreiben an die Fürsten und Könige darauf hin, daß der Papstspruch »dem Recht nach nichtig ist« und daß man »nirgends in der göttlichen oder menschlichen Gesetzgebung« lesen könne, daß es dem Papst erlaubt sei, »das Kaisertum nach Belieben zu übertragen oder über die zeitliche Bestrafung von Königen und Fürsten durch den Entzug ihrer Reiche zu urteilen«.

So blieb zunächst alles beim alten, und es dauerte über ein Jahr, bis ein Beauftragter des Papstes in Heinrich Raspe, dem Landgrafen von Thüringen, einen Gegenkönig fand.

Geändert hatte sich allerdings das Klima. Beide Seiten bekämpften sich sozusagen aus dem Hinterhalt, aber dafür um so verbissener. Der Papst schickte Agitatoren und Mönche aus, die einen regelrechten Kreuzzug gegen Kaiser Friedrich und seine Söhne – also auch König Konrad von Deutschland – predigten. Und es lohnte sich für das Volk, eine solche Hetzpredigt anzuhören, denn beim bloßen Zuhören auch nur einer einzigen Predigt sparte man schon 40 bis 50 Tage Fegefeuer. Ein schwunghafter Ablaßhandel kam in Gang. Mit jeder Predigt gegen den Kaiser minderte man seine zukünftigen Höllenstrafen, und wer gar das Kreuz gegen den Kaiser nahm, also gegen ihn kämpfen wollte, der konnte eines vollen Ablasses gewiß sein.

Allerdings war die Kirche auch für jeden dankbar, der sein Kreuzzugsversprechen nicht erfüllen konnte oder wollte, denn der durfte sich für bares Geld loskaufen – was natürlich der Kirche zugute kam. Es war dies der gleiche Ablaßhandel, der 270 Jahre später den Mönch Martin Luther so erregte, daß er die Methoden des Ablaßpredigers Tetzel öffentlich diskutieren wollte und daher seine Thesen an die Schloßkirche zu Wittenberg anschlug.

Aber auch schon zu Friedrichs Zeiten erregte man sich über die Habgier und den Reichtum der Kirche. Der Erzbischof von Lyon, der das weltliche Treiben des Papstes und der Kurie aus nächster Nähe mit ansah, gab sein Amt ab und trat demütig in ein Kloster ein. Auch König Ludwig IX. von Frankreich, den man wegen seiner Frömmigkeit den

»Heiligen« nannte, war entsetzt, vor allem als ihm der Papst in einem Geheimbefehl schlichtweg verbot, für einen Kreuzzug nach Jerusalem zu werben, den er Anfang 1245 gelobt hatte. Ein solcher Kreuzzug, sonst von den Päpsten dringend erbeten, hätte diesmal die päpstliche Kampagne gegen Kaiser Friedrich II. stören können.

Doch auch Kaiser Friedrich II. nahm den Kampf auf, denn »in einer Hinsicht« hatte das Konzil von Lyon seine Lage »verbessert«, wie er fand: »Bisher mußte ich ihm – dem Papst – einigermaßen gehorchen, wenigstens die Ehre geben, jetzt aber bin ich jeglicher Verpflichtung, ihn zu lieben, zu verehren und Frieden mit ihm zu halten, ledig.«

Aber nun ging es schon gar nicht mehr um den Papst allein; jetzt griff Kaiser Friedrich II. die Kirche selbst an, indem er sie daran erinnerte, wie ihre Gläubigen »in der ursprünglichen Kirche gewesen sind: in apostolischem Lebenswandel die Demut des Herrn nachahmend«. Die Priester jetzt »dagegen sind der Weltlichkeit ergeben, von Genüssen trunken, setzen Gott hintan; durch den Zustrom von Schätzen wird ihre Frömmigkeit erstickt«. Und in seinem Brief an die christlichen Fürsten vom Februar 1246 warnt er vor denen, »die jetzt den Namen Geistliche führen: gemästet durch die Almosen der Väter: ... bei Euch betteln die Christen und Pilger, auf daß bei ihnen die Ketzer prassen; dort reißt Ihr Eure Häuser nieder, damit Ihr hier Euren Widersachern Städte errichtet. Und so, durch Eure Zehnten und Almosen gemästet, werde solche Arme Christi erhalten ... je freigebiger Ihr diesen Armen die Hände entgegenstreckt«, schrieb der Kaiser dann ironisch weiter, »um so gieriger greifen sie dann nicht nur nach den Händen, sondern auch nach den Armen und halten Euch in ihren Schlingen wie ein Vöglein, das um so heftiger gebunden wird, je heftiger es loszukommen sucht.«

In der Tradition eines Franziskus von Assisi sprach der Kaiser das offen aus, was erst die Reformation verwirklichte – ein Ketzer in seiner Gegenwart, ein Prophet für die Nachkommenden, ein »Verwandler der Welt«, der »glaubt, Gesetze und Zeiten verwandeln zu können«.

Sicher war Friedrich II. kein bequemer Sohn der Kirche, aber ebenso sicher war der Zisterzienser Friedrich nicht der Ketzer, als den ihn die Kirche darstellte. »Gott rufen wir zum Zeugen an«, schrieb der Kaiser, »daß es immer unsere Absicht war, die Kleriker jeden Ranges, besonders aber die hohen, in den Zustand der Urkirche zurückzuführen. Damals schauten die Geistlichen die Engel, glänzten durch Wunder, heilten Kranke, erweckten Tote und unterwarfen sich Fürsten und Könige nicht durch Waffen, sondern durch heiliges Leben.«

Der Kaiser formulierte damit, was viele fühlten und oft auch schon sagten. Der Dominikanermönch Arnold zum Beispiel verfaßte Schriften, in denen er nachwies, daß Innozenz IV. der Antichrist sei, in Schwäbisch Hall predigten Sektierer, der Papst sei ein Ketzer, der nicht das Recht habe, mit dem Schlüssel Petri zu binden und zu lösen. Der Kampf zwischen Kaiser und Papst, der Kampf um Macht und Herrschaft, begann zu einer Frage nach dem richtigen Glauben, nach Restauration und Reformation zu werden.

Mordversuche

Aber es kam zu keiner echten geistigen Auseinandersetzung. Wo er nur irgend konnte, setzte der Papst in Deutschland kaiserfreundliche Geistliche einfach ab und ersetzte sie dutzendweise durch papstfreundliche. Für den schon abgesetzten Kaiser aber hatte Innozenz IV. eine noch rabiatere Lösung parat. Wie aus später gefundenen Briefen eindeutig hervorging, hatte der oberste Priester der Christenheit schlicht und einfach die Ermordung Friedrichs II. geplant.

Schon im September 1245, wenige Monate nach dem Konzil von Lyon, hatte man in einem Kloster in der Nähe von Parma Schriften entdeckt, in denen von einer Ermordung des Kaisers und seines Sohnes Enzio die Rede war. Die Spur wies nach Parma, und Friedrich II. zog daraufhin sofort nach Parma, aber seltsamerweise war kurz zuvor sein Parteigänger, Freund und Gevatter, ein gewisser Bernardo Orlando di Rossi, mit einer Anzahl Ritter aus Parma verschwunden, statt auf den Kaiser zu warten. Oft genug hatte Orlando in kaiserlichen Städten das Amt des Podestà, also des kaiserlichen Beauftragten, innegehabt, und erst im letzten Jahre hatte ihn Friedrich II. zum Podestà von Florenz gemacht. Gerade eben die Treue und Freundschaft Orlandos hatte den Kaiser zwei Jahre zuvor sogar veranlaßt, der Wahl Sinibald Fiescos zum Papst zuzustimmen, denn Orlando war der Schwager des Grafen Sinibald. Im Falle von Schwierigkeiten oder Mißverständnissen, so hatte der Kaiser gehofft, würde sein Freund Orlando vermitteln können. Aber so wie der zunächst kaiserfreundliche Kardinal Sinibald Fiesco zum Gegner geworden war, so war nun auch dessen Schwager Orlando heimlich ins feindliche Lager übergegangen.

Es war dies nicht die einzige Enttäuschung, die den Kaiser in den letzten Jahren traf; Adelasia, Herrin von Nordsardinien und Frau seines Sohnes Enzio, hatte schon vor ein paar Jahren die kaiserliche Familie im Stich gelassen und war auf die Seite des Papstes übergewechselt.

Aber auch von Schicksalsschlägen innerhalb seiner Familie blieb der Kaiser in den letzten Jahren seines Lebens immer weniger verschont. Am 1. Dezember 1241 war Isabella von England, seine dritte Frau, im Alter von 27 Jahren im Kindbett gestorben, ein Jahr darauf sein Sohn Heinrich VII., der abgesetzte deutsche König, nach jahrelanger Gefangenschaft durch Selbstmord oder einen Sturz vom Pferde.

Dies alles und der aufreibende Kampf mit dem Papst war nicht spurlos an ihm vorübergegangen. Er klagte nun über Gliederschmerzen, über Kopfschmerzen und Schlaflosigkeit. Hatte er noch fünf Jahre zuvor eine Krankheit einfach »durch die Kraft des Geistes überwunden«, wie er einmal schrieb, so ließ nun auch die Sehkraft des ohnehin Kurzsichtigen nach, und sein Gang war leicht gekrümmt. Auch sein Charakter schien sich geändert zu haben: Der Kaiser wurde mißtrauischer, war oft jähzornig und unwirsch, ohne dabei allerdings ungerecht zu werden; es sind Briefe von ihm erhalten, in denen er sich für seine Stimmungen ausdrücklich bei den Betroffenen entschuldigt.

Daß sein Mißtrauen nach dem aufgedeckten Attentatsversuch und dem Abfall Orlandos nur noch zunahm, ist allerdings verständlich. So mußte jede italienische Stadt, in die er kam, zuerst einmal Geiseln stellen, um das Leben des Kaisers zu garantieren. Bei der geringsten Unregelmäßigkeit gab es harte Strafen, denn nur so glaubte der Kaiser, jeden Umsturzversuch des Papstes von vornherein abwehren zu können. Es kamen nun Zeiten, in denen Friedrich II. hart und despotisch regierte und dadurch gewiß keine Freunde in Italien gewann.

So hatte er zum Beispiel den Apulier Pandulf von Fassanella, den langjährigen Generalkapitän der Toskana, wegen Bestechlichkeit und anderer Unregelmäßigkeiten abgesetzt und einen seiner Söhne, den etwa 20jährigen Friedrich von Antiochien in dieses Amt eingesetzt, der angeblich Friedrichs Kind mit der Schwester von Sultan El-Kamil aus den Kreuzzugstagen gewesen sein soll.

Dieser Pandulf von Fassanella tat sich nun mit Orlando zusammen, denn die Gelegenheit war günstig. Der Kaiser verbrachte den Winter 1245/46 ohnehin gerade in Grosseto an der toskanischen Küste, Pandulf befand sich am Hofe Friedrichs II., und so beschloß man mit Wissen des Papstes, den Kaiser, König Enzio und Friedrichs Schwiegersohn Ezzelino, den starken Mann in der Lombardei, beim österlichen Familienfestmahl zu ermorden. Auch Kardinal Rainer von Viterbo war mit von der Partie und sollte mit einem päpstlichen Heer ins kaiserliche Gebiet einfallen.

Aber wie schon im Herbst zuvor wurde auch dieser Anschlag gerade noch rechtzeitig aufgedeckt: Am Ostersamstag kam der Bote eines anderen kaiserlichen Schwiegersohnes aus Sizilien in Grosseto an, der unter Mißachtung jeglichen Zeremoniells sofort bis zum Kaiser vordringen konnte und ihm von einer regelrechten Verschwörung berichtete, die zuerst Sizilien und dann das ganze Reich erfassen sollte.

Die Verschwörer waren sich ihrer Sache so sicher, daß sie schon nach allen Gegenden Boten geschickt hatten, die den Tod des Kaisers bekanntgaben.

Doch noch bevor Kaiser Friedrich II. eine Untersuchung einleiten konnte, flohen die Verschwörer, denn der Himmel war offensichtlich gegen sie: Sonne und Sterne verloren ihr Licht, es wurde dunkel, und ein blutroter Regen ging nieder. Es waren wohl die Folgen eines Vulkanausbruchs, die hier als Himmelszeichen genommen wurden. Die Verschwörer, die sich durch die Macht des Himmels entdeckt fühlten, verschanzten sich zwar in ihren Burgen, leisteten aber, demoralisiert wie sie waren, kaum Widerstand. Der geplante Aufstand brach zusammen, noch ehe er begonnen hatte.

Für den Kaiser aber bedeutete dieser Mordversuch den Zusammenbruch eines Weltbildes: Nicht nur Pandulf von Fassanella war von seinem Hof geflohen, sondern eine ganze Reihe von engsten Vertrauten. Sie alle waren am Komplott beteiligt. Und so ist der Satz verständlich, den Friedrich II. in jenen Tagen an den Kaiser Vatatzes von Byzanz schrieb: »O glückliches Asien! O glücklicher Herrscher des Ostens, die der Untertanen Waffen nicht fürchten und die Erfindung der Priester nicht scheuen!« Offenbar übersah Friedrich dabei, daß von jeher nur wenige byzantinische Herrscher das Vorrecht hatten, ohne fremde Hilfe zu sterben.

Die Verschwörer bestrafte er mit orientalischer Härte. Er ließ sie an Nase, Hand und Beinen verstümmeln und mit dem glühenden Eisen blenden, bevor sie dem Richter vorgeführt wurden. Erst der sprach das Urteil: Die einen wurden mit Pferden zu Tode geschleift, andere lebendig verbrannt, wieder andere gehängt. Und damit nach Erde, Feuer und Luft auch das vierte Element beteiligt war, wurden die übrigen zusammen mit Giftschlangen in Ledersäcke eingenäht und ins Meer geworfen.

Es war ein grausames, mittelalterliches Strafgericht, das das Bild des »ersten modernen Menschen« und »Aufklärers« empfindlich stört. Aber während der Mordanschlag eines Papstes einmalig für das Mittelalter ist (wobei die Renaissance darüber schon milder dachte), war die Reaktion des Kaisers genuin mittelalterlich, weil sein moralisches Empfinden eine solche Strafe verlangte.

Friedrich II. und Papst Innozenz IV. kündigten beide im Guten wie im Bösen den Übergang in eine neue Epoche an, die für jede Seite zunächst den Niedergang bedeutet: Für das Papsttum die »babylonische Gefangenschaft« in Avignon und für das Kaisertum das Interregnum.

Noch aber weiß keine der beiden Seiten, daß sie Übergang und Ende ist. Als der scheinbar längst ausgefochtene Streit um die Vorherrschaft in dieser Welt einem neuen Höhepunkt zutrieb, konnte sich Macht nur noch mit Gewalt behaupten. Argumente zählten nun nicht mehr.

Die Niederlage von Victoria

Nach dem Konzil von Lyon hatte Friedrich II. einmal gesagt, er sei lange genug Amboß gewesen, jetzt wolle er Hammer sein. Aber gerade das war er in seinen letzten Lebensjahren immer weniger. Im Gegenteil: Friedrich II. war hauptsächlich damit beschäftigt, auf die Angriffe der Gegenseite zu reagieren, statt selbst zu agieren.

Es hat etwas Tragisches an sich, wie ein Mann, der die Welt verändert hat, am Ende von denen in die Enge getrieben wird, die am ehesten der Reform und der Veränderung bedurften.

Noch während der Kaiser die Verschwörer verfolgte, gelang es dem Papst, Heinrich Raspe, den etwa 40jährigen Landgrafen von Thüringen, zum Gegenkönig zu machen. Heinrich Raspe, der Bruder des Landgrafen Ludwig IV. (der mit dem Kaiser den Kreuzzug angetreten, aber an der Seuche gestorben war) und damit der Schwager der heiligen Elisabeth, hatte sich schon seit Jahren der päpstlichen Partei angenähert, aber doch gezögert, sich als Gegenkönig aufstellen zu lassen. Immerhin hatte ihn der Kaiser zum Reichsverweser ernannt. Der päpstlichen Bestechungssumme von 25 000 Mark Silber aber konnte er dann nicht mehr widerstehen. Er ließ sich am 22. Mai 1246 in Veitshöchheim bei Würzburg von einigen Erzbischöfen und thüringischen und hessischen Grafen zum Gegenkönig wählen, so daß er sofort den Spitznamen eines »Pfaffenkönigs« erhielt.

Seine Regierung war kurz und erfolglos. Nicht einmal die 25000 Mark Silber erhielt er: Kaiser Friedrich II. ließ den Geldtransport überfallen, um das Geld »zu seinem eigenen Bedarf zu verwenden und damit den Landgrafen, seinen Nebenbuhler, sowie den Papst, seinen Feind, schädigen zu können«. – Zwar gelang es Heinrich Raspe, den kaum 20jährigen König Konrad im August bei Frankfurt in einer Schlacht zu besiegen, nachdem der Papst die Führer des schwäbischen Heeres mit 6000 Mark bestochen und zum Überlaufen gebracht hatte; dann erkrankte Heinrich Raspe aber und starb, kaum gewählt und nie gekrönt, am 16. Februar 1247 auf der Wartburg.

Inzwischen hatte Kaiser Friedrich längst eine Heerfahrt nach Deutschland vorbereitet, um seinem Sohn Konrad zu Hilfe zu kommen. Im März 1247 verließ er mit einem Heeresaufgebot Sizilien, aber in der Toskana erhielt er dann die Nachricht vom Tode Heinrich Raspes. Daraufhin änderte Friedrich II. seine Pläne. Statt direkt nach Deutschland zu ziehen, beschloß er nun, den Umweg über Burgund zu nehmen und dabei den Papst in Lyon aufzusuchen. Er wollte versuchen, mit Hilfe des französischen Königs Ludwig IX. doch noch zu einem Frieden mit dem Papst zu kommen oder ihn mit Gewalt dazu zu zwingen. Anschließend wollte er dann ins Rheinland ziehen.

Aber auch dazu kam es nicht. Als er sich einige Tage in Turin aufhielt, während ein Teil seines Heeres schon die Alpen überquerte, erhielt er von König Enzio die Nachricht, daß Parma den Anhängern des Papstes in die Hände gefallen war.

Orlando di Rossi, der »berüchtigte langjährige Verräter, Haupt und Schwanz der ganzen Gegenpartei«, war nämlich eines Sonntags mit siebzig Rittern vor seiner Vaterstadt erschienen, als die Kaiserlichen gerade eine Hochzeit feierten. Eilig suchten die Festgäste nach ihren Schwertern, aber weil sie »des Weines und reichlicher Speisen voll« waren, wurden sie ohne Schwierigkeiten besiegt, und Orlando marschierte in Parma ein.

Damit war die wichtigste Stadt auf der Straße nach Süden in der Hand des Gegners. Friedrich II. brach daher sofort seinen Zug nach Lyon ab und marschierte nach Parma, wo er vierzehn Tage später eintraf. Inzwischen hätte König Enzio das unbefestigte Parma längst wieder zurückerobern können, statt dessen aber hatte er vor Parma ein Lager bezogen und gewartet.

Ebenso unverständlich ist, warum dann auch Friedrich II. mit seinen Hunderten von Rittern die Stadt nicht angriff, die Orlando mit lächerlichen siebzig Rittern im Handstreich genommen hatte. Aber wahrscheinlich glaubte der Kaiser, Parma sei voll von päpstlichen Soldaten, denn statt etwas zu unternehmen, begann er von allen Seiten Truppen vor Parma zu versammeln. Das wiederum erleichterte es anderen italienischen Städten, sich gegen den Kaiser zu erheben.

Aber selbst als der Kaiser ein buntes Gemisch von Sizilianern, Sarazenen, Italienern und deutschen Soldaten rund um Parma versammelt hatte, geschah immer noch nichts, während ganz Italien in Aufruhr war. Ganz gleich, ob es sinnvoll war oder nicht: Es war damals üblich, Städte zu belagern, und so belagerte Friedrich II. eben Parma. Obwohl er sich dann später beklagte, Fortuna »habe ihm in letzter Zeit ein wenig den Rücken gewandt«, war er selbst daran schuld, daß er mit dieser Belagerung auf die größte Niederlage seines Lebens zusteuerte.

Der Schauplatz seiner Niederlage war ironischerweise die Lagerstadt, die er vor Parma feierlich gegründet und gebaut hatte und der er etwas voreilig den Namen »Victoria« (Sieg) gegeben hatte. Mit seinem ganzen Hofstaat, der Staatskanzlei und dem Staatsschatz, den sarazenischen Mädchen, seinem Tierpark und den Rittern saß er in Victoria und wartete darauf, daß sich Parma vor Hunger ergeben würde. Aber weil – so die Weisheit eines Chronisten – »die Sicherheit immer die Mutter von Schäden ist«, geschah nun das Unglück aus schierem Leichtsinn. An einem Morgen – es war der 18. Februar 1248 –, als die Truppen von Victoria zum Teil woanders im Einsatz, König Enzio abwesend und der Kaiser wie gewohnt auf Falkenjagd geritten war, machten die Parmasenser einen ihrer üblichen Ausfallversuche.

Der Lagerkommandant von Victoria verfolgte sie und ließ sich täuschen. Und als das Lager weitgehend unbewacht war, fiel die Besatzung von Parma über Victoria her, machte alles nieder, brannte die Stadt ab und zog triumphierend mit der gesamten Staatskasse, dem kaiserlichen Reichssiegel und der Kaiserkrone so »groß wie ein Kochtopf« ab, bevor Kaiser Friedrich II., durch das Läuten der Sturmglocke aufgeschreckt, nach Victoria zurückgeritten kam. Mit der Kaiserkrone, die ein zwergenhafter Parmasenser erbeutet hatte, den man wegen seines trippelnden Schrittes »curtopassus« (Kurzschritt) nannte, verschwand an diesem Tag auch das kostbare, eigens für den Kaiser hergestellte Exemplar des Falkenbuches.

Es war eine katastrophale Niederlage – nicht nur, weil an die 1500

Kaiserliche getötet und Tausende gefangengenommen waren oder weil der Kaiser nach dem Raub der Staatskasse praktisch mittellos war –: viel schlimmer war die psychologische Wirkung. Ausgerechnet jetzt, da ganz Italien gegen den Kaiser revoltierte, stand der Ruf seiner Unbesiegbarkeit auf dem Spiel. Kein Wunder, daß fast die ganze Romagna zum Papst überging. Immerhin konnte Friedrich II. durch zum Teil brutale Methoden – einmal ließ er gleich hundert Verschwörer öffentlich enthaupten – große Teile Oberitaliens und der Mark Ancona halten.

Vier Monate nach der Niederlage von Victoria aber fand Friedrich, daß ihm die Glücksgöttin »wieder ein heiteres und fröhliches Antlitz« zeigte: Der Aufstand war im großen und ganzen niedergeschlagen, die Steuern in Sizilien auf das Doppelte erhöht und die Lage wieder übersichtlich. Schon dachte der Kaiser erneut daran, nach Lyon zu ziehen, als ihn im Februar 1249 der nächste Schlag traf: Petrus von Vinea, sein engster Vertrauter, Großhofrichter und Kanzler, war zum Verräter geworden; sein Hofarzt, dem er bedingungslos vertraut hatte, versuchte ihn zu vergiften.

Noch mehr Enttäuschungen

Über diesen Doppelverrat, der den Kaiser zutiefst getroffen hat, wissen wir leider nur wenig, und über die Gründe, die zur plötzlichen Verhaftung und Blendung des Petrus von Vinea führten, herrscht keine Klarheit. Man hat, gestützt auf Berichte verschiedener Chronisten, geglaubt, der Kanzler sei auf die päpstliche Seite hinübergewechselt. So behauptet Salimbene, Petrus von Vinea sei von seinen Genossen beschuldigt worden, »er habe mehrfach ohne sie mit dem Papst vertraute Zwiesprache gehalten«. Andere Quellen berichten, Petrus von Vinea habe auch von dem Giftanschlag des Arztes gewußt, der etwa zur gleichen Zeit auf Veranlassung des Papstes stattfand. Das alles aber läßt sich weder eindeutig belegen noch mit der Aussage Kaiser Friedrichs II. in Übereinklang bringen.

Der Kaiser selbst hat erstaunlicherweise nur ein einziges Mal und dann nur mit einem Satz von der Schuld seines Kanzlers gesprochen, den er einen »zweiten Simon« nannte, »der, um seine Geldkasten zu füllen, den Zweig rechtmäßiger Genügsamkeit in eine Schlange gewandelt hat«. Man nimmt daher allgemein an, daß Petrus von Vinea, den man schmeichlerisch den »Schlüsselträger« zum Herzen des Kaisers nannte, aus persönlichem Eigennutz bestechlich war und daher vielleicht gegen den Kaiser gehandelt hat; immerhin hinterließ er ein ungeheures Vermögen. In jedem Falle aber mußte etwas geschehen sein, das das Vertrauen des Kaisers endgültig zerstörte, denn schon einige Jahre zuvor war es zu einer Vertrauenskrise zwischen dem Kaiser und Petrus von Vinea gekommen.

Es war das tragische Ende eines Mannes, dessen Rechtsgelehrsamkeit und sprachliche Formulierungskunst – der Kaiser hatte ihn eigens zum Logotheten, »zu dem, der die Worte setzt«, ernannt – das Gesicht des sizilianischen Staates unter Friedrich II. entscheidend mitgeprägt hatte. Als der Kaiser ihn blenden ließ, soll er seinem Leben ein Ende gesetzt haben, indem er mit dem Kopf gegen eine Mauer oder eine Säule rannte. In Dantes »Göttlicher Komödie« taucht er daher unter den Selbstmördern auf, und vielleicht stimmt es auch, was Dante ihn sagen läßt: »Nimmer brach ich meinem ruhmeswürdigen Herrn, dem Hehren, ich schwör's, die Treue, die ich ihm versprach!«

Für Kaiser Friedrich II. aber bedeutete dieser Verrat, ob eingebildet oder wirklich, eine große Enttäuschung, die ihn vereinsamte, denn, so der Chronist: »Gar leicht geriet der Kaiser damals in Unruhe, weil er des Reiches entsetzt und Parma dem Geist des Aufruhrs gegen ihn verfallen war ...«

Eindeutig auf päpstliche Anstiftung ging jedoch der Giftmordversuch seines Leibarztes zurück, den Chronisten allerdings auch wieder mit Petrus von Vinea zusammenbringen. Es wird erzählt, daß der Kaiser gewarnt war und daher den Arzt bat, die Medizin selbst zu kosten, woraufhin der Arzt so tat, als habe er die Arznei versehentlich verschüttet. Der Kaiser ließ daraufhin einige zum Tode Verurteilte holen und sie den Rest aus dem Glas trinken, und »augenblicklich hauchten sie ihre armen Seelen aus«. Der Arzt wurde gehängt. Der Kaiser aber soll klagend gerufen haben: »Auf wen kann ich noch vertrauen, wo kann ich noch sicher, wo noch froh sein?«

Schließlich verlor er auch noch seine beste Stütze in Italien: Wenige Monate später, im Mai 1249, wurde König Enzio, der 29jährige blonde Sohn des deutschen Edelfräuleins, bei Fossalta in einem kleinen Gefecht von Bolognesern gefangengenommen. Als er 23 Jahre später, noch immer in Bologneser Haft, starb, war das Geschlecht der Staufer längst untergegangen.

Aber noch einmal schien es, als wenn Kaiser Friedrich II. triumphieren sollte. König Ludwig IX. von Frankreich hatte schließlich doch noch im August 1248 seinen Kreuzzug angetreten, war aber von den Mohammedanern gefangengenommen worden und im Mai 1250 gegen ein ungeheures Lösegeld freigekommen. Das alles, so fanden die Kreuzfahrer, wäre wohl nicht passiert, wenn Kaiser Friedrich II. hätte zu Hilfe kommen können. Die Stimmung schlug gegen den Papst um, und König Ludwig IX. verlangte, der Papst solle sich mit dem Kaiser aussöhnen. Daraufhin bat Innozenz IV. England um Asyl, wurde aber abgewiesen.

Eine gemeinsame Front der Könige gegen den Papst schien in greifbare Nähe gerückt, der Friede nahe, denn auch der byzantinische Kaiser Vatatzes hatte Truppen geschickt, um gegen den Papst vorzugehen. Schon träumt der Kaiser »gestählt von des Himmels Voraussicht« von einem »Imperium in friedlicher Ordnung«, das den Glanz der alten Kaiserherrlichkeit wieder sichtbar machen könnte. Schon plant er, nun endlich nach Lyon und danach nach Deutschland zu ziehen – da erkrankte Friedrich im November auf einem Jagdausritt plötzlich an einer fiebrigen Darminfektion, so daß man ihn in das nächstbeste Kastell schaffen mußte. Es war, wenige Kilometer von Lucera entfernt, das Castel Fiorentino.

Der Tod des Kaisers

Als der Kaiser den Namen des Castels erfuhr, so berichten die Chronisten, wußte er, daß alle seine Hoffnungen vergeblich waren und daß er sterben würde, denn ein Wahrsager habe ihm vorausgesagt, er werde »sub flore«, unter einer Blume, sterben. Darum habe der Kaiser auch immer Florenz gemieden. Nun aber habe ihn der Name Fiorentino an die Weissagung erinnert.

Zwar besserte sich Anfang Dezember sein Zustand, aber dann kam ein Rückfall, und der Kaiser ließ neben anderen den Großhofjustitiar Richard von Montenero, seinen 18jährigen Sohn Manfred und den greisen Erzbischof Berard von Palermo holen, den gleichen Berard, den ihm 38 Jahre zuvor Papst Innozenz III. als päpstlichen Legaten mitgegeben und der dem Kaiser seitdem die Treue gehalten hatte.

In ihrem Beisein diktierte er sein Testament: »Im Hinblick auf die Vergänglichkeit des Menschen wollen Wir, Friedrich, von Gottes Gnaden immer erhabener Kaiser der Römer, König von Jerusalem und

Sizilien, für das Heil Unserer Seele sorgen und über Reich und Länder verfügen, da Uns das Ende des Lebens bevorsteht – in vollem Besitz der Sprache und des Denkvermögens, krank am Körper, aber bei klarem Verstande, auf daß Wir noch zu leben scheinen, auch wenn Wir dem irdischen Leben entrückt sind.«

Zum Erben des Reiches und zum König von Sizilien bestimmte er den 22jährigen Konrad IV., und, falls dieser »ohne Söhne sterben sollte«, Heinrich, den 12jährigen Sohn Isabellas von England, und schließlich in dritter Folge Manfred, seinen illegitimen Lieblingssohn, der Statthalter des sizilianischen Reiches wurde.

Auch mit »unserer Mutter«, der Kirche, machte der Kaiser seinen Frieden. Ihr sollten alle Besitzungen zurückgegeben werden, falls sie die kaiserlichen Rechte achte. Kirchen und Klöster sollten ihre Rechte zurückerhalten, zerstörte Kirchen wiederaufgebaut, zur Befreiung des Heiligen Landes hunderttausend Goldunzen bereitgestellt werden. Und schließlich bestimmte der Kaiser, »daß alle Menschen Unseres Königreiches frei seien und ausgenommen von allgemeinen Steuern, wie sie es zu sein pflegten zur Zeit des Normannenkönigs Wilhelm II.«.

Am Abend des 12. Dezember schien es Friedrich II. noch einmal besserzugehen, und sein Arzt gab ihm in Zucker gekochte Birnen zu essen. Doch am nächsten Morgen ließ sich der Kaiser in die graue Kutte der Zisterzienser kleiden und bat seinen alten Freund Berard, ihn wieder in den Schoß der Kirche aufzunehmen und ihm die Absolution zu erteilen. Der über siebzigjährige Erzbischof spendete dem Kaiser die Sterbesakramente, die ihm der Papst verweigern wollte.

Kurz darauf starb der letzte Stauferkaiser am 13. Dezember 1250, wenige Tage vor der Vollendung seines sechsundfünfzigsten Lebensjahres. Wie es sein Wunsch war, wurde der Enkel Friedrich Barbarossas im Dom zu Palermo neben seinem Vater, dem Staufer Heinrich VI., seiner normannischen Mutter Konstanze und seiner ersten Frau, Konstanze von Aragon, in einem roten Porphyrsarg beigesetzt.

Die Kunst der Stauferzeit

Kastelle – Dome – Burgen

Es hieße das Bild Kaiser Friedrichs II. verzeichnen, wenn man ihm nicht noch ein anscheinend nebensächliches Detail hinzufügte: Inmitten von Mongolengefahr und persönlicher Bedrohung durch Papst und Kirche hatte dieser Herrscher, der bei der Belagerung von Faenza in aller Ruhe die Übersetzung eines Falkenbuches überprüfte, in jenen kritischen Jahren auch das »schönste Jagdschloß des Abendlandes« in Auftrag gegeben, von dessen »kristalliner Schönheit« Kunstgeschichten schwärmen. Es ist jener Achteckbau des Castel del Monte, das nach allen Seiten weithin sichtbar in einer Ebene auf einem apulischen Hügel steht und dessen Oktogon der Kaiser vielleicht vom Felsendom in Jerusalem übernommen hat, den er rund ein dutzend Jahre zuvor zum Entsetzen der Christen bis ins Detail studiert hatte.

Über seine Entstehung haben wir nur die dürre Notiz vom Januar 1240, in der Friedrich II. Baumaterial für dieses Jagdschloß anfordert, das er bei Santa Maria del Monte, einem verlassenen Benediktinerkloster, errichten wollte. Wir wissen nicht einmal, ob der Bau noch zu seinen Lebzeiten fertig geworden ist und ob er ihn benutzte; aber wir können sicher sein, daß sich Friedrich II. wie bei anderen Kastellen auch hier um Plan und Ausführung selbst gekümmert hat, denn kein anderer Bau – so Willemsen – »atmet so sehr Geist von seinem Geist, keiner zeugt so eindrucksvoll von ›seines Sinnes Erhabenheit‹.«

Dieses Oktogon, an dessen Ecken achteckige Türme noch einmal die Form wiederholen, wirkt aus der Ferne eher abweisend wie ein Zwingturm oder ein bizarres Gefängnis (und tatsächlich wurden in ihm dreißig Jahre lang die Enkel des letzten Staufenkaisers gefangengehalten); und sein heutiger Zustand läßt die Größe und Schönheit nur ahnen, die dieser Bau einmal besessen hat. Am ehesten erschließt sich das Einmalige Castel del Montes daher aus dem Grundriß des doppelstöckigen Turmes, der als das Symbol staufischer Herrschaft im Süden gilt.

Castel del Monte ist eines der wenigen Beispiele, bei denen man mit einiger Berechtigung von »staufischer Kunst« sprechen kann, wie man von ottonischer oder salischer Baukunst spricht, die vom Herrscherhaus ausging und inspiriert wurde. Im übrigen aber kann man, im

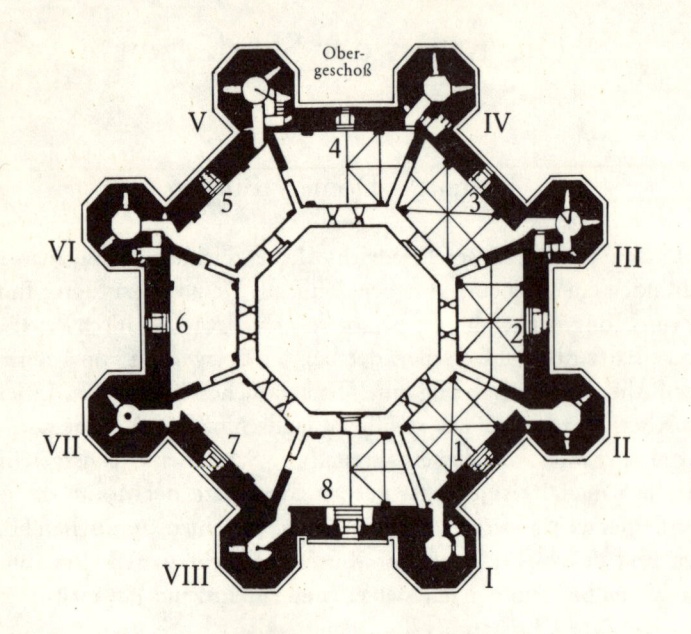

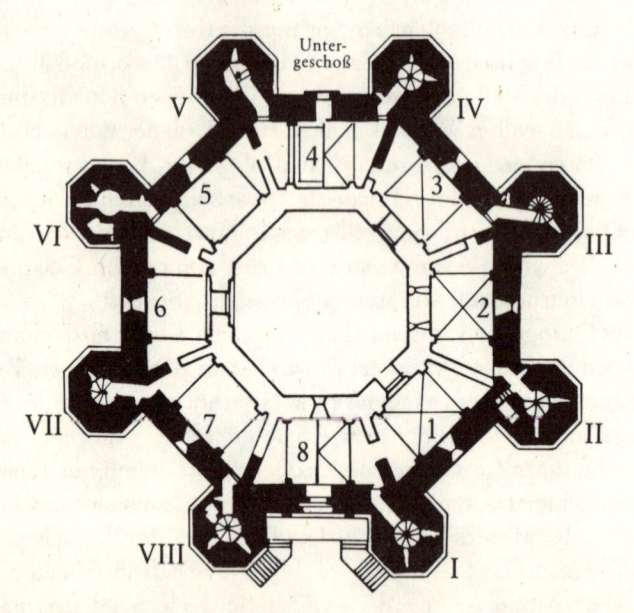

Castel del Monte. Grundriß des Unter- und Obergeschosses

338

Gegensatz zu anderen Epochen, nur von einer Kunst in der Stauferzeit reden. Aber weil sie eben darum typische Merkmale ihrer Zeit widerspiegelt, möchte ich kurz auf ihre Charakteristika verweisen.

Die Kunst in der Stauferzeit, vor allem die Baukunst, ist zunächst einmal Ausdruck einer gesellschaftlichen Veränderung, die wir schon kennengelernt haben, als wir die zunehmende Verselbständigung der Fürsten, den neuen Stand des Burgherren und Ritters und das Erstarken des Bürgertums in den Städten beobachteten. Kamen früher die Anregungen, und vor allem das Geld, von den ottonischen und salischen Kaisern, so waren es nun die Landesfürsten und Städte, die zu Bauherren wurden. Heinrich der Löwe zum Beispiel hat für die Kunstgeschichte mehr geleistet als Kaiser Friedrich Barbarossa.

Mit dem Aufkommen des Rittertums verlagerte sich zugleich das Schwergewicht der Baukunst vom sakralen Kirchen- und Klosterbau zum Profanbau. Aus Stein wurden jetzt nicht mehr nur Kirchen und Dome, sondern in zunehmendem Maße auch Burgen und Pfalzen gebaut. Auch wenn man dabei noch viele Elemente aus dem Kirchenbau übernahm, entwickelte sich nun, besonders bei den Pfalzen, ein vollkommen neues Repräsentationsbedürfnis. War der Kirchenbau in seinem langen Kirchenschiff auf Chor und Altar ausgerichtet, so entstand jetzt die breite Schauseite der Pfalz, wie sie dann das Rathaus übernahm; neue Formen der Baukunst und der Ästhetik mußten gefunden werden.

Auch die Burgen stellten Bauherren und Architekten vor neue Probleme. Konnte man Dome, Pfalzen und Rathäuser nach ästhetischen und repräsentativen Gesichtspunkten oder als Ausdruck einer inneren Haltung bauen, so war die Burg als Zweckbau anderen Regeln unterworfen: Meist auf strategisch günstigen Bergrücken oder Felsnasen angelegt, mußte sich der Grundriß nach vorgegebenen Geländestrukturen richten, ohne den Zweck der Burg, die Wehrbereitschaft, zu vernachlässigen.

Trotzdem bleibt – im Gegensatz zur germanischen Ringburg – als Grundform das Quadrat erhalten, indem sich auch eine langgestreckte Burganlage in einzelne rechteckige Innenhöfe aufteilt, die nun zur Schauseite werden. Wie beim Atriumhaus gewinnt damit der Innenhof durch Laubengänge, Treppen und Torbögen sein Gewicht.

Aber nicht aus der römischen Antike hat das Rittertum die quadratische Wehranlage entlehnt, sondern, wie Sigrid Hunke nachweist, aus dem Orient. Diesen auf Symmetrie angelegten Burgentyp Südarabiens fanden die Kreuzfahrer auch in Palästina und Syrien vor und übernahmen ihn zusammen mit den sogenannten Buckelsteinquadern, die für die Burgen der Stauferzeit charakteristisch sind, während Sakralbauten auch weiterhin mit glattbehauenen Steinen gebaut wurden.

Quadratform weisen daher auch die zahlreichen Kastelle und Burgen auf, die Friedrich II. in Apulien bauen ließ: Bari, Trani, seine Residenz Lucera und das Castel Lagopesole sind einige Beispiele dafür.

Wahrscheinlich stammt aber auch noch ein anderes Konstruktionsprinzip aus dem Orient, das die Kreuzfahrer dort kennenlernten und als modische Neuentdeckung nach Europa brachten: der islamische Spitzbogen, den man als frühe Gotik allerdings auch schon vor der Kreuzfahrerzeit in der Benediktinerabtei von Monte Cassino, mit Sicherheit aber in der dritten Kirche von Cluny ab 1088 beobachten kann. Mit dem Beginn der Kreuzzüge aber begann dieser Spitzbogen, der eine bessere Gewichtsverteilung auf die Pfeiler bei gleichzeitiger Auflösung der Wände zuließ, die Rundbogen der Romanik abzulösen und einen eigenen Stil zu bilden. Das geschah allerdings zuerst nur in Frankreich, von dem die Kreuzfahrerbewegung hauptsächlich ausgegangen war. Die Abteikirche von Saint-Denis (1140–44) zeigt dabei noch einen Übergang vom romanischen zum gotischen Stil; die Kathedralen Notre Dame zu Paris (1163–1360) und in Chartres, Reims und Amiens folgten als Beispiele der Früh- und Hochgotik.

Die deutsche Baukunst, vor allem am Rhein, ist zur gleichen Zeit von der Gotik noch weit entfernt. Zwar übernimmt sie in einem Übergangsstil einzelne Elemente wie den Spitzbogen und das Rippengewölbe, bleibt aber im übrigen bei dem wuchtigen Mauerbau der Romanik. Erst gegen Ende der Stauferzeit setzt sich dann in Deutschland die Gotik durch. Daher schreibt Ernst Adam in seiner »Baukunst des Mittelalters«: »Das Salische war schöpferisch und befruchtete die gesamte abendländische Architektur. Die staufische Baukunst dagegen lebt von den Gedanken einer vergangenen Epoche und von den Einflüssen eines anderen, künstlerisch weit vorstoßenden Landes.«

Dabei war die Stauferzeit die Epoche der großen Sakralbauten: 1093 wurde die Benediktinerabtei von Maria Laach gegründet, deren Westchor und Langhaus 1156 und deren Ostchor 1177 vollendet waren; von 1130 bis 1172 wurde St. Godehard in Hildesheim und ab 1160 St. Fides in Schlettstadt gebaut; 1140 wurde der Bau der Liebfrauenkirche in Halberstadt begonnen und zwischen 1150 und 1172 die Stiftskirche Groß-St.-Martin in Köln erbaut; 1166 war der Ostchor des Bonner

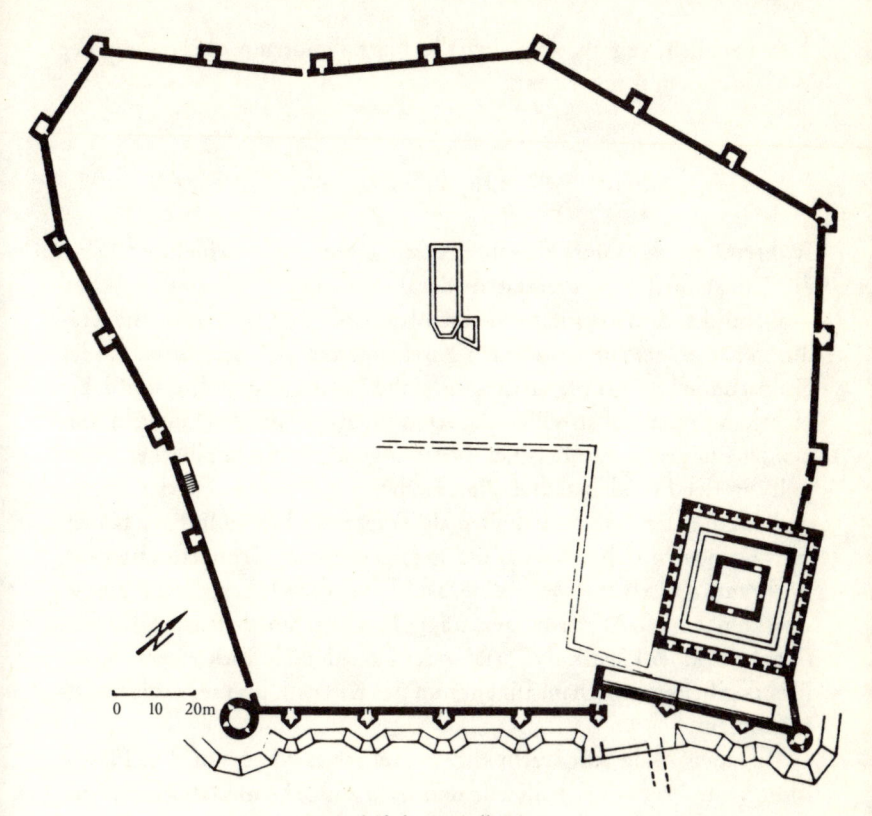

Grundriß des Kastells Lucera

Münsters fertig, 1224 der Westchor; 1170 wurde der Dom zu Worms auf alter Grundlage neu errichtet und war wahrscheinlich 1220 vollendet; es folgten der Dom zu Braunschweig zwischen 1173 und 1195, der Neubau der Ostteile des Straßburger Münsters ab 1176 und der Bau des Bamberger Doms und der Apostelkirche in Köln um 1200.

Als erste Kirche, die durchgehend Rippengewölbe hat, ist das Basler Münster zu nennen und als erste rein gotische Kirche in Deutschland der Magdeburger Dom, der in der ersten Hälfte des 13. Jahrhunderts entstand. 1248 wurde dann der Grundstein für den Kölner Dom gelegt.

In Schwaben, der Stammheimat der Staufer, entstand nichts Vergleichbares. Die Klosterkirche in Lorch, die Johanneskirche in Schwäbisch Gmünd und die Walderichskapelle in Murrhardt ordnet Ernst

Adam schlichtweg als »provinzielle Nachahmungen oberrheinischer Vorbilder« ein – mit Recht.

Die Plastik

Während die Baukunst also ihre Anstöße von außen erhielt, erreichte die Kunst in der Stauferzeit in der Plastik rasch ihren eigentlichen Höhepunkt. Zunächst hatte sie die ottonische und byzantinische Tradition fortgesetzt und vor allem Kirchengeräte in Holz, Bronze oder Goldschmiedekunst plastisch ausgestaltet. Das Dargestellte war dabei nicht um seiner selbst willen da, sondern als Schmuckelement in dienender Funktion: Ein Beispiel ist das sogenannte »Alpirsbacher Lesepult« in der Freudenstädter Pfarrkirche, das um 1150 entstanden ist und das die vier Apostel lediglich als Träger des Lesepultes erscheinen läßt. Dem entspricht auch der um 1157 gegossene »Bronzeleuchter des Wolfram« im Erfurter Dom, eine fast lebensgroße Figur, die auf ausgestreckten Armen Wachskerzen trägt. Noch ist im deutschen Bereich nichts von einer Plastik als Portal- oder Fassadenschmuck zu erkennen; Plastik gibt es lediglich im Innenraum der Kirchen, und sei es als Grabmonument.

Mit einem Male aber taucht kurz darauf etwas Neues auf: Die Plastik ist nun um ihrer selbst willen da und wird zum »Denkmal«. Ein erstes Beispiel ist der 1166 geschaffene »Braunschweiger Löwe« Heinrich des Löwen, »die erste Freiplastik der abendländischen Kunst und zugleich ihr erstes Denkmal von monumentaler Größe«, wie Fritz Baumgart schreibt.

Zur gleichen Zeit entstand, ebenfalls außerhalb des Kirchenraums, die erste Porträtplastik, die einen bestimmten Menschen meint, auch wenn sie noch andere Vorstellungen von »Ähnlichkeit« hat als spätere Zeiten. Es ist der Cappenberger Barbarossakopf, den wir schon kennen.

Obwohl diese Beispiele zunächst vereinzelt bleiben und die Plastik weiterhin vor allem dem Sakralen dient, sind sie die Vorläufer einer Entwicklung, die etwas mehr als zwei Generationen später in Straßburg, Bamberg und Naumburg ihren Höhepunkt erreicht.

Inzwischen hat aber auch die Plastik im sakralen Bereich ihre Eigenständigkeit gewonnen. Gleichzeitig mit den Arbeiten an den Querschiffportalen von Chartres, und von Frankreich beeinflußt, entstand um 1230 in der Marienkirche im sächsischen Freiberg die »Goldene Pforte«, die zum erstenmal Säulenstatuen aufreiht und damit Plastik und Architektur zu einem geplanten Gesamtbild vereinigt.

Etwa zur gleichen Zeit entstanden in Straßburg die überlebensgroßen Gestalten der Ecclesia und der Synagoge und der sogenannte Engelspfeiler, ebenso die Gestalten im Bamberger Dom und in Magdeburg, die nun in den Raum mit einbezogen sind und deren Gesichter nicht mehr typisiert wirken. Es ist der plötzliche Mut, den Menschen unverwechselbare Gesichter zu geben und die Plastik zwischen Idealtyp und Wirklichkeit in der Schwebe zu halten.

Von hier ist es nur noch ein kleiner Schritt zum Bamberger Reiter. Wenn wir auch nicht wissen, was diese Figur bedeuten soll oder wen sie darstellt, so ist doch diese Darstellung eines königlichen Ritters in einer Kirche ein Novum. Kein ferner Heiliger und kein Apostel steht hier auf dem Sockel, kein vermenschlichter Heiliger, sondern – wenn die Umkehrung erlaubt ist – am Ansatz zum Georgenchor zu Bamberg steht ein geheiligter Mensch. Die Grenze zwischen Heiligem und Profanem verwischt sich.

Es ist dies eine Folge des Ahnenkults des 13. Jahrhunderts. Hatte man einmal begonnen, geistliche und weltliche Herren im Kirchenraum beizusetzen und die Toten auf dem Grabmal liegend abzubilden – so das Marmorgrab Heinrichs des Löwen von 1240 –, kam man bald darauf, die ursprüngliche Grabplatte senkrecht aufzustellen und in die Wand einzulassen oder sie gar zum freistehenden Grabmonument auszugestalten, das den Übergang zum weltlichen Denkmal bildet.

Das berühmteste Beispiel und zugleich der Höhepunkt der mittelalterlichen Plastik am Ende der Stauferzeit sind ebensolche Denkmalsfiguren. Denn als Bischof Dietrich II. von Naumburg im Jahr 1249 zum Ausbau des schon 1030 begonnenen Doms aufrief, tat er es im Namen derjenigen Markgrafen und Grafen, die einst das Geld zum Dombau gegeben hatten und die längst tot waren. Und dann zählt der Bischof Dietrich die »Fundatores«, die Stifter, auf: »Hermannus marchio (= Markgraf), Regelyndis marchionissa, Eckehardus marchio, Uta marchionissa, Syzzo comes (= Graf), Cunradus comes, Wilhelmus comes, Gepa comitissa, Berchta comitissa, Theodericus comes, Gerburg comitissa.«

Es sind, wenn die Liste auch nicht ganz mit den aufgestellten Figuren übereinstimmt, die Naumburger Stifterfiguren, die nun im Westchor des Domes »in leibhafter Gegenwart als Profanfiguren, in der Tracht der Zeit, mit Waffen in der Hand, im Innern eines Kultraumes erscheinen ..., der bis dahin nur biblischen Gestalten zukam«, faßt Hans Jantzen zusammen und fährt fort: »Keine Heiligen, sondern Adlige des 13. Jahrhunderts sind dargestellt! Insofern erleben wir hier die Säkularisierung der Säulenfigur.«

Damit ist schon, noch völlig in der Gedankenwelt des Mittelalters und im Gewand der Gotik, die kommende Zeit der Renaissance zu spüren, in der ein Michelangelo zur Apotheose der Familie Medici in San Lorenzo ein monumentales säkulares Grabmal schuf.

Wenn Kunst ausdrücken kann, was dem Verständnis der jeweiligen Zeit noch verborgen, aber schon im Keim vorhanden ist, wenn Kunst also oft ihrer Zeit voraus ist, dann könnte diese Entwicklung darauf hinweisen, daß sich gegen Ende der Stauferzeit das Bewußtsein der Menschen zu verändern und von dem zu lösen begann, was wir unter mittelalterlicher Geisteshaltung verstehen.

Daß in der Stauferzeit neben den Sakralbau nun auch der Profanbau selbstverständlich wurde und daß die Plastik in ihren Höhepunkten die Profanisierung der Renaissance vorausahnen läßt, ist damit ein Phänomen, das man nicht nur nach kunstgeschichtlichen oder ästhetischen Prinzipien beurteilen darf.

Kunst und Zeitgeist

Was sich hier in Einzelwerken der Kunst ausdrückt, entspricht nun auch der Haltung Kaiser Friedrichs II., der in vielem seiner Zeit voraus und damit seinen Mitmenschen unheimlich war. Statt Altäre und Apostelfiguren in Auftrag zu geben, ließ der Kaiser aus allen Teilen des Reiches antike Skulpturen zusammentragen und in seine Kastelle bringen: aus Grottaferrata bei Rom eine bronzene Kuh und ein bronzenes Standbild, aus Neapel antike Figuren, die Sklaven vorsichtig auf ihren Schultern in seine Residenz von Lucera schleppen mußten.

Außerdem ließ er seine Bildhauer nach antiken Vorlagen arbeiten, und sie arbeiteten so großartig, daß man bei einigen Stücken, die man in den Trümmern seiner Kastelle und Jagdschlösser wie Castel del Monte fand, nicht immer sicher sein kann, ob sie antike Originale oder Kopien apulischer Bildhauer sind.

Uns mag diese Hinwendung zur Antike als nichts Besonderes erscheinen. Aber gerade sie macht Kaiser Friedrich II. ebenso zu einem

Vorläufer der Renaissance wie den Schöpfer der Naumburger Stifterfiguren – auch wenn der Ausgangspunkt jeweils völlig verschieden war.

Die Renaissance, deren Beginn man meist um 1350 – also etwa hundert Jahre nach Friedrich II. – ansetzt, ist, wie das Wort sagt, die »Wiedergeburt« der Antike, die Wiederentdeckung und Wiedererweckung des klassischen Altertums. Sie kennzeichnet die Übergangszeit zwischen Mittelalter und Neuzeit. Das christliche Mittelalter selbst hatte mit der Antike und seiner Kunst nichts im Sinn. So wie man Aristoteles vergaß, so lehnte man die antike Kunst als heidnisch ab, auch wenn man, wie in Italien, tagtäglich auf den Resten und Trümmern der Antike lebte.

Die Kunst des christlichen Mittelalters hatte ihr eigenes Thema: Die Darstellung des christlichen Glaubensgutes, so wie die antike Kunst ihre Götterwelt dargestellt hatte. Der christlichen Kunst konnte also nichts an der Kunst des mühsam überwundenen »Heidentums« liegen, die in immer größerer Vollendung den Menschen in den Mittelpunkt gestellt hatte.

Nicht der Mensch, sondern das Göttliche, das eigentlich Unsichtbare und niemandem Ähnliche stand jetzt im Mittelpunkt. Auch da, wo Menschen dargestellt wurden, kam es nicht auf deren Ähnlichkeit an, sondern auf ihre Erkennbarkeit als Typ, als Symbol: als Muttergottes, als Heiland, als Verräter, als Heiliger. Es ist die gleiche (und auch von da übernommene) symbolhafte Stereotype, wie sie die orthodoxe Ikone mit ihrer festgelegten Farben- und Formensymbolik in größter Reinheit und daher bald auch in größter Erstarrung zeigte.

Deshalb deutet das Wiederentdecken der individuellen Ähnlichkeit bei den Stifterfiguren im Naumburger Dom die beginnende Entfernung vom christlichen Weltbild und eine »Wiedergeburt« der Antike an: Auch die Antike war vom typisierten Bildnis zum immer individuelleren profanen Abbild gekommen.

Aber was nun die deutsche Plastik in eigener Entwicklung vollzog und damit eigene Formen schuf, das tat Kaiser Friedrich II. im Rückgriff auf die Zeit der Cäsaren. Seine »Renaissance« war keine Entwicklung nach vorn, sondern die Selbstbestätigung durch die Welt der Antike. Das Ergebnis, die Einstellung zum Profanen, war aber das gleiche, und so schreibt Kantorowicz: »Aus dem Bereich kirchlich religiöser Symbolik und Starre einmal gelöst und mit dem Leben – dem Leben des Staates – wieder verknüpft, drängte jetzt in der staufischen Plastik alles gleichzeitig hin zur Antike, deren Werke in dem ›profanen‹, ganz in sich ruhenden Staat keiner christlichen Umdeutung und Jenseitsbeziehung mehr bedurften, um heilig zu sein: Der Cäsar war Cäsar durch sich selbst, wurde auf den Darstellungen nicht mehr durch den Lebensspendenden gekrönt, sondern stellte ihn eher dar. Die Erkenntnis, daß jedes Ding auch durch sich selbst sua virtute lebendig, ja göttlich und gottgesetzlich sei, schloß freilich hier zusammen mit einem neuen Kunstsinn, der vom Kaiser selbst ausging.«

Aber während schon der junge Kaiser seinen modernen Beamtenstaat aufbaute, seine Experimente machte, sein Falkenlehrbuch schrieb und Minnelieder dichtete, beschäftigte sich erst der Fünfzigjährige intensiv mit Architektur und Plastik.

Zwar hatte er schon 1234 angeordnet, vor der Stadt Capua einen stark befestigten Brückenkopf zu bauen, der den Übergang der Via Appia über den Volturno sichern sollte. Eigenhändig hatte er den Entwurf der Anlage gezeichnet und das mit zwei Türmen gesicherte Tor bauen lassen. Aber erst dreizehn Jahre später, als der Kaiser 52 Jahre alt war, war das Tor mit seinen Marmorfiguren vollendet. Es ist eines der ersten profanen und antikisierenden Baudenkmäler des ausgehenden Mittelalters.

Auf der stadtzugewandten Seite war ein Jupiterhaupt angebracht, auf der Außenseite saßen in drei Nischen Gestalten, von denen wir zwei rekonstruieren können, weil Bruchstücke erhalten sind. Das eine war eine riesige Frauengestalt, deren mächtiger Kopf gefunden wurde. Sie scheint, wie aus einem Vers hervorgeht, die »Gerechtigkeit des Kaisers« symbolisiert zu haben. Von der zweiten Figur ist nur noch der kopflose Torso übrig, nachdem französische Revolutionsheere den Kopf zertrümmert hatten. Aber aus einer Zeichnung wissen wir, daß die Gestalt im römischen Imperatorenmantel Kaiser Friedrich II. zeigte, der nach Kantorowicz hier den Sohn der Gerechtigkeit darstellte. Diese Deutung wird unterstützt durch die Büsten der zwei kaiserlichen Hofrichter Petrus von Vinea und Thaddäus von Suessa.

Weder aus Berichten, Zeichnungen oder den Torsi ist hier der geringste Anklang an christliche Symbolik zu entnehmen, im Gegenteil: Die erhaltene Zeichnung des Kaiserbildnisses zeigt ihn nicht einmal mit der Krone, sondern dem gezackten Stirnband der römischen Cäsaren (wie übrigens auch Friedrich Barbarossa auf dem Cappenberger Kopf mit dem römischen Stirnband dargestellt ist, um die Kontinuität der Cäsaren anzuzeigen).

Das hat die Kirche später nicht abgehalten, das Triumphtor von

Capua symbolisch zu christianisieren, indem man den Kaiser als Christus, die Frauengestalt als Jungfrau Maria und das Tor als die Heilige Kirche beschrieb, durch die man ins Himmlische Königreich gelangte. In Wirklichkeit aber hat hier Kaiser Friedrich II. seine Lebensphilosophie in antike Bilder übersetzt. Nicht christliche Gnade und Vergebung, sondern Gerechtigkeit stand für ihn im Vordergrund.

Friedrichs II. kritisch fragender Verstand, sein Staat, den er durch die Konstitutionen von Melfi nach den Gesetzen der Vernunft begründete und regierte, schließlich seine Hinwendung zur »heidnischen« Antike, das alles fügt sich nun zu einem Bild zusammen: zum »Ketzer«. Dabei war das einzig Ketzerische an ihm, daß er seiner Zeit voraus war. Ein- oder zweihundert Jahre später, und kein Mensch würde heute vom »Staunen der Welt« reden, das dieser Mann damals ausgelöst hat. So aber war er der »erste moderne Mensch auf dem Thron«, und das eben nicht nur, weil er auf diesem oder jenem Gebiet uns Heutige anspricht, sondern weil er rundum im Denken, Fühlen, Wollen und Handeln bereits die nächste Epoche vorwegnahm.

V
Glanz und Elend: Die Staufer

»Er lebt und er lebt nicht«

Mit dem Tode Kaiser Friedrichs II. war die fast einhundertjährige Herrschaft der staufischen Kaiser zu Ende.

Der Tod des Kaisers wurde deshalb zunächst geheimgehalten, »damit seine Feinde nicht zu bald darüber frohlockten«. Noch Ende Januar 1251, sechs Wochen nach seinem Tode, gab die kaiserliche Kanzlei ihre Dokumente mit dem Namen des Kaisers aus, fügte aber Manfreds Namen hinzu, und Salimbene, der Chronist, berichtet, er habe erst im Oktober darauf, also zehn Monate nach dem Tode, vom Papst erfahren, daß der Kaiser »sein Ende gefunden, wie mir zuverlässig gemeldet ist«. Er schrieb: »Ich erschrak, als ich das hörte, und konnte es kaum glauben.«

Viele glaubten auch dann nicht, daß der Kaiser tot sei, denn hatte der Kaiser schon in seinem Testament den seltsamen Satz geschrieben, »daß wir noch zu leben scheinen, auch wenn wir dem irdischen Leben entrückt sind«, so gab es nun auch bald die Weissagung der erythräischen Sibylle, die Angst und Hoffnung in der Schwebe hielt: »In einem verborgenen Tod wird er die Augen schließen und weiterleben; tönen wird es unter den Völkern: ›Er lebt und er lebt nicht.‹ Denn eines von den Jungen und den Jungen der Jungen wird überleben.« Auch wenn später der Hinweis auf die Jungen wegfiel, so blieb der Kern der Weissagung: »Vivit et non vivit« – er lebt und er lebt nicht – erhalten und um 1280 berichtet der Wiener Chronist Jansen Enikel, daß niemand mehr wisse »die maere, wâ er hin kommen waere«.

Das Paradoxe war geschehen: Mit dem Tode des Kaisers wurden die Staufer unsterblich. Kaiser Friedrich, vom Papst nach seinem Kreuzzug schon einmal totgesagt, lebte auch diesmal weiter. Man vermutete ihn »in montem Ethne«, im Ätna, und die Legende, daß die Staufer in einem Berg säßen, um am Ende der Tage Reich und Kirche zu erneuern, war geboren.

So glaubten in den Wirren des Interregnums manche an den »Zweig mit Namen Friedrich aus dem Osten«, an Friedrich, den Sohn der Kaisertochter Margarethe, die mit dem Markgrafen Albrecht dem Entarteten von Meißen verheiratet war; andere glaubten, der Nachkomme der Manfred-Tochter Konstanze mit Peter von Aragon sei der ersehnte Retter aus der Not. Aber je mehr sich die realen Hoffnungen zerschlugen und mancher falsche Friedrich entlarvt wurde, desto mehr konzentrierte sich die Erwartung auf die Wiederkehr Kaiser Friedrichs II. selbst, der »noch lebinde bleiben sulle bis an den jungisten tagk«, wie ein Scholastikus aus Eisenach um 1400 schrieb, der Kaiser Friedrich II. zum erstenmal mit dem »wüsten Schloß« auf dem Kyffhäuserberge in Thüringen verband.

Mit dem Ende des Interregnums und dem Beginn der Habsburger Herrschaft erwartete man von Friedrich II. nicht mehr so sehr die Rettung des Reiches als die Erneuerung der Kirche. Aus dem Ketzer wurde nach seinem Tode der Reformator, wie es um 1500 in einem Traktat hieß: »Der zuokunftige kunig Friederich ... wirt mit frummen Cristen ein Reformation machen.« Sogar Martin Luther griff diese »Prophetzey« auf, um seine eigene Reformation mit dieser Legende zu legitimieren: »Alßo deucht mich auch«, schrieb er, daß »diße Prophetzey ynn dißem unßerm Fursten, Hertoge Friederichen zu Sachssen, erfullet sey.«

Tatsächlich hatte der Ketzer Friedrich II. mit der Reformation Luthers offenbar die von ihm erwartete Aufgabe erfüllt, denn die Legende vermengt ihn plötzlich mit seinem Großvater Friedrich. So kam im Februar 1546 in den Dörfern um den Kyffhäuser das Gerücht auf, »Kaiser Friedrich, der Rotbart, sei von den Toten aufgestanden und wandele auf dem Berge unter den Trümmern der alten Burg umher«.

Denn je mehr man sich bewußt wurde, daß es ein deutsches Vaterland gab, desto weniger konnte man mit einem Retter anfangen, der in Italien gelebt und regiert hatte. So hatte schon 1519 das »Volksbüchlein von Kaiser Friedrich« behauptet, Friedrich Barbarossa sei »zuoletst verlorn worden« und niemand wisse, »wo er hin ist khomen«, obwohl manche sagten, »er sey noch lebendig in einem hohlen Berg«. Und eine Flugschrift aus dem Jahre 1537 konnte dann endlich auch melden, wo »Keyser Friederich, der Verlorene, seine Wohnung« hatte: Er saß bei Kaiserslautern in einer Höhle, und ein Mann, den man in die Höhle hinabgelassen habe, hätte dort auch tatsächlich »Keyser Friederichen in eim güldinen Sessel ... mit einem grawen Bart« inmitten »vil leut« sitzen sehen.

Das ließ nun den Bewohnern anderer Ortschaften keine Ruh, und bald hatte man Kaiser Rotbart bei Salzburg, auf dem Trifels oder im elsässischen Hagenau gesehen, wo er ebenfalls in einer Höhle saß – »und wenn man das Ohr an den Stein hält, so hört man, wie ihm der Bart wächst«.

Aber nachdem man Kaiser Rotbart besonders oft in einem »Berg bei Frankenhausen in Düringen« gesehen hatte – ein Schafhirt hatte sogar das Glück gehabt, den Kaiser in einem großen Saal inmitten »vil Herren und vil dapffere Diener« zu beobachten und sich mit ihm zu unterhalten – ging die Sage vom Kaiser Rotbart endgültig auf jenen Berg bei »Frankenhausen in Düringen« über: Es war der Kyffhäuser.

Weil aber Kaiser Rotbart selbst in den schrecklichen Zeiten des Dreißigjährigen Krieges nicht hervorkam, um das Reich zu retten, begann man nun auch ihn und die Staufer zu vergessen. Erst als man, wie schon einmal, wieder vaterländisch zu fühlen und sich in der beginnenden Romantik mit der eigenen Geschichte und Vergangenheit zu beschäftigen begann, führten die alten Legenden und Geschichten zu einer Neuentdeckung der Staufer. Denn nicht durch die Historiker, sondern durch die Dichter kamen die Staufer zu neuem Ruhm.

Schon 1742 – ein anderer Friedrich II. hatte gerade den ersten Schlesischen Krieg gegen Maria Theresia beendet – hatte der Schweizer Johann Jakob Bodmer umständlich »von den günstigen Umständen für die Poesie unter den Kaisern aus dem schwäbischen Hause« geschrieben, und 1767 hatte Johann Gottfried Herder gefragt: »Sollten es nicht die Zeiten der Schwäbischen Kaiser verdienen, daß man sie mehr in ihr Licht der Deutschen Denkart setze ...?«

Er brauchte nicht lange zu warten, denn bald kam es zu einer wahren Flut von Stauferdramen. Allein über das zu Herzen gehende Schicksal des letzten edlen Stauferjünglings Konradin zählt man heute über hundert Dramen und Dramenfragmente. Friedrich Schiller dachte als 24jähriger an ein Drama »vom Prinzen Konradin«, Graf Platen, Theodor Körner und Ludwig Uhland versuchten sich ebenso an Konradin, brachen dann aber die Arbeit ab wie später 1880 Gerhart Hauptmann.

Weniger Hemmungen hatte der heute vollkommen vergessene Dramatiker Ernst Raupach, der einen sechzehnteiligen (!) im Abonnement stets ausverkauften Stauferzyklus schrieb. Als sein »König Konradin« (eine »Hosenrolle«) 1834 am Königlichen Schauspielhaus in Berlin aufgeführt wurde, fand der Kritiker des »Morgenblattes« am nächsten Tag: »Madame Crelinger spielte den Konradin. Es fehlte auch hier nicht an Stellen, wo sie ihren berühmten Septimakkord anbringen kann, das zerreißende ›OH!‹«

Es war ein solches Stück (»Agnes von Hohenstaufen«) von Ernst Raupach, das zu einer Oper von Spontini umgestaltet und, mit Bühnenbildentwürfen von Friedrich Schinkel aufgewertet, anläßlich der Vermählung des Prinzen Wilhelm von Preußen im Jahr 1829 in Berlin uraufgeführt wurde. Derselbe Prinz Wilhelm verkörperte dann 1871 als Kaiser Wilhelm den Traum eines wiedererstandenen Reiches, ließ sich nach einer Formulierung Gustav Freytags in Erinnerung an Kaiser Friedrich Barbarossa als Kaiser »Barbablanca« feiern.

Auch wenn Wilhelm Schlegel einmal meinte, manche dieser Ritterstücke könnten auch von Pferden aufgeführt werden, machten jene Art von Dramen die Staufer wieder populär. Allerdings hatten sich die Zeiten geändert. Statt empfindsamer Balladen und Dramen über Konradin rückte nun das Kaisergeschlecht der Staufer selbst, und hier vor allem Friedrich Barbarossa, in den Mittelpunkt: Das von Kleinstaaten zerstückelte, von Napoleon bedrohte Deutschland begann wieder von einem starken Reich zu träumen, wie es Friedrich Barbarossa einst geschaffen hatte.

So erhielt im Jahre 1807, ein Jahr nach Napoleons Sieg, der Berliner Historiker Friedrich von Raumer von König Friedrich Wilhelm III. von Preußen den Auftrag, eine Geschichte der Hohenstaufer zu schreiben. Das Ergebnis – dem »Allerdurchlauchtigsten, Großmächtigsten König! Allergnädigstem König und Herrn!« gewidmet – war ein sechsbändiges Werk, das in den Jahren 1823-1825 erschien und das, lebendig und lesbar geschrieben, weite Verbreitung fand und damit den Anstoß zu weiteren Dramen, Gedichten und Balladen gab.

Inzwischen hatte Achim von Arnim 1817 in seiner Dichtung »Die Kronenwächter« längst die Erwartungen zusammengefaßt, die das zerrissene Deutschland im Zeitalter der Befreiungskriege hatte, nämlich die Stauferkrone zu bewahren, »bis ein von Gott Begnadeter alle Deutschen zu einem großen, friedlichen, gemeinsamen Leben vereinigen wird«.

Unter allen deutschen Kaisern wurde der Staufer Friedrich Barbarossa zum Retter aus der Not: Im selben Jahr schrieb Friedrich Rückert sein berühmtes Lied vom Barbarossa im Kyffhäuser, nachdem Ludwig Uhland schon 1814 sein Schulbuchgedicht »Als Kaiser Rotbart lobesam ins Heil'ge Land gezogen kam...« gereimt hatte. Ferdinand Freiligrath, Hoffmann von Fallersleben, Ernst Moritz Arndt, Emanuel Geibel, Gustav Freytag und andere folgten mit ihren Barbarossa-Liedern, und Christian Dietrich Grabbe schrieb zwei Dramen über Friedrich Barbarossa und Heinrich VI.

Richard Wagner komponierte 1832 mit 18 Jahren eine Ouvertüre zu

Raupachs »König Enzio«; seine komische Oper »Das Liebesverbot« (1836) spielte im staufischen Sizilien, und angeregt durch Raumers sechsbändige Geschichte über die Staufer plante er »in seiner kraftvollsten und ungeheuerlichsten Bedeutung« eine Oper über Barbarossa, suchte sich dann aber 1848 die »Wibelungen- und Weltgeschichte aus der Sage« als Thema. Statt der Wibelungen (= Waiblinger/Ghibellinen) vertonte er jedoch die Nibelungen. Erst mit »Tannhäuser«, »Tristan und Isolde« und dem »Parsifal« kam er dann auf Themen aus der Stauferzeit zurück.

Auch die Historienmaler hatten ihre große Zeit und malten dramatische Szenen aus der Stauferzeit. Julius Schnorr von Carolsfeld gestaltete im Auftrag König Ludwigs I. von Bayern im Festsaalbau der Münchner Residenz einen riesigen reichsgeschichtlichen Bilderzyklus (1944 im Krieg zerstört), und zur gleichen Zeit um 1840 entstanden die reichsgeschichtlichen Darstellungen im Kaisersaal des Frankfurter Römers (noch heute erhalten). Andere malten riesige Historienbilder mit Titeln wie »Friedrich II. entdeckt den Verrat seines Kanzlers Petrus de Vineis 1249« oder »Enzio im Gefängnis nimmt Abschied von seiner Geliebten Lucia Viadagola«, und der Bildhauer Thorvaldsen erhielt vom bayerischen Kronprinzen den Auftrag, Konradin für sein Grabmal in Neapel darzustellen.

Seinen eigentlichen Gipfel und Höhepunkt aber hatte der Barbarossa-Mythos bei der Gründung des Deutschen Reiches im Jahre 1871 erreicht. In unzähligen Gedichten wurde damals »Barbarossas Erwachen« gefeiert und Kaiser Wilhelm I. als Erbe und Nachfolger des Staufenkaisers als »Barbablanca« dargestellt.

Mit Motiven aus der Staufergeschichte wurde deshalb auch die 1873–1879 zum Nationaldenkmal ausgebaute Kaiserpfalz Goslar ausgemalt, obwohl ja nicht die Staufer, sondern Karl der Große jenes Erste Reich geschaffen hatte, das nun Bismarck neu ins Leben rief. Aber die Staufer hatten sechshundert Jahre nach ihrem Untergang Karl den Großen verdrängt. Darum stellte auch das 1896 eingeweihte Kyffhäuserdenkmal die Einigung des Deutschen Reiches noch einmal mit dem Bilde des Barbarossa-Mythos dar: Unter einem kolossalen Reiterstandbild Kaiser Wilhelms thronte in einer Nische ein gewaltiger erwachender Barbarossa. Es war, wie Seidlmayer schrieb, die »gleichsam ins vollkörperliche übersetzte Dekoration einer unbekannten Wagneroper«, die sich die Deutschen 1,3 Millionen Goldmark kosten ließen.

Wir können uns heute kaum vorstellen, mit welcher Begeisterung sich damals Maler, Dichter und Bildhauer der Staufer angenommen haben. Und so war es kein Wunder, daß die Staufer bald in einem Maße popularisiert waren wie wohl kaum je ein anderes Kaiserhaus. Waren es im vergangenen Jahrhundert die »wissenschaftlich patriotischen Kränzchen«, in denen sich die studentischen Landsmannschaften zusammenschlossen, sich »Ghibellina« oder »Staufia« nannten und ihre Bierseidel und Pfeifenköpfe mit Barbarossaporträts bemalten, so gab es dann in diesem Jahrhundert die »Staufia Seife«, das »Barbarossa Kaiser-Pils« des Stauferbräu (»Das Bier zum Treubleiben«), den »Barbarossa Cacao-Nußlikör« und den Obstschnaps »Barbarossa Staufer Geist'le«, den man auf Bierdeckel mit Abbildungen von verschiedenen Staufern stellen konnte. Aber auch weniger geistige Dinge kamen im Land der Spätzle zu Kaiserehren, als zum Beispiel Schlathers Nudelfabrik die »Eier-Spaghetti Marke Barbarossa« schuf.

Kulturelle Ziele vertrat dagegen jener Männerchor, der am 27. April 1924 unter dem Leitgedanken »Die Hohenstaufer in der Musik« zusammentrat und damit dem »Handharmonikaclub Barbarossa« Konkurrenz machte, und noch 1966 konnte die Sonderklasse »Tagesfrisuren« das »Stauferpokaldiplom« erkämmen. Zwei Jahre später dann etablierte sich im 700. Todesjahr Konradins die »Gesellschaft der Freunde staufischer Geschichte«, die sich bei der Kreissparkasse die historisch passende Kontonummer 1268 (Hinrichtung Konradins) zu verschaffen wußte.

So kurios das alles ist, so gespenstisch wirkte Barbarossa, als er Ende der zwanziger Jahre die Nazi-Ideologie vorbereiten helfen mußte: »Es schläft einer irgendwo, der Held und Retter unseres Landes, verwunschen und verborgen, der erweckt werden muß. Es sitzt einer irgendwo und sammelt ein Heer auserlesener Krieger für einen künftigen Tag ... aller Entscheidungen Ende wird eine große Feldschlacht sein.« Ihm muß dann Konradin, der letzte Staufer, in dem dramatischen Gedicht »Alpenzug« von Felix Lützkendorf aus dem Jahre 1936 assistieren: »Nicht will ich, daß mein Geschlecht in mir entarte.« Dazu schrieb Lützkendorf 1938 im Programmheft zur Hamburger Aufführung: »Alle diese Geopferten und Stürmenden stritten, starben und litten für dieses einzige Wort, das uns so teuer ist, das nicht übersetzbar und nicht deutbar ist, das kein Mensch auf Erden begreift, der nicht Deutscher ist – dieses heilige Wort: Das Reich.«

Es ist nur folgerichtig, daß dieses Mißverständnis nun auch bis zum bitteren Ende weitergeführt wurde, als Adolf Hitler seine Kriegsvorbereitungen gegen die Sowjetunion im Jahre 1941 unter dem Codewort »Unternehmen Barbarossa« traf.

Keinem deutschen Kaisergeschlecht außer den Staufern war es gelungen, den Gedanken der Einigkeit, der Größe und des Ansehens über so lange Zeit im Volke lebendig zu erhalten. Kein anderes deutsches Herrschergeschlecht hat eine solche Renaissance erlebt wie die Staufer, dessen populärster Vertreter Friedrich Barbarossa noch 785 Jahre nach seinem Tode in der Bundesrepublik zum Briefmarkenmotiv wurde.

»Vernichtet Sproß und Samen!«

Das Ende der Staufer aber war ganz anders gewesen als der Glanz des Mythos. Denn während der letzte Staufenkaiser schon bald nach seinem Tode zur Legende wurde, ging der Kampf des Papstes gegen die Staufer unvermindert weiter. War ihm schon bisher jedes Mittel vom Bannfluch über die Absetzung bis hin zu Mordanschlägen recht gewesen, um den Kaiser zu treffen, so setzte er nun seinen Kampf gegen die Staufer insgesamt und gegen ihr Reich fort. Denn auch als der »Ketzer« Friedrich II. tot war, blieben die Staufer unter dem Bann. Es war eine Feindschaft über den Tod hinaus, noch immer ein Kampf um die Vorherrschaft der Macht.

Hatte der Papst schon zu Lebzeiten des Kaisers begonnen, das Reich eigenmächtig an andere wegzugeben, indem er Heinrich Raspe zum Gegenkönig wählen ließ – immerhin einen Deutschen –, so hatte Innozenz IV. dann auch keine Hemmungen, nach dem Tode Heinrich Raspes die deutsche Königskrone nun Richard von Cornwall, dem Bruder des englischen Königs Heinrich III., oder König Haakon IV. von Norwegen anzubieten, denn kein deutscher Adliger war noch einmal bereit gewesen, gegen den Kaiser und gegen Konrad IV. als dem rechtmäßigen deutschen König anzutreten.

Von den Reichsfürsten hatte lediglich Herzog Heinrich II. von Brabant seine Bereitschaft erkennen lassen. Aber als es Ernst wurde, ließ er statt dessen seinen 19jährigen Neffen, den Grafen Wilhelm von Holland, von einigen niederrheinischen und westfälischen Kirchenfürsten Anfang Oktober 1247 in Worringen bei Köln zum deutschen König wählen.

Ähnlich verfuhr der Papst mit dem Königreich Sizilien, das er als seinen Besitz ansah. So hatte der Papst Sizilien sogar noch zu Lebzeiten Kaiser Friedrichs II. dem Grafen Richard von Cornwall angeboten, der als einer der reichsten Fürsten Europas galt. Aber der hatte auch hier abgelehnt, ebenso Karl von Anjou, der Bruder des französischen Königs Ludwig IX.

Nach dem Tode Kaiser Friedrichs II. konnte der Papst nun hoffen, daß das Reich durch Rivalitäten der Erben von allein zerfallen werde. Doch König Manfred, nach dem väterlichen Testament ohnehin zum Statthalter Siziliens ernannt, verwaltete Konrads Erbe, bis dieser zwei Jahre nach dem Tode des Kaisers in Apulien eintraf, um das Königreich

Sizilien zu übernehmen. Die Frage ist müßig, ob sich die Halbbrüder Konrad und Manfred nicht doch eines Tages zerstritten und entzweit hätten, denn schon zweieinhalb Jahre später starb König Konrad IV., vom Papst gebannt, am 21. Mai 1254 in Lavello bei Melfi an der Malaria.

Er hinterließ einen Sohn Konrad, der bei seinem Tode zwei Jahre und zwei Monate alt war. Er hat diesen Sohn nie gesehen, denn er war erst nach Beginn seines Italienzuges am 25. März 1252 geboren worden.

Zum Vormund Konrads, den die Italiener abschätzig Corradino und die Historiker zur besseren Unterscheidung Konradin nannten, hatte der sterbende Konrad IV. Konradins Onkel, den Herzog Ludwig den Strengen von Bayern, bestimmt, der nun den Königssohn in Deutschland aufzog, während König Manfred in Sizilien blieb und dort für Konradin die Regentschaft übernahm.

Aber von Rechts wegen war Manfred schon gar nicht mehr Herr und Statthalter von Sizilien. Der Papst hatte Sizilien in einem zweiten Versuch nun doch noch, und sogar noch zu Lebzeiten Konrads IV., als Lehen an das englische Königshaus der Plantagenets vergeben können. Zwar nahm Heinrich III. von England es nicht persönlich an, aber er ließ seinen neunjährigen Sohn Edmund im März 1253 mit dem Königreich Sizilien belehnen und versprach Geld und Truppen zum Kampf gegen die Staufer.

Dieser Plan stieß allerdings in England wegen der hohen Kosten auf Widerstand, so daß König Manfred weiter unangefochten, wenn auch dem Status nach illegal, über das Königreich Sizilien herrschte, ja im August 1258 ließ sich Manfred sogar zum König von Sizilien krönen, ohne daß der Papst oder das englische Königshaus etwas dagegen unternehmen konnten. Damit überging Manfred aber zum Ärger der Deutschen die berechtigten Ansprüche Konradins, zumal Manfred auch noch den Eindruck verbreitet hatte, Konradin sei tot und er damit der berechtigte Erbe. Tatsächlich war Manfred aber nun der einzige überlebende männliche Staufer, der alt genug war, um zu herrschen.

Friedrich, der Sohn des ältesten Kaisersohnes Heinrich (VII.), war 1251 im Alter von zwanzig Jahren, der Kaisersohn Heinrich (im Testament als Sohn der englischen Isabella in der Thronfolge als zweiter genannt) im Dezember 1253 im Alter von 15 Jahren gestorben. Ein Jahr später war dann König Konrad IV. und zwei Jahre später der etwa

30jährige Friedrich von Antiochien gestorben. Da Enzio seit Jahren in Bologna in Haft saß, waren von den männlichen Nachkommen Kaiser Friedrichs II. also nur noch der jetzt 26jährige Sohn Manfred und der sechsjährige Enkel Konradin übrig.
Obwohl nun inzwischen auch Papst Innozenz IV. im Jahr 1254 gestorben und Papst Alexander IV. (1254–1261) zum Nachfolger gewählt worden war, ging der Kampf gegen die Staufer unvermindert weiter. Deutschland befand sich in den Wirren des Interregnums, als widerstreitende Parteien in einer Doppelwahl 1257 den unter französischem Einfluß stehenden Alfons von Kastilien und Richard von Cornwall zum König gewählt hatten – eine aberwitzige Entwicklung.

Geradezu ruhig und normal ging es dagegen trotz ständiger Auseinandersetzungen mit Rom in Sizilien zu, bis der »Besitzer« des sizilianischen Königreichs wechselte. Der englische König, der über seinen Sohn Edmund Sizilien als Lehen besaß, hatte es nach neun Jahren nämlich zurückgegeben, und der Papst – seit 1261 war es der Franzose Urban IV. – bot das Königreich Sizilien seinem eigenen Königshause an, das heißt wieder dem nun 39jährigen Karl von Anjou. Der nahm diesmal an und wurde im Juni 1265 von Klemens IV. mit dem Königreich Sizilien belehnt und im Januar darauf zum König gekrönt.

Daraufhin zog Karl von Anjou mit einem »Kreuzzugsheer« gegen den »Ketzer« Manfred zu Felde. Am 26. Februar 1266 kam es zur Schlacht von Benevent, in der König Manfred, jetzt 34 Jahre alt, durch Verrat fiel. Erst Tage später wurde sein Leichnam entdeckt und an einer Brücke bei Benevent begraben.

Doch selbst der Tod König Manfreds schien Karl von Anjou, der als hart, machtgierig, asketisch, geizig und frömmlerisch geschildert wird, nicht ausreichend. Er ließ die 24jährige Helena von Epirus, die Witwe Manfreds, mit ihren vier Kindern aufgreifen, als sie gerade in ihre griechische Heimat fliehen wollte. Helena wurde von ihren Kindern getrennt, von denen das älteste kaum sechs war. Sie hatte noch das gnädigste Schicksal: Sie starb nach fünf Jahren im Kerker.

Die Tochter Beatrix wurde im Castel dell'Ovo in Neapel gefangengehalten und kam erst nach 18 Jahren frei. Die drei Söhne Manfreds aber wurden in ihres Großvaters Jagdschloß Castel del Monte gebracht, wo sie, an Ketten gelegt, dreißig Jahre zubrachten. Danach wurden sie nach Castel dell'Ovo gebracht, wo zwei von ihnen, nach vierzig- oder fünfzigjähriger Haft erblindet, verzweifelt starben. Einem gelang die Flucht, aber nach all den entsetzlichen Jahren in Ketten fand er sich in der Freiheit nicht mehr zurecht. Er irrte umher und soll später in Ägypten gestorben sein.

So war Konradin 15 Jahre nach dem Tode Kaiser Friedrichs II. der letzte legitime männliche Erbe, denn auch Enzio saß noch immer in Gefangenschaft und starb erst nach 23jähriger Haft im Jahr 1272 im Alter von 46 Jahren und überlebte damit noch Konradin, den letzten Staufer.

Allerdings: ein Konrad, der Sohn des illegitimen Friedrichs von Antiochien, entging der Ausrottung durch Karl von Anjou. Zwei seiner Söhne wurden nacheinander Erzbischöfe von Palermo. Andere Nachkommen dieses Konrad lebten in Rom und in Mittelitalien bis zum Ende des 15. Jahrhunderts.

Von den weiblichen Nachkommen überlebten zwei. Die eine war Margarethe, die Tochter Friedrichs mit Isabella von England. Sie war mit dem Markgrafen Albrecht von Meißen, dem »Entarteten«, verheiratet, vor dessen Mordanschlägen sie sich eines Nachts heimlich mit Stricken von der Wartburg herablassen mußte. Vorher hatte sie noch von ihren Söhnen Friedrich, Heinrich und Diezmann Abschied genommen und dabei den 13jährigen Friedrich in ihrem Schmerz so in die Backe gebissen, daß der zeitlebens »Friedrich mit der gebissenen Wange« genannt wurde. Margarethe starb noch im gleichen Jahr 1270 in Frankfurt, wohin sie der Abt von Fulda gebracht hatte.

Die andere Überlebende war Konstanze, die Tochter König Manfreds aus erster Ehe. Sie hatte Peter III. von Aragon geheiratet. Nach dem Tode ihres Vaters führte sie den Titel einer Königin von Sizilien und war nach dem Tode ihres Vetters Konradin die rechtmäßige Erbin Siziliens. Aber erst als die Sizilianer im Jahre 1282 gegen die brutale Herrschaft Karls von Anjou revoltiert (es war die berühmte »Sizilianische Vesper«) und ihn vertrieben hatten, konnten Konstanze und Peter von Aragon nach Sizilien zurückkehren. Aber da war schon alles zu spät. Das Reich der Staufer war in Einzelstaaten, einzelne Fürstenhöfe und Stadtstaaten zerfallen.

Noch eine letzte Hoffnung hatte es gegeben, als zwei Jahre nach dem Tode Manfreds der fünfzehnjährige Konradin über die Alpen gezogen war, um in rührendem Heldenmut das Stauferreich zurückzuerobern. Ungehindert zog er durch die Lombardei und die Toskana, wo ihm viele zujubelten. In Apulien und Kalabrien kam es sogar zu Aufständen gegen Karl von Anjou.

Aber Karl von Anjou zog Konradin entgegen, und bei Tagliacozzo, nordöstlich von Rom am Rand der Abruzzen, kam es im August 1268 zur Schlacht. Konradin wurde besiegt und irrte zwei Wochen durch Italien. Durch Verrat fiel er dann in die Hände Karls von Anjou, und es kam gegen den inzwischen Sechzehnjährigen zum Prozeß.

Drei der vier Richter sollen Freispruch und nur einer den Tod verlangt haben. Karl von Anjou entschied auf Tod, und am 29. Oktober 1268 wurde der sechzehnjährige Konradin auf dem Campo Moricino (der heutigen Piazza del Mercatore) durch den Scharfrichter von Neapel hingerichtet. Es war der letzte Staufer.

Der Fluch des Kardinals Rainer von Viterbo: »Vernichtet Namen und Leib, Sproß und Samen!« war auf schreckliche Weise Wirklichkeit geworden.

Anhang

Hinweise zur Literatur

Erstaunlicherweise gibt es in neuerer Zeit nur wenige Versuche, die Geschichte der Staufer im Gesamtzusammenhang darzustellen. Unter ihnen kann Mühlbergers holzschnittartige, stark vereinfachte Darstellung auf 105 Seiten nur als erste Einführung gelten, während Odilo Engels' kleiner Taschenbuchband von kaum 150 Seiten mit seiner problematisierenden Beschreibung eher für Studenten als für allgemein Interessierte gedacht sein dürfte.

Dem Titel nach gehört auch Orthbands Textsammlung »Die Staufer« hierher, die ausführlich, aber relativ beliebig Quellentexte zitiert und mit historischen Ausführungen verbindet, ohne daß dabei allerdings ein Gesamtbild entstünde. Wer Geschichte in Originalberichten lesen will, sollte daher etwa zu Bühlers 1925 erschienener Sammlung »Die Hohenstaufen nach zeitgenössischen Quellen« greifen, die die Geschichte der Staufer durchgehend dokumentiert und deren Anmerkungen und Quellennachweise solide sind.

In manchen Details überholt, aber in seiner Materialfülle unschlagbar ist v. Raumers 150 Jahre alte sechsbändige »Geschichte der Hohenstaufen und ihre Zeit«, die zugleich die Kreuzzüge mitbehandelt und noch heute gut lesbar ist.

Von den Monographien über Friedrich Barbarossa möchte ich nur die von Hiller erwähnen, weil sie sich im Aufbau von den üblichen Biographien unterscheidet, die bei aller chronologischen Abfolge gewisse Handlungsfäden verfolgen oder betonen. Hiller dagegen beschreibt in seiner »Chronik« sämtliche Handlungsfäden, die gleichzeitig stattfinden, so daß die Biographie zu einer minutiösen Zeittafel wird, die sich wegen des fehlenden Registers allerdings nur schwer erschließt, wenn man lineare Zusammenhänge verfolgen will. Deutsche Übersetzungen der Quellen sind in der Literaturauswahl unter Friedrich Barbarossa aufgeführt.

Während über Friedrich Barbarossa zur Zeit nur zwei Biographien auf dem Markt sind (Hiller und Wahl) und über Heinrich VI. keine einzige, hat die Gestalt Friedrichs II. von jeher mehr Biographen und Historiker zu unterschiedlichen Darstellungen veranlaßt. Standardwerk ist noch immer das 1927 erschienene umfassende Werk von Kantorowicz, das auch heute noch nach 50 Jahren im Handel ist und in dessen begeisterten Sprachstil man sich rasch einliest. Mit besonderer Betonung des kulturhistorischen Aspektes hat Georgina Masson eine elegante Biographie Friedrichs II. geschrieben, während Horsts »Friedrich der Staufer« mit Verläßlichkeit, aber eher nüchtern den neuesten Stand der Forschung rekapituliert.

Wer in modernem Deutsch die Quellen kennenlernen will, sollte von Heinisch »Friedrich II. – sein Leben in zeitgenössischen Berichten« lesen. Dieser Band bringt 13 Chroniken von Freunden und Gegnern Friedrichs II. In dem Band »Kaiser Friedrich II. in Briefen und Berichten seiner Zeit« bringt Heinisch dagegen eine Art historisch-biographischen Ablauf, indem er wie Bühler Chronisten und Briefe abwechselnd zitiert, aber dazwischen kommentierend überleitet. Beide Werke sind eine Voraussetzung für eine gründlichere Beschäftigung mit Friedrich II. Einen knappen, aber anschaulichen und korrekten Ablauf bringt Herbert Nette in seiner rororo-Bildmonographie.

Für Einzelfragen in Wissenschaft, Politik und Kunst bei Friedrich II. muß ich auf die Literaturauswahl verweisen. Hervorgehoben seien aber für das Gebiet der arabisch-europäischen Kultur am Hofe Friedrichs II. die beiden Bücher von Sigrid Hunke; für die Baukunst Friedrichs II. in Apulien liefert Willemsen die Grundlage, während es für die gleichzeitig aufblühende Minnelyrik kein zusammenfassendes, allgemeinverständliches Buch gibt.

Einen Versuch, »Die Zeit der Staufer« in Kultur, Politik, Wirtschaft und Geistesleben zu dokumentieren, hat der gleichnamige Katalog der Stuttgarter Staufer-Ausstellung vom Jahre 1977 unternommen, der in vier Bänden mit über 1800 Seiten und etwa 800 Fotos der Exponate eine ungeheure Fülle an Material bietet und gleichzeitig die Nachwirkung der Staufer in Geschichte, Kunst und Literatur bis in die Gegenwart hinein auflistet.

Zum vertieften Verständnis der religiösen Situation der Stauferzeit empfehle ich Brookes »Die große Zeit der Klöster« und Hallers Papstgeschichte; Rittertum und Burgenzeit werden von Meyer, v. Reitzenstein und Johanna Maria Winter anschaulich dargestellt; in die Baukunst der Stauferzeit führt Ernst Adam übersichtlich ein. Sein Band »Baukunst der Stauferzeit in Baden-Württemberg und im Elsaß« ist dabei ein nach Orten und Stätten alphabetisch geordneter Kunstreiseführer, der unterwegs wie zu Hause nützliche Dienste leistet.

Weitere Anregungen findet der Interessierte in der Literaturauswahl, die naturgemäß nur einen Ausschnitt anbieten kann. Spezialliteratur wird in den meisten aufgeführten Werken genannt.

Literaturauswahl

Allgemeine Zeitgeschichte

Boehm, Laetitia: *Geschichte Burgunds – Politik, Staatsbildung, Kultur*; Stuttgart 1971
Falco Giorgio: *Geist des Mittelalters – Kirche, Kultur, Staat*; Frankfurt/M. 1958 (ital. Original: *La santa Republica Romana*)
Gebhardt, Bruno: *Handbuch der deutschen Geschichte*; dtv. München, 17 Bände, 9. neu bearbeitete Auflage, hrsg. von Herbert Grundmann, München 1973
Hampe, Karl: *Das Hochmittelalter. Geschichte des Abendlandes 900–1250*; Karlsruhe ⁵1963
Haussig, Hans-Wilhelm: *Byzantinische Geschichte*; Stuttgart 1969
Heer, Friedrich: *Mittelalter 1100–1350*; in: Kindlers Kulturgeschichte, Zürich 1961
Just, Leo (Hrsg.): *Handbuch der Deutschen Geschichte*, Band I.; Konstanz 1957
Kienast, Walther: *Deutschland und Frankreich in der Kaiserzeit (900 bis 1270). Weltkaiser und Einzelkönige*; 3 Teilbände. In: Monographien zur Geschichte des Mittelalters; 2. völlig neu bearbeitete und stark erweiterte Auflage der Ausgabe von 1943, Stuttgart 1974/75
Maier, Georg (Hrsg.): *Byzanz*; in: Fischer Weltgeschichte, Frankfurt 1973
Mann, Golo/Heuss, Alfred (Hrsg.): *Propyläen Weltgeschichte*; Berlin 1963
Montgomery, Bernhard Law, Viscount of Alamein: *Weltgeschichte der Schlachten und Kriegszüge*; 2 Bde. dtv., München 1975
Ranke, Leopold v.: *Das Zeitalter der Kreuzzüge und das späte Mittelalter*; Neudruck nach dem Text von 1887, Berlin 1948
Seidlmayer, Michael: *Das Mittelalter*; Göttingen 1967
Taddey, Gerhard (Hrsg.): *Lexikon der Deutschen Geschichte – Personen, Ereignisse, Institutionen*; Stuttgart 1977

Die Staufer in Gesamtdarstellungen

Arens, Fritz: Die staufischen Königspfalzen; in: *Katalog der Staufer-Ausstellung*, Bd. III, Stuttgart 1977
Borst, Arno: Die Staufer in der Geschichtsschreibung; in: *Katalog der Staufer-Ausstellung*, Bd. III, Stuttgart 1977
Bühler, Johannes: *Die Hohenstaufen – nach zeitgenössischen Quellen*; Leipzig 1925
Engels, Odilo: *Die Staufer*; Stuttgart ²1977
Haller, Johannes: *Von den Karolingern zu den Staufern – die altdeutsche Kaiserzeit 900–1250*; Berlin ⁵1970
Haller, Johannes: *Von den Staufern zu den Habsburgern – Auflösung des Reichs und Emporkommen der Landesstaaten (1250–1519)*; Berlin/Leipzig ³1970
Hampe, Karl: *Deutsche Kaisergeschichte in der Zeit der Salier und Staufer*; 12, von F. Baethgen bearb. Aufl., Heidelberg 1968
Haussherr, Reiner (Hrsg.): *Die Zeit der Staufer – Geschichte-Kunst-Kultur. Katalog der Staufer-Ausstellung Stuttgart 1977*, 4 Bde., Stuttgart 1977
Kranz, Herbert: *Die Staufenkaiser und ihr Reich – Glanz und Herrlichkeit des alten Reiches*; Stuttgart 1937
Maschke, Erich: Die Deutschen Städte der Stauferzeit; in: *Katalog der Staufer-Ausstellung*, Bd. III., Stuttgart 1977
Maschke, Erich: *Das Geschlecht der Staufer*; München 1943

Migge, Walter: Die Staufer in der deutschen Literatur seit dem 18. Jahrhundert; in: *Katalog der Staufer-Ausstellung*, Bd. III, Stuttgart 1977
Mühlberger, Josef: *Die Staufer – Aufstieg, Höhe und Ende;* Rottweil 1966, Neudruck Göppingen 1977
Mühlberger, Josef: *Lebensweg und Schicksale der staufischen Frauen;* Eßlingen, 1977
Orthband, Eberhard: *Die Staufer;* Hanau 1977 (identisch mit der früheren Ausgabe unter dem Titel *Die Zeit der Staufer*, Textsammlung, Stuttgart 1965)
Raumer, Friedrich v.: *Geschichte der Hohenstaufen und ihrer Zeit;* 6 Bde., Leipzig 1823–25
Schreiner, Klaus: Die Staufer in Sage, Legende und Prophetie; in: Katalog der Staufer-Ausstellung, Bd. III, Stuttgart 1977
Waldburg-Wolfegg, Hubert Graf von: *Vom Nordreich der Hohenstaufen;* München ²1964
Waldburg-Wolfegg, Hubert, Graf v.: *Vom Südreich der Hohenstaufen;* München ³1960
Willemsen, Carl Arnold: Die Bildnisse der Staufer – Versuch einer Bestandsaufnahme; in: *Schriften zur staufischen Geschichte und Kunst, Gesellschaft der Freunde staufischer Geschichte*, Göppingen Band IV, 1977
Zimmermann, Wilhelm: *Geschichte der Hohenstaufen – für das deutsche Volk;* Stuttgart ²1843

Die Staufer und die Kaiseridee

Bayac, Jacques Delpierré de: *Karl der Große – Leben und Zeit;* Wien–Berlin 1976 (Original: *Charlemagne*, Paris 1976)
Falkenheiner, W.: *Hohenstaufen und Hohenzollern oder Kaiser Rotbarts Erwachen im Kyffhäuser;* Cassel 1888
Fehrenbach, Elisabeth: *Wandlungen des deutschen Kaisergedankens 1871–1918;* München–Wien 1969
Kampers, Franz: *Die deutsche Kaiseridee in Prophetie und Sage;* München 1896
Kellner, Wilhelm: *Der neue deutsche Kaiser und die Hohenstaufen;* Hanau 1871
Kühne, Alfred: Das Herrscherideal des Mittelalters und Kaiser Friedrich I.; in: *Leipziger Studien aus dem Gebiet der Geschichte*, Leipzig 1899
Lemke, Paul: *Der Deutsche Kaisertraum und der Kyffhäuser;* Magdeburg 1887
Müller, Adolf: *Die Kyffhäusersage;* Berlin 1849
Schlegel, Friedrich: Vom deutschen Kaisertum: in: *Studien zur Politik und Geschichte*, hrsg. v. Ernst Behler, Krit. Friedrich Schlegel-Ausgabe, Bd. 7, München 1966
Stieve, Friedrich: *Die deutsche Kaiseridee – Quellen und Äußerungen aus der deutschen Geschichte;* München 1915
Wahl, Rudolph: *Karl der Große – der Vater Europas;* Frankfurt 1954

Die Staufer in Schwaben

Akermann, Manfred: *Hohenstaufen – kurze Geschichte des staufischen Geschlechts und der schwäbischen Herzogsburg auf dem Hohenstaufen;* Heidenheim, ³1977
Akermann, Manfred: *Bauzeugen der Stauferzeit im östlichen Schwaben;* Stuttgart-Aalen, 1977
Bock, Emil: *Schwäbische Romanik;* Stuttgart 1973
Bühler, Heinz: Schwäbische Pfalzgrafen, frühe Staufer und ihre Sippengenossen; in: *Jahrbuch des Historischen Vereins Dillingen an der Donau*, LXXVII, Jahrgang 1975, Dillingen 1975

Dehio, Georg: *Handbuch der deutschen Kunstdenkmäler: Baden-Württemberg;* bearbeitet von Friedrich Piel, München 1964
Handbuch der Historischen Stätten Deutschlands; Bd. 6: Baden-Württemberg, Stuttgart 1965
Kaißer, Paul + Elisabeth: *Ritter Konrad von Staufen, genannt Wascher;* Welzheim 1971
Kaißer, Paul + Elisabeth: *Wäscherschloß* (Wäscherburg); Wäschenbeuren 1972
Kirschmer, Karl: *Hohenstaufen – ein Heimatbüchlein;* Göppingen 1948
Maurer, Hans-Martin: *Der Hohenstaufen – Geschichte der Stammburg eines Kaiserhauses;* Stuttgart–Aalen, 1977
Roos, Friedrich: *Kloster Lorch;* Stuttgart 1961
Schlesinger, Walter: *Pfalzen und Königshöfe in Württembergisch Franken und angrenzenden Gebieten;* Württembergisch/Franken, Bd. 53, 1969
Schwarzmaier, Hansmartin: *Die Heimat der Staufer;* Sigmaringen 1976
Suevia Sacra – Frühe Kunst in Schwaben (Ausstellungskatalog); Augsburg 1973
Windstoßer, Ludwig/Rüber, Johannes: *Das Land der Staufer – die Staufer in Baden-Württemberg;* Bildband, Schwieberdingen 1976

Friedrich I. Barbarossa

Die wichtigsten Quellenwerke:

Carmen de gestis Frederici (anonym): in: *Monumenta Germaniae Scriptores rerum Germanicarum* (Abk. MG SS rer Germ.), 1965. Deutsche Teilübersetzung in Gundlach, Barbarossa-Lieder.
Gundlach, Wilhelm: Barbarossa-Lieder; übersetzt von Oscar Doering und Wilhelm Gundlach, erläutert und eingeleitet von Wilhelm Gundlach, in: *Heldenlieder der Deutschen Kaiserzeit,* III, Innsbruck 1899, Neudruck Aalen 1970
Gunther von Pairis: Ligurinus; in: *Migne PL 212,* 331–476. Deutsche Übersetzung: *Der Ligurinus Gunthers von Pairis* von Theodor Vulpius, Straßburg 1889
Jaffé, Philipp: Epistulae Wibaldi, in Bd. I von *Bibliotheca rerum Germanicarum,* 6 Bde.; Berlin 1864–1873, Neudruck Aalen seit 1964
Otto Bischof von Freising und Rahewin: *Die Taten Friedrichs;* in: Freiherr v. Stein-Gedächtnisausgabe 17, 1965 mit deutscher Übersetzung von Adolf Schmidt, 2. korr. Aufl. Darmstadt 1974
Otto von Freising: Gesta Friderici; in: *MG SS rer. Germ.* ³1912
Rahewin: Gesta Friderici; in: *MG SS rer. Germ.*
Sturm, Joseph: Der Ligurinus – ein deutsches Heldengedicht zum Lobe Kaiser Friedrich Rotbarts; in: *Studien und Darstellungen aus dem Gebiete der Geschichte im Auftrag der Görres-Gesellschaft,* Band VIII, 1.+2. Heft, Freiburg im Breisgau 1911

Sekundärliteratur

Böhm, Franz: Das Bild Friedrich Barbarossas und seines Kaisertums in den ausländischen Quellen seiner Zeit; in: *Historische Studien,* Berlin 1936
Curschmann, Fritz: Zwei Ahnentafeln – Ahnentafeln Kaiser Friedrichs I. und Heinrichs des Löwen zu 64 Ahnen; in: *Mitteilungen der Zentralstelle für Deutsche Personen- und Familiengeschichte e. V.* 27. Heft, Leipzig 1921
Elster, Hanns Martin: *Heinrich der Löwe – eine politische Tragödie in Deutschland;* Hamburg 1940

Ficker, Julius: *Reinald von Dassel – Reichskanzler und Erzbischof von Köln 1156–1167;* Köln 1850, Neudruck Aalen 1966

Gronen, Editha: Die Machtpolitik Heinrichs des Löwen und sein Gegensatz gegen das Kaisertum; in: *Historische Studien,* Heft 139, Berlin 1919

Güterbock, Ferdinand: Zur Geschichte Burgunds im Zeitalter Barbarossas; in: *Zeitschrift für schweizerische Geschichte,* 17, 1937

Haller, Johannes: Der Sturz Heinrichs des Löwen; in: *Archiv für Urkundenforschung,* 3, Leipzig 1911

Hampe, Karl: Heinrichs des Löwen Sturz in politisch-historischer Beurteilung in: *Historische Zeitschrift,* 109, München–Berlin 1912

Hiller, Helmut: *Friedrich Barbarossa und seine Zeit – eine Chronik;* München 1977

Jentsch, Ursula: *Heinrich der Löwe im Urteil der deutschen Geschichtsschreibung von seinen Zeitgenossen bis zur Aufklärung;* Jena 1939

Jordan, Karl: *Die Urkunden Heinrichs des Löwen;* Weimar 1949

Jordan, Karl: *Friedrich Barbarossa – Kaiser des christlichen Abendlandes;* 2. verb. Aufl. Göttingen 1967

Klewitz, Hans-Walter: Die Abstammung der Kaiserin Beatrix; in: *Deutsches Archiv für Geschichte des Mittelalters,* 7. Jahrg., Heft 1, Weimar 1944

Klippel, Annemarie: Die völkerrechtlichen Grundlagen der deutschen Königsrechte auf Italien; in: *Historische Studien,* 140, Berlin 1920

Mayer, Theodor / Heilig, Konrad / Erdmann, Carl: Kaisertum und Herzogsgewalt im Zeitalter Friedrichs I. – Studien zur politischen und Verfassungsgeschichte des Hohen Mittelalters; in: *Schriften des Reichsinstitutes für ältere deutsche Geschichtskunde,* Stuttgart 1944, Neudruck Stuttgart 1958

Otto, Eberhard: Friedrich Barbarossa in seinen Briefen; in: *Deutsches Archiv zur Geschichte des Mittelalters,* Weimar 1941

Otto, Eberhard: *Friedrich Barbarossa;* Potsdam, o. J.

Rundnagel, Erwin: Die Ehescheidung Friedrich Barbarossas; in: *Historische Studien – Festschrift für Robert Holtzmann,* Berlin 1933

Wahl, Rudolph: *Barbarossa – Eine Historie;* München, ⁵1976 (1. Aufl. 1941)

Wolf, Gunther (Hrsg.): *Friedrich Barbarossa;* Darmstadt 1975

Heinrich VI.

Quellen:

Das Quellenmaterial zu Heinrich VI. ist gesammelt in den *Regesta Imperii (Reg. Imp.),* IV, begründet von Fr. Böhmer, neubearbeitet v. G. Baaken 1972.

Sekundärliteratur

Bullinger, Günther: *König Richard Löwenherz und König Heinrich VI.;* Diss. Tübingen 1947

Haller, Johannes: Kaiser Heinrich VI.; in: *Historische Zeitschrift,* 111 (Neue Folge 17), 1914 und in: Haller, *Reden und Aufsätze zur Geschichte und Politik,* Stuttgart–Berlin 1934

Haller, Johannes: Heinrich VI. und die Römische Kurie; in: *MIÖG* 35, 1914, Nachdruck 1962

Haverkamp, Alfred: Herrschaftsformen der Frühstaufer in Reichsitalien; in: *Monographien zur Geschichte des Mittelalters,* herausgegeben von Karl Bosl, 2 Bde., Stuttgart 1970/71

Nahmer, D. von der: *Die Reichsverwaltung in Toscana unter Friedrich I. und Heinrich VI.*; Diss. Freiburg/Breisgau 1965
Winkelmann, Eduard: Über das Testament Kaiser Heinrichs VI.; in: *Forschungen zur Deutschen Geschichte*, 10. Band, Göttingen 1870

Friedrich II.

Die wichtigsten Quellenwerke:

Ficker, Julius / Winkelmann, Eduard (Hrsg.): *Regesta Imperii*, Band V, 1–3 (Abk.: BR) Nach der Neubearbeitung aus dem Nachlaß Johann Friedrich Böhmers neu herausgegeben und ergänzt. Innsbruck, 1881–1901
Heinisch, Klaus J. (Herausgeber und Übersetzer): *Kaiser Friedrich II. in Briefen und Berichten seiner Zeit*; Darmstadt 1968
Heinisch, Klaus J.: *Kaiser Friedrich II. – sein Leben in zeitgenössischen Berichten;* München, 1969 und 1977
Huillard-Bréholles, Jean-Louis-Alphonse: *Historia diplomatica Friderici II* (Abkürzung: *HB*), Introd. et vol I–VII, Paris, 1852–1861
Migne, Jacques Paul: *Patrologiae cursus Latinus;* Paris 1844 ff., Neudruck seit 1958
Monumenta Germaniae historica (Abkürzung: *MG*)
– *Constitutiones (MG Const.)*
– *Epistolae saeculi XIII e regestis pontificum selectae (MG Epp. pont.)*
– *Scriptores rerum Germanicarum 1–12 (MG SS)*
– *Scriptores rerum Germanicarum nova series 1–10 (MG SS n. s.)*
– *Scriptores rerum Germanicarum in usum scholarum (MG SS in usum)*
– *Deutsche Chroniken (MG DCh)*
Hannover-Berlin 1883–1911, Neuausgaben Stuttgart seit 1963
Muratori, Lud.: *Rerum Italicarum Scriptores I–XIII;* (Abkürzung: *Mur. RISS*) Mailand 1723 ff.
Petrus de Vinea: *Epistolarum libri VI;* Hrsg. Joh. Rudolf Iselius, 2 Bde., Basel 1740
Richard von San Germano: *Ryccardi de Sancto Germano Chronica;* herausgegeben von C. A. Garufi, Bologna 1938
Salimbene von Parma: 2 Bde., Leipzig 1914
Steinen, Wolfram von den: *Staatsbriefe Kaiser Friedrichs des Zweiten;* Breslau 1923
Winkelmann, Eduard: *Acta imperii inedita saeculi XIII et XIV;* (Abkürzung: *WA*), 2 Bde., Innsbruck, 1880–1885

Sekundärliteratur

Baethgen, Friedrich: Kaiser Friedrich II., 1194–1250; in: *Die großen Deutschen*, Bd. I, Berlin 1956 und in: *Stupor Mundi*, Darmstadt 1966
Bäumer, Alfred: *Die Ärztegesetzgebung Kaiser Friedrichs II. und ihre geschichtlichen Grundlagen;* Diss. Leipzig 1911
Cohn, Willy: *Das Zeitalter der Hohenstaufen in Sizilien – ein Beitrag zur Entstehung des modernen Beamtenstaates;* Breslau 1925
Fath, Richard: *Friedrich II. im Urteil der deutschen Nachwelt bis zum Ausgang der Reformationszeit;* Diss. Heidelberg 1918 (1937)
Frantz, Theodor: *Der große Kampf zwischen Kaisertum und Papsttum zur Zeit des Hohenstaufen Friedrich II.;* Berlin 1903
Friedrich II.: *Über die Kunst mit Vögeln zu jagen;* unter Mitarbeit von Dagmar Odenthal

übertragen und herausgegeben von Carl Arnold Willemsen, Frankfurt, Bd. I+II., 1964, Bd. III. 1970

Goetz, Bruno: *Italienische Gedichte von Kaiser Friedrich II. bis Gabriele d'Annuncio;* italienisch-deutsch, Zürich 1953

Grabmann, Martin: Kaiser Friedrich II. und sein Verhältnis zur aristotelischen und arabischen Philosophie; in: *Mittelalterliches Geistesleben,* Bd. II, München 1936, und in: *Stupor Mundi,* Darmstadt 1966

Grundmann, Herbert: Kaiser Friedrich II.; in: *Die großen Deutschen,* Berlin 1935 und in: *Stupor Mundi,* Darmstadt 1966

Hampe, Karl: *Kaiser Friedrich II. in der Auffassung der Nachwelt;* Stuttgart 1925

Hampe, Karl: Aus der Kindheit Friedrichs II.; in: *Mitteilungen d. Instituts für Oesterreichische Geschichtsforschung,* 22, 1901

Hampe, Karl: Kaiser Friedrich II. als Fragesteller; in: *Kultur- und Universalgeschichte,* Walter Goetz zum 60. Geburtstag, Leipzig 1927

Haseloff, Arthur: *Die Bauten der Hohenstaufen in Unteritalien;* Leipzig 1920

Horst, Eberhard: *Friedrich der Staufer;* Düsseldorf 1975, als Taschenbuch 1977 unter dem Titel: *Friedrich II. der Staufer – Kaiser-Feldherr-Dichter,* München 1977

Huber, A: *Über die angebliche Reise Kaiser Friedrich II. nach Deutschland im Jahre 1242;* in: *Forschungen zur deutschen Geschichte,* 10. Band, Göttingen 1870

Hunke, Sigrid: *Allahs Sonne über dem Abendland – unser arabisches Erbe;* Stuttgart 1960, Neuauflage 1975

Hunke, Sigrid: *Kamele auf dem Kaisermantel – Deutsch-arabische Begegnungen seit Karl dem Großen;* Stuttgart 1976

Kantorowicz, Ernst: *Kaiser Friedrich II.;* 2 Bde. Düsseldorf, 3. Nachdruck 1973 der 4. Auflage von 1936 nach dem Original von 1927

Kaschnitz-Weinberg, Guido v.: Bildnisse Friedrichs II. von Hohenstaufen; in: *Mitteilungen des deutschen Archäologischen Instituts,* Röm. Abtlg., Band 60/61, 1953/54 und Bd. 62, 1955

Kaschnitz-Weinberg, Guido v.: Zwei plastische Bildnisse Friedrichs II. von Hohenstaufen; in: *Das Kunstwerk,* 8. Jahrgang, 1954

Klingelhöfer, Erich: *Die Reichsgesetze von 1220, 1231/32 und 1235, ihr Werden und ihre Wirkung im deutschen Staat Friedrichs II.;* Weimar 1955 (gekürzt in: *Stupor Mundi,* Darmstadt, 1966)

Krauth, Kurt: *Die Verschwörung von 1246 gegen Friedrich II. und die damaligen Zustände im sizilianischen Königreich;* Diss. Heidelberg 1922

Löher, Franz: *Fürsten und Städte zur Zeit der Hohenstaufen, dargestellt an den Reichsgesetzen Kaiser Friedrichs II.;* Halle/Saale, 1846

Masson, Georgina: *Das Staunen der Welt – Friedrich II. von Hohenstaufen;* Tübingen 1958, Neuauflage 1976, Taschenbuch Bergisch-Gladbach 1977

Nette, Herbert: *Friedrich II. von Hohenstaufen – in Selbstzeugnissen und Bilddokumenten;* rororo-Bildmonographie, Reinbek 1975

Niese, Hans: Zur Geschichte des geistigen Lebens am Hofe Kaiser Friedrichs II. in: *Historische Zeitschrift* 108, 1912, Neuauflage Darmstadt 1967

Pfister, Kurt: *Kaiser Friedrich II.;* München 1943

Röhricht, Reinhold: Die Kreuzfahrt Kaiser Friedrichs des Zweiten; in: Röhricht, *Beiträge zur Geschichte der Kreuzzüge,* Bd. I, Berlin 1874

Schaller, Hans Martin: *Kaiser Friedrich II. – Verwandler der Welt;* Göttingen 1964, 2. durchgesehene Auflage 1971

Schirrmacher, Friedrich W.: *Kaiser Friedrich II.;* 4 Bde., Göttingen 1859–1865

Schneider, Friedrich: Kaiser Friedrich II. und Petrus de Vinea im Urteil Dantes; in: *Deutsches Dante-Jahrbuch* 27, 1948

Seidler, Eduard: *Der Neugeborenenversuch Friedrichs II. von Hohenstaufen – Versuch einer kritischen Deutung*; in: *Deutsches Ärzteblatt*, Jahrgang 61, 1964
Steinen, Wolfram von den: *Das Kaisertum Friedrichs II. nach den Anschauungen seiner Staatsbriefe;* Berlin-Leipzig 1922
Sthamer, Eduard: *Dokumente zur Geschichte der Kastellbauten Kaiser Friedrichs II. und Karls von Anjou;* 2 Bde., Leipzig 1912, 1926
Wahl, Rudolph: *Wandler der Welt – Friedrich II., der sizilianische Staufer – eine Historie;* München 1948
Weber, Ulrich: Friedrich II. und die sizilianische Dichterschule; in: *Die Pforte*, 2. Jahrgang, 1949/50
Weller, Karl: Zur Kriegsgeschichte der Empörung des Königs Heinrich gegen Kaiser Friedrich II.; in: *Württemberg, Vierteljahreshefte für Landesgeschichte* N. F. 4. Jahrgang, 1895
Willemsen, Carl Arnold: *Zeiten kommen die führen zu Sternen – staufisch-sizilianische Lyrik aus der Zeit Kaiser Friedrichs II.;* Krefeld 1946
Willemsen, Carl Arnold: *Kaiser Friedrich II. und sein Dichterkreis – staufisch-sizilische Lyrik in freier Nachdichtung;* Krefeld 1947
Winkelmann, Eduard: *Kaiser Friedrich II.;* 2 Bde., Leipzig 1889–1897
Winkelmann, Eduard: *Geschichte Kaiser Friedrichs II. und seiner Reiche;* 2 Bde., Berlin 1863–1865
Wolf, Gunther (Hrgs.): *Stupor Mundi: Zur Geschichte Friedrichs II. von Hohenstaufen;* Darmstadt 1966

Die letzten Staufer

Geldner, Ferdinand: *Konradin, das Opfer eines großen Traumes;* Bamberg 1970
Hampe, Karl: *Geschichte Konradins von Hohenstaufen;* Leipzig 1940 (Nachdruck der 1. Auflage Innsbruck 1894)
Hartmann, H.: Die Urkunden Konrads IV.; in: *Archiv für Urkundenforschung,* 18, 1944
Schirrmacher, Friedrich W.: *Die letzten Hohenstaufen;* Göttingen, 1871
Speier, Friedrich: *Geschichte König Konrads IV.;* Diss. Berlin 1898
Winkelmann, Eduard: Zum Leben König Enzios; in: *Forschungen zur Deutschen Geschichte,* 26, 1886
Zeller, Georg: *König Konrad IV. in Italien 1252–1254;* Diss. Straßburg 1907

Einzelne Themenkreise

Kirche – Papsttum – Kreuzzüge

Brooke, Christopher: *Die große Zeit der Klöster 1000–1300. Die Geschichte der Klöster und Orden und ihre religions-, kunst- und kulturgeschichtliche Bedeutung für das Werden Europas;* Freiburg/Breisgau, 1976
Felten, Joseph: *Papst Gregor IX.;* Freiburg 1886
Gabrieli, Francesco: *Die Kreuzzüge aus arabischer Sicht;* Zürich 1973, Taschenbuch München 1975
Grundmann, Herbert: *Religiöse Bewegungen im Mittelalter;* Berlin ²1961
Haller, Johannes: *Das Papsttum – Idee und Wirklichkeit;* 4 Bde., Stuttgart/Berlin 1934–1939; Neuausgabe Urach 1950; auch Rowohlts Deutsche Enzyklopädie Bde. 225/226 und 227/228
Heussi, Karl: *Kompendium der Kirchengeschichte;* Tübingen ¹²1960

Lehmann, Johannes: *Die Kreuzfahrer – Abenteurer Gottes;* München 1976
Pernoud, Régine: *Die Kreuzzüge in Augenzeugenberichten;* Düsseldorf 1961, Taschenbuch dtv. München ³1975
Runciman, Steven: *Geschichte der Kreuzzüge;* (durchgesehener Nachdruck der 1968 erschienenen Sonderausgabe) München 1975
Steinen, Wolfram von den: *Canossa – Heinrich IV. und die Kirche;* 1. Aufl. München 1957, 2. unveränderte Auflage Darmstadt 1969
Wahl, Rudolph: *Der Gang nach Canossa – Kaiser Heinrich IV. – eine Historie;* 1. Aufl. 1935, 3. Aufl. München 1977

Leben im Mittelalter

Boehn, Max von: *Mensch und Mode im Mittelalter;* München 1963
Bosl, Karl / Weis, Eberhard: *Die Gesellschaft in Deutschland von der fränkischen Zeit bis 1848;* München 1976
Bosl, Karl: *Die Grundlagen der modernen Gesellschaft im Mittelalter – eine deutsche Gesellschaftsgeschichte des Mittelalters;* 2 Bde., Monographien zur Geschichte des Mittelalters, Stuttgart 1972
Finke, Heinrich: *Die Frau im Mittelalter;* Kempten 1913
Gruber, Karl: *Die Gestalt der deutschen Stadt;* 2. überarbeitete Aufl. Darmstadt 1976 (hervorgegangen aus *Die Gestalt der deutschen Stadt,* 1937, in dem seinerseits das Werk *Eine deutsche Stadt – Bilder zur Entwicklungsgeschichte der Stadtbaukunst* aufgegangen war)
Kalischer, Wolfgang: *Die Universität und ihre Studentenschaft – Versuch einer Dokumentation aus Gesetzen, Erlassen, Beschlüssen, Reden, Schriften und Briefen, (von 1158–1966);* Stifterverband für die Deutsche Wissenschaft, Essen, Jahrbuch 1966/67
Kaufmann, Georg: *Die Geschichte der deutschen Universitäten;* Band I: Außerdeutsche Universitäten, Band II: Deutsche Universitäten, Stuttgart 1888 und 1896
Le Goff, Jacques: *Kultur des europäischen Mittelalters;* München/Zürich 1970
Ludwig, F.: *Untersuchungen über die Reise- und Marschgeschwindigkeit im 12. und 13. Jahrhundert;* Berlin 1897
Nau, Elisabeth: Münzen und Geld in der Stauferzeit; in: Haussherr, Die Zeit der Staufer (*Katalog der Staufer-Ausstellung* Bd. III)
Naumann, Hans: *Deutsche Kultur im Zeitalter des Rittertums;* Potsdam, 1938
Pleticha, Heinrich: *Ritter, Burgen und Turniere – Die Zeit des staufischen Rittertums;* Würzburg 1974
Reicke, Emil: *Der Gelehrte in der deutschen Vergangenheit;* Jena ²1924
Reicke, Emil: *Lehrer und Unterrichtswesen in der deutschen Vergangenheit;* Jena ²1924
Schiedlausky, Günther: *Essen und Trinken – Tafelsitten bis zum Ausgang des Mittelalters;* München 1956
Völckers, Otto: *Deutsche Hausfibel;* Leipzig 1937
Völckers, Otto: *Wohnraum und Hausrat;* Bamberg 1949
Völckers, Otto: *Dorf und Stadt;* Leipzig 1924
Waas, Adolf: *Der Mensch im deutschen Mittelalter;* Graz 1964
Weinrich, Lorenz (Hrsg.): *Quellen zur deutschen Verfassungs-, Wirtschafts- und Sozialgeschichte bis 1250.* (Ausgewählte Quellen zur deutschen Geschichte des Mittelalters, Band 32.), Darmstadt 1977
Zucht und schöne Sitte – eine Tugendlehre der Stauferzeit (aus der Heidelberger Handschrift Cod. Pal. Germ 389, »der welsche Gast« des Thomasîn von Zerclaere), Wiesbaden 1977

Minnesang und Troubadoure

Bertau, Karl Heinrich: *Deutsche Literatur im europäischen Mittelalter;* 2 Bde., München 1972/73
Boor, Helmut de: Mittelalter – Texte und Zeugnisse; in: *Die deutsche Literatur – Texte und Zeugnisse;* 2 Bde., München 1965
Boor, Helmut de: *Die höfische Literatur;* München 1963
Frank, Istvân: *Trouvères et Minnesänger;* Saarbrücken 1952
Gülke, Peter: *Mönche – Bürger – Minnesänger. Musik in der Gesellschaft des europäischen Mittelalters;* Leipzig 1975
Hartmann von Aue: *Erec* (Mittelhochdeutscher Text und Übertragung von Thomas Cramer); Frankfurt 1972
Köhler, Erich: *Trobadorlyrik und Höfischer Roman;* Berlin 1962
Kraus, Carl v. (Hrsg.): *Deutsche Liederdichter des 13. Jahrhunderts;* Band I Texte, Band II Kommentare, Tübingen 1952 und 1958
Lommatsch, Erhard: *Leben und Lieder der provenzalischen Troubadours;* 2 Bde., Berlin 1957 und 1959
Maurer, Friedrich; *Die Lieder Walthers von der Vogelweide;* 2 Bde. Tübingen ³1967
Moser, Hugo / Tervooren, Helmut: *Des Minnesangs Frühling;* 36. neugestaltete und erweiterte Auflage unter Benutzung der Ausgaben von Karl Lachmann, Moritz Haupt, Friedrich Vogt und Carl von Kraus. 2 Bde., Stuttgart 1977
Nagel, Bert: *Staufische Klassik – Deutsche Dichtung um 1200;* Heidelberg o. J.
Naumann, Hans: Die Hohenstaufen als Lyriker und ihr Dichterkreis; in: *Dichtung und Volkstum,* 36, 1935, und: *Euphorion,* 36, 1935
Das Nibelungenlied (mittelhochdeutscher Text mit Übertragung und Anmerkungen; Herausgeber und Übersetzer Helmut Brackert); 2 Bde., Frankfurt/Hamburg 1970–71
Schweikle, Günther (Hrsg.): *Die mittelhochdeutsche Lyrik.* Texte und Übersetzung; Band I: Frühe Minnelyrik. Darmstadt 1967
Tuchel, Gerd (Hrsg.): *Die Trobadors – Leben und Lieder;* Bremen ²1966
Walther von der Vogelweide: *Gedichte. Mittelhochdeutscher Text und Übertragung,* ausgewählt, übersetzt und mit einem Kommentar versehen von Peter Wapnewski; Frankfurt, 7. überarbeitete Aufl. 1971
Wapnewski, Peter: *Deutsche Literatur des Mittelalters;* Göttingen ³1975
Wapnewski, Peter: *Waz ist minne – Studien zur mittelhochdeutschen Lyrik;* München 1975
Wehrli, Max (Hrsg.): *Deutsche Lyrik des Mittelalters;* Zürich, ²1962
Wehrli, Max: Minnesang – von Kürenberg bis Wolfram; in: *Altdeutsche Texte;* Bern o. J.

Burgen und Rittertum

Aufsess, Hans Max v.: *Burgen;* München 1976
Bruhns, Leo: *Hohenstaufenschlösser in Deutschland und Italien;* Königstein/Taunus 1964 (revidierter Nachdruck von 1937)
Engels, Odilo u. a.: *Stauferburgen am Oberrhein;* Karlsruhe 1977
Haseloff, Arthur: *Die Bauten der Hohenstaufen in Unteritalien;* Leipzig 1920
Hotz, Walter: *Staufische Reichsburgen am Mittelrhein;* Berlin 1937
Hotz, Walter: *Kleine Kunstgeschichte der deutschen Burg;* Darmstadt 1965
Martin, Paul: *Waffen und Rüstungen von Karl dem Großen bis zu Ludwig XIV.;* Frankfurt 1967
Meyer, Werner / Lessing, Erich: *Deutsche Ritter – deutsche Burgen;* München 1976
Meyer, Werner: *Deutsche Burgen;* Frankfurt, 2. verb. Aufl. 1969

Naumann, Hans: *Der staufische Ritter;* Leipzig 1936
Pfefferkorn, Wilfried: *Buckelquader an Burgen der Stauferzeit;* Stuttgart 1977
Piper, Otto: *Burgenkunde;* Frankfurt 1967
Reitzenstein, Alexander Freiherr v.: *Rittertum und Ritterschaft;* München 1972
Schmidt, Richard: *Burgen des deutschen Mittelalters;* München 1959
Winter, Johanna Maria van: *Rittertum – Ideal und Wirklichkeit;* München 1969
Wülfing, Otto Ernst: *Burgen der Hohenstaufen in der Pfalz und im Elsaß;* Düsseldorf 1958
Wülfing, Otto Ernst: *Burgen der Hohenstaufen in Schwaben, Franken und Hessen;* Düsseldorf 1960

Kunst der Stauferzeit
(vgl. auch »Die Staufer in Schwaben«)

Adam, Ernst: *Baukunst der Stauferzeit in Baden-Württemberg und im Elsaß;* Stuttgart-Aalen 1977
Adam, Ernst: Baukunst des Mittelalters; in: *Ullstein Kunstgeschichte,* Bd. 9 und 10, Frankfurt-Berlin 1963
Baumgart, Fritz: *Geschichte der abendländischen Plastik – von den Anfängen bis zur Gegenwart;* Köln 1957, neubearbeitete, erweiterte Auflage 1966
Braunfels, Wolfgang: *Abendländische Klosterbaukunst;* Köln, 1969
Dexel, Walter: *Deutsches Handwerksgut – eine Kultur- und Formgeschichte des Hausgerätes;* Berlin 1939
Feulner, Adolf / Müller, Theodor: *Geschichte der deutschen Plastik;* München 1953
Fillitz, Hermann: Das Mittelalter; in: *Propyläen Kunstgeschichte,* Bd. 5, Berlin 1969
Grimme, Ernst Günther: *Goldschmiedekunst im Mittelalter – Form und Bedeutung des Reliquiars von 800–1500;* Köln 1972
Hege, Walter / Pinder, Wilhelm: *Der Naumburger Meister;* München 1952 (ursprünglich 1924 unter dem Titel *Der Naumburger Dom und seine Bildwerke* erschienen)
Jantzen, Hans: *Deutsche Bildhauer des dreizehnten Jahrhunderts;* Leipzig 1925
Kubach, Hans Erich: Die Kirchenbaukunst der Stauferzeit in Deutschland; in: Haussherr, Die Zeit der Staufer (*Katalog der Staufer-Ausstellung* Bd. III.)
Rimli, Eugen / Fischer, Karl (Hrsg.): *Illustrierte Weltkunstgeschichte;* 5 Bde. Zürich 1959 (identisch mit der dann als Taschenbuch erschienenen *Ullstein-Kunstgeschichte* Frankfurt-Berlin 1963)
Sauerländer, Willibald: Die bildende Kunst der Stauferzeit; in: Haussherr, Die Zeit der Staufer, *Katalog der Staufer-Ausstellung* Bd. III.
Sauerländer, Willibald: Die Skulptur des Mittelalters; in: *Ullstein Kunstgeschichte,* Bd. 11, Frankfurt-Berlin 1963
Sauerlandt, Max: *Deutsche Plastik des Mittelalters;* Königstein 1909, später in der Reihe »Die blauen Bücher« 1941 erneut erschienen.
Willemsen, Carl Arnold / Odenthal, Dagmar; *Apulien – Land der Normannen – Land der Staufer;* Köln 1958
Willemsen, Carl Arnold: *Apulien – Kathedralen und Kastelle. Ein Kunstführer durch das normannische und staufische Apulien;* Köln 2. verb. Aufl. 1973

Anmerkungen

Abkürzungsverzeichnis
(siehe auch die einzelnen Titel in den Literaturhinweisen)

BR	Regesta Imperii, Band V, 1–3, nach der Neubearbeitung aus dem Nachlaß Johann Friedrich Böhmers, neu herausgegeben und ergänzt von Julius Ficker und Eduard Winkelmann Innsbruck, 1881–1901
HB	Huillard-Bréholles, Jean-Louis-Alphonse, Historia diplomatica Friderici II, Introd. et vol I–VII, Paris 1852–1861
MG	Monumenta Germaniae Historica
MG Const.	– Constitutiones et acta publica imperatorum
MG Epp. pont.	– Epistolae saeculi XIII e regestis pontificum selectae
MG SS	– Scriptores rerum Germanicarum 1–12
MG SS n. s.	– Scriptores rerum Germanicarum nova series 1–10
MG SS in usum	– Scriptores rerum Germanicarum in usum scholarum
MG DCh	– Deutsche Chroniken Hannover-Berlin 1883–1911 Neuausgaben Stuttgart seit 1963
MIÖG	Mitteilungen des Instituts für österreichische Geschichtsforschung Wien, 1880ff.
Mur. RISS	Muratori, Ludovico Rerum Intalicarum Scriptores I–XIII Mailand 1723ff.
QF	Quellen und Forschungen aus italienischen Archiven und Bibliotheken Zeitschrift des Preußischen bzw. Deutschen Historischen Instituts in Rom seit 1897
Reg. Imp.	Regesta Imperii, Band IV, begründet von Johann Friedrich Böhmer, neubearbeitet von Gerhard Baaken, Köln–Wien 1972
WA	Winkelmann, Eduard Acta imperii inedita saeculi XIII et XIV, 2 Bände, Innsbruck 1880–1885

I. Die Herren vom Hohenstaufen

7 Heiliges Römisches Reich Deutscher Nation, lat. Sacrum Romanum Imperium Nationis Germanicae: Die vollständige Bezeichnung stammt erst aus dem 15. Jh. Urkundlich verwendet wird Romanum Imperium zuerst 1034 unter Konrad II. Als Sacrum Imperium wird das Reich seit 1157 bezeichnet. Seit 1254 wird die Bezeichnung Sacrum Romanum Imperium verwendet.

10 Zitat: »Versammelte...«: Richter Robert von Bari, bei Bartholomäus von Neocastro, in: Mur. Riss., XIII, 3.
Zitat: »Königlein...«: Papst Klemens 1267 an die Florentiner, in: *Martene et Durand thesaurus novus Anecdotorum*, II, 456, Paris 1717.
Das Interregnum (»Zwischenherrschaft«) bezeichnet in einer Wahlmonarchie die Zeit zwischen Tod, Abdankung oder Absetzung eines Herrschers und der Wahl

eines neuen (ihm entspricht die »Sedisvakanz« bis zur Wahl eines neuen Papstes). Im engeren Sinne bezeichnet man aber mit Interregnum die Zeit, die vor der Wahl Rudolfs I. von Habsburg im Jahr 1273 liegt. Ihr Beginn wird verschieden angegeben, je nachdem, ob man die Absetzung Friedrichs II. durch den Papst 1245 anerkennt, den Tod Friedrichs II. im Jahr 1250 als Stichjahr nimmt oder den Tod seines Sohnes Konrad IV. im Jahr 1254 dem letzten regierenden Staufer als Datum setzt.

13 Zitat »morgendwärts von Stuttgart«: Formulierung Friedrich von Raumers in seiner 1823–25 erschienenen 6bändigen *Geschichte der Hohenstaufen und ihre Zeit*, Bd. I, 246.
14 Zuletzt hat Hansmartin Decker-Hauff 1977 eine ausführlich kommentierte Stammtafel »Das Staufische Haus« (in: *Die Zeit der Staufer*, Katalog der Staufer-Ausstellung, Stuttgart) veröffentlicht, wie sie bisher kein Historiker mit einer solchen apodiktischen Sicherheit aufzustellen gewagt hat. Sie differiert mit der wesentlich vorsichtigeren Tafel Heinz Bühlers in entscheidenden Punkten, wobei selbst Namen wie Friedrich und Sieghard austauschbar erscheinen. Eine eindeutige, von allen Seiten anerkannte Genealogie der frühen Staufen ist auch kaum zu erwarten, da z.B. das Lorcher »Copialbuch«, das sogenannte »Rote Buch von Lorch« nie vollständig veröffentlicht und im letzten Krieg verbrannt ist. Man wird also auch weiterhin mit Änderungen und Neueinschätzungen rechnen müssen.
15 Das Geburtsjahr von Agnes, der Tochter Heinrichs IV., kann nicht mit Sicherheit angegeben werden. v. Isenburg (*Stammtafeln zur Geschichte der Europäischen Staaten*, 2. verb. Aufl. 1953) gibt 1074/1075 an, andere – wie Decker-Hauff – 1072/1073, wieder andere sprechen von einer etwa »10jährigen« Agnes. Wenn sie 1090 Friedrich Einaug (Barbarossas Vater) als erstes Kind geboren hat, wäre ein Heiratsalter von sieben Jahren wahrscheinlich, da dann die Ehe, wie damals üblich, mit etwa 16 Jahren vollzogen worden wäre.
16 Zitat: »Wackerer Mann . . .«: Otto v. Freising, *Taten*, I, 8, Übersetzung nach Raumer.

Canossa und die Folgen

19 Zitat: »für den Kampf . . .«: Fuchs, *Wörterbuch zur Geschichte*, I, 388.
20 So Karl der Große an Papst Leo III: »Es ist meine Pflicht, mit Hilfe der Güte Gottes, die Kirche Jesu Christi nach außen gegen die Angriffe der Heiden und das Wüten der Ungläubigen zu verteidigen, nach innen sie zu stärken, indem ich überall dem katholischen Glauben Anerkennung verschaffe. Und es liegt an euch, heiligster Vater, die Anstrengungen unserer Heere zu unterstützen, indem ihr wie Moses die Hände zu Gott emporhebt, damit durch eure Fürsprache und durch die Gnade Gottes das christliche Volk stets den Sieg über die Feinde seines heiligen Namens davonträgt und der Name unseres Herrn Jesus Christus im ganzen Weltall verherrlicht wird.« (Zitiert nach Bayac, *Karl der Große*, Wien 1976, S. 255).
21 Der Zusatz »und dem Sohn (lateinisch »filioque«) ist von Papst Leo III. (795–816) nicht mißbilligt worden, obwohl er sich weigerte, ihn ins Glaubensbekenntnis aufzunehmen. Er ließ statt dessen in der Peterskirche zwei silberne Tafeln mit der unveränderten Fassung aufstellen. In den Kultus drang das »filioque« in Rom erst 1014 ein.
27 Zitat: »von einem ungeheuren . . .«: bei Giorgio Falco, *Geist des Mittelalters*, 204.
Zitat: »Was aber . . .«: Haller, *Papsttum*, II, 1, 346.
28 Zitat: »dem Papst allein . . .«: bei Haller, *Papsttum*, II, 1, 359. Der Ausspruch Gregors VII. findet sich in den »Dictatus Gregorii Papae«, die er in Form von 27 kurzen Thesen bald nach der Fastensynode vom Februar 1075 diktiert hatte und die seitdem

eine Art Manifest des Papsttums bilden, das freilich nie in allen Punkten Wirklichkeit geworden ist. Einige Thesen waren zwar nicht neu wie die, daß die Römische Kirche allein von Gott gegründet sei, sich nie geirrt habe und nie irren werde – ein Anspruch, der aber immerhin noch fast 800 Jahre brauchte, bis er auf dem 1. Vatikanischen Konzil 1870 zum »Unfehlbarkeitsdogma« wurde. Neu war unter anderem, daß sich der Papst als unumschränkter Herr der Universalkirche verstand, ohne den kein Rechtssatz und keine Gesetzessammlung rechtsgültig werden konnte. Neu war auch, daß dem Papst freistand, ohne Kirchensynode und ohne Verfahren aus eigener Vollkommenheit Bischöfe ein- oder abzusetzen.

28 Zitat: »Weil keiner von uns . . .«: bei Maschke, in: Just, IV, 12.
Zitat: »Indem ich . . .«: v. d. Steinen, *Canossa*, 53 f.
29 Zitat: »Seliger Petrus . . .«: siehe vorige Anm., 58.
Zitat: »Hildebrand . . .«: Maschke in: Just, IV, 12.
30 Zitat: »Fast entseelt . . .«: Haller *Papsttum*, II, 1, 371.
31 Zitat: »Der wahre . . .«: Haller, *Papsttum*, II, 1, 375.
32 Zitat: »als wenn ihn . . .«: bei Wahl, *Die Deutschen*, München, ³1976, S. 144 ohne Quellenangabe.
33 Zitat: »Ich habe die . . .«: Otto v. Freising, *Chronik*, VI, 36, Original: »Dilexi iustitiam et odi iniquitatem; propterea morior in exilio.«
34 Zitat: »Das staufische . . .«: Eb. Otto, *Barbarossa*, 12.
Zum Einspruchsrecht des deutschen Herrschers: Es galt selbstverständlich nur für sein Einflußgebiet. Der Kirchenstaat war ausgenommen.

II. Die alte Kaiserherrlichkeit: Friedrich Barbarossa

Die Anfänge der staufischen Herrschaft

36 Zitat: »unser Herrscher . . .«: Jaffé, *Epistolae Wibaldi*, S. 503, Nr. 375.
41 Zitate: »voll ernster . . .« und »jene, die . . .«: Jaffé, *Epistolae Wibaldi*, S. 314, Nr. 195 f.
42 Zitat: »König werden . . .«: bei Wahl, *Barbarossa*, 31.
Zitat: »Es gab nämlich . . .«: Otto v. Freising, Gesta Friderici, in: F. J. Schmale (Hrsg.) *Bischof Otto von Freising und Rahewin, Die Taten Friedrichs* (lat.-deutsche Ausgabe 1974), S. 145.
Ursprünglich war Waiblingen im Besitz des salischen Hauses: Der 1024 zum deutschen König gewählte erste Salier Konrad II. trug die Herkunftsbezeichnung ›de Weiblingen‹. 1080 schenkte Kaiser Heinrich IV. Waiblingen der Domkirche zu Speyer, aber noch vor 1100 war die Stadt, die bereits Pfalzort der Karolinger gewesen war, dann im Besitz der Staufer, vermutlich durch die Hochzeit der Kaisertochter Agnes. Obwohl kaum ein Aufenthalt eines Staufers in Waiblingen nachweisbar ist, galt der mit dem salischen Kaiserhaus verbundene Name als Ausdruck staufischer Machtstellung, so daß er bald zum Synonym wurde.
44 Zitat: »daß es für . . .«: Otto v. Freising, Gesta, in: Schmale, 145 f.
Zitat: »ein Verwandter . . .«: Otto v. Freising, Gesta, in: Schmale, 285.
45 Zitat: »Trauer überflutet . . .«: bei Wahl, *Barbarossa*, 32.
46 Zitat: »Er war außerordentlich . . .«: *MG SS rer Germ. n. s. VII*.
Zitat: »von scharfem . . .«: Wibald von Stablo, bei Eb. Otto, *Barbarossa*, 19.
Zitat: »Er liebt Kriege . . .«: Rahewin, IV, 86.
Zitat: »ritterlich-heldisches Leben«: Maschke in: *Just*,IV, 33.
47 Zitat: »Seine Gestalt . . .«: und folgende Zitate zum Aussehen Friedrich Barbarossas: Rahewin, IV, 86.

Zitat: »Der Kaiser war ...« und weitere Zitate des Acerbus Morena: *MG SS rer Germ. n. s. VII.*

49 Zitate: »blond ...« und »um der Ehre ...«: Rahewin, IV, 86.
Zitat: »freundlichen ...«: Jaffé, *Epistolae Wibaldi*, zitiert nach Wahl, *Barbarossa*, 32.
Da Hildegard von Egisheim etwa im Alter von 70 Jahren gestorben sein muß, hat man lange Zeit angenommen, die jünger wirkende Totenmaske könne auch ihre etwa 1045 geborene Tochter Adelheid darstellen (so Erich Maschke). Dagegen gibt Decker-Hauff (Katalog der Staufer-Ausstellung III, 345) an, Adelheid sei nach 1094 in einer Eigenkirche auf dem Albuch beigesetzt worden. Wenn das stimmt, würde wieder einiges für Hildegard sprechen, die als Stifterin der Kirche eine Gruft im Chor beanspruchen konnte.

50 Zitat: »als eine der beiden ...«: nach Wahl, *Barbarossa*, 36.

51 Zitat: »die geistliche Gewalt ...«: Ausspruch des Theologen Hugo, der in Paris lehrte und 1141 starb. in: Haller, *Papsttum*, II, 2, 15.

53 Zitate zum Konstanzer Vertrag: P. Rassow, *Honor imperii – Die neue Politik Friedrich Barbarossas 1152–1158*, neuherausgegeben 1961, 117–120.

55 Der volle Kaisertitel Karls des Großen: »Serenissimus Augustus a Deo coronatus magnus pacificus Imperator, Romanum gubernans Imperium, qui et per misericordiam Dei rex Francorum et Langobardorum.«
Zitat: »ohne Vorherwissen ...«: Arno von Salzburg. Der Satz Einhards (Eginhards) in: Vita Caroli Magni, 28 (geschrieben um 833) in: Holder-Egger, *MG SS rer Germ.* (1911). Deutsch u.a. Ernst Meyer, *Die Lebensbeschreibung Karls des Großen und Ludwigs des Frommen.* (Reclam) Leipzig, o. J.
Über die verschiedenen Auffassungen und Einschätzungen der Kaiserkrönung Karls bei: F. Schneider, »Die Darstellung und Beurteilung der Kaiserkrönung oder der Anerkennung Karls des Großen als Kaiser am 25. Dezember 800 bei den neueren Geschichtsschreibern« in: *Wiss. Zeitschrift der Univ. Jena*, 1952/53. – Über mögliche Motive, die Papst Leo III. zur Übertragung der Kaiserwürde veranlaßten sowie über die »Überrumpelungstheorie« bei Haller, *Papsttum*, II, 1, 15 ff. Für Einzelfragen der außerordentlich verknappten Darstellung der Kaiseridee verweise ich auf die Literaturauswahl »Die Staufer und die Kaiseridee«.

Die Ordnung des Reiches

59 Zitat: »für die Ruhe ...«: Raumer I, 331 nach Ursperger Chronik, 292.
Das Geburtsjahr Heinrichs des Löwen ist nicht bekannt, er wurde um das Jahr 1129 geboren. Demnach war er sieben Jahre jünger als Friedrich Barbarossa.

68 Schilderung der Heerfahrt und Zitate in Otto v. Freising, *Gesta Friderici*, II, 11 ff.

71 Das Zitat über Arnold von Brescia stammt von Bernhard von Clairvaux, »Epistulae«, 195, zitiert nach Raumer, II, 31. Quellen zu Arnold von Brescia: Gunther von Pairis, Ligurinus, III, 282; Otto von Freising, *Gesta* II, 28. Zitat gegen Arnold von Brescia ohne Quellenangabe bei Raumer, II, 30. Arnold von Brescia war 1139 auf der 2. lateranischen Kirchenversammlung angeklagt und von Papst Innozenz II. zu Stillschweigen verurteilt worden.

72 Die Befürchtungen des Papstes in: Boso, Vita Adriani in: L. Duchesne, *Le Liber pontificalis*, Bd. II, 389 (Paris 1892).
Zitat Hadrians IV. in Vita Adriani in: Duchesne, 390 (siehe vorige Anmerkung). Der Ablauf der Begegnung wird nicht einheitlich geschildert. Nach *Vitae Pontificum* 443 hielt z.B. Friedrich den Steigbügel beim ersten Zusammentreffen nicht, nach Otto von Freising II, 21 und anderen hielt er den linken statt den rechten Bügel,

was der Papst aber nicht anerkennen wollte. Der Brauch des Steigbügelhaltens ist schon 754 bezeugt, als der Frankenkönig Pippin, der Vorfahre Karls des Großen, dem Papst den Steigbügel hielt.

73 Zitat: »jene gleichgültige Handlung...:« Otto v. Freising, *Gesta* II, 21.
Zitat: »den Bügel...«: Vita Adriani, in: Duchesne, 390.
Rede der römischen Abordnung: Otto v. Freising, Gesta, II, 22 ff. vgl. auch Gunther, Ligurinus, III, 450.

75 Zitat: »einem entsetzlichen...«: Vita Adriani, in: Duchesne, 392.
Zitat: »dessen törichte...«: Wahl, *Barbarossa*, 61.
Zitat: »So kaufen...«: *Gesta*, II, 33.

76 Zitat: »zu seinem bitteren Leid«: Otto v. Freising, *Gesta*, II, 37.
Zitat: »den Bayern...«: Otto von Freising, *Gesta*, II, 41.

77 Zitate: Otto von Freising, *Gesta* II, 42, 46.
Das Hochzeitsdatum Friedrich/Beatrix ist nicht auf den Tag festlegbar. Otto von Freising gibt lediglich an »in der zweiten Woche nach Pfingsten«. Das ist die Woche zwischen dem 10. und 17. Juni 1156. Je nach gusto des Autors findet man daher mal den 10. oder den 17. als Hochzeitstag angegeben.

78 Zur Annullierung der Ehe mit Adelheid (Adelas) von Vohburg: Die neuere Forschung nimmt allgemein an, daß Adelheid Ehebruch begangen hat. In zweiter Ehe heiratete sie Dietho von Ravensburg, der 1179 als Ministeriale Friedrich Barbarossas und ein Jahr später als Ministeriale des Welfen genannt wird. Der Ehe entstammen Kinder, so daß das Argument der Kinderlosigkeit ohnehin entfallen dürfte, da auch Barbarossa Kinder hatte. – Adelheid war die Tochter des Markgrafen Diepold II. von der Oberpfalz und der Adelheid, der Tochter des Herzogs Wladislaw I. von Polen. – Zitat Raumers: Raumer, II, 49.
Zu byzantinische Prinzessin: Friedrich Barbarossa warb bei Kaiser Manuel I. um Maria, die Tochter des Sebastokrators Isaak, der zur kaiserlichen Familie gehörte. Interessant ist, daß die Herrscherhäuser gern ihre Frauen aus dem »Ausland« holten. So hat Friedrich Curschmann 1921 errechnet, daß Friedrich Barbarossas Ahnen zur Hälfte aus dem »Reich« und zur Hälfte aus fremden Ländern kamen, während bei Heinrich dem Löwen nur ein starkes Drittel »fremdländisch« war. Im Detail macht Curschmann dann aber die Rechnung auf, daß beide »nur sehr wenig undeutsches oder ungermanisches Blut in den Adern hatten: Mit annähernder Sicherheit sind nur zu messen: $1/124$ griechischen Blutes, $3/124$ keltischen, $3/64$ slawischen und $4/64$ magyarischen Blutes, macht insgesamt $9/64$ oder etwa $1/7$ fremden Blutes, dem bei Heinrich dem Löwen wohl $6/7$ germanischen Blutes gegenüberstehen«. (Fritz Curschmann, »Zwei Ahnentafeln« in: *Mitteilungen der Zentralstelle für deutsche Personen- und Familiengeschichte – Quellen und Darstellungen aus dem Gebiete der Genealogie und verwandte Wissenschaften*, Leipzig 1921, Seite 102).

80 Zitat: »um im Vortrag...«: Wahl, *Barbarossa*, 76, ohne Quelle.
Zitat: »die der...«: Wahl, *Barbarossa*, 49, ohne Quelle.
zu Burgund: siehe Laetitia Boehm, *Geschichte Burgunds*, Stuttgart 1971, Seite 132.

82 Zitat: »Von diesem Tag...«: Otto v. Freising, *Gesta*, II, 56 zitiert nach Gundlach, 603.
Zitat: »Es herrschte...«: Rahewin, *Gesta*, III, 1 und III, 15 nach Gundlach, 604 und 617.

Leben im Mittelalter

83 Über das Leben im Mittelalter und seine verschiedenen Aspekte gibt es zwar zahlreiche Monographien, darunter aber kaum eine, die sich auf die Stauferzeit beschränkt. Eine hervorragende Sammlung von Fakten, die sich auf die Stauferzeit bezieht, hat Friedrich von Raumer in seinem sechsbändigen Werk zusammengetragen: Auf rund tausend Seiten beschreibt er das religiöse, wirtschaftliche, kulturelle und geistige Leben jener Zeit. – Die sogenannte »Sittengeschichte« habe ich kurz gefaßt und nur in ihren Extremen angedeutet. Über sie kann man nur ein einseitiges oder erschöpfendes Bild geben, ohne sicher zu sein, daß wir mit unserem heutigen Moralkodex die Wirklichkeit von damals treffen, die gleichzeitig viel strenger, aber auch erstaunlich menschlicher war, als wir oft vermuten. – Auslassen mußte ich die Technik in der Stauferzeit, da sie für diese Zeit kein Spezifikum darstellt. Grundsätzlich war die Technik des Mittelalters lediglich eine Fortentwicklung der antiken Fertigkeiten, so daß Albert Neuburgers 1919 erschienener Band *Die Technik des Altertums* (Neudruck Gütersloh 1977) gute Hilfe leistet. Die eigentlichen Charakteristika der Zeit, also Rittertum und Minnesang, sind ebenso wie Kunst und Architektur späteren Kapiteln vorbehalten.
Zur Bevölkerungszahl: Leo Just gibt in seinem *Handbuch der Deutschen Geschichte*, III, 5 die Zahl von 3–4 Millionen Einwohnern für das Deutschland des 10. Jahrhunderts an. Josef Schmid in seiner *Einführung in die Bevölkerungssoziologie* (Reinbek, 1976) schätzt die Weltbevölkerung um das Jahr 1000 auf 275 Millionen, wovon in Europa (mit dem Gebiet der heutigen Sowjetunion) 47 Millionen gelebt haben. Für das Jahr 1300 gibt er als Weltbevölkerung 400 Millionen, für 1600 dann 486 Millionen an.
89 Die byzantinische Prinzessin war die Frau eines Dogen von Venedig, »welche sich der künstlichen Wollust hingab« –, erzählt bei Raumer, VI, 502.
97 Haarmode: Details bei Raumer, VI, 483 ff.
98 Zitat Bernecke: bei Raumer, VI, 480.
Zitat »säuberlich . . .«: Rothe, chronicon Thuringiae. In: *Menckenii scriptores rerum Germanicarum*, II, 1633, zitiert nach Raumer, VI, 507.
Zitat: »kleidersüchtigen Weiber« und folgende: Ordericus Vitalis, Historia ecclesiastica, 694, in Migne Pl. 188, 17 ff. Ordericus (1075–1142) war ein englischer Mönch, der in St. Evron in der Normandie lebte.

Kaiser und Papst

101 Zu Abaelard: Petrus Abaelard, 1079 als ältestes Kind des Ritters Berengar in Palet (Palais) bei Nantes geboren (daher auch Petrus Palatinus genannt), schrieb zwischen 1133 und 1136 die »Historia calamitatum mearum« (seine ›Leidensgeschichte‹), in der er seine Entmannung beschreibt: »Und nun nahmen sie an mir eine Rache, so grausam und so beschämend, daß die Welt erstarrte: sie schnitten mir von meinem Leib die Organe ab, mit denen ich sie gekränkt hatte« (in: Eberhard Brost, Hrsg. und Übersetzer von *Abaelard und Heloisa*, Heidelberg, ²1954, Seite 34). Dort auch das Zitat: »Man könne erst etwas glauben, wenn man es zuvor begriffen; es sei eine Lächerlichkeit, anderen etwas vorzupredigen, was Lehrer und Schüler verstandesmäßig nicht fassen könnten« (Brost, 39). 1140 verurteilte das Konzil von Sens seine Lehre, seine Schriften wurden von Papst Innozenz II. feierlich verbrannt. Die Gebeine von Abaelard und Héloïse wurden 1817 auf dem Friedhof Père-Lachaise in Paris neu beigesetzt.
zu Rainald von Dassel: er wurde um 1120 geboren, war demnach also zwei Jahre

älter als Friedrich Barbarossa. Die Daten seiner geistlichen Karriere, die im Text nicht erwähnt werden: 1146 Subdiakon im Domkapitel zu Hildesheim; ca. 1149 Dompropst von Hildesheim und Archidiakon von Goslar, vielleicht auch schon Domherr in Köln. 1159 Erzbischof von Köln (aber erst am 2. 10. 1165 zum Erzbischof geweiht!). Er brachte am 23. 7. 1164 die Gebeine der Hl. Drei Könige als Reliquien aus dem zerstörten Mailand nach Köln.

102 Zitate »trotz dicht...« und »gewaltiger Bollwerke«: Rahewin, *Gesta* III, 3.
Zitat: »in bloßen Füßen...«: Vinzenz von Prag, Annalen zu 1158, *MG Script. XVII* (1861), 658 ff.
103 Zitate: Rahewin III, 7, 8.
104 Zitate: Rahewin, *Gesta* III, 6–12, nach Raumer II, 63.
105 Zitate: Rahewin, *Gesta* III, 6–12, zitiert nach Raumer, II, 63.
107 Zitat: »Frei sei...«: Gunther von Pairis, VI, 500, zitiert nach Raumer, II, 67. Karl Jordan weist in diesem Zusammenhang übrigens darauf hin, daß Friedrich Barbarossa nach Besançon bereits in Briefen und Urkunden den Begriff des »Sacrum Imperium« verwendet, der Ausdruck dieser Haltung ist.

Der Kampf gegen Mailand

109 Rundschreiben Barbarossas: Gunther von Pairis, V, 452, nach Raumer II, 72.
Zitat: »da kaum...«: Rahewin, *Gesta* III, 26, nach Gundlach, 628.
Zitat: »Mailand ist es...«: Rahewin, *Gesta* III, 29, nach Gundlach, 630.
110 Zitat: »Kein Ritter...«: Rahewin, *Gesta*, III, 28 nach Bühler, 178.
Zitat: »eine sozusagen...«: Rahewin, *Gesta*, III, 29 nach Gundlach, 632.
Zitat Dassel-Brief: Wahl, *Barbarossa*, 88, ohne Quelle. übrige Zitate: Rahewin, *Gesta*, III, 48.
111 Zitat: »die Ritter zu entnerven...«: Rahewin, *Gesta* III, 52 nach Gundlach 659.
112 Zitat »Zwar steht...«: Rahewin, *Gesta* IV, 4.
113 Zum Geldwert: vgl. u.a. Elisabeth Nau, »Münzen und Geld in der Stauferzeit« in: Katalog der Staufer-Ausstellung, III, 87 ff. Danach kaufte Friedrich Barbarossa für 500 Mark Silber (117 kg) das Pleissner Land um Altenburg mit den Burggrafschaften Leisnig, Colditz mit Ministerialen und 20 Höfen, das Kastell Lausigk mit Mark und Einkünften, den Hof Schkölen, die Burg Gleissberg, den Jenzigberg bei Jena und Schloß Mohrungen. – Nach 1235 trat Heinrich Graf von Lauenrode alle seine Besitzungen an Herzog Otto von Braunschweig gegen eine Leibrente von 20 Mark ab, die offenbar als standesgemäß galt. – Der höchste Betrag, mit dem eine deutsche Stadt 1341 in der Reichssteuerliste erschien, war Frankfurt am Main, das 280 Mark an Steuern an den Kaiser zahlte.
Zitat »Als Friedrich...«: Gundlach, *Barbarossalieder*, Vorrede, XV.
114 Zitat: »Geschworen...«: nach Wahl, *Barbarossa*, 98.
116 Zitat: »Wer sich selbst...«: Urspergense chronicon. Argentorati (1537), 302, nach Raumer II, 92.
Zitat: »Welche Hoheitsrechte...«: siehe vorige Anmerkung.
Papstbrief vom 19. 3. 1159: bei Raumer, II, 96. Dort zitiert nach Hahn, *Collectio monumentorum veterum*, II, Braunschweig 1724.
118 Zitat: »welcher die...«: nach Raumer, II, 107, dort zitiert nach Bouquet, *Scriptores rerum Gallicarum*, XVI, 686.
Zitat: »boten mir...«: Bericht des Hadrian, zitiert nach Raumer, II, 107, dort nach Caffari, *Annales Genuenses*, 273. Andere Quellen: *Gesta Pontif.* 448, *Concil coll.* XIII, 68. – Die Angaben über diese Wahl sind sehr widersprüchlich. Selbst die Zahl der Kardinäle und die Stärke der Lager wird verschieden angegeben. Einigermaßen

sicher kann man angeben, daß von den anwesenden Kardinälen die Mehrheit bis Zweidrittel für Roland/Alexander waren, während die Anhänger Oktavians die deutliche Minderheit waren. Alexander berichtet von 14, die für ihn waren, die Anhänger Oktavians zählten neun Anhänger (nach anderen Angaben: 11 und 9). (Hiller in seinem Band *Barbarossa und seine Zeit*, S. 134, gibt zwar auch das Verhältnis Zweidrittel/Eindrittel an, geht aber von 30 Kardinälen aus und hat nur fünf Anhänger für Oktavian, womit entweder seine Zahlen oder seine Rechnung falsch sind.)

119 Einzelheiten zu dieser Papstwahl und zum »Intrusus« bei Haller, *Papsttum*, II, 2, Seite 137ff.
120 Zitat: »wir werden...« nach Wahl, *Barbarossa*, 112.
121 Zitate nach Wahl, *Barbarossa*, 118.
 Zitat: »Wer hat...« nach Wahl, *Barbarossa*, 121.
122 Zitat: »Erzbischöfe...«: nach Wahl, *Barbarossa*, 124.
 Zum Konzil von Toulouse: P. Classen, »Das Konzil von Toulouse 1160: eine Fiktion« in: *Deutsches Archiv für Erforschung des Mittelalters*, 1973.
123 Zitat: »mit königlicher...«: Rahewin, Gesta, IV, 85 nach Gundlach, 731.
124 Zitat: »der Mann...«: bei Wahl, *Barbarossa*, 153, ohne Quelle.
 Zitat: »die draußen...« Rahewin, Gesta IV, 55 nach Gundlach 713.
125 Zitat: »von dessen Wink«: Wahl, *Barbarossa*, 137.
 Zitat: »um das Banner...«: Raumer II, 120, dort nach Chron. Mscr. anonyma in Bibl. Barberina, Nr. 1707.
126 Das Gedicht des Archipoeta in der Übersetzung Gundlachs, 780ff.
128 Der Barbarossaleuchter in Aachen ist nicht vor 1156 entstanden, da Friedrich Barbarossa Beatrix von Burgund erst 1156 geheiratet hat, sie aber in der Widmungsinschrift genannt ist. Man nimmt an, daß er anläßlich der Kanonisierung Karls des Großen, also am 29. Dezember 1165, in Auftrag gegeben wurde.
129 Zitat: »Merkwürdig...«: Raumer II, 128.
 Die Berichte über das Treffen auf der Brücke differieren nach Zeit und Umständen, so daß kein einheitlicher Ablauf verbindlich gemacht werden kann. vgl. u. a.: Raumer, II, 128; Wahl, 144, Hiller, 160 und Gebhardt, IV, 134.
132 Zitat: »alle Fäden...«: Wahl, *Barbarossa*, 175.
 Zitat: »Wie ein Verräter...«: Wahl, *Barbarossa*, 164.
133 Zitat: »die Ehre...«: Wahl, *Barbarossa*, 166.
134 Annullierung der Ehe Heinrich des Löwen: Über die Motive sind wir nicht informiert. Als Grund wurde, wie üblich, zu nahe Verwandtschaft angegeben, was nach 14 Ehejahren nur ein Vorwand sein kann. Möglicherweise war der eigentliche Anlaß, daß der einzige männliche Erbe bereits gestorben war und weitere männliche Nachkommenschaft fehlte. Die Scheidung fand am 23. 11. 1162 in Konstanz statt.
136 Bericht Kardinal Bosos in Alex. Vita, 458.
137 Die Katastrophe vor Rom als Gottesurteil: So schrieb Thomas Becket an Papst Alexander: »Der Herr hat Friedrich, den Hammer der Gottlosen, zermalmt!« Und bei früherer Gelegenheit: »Seit Bestehen der Welt hat sich Gottes Macht nie klarer, seine Gerechtigkeit nie größer gezeigt, als indem er die Anstifter dieser Frevel, die Urheber dieser Verfolgung niederwarf und durch den schmählichsten Tod dahinraffte...« (bei Hiller, 211).
 Zitat: »Um die Kranken...«: Wahl, *Barbarossa*, 184.
138 Tod und Beisetzung Rainalds: vgl. Julius Ficker, *Reinald von Dassel*, 114.

Neue Wege

140 Barbarossas Söhne: Friedrich wurde am 16.7. 1164 geboren, Heinrich im November 1165. Gekrönt wurde Heinrich am 16. 8. 1169. Raumers Zweifel an der Geburtenfolge: Raumer, II, 190.
142 Zitat: »Dieben ...«: Wahl, *Barbarossa*, 206.
145 Zum Begriff Vasall: Vasall oder Lehnsmann können wechselseitig gebraucht werden, auch wenn man üblicherweise von »Reichsvasallen« spricht. Das mittelhochdeutsche Wort vasall kommt vom lateinischen »vassus«, das sich wieder vom keltischen Wort »gwas« für Knecht ableitet.
147 Zitat: »durch seine ...«: bei Wahl, *Barbarossa*, 256.
149 Zitat: »es für einen ...«: bei Wahl, *Barbarossa*, 273.
150 Zitate Einhard: *Deutsche Geschichte*, 18. Aufl. 1934, Seiten 44, 42, 41.
152 Zitat Gundlach: »nicht die ...«: Gundlach, *Barbarossalieder*, Vorrede, XVII.
153 Zitate Elstner: *Heinrich der Löwe*, 1940, 365.
Zitat Schaafhausen: *Das Leben Heinrichs des Löwen*, 1926, 20.
Zitat »Nicht das Königtum ...«: Karl Jordan, *Friedrich Barbarossa*, 1959, 68.
155 Zitat: »Alles Vergangene ...«: Muratori, Antiqu. Ital. IV, 307 nach Raumer, II, 239.
Zitat: »dem Herrn ...«: bei Wahl, *Barbarossa*, 321.
157 Heinrich von Veldeke, *Eneide*, Verse 13 221 ff. Er beschreibt dort die Hochzeit des Äneas mit Lavinia, wobei ihm das Mainzer Hoffest als Vorbild dient.
Zitat: »Am Pfingstmontag ...«: Gislebert von Mons: Chronicon Hanoniense, nach Bühler, *Die Hohenstaufen*, 266.
158 Zitat: »Im Namen ...«: bei Wahl, *Barbarossa*, 309.
Zitat: »wurden ohne ...«: Gislebert von Mons, Chronicon Hanoniense, nach Johannes Bühler, *Die Hohenstaufen*, 267.
Zitat: »Es war ein ...«: Wahl, *Barbarossa*, 309.

Minne, Ritter und Turniere

159 Zur Zusammensetzung der Ritterschaft: van Winter, S. 9, 19 ff.
Rittertum in der Literatur: Joachim Bumke ist in seinen *Studien zum Ritterbegriff im 12. und 13. Jahrhundert* (Heidelberg 1964) der Verwendung des Wortes Ritter und seinen Ableitungen rein statistisch nachgegangen. Gleichwohl hat diese Methode Aussagekraft für den Historiker, der anhand der Wirkungsgeschichte eines Begriffs Rückschlüsse ziehen kann.
160 Zu Status und Stand des Ritters: u. a. Hans Naumann, *Deutsche Kultur im Zeitalter des Rittertums*, S. 11.; van Winter, S. 21; von Reitzenstein, 29.
Zitat: »So läßt ...«: Adolf Waas, *Geschichte der Kreuzzüge*, Freiburg 1956, Bd. II, 58.
161 Zitat: »die besondere Sache ...«: »Bonizo von Sutri«, »Liber de via Christiana« in: E. Perels, *Texte zur Geschichte d. röm. und kanonischen Rechts im Mittelalter*, Berlin 1930, S. 248 ff. Bonizo (auch Bonitho) von Sutri lebte etwa von 1045–1095.
Zitat: »sich nicht ...«: siehe vorige Anmerkung.
162 Zitat: »Der Christ ...«: Einzelheiten Lehmann, *Kreuzfahrer*, 194 f.
Zitat: »Aber wozu ...«: Johannes von Salisbury (um 1115–1180) in »Policraticus«, ed. C. CH. I. Webb., Oxford 1909, Bd. II, 23.
163 Zitat: »reiten ...«: bei Pleticha, 75; dort auch Details.
Zitate zum Goethe-Adel: Naumann, *Deutsche Kultur im Zeitalter des Rittertums*, S. 2.
Zur kirchlichen Weihehandlung bei der Schwertleite: Johannes von Salisbury

schreibt zu dieser »benedictio novi militis«: »Daher ist es schon ein sehr alter feierlicher Brauch, daß jemand an dem Tag, an dem er mit dem Schwert umgürtet wird, feierlich zur Kirche geht und, nachdem er sein Schwert auf den Altar niedergelegt und dargeboten hat, sich gleichsam mit einem feierlichen Gelübde dem Gehorsam des Altars weiht und Gott den fortwährenden Dienst seines Schwertes, das heißt, seines Handwerkes, gelobt.« In »Policraticus«, in Webb II, 25.

164 Einzelheiten zum Turnier u. a. bei Reitzenstein 31 ff. und 97. Zum arabischen Einfluß: Hunke, *Kamele auf dem Kaisermantel*, 133 f.
167 Zitat: »Da waren für...«: bei Pleticha, 105, ohne Quelle.
168 Zitat »sanft vergilbenden Minne«: Wapnewski, *Deutsche Literatur des Mittelalters*, 85.
Minnesang von Heinrich von Mohrungen: Liedbeginn: »Owê, sol aber mir...«.
Zur Entstehung des Frauendienstes: u. a. Wapnewski, *Deutsche Literatur des Mittelalters*, 80. Allerdings kann die Ableitung des Frauendienstes aus der Muttergottesverehrung bezweifelt werden. Viel einleuchtender wäre eine umgekehrte Abhängigkeit.
169 Zitat: »die Herrin-Diener...«: Wapnewski, *Deutsche Literatur des Mittelalters*, 80.
Zitat zum Endreim: bei Hunke, *Kamele...*, 149. Gedicht des unbekannten Sängers: in der kleinen Heidelberger Liederhandschrift (A) unter dem Namen Niune, in der großen (C) unter Alram von Gresten überliefert. Hier zitiert nach Helmut de Boor, II, 1490.
170 Minnesang: 4. Strophe von »ich fröidehelfelôser man...«
Zitat: »Kaum je...«: Peter Gülke, *Mönche, Bürger, Minnesänger*, 146.
171 Zitat Gerhard Atze aus: »mir hat her gerhart Atze...« Die folgenden Zitate sind zugleich die Liedanfänge.
172 Zur *Eneide* Heinrichs von Veldeke: Er begann die *Eneide* zwar schon früher (etwa 1170), lieh aber dann den Text aus, der daraufhin gestohlen wurde und neun Jahre verschwunden blieb. 1184 erhielt er ihn zurück und vollendete ihn. Einzelheiten in *Kindlers Literatur Lexikon* unter »Eneide«.
Hartmann von Aue: Details in *Kindlers Literatur Lexikon* unter »Erec«. Mittelhochdeutscher Text und Übertragung des *Erec* 1972 als Fischer-Taschenbuch erschienen.

Die letzten Jahre

176 Zur sizilianischen Erbfolge: Konstanzes Vater Roger II., seit 1130 König von Sizilien, war 1154 gestorben. Sein Nachfolger wurde Wilhelm I. (1154–1166), ihm folgte dessen Sohn Wilhelm II. (der Gute; 1166–1189). Nach seinem Tode übernahm sein Halbbruder Tankred von Lecce die Krone, ihm folgte 1194 Friedrich Barbarossas Sohn Heinrich VI., der durch die sizilianische Konstanze Erbe des Reiches geworden war.
Konstanze war kurz nach dem Tode ihres Vaters geboren worden. Ihre Mutter war Rogers II. dritte Frau Beatrix von Rethel aus den Ardennen, die mütterlicherseits aus lothringischem Adel stammte. Konstanze hatte jahrelang im Kloster der Basilianischen Nonnen in Palermo und in anderen Klöstern zugebracht. Wir wissen aber weder, ob aus eigenem Antrieb, noch, ob sie den Schleier genommen hat.
177 Zu Nachkommenschaft Friedrich Barbarossas: Hansmartin Decker-Hauff, stets mutiger als andere, bringt es in seiner Stammtafel der Staufer (Katalog der Staufer-Ausstellung IV) auf 13 Kinder Barbarossas, wobei er Wolfgang Seiffer und Gerhard Baaken folgt. Aber zu Recht bemerkt Decker-Hauff dazu, »daß Zahl, Namen, Alter,

Reihenfolge und Begräbnisorte der Kaiserkinder ... bisher weitgehend unklar und umstritten« waren. Sie sind es noch.
183 Zitate zum Tode Friedrich Barbarossas von Guido von Bozocles und Richard von London in: Franz Böhm, 130 und 134.
Zur Beerdigung Friedrich Barbarossas: Ankunft in Antiochia am 21. Juni 1190. Nach anderen Quellen bestattete Friedrich von Schwaben die Gebeine Barbarossas am Strand vor Akkon, wo sich das Heer dann zur Belagerung aufhielt. Dort starb dann auch am 20. Januar 1191 Herzog Friedrich von Schwaben.
Zitat: »Hätte Allah...«: Ibn al-Atir (1160–1233) ed. Torberg, Leiden, 1853–64, Band XII, 30ff.
184 Barbarossa-Gedicht: Friedrich Rückert (1789–1866), Professor für orientalische Sprachen in Erlangen. Das Gedicht entstand 1817.

III. »Die Weltherrschaft«: Heinrich VI.

Die gesteigerte Macht

188 Zitate: Karl Hampe, *Deutsche Kaisergeschichte*, 221 und 223.
189 Zitat Hampe: Hampe, *Kaisergeschichte*, 221.
Zitat Karl Jordan in: Gebhardt, *Handbuch der Deutschen Geschichte*, IV, 162.
Zitat Zimmermann: Zimmermann, *Geschichte der Hohenstaufen*, II, 5.
Zitat Raumer: Raumer, III, 4.
Zitat *Propyläen Weltgeschichte:* V, II, 441.
Zitat: »Bleich...« Niketas Choniates, byzantinischer Geschichtsschreiber.
Zitat: »mit einem schönen...«: Chronik von Ursberg in: Bühler, 316.
Zitat: »Stets war er...«: Niketas Choniates.
190 Zitat: »eitlen Dingen...«: Chronik von Ursberg in: Bühler, 316.
Zur Dichtung Heinrichs VI.: vgl. Peter Wapnewski, *Waz ist minne?* 47ff.
192 Zitat: »hoch wie Palmen...«: bei Döbler, *Die Germanen*, Gütersloh, 1975, S. 307. Dort ohne Quellenangabe nach El-Hakam aus Sevilla zitiert.
193 Zitat: »Wehe, dreimal...«: Zimmermann, *Geschichte der Hohenstaufen*, II, 12.
194 Zitate nach Raumer, III, 12.
196 Zitat: »des großen Friedrichs...«: Zimmermann, II, 16.
Zitat: »Durch Erbrecht...«: Zimmermann, II, 17; Raumer III, 20.
198 Die Gefangennahme von Richard Löwenherz wird in verschiedenen Varianten überliefert. Am Tatbestand und am Ergebnis ändert sich dadurch nichts.
199 Zum Lösegeld von Richard Löwenherz: Der Betrag von 150000 Mark in Silber betrug, nur um einen Vergleich zu haben, das Fünffache der jährlichen Einnahmen des Königreiches England »Elisabeth Nau, »Münzen und Gold in der Stauferzeit«, in: Katalog der Staufer-Ausstellung, III, 93 und Anm. S. 101.
Zitat: »Sonst wird...«: Rymer, Foedera, I, 23, bei Raumer III, 36.
Zitat: »Im Namen...«: Radulf von Coggeshall, bei Bühler, 305.

Der Tyrann von Sizilien

201 Zitat: »schnell vollendete...«: Zimmermann, II, 37.
202 Zitat: »Wenn ich...«: Ottobonus, Annales Genuenses zu 1194, nach Raumer, III, 42.
Zitat: »unermeßlichen...«: Otto von Blasius, nach Bühler, 311.
203 Zur Geburt Friedrichs II.: Konstanze wurde auf der Reise von Deutschland nach

Sizilien in Jesi (Mark Ancona) von den Wehen überrascht. Da sie bereits über 40 war und erst so spät ihr erstes Kind bekam, entstanden boshafte Gerüchte. So kolportierte Salimbene, der Kaisersohn sei eigentlich das untergeschobene Kind eines Fleischers aus Jesi (Chronik Salimbenes in *MG SS XXXII*, 31 ff.), während Gegenlegenden daraufhin behaupteten, Konstanze habe auf dem Marktplatz von Jesi in einem Zelt vor aller Augen öffentlich entbunden. Das Kind erhielt die Namen beider Großväter und wurde Friedrich Roger genannt.

206 Zitat: »Der Kaiser...«: Marbacher Annalen, nach Bühler, 315.
207 Todesursache Heinrichs: Malaria: Gebhardt, IV, 175; das »Opfer eines sizilianischen Sommers«: Hampe, 232.
Text des Testaments: *MG Const. I*, S. 530 Nr. 379, nach Bühler, 317. – Das Testament wurde erst nach der Schlacht bei Monreale im Jahr 1200 im Gepäck von Markward von Annweiler gefunden. Obwohl der Text als gesichert gilt, nimmt Hampe an, daß es nicht als Testament, sondern als Verhandlungsbasis mit dem Papst zu gelten habe.
208 Zitat: »Seinen Hingang...«: Otto von St. Blasien, 37, nach Bühler, 315.
209 Zitat: »Seine Politik...«: Zimmermann, II, 75.
Zitat: »Auf der Bahn...« und »die schwerste...«: Karl Jordan in: Gebhardt, IV, 175.

Der Kampf ums Erbe

210 Zitat: »Mit dem Tode...« nach Raumer, III, 53.
214 Zitat: »entseelt...«: Raumer, III, 121.
Zitat: »rôse âne...«: aus dem Lied »Ez gienc eins tages...«
Zitat: »und starb...«: Raumer, III, 121.
215 Zitat: »einem Bürger...«: *Mur. RISS* X, 816.
Zitat: »voll Scharfsinn...«: und folgende: nach Karl Hampe, »Aus der Kindheit Friedrichs II.« in: *Mitteilungen d. Inst. f. österr. Geschichtsforschung* 22 (1901), S. 575 ff.
217 Zitat: »Ihre Manneskraft...«: BR 6008; HB I, 131.
Zitat: »mit einer angemessenen...« BR 6008; HB I, 131.
218 Zitat: »stark, aber...«: im Original: »superbus et stultus, sed fortis«.
Zitat: »Die versammelten...«: Ursperger Chronist, 327.

IV. »Das Staunen der Welt«: Friedrich II.

Das »Chint von Pulle«

222 Zitat: »Arm und abgerissen...«: Thomas von Toska in seinem Buch über die Taten der Kaiser und Päpste: *MG SS XXII*, 510.
Zitat: »Uns ergeht...«: Empfang in Rom bei Böhmer, *Regesta Imperii* V, 660. b. und MG SS XXII, 510.
223 Zitat: »daß wir...«: Papstbrief vom 29. 1. 1207 in HB, 124 ff.
224 Zitat: »Wäre Friedrich...«: *MG SS XXVI*, 303.
225 Zitat: »Noch nie...«: bei Friedrich Wittenberg, *Die Hohenstaufen im Munde der Troubadours*, Diss. Münster 1908, S. 54 ff. 95 f.
Zitat: »Sein junger Leib...«: aus »ich wolt hêrn Otten...«:
»Sin junger lip wart beide michel und groz.
nu seht waz er noch wahse: erst ieze übr in wol risen genoz

Zitat: »das sehr weise...«: *MG SS XXVI*, 764.
Zitat Kaiserchronik: »Die Herren waren...«: *MG DCh, I*, 402.
227 Zitat: »angemessen und...«: *MG SS XXVI*, 318; Mur. Riss IX, 646.
Zu Karlsschrein: Entstehungsgeschichte und Beschreibung u. a. bei Grimme, *Goldschmiedekunst*, S. 70ff. Für den Identifikationsprozeß der deutschen Kaiser mit Karl dem Großen ist interessant, daß der Stifter des Schreins, also Friedrich Barbarossa, nicht als eigene Figur dargestellt ist, sondern mit Karl dem Großen zu einer einzigen Figur verschmolz. Dies wird auch daran deutlich, daß der Kopf Karls des Großen auf dem Karlsschrein mit dem Cappenberger Barbarossakopf auffallende Ähnlichkeiten zeigt (Grimme, S. 66, 70): Friedrich Barbarossa erscheint somit als Inkarnation Karls.
228 Zitat: »nahm einen Hammer...«: Bericht des Mönches Reinerus aus St. Jakob zu Lüttich, *MG SS XVI*, 673.
Zitat: »Sofort nach...«: Reineri Annales, *MG SS XVI*, 673.
229 Zitat: »Es soll dadurch...«: HB, I, 469–470.
230 Walthers Gedicht »Das Christentum im Siechenhaus« mit dem Beginn: »Nû sende uns...« Übersetzung Peter Wapnewski.
231 Zitat: »geringer als...«: Migne, *Patrologia Latina* 215, S. 88.
Zitat: »Ich will lieber...«: Volo procedere mansuetudine potius, quam rigore: Regesta Honorii III. Vatikanarchiv, Jahr IX, 16.
Zitat: »Als die Ohren...«: WA I, 136.
Zitat: »zum Zeichen...«: WA, I, 137.
Zitat: »Der Reiter...«: Haller, *Papsttum* III, 1, S. 2.
232 Zitat: »in unserer...«: Brief Friedrichs vom 13.7.1220 an den Papst. HB, I, 802ff. Preisgabe von Privilegien: die »Confoederatio cum principibus ecclesiasticis« vom 26. April 1220, durch die die Bischöfe und Reichsäbte zu Landesherren wurden. Ihre Rechte wurden erst 600 Jahre später durch Napoleon aufgehoben.
Zitat: »Ferne sei...«: Brief Friedrichs vom 13.7.1220 an den Papst. HB, I, 802ff.
234 Zitat: »Gearbeitet in...«: zitiert nach Hunke, *Kamele auf dem Kaisermantel*, S. 106.

Der Gesetzgeber

238 Zitat: »Zur Wahrung...«: Aus den Konstitutionen von Melfi aus dem Jahr 1231; HB IV, 134f.
239 Zitat: »es liegt uns...«: bei Raumer, III, 461, dort nach Regesta 269, 278 vom Jahr 1231.
Zitat: »In Deinem Reich...«: in Hans Martin Schaller »Das letzte Rundschreiben Gregors IX. gegen Friedrich II«, in: *Festschrift für Percy Ernst Schramm*, Bd. I, Wiesbaden 1964, S. 44.
Zitat: »Alle beugten...«: Richard von San Germano in *MG SS XIX*, 341.
240 Zitat: »Die Wissenschaft...«: Petrus de Vinea, III, 67.
Zitat: »Wir sind gesonnen...«: HB, IV, 151ff.
Zitat: »Wir verbieten...«: HB, IV, 151f.
Zitat: »Wer das tut...«: HB IV, 151f.
Zitat: »Abfälle...« und »die Grabstätten...«: HB IV, 151f.
Zitate zum Medizinstudium und Apothekertum: im 3. Buch der neuen Konstitutionen, 46; HB, IV, 235–237, 318.
241 Zitat: »Wer Liebestränke...«: Neue Konstit, Band III, 73: »De poculis amatoriis« in HB, IV, 167f.
Zitat: »Am frühen Morgen...«: Richard von San Germano im Jahr 1231; *MG SS XIX*, 364.

242 Zitat: »daß es keinem ...«: 1233 in Syrakus erlassen. HB, IV, 458 ff.
Zitat: »fremdgeborene Söhne ...«: HB IV, 233 f.; Petrus von Vinea, VI, 7. Heinisch datiert diesen Erlaß etwa in das Jahr 1231.
Zitat: »Es kam uns ...«: Brief Gregors IX. vom 5. 7. 1231 in *MG Epp. pont.* I, 357, Übersetzung Kantorowicz, 238 f.
243 Zitat: »häufig am Sonntag ...«: Johann von Winterthur in *MG SS* n. s. III, 7 ff.
Zitat: »Nicht nur ...«: *Regesta Imperii* 1320 und Winkelmann, *Acta Imperii*, I, 221.
Zitat: »Verwundert ...«. Brief Gregors IX. vom 3. 12. 1232 an Friedrich II.: *Regesta Imperii* 6925, HB IV, 405.
244 Zitat: »Wir wetteifern ...«: Brief Friedrichs vom 3. 12. 1233 an Gregor IX. in *Regesta Imperii* 2034, HB IV, 457.
Zitat: »in Wahrheit ...«: Kantorowicz, 247.
Zitat: »Die Sorge für ...«: *Regesta Imperii*, 1942, HB IV, 300–303.
245 Zitat: »Es ist ...«: Petrus von Vinea, V, 2.

Der Forscher

246 Zitat: »obwohl noch ...«: Hampe, *Aus der Kindheit*, 592 ff.
Zitat: »Würze der Wissenschaft ...«: HB IV, 383; Petrus von Vinea III, 67.
Zitat: »Nachdem wir ...«: HB IV, 383.
247 Vor der Gründung der Universität Neapel gab es in Europa folgende Universitäten: Parma (1065), Bologna, Paris, Modena, Salamanca (1218), Padua (1222).
Zitat »Mit der Gnade ...«: HB, II, 450 ff; BR 1537, Petrus von Vinea III, 11.
248 Zitat: »daß sich die Süßigkeit ...«: etwa gleichzeitig mit dem Gründungsaufruf der Universität Neapel in einem Schreiben an die Kapitäne Siziliens: HB II, 447 f., Petrus von Vinea III, 12.
Zu Thomas von Aquin und Friedrichs Hof: Die Herren von Aquino waren ein Adelsgeschlecht aus Kampanien, das sich langobardischer Herkunft rühmte. Landulf von Aquino wurde von Friedrich II. zu Beginn seiner Herrschaft im Königreich Sizilien zum Justitiar der Terra Laboris (entspricht etwa dem heutigen Kampanien) ernannt, der ältere Thomas von Aquino wurde Graf von Acerra und Großjustitiar für Kampanien und Apulien. Dieser Graf von Acerra war Friedrichs II. Gesandter bei El-Kamil und Statthalter in Jerusalem. Er besaß einen Enkel und einen Großneffen, die beide ebenfalls Thomas hießen. Der Enkel wurde mit seinem Bruder Jakob am Hof Friedrichs II. erzogen und heiratete die Kaisertochter Margarethe und wurde damit ein Schwiegersohn des Kaisers. Der Großneffe Thomas, der Sohn des Justitiars Landulf, sollte wie sein Bruder Rainald ebenfalls am Hofe erzogen werden. Rainald wurde auch Falkner bei Hofe, aber Thomas wurde Dominikanermönch und später der berühmte Kirchenlehrer. Um den Mönch Thomas trotzdem an den Hof zu bringen, hatte ihn Rainald sogar mit Hilfe des Petrus von Vinea und mit Wissen des Kaisers entführen und dem Orden abspenstig machen wollen, aber dies mißlang.
Zu Studentenleben im Mittelalter: ausführlich bei Georg Kaufmann, *Die Geschichte der deutschen Universitäten*, 2 Bde., Stuttgart 1888 und 1896 (wobei der erste Band vor allem die nicht-deutschen Universitäten behandelt); und Emil Reicke, *Lehrer und Unterrichtswesen in der deutschen Vergangenheit*, Jena ²1924; Raumer, VI, S. 376 ff.
Zu Professorengehältern: so bei Raumer, III, 482.
249 Zitat: »Bauherr ...«: Heinisch, *Briefe*, 77.
Zitat: »aus den alten ...«: Brief von 1232, HB, IV, 383; Petrus von Vinea III, 67.

Zitat: »Auf daß ...«: Hunke, *Allahs Sonne,* 60 ohne Quelle.
251 Zu den mathematischen Aufgaben: Hunke, *Allahs Sonne,* 62; Heinisch, *Briefe,* 78 ff.; Moritz Cantor, *Vorlesungen über die Geschichte der Mathematik,* II, Leipzig, ²1900.
252 Zu Averroës: sein voller Name ist Abu el-Walid ben Ahmed ben Roschd. Seine beiden Söhne sollen am Hof Friedrichs II. gewesen sein.
Dante über Michael Scotus: *Göttliche Komödie,* Inferno, 20. Gesang:
»Schien zwischen Kinn und Brustbein sonderbar
der Wirbel mir verrenkt bei ihnen allen:
Herumgewandt zum Nacken ganz und gar
war ihr Gesicht, und mußten rückwärts gehen,
dieweil nach vorn die Sicht benommen war.«
Unter diesen, »deren Auges Weinen den Spalt der Hinterbacken baden sah« auch »so schmal von Lenden, jener Fant, war Michel Scotus, einst in jedem neuen Trugspiel der Zauberei gar wohl bewandt.«
253 Zitat: »in aller Heimlichkeit« und der folgende Fragenkatalog: Charles Homer Haskins *Studies in the History of Mediaeval Science*«, Cambridge, Mass. 1927 in: *Harvard Historical Studies,* XXVII. Deutsch nach Heinisch, *Briefe,* 81 ff.
255 Zitat: »um die Muslims ...« und folgende Fragen: Eilhard Wiedemann, »Fragen aus dem Gebiet der Naturwissenschaften, gestellt von Friedrich II. dem Hohenstaufen« in: *Archiv für Kulturgeschichte XI* (1914) 483.
256 Zu Ibn Sabin: Abd al-Haqq Ibn Sabin, geboren im spanischen Murcia, war damals etwa 20 Jahre alt und wurde »Polarstern des Glaubens« genannt. Er lebte in Marokko und galt in islamischen Kreisen als Aufklärer.
257 Zu Salimbene: Salimbene von Parma (1221–1287/88) galt als gemäßigt päpstlich. 1238 trat er in den Orden der Minoriten ein. Die »Wahnideen« in *MG SS XXXII,* 31 ff., Übersetzung v. Alfred Doren in *Geschichtsschreiber der deutschen Vorzeit,* Bd. 93/94 Leipzig 1914. Das Experiment mit den Hunden: Raumer, III, 491. Herodot II, 2.
260 Zitat: »häufig durch ...«: aus dem Vorwort zum Falkenbuch. Text nach Heinisch, *Briefe,* 260 f.
Zitat: »von der Ameise ...«: nach Hunke, *Allahs Sonne,* 270.
261 Zitat: »auf unsere eigene ...«: Falkenbuch, nach Hunke, 271.
Zitat: »dem Fürsten ...«: Falkenbuch, nach Heinisch, *Briefe,* 261.
Zitat: »Man darf nicht ...«: Johann Gottlieb Schneider, *Reliqua librorum Friderici II imperatoris de arte venandi cum avibus,* Leipzig 1788/89, S. 17, hier zitiert nach Heinisch, Briefe, 263.
262 Zitat: »Einmal wurde uns ...«: zitiert bei Haskins, Seite 321, nach Heinisch, *Briefe,* 263.
Zitat: »kommen wir ...«: nach H. Schöppfer, *Des Hohenstaufen Kaisers Friedrich II. Bücher von der Natur der Vögel und der Falknerei,* Berlin 1896, S. 81 ff.
Zitat: »mehr als alles ...«: aus einem Brief des Mailänders Guilielmus Bottatius an Karl von Anjou von 1264/65, in dem der das 1248 geraubte Original des Falkenbuches Karl von Anjou als Geschenk anbot. Bottatius beschrieb dabei auch das Original, »dessen bewunderungswürdige Schönheit und Bedeutsamkeit zu schildern Worte nicht im mindesten ausreichen dürften.« Es war »mit Gold- und Silberzier kunstvoll geschmückt und mit dem Bild der Kaiserlichen Majestät versehen.« Einzelheiten, auch über den weiteren Verbleib und die französische Übersetzung in: Katalog der Staufer-Ausstellung I, 658 ff.
263 Zum Heilbronner Hecht: Einzelheiten in: Katalog Staufer-Ausstellung I, Seite 707. Dort auch der Hinweis, daß der Fisch in das Stadtwappen von Kaiserslautern kam. Das älteste erhaltene Siegel der Stadt von 1266 zeigt noch keinen Fisch. 1373 sind

im Stadtsiegel zzwei Fische, seit dem 17. Jahrhundert ein großer Fisch. 1842 wurde der Fisch als Karpfen dargestellt. (nach *Städtebuch Rheinland-Pfalz und Saarland*, Hrsg. Erich Keyser, Stuttgart 1964, S. 172.)

264 Zitat: »fleischlichen Bedürfnissen...«: Salimbene bei der Beschreibung der »Wahnidee«, es gebe nach dem Tode kein weiteres Leben. In *MG SS XXXII*, 31f., zitiert nach Heinisch, *Briefe*, 87.
Zitat: »Neugier...«: *MG SS XXXII*, 31f.
Zitat: »bis er darin...« siehe vorige Anmerkung.
Zitat: »Denn um die Särge...«: Friedrich II. wird in der *Göttlichen Komödie*, Inferno, IX und X erwähnt. Hier nach der Übersetzung von v. Falkenhausen.

Der Kreuzfahrer

267 Zitat: »Auf, Ihr...«:Kreuzzugsaufruf vom 11. 2. 1221; BR 1287; HB II, 123–124, Übersetzung v. d. Steinen.
268 Zitat: »wie der Erforscher...«: Brief vom 5. März 1224 an den Papst. BR 1516; HB II, 409f.
269 Zitat: »Auf Euren Ratschlag...«: HB II, 409f.
Zitat: »Die Überfahrt...« und folg. Zitate: Vertrag von San Germano, 25. Juli 1225; BR 1569; HB II, 501f.
Als König von Sizilien, Jerusalem und Burgund (Arelat) und als Kaiser der Römer führte Friedrich II. nun den Titel:
Imperator Fridericus Secundus
Romanorum Caesar Semper Augustus
Italicus Siculus Hierosolymitanus Arelatensis
Felix Victor Ac Triumphator.
270 Friedrich II. und Anais: traditionellerweise wird – ohne nachweisbare Begründung – eine der drei erhaltenen Kanzonen Kaiser Friedrichs II. auf eine Syrerin im Gefolge seiner zweiten Frau bezogen, da die Kanzone »Oi llasso, nom pensai« (Weh, ich gedachte nicht...« am Schluß heißt:
»Zur Blum' aus Syrerland,
mein Lied, den Gang nun lenke,
und sag' ihr, die mein Herz gefangenhält,
daß sie in Höfischkeit
gar minniglich gedenke
des, der sich ganz in ihre Dienste stellt...«
– Übersetzung: Hans Naumann, »Die Hohenstaufen als Lyriker und ihre Dichterkreise«, in: *Dichtung und Volkstum* 36 (1935), S. 21ff.
271 Zitat: »Während wir...«: HB, III, 71f.
Zitat: »Der Name...«: Abu el-Fada (1273–1331), ein arabischer Historiker, zitiert in: Michele Amari, *Bibliotheka arabosicula*«, 2 Bde., Turin und Rom, 1880/81, 2. Band S. 104. Ibn Wasil beschreibt den Papst entsprechend als »Kalifen der Franken«.
273 Ausführliche Darstellung: Runciman, *Geschichte der Kreuzzüge*; Quellentexte in deutscher Übersetzung in: Gabrieli, *Die Kreuzzüge aus arabischer Sicht* und Pernoud, *Die Kreuzzüge in Augenzeugenberichten*.
276 Zitat: »Das ist viel...«: überliefert vom arabischen Chronisten Gamal ad-Din Ibn Wasil (1207–1298), deutsche Auszüge in *Kreuzzüge aus arabischer Sicht*, 339.

Der Ketzer

279 Zitat: »in aller . . .«: Brief vom 21. 8. 1215 an das Generalkapitel der Zisterzienser, BR 824; von den Steinen, *Staatsbriefe*, 21.
Zitat: »wir glauben . . .«: Brief an die Zisterzienser vom 28. 8. 1218. BR 943.
Zitat: »Immer war es . . .«: HB VI, 393.
Zitat: »ungläubige Mohammedaner . . .«: Rothelin, zitiert bei René Grousset, *Histoire des Croisades et du royaume français de Jérusalem*, 1936, Bd. III, 278. Entsprechend berichtet der arabische Chronist Ibn Wasil: »Die Mehrheit seiner Vertrauten und Höflinge waren Muslime, in seinem Lager erscholl offen der Gebetsruf, und das vorgeschriebene Gebet wurde verrichtet.« Über die Residenzstadt Lucera: ». . . deren Einwohner alle Muslime von der Insel Sizilien sind: hier wird der Freitagsgottesdienst öffentlich abgehalten, und alle bekennen sich offen zum muslimischen Glauben«. (Aus: *Die Kreuzzüge aus arabischer Sicht*, 336).
Zitat: »In jener Zeit . . .«: Chronisten Roger von Wendover und Matthäus von Paris, *MG SS XXVIII*, 66 und 177.

280 Zitat: »Um Gottes willen . . .«: in Heinisch, *Briefe*, 375 nach P. Kehr, *Das Briefbuch des Thomas von Gaeta*, QF VIII (1905) S. 18 ff und andere Stellen.
Zitat: »die natürliche Hitze . . .«: 2. Buch der Konstitutionen von Melfi, Artikel 31 – HB IV, 102.
Zitat: »Ruf des Kaisers . . .«: Matthäus von Paris, *MG SS XXVIII*, 147.

281 Zitat: »mit unserem Sohne . . .«: *MG SS XVIII*, 178.
Zitat: »Unter anderem . . .«: So Bischof Mainardin von Imola, in Heinisch, *Briefe*, 255.
Zitat: »einen Elefanten . . .«: Veroneser Chronik, zitiert bei Heinisch, *Briefe*, 255.

282 Margarethe von Österreich, etwa um 1204 geboren und vom Chronisten beschrieben: »sie wart so einfaltic und guot«, heiratete Heinrich VII, am 29. November 1225 in Nürnberg. Heinrich VII. wollte sich von ihr bald wieder scheiden lassen, um seine Jugendliebe Agnes, die Tochter König Ottokars I. von Böhmen zu heiraten, aber Agnes wurde Nonne. Nach dem Tode Heinrichs VII. hielt sich Margarethe mit ihren beiden Söhnen Heinrich und Friedrich am Hofe Friedrichs II. auf, ging dann nach Deutschland und danach nach Österreich, wo sie 1252 mit 46 Jahren den nicht einmal halb so alten Ottokar II. von Böhmen heiratete. Sie starb am 18. 10. 1267. In Grillparzers Drama »König Ottokars Glück und Ende« tritt Margarethe als handelnde Person auf.
Walther von der Vogelweide: *Altdeutsche Textbibliothek – die Lieder Walthers von der Vogelweide*, Hrsg. Friedrich Maurer, S. 64. Deutscher Text: Heinisch, *Briefe*, 299.

285 Zitat: »König Heinrich . . .«: Kantorowicz, 347.
Zitat: »denn es folgten . . .«: *MG SS XXII*, 348.
Zitat: »Er führte mit . . .«: siehe vorige Anmerkung. Der Elefant, eines der Lieblingstiere des Kaisers, blieb in Cremona und starb dort 1248. Die Giraffe: Albert Magnus, *De animalibus libri XXVI*, Hrsg. Hermann Stadler, Münster 1920, S. 1357.

286 Zum Tode Heinrichs VII.: HB I, 905 und *MG SS XIX*, 61 (Roland von Padua). Gegen Selbstmordthese: Richard von San Germano, *MG SS XIX*, 382.
Zitat: »Wer könnte . . .«: BR 3268; HB VI, 28–29.

287 Zitat: »Der Ehrwürdige . . .«: BR 2087; HB IV, 539.

288 Zitat: »viele Jahre . . .«: Wahl, *Friedrich II*, 238 ohne Quelle.
Zitat: »Nachdem sich . . .«: *MG SS XXVIII*, 70f.
Zitat: »mit seinen bunten . . .«: und folgende Zitate zu Isabella: *MG SS XXVIII*, 71 ff.

289 Zitat: »Seine drei . . .«: zitiert beim Constantin Höfler, *Kaiser Friedrich II. – ein*

Beitrag zur Berichtigung der Ansichten über den Sturz der Hohenstaufen, München 1844, 159, Anm. 2. Übernommen aus Heinisch, *Briefe*, 295.
290 Zitat: »die Knie . . .«: MG Constitutiones, II, 264.
Zum Landfriedensgesetz in deutsch: Zumindest ist das Landfriedensgesetz das erste uns erhaltene Gesetz in deutscher Sprache. Deutschgeschriebene Bücher und Bibeln gab es nachweislich schon um das Jahr 1200, auch wenn die Kunst des Schreibens noch weithin bei den Mönchen, den Klerikern, lag (daher das englische Wort clerk für Schreiber). Einzelheiten über das Buchwesen in der Stauferzeit bei Raumer, VI, 385 und 438.
291 Zitat: »Den liebsten Dienst . . .«: MG Constitutiones, II, 267.
292 Zitat: »Geistes Schärfe . . .«: HB IV, 873.
294 Zu Aufenthalt in Deutschland. Matthäus von Paris berichtet zweimal von einer weiteren Reise Friedrichs II. nach Deutschland für das Jahr 1243/44. Auch ein Legendar des Dominikanerklosters in Eisenach meldet, daß »Friedrich im Jahr 1242 einen Herrentag zu Frankfurt am Main abhielt . . .« (Schirrmacher, IV, 15, 501). Das aber erscheint aus Termingründen unmöglich, wie A. Huber 1870 nachwies (in *Forschung zur deutschen Geschichte*, Göttingen 1870), womit er Schirrmachers These in seinem 1865 erschienenen Werk *Kaiser Friedrich II.* widerlegte.
296 Zu Montgomery: in Montgomery, I, 199.
297 Zitat: »der einen hölzernen . . .«: Bericht von Peter von Vinea oder seiner Umgebung, in BR 2294; HB V, 137f.
Zitat: »erinnern wir . . .«: BR 2311; HB V, 161.
Zitat: »Frohlocken . . .«: BR 2294; HB V, 137–139.
Zitat: »die Anführerin . . .«: Friedrich in einem Brief an die Römer; BR 2311.
Zitat: »ganzen Schatz . . .«: Matthäus von Paris, MG SS XXVIII, 146.
298 Zitat: »Gnädigster Herr . . .« und Antwort Friedrichs: bei Salimbene 366, zitiert nach Raumer, III, 651.
Zitat: »Auf dieses tyrannische . . .«: Matthäus von Paris, MG SS XXVIII, 146.
Zitat: »Von da an . . .«: siehe vorige Anmerkung. Das Bibelzitat ›Der Herr widersteht . . .‹ bei Jakobus, 4,6.
299 Zitat: »Herrschen aber . . .«: BR 2415; HB, V, 274–275, nach v. d. Steinen.
300 Zitat: »gleichsam aus . . .«: HB, VI, 906; »velut in quadam somnii oblivione . . .«
301 Zitat: »die zerstreuten Güter . . .«: Matthäus von Paris, MG SS XXVIII, 147f.
Zitat: »Die Nacken . . .«: MG Epp. pont. I, 600.
Zitat: »Wir konnten . . .«: Brief vom Sommer 1238, BR 2358.
302 Zum Besitzanspruch auf Sardinien: Friedrich II. leitete seine Ansprüche aus der Tatsache ab, daß Friedrich Barbarossa Pisa und Genua mit der Insel belehnt hatte. Der Papst wiederum konnte darauf verweisen, daß Sardinien seit dem 6. Jahrhundert unter päpstlichem Einfluß stand und daß die Insel vor Barbarossa in päpstlichem Auftrag durch Pisa und Genua von den Sarazenen zurückerobert worden war.
Zitat: »Denn an allem . . .«: BR 2437; HB V, 282–284.
Zitat: »Wir exkommunizieren . . .«: Bannbulle Gregors IX. vom 20. März 1239; BR 7226; HB V, 286–289.
303 Zitat: »Dieser König . . .«: Der Ausspruch von den drei Betrügern ist mehrfach überliefert; *MG SS XXIV*, 201. Zur Genesis der Geschichte von den drei Betrügern: Martin Grabmann, 137.
304 Zitat: »daß er Mohammed . . .«: So Roger von Wendover und Matthäus von Paris; *MG SS XXVIII*, 66 und *MG SS XXVIII*, 177.
Zitat: »Außerdem hat . . .«: Papstenzyklika vom 10. Juli 1239; BR 7245; HB V, 339f.
305 Zitat: »nichts glauben . . .«: siehe vorige Anmerkung.
Zitat: »Einige berichten . . .«: Johann von Winterthur, MG SS n. s. III, 7ff.
Zitat: »wenn die Fürsten . . .«: *MG SS XXIV*, 201; MG SS rer. Germ. in usum, 662.

Der Hammer der Welt

306 Zitat: »Was nach Verdienst...«: Ovid, Heroides, V, 7–8 nach Heinisch, in *MG SS XIX*, 70, Chronik des Rolandin.
Zitat: »auf alle Weise...« und »wunderte er...«: *MG SS XIX*, 70f. Chronik des Rolandin: Roland Pat. Chron, IV, 9f.
Zitat: »das geistliche...«: aus einem Schreiben an die Kardinäle vom März; BR 2428; HB VI, 275ff.
Zitat: »Bestie...« der Papst über Friedrich II.; BR 7245; HB V, 327. Die folgenden Anwürfe stammen vom Kaiser gegen den Papst: BR 2454.

307 Zur Umrechnung Goldunzen zu Silbermark: Die Umrechnung stammt von Georgina Masson, 303. Rechnet man, wie andernorts, die Goldunze zu 52 Mark, so ergäbe sich die Summe von 1 281 956 Silbermark.
Zitat: »zu den Qualen...«: bei Georgina Masson, 305 ohne Quelle.
Zitat: »wo unsere Wiege...«: Brief an die Stadt Jesi; BR 2470; HB V, 378.

309 Zitat: »eingeborenen Sohn«: Flugschrift; HB V, 309.
Zitat: »Weltenrichter...«: Kantorowicz, 462.
Zitat: »Das sind...«: *MG SS XVIII*, 483, Übersetzung Masson.

310 Zitat: »Einen Augenblick lang...«: Masson, 311.
Zitat: »denn dies...«: Schreiben Friedrichs an seinen Schwager Graf Richard von Cornwall 1239; BR 2431, HB V, 295f.
Zitat: »habe nur...«: Albert Stadensis (Helmst. 1587) zu 1240, zitiert nach Raumer, IV, 38.

311 Zitat: »er habe...« und »wie kann...«: Concilia XIII, 1177, nach Raumer IV, 39.

312 Zitate zu Tataren: aus Friedrichs Brief an König Heinrich III. von England vom 3. Juli 1241; BR 3216; HB V, 1148f.

313 Zitat: »mit dringender...«: siehe vorige Anmerkung.
Zitat: »Das wuchtige...«: siehe vorletzte Anmerkung.
Zitat: »O Gott...«: HB V, 1148f.
Zitat: »Da uns...«: Friedrich an Heinrich III.: HB V, 1148.

314 Zitat: »sein Wille...«: siehe vorige Anmerkung.
Zitat: »Es gab nämlich...«: Matthäus von Paris, *MG SS XXVIII*, 213.
Mongolen und Papsttum: auf dem Konzil von Lyon 1245 schlug Papst Innozenz IV. vor, Kontakte mit den Mongolen aufzunehmen, um die Sarazenen zu bekämpfen. Der Franziskaner Giovanni de Piano Carpini reist daraufhin 1245 im Auftrag des Papstes nach Karakorum. Eine zweite Delegation unter dem Dominikaner Ascelin folgte 1247, während mongolische Vertreter eine Zeitlang am päpstlichen Hof lebten. Eine dritte Delegation schickt Ludwig der Heilige im Januar 1249 nach Karakorum. Die Kontakte blieben erfolglos. Vgl. Runciman, 1015ff.
Zitat: »Unserem geliebten...«: 3. Juli 1241 an Heinrich III. von England; HB V, 1148f.

316 Das Alter Gregors IX.: Man nimmt an, daß er 1160 oder 1170 geboren wurde, so daß er bei seinem Tode nicht hundert war, wie die Quellen behaupten, sondern achtzig.

Der Verlierer

317 Zitat: »wie Diebe...«: Kantorowicz, 525.
318 Zitat: »Vater, siehe...«: Brief vom 26. 6. 1243, HB VI, 104, BR 3369, Petrus von Vinea, I, 33.
319 Zitat: »Ich habe einen...«: Richobald von Ferrara in Mur RISS IX, 131 und 180.

320 Kantorowicz, 535.
    Zitat: »so würde er...«: WA I, 720 (567).
    Zitat: »berechtigte Erregung...«: HB VI, 140, BR 3396.
321 Zitat: »um des hohen...«: HB VI, 220.
323 Zitat: »glaubt, Gesetze...«: Flugschrift Rainers, in Böhmer, Regesta imperii, V, 7548f.
    Zitat: »Habt kein Mitleid...«: siehe vorige Anmerkung.
324 Zitat: »so erklären wir...«: *MG SS XXVIII*, 266ff.
    Zitat: »Was meine...«: siehe vorige Anmerkung.
    Zitat: »Woher diese...« und »Noch habe ich...«: *MG SS XXVIII*, 266ff.
325 Zitat: »dem Recht nach...«: BR 7575, HB VI, 346f.
326 Zitat: »in einer Hinsicht...«: *MG SS XXVIII*, 266ff.
    Zitat: »in der ursprünglichen...«: Brief an die christlichen Fürsten vom Februar 1246, BR 3541, HB VI, 390ff.
    Zitat: »Gott rufen wir...«: siehe vorige Anmerkung.
328 Zitat: »durch die Kraft...«: in einem Brief vom Juli 1240, BR 3133, HB V, 1017.
329 Zitat: »O glückliches...«: Matthäus von Paris, *MG SS XXVIII*, S. 274.
330 Zum Namen Heinrich Raspe: der Beiname Raspe (Kratzer, Schaber) entspricht der Bildung von Familiennamen, wie sie damals üblich wurde. Während in Italien schon im 8. und 9. Jahrhundert Familiennamen vorkamen, übernahmen die Deutschen erst im 12. Jahrhundert unter dem Einfluß Italiens den Brauch der erblichen Familiennamen, da die anwachsenden Städte und der zunehmende Rechtsverkehr eine genauere Unterscheidung der Personen nötig machte. Er ersetzte die Kennzeichnung durch Rufnamen und Herkunftsort, obwohl oft auch Orts- und Landschaftsnamen zum Familiennamen wurden. Lediglich der Adel nannte sich oft nach seiner Stammburg mit der Bezeichnung »von...« weiter, woraus sich dann das Adelsprädikat entwickelte. In Deutschland wurde der Familienname am spätesten an der Nordseeküste (im 18. und 19. Jahrhundert) üblich.
331 Zitat: »zu seinem eigenen...«: *MG SS XXVIII*, 278f.
    Zitat: »berüchtigte...«: HB VI, 609.
332 Zitat: »habe ihm in...«: HB VI, 933.
    Zitat: »so groß wie...«: Bericht des Salimbene, *MG SS XXXII*, 31ff., Deutsch bei Heinisch, *»Leben...«*, 172ff.
333 Zitat: »wieder ein heiteres...«: HB VI, S. 933.
    Zitat: »er habe mehrfach...«: Salimbene, *MG SS XXXII*, 199. Zur Quellenlage und den widersprüchlichen Berichten vgl. auch Raumer, IV, 545–550.
    Zitat: »zweiten Simon...«: HB VI, 701.
334 Zitat: »Schlüsselträger«: Huillard-Bréholles, *Vie et correspondance de Pierre de la Vigne*, Paris 1865, S. 209.
    Zitat: »Nimmer brach...«: Dante, *Göttliche Kommödie*, Hölle, XIII. Gesang.
    Zitat: »Gar leicht...«: Salimbene, *MG SS XXXII*, 199.
    Zitat: »augenblicklich hauchten...«: *MG SS XXVIII*, 307.
    Zitat: »Auf wen kann...«: siehe vorige Anmerkung.
335 Zitat: »gestählt...«: Brief an Kaiser Vatatzes, HB VI, 790.
    Zitat: »sub flore«: Mur RISS IX, 660 (Chronicon Fratris Francisci Pipini).
    Zitat: »Im Hinblick...«: BR 3835, HB VI, 805ff.
336 Pandolfo Collenuccio (1444–1504) berichtet, über dem Grabmal sei der Vers eines Priesters aus Arezzo eingemeiselt worden:
    »Si probitas sensus, virtutum gratia, census
    Nobilitas orti possent resistere morti
    Non foret extinctus Fridericus, qui jacet intus.«
    Wenn redlicher Sinn wenn Klugheit, Verstand und Gewinn

Wenn adliges Walten   dem Tod könnt Widerpart halten
Wär niemals verschieden   Herr Friedrich. Er ruht hier in Frieden.«
(nach Heinisch)
Als 1783 der Porphyrsarg geöffnet wurde, war Friedrichs II. Leichnam noch gut erhalten. Er war in kaiserliche Gewänder gehüllt, also nicht im Mönchsgewand beerdigt worden. In seinem Sarg fand man noch zwei andere Tote, die man später dazugelegt hatte. Von dem einen nimmt man an, daß es Peter II. von Aragon ist.

Die Kunst der Stauferzeit

337 Zitat: »schönste Jagdschloß«: Willemsen in *Apulien*, 63.
Zitat: »atmet so ...«: Willemsen in *Apulien*, 57.
339 Zu Burgenbau und Orient: So auch N. Pevsner in *An outline of European Architecture*, London 1953, zitiert nach Masson, 372; »Die Kreuzzüge verursachten eine vollständige Reform in der Anlage und im Bau von Kastellen ... sie ging zurück auf die gewaltigen Burgen der Kreuzfahrer (zum Beispiel Krak des Chevalliers) ... die Kreuzfahrer übernahmen den neuen Stil von den Türken, die ihm ihrerseits aus den römischen Wehrbauten übernommen hatten.«
340 Zitat: »Das Salische ...«: Ernst Adam, »Baukunst des Mittelalters« in *Ullstein Kunstgeschichte*, X, 6.
342 Zitat: »provinzielle ...«: siehe vorige Anmerkung, X, 19.
Zitat: »die erste ...«: Fritz Baumgart, *Geschichte der abendländischen Plastik*, Köln, bearb. und erw. Aufl. 1966, S. 78.
343 Aufzählung der »Fundatores«: Hans Jantzen, *Deutsche Bildhauer des dreizehnten Jahrhunderts*, Leipzig, 1925, 230.
Zitat: »in leibhaftiger ...«: siehe vorige Anmerkung, S. 232.
344 Zum Bewußtseinswandel: zu den Auswirkungen des gesellschaftlich-politischen Wandels auf die Kunst: Bosl, 96. Es sei auch darauf hingewiesen, daß sich die Darstellung Christi in dieser Zeit charakteristisch vermenschlichte: Aus dem Weltenherrscher, dem »Pantokrator«, wurde der Gekreuzigte, »der Leidensmann«.
Zur Kunstsammlung Friedrichs: bei Augusta in Sizilien ließ der Kaiser sogar eine Ausgrabung veranstalten, wohl mit dem Ziel, Kunstwerke zu finden. Manche Kunstschätze (wie Säulen aus St. Michael in Ravenna) wurden als Beute nach Apulien gebracht, manches, wie z. B. eine Schale aus Onyx, auch gekauft. Der Thron des Kaisers, aus Gold getrieben und mit Perlen und Edelsteinen verziert, ist nicht mehr erhalten. Karl von Anjou, der ihn erbeutete, schenkte ihn später Papst Klemens IV.
345 Zitat: »Aus dem Bereich ...«: Kantorowicz, 482.
346 Zum Brückenkopf in Capua: Kantorowicz 483. In der Anmerkung dazu (Ergänzungsband, 211) korrigiert er sich zum Teil.

Glanz und Elend: die Staufer

»Er lebt und er lebt nicht«

350 Zitat: »damit seine Feinde ...«: Matthäus von Paris, *MG SS XXVIII*, 319.
Zitat: »sein Ende gefunden ...«: Salimbene, Chronik I, 356.
Zitat: »In einem verborgenen ...«: zitiert nach Salimbene, Chronik 139, 231, 356; II, S. 210. Zur erythräischen Sibylle selbst vgl. O. Holder-Egger »Italienische Prophetien des 13. Jahrhunderts« I–II in: *Neues Archiv 15* (1890). Kantorowicz (II, 251) weist in diesem Zusammenhang auf den Phönix und das Wort Jesus Sirachs »Er ist

tot und gleichsam nicht tot« hin. Der Hinweis auf den Ätna: Der Ätna galt auch als der Sitz des Teufels. Hier auch Horst, 385 f.
Zitat: »die maere...«: zitiert bei Klaus Schreiner, »Die Staufer in Sage, Legende und Prophetie« in: Katalog der Staufer-Ausstellung III, 250. Schreiner, dem ich hier weitgehend folge, verweist auf eine noch zu veröffentlichende größere Arbeit unter dem gleichen Titel, die dann die notwendigen Literatur- und Quellennachweise haben wird.
Zitat: »Zweig mit...«: siehe vorige Anmerkung, 251.
351 Zitat: »noch lebinde...« und folgende Zitate: vorletzte Anmerkung, S. 254, 255, 260.
352 Zitat: »von den günstigen...« und folgende Zitate bei Walter Migge, »Die Staufer in der deutschen Literatur seit dem 18. Jahrhundert« in: Katalog der Staufer-Ausstellung III, 275 ff.
353 Zu Richard Wagner und zum Thema der Staufer in der Musik: Katalog der Staufer-Ausstellung I, 703 ff.
354 Zum Thema »Die Staufer in der bildenden Kunst«: Kurt Löcher in: Katalog der Staufer-Ausstellung III, 291; dort auch weiterführende Literatur und Werksregister. Beschreibung der Exponate: Katalog der Staufer-Ausstellung I, 738 ff.
355 Zur Popularisierung der Staufer: Thomas Brune und Bodo Baumunk »Wege der Popularisierung« in: Katalog der Staufer-Ausstellung III, 327 ff.
Zitat: »Es schläft...«: bei Schreiner, in: Katalog der Staufer-Ausstellung III, 261.
Zitat: »Nicht will ich...« und »alle diese...«: bei Schreiner, in: Katalog der Staufer-Ausstellung III, 279.
Zitat: »gleichsam ins...«: zitiert in Katalog der Staufer-Ausstellung I, 755.

»Vernichtet Sproß und Samen«

357 Graf Wilhelm von Holland wurde am 4. 10. 1247 gewählt und am 1. 11. 1248 in Aachen gekrönt.
358 Konradins Mutter war Elisabeth, die Tochter Herzogs Otto II. von Bayern. Elisabeth, geboren um 1227, hatte Konrad IV. 1246 geheiratet. Ihr Bruder Herzog Ludwig II. der Strenge von Bayern wurde Konradins Vormund. Elisabeth starb 1273.

Zeittafel

987	Ein Vorfahre mit dem Leitnamen Friedrich bezeugt.
1027	Riesgraf Friedrich.
1053	Sein Sohn Friedrich als Friedrich von Büren genannt. Er hatte etwa 1044 Hildegard von Egisheim, die Tochter Ottos von Schweinfurt geheiratet.
1077	Der Sohn Friedrichs von Büren und der Hildegard, etwa 1045 geboren, zieht als Parteigänger Kaiser Heinrichs IV. mit nach Canossa.
1079	Friedrich bekommt als Dank Agnes, die Kaisertochter, zur Frau und wird als Friedrich I. (der »Alte«) erster Herzog von Schwaben.
ca. 1085	Friedrich I. von Schwaben baut die Burg Hohenstaufen.
1105	Sein Sohn Friedrich II. (»Einaug«) wird 2. Herzog von Schwaben (bis 1147). Heiratet Judith, die Tochter des Welfenherzogs Heinrichs des Schwarzen von Bayern.
ca. 1122	Friedrich I. Barbarossa als Sohn Friedrich Einaugs, des 2. Herzogs von Schwaben, und Judith, der Tochter des Welfenherzogs Heinrich I.)des Schwarzen) von Bayern geboren.
1130/31	Tod der Mutter Judith.
7. 3. 1138	Konrad III., der Bruder Friedrichs II. (»Einaug«), wird 44jährig in Konstanz zum deutschen König gewählt und kurz darauf in Aachen gekrönt.
1147	der 25jährige Friedrich Barbarossa zieht mit seinem Onkel König Konrad III. auf dem 2. Kreuzzug mit.
ca. 1148	Friedrich Barbarossa heiratet Adelheid von Vohburg (1156 Ehe annulliert).
15. 2. 1152	König Konrad III. stirbt.
4. 3. 1152	Friedrich Barbarossa einstimmig zum König gewählt.
9. 3. 1152	Krönung in Aachen. Nach seiner Wahl zum deutschen König versucht Friedrich Barbarossa auf dem Reichstag zu Würzburg im Herbst 1152 die Welfenfrage zu lösen, aber Heinrich Jasomirgott erscheint nicht.
1070	Zur Vorgeschichte der Welfen: Welf IV. (aus dem italienischen-langobardischen Zweig des Hauses Este) begründet den Stamm der jüngeren Welfen und wird mit dem Herzogtum Bayern belehnt.
1101	Nach dem Tode Welfs IV. übernimmt Welf V. das Herzogtum.
1120	Nach Welf V. wird dessen jüngerer Bruder Heinrich der Schwarze Herzog von Bayern. Seine Tochter Judith heiratet Friedrich Einaug von Schwaben.
1126	Ihm folgt Heinrich der Stolze, der Gertrud, die Tochter König Lothars III., heiratet und damit zum Herzogtum Bayern auch noch das Herzogtum Sachsen erhält.
1138	Lothars Nachfolger, der (Staufer-)König Konrad III. (1138–1152), erklärt den Besitz eines Doppelherzogtums für unzulässig und verhängt, da Heinrich der Stolze widerspricht, den Bann über ihn. Dadurch werden beide Herzogtümer frei. Sachsen geht bis 1142 an Albrecht den Bären, Bayern an des Königs Halbbruder Leopold IV. von Österreich aus dem Hause Babenberg.

1139	Heinrich der Stolze stirbt, sein Sohn, der spätere Heinrich der Löwe, ist zehn Jahre alt. Welf VI., der Bruder Heinrichs des Stolzen, kämpft weiter um den Besitz Bayerns. Es kommt zum Krieg in Süddeutschland zwischen Staufern und Welfen, bis 1140 Welf VI. von König Konrad III. in der Schlacht bei Weinsberg besiegt wird.
1141	Nach dem Tode Leopolds IV. von Österreich wird dessen Bruder Heinrich Jasomirgott von Konrad III. zum Nachfolger ernannt.
1142	spricht Konrad III. dem 13jährigen Heinrich dem Löwen wieder das Herzogtum Sachsen zu.
1147	fordert Heinrich der Löwe Bayern zurück. Heinrich Jasomirgott fühlt sich bedroht und erscheint 1152 nicht auf dem Reichstag zu Würzburg.
März 1153	Im Vertrag von Konstanz werden zwischen Friedrich Barbarossa und Papst Eugen III. (1145–1153) die Rechte und Pflichten zwischen Kaiser und Papst neu geregelt. Friedrich Barbarossa verpflichtet sich, die Rechte des Papstes zu schützen, ihn mit Waffen gegen Byzanz und die Römer zu unterstützen. Dafür verspricht der Papst, Friedrich Barbarossa zum Kaiser zu krönen und die deutsche Kirche von den Kräften zu reinigen, die gegen den Kaiser eingestellt sind.
1154	Auf dem Reichstag zu Goslar wird Heinrich dem Löwen außer Sachsen wieder Bayern zugesprochen, da Heinrich Jasomirgott wieder nicht erschienen ist. Außerdem erhält Heinrich der Löwe das Recht, die ostelbischen Gebiete zu kolonisieren. Er ist nun bereit, am Krönungszug nach Italien teilzunehmen.
Okt. 1154	Friedrich Barbarossa bricht zum ersten Heerzug nach Italien auf.
Dez. 1154	Reichstag auf den Ronkalischen Feldern.
3. 12. 1154	Papst Anastasius IV. stirbt. Am Tag darauf wird Hadrian IV. als Nachfolger gewählt.
13. 4. 1155	Einnahme Tortonas nach zweimonatiger Belagerung.
17. 4. 1155	Friedrich Barbarossa in Pavia zum König der Lombarden gekrönt.
8. 6. 1155	Treffen zwischen Friedrich Barbarossa und Hadrian IV. Konflikt wegen des »Steigbügeldienstes«.
18. 6. 1155	Friedrich Barbarossa von Hadrian IV. zum Kaiser gekrönt. Schlägerei mit Bevölkerung Roms, schneller Abzug und Heimkehr nach Deutschland. Ende Oktober in Augsburg. Reichstag in Augsburg.
ca. Mai 1156	Rainald von Dassel wird Reichskanzler.
5. 6. 1156	Friedrich Barbarossa beendet den Welfenstreit, indem er Heinrich Jasomirgott mit dem zur Grafschaft aufgewerteten Herzogtum Österreich belehnt, so daß Heinrich der Löwe das verbleibende Bayern bekommt.
Juni 1156	Friedrich Barbarossa heiratet in zweiter Ehe in Würzburg die burgundische Prinzessin Beatrix.
Sept. 1156	Auf dem Reichstag zu Regensburg wird Bayern feierlich an Heinrich den Löwen und Österreich an Heinrich Jasomirgott übergeben.
Aug./Sept. 57	Polenfeldzug Friedrich Barbarossas, der mit dem Lehnseid König Boleslaws nach wenigen Wochen beendet ist.
Sept. 1157	Reichstag zu Würzburg.
Okt. 1157	Reichstag zu Besançon. Konflikt mit Papst Hadrian IV. über den Begriff *beneficium*.
Juni 1158	Auf dem Reichstag zu Augsburg wird das Wort *beneficium* vom Papst als »Wohltat« und nicht als »Lehen« erklärt.
Juni 1158	Von Augsburg aus Aufbruch zum 2. Italienzug (bis 1162), zu dem Friedrich Barbarossa bereits 1156 aufgerufen hatte.

6. 8. 1158	Beginn der Belagerung Mailands.
7. 9. 1158	Mailand ergibt sich auf Gnade und Ungnade. Einschüchternde Wirkung auf andere Städte. Friedrich Barbarossa entläßt einen Teil seines Heeres.
Nov. 1158	Reichstag auf den Ronkalischen Feldern. Erlaß der sog. Ronkalischen Gesetze, die den Kaiser politisch und wirtschaftlich zum Herrn Oberitaliens machen.
Febr. 1159	Mailand weigert sich, durch geheime Absprachen mit dem Papst gestützt, diese Gesetze anzuerkennen. Reichskanzler Rainald von Dassel muß unter Lebensgefahr aus Mailand fliehen.
April 1159	Reichsacht über Mailand. Friedrich Barbarossa ruft das Heer zurück.
Juli 1159	Beginn der Belagerung Cremas, die sieben Monate dauert.
1. 9. 1159	Papst Hadrian IV. stirbt.
7. 9. 1159	In turbulenter Wahl werden zwei Päpste gewählt: Alexander III. bekommt mehr Stimmen, Viktor IV. (kaisertreu) wird proklamiert.
Jan. 1160	Crema erobert.
Febr. 1160	Konzil zu Padua, um den rechtmäßigen Papst festzustellen. Da Alexander nicht erscheint und Viktor tatsächlich vom Volk als Papst anerkannt wurde, gilt Viktor IV. als rechtmäßiger Papst. Ein Gegenkonzil in Toulouse bestätigt dagegen Alexander III. als rechtmäßigen Papst, da er tatsächlich als erster geweiht worden war.
Aug. 1161	Beginn der zweiten Belagerung Mailands.
März 1162	Einnahme und Zerstörung Mailands.
Sommer 1162	Friedrich Barbarossa bricht die Vorbereitungen zum Feldzug gegen die sizilianischen Normannen ab, beendet den Italienzug und geht nach Burgund, um mit König Ludwig VII. von Frankreich zu einer Einigung in der Papstfrage zu kommen. Erfolglos kehrt er Herbst 1162 nach Deutschland zurück.
Herbst 1163	Wieder nach Italien, um die Vorbereitungen für den Normannenfeldzug fortzusetzen. Inzwischen – am:
20. 4. 1164	stirbt Papst Viktor IV. Die Chance, das Papstschisma zu beenden, zerstört Rainald von Dassel, indem er eigenmächtig und ohne Wissen des Kaisers am 22. 4. 1164 Paschalis III. als neuen Gegenpapst wählen läßt.
Nov. 1164	Rückkehr nach Deutschland. Die Fortdauer des Papstschismas hatte dazu geführt, daß England und Frankreich zu Alexander, Deutschland zu Paschalis III. halten. Ein Konflikt zwischen König Heinrich II. von England mit dem bisherigen Erzbischof von Canterbury, Thomas Becket, hatte England dann aber auf die Seite von Paschalis gebracht.
Anfang 1165	Rainald von Dassel reiste zum englischen Hof, um die Anerkennung Paschalis' durchzusetzen.
Mai 1165	Reichstag zu Würzburg. Rainald von Dassel kann mitteilen, daß England auf seiten von Papst Paschalis steht und der englische König bereit ist, seine beiden Töchter mit Heinrich dem Löwen und Friedrich Barbarossas ältestem Sohn Friedrich zu verheiraten. Friedrich Barbarossa läßt Kaiser und Reich schwören, weder Alexander III. noch seinen Nachfolger je anzuerkennen.
Sommer 1165	Papst Alexander kehrt aus dem französischen Exil nach Rom zurück. Der Kaiser beschließt, nach Rom zu ziehen.
Okt. 1166	Friedrich Barbarossa beginnt den Heerzug gegen Rom.
Mai 1167	Während der Kaiser Ancona belagert, schließt Rainald von Dassel Rom ein.

24. 7. 1167	Friedrich Barbarossa vor Rom, die Stadt wird in wenigen Stunden eingenommen. Papst Alexander flieht.
1. 8. 1167	Friedrich Barbarossa läßt sich von Papst Paschalis III. noch einmal krönen.
Juli 1167	Ausbruch einer verheerenden Seuche, der Tausende zum Opfer fallen.
14. 8. 1167	Kanzler Rainald von Dassel stirbt an der Seuche. Aufruhr in den lombardischen Städten. Der Feldzug endet mit einem Fiasko.
März 1168	Kaiser Friedrich Barbarossa flieht verkleidet aus Italien nach Deutschland. Nach der Katastrophe dieses vierten Italienzuges bleibt der Kaiser sechs Jahre lang in Deutschland. Er baut seine Hausmacht durch Gebietserweiterungen aus, fördert den Burgenbau und den Ausbau einer Beamtenschaft, betreibt den Übergang von der Naturalwirtschaft zur verstärkten Geldwirtschaft.
Anfang 1168	Heinrich der Löwe heiratet die englische Königstochter Mathilde (vgl. Reichstag zu Würzburg 1165).
	Paschalis III. stirbt. Als sein Nachfolger und Gegenpapst zu Alexander wird Kalixt III. gewählt, den der Kaiser zunächst nicht anerkennt.
Frühjahr 1169	Statt dessen verhandelt der Kaiser in Benevent mit Papst Alexander. Die 1170 fortgesetzten Verhandlungen scheitern, weil der Papst die Einbeziehung der Lombardei in den Friedensschluß verlangt.
Juli 1169	Um die Nachfolge zu sichern, läßt Friedrich Barbarossa seinen erst dreijährigen zweiten Sohn Heinrich einstimmig von den Fürsten zum König wählen. Zwei Monate später wird der Dreijährige in Aachen gekrönt.
Juni 1170	Auf dem Hoftag in Fulda erklärt der Kaiser, er werde Papst Alexander niemals anerkennen. Eine Gesandtschaft wird zu Kaiser Manuel nach Konstantinopel geschickt, um zwischen dem deutschen und dem byzantinischen Kaiserhaus ein Ehebündnis zustande zu bringen. Die Verhandlungen scheitern, da Friedrich Barbarossa nicht bereit ist, dem byzantinischen Reich territoriale Zugeständnisse auf italienischen Boden zu machen.
1171	Um die Reichsgewalt in Oberitalien wiederherzustellen, wird Christian von Mainz als kaiserlicher Legat nach Italien geschickt. Es gelingt ihm, Venedig aus dem Lombardenbund zu lösen und den Streit zwischen den Städten beizulegen.
Sept. 1174	Friedrich Barbarossa bricht zum 5. Italienzug auf (bis 1178), ohne daß Heinrich der Löwe und andere Reichsfürsten mitziehen.
1174–75	Belagerung von Alessandria.
April 1175	In Friedensverhandlungen unterwerfen sich die Lombarden dem Kaiser, der seinerseits seinen Rechtsstandpunkt in der Regalienfrage aufgibt. Beim Aushandeln der Einzelheiten scheitern die Verhandlungen.
Herbst 1175	In Oberitalien brechen neue Kämpfe aus, der Kaiser fordert Hilfskräfte aus Deutschland an.
Anfang 1176	Friedrich Barbarossa und Heinrich der Löwe treffen in Chiavenna am Comersee zusammen. Heinrich, zur Truppenentsendung nicht verpflichtet, will sich nur beteiligen, wenn er dafür Goslar erhält. Der Kaiser lehnt ab.
Mai 1176	Mit einem kleinen Heer geht Barbarossa in die Schlacht von Legnano (nordwestlich von Mailand) und wird besiegt. Daraufhin Verhandlungen mit den lombardischen Städten und Papst Alexander.
Nov. 1176	Papst Alexander und Friedrich Barbarossa söhnen sich aus. Der Kaiser ist bereit, Alexander als rechtmäßigen Papst anzuerkennen.

24. 7. 1177	Papst Alexander empfängt den Kaiser in Venedig, Friedrich Barbarossa verrichtet den Steigbügeldienst.
Sommer 1178	Der Kaiser verläßt Italien, zieht nach Burgund und läßt sich in Arles zum König von Burgund krönen.
Okt. 1178	Friedrich Barbarossa nach vier Jahren wieder in Deutschland.
Nov. 1178	Reichstag in Speyer. Wegen eines Streitfalles mit Bischof Udalrich von Halberstadt wird ein Verfahren gegen Heinrich den Löwen eröffnet.
Jan. 1179	Der Reichstag zu Worms verhandelt den Streitfall, Heinrich der Löwe erscheint jedoch nicht.
Juni 1179	Auf dem Hoftag in Magdeburg wird der wieder abwesende Heinrich der Löwe wegen Landfriedensbruch geächtet. Heinrich gibt nicht nach, und Friedrich Barbarossa klagt ihn nach dem Lehensrecht wegen Mißachtung der Kaiserlichen Majestät an.
Jan. 1180	Auf dem Reichstag zu Würzburg werden Heinrich dem Löwen durch Spruch der Reichsfürsten beide Herzogtümer aberkannt.
April 1180	Auf dem Reichstag zu Gelnhausen wird das Herzogtum Sachsen geteilt.
Mai 1180	Bayern wird aufgeteilt. Beginn der 700jährigen Herrschaft der Wittelsbacher. Anhaltende Kämpfe Heinrichs des Löwen, Abfall der Fürsten von Heinrich dem Löwen.
30. 8. 1181	Papst Alexander III. stirbt. Sein Nachfolger wird Lucius III. (1181–1185).
Nov. 1181	Der Reichstag zu Erfurt entscheidet, daß Heinrich der Löwe die Stammgüter Braunschweig und Lüneburg zurückerhält, aber nicht die Reichslehen. Er muß sich verpflichten, für mindestens drei Jahre ins Exil zu gehen.
Juli 1182	Heinrich der Löwe geht an den englischen Hof ins Exil. Er stirbt in Braunschweig am 6. August 1195 im Alter von 66 Jahren.
25. 6. 1183	Konstanzer Friedensvertrag zwischen Kaiser und den lombardischen Städten. Barbarossa verzichtet auf die Durchführung der Ronkalischen Beschlüsse, die Regalien werden gegen Zahlung zurückgegeben.
Pfingsten 1184	Das große Hoffest in Mainz. Schwertleite und Ritterschlag der beiden Söhne Friedrich Barbarossas.
Sept. 1184	6. und letzter Italienzug, um sich mit Papst Lucius III. über umstrittene Gebiete zu einigen.
Okt. 1184	Das Treffen zwischen Kaiser und Papst in Verona bleibt ergebnislos, Friedrich Barbarossa erklärt sich aber zu einem Kreuzzug bereit.
29. 10. 1184	Während der Kaiser noch in Verona verhandelt, verlobt sich in Augsburg der 19jährige Kaisersohn Heinrich VI. mit der 30jährigen Konstanze, der Tochter des inzwischen verstorbenen sizilianischen Königs Roger II. Daraufhin werden die Verhandlungen in Verona abgebrochen.
Anfang 1185	Friedrich Barbarossa versöhnt sich mit Mailand.
25. 11. 1185	Lucius III. stirbt. Nachfolger wird der kaiserfeindliche Mailänder Erzbischof Humbert, der als Urban III. (1185–1187) den Stuhl Petri besteigt.
27. 1. 1186	Heinrich VI. und Konstanze von Sizilien heiraten in Mailand.
Juni 1186	Friedrich Barbarossa beendet seinen 6. Italienzug.
20. 10. 1187	Urban III. stirbt. Nachfolger wird Gregor VIII., der noch im selben Jahr stirbt, ihm folgt Klemens III. (1187–1191).
Okt. 1187	Sultan Saladin erobert Jerusalem, das fast 100 Jahre in christlicher Hand war.

27. 3. 1188	Auf dem Mainzer Hoftag Jesu Christi nimmt der 66jährige Kaiser das Kreuz zur Befreiung Jerusalems.
11. 5. 1189	Von Regensburg aus Aufbruch zum 3. Kreuzzug.
Okt. 1189	Heinrich der Löwe kehrt entgegen seinem Versprechen nach Deutschland zurück.
18. 11. 1189	König Wilhelm II. von Sizilien stirbt kinderlos, so daß Heinrich VI. Erbansprüche auf den Thron hat.
Jan. 1190	Auf Betreiben von Reichskanzler Matthäus von Salerno wird Tankred von Lecce, ein illegitimer Nachkomme Tankreds, des Sohnes Rogers II., zum König von Sizilien gewählt.
10. 6. 1190	Friedrich Barbarossa ertrinkt in Kleinasien im Fluß Salef.

Heinrich VI.

Juli 1190	Heinrichs VI. Absicht, nach Sizilien zu ziehen, wird durch die Todesnachricht von Kaiser Friedrich Barbarossa hinausgezögert. Heinrich VI., bereits als Kind zum König gekrönt, wird Nachfolger Friedrich Barbarossas. – In Fulda kommt es zuvor zwischen Heinrich dem Löwen und Heinrich VI. zu einem Vergleich.
Jan. 1191	Heinrich VI. zieht nach Italien, um sich zum Kaiser krönen zu lassen.
25. 3. 1191	Papst Klemens III., der Heinrich VI. krönen wollte, stirbt.
28. 3. 1191	Der über 85jährige Kardinal Hyacinth wird als Cölestin III. zum Papst gewählt. Um Heinrich VI. nicht krönen zu müssen, bevor er ihm nicht Sicherheiten gegeben hat, läßt sich Cölestin erst am 14. 4. zum Papst weihen.
15. 4. 1191	Einen Tag nach der Weihe Cölestins III. werden Heinrich VI. und Konstanze am Ostermontag im Beisein aller Fürsten zum Kaiserpaar gekrönt.
April 1191	Anschließend zieht Heinrich VI. nach Süden, um die Herrschaft des Königreiches Sizilien anzutreten. Er stößt bis Neapel vor.
24. 8. 1191	Heinrich VI. muß die im Mai begonnene Belagerung Neapels abbrechen, da eine ansteckende Seuche ausbricht. Heinrich VI. erkrankt, Kaiserin Konstanze wird von Tankred gefangengenommen.
Sept. 1191	Heinrich VI. kehrt nach Deutschland zurück. Weitere Kämpfe gegen Heinrich den Löwen.
21. 12. 1192	Auf seiner Rückkehr vom 3. Kreuzzug wird der 35jährige englische König Richard Löwenherz aus persönlicher Rache in Österreich gefangengenommen und an Heinrich VI. ausgeliefert.
Febr. 1194	Richard Löwenherz wird nach Zahlung einer riesigen Lösegeldsumme freigelassen.
20. 2. 1194	Tankred von Lecce stirbt.
Juni 1194	Heinrich VI. in Genua auf dem Weg nach Sizilien.
Nov. 1194	Heinrich VI. zieht in Palermo ein. Wilhelm, der Sohn der Tankred-Witwe Sibylle, legt Heinrich VI. die Krone zu Füßen.
25. 12. 1194	Heinrich VI. in Palermo zum König des Königreiches Sizilien gekrönt.
26. 12. 1194	Einen Tag nach der Krönung wird der Thronfolger Heinrichs VI. in Jesi bei Ancona geboren. Er wird zunächst Konstantin genannt, später nach seinen beiden Großvätern Roger Friedrich. Es ist der spätere Friedrich II.

Dez. 1194	Heinrich VI. richtet unter dem Vorwand eines drohenden Aufstandes ein furchtbares Blutbad unter den Edlen Siziliens an und verschont dabei auch nicht die Verwandtschaft seiner Frau Konstanze.
März 1195	Heinrich VI. hält in Bari einen Hoftag ab, um die sizilianischen Verhältnisse zu regeln. Deutsche werden in höchste Ämter, Konstanze als Regentin eingesetzt.
Juli 1195	Heinrich VI. kehrt nach Deutschland zurück, um den versprochenen Kreuzzug vorzubereiten und um die Nachfolgefrage zu regeln.
Dez. 1195	Heinrich VI. schlägt vor, das Erbkönigtum einzuführen und die Reichslehen der Fürsten zum Erbland zu machen. Unter dem Druck des Kaisers erklären sich die Fürsten dazu bereit, ziehen aber im Jahr darauf ihre Zusage wieder zurück, weil sie nicht auf das Recht der Königswahl verzichten wollen.
Dez. 1196	Die Fürsten wählen Heinrichs VI. Sohn Friedrich zum König.
Mai 1197	Ein Aufstand in Sizilien verzögert den Aufbruch Heinrichs zum Kreuzzug, nachdem das Kreuzfahrerheer schon nach Palästina abgereist war.
28. 9. 1197	Im Alter von 31 Jahren stirbt Heinrich VI. plötzlich in Messina.
8. 1. 1198	Papst Cölestin III. stirbt über neunzigjährig. Noch am gleichen Tag wird der 37jährige Lothar von Segni als Innozenz III. zum Papst gewählt.
März 1198	Der Bruder Heinrichs VI., der etwa 20jährige Philipp, läßt sich auf Drängen einiger Fürsten zum König wählen, da eine Regentschaft für den schon 1196 zum König gewählten Friedrich nicht durchsetzbar erscheint.
Pfingsten 1198	der 4jährige Friedrich II. wird in Palermo zum König von Sizilien gekrönt (vorher nicht bei Hofe, sondern von der Gattin Konrads von Urslingen, des Herzogs von Spoleto, in Foligno bei Assisi aufgezogen).
9. 6. 1198	Der Sohn Heinrichs des Löwen wird als Otto IV. als Gegenkönig zu Philipp gewählt.
12. 7. 1198	Otto IV. in Aachen gekrönt.
8. 9. 1198	Philipp in Mainz gekrönt.
28. 11. 1198	Königin Konstanze von Sizilien, Witwe Heinrichs VI., stirbt. Vor ihrem Tode setzte sie Papst Innozenz als Vormund ihres Sohnes Friedrich ein.
1. 3. 1201	Papst Innozenz III., der bisher in der Frage der Doppelwahl eine Stellungnahme vermieden hatte, entscheidet sich für den Welfen Otto IV. Der Staufer Philipp und sein Anhang werden am 3. Juli 1201 gebannt.
1202	Bei anhaltenden bürgerkriegsähnlichen Kämpfen zwischen Welfen und Staufern verliert Otto IV. an Unterstützung.
21. 6. 1208	König Philipp wird von Pfalzgraf Otto von Wittelsbach aus persönlicher Rache ermordet.
11. 11. 1208	Otto IV. wird in Frankfurt noch einmal zum König gewählt.
26. 12. 1208	Friedrich II. wird mit 14 Jahren mündig.
Sommer 1209	Friedrich II. heiratet als 14jähriger die vom Papst Innozenz III. ausgesuchte 25jährige Witwe Konstanze von Aragon.
4. 10. 1209	Otto IV. wird in Rom zum Kaiser gekrönt und zieht entgegen allen Abmachungen anschließend nach Süden, um Sizilien einzunehmen und Friedrich II. auszuschalten.
18. 11. 1210	Innozenz III. bannt Otto IV., der daraufhin in Deutschland seinen Rückhalt verliert, so daß der Papst nun auf Anraten des französischen

	Königs Philipp II. August überraschend Friedrich II. als deutschen König vorschlägt.
Sept. 1211	Die deutschen Fürsten wählen Friedrich II. zum König und erklären Otto IV. für abgesetzt. Otto IV. kehrt nach Deutschland zurück.
Jan. 1212	Eine Gesandtschaft der deutschen Fürsten trifft in Sizilien ein und bietet Friedrich II. die deutsche Krone an.
18. 3. 1212	Friedrich II. bricht am Palmsonntag zu seiner abenteuerlichen Fahrt nach Deutschland auf, nachdem sein wenige Monate alter Sohn Heinrich (VII.) zum sizilianischen König gekrönt und seine Frau Konstanze als Regentin bestimmt worden war.
April 1212	Friedrich II. steht am Ostersonntag zum ersten- und einzigenmal Innozenz III. gegenüber, leistet ihm den Lehnseid für Sizilien und verspricht, nach der Kaiserkrönung Sizilien seinem Sohn Heinrich abzutreten.
Juli 1212	Otto IV. heiratet die 15jährige Beatrix von Hohenstaufen, die Tochter des ermordeten Philipp. Sie stirbt nach wenigen Tagen.
Sept. 1212	Nach einer abenteuerlichen Reise kommt Friedrich II. wenige Stunden vor Otto IV. in Konstanz an und ist am 26. 9. 1212 in Basel.
Okt. 1212	Friedrich II. hält seinen ersten deutschen Hoftag in Hagenau. Ottos Kanzler, Konrad von Scharfenberg, geht zu Friedrich über.
Nov. 1212	In Vaucouleurs bei Toul trifft Friedrich II. mit dem Sohn des französischen Königs Philipp II. August (dem späteren Ludwig VIII.) zusammen und erhält von ihm 20000 Silbermark für das Versprechen, weder mit Otto IV. noch dessen Neffen, dem englischen König Johann, einen selbständigen Friedensvertrag abzuschließen.
5. 12. 1212	Große Fürstenversammlung in Frankfurt.
9. 12. 1212	Friedrich II. wird in Mainz feierlich mit den provisorischen Insignien gekrönt (die echte Krone war im Machtbereich Ottos IV. in Aachen). Damit war Friedrich drei Monate nach seinem Eintreffen ohne jeden Kampf König der Deutschen. Er beherrscht den ganzen Süden von Burgund bis Böhmen.
Mai 1213	Otto IV. heiratet Maria, die Tochter des Herzogs von Brabant.
12. 7. 1213	Auf dem Reichstag im böhmischen Eger bestätigt Friedrich II. in der sog. Goldenen Bulle von Eger dem Papst seine territorialen Rechte in Mittelitalien, verzichtet selbst auf Spolien- und Regalienrechte und auf die staatliche Einwirkung bei der Bischofswahl und gewährt den deutschen Fürsten eine Reihe von Privilegien. Die Bulle von Eger ist damit die Grundlage für die spätere Territorialstaatenbildung in Deutschland.
27. 7. 1214	Philipp II. August besiegt bei Bouvines (östlich von Lille) während des französisch-englischen Konfliktes den mit England verbündeten Otto IV., dessen Einfluß rapide schwindet.
Aug. 1214	Von August bis Oktober unternimmt Friedrich II. einen Feldzug gegen die Anhänger Ottos IV.
Juli 1215	Friedrich II. wird zum zweitenmal in Aachen – mit den echten Insignien – gekrönt. Der 21jährige verspricht unerwartet einen Kreuzzug, löst das Versprechen aber erst 13 Jahre später ein.
Nov. 1215	Innozenz III. eröffnet das 4. Laterankonzil. Friedrichs Anspruch auf die deutsche Krone wird anerkannt.
1. 7. 1216	Friedrich II. verspricht, das Königreich Sizilien endgültig seinem Sohn Heinrich zu übergeben.
16. 7. 1216	Innozenz III. stirbt 56jährig. Sein Nachfolger ist Honorius III., der am

	18. Juli 1216 gewählt wird. (1216–1227). Friedrich II. läßt seine Frau Konstanze und seinen Sohn Heinrich nach Deutschland kommen, wo sie im Herbst 1216 eintreffen.
Herbst 1216	Friedrich ernennt seinen 5jährigen Sohn Heinrich zum Herzog von Schwaben und überträgt ihm später, nach dem Aussterben der Zähringer, auch das Rektorat von Burgund.
19. 5. 1218	Otto IV. stirbt noch nicht 36jährig.
Mai 1218	Ein Kreuzzugsheer belagert Damiette an der Nilmündung. Das Unternehmen endet 1221 mit einem Mißerfolg der Christen.
23. 4. 1220	Der 8jährige Heinrich wird in Frankfurt »überraschend« zum König gewählt.
26. 4. 1220	Friedrich II. macht den geistlichen Fürsten, die Heinrich gewählt haben, entscheidende Zugeständnisse (Confoederatio cum principibus ecclesiasticis).
Aug. 1220	Friedrich II. bricht von Augsburg aus zur Kaiserkrönung nach Rom auf, Heinrich VII. bleibt in Deutschland.
22. 11. 1220	Friedrich II. wird von Honorius III. zum Kaiser gekrönt.
Dez. 1220	Friedrich II. betritt nach acht Jahren wieder das Königreich Sizilien und erläßt die »Akzisen von Capua«. Er schafft Ordnung im Königreich und siedelt sizilianische Sarazenen in Apulien an.
Sept. 1221	Der Kreuzzug bei Damiette unter der Leitung des Prälaten Pelagius scheitert.
23. 6. 1222	Konstanze von Aragon, Friedrichs erste Frau, stirbt.
1223	Der Kaiser verpflichtet sich, nun endgültig am 24. Juni 1225 zum Kreuzzug aufzubrechen.
1224	Friedrich II. gründet die Universität Neapel.
Juli 1225	Der Kreuzzugstermin verstreicht, und der Kaiser muß sich im Vertrag von San Germano unter hohen Geldvorauszahlungen und der Androhung des Bannes verpflichten, den Kreuzzug bis August 1227 anzutreten.
9. 11. 1225	Friedrich II. heiratet Isabella (genannt Jolande) von Brienne, die Erbin des Königreiches Jerusalem.
März 1227	Papst Honorius III. stirbt, sein Nachfolger wird Gregor IX. (1227–1241).
8. 9. 1227	Abfahrt der Kreuzfahrerflotte, doch Friedrich II. kehrt krank zurück und verfällt damit dem Kirchenbann.
25. 4. 1228	Sohn Konrad geboren, Jolande von Brienne stirbt sechs Tage später im Alter von siebzehn Jahren.
28. 6. 1228	Als Gebannter segelt Friedrich II. zum Kreuzzug ab, den er 1215 gelobt hatte.
7. 9. 1228	Kaiser Friedrich II. trifft in Akkon in Palästina ein.
18. 2. 1229	Im Vertrag mit Sultan El-Kamil erhält Friedrich II. Jerusalem kampflos ausgeliefert.
17. 3. 1229	Kaiser Friedrich II. zieht in Jerusalem ein.
18. 3. 1229	Kaiser Friedrich krönt sich in Jerusalem zum König des Königreiches von Jerusalem.
1. 5. 1229	Abfahrt aus dem Heiligen Land.
10. 6. 1229	Landung in Brindisi. Er bringt das Königreich Sizilien in drei Monaten wieder unter Kontrolle, in das während seiner Abwesenheit auf Veranlassung des Papstes Truppen einmarschiert waren, um das päpstliche Lehen wieder in Besitz zu nehmen.

28. 8. 1230	Nach langwierigen Verhandlungen wird der Kaiser vom Bann freigesprochen.
Mai 1231	Heinrich VII. erläßt in Deutschland das »Statutum in favorem principum«.
Aug. 1231	In den »Konstitutionen von Melfi« verkündet Friedrich einen zentralistisch gelenkten Beamtenstaat, gegen den der Papst protestiert.
Nov. 1231	Reichstag in Ravenna. Durch die Sperrung der Alpenpässe verhindern die lombardischen Städte die Teilnahme der deutschen Fürsten, so daß der Hoftag verschoben werden muß.
Ostern 1232	Hoftag in Aquileja. Sein Sohn Heinrich VII., König von Deutschland, wird von Friedrich tief gedemütigt, weil er eine fürstenfeindliche Politik verfolgte.
1232	Sohn Manfred geboren. Seine Mutter ist Bianca Lancia.
1233	Aufstände in Sizilien und Italien, verbunden mit religiösen Bußbewegungen. Friedrich II. muß dem Papst zu Hilfe eilen. Nachrichten über bürgerkriegsähnliche Zustände in Deutschland, da sich Heinrich VII. nicht durchsetzen kann. Heinrich VII. bittet den Papst, die Auswüchse der Ketzerverfolgung abzuschaffen.
Febr. 1234	Der Hoftag in Frankfurt unter Heinrich VII. verurteilt ungerechte Verfolgungen von Ketzern.
5. Juni 1234	Auf Bitten des Kaisers bannt Gregor IX. König Heinrich VII.
Sept. 1234	Heinrich VII. schließt mit kaiserfeindlichen Städten und Ministerialen ein Bündnis.
Dez. 1234	Heinrich VII. verbündet sich mit den Lombarden, den Feinden des Kaisers.
Anfang Mai 1235	Friedrich II. bricht von Foggia aus ohne Heer, aber mit prächtigem Gefolge nach Deutschland auf.
Juni 1235	Ankunft in Regensburg. Friedrich II. vereinbart die Verlobung seines siebenjährigen Sohnes Konrad mit der Tochter des Bayernherzogs Otto II., die ebenfalls sieben Jahre alt war (offizielle Verlobung acht Jahre später).
2. Juli 1235	Heinrich VII. (23) wird in der Kaiserpfalz Wimpfen von seinem Vater gefangengenommen.
Anfang Juli 1235	In Worms Gericht über Heinrich VII. und Absetzung (Heinrich VII. stirbt 1242 in der Gefangenschaft).
15. Juli 1235	Kaiser Friedrich II. (40) heiratet in Worms in dritter Ehe die 21jährige Isabella von England.
15. Aug. 1235	Reichstag in Mainz, Verkündung des Landfriedensgesetzes (erstes Gesetz in deutscher Sprache), Aussöhnung mit den Welfen, Beschluß der Fürsten, an einem Lombardenfeldzug teilzunehmen.
Winter 35/36	Aufenthalt in der Pfalz Hagenau.
Mai 1236	Kaiser Friedrich II. nimmt an den Feierlichkeiten nach der Heiligsprechung der heiligen Elisabeth teil und folgt im Mönchsgewand ihrem Sarg.
Sommer 1236	Friedrich II. verläßt Deutschland und zieht in die Lombardei.
Nov. 1236	Friedrich II. bricht den Lombardenfeldzug ab und zieht nach Wien. Absetzung Friedrichs des Streitbaren und Wahl des 9jährigen Kaisersohnes Konrad als Nachfolger Friedrichs II. auch in der Kaiserwürde.
Frühjahr 37	Friedrich nach Speyer. Neue Verhandlungen mit dem Papst.
Mitte Sept. 1237	Friedrich II. wieder in Verona mit einem Heer von mehr als 12000 Mann. Eroberung einiger Festungen und Kastelle.
1. Okt. 1237	Mantua ergibt sich.

27. 11. 1237	Schlacht bei Cortenuova, Sieg des Kaisers. Da Mailand nicht kapitulieren will, geht der Kampf weiter. Als Mailand dann bedingungslos ewige Treue schwören will, lehnt Friedrich II. ab.
Juli 1238	Nach glanzvollem Hoftag in Verona Beginn der Belagerung Brescias am 3. 8. 1238, die aber bereits im Oktober erfolglos abgebrochen wird.
Okt. 1238	Papst Gregor IX. wirft Friedrich II. Verletzung des Vertrages von San Germano vor.
Okt. 1238	Friedrich II. verheiratet seinen Sohn Enzio mit Adelasia, der Erbin der beiden großen Provinzen Sardiniens und ernennt ihn zum König von Sardinien, obwohl Sardinien päpstliches Lehen ist.
März 1239	Gregor IX. erwägt Bann gegen Friedrich II., der sich inzwischen gegen den Papst an die Kurie wendet.
20. März 1239	Friedrich II. zum zweitenmal gebannt. Hermann von Salza stirbt. Kampagne gegen den »Ketzer« Friedrich.
25. Juni 1239	König Enzio zum Statthalter von ganz Italien ernannt. Abwehrmaßnahmen gegen mögliche Angriffe des Papstes.
Jan. 1240	Enzio marschiert in Ancona und Spoleto ein, die zum Kirchenstaat gehören.
Febr. 1240	Friedrich II. marschiert im Norden des Kirchenstaates ein. Am 22. Februar Stimmungsumschwung in Rom; der Papst setzt sich durch, Friedrich II. kehrt ins sizilianische Reich zurück.
Juni 1240	Friedrich II. wieder an der Grenze des Kirchenstaates. Ravenna kapituliert, Faenza wird belagert (fällt im April 1241).
9. April 1241	Mongolen werden bei Liegnitz von Herzog Heinrich II. von Niederschlesien und einem deutsch-polnischen Heer zur Schlacht gestellt.
3. Mai 1241	Friedrich II. läßt zahlreiche Geistliche auf ihren Schiffen festnehmen, die an einem Konzil teilnehmen wollten, um den Kaiser abzusetzen. Friedrich II. rückt in den Kirchenstaat ein.
22. August 1241	Gregor IX. stirbt.
25. Okt. 1241	Im ersten Konklave der Geschichte wird nach wochenlangen unwürdigsten Verhältnissen der Mailänder Gaufridus zum Papst Cölestin IV. gewählt, stirbt aber bald darauf an den Folgen der Strapazen im Konklave. Eine Sedisvakanz von einem Jahr und acht Monaten folgt.
1. Dez. 1214	Die 27jährige Isabella von England, die dritte Frau Friedrichs II., stirbt.
Juli 1242 und Mai 1243	Friedrich II. marschiert bis in die Nähe Roms.
25. Juni 1243	Der Genuese Sinibald Fiesco als Innozenz IV. einstimmig zum Papst gewählt. Verhandlungen zwischen Kaiser und Papst scheitern.
11. Okt. 1243	Friedrich II. versucht das abgefallene Viterbo einzunehmen, zieht sich aber zurück.
31. März 1244	Nach erneut aufgenommenen Verhandlungen wird zwischen Papst und Kaiser ein vorläufiger Friedensvertrag beschworen, der aber nicht in Kraft tritt.
28. Juni 1244	Vor einem Treffen mit dem Kaiser flüchtet Papst Innozenz IV. von Sutro nach Genua und im Oktober 1244 nach Lyon und beruft für den 24. Juni 1245 ein Konzil nach Lyon ein.
Aug. 1244	Jerusalem fällt. Friedrich II. erklärt sich bereit, ins Heilige Land zu ziehen, 3 Jahre dort zu bleiben, den Kirchenstaat zu räumen und die Lombardenfrage der Entscheidung des Papstes zu überlassen.

	Der Papst ordnet daraufhin am 6. Mai 1245 die Aufhebung des Bannes an, trotzdem scheitert die Versöhnung, der Bann wird nicht gelöst.
26. Juni 1245	Beginn des Konzils von Lyon.
17. Juli 1245	Der Papst erklärt Friedrich II. für abgesetzt, die Untertanen vom Treueid entbunden.
März 1246	Mordplan gegen Friedrich II. und Enzio aufgedeckt.
22. Mai 1246	Heinrich Raspe, Landgraf von Thüringen, läßt sich auf Betreiben des Papstes von einigen geistlichen Fürsten zum Gegenkönig wählen (er stirbt am 16. Februar 1247 auf der Wartburg).
1. Sept. 1246	Konrad IV. heiratet Elisabeth von Bayern.
	Österreich und Steiermark werden als Reichslehen eingezogen und Generalkapitänen unterstellt (nach dem Tode Friedrichs des Streitbaren am 15. Juni 1246).
Mai 1247	Friedrich II. bricht von Cremona mit starkem Heer nach Lyon auf. Als Parma abfällt, kehrt er in Turin um und beginnt Belagerung Parmas.
3. Okt. 1247	Der 19jährige Graf Wilhelm von Holland wird als Gegenkönig gewählt und am 1. Nov. 1248 in Aachen gekrönt.
18. Febr. 1248	Friedrichs Lager vor Parma wird von den Belagerten überfallen und ausgeraubt, während Friedrich II. auf der Jagd ist. Die Rebellen fühlen sich ermutigt.
Juli 1248	Friedrich II. übermittelt neue Friedensvorschläge, aber der Papst lehnt ab. Der Kaiser bleibt in der Lombardei.
Febr. 1249	Petrus von Vinea als »Verräter« verhaftet. Giftmordversuch seines Leibarztes.
Mai 1249	Der Kaiser kehrt von Pisa aus ins sizilianische Reich zurück.
26. Mai 1249	König Enzio wird bei Fossalta bei Modena von Bolognesern gefangen. Stirbt 1272 nach 23jähriger Gefangenschaft in Bologna.
13. Dez. 1250	Noch nicht ganz 56jährig stirbt Friedrich II. im apulischen Kastell Fiorentino und wird in Palermo beigesetzt.
1250–54	Konrad IV. (von Jolande am 25. April 1228 geboren, seit 1237 deutscher König) übernimmt die Herrschaft, während sein Halbbruder Manfred Sizilien regiert.
Anfang 1252	Konrad IV. zieht nach Sizilien.
25. 3. 1252	Sein Sohn Konrad (der spätere Konradin) geboren.
März 1253	Papst Innozenz IV. vergibt das Königreich Sizilien als Lehen an Edmund, den Sohn König Heinrichs III. von England, was aber keine praktischen Auswirkungen hat.
21. 5. 1254	Konrad IV. stirbt an Malaria.
1254	Als Nachfolger von Innozenz IV. wird Alexander IV. Papst (1254–61).
1257	In einer Doppelwahl werden in Deutschland Alfons von Kastilien und Richard von Cornwall zu Königen gewählt.
1258	Manfred läßt sich zum König von Sizilien krönen.
1265	Papst Klemens IV. (1265–68) belehnt Karl von Anjou mit dem Königreich Sizilien.
26. 2. 1266	König Manfred fällt in der Schlacht von Benevent gegen Karl von Anjou. Helena, die Witwe Manfreds, und ihre vier Kinder werden eingekerkert.
1268	Der 15jährige Sohn Konrads IV., Konradin, zieht über die Alpen, um das Stauferreich zurückzuerobern.
Aug. 1268	Konradin wird nach der Schlacht bei Tagliacozzo von Karl von Anjou gefangengenommen.
29. 10. 1268	Der inzwischen 16jährige Konradin wird in Neapel hingerichtet.

Bildquellenverzeichnis

Fotos: Hildegardis von Büren *(Städt. Museum Göppingen);* Friedrich I. der Alte, das »Wäscherschlößle«, Kaiserpfalz Goslar *(W. Papst, Bavaria, Gauting);* Rainald von Dassel, Thron Karls des Großen, Büste Friedrich II. *(Bildarchiv Foto Marburg, Forschungsinstitut für Kunstgeschichte der Philipps-Universität Marburg)*; die Burg Hohenstaufen, Barbarossa als Kreuzfahrer, Friedrich II. aus dem Falknerbuch *(Fotos des Autors)*; Kaiser Friedrich I. mit Heinrich VI. und Friedrich von Schwaben *(Hessische Landesbibliothek Fulda)*; Heinrich VI. *(Burgerbibliothek, Bern)*; Krönungsmantel *(Kunsthistorisches Museum, Wien)*; Aufruhr der Einwohner von Salerno *(G. Howald, Burgerbibliothek, Bern)*; König Konrad auf Falkenjagd *(Universitätsbibliothek Heidelberg)*; Castel del Monte *(Klaus Thiele, Bavaria, Gauting)*.

Karten: Das Herzogtum Schwaben zu Beginn der staufischen Zeit und Städte und Burgen der Staufer nach Vorlagen von Hansmartin Schwarzmaier, *Die Heimat der Staufer*, Thorbecke Verlag, 1976; Königreich Burgund aus Laetitia Boehm, *Geschichte Burgunds*, Verlag Kohlhammer, 1971; Sachsen und Bayern nach dem Sturz Heinrichs des Löwen aus Paul Barz, *Heinrich der Löwe*; Königreich Sizilien nach einer Vorlage von Eberhard Horst, *Friedrich der Staufer*, Claassen-Verlag, 1975.

Strichzeichnungen: Entwicklung der Herrenmode und Entwicklung des Helms, Ritter und Ritterliche Bewaffnung aus Heinrich Pleticha, *Ritter, Burgen und Turniere*, Arena Verlag, 1974; Grundriß von Kastell Lucera und Castel del Monte aus Carl Arnold Willemsen, *Apulien*, Verlag DuMont Schauberg, 1958.

Register

Aachener Pfalzkapelle 44
Abaelard, Peter 101
Abel von Schleswig, Herzog 310
Ablaßhandel 325
Abteikirche von Saint-Denis 340
Acerbus Morena 46-49
Adalbert von Mainz, Erzbischof 38
Adam, Ernst, 340
Adelasia von Torre und Gallura (Sardinien) 301, 328
Adelheid von Turin 30
Adelheid von Voburg 40f., 77f.
Adelheid, gen. Alayta 287, 301
Adolf von Köln, Erzbischof 211
Aeneis (Vergil) 172
Agnes, Tochter, Heinrich IV. 11, 15f., 37, 44, 112*, 141
Agnes von der Pfalz 201
Aimeric de Pegulhan 225
El-Aksa-Moschee (Jerusalem) 273, 275
Akzisen von Capua 237ff., 242
Albert, Patriarch von Antiochien 322
Albertus Magnus 285
Albigenser 230, 235
Albrecht der Bär 59, 149
Albrecht der Entartete von Meißen 350, 360
Alexander der Große 157
Alexander II., Papst 119
Alexander III., Papst 104, 117-123, 126, 129ff., 134ff., 143-147, 154f.
Alexander IV., Papst 359
Alfons von Kastilien 359
Alpirsbacher Lesepult 342
Altes Testament 20, 38, 264
Ambrosius, hl. 124f.
Anastasius IV., Papst 71
Anathema s. Kirchenbann
Anselm von Canterbury 101
Anselm von Justingen 218f.
Anselm von Ravenna, Erzbischof 111, 116
arabisches Rechensystem 250f.
Arelat (Königreich Burgund) 65, 147
Aristoteles 249, 252, 256, 261, 304, 345
Arndt, Ernst Moritz 353
Arnim, Achim von 353
Arnold, Dominikaner 327
Arnold von Brescia 71
Arnold von Köln, Erzbischof 44
Artus-Sage 157, 167, 172f.
Ärzteordnung 241
Atze, Gerhard 171
Auferstehungsglaube 264
Augustus, Kaiser s. Octavianus
Ausländergesetze 242

Averroës (Ibn Roschd) 252f.

Bamberger Reiter 343
Bandinelli, Roland s. Alexander III., Papst
Batu, Großkhan 314
Baum, Heinrich 307
Baumgart, Fritz 342
Beatrix, Tochter Manfreds 359
Beatrix von Burgund 77, 80f., 115, 126, 137, 145, 157, 169
Bela IV. von Ungarn 312
Benediktinerabtei Maria Laach 340
Benediktinerabtei Monte Cassino 340
Benediktinerregel 23, 279
Berard von Castacca 223f.
Berard von Palermo, Erzbischof 335f.
Bernardone, Giovanni s. Franz von Assisi
Bernhard, Kardinal 104
Bernhard von Askanien 149
Bernhard von Clairvaux 39, 96f., 162
Bernhard, Herzog von Sachsen 153
Bertha von Sulzbach 52
Bertha von Turin 30
Berthold IV. von Zähringen 66, 80, 134, 156
Bettelorden 230, 307
Bianca dei Lancia 287
Bismarck, Otto von 56, 100
Bodmer, Johann Jakob 352
Boleslaw IV. von Polen 102
Bologneser Rechtsakademie 112f.
Bonizo von Sutri 161
Boso, Kardinal 136
Braunschweiger Löwe 342
Bronzeleuchter des Wolfram (Erfurt) 342
Brückenkopf von Capua 346
Bruno von Köln 21
Bühler, Heinz 11, 13f.
Burckhardt, Jacob 236
Büren, Herren von 13ff.
Burg Hohenstaufen 7, 15, 37, 208*, 214
Burg Wäschenbeuren (Wäscherschlößle) 15f., 50, 113*
Burg »Weibertreu« von Weinsberg 59
Burggraf von Regensburg 170
Burggraf von Rietenburg 170
Burgund, Königreich 64ff., 79*, 80, 147

Canossa, Gang nach 8, 19f., 30ff.
Cappenberger Barbarossakopf 48, 50, 342, 346
Cäsarentum 54ff., 294, 345f.,
Caserta von Mailand, Gräfin 298
Castel del Monte (Apulien) 305*, 337, 338*, 344, 395

411

Castel dell'Ovo 359
Castel Lucera 341*, 344
Christian von Mainz, Erzbischof 142
Clementia von Burgund 66
Cluniazenser Bewegung 23, 25f.
Codex Justinianus 112
Cölestin III., Papst 120, 195f., 199, 206, 212, 231
Cölestin IV., Papst 318

Dame inconnue de Sainte Foy 49
Dante Alighieri 252f., 264f., 334
David, König 20, 141
Decker-Hauff, Hansmartin 15
Deutschritterorden 162, 273, 275, 310, 314
Diepold III. von Vohburg 40
Dietrich II. von Naumburg, Bischof 343
Dom von St. Peter (Rom) 234, 309
Dom zu Aachen 45, 113*, 227
Dom zu Bamberg 341
Dom zu Erfurt 342
Dom zu Freising 48
Dom zu Köln 113*, 341
Dom zu Magdeburg 343
Dom zu Naumburg 96, 342f.
Dom zu Palermo 208, 336
Dom zu Worms 341
Dominicus Hispanus 249
Dreikönigsschrein (Köln) 113*, 138
Dschingis Khan 172, 311ff.

Edmund von England 359
Ehelosigkeit, geistliche 21, 23, 27
Ehetrennung bzw. -annullierung 41
Einhard 55, 150, 152
Eleonore von Aquitanien 78, 199
Eleonore, Prinzessin von England 134
Elisabeth von Böhmen 91
Elisabeth von Thüringen, hl. 98, 305
Elstner, Hans Martin 152f.
Emmerich, König von Ungarn 216
Eneide (Heinrich von Veldeke) 157, 172
Enikel, Jansen 350
Enzio, König von Sardinien 287, 301, 307, 328f., 331f., 334, 354, 359
Erasmus von Rotterdam 90
Erbreichgedanke 205f.
Erec (Hartmann von Aue) 172f.
erythräische Sibylle 350
Eskil von Lund, Erzbischof 104f.
Eugen III., Papst 36, 50, 52ff., 101
Ezzelino 329

el-Fada, Abu 271
Falknerei 246, 260ff., 331, 346
Fastensynoden 27f.
Felsendom von Jerusalem 273
Feudalordnung 68f., 237f.
Fiesco, Sinibald s. Innozenz IV.
Frankfurter Römer 354
Franz II. von Habsburg 56
Franz von Assisi 70, 230, 326

Frauendienst 162ff., 169ff.
Freiligrath, Ferdinand 353
Freytag, Gustav 353
Fridericus Monoculus s. Friedrich der Einäugige
Friede von Konstanz 155f.
Friedrich I. Barbarossa 7, 10f., 16f., 34, 36–185, 197f., 206, 209*, 289, 339, 346, 351ff., 354f.
Friedrich II. von Hohenstaufen 7, 10ff., 50, 120, 171, 184, 188, 203f., 209*, 210ff., 218f., 222–337, 304*, 344ff., 350f., 357
Friedrich I., Herzog von Schwaben (»der Alte«) 11, 15f., 32, 37, 112*
Friedrich V. von Schwaben 134, 141, 157f., 183, 209*
Friedrich der Große 93, 352
Friedrich der Streitbare von Österreich 293f.
Friedrich, Graf von Hohenstaufen 11
Friedrich, Sohn Heinrichs VII. 328, 358
Friedrich der Einäugige von Büren 36–40, 44, 57
Friedrich von Antiochien 328, 359
Friedrich von Baden 305*
Friedrich von Büren 11, 13ff., 50
Friedrich Wilhelm III., König 353
Fugger 307
Fulko von Anjou, Graf 98

Gaufridus de Pruliaco (Preuilly) 165
Geibel, Emanuel 353
Georgenchor (Bamberg) 343
Gero von Halberstadt, Bischof 147
Gerold, Patriarch von Jerusalem 272
Gertrud von Sachsen 80
Gertrud von Supplinburg 57, 59
Ghibellinen 42, 50, 57ff., 64
Goethe, Johann Wolfgang 163
Goldene Bulle 228f.
Goldene Horde (Mongolen) 314
Goldene Pforte (Freiberg/Sachsen) 343
Gottesgnadentum 20, 101f., 107, 229
Gottfried von Bouillon 91
Gottfried von Mailand, Kardinal s. Cölestin IV.
Gottfried von Straßburg 174
Göttliche Komödie (Dante) 253, 264f. 334
Grabbe, Christian Dietrich 353
Grafen von Troyes 128
Gralsfeste 167
Gregor VII., Papst 16, 19, 26–32, 51, 56, 102, 104, 106, 119, 161, 231, 306
Gregor VIII., Papst 182
Gregor IX., Papst 235, 239, 242f., 271, 278, 291, 300ff., 306, 309, 313, 315ff., 323
Gregor X., Papst 96
Guelfen s. Welfen
Guido von Crema, Kardinal s. Paschalis III., Papst

412

Gülke, Peter 170
Gundlach, Wilhelm 113, 152

Haakon IV. von Norwegen 357
Hadrian IV., Papst 71f., 75, 102, 104f., 107f., 115f., 123
Haller, Johannes 27, 31, 232
Haller Silberpfennig 140
Hans von Schweinichen, Ritter 93
Hartmann von Aue 172f.
Hartwig II. von Bremen, Erzbischof 195
Hauptmann, Gerhart 352
Haus Anjou-Plantagenet 228
Haus Babenberg 59f., 64, 93, 171
Haus Este (Lombardei) 57
Haus Medici 344
Haus Wittelsbach 64
Heidelberger Liederhandschrift 165
Heinisch, Klaus J. 249
Heinrich I., Kaiser
Heinrich III., Kaiser 13, 29, 66
Heinrich IV., Kaiser 8, 15f., 18f., 27–32, 67, 100, 106, 119, 193
Heinrich V., Kaiser 33, 37, 100
Heinrich VI., Kaiser 7, 11, 120, 140f., 146, 157f., 170, 176f., 188–209, 209*, 237, 244, 336, 353
Heinrich VII., König 219, 229f., 232f., 280–286, 323, 328
Heinrich der Löwe 44, 50, 57f., 61f., 66, 80f., 102, 115, 134, 141ff., 147–153, 194ff., 205f., 227, 290, 339, 342f.
Heinrich der Schwarze von Bayern 36, 44, 57
Heinrich der Stolze, Herzog von Sachsen und Bayern 57ff.
Heinrich Jasomirgott, Herzog von Österreich 52, 59, 61ff., 77, 80
Heinrich Raspe 325, 330f., 357
Heinrich II. von Brabant, Herzog 357
Heinrich II. von Braunschweig 150, 195, 201
Heinrich II. von England 78, 103, 110, 122, 129f., 133, 135, 149f., 176
Heinrich III. von England 288, 314, 357f.
Heinrich von Mainz, Erzbischof 41f.
Heinrich von Mohrungen 168
Heinrich II. (der Fromme) von Niederschlesien 314
Heinrich von Veldeke 157, 172
Helena von Epirus 359
Héloïse, Äbtissin 101
Herder, Johann Gottfried 352
Hermann, Pfalzgraf 77
Hermann von Salza 295
Hermann von Siebeneichen, Ritter 139
Herodot 259
Hildebrand, Mönch s. Gregor VII.
Hildegard von Egisheim 13, 49f., 112*
Hildesheimer Adelsschule 101
Hitler, Adolf 100, 208, 355
Hoffmann von Fallersleben, August Heinrich 353

Hohelied Salomonis 174
Honorius III., Papst 120, 231–235, 266, 268
Hospitaliterorden 272, 274
Hugo von Cluny, Abt 31
Hugo von Ostia, Kardinal 235
Humbert von Mailand, Erzbischof s. Urban III.
Humbert von Silva Candida, Kardinalbischof 23ff.

Ibn Roschd s. Averroës
Ibn Sabin 256
Innozenz II., Papst 73
Innozenz III., Papst 212f., 215f., 223, 228–232, 266, 319, 335
Innozenz IV., Papst 318–327, 330, 335, 357
Interdikt, päpstliches 70
Investiturstreit 18ff., 51, 72, 105f., 229
Irene von Byzanz 204, 214
Isaak Angelos, Kaiser von Byzanz 204
Isabella von Brienne, gen. Jolande 268ff., 287, 294
Isabella von England 288f., 328, 358, 360

Jegüsei, Khan 312
Jerusalem, Königreich 33, 161, 182, 198, 268ff., 275ff.
Johann Ohneland 200, 226f., 288
Johann von Brienne 268
Johann von Winterthur 305
Johanna von England 176
Johannes XII., Papst 22
Johannes von Luxemburg 91
Johannes von Palermo 252
Johannes von Salisbury 121, 162
Johanniterorden 162, 314
Jolande s. Isabella von Brienne
Jordan, Karl 153, 189, 209
Jordanus, Truchseß 145
Juden von Trani 242
Judith von Bayern 36f., 44, 57
Julius Cäsar 54

Kaiserchronik, deutsche 225
Kaiserkrönung 22, 33, 54ff., 67, 266
Kaisermantel 209*, 234
Kaiserpfalzen 61
Kaiserpfalz Gelnhausen 177, 180
Kaiserpfalz Goslar 145, 149, 305*, 354
Kalixt II., Papst 33
Kalixt III., Papst 147
El-Kamil, Malik 255, 272–276, 279, 291, 328
Kantorowicz, Ernst 244, 285, 345f.
Kapitularien (Gesetze Karls des Großen) 20
Karl der Einfältige 193
Karl der Große 14, 20f., 33, 44f., 47f., 53, 55, 68, 85, 94, 102, 116f., 127f., 354
Karl IV., deutscher König 66
Karl V., Kaiser 91

413

Karmaten (arab. Sekte) 304
Karl II., von Anjou 10, 248, 357, 359 ff.
Kathedralen von Amiens, Chartres, Reims 340, 342
Khabul, Nomadenführer 312
Kinderkreuzzüge 267 f.
Kirche und Staat, Trennung von 19, 25
Kirchenbann 24, 29 f., 122, 235, 270, 302 ff.
Kirchenspaltung (Schisma) 24
Kirchenstaat 215, 228, 310
Klemens III., Papst 32, 195
Klemens IV., Papst 359
Kloster Lorch bei Schwäbisch Gmünd 14, 37, 42, 112*, 341
Kloster Saint-Trophime in Arles 66
Kloster St. Ambrosius in Mailand 92
Kloster St. Gallen 85
Königskrönung 44 f., 226
Konklave, erstes 317 f.
Konrad III., König 37–45, 50, 53 f., 59, 67, 100
Konrad IV. von Hohenstaufen 10, 270, 276, 287, 294, 299, 314, 321 f., 331, 336, 357 f.
Konrad, Sohn Heinrichs IV. 30
Konrad, Pfalzgraf 201
Konrad von Mainz, Erzbischof 134, 136, 177
Konrad von Marburg 285
Konrad von Passau, Bischof 132
Konrad von Thüringen 310
Konradin von Hohenstaufen 10, 305*, 352, 355, 358 ff.
Konstantin der Große 46, 116 f.
Konstanze, Kaiserin von Byzanz 287
Konstanze, Tochter Manfreds 350, 360
Konstanze von Aragon 216 f., 219, 232 f., 284, 336
Konstanze von Sizilien, 175 ff., 191 f., 203 f., 207, 211 f., 216, 304*, 336
Konstitutionen von Melfi 240 ff., 280, 284, 347
Konzil von Lyon 304, 321 ff., 326
Konzil von Pavia 120, 122
Konzil von Saint Jean de Losne 128 ff.
Konzil von Toulouse 122
Körner, Theodor 352
Kreuzritterorden 161 f., 272 ff.
Kreuzzüge 27, 33, 37 ff., 53, 78, 92, 97, 150, 160, 181 f., 198, 206, 233, 255, 266 ff., 271
Kyffhäuser-Sage 7, 184, 222, 351 ff.

Laieninvestitur 24 ff., 33
Langobardenreich 67 ff.
Laterankonzil (3.) 147, 243
Leo I., Papst 24
Leo III., Papst 20, 55
Leo IX., Papst 13, 26
Leonardo aus Pisa 249 ff.
Leopold IV., von Österreich 59, 197 ff.
Leopold VI., von Österreich 282

Lombardischer Städtebund 64, 139, 142 f., 154
Lothar von Braunschweig 195
Lothar von Segnis, Innozenz III.
Lothar von Supplinburg 38, 42 ff., 57, 73
Lucius III., Papst 155 f., 175
Ludwig I. von Bayern, König 354
Ludwig von Bayern, Herzog 156, 201
Ludwig der Strenge von Bayern 358
Ludwig VII., von Frankreich 39, 78, 122, 128 f.
Ludwig VIII., von Frankreich
Ludwig IX., der Heilige von Frankreich 92, 287, 315, 322, 325 f., 331, 335, 357
Ludwig IV., von Thüringen, Landgraf 98, 271, 330
Luther, Martin 305, 325, 351
Lützkendorf, Felix 355

Mainzer Hoffest 156 ff., 168, 172, 174, 205, 290
Mainzer Landfriedensgesetz 290
Manessische Liederhandschrift 305*
Manfred, König von Sizilien 260, 335 f., 350, 357 f.
Manfred dei Lancia 287
Manuel I., Kaiser von Byzanz 40, 52, 135
Margarethe, Tochter Friedrich II., 289, 350, 360
Margarethe von Österreich 282
Manghol (Nomadenstämme) 312
Maria Theresia 352
Markward von Annweiler 204
Maschke, Erich 46
Masson, Georgina 310
Mathematik 249 ff.
Matthäus von Salerno 194
Mathilde von England 134, 150
Mathilde von Tuscien, Großgräfin 31, 156, 175, 208
Mathildische Güter 155 f., 176, 204, 207
Matthäus von Paris 298
Medizinstudium 242 f.
Meinloh von Sevelingen 170
Melanchthon, Philipp 248
Michael Scotus 252 f., 257, 279
Michelangelo 344
Minnesang 168 ff.
Minnesänger von Kürenberg 170
Mohammed 97, 234, 276, 304
Mongolensturm 311 ff.
Montgomery of Alamein 296
Moses 20, 304
El-Mu'Azzam 272
Münchner Residenz 354

Napoleon 56, 208, 353
Nibelungenlied 167, 174
Nicetas 190
Nietzsche, Friedrich 237
Nikolaus Breakspeare s. Hadrian IV.
Nikolaus von Albano s. Hadrian IV.

Nizänisches Credo 20
Normannen 52, 75f., 129, 192ff.
Notre Dame von Paris 340

Obertus, Bürgermeister von Mailand 111
Octavianus Caesar Augustus 55
Ögödei, Großkhan 312, 315
Oktavian, Kardinal s. Viktor IV., Papst
Omar-Moschee (Jerusalem) 275
Orlando di Rossi, Bernardo 327f., 331f.
Ornithologie 246, 260ff.
Orsini, Matthäus, gen. Rosso 317
Ostarîchi = Österreich 64, 77
Ostkolonisation 62
Ostrom 24, 53, 55
Otto, Eberhard 34
Otto der Große 21f., 56, 68
Otto IV., Kaiser 150, 171, 212f., 215ff., 223f., 226, 319
Otto von Braunschweig, Herzog 310
Otto von Freising, Bischof 18, 42, 44, 50, 75ff., 82, 165
Otto von Lüneburg 290
Otto von St. Blasien 144, 208
Otto von Wittelsbach 106, 110, 149, 214
Ottokar von Steiermark 149
Ottonianum 22
Ovid 169, 306

Pandulf von Fassanella 328f.
Papstschisma 118-134
Papstwahl 147, 317ff.
Parzifal-Sage 162, 173f.
Paschalis III., Papst 131-137, 142
Patriarch von Aquileja 177
Paulus, Apostel 32, 309
Pelagius, päpstl. Legat 266ff.
Pestilenzen 137f., 217
Peter II. von Aragon 217
Peter III. von Aragon 350, 360
Petrus, Apostel 24f., 28f., 32, 106, 309
Petrus von Vinea 297, 333f., 346
Philipp II., August von Frankreich 149, 197, 201, 218, 226f.
Philipp von Köln, Erzbischof 148f.
Philipp von Schwaben 171, 204, 211ff.
Physiologus 260f.
Pietro Tiepolo 297
Platen, August Graf 352
Plinius 261
Podestà-Verwaltung 114, 327
Polo, Marco 312
Priesterehe s. Ehelosigkeit, geistliche
Propyläen Weltgeschichte 189
Psammetich II., König von Ägypten 259

al-Qarafi, Schihab ed-Din Ahmed ibn Idrisi 256

Rahewin 46-49, 104
Rainald von Dassel 100-138, 113*, 141f., 291

Rainer von Viterbo, Kardinal 320, 322f., 329, 361
Ranke, Leopold von 103
Rattenfänger von Hameln 267f.
Raumer, Friedrich von 78, 141, 189
Ranpach, Ernst 352, 354
Regalien (Hoheitsrechte) 54, 110, 113, 132, 146, 229
Reginald III., von Burgund 79
Reichskanzlertum 100
Reichskirchengut 25f.
Reichssynoden 20
Reichstage 61
Rekuperationen (Gebietsansprüche des Kirchenstaats) 215
Richard Löwenherz 78, 197-200, 204, 211ff.
Richard von Cornwall 357, 359
Richard von Montenero 335
Riesgrafen 14f.
Ritterschlag 163
Rittertum 159ff.
Robert Guiskard 193
Robert von Artois, Graf 311
Robert von Somercote, Kardinal 318
Roemer, Hermann 14
Roger I., König von Sizilien 52f., 76, 194
Roger II., von Sizilien 175f., 194, 208, 234
Roger von Wendover 288f.
Roland, Kardinal s. Alexander III., Papst
Roman d'Enéas 172
Ronkalische Gesetze 112ff., 143, 154f.
Rückert, Friedrich 184, 353
Rudolf I. von Habsburg 10
Rudolf von Rheinfelden 32f.

Saladin, Sultan 172, 182, 198, 233, 273, 275
Salimbene von Parma 257ff., 263f., 333, 350
Sarazenen 243f., 266f., 314, 328
Sardinien, Königreich 301f.
Savelli, Censius s. Honorius III.
Schaafhausen, Wilhelm 153
Schams ed-Din von Nablus 274f.
Schiller, Friedrich 258f., 352
Schinkel, Friedrich 353
Schisma s. Kirchenspaltung
Schlacht auf dem Lechfeld 22
Schlacht bei Benevent 359
Schlacht bei den »Hörnern von Hittim« 182
Schlacht bei Hastings 193
Schlacht bei Liegnitz 314f.
Schlacht bei Weinsberg 59
Schlegel, Wilhelm 353
Schnorr von Carolsfeld, Julius 354
Schwertleite 157, 163
Seidlmayer, Michael 354
Sibylle von Lecce 194, 201ff.
Sidi Omar 249
Siegfried von Mainz, Erzbischof 294
Simon von Tournai 304

Simonie 24f., 27
Sizilien, Königreich 176ff., 192ff., 204f., 229f., 232, 306, 308*, 357ff.
Sizilianische Vesper 360
Slawen-Kreuzzug 39
Spolienrecht 21, 229
Spontini, Gasparo 352
Staelin, Christoph Friedrich von 14
Stephan aus Orléans 267
Stifterfiguren 96, 343ff.
Straßburger Münster 341, 343

Tacitus 92
Tankred, König von Sizilien 194, 196, 199, 201ff.
Tempelritterorden 162, 272, 274, 314
Tetzel, Ablaßprediger 325
Thaddäus von Suessa 346
Theoderich der Große 46
Theodora von Byzanz 52
Thomas Becket, Erzbischof von Canterbury 133
Thomas von Aquin 12, 172, 248
Thomas von Gaeta 280
Thora (jüd. Gesetzessammlung) 264
Thorvaldsen, Bertel 354
Thronsessel Karls des Großen 44f., 113*
Translatio Imperii 55
Tristan (Gottfried von Straßburg) 174
Troubadoure 169ff.
Turniere 163ff.

Udalrich von Halberstadt, Bischof 147f.
Uhland, Ludwig 352
Umweltschutz 240
Universität von Neapel 247ff.
Urban II., Papst 33
Urban III., Papst 180f.
Urban IV., Papst 359

Vagantentum 248
Vatatzes, Kaiser von Byzanz 329
Vergil 172
Vertrag von Konstanz 53f., 67, 75, 104, 175
Vertrag von San Germano 269, 301
Viktor IV., Papst 117–123, 129, 131
Viktoria von England 153
Voltaire 305

Waas, Adolf 160
Wagner, Richard 353f.
Wahl, Rudolph 158
Waiblinger s. Ghibellinen
Waldemar von Dänemark 103, 130
Walther von der Vogelweide 12, 81, 170ff., 211, 214, 225f., 230, 282f.
Walther von Palearia 213
Wanderkönigtum 61
Wapnewski, Peter 168f.
Welf III. 57
Welf IV., Herzog von Bayern 57ff.
Welf V., Herzog von Bayern 57
Welfen 36, 42ff., 50, 57ff., 64, 77, 153, 290
Welfenchronik 48, 209*
Weller, Karl 14
Wibald von Corvey, Abt 36
Wibald von Stablo, Abt, 41, 45f., 49, 102
Wibert von Ravenna s. Klemens III., Papst
Wichmann von Magdeburg, Erzbischof 164
Wichmann von Naumburg, Bischof 51
Wilhelm I., Kaiser 353f.
Wilhelm der Eroberer 129, 193
Wilhelm von Aquitanien, Herzog 23
Wilhelm III. von Burgund 78ff.
Wilhelm von Holland, Graf 357
Wilhelm IX. von Poitiers 169
Wilhelm I. von Sizilien, König 71, 128, 135
Wilhelm II. von Sizilien 176, 192, 194, 237, 336
Wilhelm III. von Sizilien 201ff.
Wilhelm, Erzbischof von Mainz 21
Willehalm (Wolfram von Eschenbach) 174
Willemsen, Carl A. 337
Wladislaw II. von Böhmen 103
Wolfram von Eschenbach 173f.
Wormser Konkordat 33, 51

Xerxes 157

Zacharias, Papst 116
Zenno von Zeitz, Bischof 91
Zimmermann, Wilhelm 189, 201, 208f.
Zisterzienserorden 279, 305, 326, 336
Zypern, Königreich 204

Seitenzahlen mit * weisen auf Abbildungen hin.